Herrn Peter Schmidhuber
in Verbundenheit
Thomas Mertz

Thomas Hertz

Die Industrie- und Handelskammer zu Berlin

Thomas Hertz

Die Industrie- und Handelskammer zu Berlin

Ein Beitrag zur Wirtschaftsgeschichte Berlins

Walter de Gruyter · Berlin · New York

∞ Gedruckt auf säurefreiem Papier,
das die US-ANSI-Norm über Haltbarkeit erfüllt.

ISBN 978-3-11-020669-2

Bibliografische Information der Deutschen Nationalbibliothek

Die Deutsche Nationalbibliothek verzeichnet diese Publikation in der Deutschen Nationalbibliografie; detaillierte bibliografische Daten sind im Internet über http://dnb.d-nb.de abrufbar.

Printed in Germany

Umschlaggestaltung: Martin Zech, Bremen
Druck und buchbinderische Verarbeitung: Hubert & Co GmbH & Co KG, Göttingen

Inhalt

Ausgewählte Hinweise zum Inhalt

Vorwort:
Die Industrie- und Handelskammer als Teil der Wirtschaftsgeschichte Berlins – Widmung – Danksagung.

Kapitel I: Zur Vorgeschichte der Gründung der Industrie- und Handelskammer zu Berlin
Die Korporation der Kaufmannschaft – Kampfinstrument der Opposition: Der Verein Berliner Kaufleute und Industrieller – Ein begnadeter Lobbyist: Ludwig Max Goldberger – Einschaltung von Handelsministerium und Preußischem Abgeordnetenhaus – Umgarnung des Kaisers – Die Generalversammlung der Korporation Ende Oktober 1901: Ein „Tummelplatz wüster Agitation", „eine Anarchistenversammlung" – Entscheidung der Obrigkeit – März 1902: Erste Wahl zur neuen Vertretung der Berliner Kaufmannschaft – Der erste Präsident und das erste Präsidium der Handelskammer zu Berlin.

Kapitel II: Die Handelskammer Berlin in ihren ersten fünfundzwanzig Jahren: Die Ära Herz
Exzellenz Wilhelm Herz – Die sukzessive Übernahme von Aufgaben – Die Aufsicht über die Börse – Dienstsitz und Geschäftsumfang – Die Handelshochschule Berlin – Abschluss des Aufbaus der Kammer.

Kapitel III: Die Handelskammer Berlin in ihren ersten fünfundzwanzig Jahren: Die Ära v. Mendelssohn
Das Bankhaus Mendelssohn & Co. – Franz v. Mendelssohn – Der Erste Weltkrieg – Erneuter Streit mit der Korporation der Kaufmannschaft mitten im Krieg – Einschaltung in die Kriegswirtschaft – Vereinigung der Berliner Handelskammer mit der Handelskammer Potsdam, Sitz Berlin – Verschmelzung der Korporation der Kaufmannschaft auf die Handelskammer – Franz v. Mendelssohn auch Präsident des Deutschen Industrie- und Handelstages – Wirtschaftliche Entwicklung in Berlin.

Kapitel IV: Die Industrie- und Handelskammer zu Berlin in einer – trotz schwieriger Zeiten – Blütezeit
Bedeutung Berlins – Gewicht der Handelskammer – Erster Syndikus Dr. Heinrich Dove – Erster Syndikus Oscar Meyer: Eine Ausnahmekarriere – Schlüsseldaten zur Handelskammer – Entwicklung der Wirtschaft – Ausscheiden Franz v. Mendelssohns – Ein neuer Präsident: Dr. Karl Gelpcke.

Kapitel V: Die Industrie- und Handelskammer zu Berlin im „Dritten Reich"
Umbrüche: Sogenannte Gleichschaltung in Kammern, Verbänden und weiteren unternehmerischen Organisationen – Wirtschaftsboykott gegen jüdische Betriebe – Entfernung der jüdischen und jüdischstämmigen Angehörigen der Kammer – Behandlung des verdienten Ersten Syndikus Oscar Meyer – Radikale Veränderung von Geist, Aufbau und Aufstellung der Handelskammer – Zusammenlegung der Industrie- und Handelskammern zu Berlin und Brandenburg – Streit um den „Berufsständischen Aufbau" – Bildung einer Wirtschaftskammer.

Konsolidierung des Machtzugriffs: Staatsrat Friedrich Reinhart: Ein Präsident des Regimes – Tod Franz v. Mendelssohns und das „andere Deutschland" – Das „Führerprinzip" in der Leitung der Handelskammer.

Die Industrie- und Handelskammer vor und im Zweiten Weltkrieg: Einschaltung in die (Vor-) Kriegswirtschaft, in die Verdrängung der Juden aus der Wirtschaft und in den Einsatz von Kriegsgefangenen und ausländischen Zwangsarbeitern – Weitere Aufgabenveränderungen in der Kammer, vor allem im Berufsschul-, Lehrlings- und Prüfungswesen – Neubaupläne für einen zentralen Dienstsitz: Einmischung von Hitler und Speer – Mit NS-Rhetorik und -Symbolen überfrachtete Grundsteinlegung – Übergang zur Gauwirtschaftskammer – Untergang.

Kapitel VI: Vakuum und Neuanfänge
Berlin im Frühsommer 1945 – Der Magistrat – Neuanfänge in der Wirtschaft – Erste Bemühungen um die Wiederzulassung von Selbstverwaltungskörperschaften – „Kleinkrieg" zwischen Magistrat und Wirtschaft – Dr. Bernard Skrodzki: Maßgeblicher Betreiber der Wiedergründung einer Kammer – WEMA und Industrie-Ausschuss West-Berlin – Intensivierung des Kampfes um die Handelskammer – Die Blockade und ihre Folgen – Unterstützung durch die „Arbeitsgemeinschaft Handelskammer" – Drängen des DIHT auf Fortschritte – Einflussnahme des Bundeswirtschaftsministers

– Unterschrift von Ernst Reuter unter die Urkunde zur Wiedergründung der Kammer.

Kapitel VII: Wiederaufbau
Präsident Baurat a.D. Friedrich Spennrath – Feierliche Eröffnung – Ausgangslage für den wirtschaftlichen Wiederaufbau – Die Gründung der Berliner Absatzorganisation (BAO) – Entwicklung der Wirtschaft – Steuerliche Förderung – Eröffnung der Börse – Wiederaufnahme der Aktivitäten in der Beruflichen Bildung – Ein neuer Dienstsitz – Aufwärtsentwicklung in der Berliner Wirtschaft – Verleihung der Rechtsform der öffentlich-rechtlichen Körperschaft durch Willy Brandt.

Kapitel VIII: Erneut schwierige Zeiten
Ein neuer Präsident: Dr. Wilhelm Borner – Einsatz der deutschen Wirtschaft für Berlin nach dem Chrustschow-Ultimatum – Mauerbau und die Folgen – Berlin und seine Wirtschaft als „Objekt und Barometers des Ringens der atomaren Weltmächte" – Die Handelskammer und die Gewinnung von Arbeitskräften, ihre Bemühungen um Kultur und Wissenschaft in Berlin – Förderstrategien – Ein Blick auf die Mitarbeiterschaft – 1964 und 1965 als „fette Jahre" für die Berliner Wirtschaft.

Kapitel IX: Konsolidierung und Stabilisierung
Der Industriestandort Berlin – Facharbeiter- und Flächenmangel – Sorge um den Nachwuchs für die Betriebe – Freundliche Verabschiedung der sechziger Jahre – Aktivitäten der BAO – Förderung von Forschung und Entwicklung – Führungswechsel in der Präsidentschaft – Tod von Dr. Bernard Skrodzki – Der neue Hauptgeschäftsführer: Dr. Günter Braun – Schulterschluss beim Berlinhilfe-Instrumentarium – Einflussnahme auf das Vier-Mächte-Abkommen – Bewertung des Abkommens.

Kapitel X: Zu neuen Aufgaben
Zwanzigjähriges Jubiläum von Handelskammer und BAO nach der (Wieder-) Gründung nach dem Krieg – „Leitvorstellungen für die Berliner Wirtschaftspolitik" des Senats – Erneute Aktivitäten von Kammer und BAO – Exkurs: Interzonen- und innerdeutscher Handel, Handel mit der DDR – Sorge um die Umstände der Beteiligung von Berliner Firmen an Messen und Ausstellungen in Osteuropa; Auseinandersetzung mit dem Auswärtigen Amt – Unterversorgung bei den Ausbildungsplätzen – Initiative der Kammer: „Investitionen für Berlins Zukunft – Plädoyer für ein Schwerpunkt-Programm" – Berlin-Konferenzen – Berlin-Beauftragte – Erneuter Führungs-

wechsel in der Präsidentschaft des Hauses: Horst Elfe – Schulterschluss mit dem BDI – Vorschlag zur Bildung einer Berlin-Kommission – Programmatische Erklärung des Deutschen Bundestages – Gründung einer Wirtschaftsförderungsgesellschaft – Positionierung der Handelskammer zur Integration von ausländischen Arbeitnehmern und ihrer Angehörigen – Eine zu dieser Zeit progressive Haltung zum Umweltschutz – Die Handelskammer als Forum – Die Folgen der „Garski-Affaire" – Ein Klimawechsel: Der Regierende Bürgermeister Richard v. Weizsäcker – Die Ausländerpolitik – Erneute Berlin-Konferenz und ihre Begleitung durch die Berlin-Beauftragten.

Kapitel XI: Aufschwung und neue Dynamik
Konjunkturelle Wende – Wechsel im Amt des Regierenden Bürgermeisters: Eberhard Diepgen – Neuer Präsident der Kammer: Horst Kramp – Positives Meinungsbild über Berlin – Beziehungen zur DDR – Schwerpunkte der Kammerarbeit 1986 – 750 Jahr-Feier Berlins – Kampf um die Berlinförderung – 65 Vorschläge für die Qualifizierung des Wirtschaftstandorts – Fehlschlag der Privatisierung des Verkehrsamts – Neuer Ausbildungsrekord – Letzter Wirtschaftstag mit Eberhard Diepgen für einige Jahre.

Kapitel XII: Entscheidende Jahre: 1989 und 1990
Trennung von der Börse – Pläne für eine räumliche Erweiterung der Kammer – Vorboten eines Wechsels in der Hauptgeschäftsführung – Koalition zwischen SPD und Alternativer Liste; Vorgehen der Handelskammer – Differenzen in der Sache – Überforderung und Gereiztheit des Senats – Entwicklungen in der DDR – Fall der Mauer – „ärgerliche und überflüssige" Diskussion im Abgeordnetenhaus – Gespräche von Kammer und BAO mit dem Magistrat von (Ost-) Berlin und Vertretern der dortigen Kombinate – Exkurs: Die Handels- und Gewerbekammern in der DDR – Erste Kontakte – Der (spätere) Präsident der Ostberliner Industrie- und Handelskammer Udo Pape – Hauptprobleme der DDR-Kammern – Umwandlung dieser Kammern in Industrie- und Handelskammern – Kooperation der beiden Kammern in Berlin – IHK und BAO als rat- und tatkräftige Helfer – Eine neue „Standortphilosophie" für die Berliner Wirtschaft – Auseinandersetzungen mit der rot-grünen Stadtregierung – Der Neu- oder Erweiterungsbau an der Fasanenstraße – Wahl eines neuen Hauptgeschäftsführers – Die Hauptstadtfrage – Der erneute Kampf um die (West-) Berlinförderung – Die Verfestigung der Zusammenarbeit der Kammern – Gespräche mit dem Magistrat – Verabschiedung von Dr. Günter Braun und Amtsantritt von Dr. Thomas Hertz – Die Zukunft der Berlin-Beauftragten – Abbau der Ber-

linförderung – Erneut: Die Hauptstadtfrage – Konzepte zur Schaffung eines einheitlichen Kammerbezirks für ganz Berlin – Und immer wieder: Der Streit um den zukünftigen gesamtdeutschen Parlaments- und Regierungssitz – Eine Industrie- und Handelskammer für die Stadt – Schwerpunkte der Gesamtberliner Kammer – Leitsätze: „Berlin – Wirtschaft für eine dynamische Region“ – Kooperation mit Brandenburg – Initiative für einen Abbau der Berlinförderung mit Augenmass.

Kapitel XIII: Nach dem Vollzug der Einheit
Udo Pape als Gast im Präsidium – Grosse Koalition zwischen CDU und SPD – Administrative Aspekte der einheitlichen Kammerarbeit – Zusammenarbeit mit Brandenburg – Anfänge des „Ludwig Erhard Hauses“ – Entscheidende Phase der Attacken auf die Berlinförderung – Berlin: „Klassicher Fall einer Krisenregion“? – Erste Entscheidung zur Hauptstadt – Vorschläge der Kammer für eine effektivere Verwaltung und für ein wirtschaftsfreundliches Klima in Berlin – Berlin und Brandenburg – Der Standort des neuen Flughafens – Gewerbesteueranhebung – Wirtschaftsverläufe – Eine Berufsakademie für Berlin – Das Neubauvorhaben: Fortschritte – Erste Gesamtberliner Wahl einer Vollversammlung – Initiative zur Verflechtung der Region – Standortmarketing und Tourismuskonzeption – Entscheidungen zum Ludwig Erhard Haus – Folgen der Neustrukturierung der Kammerfinanzierung – Exkurs: Die Conrad Stiftung – Gründungswirren um die Tourismus GmbH – Zusammenarbeit mit der Humboldt-Universität – Eigenes „Marketing“ der Kammer – Grundsteinlegung für das Ludwig Erhard Haus – Flughafenpolitik – Verhältnis zur erstarkenden PDS – Einbindung der Bezirkswirtschaft in die Arbeit der Kammer – Kampagne für ein Bundesland – Wettbewerbsfähigkeit des Berliner Produzierenden Gewerbes und das Standortsicherungsgesetz – Kontroversen mit Senat und CDU – Richtfest.

Kapitel XIV: Aufziehende dunkle Wolken
Fehlen einer zupackenden Landesregierung – Negative Trends in der Wirtschaft – Scheitern der OstWestWirtschaftsakademie – Fehlschlag der Länderfusion – Ungelöste Nachfolge in der Präsidentschaft des Hauses – „Berliner Standpunkte 1996“: Die Lage wird dramatisch – Schulterschluss mit Wissenschaft und Kultur – In Erwartung eines neuen Präsidenten – Exkurs: Die Turbulenzen um das Ludwig Erhard Haus.

Vorwort

> Die wechselhafte Historie der Kammer liest sich wie die Chronik ihrer Epoche.
>
> Die Geschichte der IHK ist so vielfältig wie die Geschichte des Wirtschaftsstandortes Berlin.
>
> Kaiserliche Großmannssucht, Weltkriege, die hektischen 20er-Jahre, Mauerbau, Berlinförderung, Wiedervereinigung, wirtschaftlicher Abschwung: Die Berliner Industrie- und Handelskammer hat viel erlebt.

So steht es in Berichten Berliner Tageszeitungen über das 100jährige Jubiläum der IHK Berlin im Jahr 2002, und auch deshalb lohnt es sich, ihre Geschichte zu schreiben. Der Verfasser, Hauptgeschäftsführer der Kammer von Mitte 1990 bis Ende 2002, hat sich bemüht, diese Geschichte gerade auch für seine Zeit in der Führung des Hauses objektiv wiederzugeben; falls ihm das an der einen oder anderen Stelle nicht oder nur unzureichend gelungen ist, möge ihm der Leser diese Anflüge von persönlicher Berührtheit verzeihen.

Die Schrift ist gewidmet den jüdischen oder jüdischstämmigen Mitgliedern des Ehrenamts und der Mitarbeiterschaft der Industrie- und Handelskammer zu Berlin, die diese kurz nach der Machtergreifung durch die Nationalsozialisten unter mehr als unrühmlichen Umständen aus dem Haus entfernt hat, ohne nach dem Ende des Zweiten Weltkriegs einen erkennbaren Versuch gemacht zu haben, Unbill und Unrecht einzugestehen und wieder gut zu machen, und unter ihnen insbesondere dem großen Ersten Syndikus Oscar Meyer, den die Kammer damit zum „gebrochenen Mann", wie er sich selbst bezeichnet, gemacht hat.

Ein herzlicher Dank gilt der Frau des Verfassers, die es über zwei Jahre zugelassen hat, dass er sehr viel mehr Zeit in seinem alten Haus verbracht hat, als sie beide es sich bei seiner Pensionierung vorgestellt hatten. Und ein eben solcher Dank gilt der derzeitigen Führung der Kammer, dem Präsidenten Dr. Eric Schweitzer und Hauptgeschäftsführer Jan Eder, dass sie die Drucklegung des Manuskripts gefördert haben.

Kapitel I
Zur Vorgeschichte der Gründung der Industrie- und Handelskammer zu Berlin

Vereinigungen von Kaufleuten hat es schon immer gegeben; im ausgehenden Mittelalter sind es in Deutschland insbesondere die sogenannten Zünfte und Gilden gewesen, die einen wesentlichen Einfluss nicht nur in wirtschaftlichen, sondern auch in allgemeinen Verwaltungs- und politischen Angelegenheiten der selbständigen Stadtgemeinden gewannen.[1]

Die spätere Bedeutung von Handel und Industrie brachte dann parallel laufende Organisationen des Handelsstandes mit sich; diese beruhten in Deutschland meist auf dem korporativen Zusammenschluss der beteiligten Erwerbskreise eines Wirtschaftsbezirks, meist einer Stadtgemeinde. Vom napoleonischen Frankreich drang der Gedanke der Vertretung aller gewerblicher Kreise auch nach Deutschland. Allmählich gingen die Landesgesetzgeber dazu über, Grundsätze für die Errichtung und Stellung von Handelskammern als Vertretung kaufmännischer Interessen einerseits, als Beratungsorgane der Steuerbehörden innerhalb des Gesamtorganismus der Verwaltung andererseits aufzustellen.

---

1 Die Darstellung dieser Epoche vor der Gründung der Kammer folgt im wesentlichen, diese teilweise auch übernehmend, der kammereigenen Abhandlung von Heinrich Dove, Die Entstehung und Entwicklung der Industrie- und Handelskammer zu Berlin und ihr organisatorischer Aufbau, in der Festschrift zum 25jährigen Jubiläum. Über Kaufleute im Mittelalter und zu ihren Vereinigungen schreibt kundig Le Goff, Kaufleute und Bankiers im Mittelalter, Verlag Karl Wagenbach, Berlin 2005; zu den Berliner Verhältnissen in dieser Zeit vgl. Biggeleben, Christof, Das „Bollwerk des Bürgertums“: Die Berliner Kaufmannschaft 1870–1920, Schriftenreihe zur Zeitschrift für Unternehmensgeschichte, Band 17, Verlag C. H. Beck, München 2006, S. 61 ff. Zur Geschichte der Kaufmannschaft in Berlin und zu der der Korporation auch: Die Korporation der Kaufmannschaft von Berlin. Festschrift zum hundertjährigen Jubiläum am 2. März 1920, Verlag von E.G. Mittler & Sohn, Berlin 1920. Über die Entwicklung in Frankreich: Une Chambre pour la Capitale, Deux siècles d'histoire de la chambre de commerce et d'industrie de Paris, le cherche midi, Paris 2004.

In Berlin findet der Aufbau der Vertretung der Interessen der Kaufmannschaft zunächst auf der Grundlage der korporativen Vereinigungen statt.

Ein Vorläufer der für die Gründung der Handelskammer zu Berlin nicht wegzudenkenden Korporation der Kaufmannschaft ist die 1803 gegründete Vereinigte Börsenkorporation, die „als erste Gesamtvertretung der Berliner Wirtschaft gilt".[2] Am 2. März 1820 unterzeichnet nach langwierigen und zähen Verhandlungen, an denen schon der Urgroßvater des späteren Berliner Kammerpräsidenten Franz v. Mendelssohn, Joseph Mendelssohn, beteiligt gewesen ist, König Friedrich Wilhelm III. die Statuten der Korporation der Kaufmannschaft von Berlin.[3] Die ersten Ältestenwahlen erfolgen im Juni, und dieses Kollegium steht nun einer 962 Mitglieder starken Organisation vor, die geeignet erscheint, „die Gesamtinteressen des Berliner Handels wahrzunehmen"[4]. Diese Interessenvertretung ist auch nach dem Statut der Korporation ihre zentrale Aufgabe; sie nutzt dazu unter anderem ihre Wirtschafts- bzw. Jahresberichte und ihr direktes Petitionsrecht an das Handelsministerium[5], über das sie etwa bereits in den 40er Jahren die Bildung einer Handelskammer (mit-)verhindert.[6] Eine weitere zentrale Aufgabe der Korporation gilt der Administration der Berliner Börse, was sie immer wieder in den Verdacht bringt, nicht die Gesamtheit der Kaufmannschaft zu vertreten, sondern vorrangig Börseninteressen und ihr Umfeld[7] – eine Konstellation, die im Ergebnis einer der Gründe für ihre Niederlage bei der Gründung der Handelskammer 1902 sein wird.

Die Opposition formiert sich zunehmend in den 70er Jahren, und es beginnt ein jahrzehntelanger Kampf, gegen den der Streit um die Wiedererrichtung der Industrie- und Handelskammer nach dem Zweiten Weltkrieg aus heutiger Sicht fast wie ein Scharmützel erscheint. Dieser Kampf tobt, anders als der nach dem Krieg, vor allem innerhalb der Kaufmannschaft, und er wird in seiner Spätphase mit harten Bandagen ausgefochten. Es geht um den erwähnten Vorwurf, dass Industrie und

---

2 Biggeleben, „Bollwerk des Bürgertums", aaO, S. 61 und 68 ff. mit weiteren Nachweisen.

3 Biggeleben, aaO, S. 69 f; vgl. zur (Vor-) Geschichte auch Apt, Fünfundzwanzig Jahre im Dienste der Berliner Kaufmannschaft, Sieben Stäbe Verlag, Berlin 1927, S. 21 f.

4 Biggeleben, aaO, S. 70 mit Nachweis der Quelle des Zitats.

5 Biggeleben, aaO, S. 71

6 Biggeleben, aaO, S. 72

7 Biggeleben, aaO , S. 72 f.

Phot. E. Leitner

Sitzungssaal des Aeltesten-Collegiums

Abb. 1 Sitzungssaal des Ältestenkollegiums

Handel in der Korporation nicht oder nicht ausreichend vertreten sind, es geht um die Abgrenzung des Zuständigkeitsbereichs – und es wird, wie so häufig, auch um Macht, persönliche Ambitionen und Eitelkeiten gehen.

Die eigene Darstellung dieser Entwicklungen durch die Kammer[8] ist eher zurückhaltend. Danach wird ein von dem Preußischen Handelsminister von Berlepsch vorgelegter Entwurf, der die Einbeziehung des gesamten Staatsgebiets in eine Handelskammerorganisation und die Überleitung der Korporationen in eine solche Organisation vorsieht, von den Korporationen, und damit auch von den Ältesten der Kaufmannschaft in Berlin, heftig bekämpft. Der Entwurf scheitert, und auch weitere Bemühungen führen zunächst nicht zum Erfolg. Dennoch verstummt der Ruf nach Errichtung einer Handelskammer in Berlin nicht. Dabei sind eine Reihe von Motiven von Bedeutung. Zunächst die Abgrenzung des Zuständigkeitsbereichs: Der Bezirk der Kaufmannschaft hat sich ursprünglich auf die Stadtgemeinden Berlin und Charlottenburg beschränkt. Die Kommunalgrenzen dieser beiden Gemeinden bleiben

8 Vgl. Dove, aaO, S. 14 ff.

lange Zeit unverändert, wirtschaftlich aber entwickelt sich ein Groß-Berliner Einheitsgebiet, das sich um kommunale Abgrenzung wenig kümmert. Es ist vor allem die Industrie, die sich bei den engen Raumverhältnissen und den teuren Bodenpreisen der Zentralgemeinden Berlins meist im Außenbereich ansiedelt. Dagegen steht die Entwicklung des Kapital- und Bankverkehrs zu ungeheurer Bedeutung, die den daran Interessierten die Nähe zur Korporation nahe legt, wenn auch zwischen dem Ältestenkollegium und der Mitgliedermasse wohl kaum enge Verbindungen bestehen. Die sonstigen Handels- und Industriekreise aber, die ihre Interessen in der Korporation in den Hintergrund gedrängt sehen, sind zunehmend nicht gewillt, sich dem zu unterwerfen, sondern verlangen die Herstellung einer Vertretung auf breiterer Basis – in einer Handelskammer. In dem Verein Berliner Kaufleute und Industrieller, so die kammereigene Darstellung, findet diese Bewegung ihren Mittelpunkt, in Ludwig Max Goldberger den „geeigneten Führer", in Emil Jakob das Verbindungsglied mit weiten Zweigen des Warenhandels. Der Handelsminister Brefeld, der Nachfolger von v. Berlepsch, versucht zu vermitteln; er will durch Teilkonzessionen des Ältestenkollegiums, das aber weit davon entfernt ist, die Ansprüche der Gegenseite zu befriedigen, und durch Warnsignale an beide Seiten den drohenden Zusammenstoß vermeiden. Er muss sich aber von der Unmöglichkeit, dem Verlangen nach der Errichtung einer Handelskammer zu widerstehen, überzeugen lassen, und er vereinbart „mit den weiterblickenden Mitgliedern des Kollegiums unter Führung des weltklugen Präsidenten Herz", dem späteren ersten Präsidenten der Handelskammer, die Umwandlung der Korporation in eine Handelskammer durch ein Umwandlungsstatut, das einer Generalversammlung der Korporation zur Genehmigung vorgelegt werden soll. Die Generalversammlung bestätigt 1901 diese Umwandlung, es gelingt aber einigen Mitgliedern, Änderungen durchzusetzen, die insbesondere auf eine Verstärkung des Einflusses des Bank- und Börsengewerbes und auf die Erschwerung von Statutenänderungen gerichtet sind. Der neue Handelsminister Möller bestätigt dieses Statut nicht, sondern verlangt die Beseitigung der Änderungen des vereinbarten Statuts. Daraufhin gewinnt die der Errichtung einer Handelskammer abgeneigte Richtung im Ältestenkollegium, deren Protagonist der Vizepräsident und spätere Präsident Kaempf ist, bei der Mehrzahl der Korporationsmitglieder das Übergewicht, und in der Generalversammlung am 10. Dezember 1901 wird das erneut umgearbeitete Statut mit 640 zu 300 Stimmen abgelehnt.

Die Mehrheit in der Korporation sieht diese zunächst gerettet, wenn auch zu einem hohen Preis; denn es existieren von nun an zwei offizielle Vertretungen der Berliner Kaufmannschaft: Handelsminister Möller verfügt am 19. Dezember 1901 die Errichtung einer Handelskammer für die Stadtgemeinden Berlin, Charlottenburg, Schöneberg und Rixdorf mit Wirkung vom 1. April 1902.

Nicht so kammertonartig zurückhaltend, zugleich ungemein kenntnisreich geschrieben und die Hintergründe sowie die Motive der Beteiligten detailliert ausleuchtend liest sich die Vorgeschichte der Gründung der Berliner Handelskammer bei einem der besten heutigen Kenner der Berliner Kaufmannschaft dieser Epoche.[9] Die Sammlung der Opposition gegen die Korporation, an der sie vor allem deren Konzentration auf das Geschehen in und um die Börse und damit Defizite in der Vertretung der Interessen von Gesamtindustrie und -handel bemängelt, beginnt danach Ende der 70er Jahre des 19. Jahrhunderts. Sie kulminiert nach einer mehr als turbulent verlaufenen Generalversammlung der Korporation am 2. Dezember 1878[10], in der sich deren beharrende Kräfte durchsetzen, am 6. Oktober 1979 in der Gründung der „Vereinigten Berliner Kaufleute und Industrieller", des heutigen „Vereins Berliner Kaufleute und Industrieller" (VBKI). Bei dieser Gründung mögen auch die Wirtschaftskrise und der daraus resultierende Ruf nach Schutzzöllen, von denen die Korporation nichts hält, eine Rolle gespielt haben; ausschlaggebend aber ist die fehlende industrielle (und Handels-) Präsenz in der Korporation, die es versäumt hat, insbesondere die Kreise der einflussreichen Berliner Textilindustriellen an sich zu binden.[11] Der VBKI, dem es auch gelingt, den 1893 ins Leben gerufenen „Centralausschuss hiesiger kaufmännischer, gewerblicher und industrieller Vereine", dem schon bald 16 Fachvereinigungen, von denen fünf der Berliner Textilindustrie nahe stehen, und damit auch mittelständische Betriebe in seine Ziele einzubinden, wird in seinem Kampf gegen die Korporation zu

9 Biggeleben, aaO, S. 96 ff., insbesondere S. 224 ff. Da dort dieser Teil der Vorgeschichte so detailliert nachzulesen ist, beschränkt sich der hiesige Beitrag auf eine Kurzdarstellung, die mehr einer in sich schlüssigen Lesbarkeit der Geschichte der Kammer dienen denn eine eigene Untersuchung vorgeben soll. Als Beitrag eines Zeitzeugen ungemein lesenswert Apt, Fünfundzwanzig Jahre im Dienst der Berliner Kaufmannschaft, aaO, insbesondere S. 21 ff.

10 Biggeleben bezeichnet die heftige Auseinandersetzung als „Showdown der widerstreitenden Interessen", aaO, S. 105.

11 Biggeleben, aaO, S. 108 ff.; zu der Mitgliederstruktur des VBKI nach Branchen in den Folgejahren ebenfalls Biggeleben, ebd., S. 111.

einem entscheidenden Motor für die Errichtung einer Handelskammer. Die Führungsfigur des VBKI in diesem Kampf wird Ludwig Max Goldberger, der im Mai 1892 die Präsidentschaft des VBKI übernimmt. Goldberger ist offenbar eine durchaus schillernde Persönlichkeit gewesen, dem Zeitgenossen eine „herausragende Intelligenz", „Ehrgeiz und Tatkraft", „zähen Eifer und unleugbares Geschick", „hohe Begabung mit dem Rüstzeug eines hervorragenden Kaufmanns" zuschreiben, während ihn andere als „sehr eitel" und als „rücksichtslosen Streber" bezeichnen, und eines der Motive, wenn nicht das Motiv, für seinen Kampf gegen die Korporation und für die Gründung einer Handelskammer wird wohl die Tatsache gewesen sein, dass das Ältestenkollegium der Korporation ihm den Eintritt verwehrt hat.[12]

Goldberger setzt bei der Verfolgung seiner Bestrebungen alle Mittel eines, heute würde man sagen, „Lobbying" ein – und darin ist er ein Meister. Nicht nur, dass er immer wieder durch Eingaben und persönliche Fürsprachen im Preußischen Handelsministerium und im Abgeordnetenhaus interveniert, er „verknüpft auch geschickt die Kampfansage an die Ältesten mit der schwebenden Frage der Neuordnung des preußischen Handelskammerwesens"[12a], und er spannt ebenso kundig im späteren Streit um das Börsengesetz die Erwartungen der Öffentlichkeit in seine Ziele ein.[13]

Der Druck auf die Korporation wird ab Mitte der 90er Jahre größer, und auch der Preußische Handelsminister beginnt, dem Drängen der durch den VBKI repräsentierten Berliner Kaufmannschaft nachzugeben. Die Korporation wehrt sich, versucht der Opposition mit Änderungen ihres Statuts entgegen zu kommen und setzt in ihrer Argumentation gegen eine Handelskammer auch auf die Prinzipienfrage der Freiwilligkeit in ihrer Vereinigung gegen die „Zwangsmitgliedschaft" in einer Kammer. Dennoch bleibt Handelsminister Brefeld, und mit ihm Justizminister Schönstedt, bei der Präferenz für die Gründung einer Handelskammer – wenn auch nicht nur aus sachlichen Gründen, sondern

12 Nachweise und mehr zu Goldberger bei Biggeleben, aaO., S. 143 ff.

12a Biggeleben, aaO., S. 229 ff.

13 Biggeleben, aaO, S. 271; innerhalb des Ältestenkollegiums soll sich nach Apt, Fünfundzwanzig Jahre, aaO, S. 14, erst in den Jahren 1901 und 1902 „infolge der Handelskammerfrage eine unerquickliche Stimmung" entwickelt haben, „welche die alte Kollegialität wesentlich beeinträchtigte".

„weil er mit Hilfe einer zu gründenden Handelskammer die Börse unter indirekte Staatskontrolle bringen" will.[14]

Das Klima zwischen beiden Organisationen ist schon zu Beginn der 90er Jahre vergiftet gewesen, und Goldberger setzt alles daran, die Korporation zu treffen, wo immer er kann.[15]

So gelingt es ihm vor den Ältestenwahlen im Dezember 1894, dem VBKI nahestehende Persönlichkeiten im Kollegium zu platzieren, und er treibt mit Hilfe der Produktenhändler einen Keil in die gegnerische Korporation; eine der Folgen ist der Sturz ihres Präsidenten Emil Frentzel, eines hochangesehenen Unternehmers und Präsident des Deutschen Handelstages.[16] Und er zieht weiter alle Register seines zweifellos vorhandenen Könnens: Nach einer für die Opposition erneut enttäuschend verlaufenen Generalversammlung der Korporation 1896 setzt er auf Parteien im Preußischen Abgeordnetenhaus, die er für seine Ziele zu gewinnen können glaubt, er betreibt nach wie vor Lobbyarbeit im Preußischen Handelsministerium, und es gelingt ihm sogar, mittels einer „anbiedernd und schwülstig" klingenden Neujahrsadresse um die Jahreswende 1900 den für schmeichelnde Huldigungen offenbar empfänglichen Kaiser Wilhelm II. für die Sache des VBKI zu interessieren, der Goldberger zwar nicht selbst empfängt, aber einen Bericht anfordert, in dessen Zusammenhang diesem auch eine persönliche Unterredung mit Reichskanzler Hohenlohe-Schillingsfürst gewährt wird.[17] Der Bericht des Handelsministers favorisiert die Gründung einer Berliner Handelskammer, wenn er auch der Korporation den Respekt nicht versagt.

Der Streit eskaliert. Der Handelsminister präferiert die Umwandlung der Korporation in eine Handelskammer. Seine Argumentation in einer entsprechenden Denkschrift aus dem Sommer des Jahres 1900 über eine Änderung des Korporationsstatuts wird von den Ältesten zurückgewiesen. Sie attackieren im Gegenzug Goldberger und den VBKI, ein „Rückzugsgefecht", in dem die Korporation zudem durch die 1898 erfolgte Gründung der Potsdamer Kammer, in deren Bereich viele Berliner Großunternehmen ihre Produktionsstätten verlagert haben und weiter

14 Biggeleben, aaO, S. 233 f.; zu dieser Absicht trägt der Streit um das Börsengesetz von 1896, der auch durch Skandale im Banken- und Börsenzentrum Berlin ausgelöst worden ist, bei, vgl. ebenfalls Biggeleben, aaO, S. 234 ff.

15 Biggeleben, aaO, S. 277 und dort FN 242

16 Zu allem Biggeleben, aaO, S. 277.

17 Vgl. wiederum Biggeleben, aaO, S. 309 f.

verlagern[18], an Rückendeckung verliert. Immerhin zeigt sie sich zu Konzessionen bereit, die dem VBKI aber nicht reichen. Nun kommt es zu dem „endgültigen Schlag“: Nachdem sich Handelsminister Brefeld schon im Februar 1900 offen gezeigt hatte, dem Wunsch einer dokumentierten Mehrheit unter den Berliner Kaufleuten für die Errichtung einer Handelskammer zu entsprechen, nachdem die Korporation im Januar 1901 eine entsprechende Befragung der im Handelsregister eingetragenen Firmen abgelehnt hatte, organisiert der VBKI mit Unterstützung des örtlichen Dachverbandes der Industrie eine eigene Umfrage; von den fast 20 000 befragten Unternehmen antworten immerhin fast 12 000, 10 903 sprechen sich für, nur 895 gegen die Errichtung einer Handelskammer aus[19] – ein weiterer wichtiger Etappensieg des VBKI.

Das Ergebnis der Umfrage munitioniert auch die Befürworter einer Handelskammer im Preußischen Landtag; nach einer heftigen öffentlichen Diskussion und einer sehr substantiellen Debatte im Landtag spricht sich dessen Mehrheit für die Errichtung einer Berliner Handelskammer aus. Auch der Kaiser lässt nun unverhohlen seinen Wunsch nach ihrem baldigen Zustandekommen mitteilen.[20] Mit diesen Rückendeckungen setzt der Preußische Handelsminister der Korporation im März ein „letztes Ultimatum“, auf das das Ältestenkollegium unter ihrem Präsidenten Wilhelm Herz im April mit einer Grundsatzentscheidung zugunsten einer Umwandlung, unter Formulierung von „essentials“ für die Umwandlung, reagiert. Seine Mehrheit ist der Meinung, dass „die Umwandlung der Korporation in eine Handelskammer das geringere Übel sei im Vergleich zu der sonst unvermeidlichen Zersplitterung und zu der der Korporation drohenden Entziehung eines Teils ihrer Rechte und ihres Einflusses auf die Behörden“.[21] Ein entsprechender Statutsentwurf folgt, in dem auch das Wahlrecht einer zukünftigen Kammer eine Rolle spielt; anders als das für die Kammer vorgesehene Dreiklassenwahlrecht will das Ältestenkollegium einen Mittelweg zwischen Allgemeinem und Dreiklassenwahlrecht, der aber erneut zu überproportionalem Einfluss der Inhaber von Bank- und Börsengeschäften führt.[22]

18 Zu diesen Auslagerungen und zu Neugründungen die Festschrift der IHK Potsdam, Einhundert Jahre im Dienst der Wirtschaft, Potsdam 1998, S. 23 ff. mit auch einzelnen Nachweisen.

19 Biggeleben, aaO, S. 214

20 Nachweise bei Biggeleben, aaO, S. 318

21 Apt, Fünfundzwanzig Jahre, aaO, S, 31

22 Detaillierte Angaben bei Biggeleben, aaO., S. 320 ff.

Goldberger erreicht beim Handelsminister die Aufforderung an das Ältestenkollegium, Klein- und Mittelbetrieben eine stärkere Stellung einzuräumen, und die Ältesten fügen sich, wenn auch nur „zähneknirschend"[23]. Aber in einer ersten Generalversammlung der Korporation am 28. Oktober 1901 stellt eine Mehrheit der Mitgliedschaft das Übergewicht der Finanzwelt – über eine Erschwerung künftiger Modifikationen auch auf unabsehbare Dauer – wieder her. Der neue Preußische Handelsminister Möller beanstandet diese Änderungen, und wiederum beugt sich das Ältestenkollegium. Doch in einer weiteren Generalversammlung am 10. Dezember 1901, die zu einem „Tummelplatz wüster Agitation"[24] mit entsprechenden heftigen verbalen gegenseitigen Angriffen, die einen Beobachter an eine „Anarchistenversammlung" erinnert, versagt die Mehrheit der Mitglieder ihrem Ältestenkollegium, das selbst auch gespalten war, aber sich mit eher knapper Mehrheit für das neue Umwandlungsstatut ausgesprochen hatte, die Gefolgschaft: Der Antrag wird mit den bereits erwähnten 640 gegen 300 Stimmen abgelehnt. Tragende Motive sind – wenn man einmal von den inzwischen auch persönlichen Abneigungen absieht –, „die überstürzte Art, in welcher Handelsminister Möller die Frage behandelt hat" und vor allem die Sorge um das „Schicksal der Börse ... Niemand konnte die Zukunftsentwicklung der Handelskammer vorhersehen und eine Garantie dafür bieten, dass die qualitativ wichtigen Börseninteressen in einer Kammer immer genügend vertreten sein werden, in welche hinein zu gelangen die mittleren und kleinen Gewerbetreibenden und auch Vertreter der Arbeitnehmerschaft in steigendem Umfange bestrebt sind".[25]

Es folgt eine Zeit der gegenseitigen Schuldzuweisungen, zwischen Korporation und VBKI, aber auch innerhalb des Ältestenkollegiums der Korporation; die Berliner Kaufmannschaft ist heillos zerstritten. In dieser Situation handelt die Obrigkeit: Am 19. Dezember 1901 genehmigt Handelsminister Möller die vom VBKI beantragte Errichtung einer Handelskammer für Berlin und seine Vororte, die am 1. April 1902 ihre Arbeit aufnehmen soll. Der Schlussstein für ihre Gründung ist gesetzt.

Im März 1902 findet die erste Wahl für die neue Vertretung der Berliner Kaufmannschaft statt – und erneut bricht Zwist aus; denn der Handelsminister schreibt für diese Wahl das Dreiklassenwahlrecht vor,

23 Biggeleben, aaO, S. 323
24 Nachweise bei Biggeleben, aaO, S. 326
25 Apt., Fünfundzwanzig Jahre, aaO, S. 35

ein „Paukenschlag, der die gesamte Situation auf den Kopf“[26] stellt. Die Folge ist, dass sich Großbanken und Großindustrie eine Vormachtstellung in der Handelskammer sichern, keineswegs zur Freude mancher an ihrer Gründung Beteiligten. Aber so ist das Ergebnis der Wahl; nur über die Besetzung in der Wahlabteilung B und damit über die Vertretung der III. Gewerbesteuerklasse mit der überwiegenden Zahl der mittelständischen Firmen kommt es zu einem offenen (Rechts-) Streit, der erst am 14. Mai 1903 durch die letztinstanzliche Entscheidung des Königlich Preußischen Oberverwaltungsgerichts beigelegt wird.[27]

Erster Präsident wird Geheimer Kommerzienrat Wilhelm Herz, I. Vizepräsident Eduard Arnold, II. Vizepräsident Franz v. Mendelssohn; Juristischer (und Erster) Syndikus ist Landgerichtsrat a. D. Heinrich Dove, Volkswirtschaftlicher Syndikus wird Dr. Otto Ehlers. Auch Namen der weiteren Mitglieder der Handelskammer[28] – nur diese sind, anders als heute, Mitglieder, nicht die wahlberechtigten Unternehmen – könnten aus einem „Gotha“ der Berliner Kaufmannschaft[29] stammen; es ist eine „beeindruckende Liste Berliner Spitzenverdiener, ergänzt durch einige weitere bekannte ‚Plutokraten‘, die ebenfalls in dem neuen ‚Millionärsclub‘ ihren Sitz nehmen“.[30]

Wilhelm Herz und weitere 15 Mitglieder der neuen Handelskammer, unter ihnen auch Franz v. Mendelssohn, bleiben zunächst im Ältestenkollegium der Korporation, Herz sogar als dessen Präsident, sind also sogenannte „Doppelmandatare“[31]. Sie hatten ihre Wahl in die Kammer angenommen „in der Hoffnung, vermittelst des Doppelmandats dahin zu wirken, dass Reibungen zwischen beiden Körperschaften tunlichst ver-

---

26 Biggeleben, aaO., S. 333; das Dreiklassenwahrecht führte dazu, dass es in der ersten Klasse 57, in der zweiten 980 und in der dritten Klasse 16 000 Wahlberechtigte gibt, Nachweis bei Biggeleben, ebd.

27 In dem Urteil wird auch die Frage behandelt, ob überhaupt eine Handelskammer gebildet werden durfte; die diese Frage bejahenden Urteilsbegründungen sind wiedergegeben in „Mitteilungen“ 1902, S. 51 f.

28 Zunächst sind wohl 36 Vorstandsmitglieder vorgesehen, vgl. Biggeleben, aaO, S. 333; der Jahresbericht 1902, abgeschlossen im Februar 1903, listet einschließlich des Präsidiums 40 Mitglieder auf.

29 Sie sind veröffentlicht im ersten Jahresbericht der Kammer für das Jahr 1902

30 Biggeleben, aaO, S. 334; die haute finance ist dabei, die Korporation zu verlassen und sich der neuen Vertretung der Kaufmannschaft zuzuwenden (und sich ihrer zu bemächtigen), vgl. ebd.

31 Gute Charakterbeschreibungen einiger Doppelmandatare bei Apt, Fünfundzwanzig Jahre, aaO, S, 5 ff.

Wilhelm Herz
Wirkl. Geheimer Rat
Präsident der Aeltesten der Kaufmannschaft
von Berlin
1895—1903

Abb. 2 Exzellenz Wilhelm Herz
Präsident der Ältesten der Kaufmannschaft von Berlin 1895–1903
Präsident der Handelskammer zu Berlin 1902–1913

mieden würden“[32], wenn dies angesichts der zu erwartenden Bedeutung der Handelskammer und ihrer zunehmenden Bevorzugung durch Handelsminister Möller[33] kaum das tragende Motiv für ihren Eintritt in die Handelskammer, vielleicht aber der Grund für ihr gleichzeitiges Verbleiben in dem Ältestenkollegium gewesen sein dürfte. Diese Doppelmandatarschaft ist nur von kurzer Dauer. Der Konflikt entzündet sich an der Aufgabenstellung, insbesondere an der Abgrenzung der öffentlichrechtlichen Befugnisse, und hier in erster Linie an der Börsenaufsicht, die der Korporation essentiell erscheint und auch ist. Die Doppelmandatare forcieren im Herbst 1902 die Entwicklung; sie legen mit Schreiben vom 18. Oktober ihre Mandate als Älteste der Kaufmannschaft nieder und geben die Entscheidung „in die Hand der Wähler zurück, um diesen die volle Freiheit ihrer Entschließung wiederzugeben.“ Die anschließenden Wahlen für das Ältestenkollegium bestätigen das Auseinanderdriften der beiden unternehmerischen Organisationen; mit Ausnahme von Franz v. Mendelssohn, der aber die Wahl nicht annimmt, wird keiner der bisherigen Doppelmandatare wiedergewählt.[34] Sie konzentrieren sich von nun an auf ihre Arbeit in der Handelskammer.

32 Apt, aaO, S. 40

33 Dazu Biggeleben, aaO, S. 336 ff.

34 Zu den dieser Wahl vorangehenden Auseinandersetzungen innerhalb der Berliner Kaufmannschaft, zu den Motiven der Handelnden, auch zu der „Erbitterung“, mit der der Streit ausgefochten wird, Apt, aaO, S. 42 ff., und Biggeleben, aaO, S. 336 ff. und 358 ff.

Kapitel II
Die Handelskammer Berlin in ihren ersten 25 Jahren

Die Ära Herz

Mitglieder der Handelskammer üben ihr Ehrenamt mit „Hingabe" aus.[1] Es ist vor allem ihr Präsident Herz, der die ersten Jahre prägt und der neuen Interessenvertretung der Berliner Kaufmannschaft hohe Reputation verschafft. Herz hatte die Handelshochschule in Leipzig besucht und war mit zwanzig Jahren in das Geschäft seines Vaters eingetreten. Er war maßgeblich an der Entwicklung der Speiseölindustrie in Deutschland beteiligt, wurde mehrfach als Ölsachverständiger nach England berufen; er war deshalb auch als „Öl-Herz" bekannt. 1869 gründete er in Berlin eine Gummiwarenfabrik. Er gehörte zu den Gründern der Schultheiß-Brauerei und war 43 Jahre lang ihr Aufsichtsratsvorsitzender. Von 1907 bis zu seinem Tod leitete er auch den Aufsichtsrat der Deutschen Bank. Er war auch einer der Gründer des Handelsvertragsvereins, dessen Präsident er nach dem Ableben von G. v. Siemens wurde.[2] Herz repräsentiert „die Würde des ehrbaren Kaufmanns unübertrefflich ... Obwohl schon bei meinem Eintritt in die Kammer (1904) 80 Jahre alt, präsidierte er dem Kollegium noch weitere 10 Jahre ohne Nachlassen seiner Autorität und mit ungeschwächter Instinktsicherheit seines Urteils. Bis Mitte achtzig war er ein eleganter Reiter. Dass ihn der Kaiser zur Exzellenz machte und neu ernannte Minister bei ihm die Karte abgaben, beweist, welches Ansehen er auch ausserhalb seines Berufskreises genoss".[3] Er nimmt „im geschäftlichen Leben eine hervorragende Stellung ein, was auch darin zum Ausdruck kam, dass er bis zu seinem Ableben Vorsitzender des Aufsichtsrats der Deutschen Bank war. Er verstand es auch, im gesellschaftlichen Leben Berlins eine hervorragende Rolle zu spielen. Er

1 Meyer, Oscar, Von Bismarck zu Hitler. Erinnerungen und Betrachtungen, Verlag Friedrich Krause, New York City 1944, S. 64, dort S. 64 ff. auch lesenswerte Beschreibungen einiger Kammermitglieder.

2 So die Angaben bei Zabel, Hans-Henning, Herz, Wilhelm, in: Neue Deutsche Bibliographie Bd. 8, Berlin 1969; weitere Einzelheiten des unternehmerischen und gesellschaftlichen Wirkens von Herz bei Biggeleben, aaO, S. 187 ff.

3 Meyer, aaO, S. 64

war im Präsidium des feudalen Unionsclub und selbst ein vorzüglicher Reiter, welcher bis in sein hohes Alter hinein seine jungen Vollblüter im Tiergarten tummelte. Ein Grandseigneur im besten Sinne des Wortes, erfreute er sich auch bei Hofe großer Beliebtheit. Er war der erste Kaufmann, dem der nur für die höchsten Beamten vorbehaltene Exzellenz-Titel verliehen wurde. Sein Haus, Dorotheenstr. 1, war die Stätte edelster Gesellschaft. Die Festessen, welche er aus Anlaß der Kaisergeburtstagsfeier gab, hatten besonderen Stil".[4]

Die Führung der Handelskammer hat ein „weltkluger Präsident"[5] inne, wenn auch ihre eigentliche Leitung mehr und mehr auf den Schultern von Franz v. Mendelssohn liegen wird.[6]

Trotz der hohen Reputation ihres Präsidenten, trotz der herausragenden Zusammensetzung der übrigen Mitglieder und ihres Einflusses in Wirtschaft und Gesellschaft Berlins hat die neue Kammer es in den ersten Jahren nicht leicht. Die angefochtenen Wahlen von 1902, der anschließende Streit um die Rechtmäßigkeit ihrer Gründung, der Streit mit der Korporation um die Aufgaben, insbesondere um die Börsenaufsicht, das Nebeneinander auch mit der Potsdamer Handelskammer, Sitz Berlin, in deren Einflussbereich die großen Werke der Berliner Elektro- und Maschinenbauindustrie liegen, die Orientierung maßgeblicher Industrieller hin zu den Fachverbänden, in denen sie ihre Interessen besser aufgehoben fühlen, zudem „Kinderkrankheiten der jungen Kammer" in Aufbau und Arbeitsweise sind eine Belastung für diese ersten Jahre.[7]

Aber die Kammer setzt sich durch. Dass sie die Aufgabe der Wahrnehmung der Gesamtinteressen der Handel- und Gewerbetreibenden ihres Bezirks hat, insbesondere die Unterstützung der Behörden in der Förderung von Handel und Gewerbe durch tatsächliche Mitteilungen, Anträge und Gutachtenerstattung, ist schon nach § 1 des Handelskammergesetzes unzweifelhaft. Mitte 1902 kommen über eine Novelle zu diesem Gesetz ganz wesentliche öffentlich-rechtliche Befugnisse hinzu: Die Kontrolle des Handelsregisters, die öffentliche Anstellung und Beeidigung von Handelssachverständigen, Handelsrichtervorschläge und die Ernennung von Revisoren des Gründungsvorgangs, die Vertretung in den

4 Apt, Fünfundzwanzig Jahre, aaO, S. 5 f.

5 Dove, Die Entstehung und Entwicklung der Industrie- und Handelskammer zu Berlin und ihr organisatorischer Ausbau, aaO, S. 14.

6 Biggeleben, aaO, S. 373

7 Zu allem Biggeleben, aaO, S. 370 ff.

Abb. 3 Kammerpräsident Wilhelm Herz beim morgendlichen Ausritt im Tiergarten

Bezirkseisenbahnräten[8], die Ausstellung von Ursprungszeugnissen und anderen dem Handelsverkehr dienenden Bescheinigungen, die gutachterliche Äußerung vor Erlass von Bestimmungen nach dem HGB und die Erteilung der öffentlichen Ermächtigung, deren Handelsmakler zu

8 Diese Aufgaben nennt der Jahresbericht (JB) der Kammer 1902 bei der Beschreibung des „Geschäftskreises der Kammer“ ausdrücklich, vgl. dort S. 7 ff.

Käufen und Verkäufen bedürfen[9]; nur in den Angelegenheiten des Handelsregisters, bei denen eine Anhörung der Handelsorgane vorgeschrieben ist, hat auch das Ältestenkollegium noch ein Mitspracherecht.[10] Die Kammer unterhält auch ein Verkehrsbüro für die Erledigung von Eisenbahn- und Post- sowie Schifffahrtsfragen einschließlich der den Zoll und die Spedition betreffenden Angelegenheiten. Die aus Sicht beider Vertretungen der Kaufmannschaft wichtigste öffentlich-rechtliche Aufgabe, die Börsenaufsicht, verbleibt zunächst bei der Korporation, aber nur, wie der die Kammer nach wie vor und auch in diesem Punkt bevorzugende Handelsminister Möller verlautbart, „bis die Verhandlungen über die Modalitäten dieser Übertragung und über die Zuständigkeit für die sonstigen bei der Börse zu erledigenden Verwaltungsaufgaben abgeschlossen sein würden".[11] Am 1. Mai 1903 wird die Handelskammer durch eine Verfügung des Handelsministers vom 27. März auch zuständig für die bisher von den Ältesten der Kaufmannschaft ausgeübte unmittelbare Aufsicht über die Börse; der Korporation verbleibt nur ihre finanzielle Verwaltung.[12] Die administrative Verwaltung geht ebenfalls auf die Handelskammer über. Dove, ihr Erster Syndikus, wird Chefsyndikus des Börsenvorstandes, der Zulassungsstelle und des Ehrengerichts; diesen letzten „Affront" nehmen die Ältesten kampflos hin[13], und selbst ihr eigener Erster Berater, Max Apt, der unermüdlich für die Erhaltung der Börsenaufsicht für die Ältesten gekämpft hatte, wendet sich resignierend neuen Aufgaben zu.[14]

---

9 Ergänzungen durch Biggeleben, aaO, S. 336, nach Apt, Fünfundzwanzig Jahre, aaO, S. 36 ff.

10 Apt, aaO, S. 40

11 Ebd.

12 „Mitteilungen" vom 8. 4. 1903; der „Kampf um die Aufsicht über die Berliner Börse" ist ausführlich geschildert bei Apt, aaO, S. 140 ff, und bei Biggeleben, aaO, S. 361 ff. Zu den Abgrenzungen zwischen Börsenaufsicht und Finanzverwaltung s. auch JB 1903, S. 5 f.

13 Biggeleben, aaO, S. 366

14 Apt, aaO, S. 165; die neue Aufgabe ist die Errichtung einer Handelshochschule in Berlin, dazu später. Den Ältesten verbleibt auch die allgemeine gutachterliche Tätigkeit auf wirtschaftspolitischem Gebiet, wenn nun auch eingeschränkt durch die Befugnisse der Kammer, und ihre gemeinnützige Tätigkeit auf dem Gebiet der Selbstverwaltung, worunter insbesondere die Bibliothek und der Lesesaal, die Fortbildungsschulen und das übrige kaufmännische Bildungswesen zu verstehen sind, vgl. die Ansprache von Kaempf in der Plenarsitzung der Ältesten Anfang Januar 1903, Correspondenz der Ältesten der Kaufmannschaft von Berlin, 1903, S. 2.

In den kommenden Jahren hat sich die neue Handelskammer neben ihren Tätigkeiten mit Außenwirkung naturgemäß auch mit ihrem inneren Ausbau und ihrer Aufstellung zu befassen. Sie wird von einem dreiköpfigen Präsidium geführt. Vieles an fachlicher Arbeit findet in den nach Branchen gegliederten Fachausschüssen statt, von denen es zunächst 28[15], zehn Jahre später 34 gibt, in denen um die 700 Unternehmer ständig in die Arbeit der Kammer eingebunden sind; die Vorsitzenden stammen aus den Reihen der Mitglieder und werden von der Kammerführung ernannt, während die übrigen Mitglieder von den jeweiligen Branchen gewählt werden.[16] Im Jahr 1903 macht sich die Kammer an den Bau eines Geschäftshauses, mit der Begründung, dass „der stets wachsende Umfang der Geschäfte, die Notwendigkeit, die für ihre Erledigung erforderlichen Beamtenkräfte in geeigneter Weise unterzubringen, für die sich mehrende Zahl der Sitzungen von Kommissionen, Fachausschüssen usw. die erforderlichen Räumlichkeiten zur Verfügung zu haben, endlich das Erfordernis, den Apparat an Akten- und Bücherbeständen der Benutzung zugänglich zu erhalten, den Erwerb eines Grundstücks und die Inangriffnahme eines Geschäftshauses als unabweisliche Maßregel erscheinen“ lassen.[17] Der „stattliche Bau“[18] in der Dorotheenstraße wird Ende des folgenden Jahres fertig und nimmt alle Zweige des Geschäftsbetriebes auf. Der Geschäftsumfang wird beträchtlich. Für das Jahr 1904 beispielsweise verzeichnet die Handelskammer 32 Vollversammlungen, 154 Kommissionssitzungen und 100 Fachausschusssitzungen; die Zahl der Eingänge im so genannten Zentralbüro gibt sie mit 7500, die der Ausgänge (einschließlich Drucksachen) mit 45 000 an, sie erteilt auf die Anforderung von Gerichten 345 Gutachten und Auskünfte, benennt in 205 Fällen Sachverständige, und das Verkehrsbüro erteilt 3000 Auskünfte in Eisenbahn-, Post-, Zoll- und Schifffahrtsangelegenheiten.[19] Die Rechnung der Kammer beträgt für 1903/1904 in Einnahmen und Ausgaben um 2,850 Millionen Reichsmark (allerdings einschließlich der Einnahmen aus der Ausgabe von Obligationen von 2,5 Mio. RM und der Belastungen durch Grundstückserwerb, Kosten der Bauten und Vortrag eines Guthabens für den Bau in Höhe von fast

---

15 JB 1903, S. 7
16 Nachweise bei Biggeleben, aaO, S. 370
17 JB 1903, S. 8
18 JB 1904, S. 28
19 JB 1905, S. 26

Abb. 4 Der Dienstsitz der Handelskammer zu Berlin in der Dorotheenstrasse

1,5 Millionen).[20] Inhaltlich kümmert sie sich zunehmend auch um das kaufmännische und das Fachschulwesen[21], und sie wird durch Zuwendungen zu Stiftungen in die Lage versetzt, notleidenden Kaufleuten Unterstützung zu gewähren.[22] Im Jahre 1905 gibt sie sich, quasi als Schlussstein ihres Gründungsvorgangs und sichtbares Zeichen für das Ende aller Zweifel und Zwistigkeiten um die Rechtmäßigkeit ihrer Existenz, ihr erstes Statut.[23]

Ganz ohne „Eifersüchteleien und Unstimmigkeiten“[24] zwischen Ältesten und Handelskammer geht es aber auch in diesen Jahren nicht, waren doch – nach den inhaltlichen Auseinandersetzungen – die persönlichen Verletzungen verblieben, die der Kampf zwischen Korporation,

20 „Mitteilungen“ 1904, Heft 5, S. 60
21 JB 1903, S. 14
22 Vgl. die Einzelnachweise schon für das Jahr 1903 in JB 1903, S. 13, darunter großzügige Zuwendungen von Herz, James Simon, Frau von Hansemann und von der Firma S. Bleichröder.
23 „Mitteilungen“ 1905, Heft 6, S. 107 ff.
24 So die Überschrift über ein entsprechendes Kapitel von Biggeleben, aaO, S. 367 ff.

Abb. 5 Die Eingangshalle

VBKI und Handelskammer hinterlassen hatte[25], wenn sie auch nicht mehr das Ausmaß und die Auswüchse des früheren Streits annehmen – eher sind es Kleinlichkeiten, und dies von beiden Seiten. Es wird auch Gemeinsamkeiten geben, so bei der Gründung des „Hansa-Bundes für Gewerbe, Handel und Industrie" im Jahr 1909, der dem liberalen Bürgertum den seiner wirtschaftlichen Kraft entsprechenden, auch politischen, Einfluss verschaffen soll; in seiner Führung ist die Berliner Kaufmannschaft, sind auch Kammer, Korporation und VBKI prominent vertreten, wenn nicht – denn es handelt sich um eine deutschlandweite Initiative – überrepräsentiert.[26] Das Nachlassen der Zwistigkeiten ist auch darauf zurückzuführen, dass sich die Ältesten angesichts ihres schwindenden Einflusses insbesondere auf die Börse ein neues Ziel geben: die Errichtung einer Handelshochschule in Berlin.

Die Handelshochschule[27] Berlin, auf einem Grundstücksblock zwischen Spandauerstraße, Neuer Friedrichstraße und Heiliggeistgasse an-

25 Biggeleben, aaO, S. 367

26 Biggeleben, aaO, S. 383 ff, mit Einzelnachweisen.

27 Über die Vorgeschichte von Handelshochschulen allgemein und über Vorläufer des Berliner Instituts sehr eingehend Apt, Fünfundzwanzig Jahre, aaO, S. 170 ff; zur Vorgeschichte der Berliner Gründung und zu ihren Aufgaben und ihrer

gesiedelt, also in unmittelbarer Nähe der Börse, wird am 27. Oktober 1906 als Einrichtung der Korporation der Kaufmannschaft mit einer Feier in ihrer Aula eröffnet. An ihr nehmen der Kronprinz als Vertreter des Kaisers und zahlreiche Repräsentanten des öffentlichen Lebens der Hauptstadt teil. Es sprechen der Präsident des Ältestenkollegiums Kaempf, der erste Rektor, Professor Jastrow, und Handelsminister Dr. Delbrück; Grußadressen kommen von den Oberbürgermeistern der Städte Berlin und Charlottenburg und vom Prorektor der Universität Berlin, und es reden auch der Rektor der Technischen Hochschule, der Studiendirektor der Handelshochschule Köln und Professor Blondel von der Ecole des hautes Etudes commerciales de Paris, zugleich als Vertreter der Handelskammer Paris.[28] Berlin hat seine Handelshochschule und die Korporation eine neue – und wichtige – Aufgabe, in deren Ausübung sie eine „Befestigung" ihrer Stellung erblickt; „die Stellung der Korporation würde nach Errichtung der Handelshochschule nicht so leicht zu erschüttern sein".[29] So kommen inhaltliche Beweggründe, das Vorhandensein von (noch) auskömmlichen finanziellen Mitteln und – legitimer – Selbsterhaltungswille der Korporation zu einem auch für die Berliner Kaufmannschaft und für seinen Nachwuchs guten Ergebnis.

Im gleichen Jahr 1906 erklärt die Handelskammer ihren Ausbau einschließlich ihrer inneren Organisation als im wesentlichen abgeschlossen.[30] Auch ihre Geschäftstätigkeit hat kontinuierlich zugenommen: So verzeichnet sie für dieses Jahr nunmehr 35 800 Eingänge, 102 000 Ausgänge, 470 Gutachten und Auskünfte auf Anforderung von Gerichten und 295 Bestellungen von Sachverständigen; auch ihr Haushalt, nunmehr bereinigt um die Kosten der Errichtung des neuen Dienstsitzes, wächst auf 475 000 RM (die Einnahmen aus Handelskammerbeiträgen haben sich gegenüber 1903 bei konstantem Zuschlag

Organisation ebenfalls Apt, ebd., S. 170 ff. und S. 180 ff; vgl. zu ihrer Gründung und zu den ersten Jahren ihrer Tätigkeit auch Jastrow, Die Handelshochschule Berlin, Bericht über die erste Rektoriatsperiode Oktober 1906–1909, in: Handelshochschule Berlin, zunächst Verlag von Georg Reimer, Berlin, dann Walter de Gruyter & Co, noch später Chronik der Handelshochschule Berlin 1926–1930; die Berichte 1922–1926 sind nicht erschienen, der Bericht 1920 bis 1922 ist nicht publiziert, befindet sich aber im Manuskript in der Unterlagen der IHK Berlin.

28 Apt, ebd., S. 206 ff; die stenographischen Aufzeichnungen sind enthalten in: Korporation der Kaufmannschaft von Berlin, Die Eröffnung der Handelshochschule Berlin am 27. Oktober 1906, Verlag von Georg Reimer, Berlin 1906.

29 Apt, ebd., S. 209

30 JB 1906, S. 69

Das Handelshochschulgebäude
Spandauer Straße 1/2
(Von der Ecke der Neuen Friedrichstraße gesehen)

Abb. 6 Die Handelshochschule Spandauer Strasse 1/2

auf die Gewerbesteuer nahezu verdoppelt).[31] Unzufrieden ist sie dagegen mit ihrem örtlichen Zuständigkeitsbereich, und sie beklagt immer wieder die „Missstände, welche in der Nichtübereinstimmung der Grenzen des Handelskammerbezirks und derjenigen des als tatsächliche wirtschaftliche Einheit erscheinenden, aus der Hauptstadt und ihrer Umgebung gebildeten örtlichen Gebiets ihre Ursache haben“.[32] Sie reagiert darauf mit dem Ruf nach der Schaffung eines wirtschaftlichen Groß-Berlins unter ihrer alleinigen Verantwortung und äußert die Meinung, die „wirtschaftliche Notwendigkeit werde eine entsprechende rechtliche Konstruktion über kurz oder lang erzwingen“.[33] Es wird noch lange dauern. Kurzfristig wird Abhilfe gesucht und gefunden durch die Verbesserung der Zusammenarbeit mit der Handelskammer Potsdam, Sitz Berlin. Zunächst wird für die Bestellung von Sachverständigen und Bücherre-

31 „Mitteilungen“1906, S. 57 und 258
32 JB 1906, S. 69 f.
33 Ebd., S. 70; ebenso im JB 1907, S. 63

visoren eine gemeinsame Kommission gegründet, und im weiteren Verlauf des Jahres 1908 bilden beide Kammern auch für andere Angelegenheiten einen gemeinsamen Ausschuss. Er besteht aus den Präsidenten und den Vizepräsidenten beider Kammern, hat eine Satzung und gibt sich eine förmliche Geschäftsordnung.[34] Der Handelsminister spricht seine „lebhafte Befriedigung" aus und begrüßt neben der Hoffnung auf den dadurch geschaffenen Ausgleich von Meinungsverschiedenheiten auch die Möglichkeit, „den Ausschuß der Verständigung der Kammern mit anderen Organisationen dienstbar zu machen, eine Gewähr für ein gedeihliches Zusammenarbeiten der in Berlin bestehenden Handelsvertretungen".[35]

Wirtschaftspolitisch sind die ersten Jahre der neuen Handelskammer geprägt durch ihre Einschaltung in die Gesetzgebung, die vielfach von den Bestrebungen erfüllt sind, die sich um die Reform des deutschen Börsengesetzes, insbesondere um die Befreiung des Terminhandels von gesetzlichen Beschränkungen, bemühen. Hier gehen die Interessen der Handelskammer und der Korporation, die nach wie vor Träger der ökonomischen Seite des Berliner Börsenunternehmens ist, Hand in Hand, und auch der neu gegründete Centralverband der Banken und Bankiers streitet an ihrer Seite.[36] Die Kammer wirkt auch in zahlreichen Gremien auf nationaler und regionaler Ebene mit, so natürlich in den Organen des Deutschen Handelstages[37], beispielsweise auch in den Bezirkseisenbahnräten Berlin, Altona, Bromberg, Erfurt und Magdeburg, sowie im Wasserstraßenbeirat für den Großschifffahrtsweg Berlin-Stettin und in der Aufsichtskommission des Holzmeßamtes Thorn; die Reichskolonialverwaltung gründet 1910 einen Beirat zu ihrer Unterstützung bei der Beurteilung allgemeiner wirtschaftlicher Fragen, in den zwei Mitglieder der Berliner Kammer – neben zwei Mitgliedern der

34 „Mitteilungen" 1908, S. 66, 230 f. und 279 f.

35 „Mitteilungen" 1908, S. 243

36 Dove, Die Entstehung und Entwicklung der Industrie- und Handelskammer zu Berlin und ihr organisatorischer Ausbau, aaO, S. 16; zu dem Kampf um die Reform des Börsengesetzes insgesamt auch Apt, Fünfundzwanzig Jahre, aaO, S. 115 ff.

37 Zu dessen Etat Berliner Handelskammer und Korporation um 1910 immerhin etwa 10% beitragen, vgl. Dascher, Ottfried, Im Widerstreit von Politik und Wirtschaft – Die Kammersyndici im Deutschen Kaiserreich 1871–1918, in: Bericht über den Kollegentag 1977 in Dortmund, hrsg. vom Verband der Geschäftsführer deutscher Industrie- und Handelskammern, S. 21.

Hamburger Handelskammer und je einem Vertreter der Kammern Köln, Chemnitz, Nürnberg, Bremen und Mannheim – berufen werden.[38]

Zu ihrem zehnjährigen Bestehen im Jahre 1912 bezeichnet die Handelskammer ihre innere Organisation als abgeschlossen.[39] Ihr Präsident Wilhelm Herz hat sein langes und herausragendes Lebenswerk erfüllt. Die Handelskammer feiert im April 1913 mit ihm noch seinen neunzigsten Geburtstag. Ende des Jahres tritt Herz unter Hinweis auf sein hohes Alter zurück. Er wird auch von ihr – der Kaiser hatte ihn, wie berichtet, aus diesem Anlass mit dem Titel Exzellenz ausgezeichnet – hoch geehrt: Wilhelm Herz wird Ehrenpräsident des Hauses, und die Kammer stellt, um ihre „Dankbarkeit in eine äußere Form zu kleiden", seine Büste in ihrem Dienstsitz auf.[40]

38 JB 1910, S. 43, und „Mitteilungen" 1910, S. 191 f.
39 JB 1912, S. 37.
40 JB 1913, S. 43

Kapitel III
Die Handelskammer Berlin in ihren ersten fünfundzwanzig Jahren

Die Ära v. Mendelssohn

Die Nachfolge von Wilhelm Herz ist wohlgeordnet. Präsident wird Franz v. Mendelssohn, der bereits seit Gründung der Kammer 1902 Mitglied, von 1902 bis 1903 II. Vizepräsident, ab 1903 bis zur Übernahme der Führung des Hauses I. Vizepräsident gewesen war.

Franz v. Mendelssohn stammt aus einer prominenten, wenn nicht der herausragenden jüdischstämmigen Familie[1] Berlins, die – mit anderen – das großbürgerliche Leben in der Hauptstadt geprägt hat. Das von Joseph Mendelssohn Ende des 18. Jahrhunderts gegründete Bankhaus bleibt über Generationen in der Familie, in den Händen von geschickten und einfußreichen Nachfolgern, die dazu noch im Stande sind – wie dies bei Franz v. Mendelssohn mit Rudolf Loeb der Fall ist –, sehr tüchtige Männer an sich und an das Institut zu binden. Josephs Sohn Alexander trägt ebenso zum Aufschwung der deutschen Wirtschaft bei wie dessen Sohn Franz, den Kaiser Friedrich III. 1888 in den erblichen Adelsstand erhebt.

Einer seiner beiden Söhne wird am 29. Juni 1865 als Franz Mendelssohn in Berlin geboren. Er studiert in Berlin und Bonn Rechtswissenschaften und legt 1888 das Referendarexamen ab. 1889 tritt er in das

---

1 Zur Familie Mendelssohn in ihren vielfältigen Verzweigungen insbesondere Lackmann, Thomas, Das Glück der Mendelssohns, Geschichte einer deutschen Familie, Aufbau – Verlag, Berlin 2005; Uebel, Lothar, Die Mendelssohns in der Jägerstraße, Berlin 2001, S. 15 ff; Treue, Wilhelm, Das Bankhaus Mendelssohn als Beispiel einer Privatbank im 19. und 20. Jahrhundert, Mendelssohn-Studien. Beiträge zur neueren deutschen Kultur- und Wirtschaftsgeschichte Band 1, Duncker & Humblot, Berlin 1972, S. 30 ff; Schoeps, Julius, Das Ende von Mendelssohn & Co. – Ungereimtheiten bei der „Liquidierung" bzw. „Arisierung" einer Berliner Privatbank in der Zeit des Nationalsozialismus, in: Hübener/Hübscher/Hummel (Hrsg.), Bankgeschäfte an Havel und Spree, Verlag für Berlin-Brandenburg, Potsdam 2000, S. 70 ff; siehe auch den Stammbaum in der Beilage zu dem Katalog „Die Mendelssohns in Berlin.Eine Familie und ihre Stadt", Staatsbibliothek Preußischer Kulturbesitz, 1983.

Bankgeschäft seiner Familie ein und wird schon 1892 Teilhaber des Hauses.

Die Geschichte des Bankhauses Mendelssohn steht für den Aufschwung der deutschen Wirtschaft vor allem ab der zweiten Hälfte des 19. Jahrhunderts ebenso wie für ihre Internationalisierung.[2] „Das Bankhaus Mendelssohn & Co. (hat) alle Phasen der deutsch-preußischen Geschichte vom preußischen Spätkapitalismus über den in Paris konzentrierten Imperialismus Napoleons I., den an England orientierten Liberalismus bis zum Manchestertum, den Protektionismus bis zum Nationalismus, den mehr erzwungenen als überzeugten Liberalismus der Weimarer Republik und schließlich die Ansätze zur Autarkie miterlebt“[3] und sicherlich auch mitgestaltet. Mendelssohn & Co. wird die größte deutsche Privatbank, aber sie bleibt „ein preußisches bzw. deutsches Bankhaus, loyal gegenüber der Dynastie, verbunden mit der Oberschicht, im ganzen durch einen liberalen, weltmännischen Konservatismus und durch das Geschäft mehr zur politischen Zurückhaltung tendierend als zur Teilnahme an Parteipolitik und zur Übernahme politischer Ämter“[4], was Generationen von Mitinhabern aber nicht gehindert hat, „wichtige Funktionen auf dem Gebiet der Volkswirtschaft und der internationalen Wirtschaft sowie der nationalen und internationalen Gesellschaft“[5] auszuüben – und, wie zu zeigen sein wird, herausragende Ämter in wirtschaftlichen Vereinigungen, Korporationen und Kammern zu übernehmen. Die Geschicke des Bankhauses werden erst 1938 mit der Übernahme durch die Deutsche Bank enden, und die Umstände, unter denen sich dieses Ende vollzieht, sind für manche immer noch nicht völlig transparent.[6]

Franz v. Mendelssohn, der neue Präsident der Industrie- und Handelskammer, steht in dieser großen Tradition seines Hauses, wenn er auch wegen seiner zahlreichen politischen und wirtschaftlichen Ehrenämtern

---

2 Dazu vornehmlich Treue, Das Bankhaus Mendelssohn, aaO, S. 30 ff.

3 Treue, aaO, S. 72

4 Treue, aaO, S. 74

5 Treue, aaO, S. 71 f.

6 Schoeps, Das Ende von Mendelssohn & Co., aaO, S. 69 ff; einiges trägt immerhin Lackmann, Das Glück der Mendelssohns, aaO, S. 470 ff., bei; vgl. auch Köhler, Ingo, Die Verdrängung jüdischer Privatbankiers vom Finanzplatz Berlin, 1933–1938, in: „Arisierung“ in Berlin, herausgegeben von Christof Biggeleben, Beate Schreiber, Kilian J.L. Steiner, Metropol-Verlag, Berlin 2007, und Kopper, Christopher, Bankiers unterm Hakenkreuz, Deutscher Taschenbuch Verlag, 2008, S. 168 f.

in seiner Bank wohl eher als „Außenminister" der Finanzwirtschaft denn als ein Bankier angesehen worden ist[7] – aber es hat ihn eben auch ausgezeichnet, dass er fähige Männer suchte und fand – und sie zu Teilhabern machte, wie Rudolf Loeb –, die ihm für die eigentlichen Bankgeschäfte zur Seite standen.[8] Mit der Mitgliedschaft in der Korporation der Kaufmannschaft, mit der Übernahme von herausragenden Ämtern in der Industrie- und Handelskammer zu Berlin und der Übernahme der Präsidentschaft knüpft er ebenfalls an eine große Tradition seiner Vorfahren an. Schon sein Urgroßvater hatte der Berliner Kaufmannskorporation vorgestanden, und ebenso war sein Vater von 1881 bis 1886 Vorsitzender der Ältesten der Kaufmannschaft gewesen.[9] Gleiches gilt für die Mitarbeit im Deutschen Handelstag, dessen Ausschuss (Vollversammlung) schon sein Vater ab 1872 angehört hatte und in dem er selbst ab 1906 Mitglied wird. In der Korporation der Kaufleute ist er Mitglied, wird zugleich mit der Gründung der Industrie- und Handelskammer ihr Vizepräsident – und wird trotz aller Differenzen zwischen Korporation und Kammer 1902 wieder zum Mitglied der Ältesten der Korporation gewählt, als einziger der sogenannten „Doppelmandatare", nimmt aber die Wahl nicht an[10]; immerhin spricht allein die Tatsache der Wahl für das uneingeschränkte Vertrauen, dass er in allen Teilen der Berliner Kaufmannschaft genießt.

Franz v. Mendelssohn gehört zu den herausragenden Persönlichkeiten des bürgerlichen Berlins. Das liegt keineswegs nur an seinen mehr als auskömmlichen Einkommensverhältnissen – er hat um 1910 ein Vermögen von etwa 17 bis 18 Millionen Mark und ein jährliches Einkommen von annähernd einer Million Mark[11] –, sondern vor allem an seinem Einfluss in der Wirtschaft, seinem Mäzenatentum gegenüber Kunst und Wissenschaft und an dem Beispiel, das er mit seinen eigenen gesellschaftlichen Aktivitäten gibt. Er wird über die Jahre nicht nur Präsident des Deutschen Industrie- und Handelstages und Präsident der Internationalen Handelskammer, er ist Mitglied des Preußischen Herrenhauses gewesen, belgischer Generalkonsul, Mitglied im Generalrat der Reichs-

7 Lowenthal-Hensel, Franz von Mendelssohn. Zum 50. Todestag am 13. Juni 1985, Mendelssohn-Studien, Beiträge zur neueren deutschen Kultur- und Wirtschaftsgeschichte, Band 6, Duncker & Humblot, Berlin 1986, S. 252

8 Lowenthal-Hensel, ebd.

9 Biggeleben, „Bollwerk des Bürgertums", aaO, S. 373, und Der Deutsche Handelstag 1861–1911, S. 420

10 Biggeleben, aaO, S. 340

11 Treue, Das Bankhaus Mendelssohn, aaO, S. 53

bank, Präsident des Verwaltungsrats der Treuhandverwaltung für das deutsch-niederländische Finanzabkommen, er war auch Schatzmeister des Vereins der Freunde der Preußischen Staatsbibliothek und des Kaiser-Friedrich-Museums-Vereins, dessen Mitbegründer er war, stellvertretender Vorsitzender der Deutschen Orientgesellschaft, die er ebenfalls mitgegründet hatte, Mitgründer des Vereins der Freunde der Nationalgalerie Berlin[12], um nur einige seiner Ehrenämter hervorzuheben, ist ein großer Mäzen und einer der wichtigsten Berliner Sammler[13], er ist ein musischer Mensch, spielt selbst Geige, er musiziert in seinem Haus an der Herthastraße in Berlin mit Gleichgesinnten[14], und er ist auch privat ein großzügiger, ein großer Gastgeber: Sein Haus wird noch in der Weimarer Zeit eine „der Inseln bürgerlicher Gesellschaft (sein), denen sich gerade bei der zeitgenössischen Erscheinung des protzenhaft zur Schau gestellten dubiosen Neureichtums die Augen der anspruchsvollen Berliner in besonderem Maße zuwandten.... Die Entdeckung des bürgerlichen Herrn, der sich vorteilhaft von den alten Spitzen der Adelsgesellschaft abhob, so weit er auch in Ansichten und Gehabe von den sozialdemokratischen Parteigenossen entfernt war, hat das Selbstvertrauen der Führungsschicht des neuen Staates ohne Zweifel gestärkt. Die Republik konnte von hier, aus dem gesellschaftlichen Raum, einen Hauch von Kontinuität, von solider Tradition erwerben."[15]

Seinen Charakter zeichnet niemand besser als sein langjähriger Erster Syndikus in der Industrie- und Handelskammer zu Berlin: Franz v. Mendelsohn sei von allen Menschen, mit denen er dienstlich zu tun gehabt hätte, „die vornehmste Persönlichkeit. Wenn er einen (kursiv!) Fehler hatte, so war es der, dass er in der Lauterkeit seines eigenen Charakters auch solchen, die es nicht verdienten, sein Vertrauen schenkte."[16]

---

12 Vgl. Meyer, Andrea, In guter Gesellschaft. Der Verein der Freunde der Nationalgalerie Berlin von 1929 bis heute, Fannel & Walz Verlag, Berlin 1998, S. 231.

13 Meyer, Andrea, ebd., S. 53

14 Zum Vorstehenden Treue, ebd, S. 57, Lowenthal-Hensel, aaO, S. 258 ff. und Biggeleben, „Bollwerk des Bürgertums", aaO, S. 438 ff.

15 Schäfer, Der Deutsche Industrie- und Handelstag als politisches Forum der Weimarer Republik, Verlag Weltarchiv GmbH, Hamburg 1966, S. 36 f.

16 Meyer, Oscar, Von Bismarck zu Hitler, aaO, S. 56. Gemeint ist hier vor allem der „neureiche" Dr. Fritz Mannheimer, mit dem v. Mendelssohn 1921 eine Sozietät eingeht und ihm die Leitung des Bankinstituts in Amsterdam überlässt; Meyer, der Grund hat, auf Mannheimer nicht gut zu sprechen zu sein (dazu später), rechnet ihm Spekulationen zu, die den Zusammenbruch des Bankhauses verschuldet hätten.

Abb. 7 Franz v. Mendelssohn
Präsident der (Industrie- und) Handelskammer zu Berlin 1914–1931
Präsident des Deutschen Industrie- und Handelstages 1921–1931

Von Mendelssohn übernimmt die Präsidentschaft der Handelskammer Anfang 1914; die weiteren Mitglieder des Präsidiums sind Louis Ravené als erster und Geheimer Kommerzienrat Wilhelm Kopetzki als zweiter Vizepräsident.

Der aufziehende Weltkrieg wirft noch keine Schatten voraus; jedenfalls ist davon in den amtlichen Publikationen der Kammer nichts zu spüren. Noch im Sommer 1914 besucht eine Delegation des VBKI, unter der auch Mitglieder der Kammer sind, London, und die Kammer sieht sich aufgrund des Verlaufs des Besuchs veranlasst, der Londoner Handelskammer herzlich für die „glänzende Aufnahme" zu danken und einen Gegenbesuch in Berlin anzuregen; der Londoner Präsident, Lord Southwark, antwortet, „dass es unserer Kammer zur größten Freude gereichte, die Gäste zu empfangen, und es ist unsere feste Hoffnung, dass der Austausch von Freundlichkeiten, der während ihres Aufenthalts in London stattfand, zur weiteren Befestigung der herzlichen Beziehungen beigetragen haben, die in letzter Zeit Platz gegriffen haben".[17]

Nur einen Monat später bricht der Krieg aus. Der Leser der „Mitteilungen" erfährt von ihm eher mittelbar. Nicht der Beginn des Krieges selbst wird gemeldet, das überlässt man den Tageszeitungen; beschrieben wird im August 1914 die nunmehrige Aufgabe: Es sei nach Ausbruch des Kriegs „Aufgabe der Handelskammer, nach Möglichkeit dafür Sorge zu tragen, dass das Wirtschaftsleben ihres Bezirks nicht in einer über das erforderliche Maß hinausgehenden Weise stillgelegt würde"; die Bedürfnisse der Heeresleitung werden akzeptiert, zugleich aber deren erforderliche Rücksichtnahme auf die Privatwirtschaft anerkannt – und damit zugleich die Notwendigkeit des Fortbestandes dieser Wirtschaft unterstrichen.[18] Sie selbst wirkt zu diesem Zweck schon im ersten Jahr des Krieges über die verschiedensten Maßnahmen mit, beispielsweise über die Stellung einer Ausfallgarantie über immerhin 6 Millionen RM zur Schaffung einer Kriegskreditbank für Groß-Berlin zur Überwindung von Schwierigkeiten der am Exporthandel beteiligten Industrie- und Handelskreise, durch die Tätigkeit im Beirat für Militärangelegenheiten und als bevorzugter Auskunftgeber für das Kriegsministerium, durch die Einschaltung in viele Fragen des Güterverkehrs, durch Initiativen der sozialen Fürsorge bis hin zur Hilfestellung für amerikanische Staatsbürger, die in Europa von den Kriegswirren überrascht wurden[19], und mittels einer wahren Flut von Artikeln in den „Mitteilungen" und in gesonderten Publikationen, in denen die Kammer über eine Vielzahl von Problemen

17 „Mitteilungen" 1914, im Juli-Heft, S. 182
18 „Mitteilungen" 1914, S. 213
19 Zu diesen und weiteren Aktivitäten siehe den Tätigkeitsbericht der Handelskammer für das Jahr 1914, in: „Mitteilungen" 1914, S. 353 ff.

im Handelsverkehr, über finanz-, steuer- und arbeitsrechtliche Fragestellungen und deren Lösungen berichtet.

Ende September 1914 hat Franz v. Mendelssohn eine traurige Pflicht zu erfüllen; denn der Ehrenpräsident des Hauses Exzellenz Wilhelm Herz, stirbt hochbetagt am 28. September. In seinem Nachruf in den „Mitteilungen" erinnert Mendelssohn an das halbe Jahrhundert, in dem Herz in leitenden Ehrenstellungen „der Führer der Berliner Kaufmannschaft gewesen ist. Und die er führte, waren stolz auf ihn: gab er doch durch seinen unermüdlichen Fleiß, seinen weitschauenden Blick, die Lauterkeit seines Denkens und seinen hohen Gemeinsinn das Musterbild eines deutschen Kaufmanns, das fern in die Lande leuchtete... Für alle Zukunft wird sein Name mit der Geschichte der Kammer unlöslich verbunden sein: solange eine Handelskammer zu Berlin besteht, wird es ihr unvergänglicher Ruhm sein, dass Wilhelm Herz ihr Präsident war".[20] In die gleiche Richtung gehen auch seine Worte in der ersten Vollversammlung nach dem Ableben von Herz[21], und der Erste Syndikus der Handelskammer, Heinrich Dove, würdigt die Persönlichkeit des Verstorbenen und seinen Lebensweg in einem ausführlichen Artikel in den „Mitteilungen".[22]

An diesem Nachruf von Dove entzünden sich – mitten im Krieg – alte Zwistigkeiten innerhalb der Berliner Kaufmannschaft. Die Ältesten der Kaufmannschaft fühlen sich zu einer formellen „Entgegnung" aufgerufen, in der sie Dove „bezüglich des Kampfes, den die Korporation der Kaufmannschaft vor zwölf Jahren um ihre Existenz geführt hat, unvollständige und schiefe Ausführungen" vorwerfen. „Das Andenken an den Verstorbenen, den wir trotz aller Meinungsverschiedenheiten hoch verehrt haben und verehren, hätte dem Verfasser des Aufsatzes verbieten sollen, solche, uns nebenbei verletzende, Ausführungen zu machen. In gleicher Weise hätte der Ernst der Zeit ihm verbieten sollen, alte Streitigkeiten, über denen das Grab sich geschlossen, von neuem aufzurühren"[23] – eine in Form und Tonalität ungemein scharfe Attacke. Dove sieht sich nun selber zu einer Reaktion „in eigener Sache" veranlasst und begründet, warum er, ohne polemisch werden zu wollen, die „gegen die Doppelmandatare eröffnete Agitation als einer der Gehässigkeit nicht entbehrenden Anfeindung" charakterisiert und geschrieben habe, dass bei

20 „Mitteilungen" 1914, S. 241
21 „Mitteilungen" 1914, S. 286
22 „Mitteilungen" 1914, S. 301 ff.
23 Correspondenz der Ältesten der Kaufmannschaft von Berlin, 1914, S. 258

den Ältesten „neben berechtigter Kritik auch ein starkes Moment persönlichen Ehrgeizes mit im Spiel war"; er verwahrt sich gegen den Angriff der Ältesten auch mit dem Hinweis, „dass zu den dem Kollegium verbliebenen Befugnissen nicht die eines Zensoramtes gegenüber meinen in diesen Blättern veröffentlichen Arbeiten gehört, das scheint es bei seiner Entgegnung übersehen zu haben. Hoffentlich zum letzten Mal."[24] Die alten Wunden sind offenbar doch noch nicht vollständig verheilt. Immerhin schreibt Dove aus der Distanz des Rückblicks in der Festschrift zum 25jährigen Jubiläum der Handelskammer, der Ausbruch des Weltkrieges habe die bisherigen Kämpfe um die Gestaltung der Berliner Handelsvertretung in den Hintergrund treten lassen. Beide Organisationen hätten sich in den Dienst der durch die Absperrung nach außen und die dadurch bedingte Zwangswirtschaft in ihren Grundlagen erschütterte Wirtschaft gestellt; in ihren Ansichten hätten sie allerdings nicht immer übereingestimmt.[25]

Der Dienst für die Berliner Wirtschaft in Kriegszeiten nimmt die Handelskammer zunehmend in Anspruch. Sie ist eingeschaltet in die so genannte Regelung des Arbeitsmarktes, erstattet Gutachten beispielsweise über die Eignung von Firmen für Militärlieferungen, über die Festsetzung angemessener Preise und über die Zweckmäßigkeit der Bewilligung von Ausfuhrerlaubnissen, ist tätig bei der Bewirtschaftung von Rohstoffen und der Bewirtschaftung unterliegenden Waren, kümmert sich um die Bekämpfung von Schäden, die selbständige Kaufleute und Angestellte durch den Krieg erfahren, und um die soziale Fürsorge für Kriegsbeschädigte. Sie unterstützt mit ihren Mitteln die Zeichnung von Kriegsanleihen, wofür ihr jeweils höchste Anerkennung ausgesprochen wird; so wirbt sie für die 6. Kriegsanleihe durch eine große Veranstaltung in ihrem Festsaal im März 1917, bei der auch Reichsbankpräsident Dr. Havenstein spricht und der Wirkliche Geheime Oberfinanzrat Dr. Schwarz detaillierte Ausführungen zu der Finanzlage und –kraft Deutschlands macht.[26] Gleichfalls ruft sie zu Weihnachtsgaben für die Truppen auf. Sie setzt zudem die Fülle ihrer Informationen und Publikationen über die Rechtsfolgen des Krieges auf alle Aspekte des kaufmännischen Lebens

24 „Mitteilungen" 1914, S. 347 ff.

25 Dove, Die Entstehung und Entwicklung der Industrie- und Handelskammer zu Berlin und ihr organisatorischer Ausbau, aaO, S. 16

26 „Mitteilungen" 1917, S. 71 ff.

fort. Sie dient Deutschland, und sie dient der privaten Wirtschaft.[27] Anerkennung dafür wird ihr auch zuteil durch die Verleihung von hohen Orden an ihre Repräsentanten; so erhalten als erste Mitglieder der Handelskammer 1916 v. Mendelssohn und Geheimer Kommerzienrat Eduard Arnold das Eiserne Kreuz am weiß-schwarzen Bande, 1918 empfängt Syndikus Geheimrat Dove diese Auszeichnung, und in der Folge des Jahres werden Vizepräsident Geheimer Kommerzienrat Wilhelm Kopetzki und Syndikus Oscar Meyer in gleicher Weise geehrt.[28] Aber auch Verluste durch den Krieg hat die Handelskammer in den eigenen Reihen zu beklagen; der erste, der im Feld fällt, ist der Hauptmann der Landwehr und Handelskammersekretär Hugo Hartmann im Oktober 1914[29], kurz nach der Verleihung des Eisernen Kreuzes, und es werden ihm noch manche verdiente Mitarbeiter der Handelskammer aus Ehren- und Hauptamt folgen.

Die Handelskammer ist dennoch nicht so staatsnah, dass sie nicht auch gegen Entwicklungen auf der politischen Ebene, die sie für ungut hält, protestiert. So verwahrt sie sich im Februar 1918 gegen Pläne zur Neuordnung des Preußischen Landtages und des Preußischen Herrenhauses, in denen sie eine schwere Zurücksetzung von Handel und Industrie vor allem gegenüber der Landwirtschaft sieht[30], und sie wendet sich entschieden gegen Überlegungen zur Verlegung des Reichspatentamtes von Berlin nach München[31], die offenbar die bayerische Regierung initiiert hat.

Mitten im Krieg kommt nun auch Bewegung in drei für das Wirken und die Wirkung der Handelskammer sehr wichtigen organisatorischen und organisationsrechtlichen Themen:

Teile der Industrie, die der Handelskammer bisher skeptisch gegenüber gestanden hatten, nähern sich ihr. 1916 wird Carl Friedrich von Siemens Mitglied, und 1917 besteht das Führungsgremium aus 16 Industriellen und 27 dem Handel – einschließlich der Banken – zuge-

---

27 Vgl. insgesamt und zu vielen weiteren Einzelheiten ihrer Aktivitäten die Tätigkeitsberichte für die Jahre 1915–1918 in „Mitteilungen“ 1915 S. 358 ff., 1916 S. 312 ff., 1917 S. 393 ff. und 1918 S. 398 ff.
28 „Mitteilungen“ 1916 S.196, 1918 S. 70 und 223.
29 „Mitteilungen“ 1914, S. 285
30 „Mitteilungen“ 1918 S. 70 f.
31 „Mitteilungen“ 1918, S. 157 f.

rechneten Unternehmern.[32] Im gleichen Jahr gründet die Handelskammer einen Industrieausschuss, auch mit der Begründung, dass „die Kriegswirtschaft, welcher der freie Handel im wesentlichen erliegen musste, es mit sich gebracht hat, dass auch in dem Arbeitsgebiet der Handelskammer die Beschäftigung mit Fragen, welche insbesondere die Industrie betreffen, einen verhältnismäßig noch größeren Umfang annahm, als sie ihn in Friedenszeiten erreicht hatte".[33] Siemens übernimmt – wenn auch zunächst widerstrebend[34] – den Vorsitz. Insgesamt aber überlassen die Industriellen bis zur Fusion mit der Potsdamer Handelskammer, Sitz Berlin, im Jahre 1919 den Bankiers und Händlern die Führung der Handelskammer.[35]

Im gleichen Jahr, also ebenfalls mitten im Krieg, startet der Handelsminister einen erneuten Versuch einer Novelle zum Handelskammergesetz. Die Berliner Handelskammer begrüßt diesen Versuch einer Begünstigung, „vermöge derer die Bedeutung der Handelskammern als Vertretungen der Gesamtinteressen von Handel und Industrie gehoben und innerhalb ihrer die angemessene Berücksichtigung der verschiedenen großen Wirtschaftsgruppen gewährleistet werden soll".[36] Es ist vorgesehen, die noch bestehenden Korporationen, darunter in erster Linie die Berliner, unter Verlust ihrer öffentlich-rechtlichen Stellung in Kammern umzuwandeln bzw. sie mit ihnen zu vereinigen[37], wenn auch ihre privatrechtliche Stellung unberührt bleiben soll – ein „neuer Schlag gegen die Korporation"[38]. Die Novelle veranlasst Ältestenkollegium und Handelskammer zu einer friedlichen Verständigung über ihre Aufgabenteilung.

Die Basis für diese Verständigung bietet die Überlegung, Handelskammer und Korporation als öffentlich-rechtliche Körperschaften bestehen zu lassen, aber eine fachliche Aufgabenteilung vorzunehmen. Die

32 Nachweise bei Biggeleben, aaO, S. 372, und der Artikel „Werner Siemens zum 100. Geburtstag" in „Mitteilungen" 1916, S. 316 f.; s. auch die Anlage 2 zum Tätigkeitsbericht für das Jahr 1917, „Mitteilungen" 1917, S. 405

33 Tätigkeitsbericht 1917, S. 397

34 Nachweis bei Biggeleben, aaO, S. 370

35 So Biggeleben, aaO, S. 372 f.

36 Tätigkeitsbericht 1917, S. 395

37 Nachweis bei Biggeleben, aaO, S. 394; eines der Ziele der Novelle ist es aber auch, insgesamt die Zahl der Handelsvertretungen, also auch die Zahl der Kammern, zu verringern, vgl. Jahresbericht 1919, S. 239.

38 Apt, Fünfundzwanzig Jahre, aaO, S. 55; dort auch zum Wortlaut des entsprechenden Rundschreibens des Handelsministers.

Handelskammer soll danach die laufenden Geschäfte einer Handelsvertretung, also auch die Ausübung aller öffentlich-rechtlichen Befugnisse, allein wahrnehmen, die Korporation soll die großen von ihr geschaffenen Einrichtungen, insbesondere das Unternehmen Börse, und die kaufmännischen Unterrichtsanstalten ihrerseits allein weiterführen und die Möglichkeit haben, neue Einrichtungen im Interesse des Handelsstandes zu schaffen, insbesondere für volks- und privatwirtschaftliche und handelsrechtliche Aufklärung im weitesten Sinn zu wirken.[39] Auf dieser Basis finden Verhandlungen zwischen Korporation, Handelskammer und Handelsministerium statt, die am 8. Februar 1918 in ein Abkommen zwischen Korporation und Handelskammer münden, das nach Genehmigung durch den Handelsminister am 1. April 1918 in Kraft tritt.[40] Beide Organisationen bestätigen darin nicht nur ihre Aufgabenteilung, sondern vereinbaren auch eine gegenseitige Mitwirkung in ihren Leitungsgremien. Damit findet ein Jahrzehnte währender Streit innerhalb der Berliner Kaufmannschaft ein einvernehmliches Ende, und auch der Weg hin zur einer Zusammenführung von Handelskammer und Korporation ist mit dieser friedlichen Einigung eröffnet. Voller Respekt ist deshalb auch der Nachruf der Handelskammer anlässlich des Todes des Präsidenten des Ältestenkollegiums, Exzellenz Kaempf, der lange ein – auch erbitterter – Gegner im Kampf um die Vormachtstellung der Handelskammer als Vertretung der Berliner Kaufmannschaft gewesen war.[41]

Der Krieg endet. Die Handelskammer sieht die Wirtschaft „in einer Umgestaltung von unübersehbarer Tragweite. Die politische Umwälzung hat das Alte gestürzt, bisher aber noch keine neuen Grundlagen für den Wiederaufbau unserer Wirtschaft geschaffen … Wir stehen vor einer Unternehmer- und Arbeiterfrage, vor einer Ernährungsfrage, einer Verkehrsfrage, einer Schuldenfrage, einer Frage der Gebietsabgrenzung unseres künftigen inneren Marktes und vor noch vielen anderen, aus den genannten sich ergebenden Fragen … Der Weg verliert sich zunächst ins Dunkle, und die Dunkelheit wird noch dichter, wenn wir unsere Roh-

39 Apt, aaO., S. 56
40 Übersicht über den Gang der Verhandlungen bei Apt, aaO, S. 56 ff., Wortlaut des Abkommens auch in „Mitteilungen“ 1918, S. 105 ff.; auch alle Verkehrsangelegenheiten werden danach ausschließlich von der Kammer bearbeitet, vgl. „Mitteilungen“ 1918, S. 114
41 „Mitteilungen“ 1918, S. 188

stoffversorgung, unsere Ausfuhr und unsere zukünftige Weltgeltung uns vor Augen führen".[42]

Die Handelskammer führt ihre Geschäfte weiter und stellt sich „dem Dienste für das Vaterland auf wirtschaftlichem Gebiete bereitwillig zur Verfügung"[43], erwartet aber zugleich die Möglichkeit ihrer eigenen Mitwirkung bei der Erledigung aller wichtigen Fragen, die Industrie und Handel, insbesondere bei der Durchführung der Demobilisation, betreffen.

Und so geschieht es denn auch, trotz aller Rechtsunsicherheit, ja der Rechtlosigkeit für die Gewerbetreibenden, die die Handelskammer immer wieder beklagt[44], trotz des zunächst ungeklärten Verhältnisses der Kammern zu den sogenannten Arbeiter- und Soldatenräten.[45] Ordnung aber bringt die Handelskammer in diesen Nachkriegswirren in die eigenen Reihen.

Als erster Schritt erfolgt 1919 die Vereinigung der Berliner Handelskammer mit der Handelskammer Potsdam, Sitz Berlin, unter dem Namen „Handelskammer zu Berlin". Sie folgt der Einsicht, dass „die größere Kraft und Wirkung der Fusionskammer für alle in ihr vertretenen Interessen starke Vorteile und Vorzüge im Gefolge haben müsste; denn die Fusionskammer stellt einen geradezu idealen Sammelpunkt aller gewerblichen Erfahrungen und einen Kreis von kaufmännischer und technischer Sachkunde auf allen Gebieten dar, wie er in dieser Ausgeglichenheit und Vollständigkeit nicht leicht wiederzufinden sein dürfte".[46] Der Verschmelzung beider Körperschaften, die auch unter dem von ihnen so gesehenen „Druck der veränderten politischen Verhältnisse"[47] stattfindet, attestiert die vereinte Kammer bereits nach einem dreiviertel Jahr, dass sie sich „durchaus bewährt" habe.[48] Die neue Handelskammer zu Berlin gibt sich ein Statut, mit dem erstmalig auch das Dreiklassenwahlrecht abgeschafft und allgemeine und gleiche Wahlen eingeführt

42 Tätigkeitsbericht 1918, in „Mitteilungen" 1918, S. 398
43 Schreiben der Handelskammer an den Minister des Innern, wiedergegeben in „Mitteilungen" 1918, S. 403.
44 Beispielsweise noch im Jahresbericht 1921, S. 134 f.
45 Siehe Jahresbericht 1919, S. 242 f.; in Berlin sei es übrigens zu Differenzen in dieser Beziehung nicht gekommen, da seitens der Berliner Arbeiter- und Soldatenräte ein unmittelbarer Eingriff in die Tätigkeit der Kammer nicht versucht worden sei, ebd., S. 243.
46 Jahresbericht 1919, S. 240
47 100 Jahre im Dienst der Wirtschaft, IHK Potsdam, aaO, S. 60
48 Jahresbericht 1919, S. 240

werden.[49] Die Wahlen finden im Dezember 1919 statt; das neue Präsidium besteht aus den Herren Franz v. Mendelssohn als Präsident, Geh. Kommerzienrat Conrad v. Borsig, Direktor Friedrich Brandes, Geh. Kommerzienrat Wilhelm Kopetzki und Dr. James Simon als Vizepräsidenten.

Im Jahr 1920 kommt es zum zweiten und abschließenden Schritt der Neuordnung der Berliner Handelsvertretungen: zur Verschmelzung der neu aufgestellten Handelskammer zu Berlin mit der Korporation der Kaufmannschaft. Kurz nach der Jahrhundertfeier der Korporation werden die Fusionsverhandlungen aufgenommen; sie münden nach zahlreichen und durchaus schwierigen Verhandlungsrunden in einem Vereinigungsstatut.[50] Eine Vielfalt von Gründen trägt zu diesem Ergebnis bei: die staatlichen Bemühungen um eine Verringerung der Zahl der Handelsvertretungen, das Nachlassen der Selbstbehauptung in der Führung der Korporation[51], die Einsicht, die allgemeine Unsicherheit der wirtschaftlichen Verhältnisse so besser überstehen zu können, aber auch die Überlegung, dass die finanziellen Lasten der kaufmännischen Ausbildung, insbesondere die beträchtlichen Kosten der Handelshochschule, nicht nur durch die Korporation und die ihr verbundene Finanzwelt, sondern auch durch Industrie und Handel, denen die kaufmännische Ausbildung ebenfalls zugute kommt, zu tragen seien, bis hin zu einem gewissen „Pessimismus hinsichtlich der Zukunft der Börse“ und der zunehmenden Erkenntnis der Korporation über die Beschränktheit ihrer personellen Kapazitäten in der fachlichen Zuarbeit.[52] Vor allem aber: Die Korporation der Kaufmannschaft ist wohl auch finanziell am Ende.[53] Die Handelskammer übernimmt mit der Fusion nicht nur die verbleibenden Aufgaben der Korporation, sondern auch ihr Personal und ihr nach wie vor beträchtliches Vermögen. Sie ist „ein machtvoller Organismus geworden. Sie zählt 99 Mitglieder und hat ungefähr 500 Beamte, Angestellte und Arbeiter. Durch den Besitz des Berliner Börsenunternehmens und des hierzu gehörigen Grundbesitzes ist sie wohl die reichste amtliche

49 Das Statut ist veröffentlicht in „Mitteilungen“ 1919, S. 345 ff.

50 Abgedruckt bei Apt, Fünfundzwanzig Jahre, aaO, S. 97 ff.; zur Vorgeschichte noch einmal ausführlich Jahresbericht 1920, S. 97 ff.

51 Dazu vor allem Apt, ebd., S. 96

52 Wiederum Apt, ebd., S.96 f.

53 Biggeleben, aaO, S. 400; Biggeleben meint, dass die Handelshochschule den Etat der Korporation immer tiefer in die roten Zahlen gerissen habe, und offensichtlich wird, dass die Niederlage im Krieg und die Revolution die Perspektiven der Börse verdunkelt haben.

Abb. 8 Das erste Börsengebäude

Handelskorporation nicht nur in Deutschland, sondern auch, soweit ich sehen kann, auf der ganzen Welt".[54] Hinzu kommt der „bedeutende geistige Einfluß", den die Handelskammer nun als Trägerin der Handelshochschule ausübt.[55]

Ihr Präsident, Franz v. Mendelssohn, führt damit die einflussreichste deutsche Handelskammer, und das in für die Wirtschaft äußerst schwierigen Zeiten. Die trostlose innen- und außenpolitische Lage des Reiches, der Zusammenbruch der Wirtschaft, die Infragestellung des Bestandes des Reiches und der Funktion des Staatsapparates, der Verlust eines großen Teils des bisherigen Wirtschaftsraums und des gesamten Kolonialbesitzes nach dem Krieg wirken ebenso nach wie die schwerwiegenden Veränderungen der Binnenwirtschaft und der Abbruch der Beziehungen zur Weltwirtschaft.[56] „Unsicher war die Zukunft des Landes und unsicher auch das weitere Schicksal der Kammerorganisation".[57] Es gibt keineswegs nur Freunde der Kammern in dem neuen politischen System, und auch die Wirtschaft muss sich mit ihm – und das ist kein leichter Prozess – erst zurechtfinden.

---

54 Apt, aaO., S 100

55 Schäfer, Dieter, Der Deutsche Industrie- und Handelstag als politisches Forum der Weimarer Zeit, aaO, S. 31

56 Schäfer, aaO, S. 27 mit weiterem Nachweis.

57 Schäfer, aaO, S. 29

Abb. 9 Die Börse zu Beginn des 20. Jahrhunderts

In diesen schwierigen Zeiten übernimmt Präsident v. Mendelssohn 1921 zusätzlich die Führung des Deutschen Handelstages; er wird zudem Vorsitzender seines Ausschusses für Kredit-, Bank- und Geldwesen, eines angesichts der Verhältnisse ungemein wichtigen Gremiums, und des Landesausschusses der preußischen Handelskammern. Der DIHT wandelt sich in diesen Jahren von einem „ehrwürdigen Dachverband wirtschaftlicher Organisationen“[58], in dem auch unternehmerische Verbände Mitglied gewesen waren, zu der Spitzenorganisation der Industrie- und Handelskammern des Deutschen Reichs, in der nun alle – und nur – (Industrie- und) Handelskammern vertreten sind. Die Stärkung der Zentralisierung der Staatsaufgaben auf die Reichsministerien hin geht einher mit einer Anhebung des Gewichts der Spitzenorganisation der deutschen Kammern, das sehr ausgeprägt auch auf der „überragenden Stellung“ der Berliner Handelskammer und natürlich auf der herausragenden Persönlichkeit ihres Präsidenten beruht, dessen Berufung zum Präsidenten des DIHT „von schlechthin entscheidender Bedeutung“ für die Spitzenorganisation der deutschen Kammern und ihre Geltung wird.[59] Das wirtschafts- und organisationspolitische Wirken von DIHT

58 Schäfer, aaO, S. 31
59 Schäfer, aaO, S. 31 und 35

und Berliner Kammer, auch die öffentliche Wirkung, gehen von nun an Hand in Hand.

Von 1919 bis 1932 hält der DIHT 13 Vollversammlungen ab, von denen Präsident v. Mendelssohn nur die erste und die letzte nicht leitet.[60] Diese Vollversammlungen „sind bewusst auf breite Resonanz und öffentliche Wirkung hin angelegte repräsentative Veranstaltungen". Es wird „selbstverständlich, dass bei ihnen alle wichtigen Reichs- und preußischen Ministerien, meist durch Minister, Staatssekretäre und Direktoren, vertreten waren. Dazu gehörten auch die Spitzen der Generalität, die Vertreter der deutschen Länder bei der Reichsregierung, weitere Ländermininister, zahlreiche Mitglieder des Reichstags, des Reichswirtschaftsrats, der Landtage, wirtschaftlicher Organisationen, der kommunalen Spitzenverbände, der Berliner Universität und der Presse." Am Vorabend der Vollversammlungen lädt der Präsident „die Spitzen der Behörden, Verbände, Parlamentarier und auch der Presse zu einem Festmahl ein". Auch bei diesen Gelegenheiten werden politisch bedeutungsvolle Reden gehalten. Die Vollversammlungen entwickeln sich zur „im kaiserlichen Deutschland nie gekannten Demonstration des Zusammenhangs zwischen Politik und Wirtschaft, der persönlichen und sachlichen Beziehungen zwischen Reichsregierung und Spitzenorganisation der Kammern"[61] und damit der Wirtschaft insgesamt. Vor den Mitgliedern der Vollversammlung und ihren Gästen und bei anderen offiziellen Anlässen reden über die Jahre unter anderem die Reichskanzler Wirth, Stresemann, dieser auch als Reichsaußenminister, gleich mehrfach, Dr. Marx, Dr. Luther, ebenfalls mehrfach, Brüning und die Reichswirtschaftminister Dr. Hamm, Dr. Curtius und Dr. Dietrich, und es geht um alle Deutschland und seine Wirtschaft bewegenden Fragen.[62] In die Zeit der Präsidentschaft v. Mendelssohns im DIHT fallen auch die Wiederannäherung der deutschen Auslandshandelskammern an die Spitzenorganisation der deutschen Kammern 1924 und die Gründung der deutschen Gruppe der Internationalen Handelskammer 1925, deren Präsidentschaft Franz v. Mendelssohn ebenfalls übernimmt. Seine Verdienste um den Wiederaufbau der deutschen Wirtschaft und ihrer Integration in die

60 Zur Geschichte des DIHT insgesamt und zu seiner wirtschaftspolitischen Bedeutung in diesen Jahren auch: Zeugnisse der Zeit. 125 Jahre Deutscher Industrie- und Handelstag, herausgegeben vom DIHT, Bonn 1986.

61 Zum Vorstehenden ebenfalls Schäfer, aaO, S. 41 f.

62 Vgl. insgesamt das Kapitel „ Der DIHT als politisches Forum" bei Schäfer, aaO, S. 41 ff.

Weltwirtschaft, zugleich aber auch um die Sicherung und den Ausbau des Einflusses der deutschen Kammerorganisation und der sie tragenden Kammern, sind nicht hoch genug einzuschätzen.

Präsident v. Mendelssohn beeinflusst auch mit seiner eigenen Handelskammer die Geschicke des Landes. In einer Eingabe an die beteiligten Behörden fordert er die Wiederherstellung von Rechtsbewusstsein und Rechtssicherheit in Deutschland; denn, so die Handelskammer, „der hohe Stand unseres allgemeinen Rechtsgefühls (hat) durch den Krieg und die Revolution eine gewaltige Einbuße erlitten. Nicht zum wenigsten mussten wir die Schuld daran unserer Gesetzgebung und Verwaltung zuweisen, die nicht nur wegen der Menge des Rechtsstoffes, sondern vor allem deshalb zerrüttend wirkte, weil sie die alte bewährte Abgrenzung zwischen den Rechten des Staates und den Rechten des Einzelnen verwischte und es unterließ, für einen ausreichenden Rechtschutz gegenüber der Verwaltung zu sorgen... Wir haben im einzelnen dargelegt, dass die Entwicklung der Gesetzgebung fast systematisch sowohl das Vermögen, als die Person des Gewerbetreibenden rechtlos gemacht hat".[63] Die Rechtsunsicherheit beginnt in den kommenden Jahren zu schwinden, wird aber abgelöst durch eine „immer komplizierter sich gestaltende öffentlich-rechtliche Regelung des Geschäftsverkehrs", die es nach Auffassung der Handelskammer dem Geschäftsmann völlig unmöglich macht, „sich in der Fülle der schnell wechselnden Vorschriften auf gewerblichem, steuerlichem und rechtlichen Gebiet zurechtzufinden".[64] Die Handelskammer versucht durch eine Fülle von Informationen in ihren Publikationen entgegen zu steuern, sie wird in eine ganze Reihe von Durchführungsmaßnahmen eingeschaltet, beispielsweise in solche gegen die Devisenspekulation, die Kapitalflucht und in die Regelung des Betriebs von Wechselstuben und die Zulassung von Devisenbanken[65], und sie nimmt dabei die Interessen der kammerzugehörigen Unternehmen wahr. Sie hat zugleich um manche unter ihnen zu kämpfen. Erstmalig, wenn auch keineswegs letztmalig, kommt es zu „Ausdehnungsbestrebungen des Handwerks", zu „einer besonders starken Tendenz der Organisationen des Handwerks, Betriebe, die ihrer Natur nach Fabrik- oder reine Handelsunternehmungen sind, sich anzugliedern".[66] Die Streitigkeiten werden aber freundschaftlich durch eine gemeinschaftliche Kommission der

63 Jahresbericht 1921, S. 134
64 Jahresbericht 1923, S. 98
65 Ebd., S. 100 ff.
66 Jahresbericht 1924, S. 197 f.

Industrie- und Handelskammer Berlin, wie sie seit 1924 heißt[67], und der Handwerkskammer Berlin, bereinigt. Ihre Befassung mit Devisenbescheinigungen, Maßnahmen nach dem Kapitalflucht- und dem Kapitalverkehrsgesetz, mit der Diskontierung von Reparationsschatzanweisungen, mit der Begutachtung von Geschäftsreisen und vielen anderen öffentlich-rechtlichen Aufgaben bleibt unvermindert hoch.[68] Die wirtschaftliche Lage der Berliner Kaufmannschaft bessert sich erst langsam. Noch über das Jahr 1925 gibt die Kammer „mit seltener Einmütigkeit ein geradezu vernichtendes Urteil"[69] ab, und erst 1926 wird diese Bewertung differenzierter und auch positiver; etwa vom Mai dieses Jahres an habe sich eine Besserung der wirtschaftlichen Verhältnisse ergeben, „die dann langsam in Breite und Höhe wuchs und wohl gestattet, den weiteren acht Monaten, mindestens aber in der zweiten Hälfte des Jahres 1926, das Verdienst zuzuerkennen, dass sie den Aufbau von 1924 wieder aufgenommen und auf soliderem Fundamente weitergeführt haben".[70] Der Wiederaufschwung der Wirtschaft und eine neue Blütezeit der Industrie- und Handelskammer zu Berlin sind in Sicht.

67 Entsprechende „Amtliche Nachricht" in „Mitteilungen"1924, S. 162; zugleich fällt der Ausschluss von Frauen vom Wahlrecht.
68 Ebd., S. 200 ff.; Jahresbericht 1925, S. 266 ff.
69 Jahresbericht 1925, S. 16
70 Jahresbericht 1926, S. 1

Kapitel IV
Die Industrie- und Handelskammer zu Berlin in einer – trotz schwieriger Zeiten – Blütezeit

In der zweiten Hälfte der zwanziger Jahre gelangt Berlin auf einen Höhepunkt seiner Entwicklung, wenn auch die wirtschaftlichen Verhältnisse schwierig bleiben. Berlin ist Hauptstadt in jeder Hinsicht, auch in ökonomischer. Die Zahlen der Berliner Betriebe und die der berufstätigen und sonstigen Bevölkerung machen die Stadt zum größten Produktions- und Verbraucherstandort Deutschlands.

Berlin ist die Stadt mit der bedeutendsten deutschen Industrie, ist die „größte kontinentaleuropäische Industriemetropole", „Kraftzentrum einer Industrienation"[1] sie ist Zentrum von Handel und Handwerk, wichtigster Banken- und Börsenplatz und Sitz der großen Zeitungs- und Buchverlage. Berlin ist Mittelpunkt eines Verkehrsnetzes, das die Stadt zum wichtigsten europäischen Eisenbahnknotenpunkt für den Personen- und Güterverkehr macht. Zugleich hat die Stadt einen Binnenhafen von internationaler Bedeutung, und schließlich wird sie zum „Luftkreuz Europas" und Zentralumschlagsplatz des Luftverkehrs mit Anbindung an alle bedeutenden Wirtschaftszentren der Welt. Auch im Fremdenverkehr liegt sie an der Spitze deutscher Städte und hat im Verhältnis zu London, Paris und Rom keinen Vergleich zu scheuen. Die Reichshauptstadt Berlin verdankt ihre Weltgeltung in der Weimarer Zeit ganz wesentlich ihrer wirtschaftlichen Größe und Leistungskraft im deutschen, europäischen und internationalen Vergleich.[2]

---

1 Stürmer, Michael, Berlin als Hauptstadt des Reiches, Industriemetropole und Finanzplatz, in: Berlin und seine Wirtschaft, herausgegeben von der Industrie- und Handelskammer zu Berlin, Walter de Gruyter, Berlin, New York, 1987, S. 92

2 Vgl. auch Büsch, Geschichte der Berliner Kommunalwirtschaft in der Weimarer Epoche, Veröffentlichungen der Berliner Historischen Kommission Band 1, Walter de Gruyter & Co, Berlin 1960, S. 9 ff.; dort auch sehr eingehendes Zahlenmaterial über die Strukturen von Wirtschaft, Bevölkerung und Arbeitnehmerschaft in diesen Jahren.

Berlin hat eine diesem internationalen Rang entsprechende Industrie- und Handelskammer.

Nicht nur, dass ihre beiden ersten Präsidenten, Herz und v. Mendelssohn, zu den herausragenden Berliner Unternehmern gehörten, und dass v. Mendelsohn ohne Zweifel ein bedeutender, wenn nicht der bedeutendste deutsche Wirtschaftsführer in der Weimarer Republik[3] ist. In den Reihen der Kammermitglieder finden sich über die Jahre zahlreiche bekannte Namen der Berliner Geschäftswelt: Geheimrat Kopetzki zunächst als Vorsitzender der Zulassungsstelle der Börse, später als ihr Präsident, Geheimer Kommerzienrat Dr. Ravané, James Simon, Großkaufmann, Philanthrop und Mäzen, Eduard Simon, Chef der Großhandelsfirma Caesar Wollheim, Aufsichtsratsvorsitzender der Dresdner Bank und der Berlin-Anhaltinischen Maschinenfabrik, Max Steinthal, Direktor und späterer Aufsichtsratsvorsitzender der Deutschen Bank, Männer wie Emil Rathenau, der Begründer der A.E.G. und Vater von Walther Rathenau, Jakob Riesser, Carl Fürstenberg, Dr. Otto Frentzel, Carl Friedrich von Siemens und Conrad von Borsig, als weitere Präsidenten der Börse Richard Pohl und Dr. Eduard Mosler – sie alle „liehen der Kammer den Glanz ihres Namens, die meisten von ihnen waren auch rege Mitarbeiter der Kammer".[4]

Sichtbarer Ausdruck dieser Bedeutung ist der Festakt zum 25jährigen Jubiläum, begangen am 29. April 1927 in der Aula der Handelshochschule. Er wird zu einer eindrucksvollen und in einer Tradition ehrbarer Kaufleute stehenden Demonstration von Selbstverständnis und Einfluss der Kammer. Natürlich sind alle Honoratioren aus Kammer und Börse vertreten, ebenso andere Spitzen von Wirtschaft und Gesellschaft, Mitglieder der Reichsregierung und der Preußischen Staatsregierung, die Präsidenten des Reichstags und des preußischen Parlaments, die Präsidenten des Reichsbankdirektoriums und der Deutschen Reichsbahn, der Oberbürgermeister von Berlin, die Präsidenten und Vorsitzenden befreundeter Körperschaften und Verbände und viele andere bedeutende Persönlichkeiten. Die „Mitteilungen" berichten in ihrer Ausgabe vom 10. Mai ausführlich: Franz v. Mendelsohn begrüßt die Gäste; er erinnert in seiner Ansprache vor allem an einen Meilenstein seiner Ära, die Überwindung der Zersplitterung der Vertretung von Industrie und

3 Lackmann, Das Glück der Mendelssohns, aaO, S. 436 ff., überschreibt das einschlägige Kapitel über Franz v. Mendelssohn mit „Der Wirtschaftsführer".

4 Aufzählung und Zitat nach Meyer, Oscar, Von Bismarck zu Hitler, Erinnerungen und Betrachtungen, Verlag Friedrich Krause, New York City, 1944, S. 65 f.

Handel des Wirtschaftsbezirks von Groß-Berlin und der anliegenden Teile der Provinz Brandenburg durch die Zusammenführung der beiden Kammern, und gedenkt auch ausdrücklich der Korporation der Kaufmannschaft, aus deren Ältestenkollegium frühere Mitglieder ebenfalls anwesend sind. Er verliest die Grußbotschaften des Reichspräsidenten v. Hindenburg und des Reichskanzlers Marx; sodann gibt Geheimrat v. Borsig einen gedrängten Überblick über das bisherige Wirken der Kammer. Es beglückwünschen die Kammer und die in ihr Verantwortlichen in den nachzulesenden Reden der Preußische Minister für Handel und Gewerbe Dr. Schreiber, der Präsident des Reichsbankdirektoriums Dr. Hjalmar Schacht, der Generaldirektor der Deutschen Reichsbahn Dr. Dorpmüller, Oberbürgermeister Böß, für den Deutschen Industrie- und Handelstag und zugleich für den Centralverband des Deutschen Bank- und Bankiersverbandes, die Hauptgemeinschaft des Deutschen Einzelhandels, den Reichsverband der Deutschen Industrie, den Reichsverband des Deutschen Ein- und Ausfuhrhandels und den Centralverband des Deutschen Großhandels Geheimrat Professor Dr. Rießer, der Präsident der Landwirtschaftskammer für die Provinz Brandenburg und für Berlin v. Oppen, der Präsident der Berliner Handwerkskammer Lubert, der Rektor der Handelshochschule Professor Dr. Wegener, der Generaldirektor der Kaufmännischen Schulen der Kammer Dr. Knörk, und ein Beitrag des Ersten Syndikus Staatssekretär a.D. Oscar Meyer rundet die Feier ab – alle bekunden zutiefste Verbundenheit mit der Kammer.

Das Jubiläum wird auch gewürdigt durch eine Festschrift, die Abhandlungen über die Entstehungsgeschichte des Hauses, seinen Ausbau und die Hauptgebiete der Tätigkeit während der letzten 25 Jahre enthält. Die Kapitelüberschriften und ihre Verfasser, ganz überwiegend Syndizi des Hauses, heißen: „Die Entstehung und Entwicklung der Industrie- und Handelskammer zu Berlin und ihr organisatorischer Ausbau“ von Dr. Heinrich Dove, „Die Berliner Börse seit Begründung der Handelskammer zu Berlin“ von Oscar Meyer, „Die Mitwirkung der Industrie- und Handelskammer an der Rechtsbildung und Rechtsfindung“ von Ed. Meyerstein, „Die Ordnung des kaufmännischen Wettbewerbs und die Industrie- und Handelskammer“ von Dr. Josef Weisbart, „Der Schutz der Firmenwahrheit durch die Industrie- und Handelskammer“ von Hans Michalke, „Die Verkehrsberatung der Industrie- und Handelskammer“ von Willy Pahl, „Die Handelshochschule Berlin“ von Dr. Fritz Demuth, „Die kaufmännischen Schulen der Industrie- und Handelskammer“ von Christoph Knipper, von Bibliotheksdirektor Dr. Willy Hoppe „Die Bibliotheken und Archive der Industrie- und Handelskammer“ und von

Josef Weisbart „Die Wohlfahrtspflege der Industrie- und Handelskammer“. Die Autoren dieser, wie es im Vorwort heißt, Abhandlungen aus sachkundiger Feder, werden die Übertragung dieser Aufgabe als Ehre und Anerkennung ihrer Tätigkeit empfunden haben. Umso bitterer wird es sein, dass unter ihnen vier der acht oder neun Syndizi sind, von denen sich die Kammer aus Gründen ihrer jüdischen Abstammung bereits im Frühjahr trennt.

Zu den Autoren von Abhandlungen in der Festschrift zum 25jährigen Jubiläum gehören auch zwei der herausragendsten Syndizi, die der Kammer je gedient haben: Heinrich Dove und Oscar Meyer – herausragend kraft ihrer Persönlichkeit, herausragend aber auch wegen ihrer in diesem Ausmaß sicherlich ungewöhnlichen Verbindung von administrativen Fähigkeiten in der Kammer selbst, dem auch durch die langjährige Ausübung von Mandaten in Berliner Stadtverordnetenversammlung und Deutschem Reichstag dokumentierten öffentlichen Einfluss und einer reichen wissenschaftlich-publizistischen Tätigkeit.

Geheimer Justizrat Dr. Heinrich Dove war bereits Berater der Ältesten der Kaufmannschaft gewesen, bevor er nach der Gründung der Handelskammer 1902 die Funktion des Ersten Syndikus in ihr übernahm. Die auf ihn gehaltene Gedächnisrede, in den „Mitteilungen“ im März 1931 nachzulesen, ist ein beeindruckendes Zeugnis eines langen und einflussreichen Wirkens: Er erlebt sein 50jähriges Dienstjubiläum in Korporation und Kammer und sein 25jähriges Jubiläum als Erster Syndikus; er zeichnet verantwortlich für zahllose wissenschaftliche Beiträge in deren eigenen Publikationsorganen wie in der Juristischen Wochenzeitschrift, deren Herausgeber er nahe steht, und anderen angesehenen Zeitschriften und Tageszeitungen; von 1902 bis 1929 gehört er als liberaler Abgeordneter der Berliner Stadtverordnetenversammlung an, deren stellvertretender Vorsteher er auch wird; von 1903 bis 1918 ist er Mitglied des Reichstags (und dessen Vizepräsident ab 1912), in dem er zu den Verfechtern eines freien Handels gehört[5]; der König von Preußen verleiht ihm den Ehrentitel eines Geheimen Justizrats, und die Juristische Fakultät der Friedrich-Wilhelm-Universität zeichnet ihn mit der Würde eines Dr. h. c. aus. Präsident v. Mendelssohn würdigt ihn in seinem Nachruf unter anderem so: „Die ungewöhnliche Schärfe seines Verstandes, seine erstaunlich umfassende Bildung, die souveräne Beherrschung

5 Vgl. dazu und zu dem wirtschaftspolitischen Einfluss von Kammersyndizi in dieser Zeit überhaupt Dascher, Im Widerstreit von Politik und Wirtschaft – Die Kammersyndici im Deutschen Kaiserreich 1871–1918, aaO S. 24 ff.

von Wort und Schrift in Ernst und Humor und sein auf keinem Gebiet versagendes Wissen gestatteten ihm, nicht nur in ausgezeichneter Weise das Amt des ersten Beamten der Berliner Kaufmannschaft auszufüllen, sondern daneben als Mitglied des Reichstags und der Stadtverordnetenversammlung eine hervorragende Wirksamkeit zu entfalten, die ebenfalls der Wirtschaft zugute kam. Der hohen Qualität seiner Leistungen paarte sich der Reiz seiner starken, grundsatztreuen und liebenswürdigen Persönlichkeit, die mit mannhaftem Selbstbewusstsein vornehme Bescheidenheit verband", und sein Nachfolger Oscar Meyer sagt bei der Trauerfeier: „Er hat Vaterland und Vaterstadt, Recht und Wirtschaft unvergängliche Dienste geleistet. Er war ein Wanderer auf den geistigen Höhen des Lebens, und er wurde anerkannt, geachtet, geschätzt von denen, die dort mit ihm zu Hause waren."

Der zweite herausragende Syndikus der Industrie- und Handelskammer dieser Epoche ist Oscar Meyer – und er verbringt auch dank der Kammer eine Zeit seines Lebens als „gebrochener Mann", wie er sich in seinen Memoiren selbst bezeichnet.[6]

Oscar Meyer wird am 18. Dezember 1876 in Berlin als Sohn eines zunächst nur mäßig, gegen Ende seines Lebens doch wohl noch erfolgreichen Unternehmers geboren.[7] Seine Jugendzeit verbringt er in Breslau, der Stadt, der seine erkennbare Zuneigung gilt. Die Reminiszenzen an die Schulzeit bezeichnet er als farblos, er sei ein Durchschnittsschüler gewesen, aber immer glatt versetzt worden. Immerhin beschäftigt er sich schon in der Schule mit Politik, eine Neigung, die einen bedeutenden Teil seines späteren Lebens prägen wird. Aus dieser Beschäftigung stammt auch sein „Interesse an öffentlichen Angelegenheiten", das seine Berufswahl, die Jurisprudenz, leitet; er meint, dass der Jurist am meisten befähigt sein sollte, an Gesetzgebung und Verwaltung mitzuwirken.[8] Er studiert sechs Semester Rechtswissenschaften, davon die ersten drei und das letzte in Breslau, das vierte in Freiburg und das fünfte in Berlin. In Freiburg gewinnt er einen „wenigstens flüchtigen Eindruck in das süd-

---

6 Oscar Meyer, Von Bismarck zu Hitler, aaO, S. 11. Die folgende Darstellung hält sich eng an diese Schrift, deren Auffinden der Verfasser einem Hinweis von Herrn Dr. Biggeleben verdankt; in den Archiven der IHK Berlin war sie unverständlicher Weise nicht enthalten.

7 Den Grundbesitz an der Breslauer Hauptverkehrsstraße, dem das wohl einzige erfolgreiche Unternehmen des Vaters galt, hat Meyer trotz Krieg und Inflation lange halten können – bis 1939, als er ihm, wie er schreibt, durch den nationalsozialistischen Magistrat gestohlen wird, vgl. Meyer, aaO, S. 27.

8 Meyer, aaO, S 32

deutsche Volksleben", das er für „heiterer und von Stande und Klassengeist minder beschwert als das norddeutsche" kennzeichnet. Vom normalen studentischen Leben, zu dem damals auch studentische Verbindungen gehören, hält er sich fern; er liest viel, als sein Steckenpferd bezeichnet er die deutsche Sprachforschung und –stilkunst, und er besucht häufig Theateraufführungen, unter denen er besonders die des Deutschen Theaters in seinem Berliner Semester hervorhebt. Am 28. Januar 1898 besteht er das Referendarexamen und wird Referendar zunächst am Amtsgericht Schmiedeberg, am Fuße der Schneekoppe, dann am Amtsgericht Schweidnitz; an die erste Stage hat er gute Erinnerungen, an die zweite schlechte, weil „das dortige Leben alle Schattenseiten eines deutschen Mittelstandsmilieus aufwies. In diesem Milieu gedieh der Kastengeist der durch Geburt, Amt oder Reichtum privilegierten Kreise in Reinkultur. Natürlich war alles, was sich zur ‚Gesellschaft' rechnete, stockkonservativ und mehr oder weniger antisemitisch."[9] Noch sehr viel kritischer sieht er das Militär, bei dem er vor Ablauf der Schweidnitzer Zeit seinen einjährig-freiwilligen Dienst ableistet; ihm „missfiel alles beim Militär, der Missbrauch des Vorgesetztenrechts von oben bis unten, die Rechtlosigkeit der Untergebenen, das Geduztwerden der Mannschaften durch die jüngsten Leutnants und Unteroffiziere, die ihrerseits in der dritten Person Pluralis angeredet werden mussten ... der Schwindel, der bei Besichtigungen zur Verdeckung schwacher Stellen getrieben wurde, die unzähligen leeren, mit Warten und sinnlosen Wiederholungen von Übungen totgeschlagenen Stunden, das Prinzip der Kollektivstrafen (damit die Unschuldigen an den Schuldigen Rache nehmen), das ‚Schmieren' der Unteroffiziere, der Kasernenhofton, der Instruktionsunterricht, der Paradeschritt – einfach alles"[10], und zu seiner Unterforderung trägt bei, dass er als Jude von der Teilnahme am Offiziersunterricht ausgeschlossen ist. Den Rest des Referendariats verbringt er in Breslau und besteht im Januar 1904 beim Kammergericht in Berlin die Grosse Staatsprüfung. „So endete meine Jugend. Der Ernst des Lebens begann."[11]

Zu den persönlichen Entscheidungen Meyers in diesen Jahren, zum Ernst des Lebens, hatte schon sein Übertritt vom jüdischen zum evangelischen Glauben gehört. Er begründet ihn, sehr rational, mit dem

9 Meyer, aaO, S. 36
10 Meyer, aaO, S. 37 f; diese Sicht auf das Militär kann nicht ohne Folgen für die langjährige politische Tätigkeit Meyers vor allem im Reichstag geblieben sein.
11 Meyer, aaO, S. 40

Wunsch nach Assimilation „bis zum Aufgehen der Juden in den Völkern, in denen sie leben" und der Aussage, „die Welt steht nicht still, und jede Generation hat die Pflicht, sich den Anforderungen ihrer Zeit anzupassen, soweit es die Überzeugung gestattet (und er habe keine Überzeugung, die ihm verwehre, Protestant zu werden)".[12]

Die berufliche Weichenstellung des Ernstes des Lebens betrifft seinen Eintritt in die Handelskammer zu Berlin. Er folgt seiner Mutter, die zu ihrer Schwester nach Berlin zieht, und bewirbt sich bei drei dortigen Behörden, dem Reichspatentamt, dem Magistrat und der Berliner Handelskammer, um eine sogenannte Hilfsarbeiterstelle. Er erhält drei Zusagen, und er entscheidet sich für die Handelskammer – eine Entscheidung, die er, wie er schreibt, nicht bereut hat (offenbar trotz aller späteren Ereignisse).

Meyer tritt seinen Dienst am 1. Mai 1904 an. Kenntnisreich schildert er in seinen Erinnerungen den Aufgabenbereich der Kammer und das Selbstverständnis ihrer Mitarbeiter. Mehr als Anekdote aus heutiger Sicht sei eine Erfahrung aus einer der ersten Vollversammlungen zu Beginn seiner Tätigkeit wiedergegeben. Es geht um Ladenschluss- oder -öffnungszeiten (!): „Das Polizeipräsidium hatte ein Gutachten der Kammer über die Einführung des obligatorischen Acht-Uhr-Ladenschlusses angefordert. Nur eine kleine Mehrheit stimmte für Befürwortung. Die Minderheit beharrte dabei, dass es Sache eines jeden Prinzipals sei, darüber zu befinden, wie lange sein Geschäft offen sein soll, und aus ihren Reihen wurde als Argument gegen den Acht-Uhr-Ladenschluss u. a. geltend gemacht, dass im Winter die Bälle erst um neun Uhr anfangen, und dafür gesorgt werden müsste, dass vergessliche Herren noch bis neun Uhr einen weissen Schlips oder einen Blumenstrauss zu kaufen bekommen"![13]

Schon ein Jahr nach seinem Eintritt in die Handelskammer wird Meyer Syndikus, „mit dem bescheidenen Gehalt von 200 Mark monatlich, das allerdings rasch erhöht wird". Im Laufe seiner fast dreißigjährigen Amtstätigkeit leitet er nacheinander alle juristischen Dezernate der Kammer und übernimmt mit der Pensionierung des Ersten Syndikus Dr. Dove auch ihre Leitung. Sein dauerndes Spezialgebiet ist und bleibt die Börse, für die er auch, neben anderem, einen Kommentar zum Börsengesetz schreibt.

Seine zweite, wenn nicht die wahre, Leidenschaft gilt der Politik. Schon 1907 war er der Freisinnigen Volkspartei beigetreten, und bereits

12 Meyer, aaO, S. 38 f.
13 Meyer, aaO, S. 62 f

im gleichen Jahr wird er in die Charlottenburger Stadtverordnetenversammlung gewählt, in der er zur Versammlung der Liberalen Fraktion gehört, deren Vorsitzender er später wird. Obwohl er nach dem Krieg für das von der Preußischen Verfassungsgebenden Versammlung erlassene Gesetz über die Einheitsgemeinde Berlin stimmt, trauert er der Gemeinde Charlottenburg nach: „Die städtischen Einrichtungen Charlottenburgs standen auf höchster Blüte, und die Stadtverordnetentätigkeit war fruchtbar. Zudem brachte die Tatsache, dass ein großer Teil von Berlins geistiger Elite in Charlottenburg wohnte, es mit sich, dass in den Kollegien verhältnismäßig zahlreich prominente Männer saßen, auch viele, die, wie ich, Abgeordnete waren und wurden.“[14] Meyer wird Stadtverordneter der Berliner Einheitsgemeinde, ab 1925 ist er Stellvertretender Stadtverordnetenvorsteher und Charlottenburger Bezirksverordneter, und er bleibt dies bis 1933.

Parallel dazu macht er Karriere auf der nationalen politischen Ebene. 1910 wird er zum ersten Mal für den Wahlkreis Burg-Genthin als Kandidat für das Preußische Abgeordnetenhaus aufgestellt, im Jahr 1914 gelingt ihm die Wahl dorthin als Vertreter des Wahlkreises Frankfurt a.O.-Lebus, wenn er das Mandat wegen des Ausbruchs des Krieges auch erst ein Jahr später antreten kann. Dort spricht er 1916 zu einer von der Regierung eingebrachten Novelle zum Handelskammergesetz und wird vom Ausschuss, an den sie verwiesen wird, zum Berichterstatter bestellt; der von ihm gefertigte ausführliche Bericht ist noch gedruckt worden, zu einer zweiten Lesung im Plenum kommt es aber nicht mehr.

Nach dem Krieg wird Meyer Mitglied der Demokratischen Partei, deren erster Vorsitzender Friedrich Naumann ist. Er wird für den Wahlkreis Frankfurt a.O. in die Preußische Verfassungsgebende Landesversammlung gewählt, und, wie er schreibt, obwohl nicht der Nationalversammlung angehörend, wirkt er mit bei der Entscheidung über die Annahme oder Ablehnung des Versailler Vertrages, für die die Demokratische Fraktion der Nationalversammlung die Meinung des Parteiausschusses, deren Mitglied er ist, anhört. Im Ergebnis stimmt er für die Annahme des aus seiner Sicht „Friedensdiktats“, weil er von der Ablehnung „außen- und innenpolitische Folgen vernichtender Art, vor allem die Verwüstung wehrlosen deutschen Landes durch fremde Truppen und den Zerfall des Reiches befürchtete.“[15] 1919 wird Meyer, noch vor Inkrafttreten der neuen Preußischen Verfassung, Parlamentarischer Staats-

14 Meyer, aaO, S. 75
15 Meyer, aaO, S. 102

sekretär im Ministerium des Innern Preußens. Dort hat er als solcher an sich darauf zu achten, dass sein einer anderen Partei angehöriger Minister, der Sozialdemokrat Wolfgang Heine, in den sachlichen und persönlichen Angelegenheiten des Ressorts nicht einseitig verfährt. Er versteht sich stattdessen als „Berufsstaatsekretär" und arbeitet sich in das gesamte Ressort ein, ohne sich als Beauftragter seiner Fraktion zu fühlen; er wird von seinem Minister in allen fachlichen und personellen Entscheidungen gehört. Seine Amtszeit endet nach der Annahme der preußischen Verfassung im November 1920 mit den Wahlen zum ersten Landtag des Freistaats Preußen im Februar 1921. Eine Kandidatur für diesen Landtag lehnt er unter anderem mit der Begründung ab, er wolle sich „nach zwei Jahren politischer Unrast mehr meinem Beruf und meiner Familie widmen".[16]

Aber die Politik lässt ihn nicht los, und er lässt nicht von ihr. Immer auch noch der kommunalen Politik verbunden, kandidiert er 1924 auf der Reichsliste der Deutschen Demokratischen Partei für den dritten Reichstag, und er wird am 7. November dessen Mitglied. Dem Reichstag gehört er von nun an bis 1932 an. Er wendet sich dort vor allem der Handelspolitik zu und wird auch Mitglied im „Handelspolitischen Ausschuss", dem er bis zu seinem Ausscheiden aus dem Reichstag angehört; er fühlt sich dort der „Lehre des Freihandels ergeben", weil er „in hohen Schutzzöllen, abgesehen von ihrer preisverteuernden Wirkung, eine Beeinträchtigung internationaler Beziehungen" erblickt.[17] Als Mitglied des Reichstags nimmt er an zahlreichen Kongressen der Conference Internationale Parlementaire du Commerce teil, so 1926 in London, 1927 in Rio de Janeiro, 1928 in Versailles, 1929 in Berlin und 1930 in Prag – eine uneingeschränkt erfreuliche Zugabe zu seiner Tätigkeit, wie er in seinen Erinnerungen bemerkt. Trotz seiner Ablehnung alles Militärischen setzt er sich 1928 für einen Wehretat ein, der den Bau eines Panzerkreuzers vorsieht, aus prinzipiellen Gründen, weil der Bau eines solchen Panzerkreuzers im Versailler Vertrag zugebilligt war, aber auch aus taktischen, um illegitimen Rüstungen vorzubeugen.[18] Ab 1928 leitet er, nach der Erkrankung des Vorsitzenden der Demokratischen Reichstagsfraktion, die Fraktion und wird gleichzeitig zu einem der beiden geschäftsführenden Parteivorsitzenden gewählt. Als v. Papen 1932 den

16 Meyer, aaO, S. 124
17 Meyer, aaO, S. 153 f.
18 Meyer, aaO, S. 163

Reichstag auflöst, scheidet Meyer aus – „er war der letzte, dem ich angehörte“[19].

Beruflich und in seiner politischen Arbeit an der Spitze angekommen, führt Oscar Meyer ein auch gesellschaftlich ausgefülltes Leben. Schon 1912 berichtet er über seine erste Abendgesellschaft, zu der er und seine Frau, die Tochter des damaligen Landgerichtspräsidenten in Berlin und späteren Oberlandesgerichtspräsidenten in Posen, Carl Lindenberg, eingeladen hatten: „Bei unserer ersten Abendgesellschaft im Jahr 1912 führte Excellenz Herz, fast neunzigjährig, meine zwanzigjährige Frau zu Tisch, ich die Frau des Charlottenburger Oberbürgermeisters Schusterus, mein Schwiegervater Frau Herz und Herr von Mendelssohn meine Mutter“, und er spricht davon, dass „wir im Laufe der nächsten beiden Dezennien fast alle bedeutenden Persönlichkeiten der Berliner Wirtschaft bei uns sahen. Aus der Kommunalverwaltung waren die Oberbürgermeister und Bürgermeister und viele Stadträte und Stadtverordnete von Berlin und Charlottenburg unsere Gäste; aus der Politik die Reichskanzler Müller-Franken, Stresemann und Brüning, zahlreiche Minister und Abgeordnete aus allen Parteien von den gemäßigten Deutschnationalen bis zu den Sozialdemokraten; Botschafter Englands, Italiens, Spaniens, Gesandte Argentiniens, Brasiliens, Österreichs, Rumäniens, der Tschechoslowakei und andere Mitglieder des diplomatischen Corps; hohe Beamte und Richter, Zierden der Anwaltschaft, berühmte Gelehrte, die besten Repräsentanten der Presse, Schriftsteller, Musiker, Maler, Sängerinnen und Schauspielerinnen – sie alle widmeten bereitwillig Stunden ihrer meist knapp bemessenen Musse der angeregten Unterhaltung in unserem Haus, nicht wenige von ihnen wurden uns echte Freunde, und die meisten haben uns auch die Treue bewahrt, als sich die Linie meines Glücks tief nach unten senkte.“[20] Und diese Zeit sollte früher kommen, als manch einer, und Meyer ist sicherlich keine Ausnahme, dies für möglich halten sollte.

Aber um das Jahr 1927 herum, dem Jahr des 25jährigen Jubiläums, ist die Industrie- und Handelskammer zu Berlin noch die freie Vertretung der Berliner Kaufmannschaft, eine einflussreiche, ja mächtige Organisation, und ihr Präsident Franz v. Mendelssohn und ihr Erster Syndikus Oscar Meyer sind hochangesehene und einflussreiche Männer.

Schlüsse auf die Größe und Bedeutung der Kammer lassen auch eine ganze Reihe von Kennziffern, Daten und Sachverhalten zu:

---

19 Meyer, aaO, S. 178
20 Meyer, aaO, S. 184

Der Kammerbezirk umfasst Mitte der 20er Jahre ein Gebiet von etwa 15 000 Quadratkilometern mit rund 5 Millionen Einwohnern.

Die Beilage zu Nummer 14 der „Mitteilungen“ vom 25. Juli 1928, überschrieben mit Organisation und Tätigkeit der Industrie- und Handelskammer zu Berlin, verzeichnet zum Jahresschluss 1927 mehr als 61 000 Firmen im Handelsregister, von denen nach Kenntnis der Kammer etwa 41 000 aktiv ein Gewerbe betreiben (und damit auch beitragspflichtig sind). Zum Jahresende 1928 sind es gut 56 000 Firmen, die im Handelsregister eingetragen sind, von denen mehr als 36 000 einen Gewerbebetrieb ausüben; die Verringerung gegenüber dem Vorjahr ist auf eine Gesetzesänderung, auf eine einschlägige Entscheidung des Kammergerichts und auf Bemühungen der Kammer um die Bereinigung des Handelsregisters zurückzuführen.

Die Kammer führt eingehende und sehr detaillierte Statistiken: Posteingänge in den Abteilungen (einschließlich Börse und Handelshochschule) annähernd eine Million, Ausgänge mehr als eine Million, darunter 1927 – nur Beispiele – 7 959 Gutachten und Äußerungen an andere Behörden, 17 776 Benennungen von Sachverständigen und Bücherrevisoren an Gerichte und sonstige Behörden, 9 475 gutachtliche Äußerungen und andere Auskünfte an Gerichte in Handelsregistersachen, 105 411 Ursprungszeugnisse und Beglaubigungen.

Die von der Kammer herausgegebenen „Mitteilungen“, die im 14tägigen Rhythmus erscheinen – im amtlichen Teil neben den Eingaben der Kammer selbst und den von ihr erstellten Gutachten über Handelsbräuche vor allem Bekanntmachungen, Verordnungen und Nachrichten aus dem Gebiet des Verkehrswesens, der Rechtspflege im allgemeinen und des Zolls und des Steuerrechts im besonderen, aber auch Berichte über zahlreiche sogenannte Abordnungen ausländischer Handelskammern und über Besuche ausländischer staatlicher Delegationen, im nichtamtlichen Teil Abhandlungen über schwebende Wirtschafts- und Rechtsfragen und die wichtigen Entscheidungen der obersten Gerichte enthaltend – werden an Abonnenten und sonstige Empfänger in fast 200 000 Exemplaren versandt.

Die Besucherzahl des Lesesaals im Hauptgebäude in der Dorotheenstraße beträgt rund 20 000. Hinzu kommen die an der eigenständigen, von der Korporation der Kaufmannschaft übernommenen Bibliothek im Börsengebäude Interessierten, deren Zahl die „Mitteilungen“ beispielsweise allein für November 1927 mit über 400 Besuchern, darunter viele Studierende der Handelshochschule, angeben.

An der Handelshochschule sind im Wintersemester 1927/28 9 Ordinarien, 5 Privatdozenten, 30 Dozenten, 22 Lehrbeauftragte, 16 Lektoren und 6 Assistenten tätig. Es gibt 1702 Studenten, 235 Hospitanten und 934 sonstige Hörer, darunter viele sogenannte Gewerbeschulbeflissene im Rahmen der Gewerbelehrerausbildung. In diesem Jahr erlässt der preußische Staat auch eine Promotionsordnung, so dass nunmehr Diplomkaufleute und Diplomhandelslehrer dort nach einem Studium von weiteren zwei Semestern den Doktorgrad der Wirtschaftswissenschaften (Dr. oec.) erwerben können.

Die Kammer betreibt eine ganze Reihe von kaufmännischen Schulen. 1927 werden unterhalten:

eine höhere Handelsschule für Jünglinge
zwei höhere Handelsschulen für Mädchen
eine Handelsschule für Jünglinge
drei Handelsschulen für Mädchen
eine Berufsschule für das Versicherungsgewerbe[21]
eine Abendschule für Versicherungsangestellte
eine Berufsschule für das Bankgewerbe
eine Abendschule für Bankbeamte
eine Berufsschule für das Export- und Speditionsgewerbe
fünf kaufmännische Abendschulen
zwei Schreibmaschinenschulen (Abendkurse)

Der Lehrkörper ist dementsprechend: Allein 6 festangestellte Direktoren und Schulleiter (mit Pensionsberechtigung, wie ausdrücklich vermerkt wird), weitere 57 hauptamtlich beschäftigte Lehrkräfte (bis hin zu zwei mit Pensionsberechtigung festangestellten Turnlehrerinnen!), fünf nebenamtlich angestellte Schulleiter und 87 nebenamtlich beschäftigte Lehrkräfte, denen ein Generaldirektor der Kammer vorsteht. Es besuchen diese Schulen im Wintersemester 1927/28 4924 Hörer und Schüler, darunter immerhin, so eine entsprechende Aufschlüsselung, mehr als 1 700 junge Frauen.

Die Kammer sorgt aber nicht nur für den kaufmännischen Nachwuchs, sondern auch für bedürftige und betagte Gewerbetreibende, ihre Frauen und Hinterbliebenen. In einem Altersheim der Friedrich-Wil-

21 Vgl. dazu die Festschrift anlässlich des 75jährigen Jubiläums des heutigen Oberstufenzentrums für Banken und Versicherungen als Nachfolgeinstitution der 1912 von den Ältesten der Kaufmannnschaft gegründeten Versicherungs-Fachschule und der 1927 von der Kammer gegründeten Berufsschule für das Bankgewerbe.

Abb. 10 Das Asylhaus der Kaufmannschaft in Treptow

helm-Viktoria-Stiftung der Industrie- und Handelskammer zu Berlin (heute Conrad-Stiftung) betreut sie 1927 immerhin – nachdem im gleichen Jahr 8 Insassen gestorben sind, die, so die Kammer in den April-„Mitteilungen", ihr hohes Alter durch die Befreiung von wirtschaftlichen Sorgen und die Ruhe und den Frieden, die sie in dem Heim zum großen Teil während langer Jahre genossen haben, erreicht haben – 5 Ehepaare, 7 Männer und 35 Frauen, die von 2 so genannten Inspektorsleuten und 8 Bediensteten umtan werden. Das Budget beträgt 1927 fast 62 000 RM, und über diese materielle Fürsorge hinaus lässt es die Kammer an Zuwendung nicht fehlen: An der Weihnachtsfeier im Festsaal der Kammer nehmen – in der üblichen Weise, wie die „Mitteilungen" betonen – der Präsident, zwei Vizepräsidenten und mehrere so bezeichnete Vorstands- und Ehrendamen teil. Für das gleiche Jahr listet der Tätigkeitsbericht Beiträge der Kammer über 100 000 RM an 20 verschiedenen Stiftungen und weitere auf Spendenaufrufe ergangene Zuwendungen von Kaufleuten und Privatpersonen über insgesamt ebenfalls nahezu 100 000 RM an von Kaufleuten ins Leben gerufene Stiftungen und an die Unterstützungskasse der Kammer auf.

Ein Haushalt der Kammer hat in diesen Jahren eine Größenordnung von zwischen 6 und 7 Millionen Reichsmark. So weist der abgerechnete Haushalt für das Rechnungsjahr 1927/28 Einnahmen (einschließlich

Übertrag aus dem Vorjahr) von 7,2 Mio. RM und Ausgaben von 6,65 Mio. RM aus. Die größten Einnahmen stammen aus Kammerbeiträgen, vor allem aber aus den Gebühren für die Börsentätigkeit (Besuch und Benutzung der Börseneinrichtungen, Einführung von Wertpapieren zum Börsenhandel), und aus den Entgelten für die Amtlichen Kursberichte; die Ausgaben resultieren wesentlich aus den Personalkosten. Die Unterhaltung der kaufmännischen Schulen kostet die Kammer nach Abzug der Einnahmen fast 400 000 RM, der Zuschuss für die Handelshochschule beträgt nahezu eine halbe Million RM.

In einem ökonomisch, sozial und zunehmend auch politisch schwierigen Umfeld arbeitend, versucht die Kammer – wie heute auch –, die via positiva zu gehen, den Gewerbetreibenden also durch eine Akzentuierung der aussichtsreichen Entwicklungslinien der jeweiligen Konjunktur Mut zu machen, ohne die nüchterne Analyse und die aus Sicht der Kammer daraus folgenden Notwendigkeiten hintanzustellen.

Das Jubiläumsjahr 1927 ist ein Jahr mit guter Konjunktur, wenn auch die Kammer bereits Anzeichen eingetretener Ernüchterung, so wörtlich, überschwänglicher Hoffnungen vermerkt. Immerhin glaubt sie das Jahr mit der Bewertung schließen zu können: „In ihrer inneren Verfassung fühlen sich Industrie und Handel gesund, von der Krankheit vergangener Jahre befreit und zu rüstigem Fortschreiten befähigt, ...".

In ihrem Rückblick auf 1928 bekräftigt sie diese Aussage, benennt aber deutlicher als zuvor – und klingt dann wie heutige Vertreter der deutschen Wirtschaft – die Notwendigkeit der Verbesserung der, aktuell würde man sagen, Rahmenbedingungen: „Die Schwierigkeiten beruhen in den unserer Wirtschaft auferlegten äußeren Hemmungen ... Die deutsche Wirtschaft braucht einen aufnahmefähigen inneren Markt ... Sie muß ihre Arbeitnehmer im gemeinsamen Interesse ermahnen, durch Maßhalten in den Lohnforderungen weiteren Preiserhöhungen und davon untrennbaren Absatzverengungen vorzubeugen ... Erhöhungen der Preise sind nicht Willkürakte der Unternehmer, nicht Quellen hoher Einkünfte derselben, sondern sind ihnen durch Steigen ihrer Selbstkosten und vor allem ihrer Unkosten aufgezwungen. Hier müssen folgerichtig die Bestrebungen um erneuten Aufstieg unseres Wirtschaftslebens einsetzen. Und zwar wird es sich nach Lage der Dinge um Verbilligung der Kosten von Anlage- und Betriebskapital ... und vor allem aber um Verminderung der erdrückenden öffentlich Lasten handeln."

Dieser Tenor setzt sich fort. Der Ausblick des Berichts über 1929 beginnt mit dem Satz „Am Schlusse eines Jahres, wie des jetzt ablaufenden, späht der Beschauer noch eifriger als sonst nach Zeichen der ersehnten Besserung, die das neu heraufziehende Jahr bringen soll" und endet unzweideutig mit dem erneuten Ruf nach der besseren Politik: „Wesentliche Voraussetzung dafür (gemeint ist ein stetiger Aufschwung) ist aber, um es nochmals zu betonen, dass die längst von uns verlangte und bitter entbehrte Umstellung und Verbesserung unserer Wirtschafts-, Finanz- und Steuerpolitik endlich zur Wahrheit wird und zu einer merkbaren Entlastung der Wirtschaft führt."

1930 verschärft sich die Lage: „Das Jahr 1930 hat der Wirtschaft auf allen Gebieten einen besonderen Tiefstand gebracht. Der Umfang der Arbeitslosigkeit, des Absatzrückgangs, der Steuerbelastung ist fast überall bis zu einem ungewöhnlichen Ausmaß fortgeschritten ... Die Lage der deutschen Wirtschaft ähnelt am Ende dieses Berichtsjahres in vielem den schweren Zeiten, die wir am Schluß der Erschütterung unserer Währung im Jahr 1923 durchmachen mussten ... Da noch kein Jahr die Notwendigkeit einer solchen Entwicklung (gemeint sind die Milderung der Reparationslasten, die Abstimmung der Handelspolitik auf die Reparationslasten und die Gemeinschaftsarbeit aller Länder an der Liquidierung der wirtschaftlichen Folgen des Weltkriegs) so schonungslos offenbart hat wie das abgelaufene, so erscheint die Hoffnung berechtigt, dass das Wirtschaftsjahr 1931 den Auftakt bilden wird zu einer Zeit besserer Einsicht gegenüber diesen Problemen und damit zu gemeinsamen Bemühungen um die Besserung der Wirtschaftslage der Welt."

Das Jahr 1931 wird zunehmend krisenhafter. Die Wirtschaftslage ist zu Jahresende so ungeklärt, dass die Kammer von der üblichen und umfänglichen Veröffentlichung des Teils „Einzelne Geschäftszweige" Abstand nimmt. Ihr Versuch, wenigstens einige positive Aspekte der Zukunft aufzuzeigen, klingt eher resignativ: „An der Wende dieses Berichtsjahres zeigt sich im Gegensatz zum Vorjahr ein Tiefstand der deutschen und der internationalen Wirtschaftslage, der lediglich die seit mehreren Jahren ausgesprochene Hoffnung zulässt, dass nunmehr das Ende des Leidensweges erreicht und der Zeitpunkt eines Wiederanstiegs nahe ist. Für diese Erwartung ist aber wieder nur die Vermutung anzuführen, dass schwerere Lasten kaum denkbar sind."

Auch 1932 ändert sich an diesem Tenor nichts: „Trotz dieser beunruhigenden Momente (gemeint sind u. a. die verstärkte Abschottung im Außenhandel, die katastrophale Lage des Weltfrachtmarktes, die eine Reichssanierung der deutschen Großreedereien erfordert, die Etatdefizite im Reich und in Preußen, die Schwierigkeiten der Kommunalfinanzen und politische Unruhen durch verschiedene Wahlen) ließen jedoch die Sommermonate schon gewisse erfreuliche Kennzeichen wahrnehmen, vor allem das Ausbleiben einer weiteren Verschlechterung" (sic!). Immerhin glaubt die Kammer Ende 1932 – auch begünstigt durch eine Initiative der Reichsregierung zu einer bewussten Ankurbelung der Wirtschaft – Auftriebstendenzen festzustellen, die sie allerdings durch die zögernde Haltung der Reichsregierung gegenüber Kontingentierungswünschen der Landwirtschaft und durch dadurch geförderte handelspolitische Misserfolge im Umgang mit ausländischen Handelspartnern – auch das ist also nicht neu – gehemmt sieht. Insgesamt findet sie aber Ende 1932 „mehr Anzeichen für eine leichte Besserung als für Stagnation oder weiteren Abstieg der deutschen Wirtschaft".

In diesen politisch und ökonomisch abwechslungsreichen, zeitweise turbulenten Jahren gehen die Verantwortlichen der Kammer auch ihren normalen Geschäften nach: Die Kammer veranstaltet allgemeine Wahlen und Ersatz- und Zuwahlen, die Mitglieder bestimmen in jeder ersten Vollversammlung eines Jahres ihr Präsidium, verabschieden die Haushalte, halten ihre Sitzungen ab – 1927 immerhin 16 Vollversammlungen, 46 Präsidialsitzungen, 171 Kommissionssitzungen und 117 Fachausschusssitzungen, und in den Folgejahren bleibt die Größenordnung mit Schwankungen vor allem bei den Kommissions- und Fachausschusssitzungen gleich –, das Präsidium empfängt ausländische Delegationen – 1928 beispielsweise den Außenminister der Republik Argentinien und eine Abordnung der Pariser Handelskammer, die „zum Studium von Rationalisierungsfragen" nach Berlin gekommen ist, 1929 Vertreter der finnischen und der japanischen Wirtschaft, 1932 den Präsidenten der amerikanischen Handelskammer in Washington –, ist glänzender Gastgeber, beispielsweise 1929 durch ein Festmahl im Marmorsaal des Zoologischen Gartens anlässlich der Internationalen Parlamentarischen Handelskonferenz, an dem neben den in- und ausländischen Mitgliedern der Konferenz die Botschafter und Gesandten der auf ihr vertretenen Staaten, die Spitzen der deutschen Reichs- und Staatsbehörden, Vertreter der Stadt Berlin und der wirtschaftlichen Verbände und der in- und ausländischen Presse teilnehmen, empfängt Glückwünsche, vor allem natürlich zum 25jährigen Jubiläum, und entbietet eben solche, so anlässlich des 80. Geburtstages des Reichspräsidenten v. Hindenburg 1927 und zum 50jährigen Bestehen der Reichsjustizverwaltung im gleichen Jahr, und der Börsenvorstand lenkt mit seinen Abteilungen Wertpapier-, Produkten- und Metallbörse den Waren- und Güteraustausch. Die Vollversammlungen lassen sich durch Mitglieder der Kammer und durch ihre Syndizi über aktuelle Fragen unterrichten, so am 15. November 1929 über die geplante Aktienreform, zu der Dr. Weisbart ausführlichst vorträgt, und am 25. November 1930 über das Finanzprogramm der Reichsregierung, zu dem der Vorsitzende des Steuerausschusses, Dr. Max Levy, detailliert und mit Hilfe von zahlreichen Tabellen Stellung nimmt. Sie erstellt zu zahllosen Themen Gutachten.[22] Über all dies berichten die „Mitteilungen" eingehend; sie würdigen ausscheidende Persönlichkeiten, veröffentlichen Nachrufe und publizieren Aufrufe, von den Appellen, Lehrlingsplätze zu melden, über die Bitten um Spenden für soziale Zwecke bis hin zu einem fast dramatischen Aufruf Mitte 1930, statt Weizenbrot zu essen (Weizen wird im wesentlichen aus dem Ausland bezogen) Roggenbrot zu verzehren (und dies gemeinsam mit der Landwirtschaftskammer für die Provinz Brandenburg und Berlin, der Handwerkskammer Berlin, der Industrie- und Handelskammer Brandenburg an der Havel, der Handwerkskammer Frankfurt a. d.O., der Industrie- und Handelskammer für Frankfurt a. d.O. und die Neumark und der Industrie- und Handelskammer für die Niederlausitz). Die Jahresberichte gehen in bewusster und vornehmer Zurückhaltung auf Interna der Kammer, auf ihre Tätigkeit und Entwicklung in keinster Weise ein. Sie konzentrieren sich stattdessen auf die Darstellung der wirtschaftlichen Lage im jeweiligen Berichtsjahr, befassen sich mit der allgemeinen Situation und mit Fakten zur Wirtschaftspolitik, zur Finanz-, auswärtigen Handels-, Sozial- und Verkehrspolitik und dem Justizwesen, geben eine sehr knappe Bewertung und einen noch kürzeren Ausblick und beschäftigen sich dann sehr ausführlich mit den Entwicklungen in den einzelnen Geschäftszweigen, denen sie beispielsweise im Jahresbericht 1928 103 der insgesamt 147 Seiten widmen.

Das oberste Leitungsgremium des Hauses, das Präsidium, zeichnet sich nach wie vor durch hohe Kontinuität und Stabilität aus. In den Jahren 1927 bis einschließlich 1931 werden lediglich zwei durch Tod ausgeschiedene Mitglieder des 5 bis 6-köpfigen Gremiums durch neue Mitglieder ersetzt. Erst zum Jahreswechsel 1931/32 kommt es zu einer bedeutenden Veränderung an der Spitze der Kammer: Der seit 1914 amtierende Präsident Franz v. Mendelssohn legt sein Mandat aus Ge-

---

22 Darunter ist auch eine im Hinblick auf jüngste Ereignisse in Berlin bemerkenswerte „Stellungnahme der Industrie- und Handelskammer zur Geschäftstätigkeit der Berliner Stadtbank". Die Kammer warnt in ihr davor, der Stadtbank angesichts der unbeschränkten Haftung der Berliner Steuerzahler einen größeren Aufgabenkreis zuzubilligen, als er einer Sparkasse in gleichen Verhältnissen zustehe; sie dürfe nur solche Geschäfte betreiben, die gemeinhin als risikolos bezeichnet werden, und in erster Linie Kredite an den Berliner Mittelstand gewähren.

sundheitsgründen zum Jahresende nieder[23]; die Kammer wählt ihn zum Ehrenpräsidenten. Auch einer der langjährigen Vizepräsidenten, der Geheime Kommerzienrat Dr.-Ing. Conrad von Borsig, verlässt das Präsidium.

Die Kammer dankt ihrem scheidenden Präsidenten in der letzten Vollversammlung des Jahres 1931 mit einer bewegenden Würdigung seiner Verdienste um die Geschicke der Kaufmannschaft in Berlin und ihrer Vertretung. Vizepräsident Dr. Gelpcke erinnert an die Verdienste um die Gründung der Kammer, der er – schon zuvor Mitglied des Ältestenkollegiums der Korporation der Kaufmannschaft von Berlin – zunächst als Vizepräsident von 1902 bis 1913 und dann als Präsident gedient hat. Er hebt seinen Einsatz für die Selbstverwaltung der Kaufmannschaft, auch für die Beschränkung von Doppelarbeit und Doppelkosten durch die Existenz der drei Körperschaften Berliner Kammer, Kammer Potsdam mit Sitz Berlin und Korporation, die er unter seiner Präsidentschaft in die Vereinigung der drei Organisationen geführt hat, hervor, er erwähnt die zahlreichen weiteren Ehrenämter, denen sich Mendelssohn gewidmet hat, geht dabei auch auf das wirtschaftspolitische schwierige Umfeld – Weltkrieg, Nachkriegszeit und Inflation – ein, durch das er die Kammer geführt hat, und rühmt seine menschliche Qualitäten, die „in allen Gliedern der Kammer das Gefühl erzeugt hat, eine durch die Achtung vor ihrem Haupt und das Streben, seinem Vorbild nachzueifern, verbundene Familie zu sein.“ Für die Beamtenschaft der Kammer spricht der Erste Syndikus Dr. Meyer über die Ehrfurcht und die Verehrung, die die Mitarbeiterschaft ihrem Präsidenten entgegen bringen. Die Kammer verleiht dem scheidenden Präsidenten, der bereits zum 25jährigen Jubiläum der Handelshochschule die Große Goldene Staatsmedaille der Preußischen Regierung erhalten hatte, ihre eigene höchste Auszeichnung, die Goldene Medaille für hervorragende Leistungen, und ehrt ihn durch die Ehrenpräsidentschaft und mit der künftigen Bezeichnung ihres

23 „Mendelssohn stand im 66. Lebensjahr. Der Verlust seiner Gattin im Jahre 1928, offenbar auch im Privaten liegende Sorgen in seiner Familie, waren nicht spurlos an ihm vorübergegangen. Ein längerer Urlaub konnte ihn nicht so wiederherstellen, wie es zur Wahrnehmung seiner zahlreichen Verpflichtungen notwendig gewesen wäre. Am 2. Dezember 1931 mußte er dem DIHT-Vorstand von dem unabweisbaren Rat seiner Ärzte Kenntnis geben, seine sämtlichen Ehrenämter niederzulegen“, so beschreibt Schäfer, Der Deutsche Industrie- und Handelstag, aaO, S. 66, die Gründe für den Rücktritt.

Festsaals als „Franz von Mendelssohn – Saal“[24]. Zahlreiche weitere schriftliche Grußbotschaften, darunter die von Reichspräsident v. Hindenburg, Vizekanzler und Reichsfinanzminister Dietrich, dem Preußischen Minister für Handel und Gewerbe, ebenso wie die des Oberpräsidenten der Provinz Brandenburg und von Berlin und des Regierungspräsidenten von Potsdam zeugen von der Präsident v. Mendelssohn gebührenden Hochachtung in Politik, Wirtschaft und Gesellschaft. Auch der Deutsche Industrie- und Handelstag ehrt seinen scheidenden Präsidenten im Dezember 1931, nachzulesen in der Mitschrift der Sitzung des Hauptausschusses, in Anwesenheit unter anderem des Reichswirtschaftsministers Professor Dr. Warmbold und des Preußischen Ministers für Handel und Gewerbe Dr. Schreiber mit der Verleihung der Würde eines Ehrenpräsidenten.

Präsident wird Anfang 1932 der ebenfalls langjährige, seit 1924 amtierende Vizepräsident Dr. Karl Gelpcke, Direktor i. Fa Hypothekenbank in Hamburg.[25] Meyer schreibt über ihn, auch er sei ein guter Präsident gewesen, wenngleich weder der Persönlichkeit, noch der Position innerhalb der Kaufmannschaft, noch dem Charakter nach mit seinen Vorgängern vergleichbar.[26] Er wird von den Vizepräsidenten Heinrich Grünfeld, Dr. Victor Meyer aus der Firma Chemische Fabrik Grünau als Nachfolger von Borsig, Kommerzienrat Martin Michalski und Generaldirektor Dr. Johannes Philipp Vielmetter von der Knorr-Bremse AG unterstützt. In dieser Zusammensetzung geht das in der ersten Vollversammlung des kommenden Jahres bestätigte Präsidium in das auch für die Kammer schicksalhafte Jahr 1933.

---

24 Dies war der erste Franz von Mendelssohn-Saal; später kommen zwei weitere im Ludwig Erhard Haus der IHK Berlin und im neuen Gebäude des Deutschen Industrie- und Handelskammertages in Berlin hinzu. Die Stadt Berlin ehrt ihn, wenn auch spät, mit der Anerkennung seiner Grabstätte als Ehrengrab des Landes Berlin; die Grabstätte der Familie auf dem Dreifaltigkeitsfriedhof am Mehringdamm wird im September 2005 verwüstet, wird aber im November 2005 nach der Restaurierung im Beisein von Frau Dr. Cecile Lowenthal-Hensel und dem Chef der Senatskanzlei André Schmitz neu übergeben.

25 Dr. Gelpcke stammt ebenfalls aus einer Familie von Privatbankiers. Er selbst war nach einem juristischen Studium zunächst Amtsrichter in Charlottenburg; er wandte sich dann dem Bankwesen zu, wird Vorstand der Hypothekenbank in Hamburg und kümmert sich von Berlin aus vor allem um die von dort zu betreuenden Interessen seiner Bank.

26 Meyer, aaO, S. 65

Kapitel V
Die Industrie- und Handelskammer Berlin im „Dritten Reich"

Umbrüche

Bereits zwei Monate nach der Machtergreifung durch die Nationalsozialisten setzen die Brüche und Umwälzungen auch in der Industrie- und Handelskammer zu Berlin ein. Sie beginnen bei der personellen Zusammensetzung der Gremien und der hauptamtlichen Mitarbeiterschaft, sie betreffen die bisherige demokratische Verfassung des Hauses, prägen auch das intern vorgegebene und nach außen gelebte Selbstverständnis und enden in der Auflösung der Kammer.

Dass es zu personellen Veränderungen kommt, mag angesichts der politischen Programmatik der NSDAP nicht verwundern. Überraschend, erschreckend – und eine wahre Schande für die Kammer – sind die Schnelligkeit und die offensichtliche Willfährigkeit, mit der ihre Spitze diese Veränderungen zulässt, wenn diese nicht sogar durch aktive Kollusion aus dem Haus gefördert werden – und es entlastet die Verantwortlichen nicht, dass die Berliner Kammer keineswegs die einzige Institution ist, die so reagiert oder agiert.

Noch einmal: Überraschend können die Maßnahmen gegen den sogenannten „jüdischen Einfluss" in der Wirtschaft und in ihren unternehmerischen Organisationen nur für diejenigen gewesen sein, die ihre Augen vor den Konsequenzen der Hitlerschen Machtergreifung verschlossen hatten. Eines der wichtigsten Versprechen der Nationalsozialisten war es stets und hörbar gewesen, den „Einfluß der Juden, die angeblich das gesamte öffentliche Leben der Weimarer Republik beherrscht hatten, auf ‚alle Zeiten' zu brechen. Wollte man damit Ernst machen, so kam – angesichts der Sozialstruktur der deutschen Juden – ihrer Verdrängung aus der Wirtschaft entscheidende Bedeutung zu."[1]

1 Genschel, Helmut, Die Verdrängung der Juden aus der Wirtschaft im Dritten Reich, Musterschmidtverlag, Göttingen 1966, S. 43

Die sogenannte Gleichschaltung in Kammern, Verbänden und anderen unternehmerischen Organisationen vollzieht sich zwischen Ende März und Ende April 1933.

Als Hitler sich die Macht aneignet, „drangen die Giftgase des Nationalsozialismus in alle Ritzen von Staat und Gesellschaft ein und vernichteten Moral und Anstandsgefühl aller nicht ganz Standfesten. Die einen maskierten sich, die anderen demaskierten sich. ... In der Handelskammer machte ein Vizepräsident plötzlich kein Geheimnis mehr daraus, dass er, obwohl Vizepräsident des wirtschaftsliberalen Hansabundes, ein Geldgeber der Hitlerpartei war. Andere Mitglieder der Kammer, auch solche mit jüdischen Sozii, bekannten sich als Pg's. Aus den Knopflöchern vieler Kammerbeamten sprossen wie Unkraut auf dem Felde die nationalsozialistischen Parteiabzeichen.“[2] Der Erste Syndikus Oscar Meyer hatte das Unheil aufziehen gesehen und bereits vor der ersten Reichstagswahl unter Hitler sein Gesuch um Versetzung in den Ruhestand eingereicht; es wurde von Präsident Dr. Gelpcke mit der Begründung nicht angenommen, die Kammer könne nicht auf seine Dienste verzichten, und der Präsident soll hinzugefügt haben, er werde, wenn die Regierung die Entlassung Meyers fordern würde, selbst demissionieren.[3]

Für die Berliner Industrie- und Handelskammer sind schicksalhafte Daten der 31. März und der 1. April 1933.

Der 1. April ist – wohl nicht völlig zufällig – der Tag der ersten zentral geleiteten antijüdischen Aktion im Dritten Reich in Form eines Wirtschaftsboykotts.[4] Der Boykott, als „Abwehrmaßnahme“ gegen ausländische Reaktionen auf die Entwicklungen in Deutschland getarnt, wird nach einer Absprache zwischen Goebbels und Hitler von der Reichsleitung der NSDAP organisiert. Die Reichsregierung hält sich aus dem Boykott offiziell heraus; einzelne Mitglieder wenden sich sogar gegen willkürliche Eingriffe in das Wirtschaftsleben. So wird von einem Erlass des Reichsinnenministers Frick vom 14. März an die Landesregierungen berichtet[5], in dem er anordnet, Übergriffen gegen Einzelhan-

---

2 Meyer, aaO, S. 190 f.; der erwähnte Vizepräsident war offenbar Generaldirektor Vielmetter von der Knorr-Bremse.

3 Meyer, aaO, S. 191

4 Vgl. dazu Genschel, aaO, S. 43 ff.; siehe auch Bajohr, „Arisierung“ in Hamburg, Die Verdrängung der jüdischen Unternehmer 1933–1945, Hamburger Beiträge zur Sozial- und Zeitgeschichte, Band 35, Christians 1997, S. 44 ff.

5 Genschel, aaO, S. 45

delsgeschäfte entgegenzutreten, und dies mit dem Schaden für Inhaber, Publikum und allgemeinem Wirtschaftsverkehr begründet, und zugleich die Staatsautorität und die für den Wirtschaftsverkehr Deutschlands unentbehrliche Vertrauensbelebung beschwört. Auch gibt es in der Reichsregierung und wohl auch in der NSDAP-Führung offenbar ein Bewusstsein dafür, wie sehr und wie lange man angesichts der Bedeutung der Juden für die deutsche Wirtschaft auf sie angewiesen ist. Noch im September 1933 vermelden die „Mitteilungen" der Kammer einen Erlass des Reichswirtschaftsministers, in dem dieser „eine Unterscheidung zwischen arischen und nicht arischen oder nicht rein arischen Firmen innerhalb der Wirtschaft, insbesondere bei dem Eingehen geschäftlicher Beziehungen, nicht für durchführbar hält. Eine solche Unterscheidung mit dem Zwecke einer Boykottierung nicht arischer Firmen müsste notwendig zu erheblichen Störungen des wirtschaftlichen Aufbaus führen, da ungünstige Rückwirkungen auf den Arbeitsmarkt durch Betriebseinschränkungen der von dem Boykott betroffenen Firmen und nachteilige Folgen für die Lieferanten dieser Firmen und deren Arbeitnehmer unvermeidbar wären." Diesem nackten Pragmatismus fügt er immerhin hinzu, dass „er mit dem Herrn Reichsminister für Volksaufklärung und Propaganda der Auffassung (sei), dass keine Veranlassung besteht, gegen eine Firma vorzugehen, solange ihre Inhaber nicht gegen gesetzliche Vorschriften oder gegen die Grundsätze der kaufmännischen Ehre verstoßen."

Keineswegs alle teilen diese Meinung oder folgen ihr, wie Vorlauf und Durchführung des erwähnten Boykotts am 1. April zeigen. Dabei tut sich besonders der nationalsozialistische „Kampfbund des gewerblichen Mittelstandes" hervor, der nicht nur deshalb (im negativen Sinn) besonders erwähnenswert ist, weil er ein „Reservoir des Hasses gegen Warenhäuser und jüdische Geschäfte bildete und hoffte, diese Konkurrenz mit einem Schlage ausschalten oder zumindest empfindlich treffen zu können"[6], sondern auch, weil sein Vorsitzender Theodor Adrian von Renteln einen maßgeblichen Anteil an der „Gleichschaltung" der Kammern und anderer unternehmerischen Organisationen, darunter der Hauptgemeinschaft des Deutschen Einzelhandels und der Handwerkskammer, hat und bereits im Mai 1933 handstreichartig die Präsidentschaft des Deutschen Industrie-

6 Genschel, aaO, S. 49; zu dieser Form von „mittelständischem Antisemitismus" auch Bajohr, aaO, S. 33 ff

und Handelstages übernimmt, dessen altes Präsidium für abgesetzt erklärt wird.[7]

Es ist offenbar so gewesen, dass sich der Druck auf einzelne Unternehmungen und Betriebe – sieht man einmal von dem Boykott am 1. April, der wohl in Berlin ohne größere Zwischenfälle verläuft, und weiteren eher vereinzelten Aktionen von Untergruppierungen der NSDAP und anderer Verbände ab – in Grenzen gehalten hat, während Maßnahmen gegen jüdische Beamte, Freiberufler (Juristen, Ärzte) und gegen jüdische Mitglieder von Institutionen im Frühjahr 1933 in voller Breite einsetzen.

In der Berliner Kammer kommt der entscheidende Tag Ende März[8]: Nach einem Gespräch zwischen dem Präsidium des Hauses und Vertretern einer nationalsozialistischen berufständischen Vertretung werden die drei jüdischen oder jedenfalls jüdischstämmigen Vizepräsidenten und neun ebensolche Syndizi (von vermutlich 13) aus ihren Ämtern entfernt.

Darüber berichtet der Völkische Beobachter am 1. April 1933, und er soll hier zitiert werden, weil Sprache und Inhalt den Geist der Zeit widerspiegeln: „Am gestrigen Tage wurden die Mitglieder des Aktionsausschusses der wirtschaftsrechtlichen Abteilung des Bundes Nationalsozialistischer Deutscher Juristen, Gau Groß-Berlin, die Pgg. Stadtverordneter Lorenz, Dr. Splettstößer, Dr. Eschstruth, Dipl.Volkswirt Splettstößer und Stadtverordneter Dr. Klopsch bei dem Präsidium der Industrie- und Handelskammer zu Berlin vorstellig zwecks Rücktritts der jüdischen Mitglieder des Präsidiums und des Beamtenkörpers. Die Verhandlungen führten zu dem Ergebnis, dass die Vizepräsidenten Heinrich Grünfeld, Dr. Viktor Meyer und Kommerzienrat Michael Michalski ihre Ämter niederlegten. Diesem Schritte schlossen sich die Syndizi Robert Berg-

7 Auch dazu Genschel, aaO, S. 60 f, insbesondere Fußnote 3. Angeblich soll Reichswirtschaftsminister Hugenberg dagegen protestiert haben, worauf sich von Renteln von der Mehrheit einer kurzfristig einberufenen Hauptversammlung bestätigen ließ; eine Geschichte des DIHT der Weimarer Zeit endet mit dem lapidaren Satz: „Ein neues Kapitel in der Geschichte des DIHT hatte zu beginnen. Selbsternannter Präsident war ein SA-Führer.“ (Schäfer, Der Deutsche Industrie- und Handelstag als politisches Forum der Weimarer Republik, aaO, S. 69).

8 Zu den Ereignissen in diesen Tagen und den folgenden Entwicklungen vgl. auch das erst nach Abschluss dieses Kapitels erschienene Buch: „Arisierung“ in Berlin, herausgegeben von Christof Biggeleben, Beate Schreiber, Kilian J. L. Steiner, aaO, und dort insbesondere die Untersuchung von Biggeleben, Die Verdrängung der Juden aus der Berliner Industrie- und Handelskammer und dem Verein Berliner Kaufleute und Industrieller, ebd., S. 56 ff.

mann, Dr. Fritz Demuth, Dr. Werner Feilchenfeld, Dr. Erich Gisbert, Dr. Ewald Jakoby, Dr. Erich Löwenstein, Dr. Oscar Meyer, Eduard Meyerstein und Dr. Josef Weisbart an. Damit ist diese für Deutschland bedeutendste Handelskammer judenfrei geworden."[9]

Meyer berichtet über diesen für die Kammer und für ihn selbst unheilvollen Tag wie folgt: „In der Handelskammer erschien eine solche ‚Deputation' (von nationalsozialistischen Abgesandten) am 29. März. Sie legte dem Präsidenten eine Liste der zu entfernenden Mitglieder und Beamten vor. Hugenberg, der nunmehrige Aufsichtsminister der Kammer, wurde angerufen. Er liess sagen, er empfehle, den ‚wilden Aktionen' nicht nachzugeben; uns irgendeinen Schutz zu gewähren, erklärte er sich aber ausser stande. Es musste deshalb auch hier der Gewalt gewichen werden."[10]

Es ist aus heutiger Sicht kaum nachzuvollziehen, wie schnell und wie aus Sicht der Machthaber reibungslos das Kartenhaus der Vertretung der ehrbaren Kaufleute in Berlin[11] zusammenbricht: Ein einziges Gespräch genügt, und drei noch im Januar, also knapp drei Monate vorher, von der Vollversammlung gewählte Vizepräsidenten werden aus dem Amt gejagt, ebenso herausragende Mitglieder der Beamtenschaft ; das Ganze passiert nicht etwa auf Druck staatlicher Stellen, etwa des Reichswirtschaftsministeriums, sondern auf Initiative einer NSDAP-Unterorganisation[12], und kein anderes Mitglied des Präsidiums zieht daraus für sich Konsequenzen, beispielsweise den eigenen Rücktritt als Zeichen des Protests.

---

9 Zitiert nach einer Photokopie aus den Personalakten von Dr. Splettstößer; in der sogenannten Vollversammlung der Kammer ist von acht Oberbeamten, die das Haus verlassen hätten, die Rede.

10 Meyer, aaO, S. 193

11 Und nicht nur dort; zur Hamburger Handelskammer vgl. Bajohr, „Arisierung in Hamburg", aaO, S. 74 f., und vor allem Bielfeldt, Vom Werden Groß-Hamburgs – Citykammer, Gauwirtschaftskammer, Handelskammer – Politik und Personalia im Dritten Reich, in: Staat und Wirtschaft, Beiträge zur Geschichte der Handelskammer Hamburg, Christians 1980, insbesondere S. 141 ff. Der nach v. Mendelssohn wohl bekannteste deutsche Privatbankier Max Warburg verliert wenige Monate nach der Machtergreifung seinen Sitz im Vorstand der Hamburger Handelskammer, vgl. Kopper, Christopher, Bankiers unterm Hakenkreuz, Deutscher Taschenbuch Verlag, München 2008, S. 74 f. Zu den Entwicklungen in Köln ebenfalls Kopper, aaO., S. 42 ff.

12 Erst für Mitte April berichtet Bielfeldt von einem Rundschreiben des Landesausschusses der preußischen Industrie- und Handelskammern, dass „in Übereinstimmung mit der nationalen Regierung" der Preußische Minister für Wirtschaft und Arbeit Änderungen des Mitgliederbestandes der Kammern innerhalb kürzester Frist für notwendig halte, aaO, S. 143.

Abb. 11 Oscar Meyer
Erster Syndikus der Industrie- und Handelskammer zu Berlin bis 31. März 1933

Nicht genug damit; die Kammer stellt ausgerechnet vier der fünf Nationalsozialisten aus der genannten NSDAP-Untergruppierung, die die Entfernung der Vizepräsidenten und Syndizi durchgesetzt hatten, als neue Mitarbeiter ein: die Stadtverordneten Dr. Kopsch und Lorenz und die Herren Dr. Hans Splettstößer und Johannes Splettstößer. Damit sind (zumindest) vier der nun zehn Syndizi dem nationalsozialistischen Gedankengut zutiefst verhaftet, und es kommt hinzu, dass einer von ihnen, Lorenz, mit der raschen Übernahme der Schriftleitung der „Mitteilungen" der Kammer breiten Raum für die Verbreitung dieses Gedankenguts erhält. Bezeichnend ist ihre Charakterisierung durch Meyer; unter ihnen sind „ein mittlerer Beamter, der jahrelang mit mir im Beamtenausschusse gesessen hatte, ein früherer Hilfsarbeiter der Kammer, der wegen seiner geringen Begabung nicht vorwärts gekommen war, und ein Bücherrevisor, der beim Wirtschaftsprüferexamen durchgefallen war", und bitter fügt er hinzu, dass „statt unter eine eigene Demissionserklärung der Präsident seine Unterschrift unter die Ernennungsurkunden setzte."[13]

Den ausgeschiedenen Vizepräsidenten kommt zumindest öffentlich ein – wenn auch knapp bemessener – Dank zu. Präsident Gelpcke formuliert ihn in der Ende Mai folgenden Sitzung des Präsidiums und eines neu bestellten Beirats, der die alte Vollversammlung ersetzt, wie folgt: Er denke bei seinem Dank an die gewesenen Mitglieder der Vollversammlung in erster Linie an die ausgeschiedenen Vizepräsidenten, „die, was ehrenamtliche Arbeitsleistung betrifft, allen nur ein Vorbild sein können." Mehr kann, mehr will man möglicherweise nicht tun. Ein öffentlicher Dank an den Ersten Syndikus und an seine ebenfalls ausgeschiedenen Kollegen bleibt aus. Meyer muss „unerquickliche Verhandlungen"[14] mit der Kammer über die Abfindung seiner vertragsgemäßen Ansprüche führen, und weil er es auf einen Prozess nicht ankommen lassen will, da Deutschland aus seiner Sicht kein Rechtsstaat mehr ist, reicht das Ergebnis gerade zur Zahlung der „Reichsfluchtsteuer" und anderer Steuern aus. Nach Abschluss der Verhandlungen erhält er im Juni 1934 ein Zeugnis: „Was Herr Staatssekretär Dr. h.c. Meyer in seiner Eigenschaft als Erster rechtskundiger Syndikus der Industrie- und Handelskammer, mit der zugleich die des Syndikus des Börsenvorstandes, der Zulassungsstelle an der Berliner Börse, sowie des Ehrengerichts an der Berliner Börse verbunden war, hervorragendes geleistet hat, ist so allgemein bekannt, dass es keiner besonderen Betonung bedarf. Angesichts der

13 Meyer, aaO, S. 194
14 Meyer, aaO, S. 201

hohen Verdienste, die er sich um die Kammer erworben hat, wünschen wir ihm für die Zukunft das beste.“[15]

Noch am Abend des 31. März 1933 verlässt Oscar Meyer Berlin. Seine Frau, die wegen der Konfirmation einer Tochter zurückbleibt, begleitet ihn bis zur Gartentür. „Mit der Gartentür schloss sich mir das Tor der Heimat.“[16] Den Bericht über diese letzten Wochen in Deutschland in seinen Erinnerungen überschreibt er mit „Abstieg“.

Präsident Dr. Gelpcke bleibt im Amt – wenn auch nur noch begrenzte Zeit –, und auch Dr. Vielmetter von der Knorr-Bremse, der, wenn er dies nicht schon vorher gewesen ist, bald offen zum Nationalsozialisten mutiert, ist weiter Vizepräsident. Die drei ausgeschiedenen jüdischen Vizepräsidenten, die immerhin die Mehrheit des Präsidiums gestellt hatten, werden durch Kommerzienrat Hensel von der Firma Kölle & Hensel, Maschinenfabrik, und Generaldirektor Dr. Schmitt von der Allianz[17] ersetzt, dem nach seiner späteren Ernennung zum Reichswirt-

15 Meyer, aaO, S. 194

16 Meyer, aaO, S. 195. Seine erste Station nach dem Verlassen Deutschlands ist Amsterdam, wo ihm mit der erzwungenen Demission aus dem Aufsichtsrat von Mendelssohn & Co die zweite große Kränkung zugefügt wird – immerhin sorgt der schon sehr kranke und die Geschicke des Hauses nicht mehr bestimmende Franz v. Mendelssohn für eine kleine Rente –, die nächste Zürich; dort kämpft er durch gelegentliche Mitarbeit an Emigranten- und Schweizer Zeitungen und Zeitschriften von außen gegen das Hitlerregime. Im August 1939 gehen seine Frau und er nach England, kehren aber bereits Ende des Jahres wieder nach Zürich zurück. In der Schweiz fassen sie dann den Entschluss, nach Kolumbien auszuwandern – dort lebt der Sohn, der ihnen auch kolumbianische Pässe besorgt –, und sie setzen diesen Entschluss im Juni 1940 nach manchen weiteren Schwierigkeiten in die Tat um. Wegen einer Krankheit seiner Frau verlassen sie aber schon bald Kolumbien und kommen am 21. Februar 1941 in New York als anerkannte Immigranten an. Die Vereinigten Staaten von Amerika werden ihnen, wie so vielen, neue Heimat. Seine alte Heimat dankt ihm auch nach dem Krieg nicht; in der Industrie- und Handelskammer zu Berlin ist auch nach ihrer Rekonstitution von ihm, soweit erkennbar, nicht die Rede, geschweige denn, dass es Ansätze für eine Wiedergutmachung gegeben hätte. So überrascht es denn nicht, dass Meyer die zweite und verbesserte Auflage seiner Erinnerungen mit den Sätzen schließt: „ Ein hartes Leben liegt hinter mir. Ein unbarmherziges Schicksal hat mich tief gebeugt.“ Und es spricht zugleich für seine Größe, dass er hinzufügt: „Mein Glaube an meine Ideale und deren Zukunft ist nicht gebrochen.“ (Meyer, 2. verbesserte Auflage, Bollwerk-Verlag Karl Drott, Offenbach 1948. S. 206).

17 Über die Beziehungen Schmitts zu Hitler und Göring und über seine Einbindung in das nationalsozialistische System Feldmann, Gerald, Die Allianz und die deutsche Versicherungswirtschaft 1933–1945, C.H.Beck, München 2001,

schaftsminister[18] der erste Einzelhandelsvertreter, Herbert Tengelmann, nachfolgt, ohne dass diese personellen Ergänzungen des Präsidiums durch die Vollversammlung legitimiert worden wären. Neuwahlen für die Vollversammlung werden in dieser Bekanntmachung zwar angekündigt; sie finden aber nicht mehr statt.

Aufbau und Aufstellung der Kammer werden rasch und radikal verändert. Die Mitglieder der Berliner Kammer beschließen am 12. April, dass ihre Aufgaben – mit Ausnahme der Funktionen der Präsidiumsmitglieder – beendet sind. Gleiches entscheiden die Mitglieder der Brandenburger Kammer, bei der nur Präsident Hennecke von den Mitteldeutschen Stahlwerken, Brandenburg, im Amt bleibt. Beide Kammern streben die Vereinigung an, die im Grundsatz offenbar noch von den ausscheidenden Mitgliedern der Vollversammlungen gebilligt worden war.[19] Die Preußische Staatsregierung ordnet durch Erlass vom 16. Mai 1933 die Zusammenlegung der Industrie- und Handelskammern Berlin und Brandenburg zu einer Kammer an, wozu die Schriftleitung der „Mitteilungen" anmerkt, die Vereinigung sei mit Wirkung vom 1. April 1933 vollzogen worden. Die Industrie- und Handelskammer Berlin, die schon bisher für erhebliche Teile der Wirtschaft des Regierungsbezirks Potsdam (begrenzt etwa durch die Linie Strausberg in der Uckermark, Neuruppin, Nauen, Werder, Jüterbog) zuständig war, wird dies nun auch für die in den westlichen Teilen des Regierungsbezirks (von Belzig bis Wittenberge) ansässigen Unternehmen, die bisher von der Industrie- und Handelskammer Brandenburg a. d. Havel betreut wurden.[20] Sitz bleibt

---

S.89 ff.; zu der Frage nach dem Zeitpunkt seines Eintritts in die NSDAP ebd. S. 92 f.

18 Über den Aufstieg Schmitts, seine Motive bei der Unterstützung des Nationalsozialismus und über die Gründe seines Scheitern als Reichswirtschaftsminister Feldmann, aaO, S. 101 ff; Schmitt soll als Minister übrigens den Auftrag erteilt haben, die Kammern dadurch auszuschalten, dass sein Beauftragter sie „verkümmern ließe", vgl. Esenwein-Rothe, Die Wirtschaftsverbände von 1933 bis 1945, Duncker & Humblot, Berlin 1965, S. 193.

19 In Berlin am 16. März, in Brandenburg Anfang April 1933; begonnen haben die entsprechenden Bestrebungen wohl bereits im Jahr 1932.

20 Der Kammerbezirk ist damit sehr viel größer geworden; allein der Regierungsbezirk Potsdam hat eine Größe von fast 20 000 qkm. Der Kammer gehören jetzt über 170 000 gewerbliche Betriebe an, darunter über 43 000 in das Handelsregister eingetragene Unternehmen. Zu den Strukturdaten des Kammerbezirks vgl. Handbuch des Aufbaus der gewerblichen Wirtschaft, Bd. III, herausgegeben von Teschemacher, 1937. In einer späteren Bestandsaufnahme von Lage und Größe des Kammerbezirks, zu der Struktur seiner Bevölkerung, zur Wirtschaftsstruktur, zu seinen politischen und wirtschaftlichen Schwerpunkten finden

Berlin; für den Regierungsbezirk Potsdam wird ein Provinzausschuss gebildet, und auch eine Geschäftsstelle bleibt in Brandenburg erhalten. Der gleiche Erlass regelt die Zusammensetzung des Präsidiums – bestehend nunmehr aus den Berliner Mitgliedern Dr. Gelpcke als Präsident, Hensel und Dr. Schmitt und den Mitgliedern aus dem Regierungsbezirk Potsdam Hennecke und Krüger-Stackfleth aus der gleichnamigen Lebensmittelgroßhandlung in Potsdam – und bestimmt dreißig Mitglieder eines Beirats (zwanzig aus Berlin, zehn aus den so genannten Außenbezirken), der zunächst an die Stelle der Vollversammlung tritt.

Es versteht sich von selbst, dass der Prozess der Verdrängung der Juden aus den Institutionen nicht bei Präsidium und hoher Beamtenschaft halt macht. Stolz berichtet der nun hinlänglich bekannte Syndikus Lorenz bei einer Feier im Jahr 1934, dass „an Stelle von 52 Nichtariern bei 98 Gesamtmitgliedern der früheren Vollversammlung nunmehr nur arische Mitglieder“ in den Beirat berufen worden seien, und offenbar sind auch Fachkommissionen etc. und die übrige hauptamtliche Mitarbeiterschaft entsprechend durchforstet worden.

Zu den strukturellen Veränderungen gehört neben der Vereinigung der beiden Kammern die Einbeziehung der nicht im Handelsregister eingetragenen Kaufleute in den Zuständigkeitsbereich der Kammer. Diese regelt ein Gesetz über die Industrie- und Handelskammern vom 28. Dezember 1933.

Die Novelle betrifft in erster Linie die sogenannten „Minderkaufleute“ aus dem Einzelhandel. Das Gesetz ermächtigt die Kammern, von ihnen Grundbeiträge als Mitglieder zu erheben; Voraussetzung ist, dass sämtliche Einzelhändler zu einer Einzelhandelsvertretung auf der Grundlage einer Kammersatzung zusammengefasst werden. Diese Satzung erlässt die Berliner Kammer am 7. Februar 1934 und gründet damit das später so genannte Einzelhandelsamt, das ein förmliches Organ der Kammer mit eigenem Vorsitzenden, der vom Präsidenten der Kammer bestellt wird, und einem eigenen Beirat ist. Erster Vorsitzender bzw. Präsident wird der Vizepräsident der Kammer, Herbert Tengelmann; einer seiner Stellvertreter ist ebenfalls Vizepräsident der Kammer, Krüger-Steckfleth aus Potsdam. Nach einer kurzen Übergangszeit in den Räumen der Kammer bezieht das Einzelhandelsamt eigene Geschäftsräume in der Prinz-Louis-Ferdinand-Straße.

---

sich sehr detaillierte Angaben in einem von dem späteren Präsidenten Reinhart und dem Hauptgeschäftsführer v. Baltz gezeichneten internen Vermerk vom 15. Dezember 1940 (in den Akten der IHK Berlin).

Am 19. Juni wird das Einzelhandelsamt feierlich mit Reden der Präsidenten Tengelmann und Dr. Gelpcke eröffnet. Ausdruck des Stolzes über die nach vielen Jahren entsprechender Bemühungen um eine amtliche Vertretung der Einzelhändler unter Einbeziehung der Minderkaufleute vollzogene Gründung ist eine eigene Gelöbnisformel, die die Mitglieder des Beirats bei ihrer Vereidigung zu verwenden haben.[21]

Die Schaffung einer eigenen Vertretung innerhalb der Kammer wird ganz sicherlich dem Wunsch großer Teile des Einzelhandels entsprochen haben. Er setzt sich über die Wandlung zu einer Institution, die sehr stark nationalsozialistischem Einfluss unterliegt, zugleich dieser Einflussnahme aus – was wiederum Ziel des NSDAP-Programms unter dem Motto der „Schaffung und Erhaltung eines gesunden Mittelstands" war.

In wenn auch nicht ganz so ausgeprägter Weise werden 1934 auch die nicht ins Handelsregister eingetragenen Kaufleute aus dem Großhandel und aus dem Verkehrsgewerbe in die Zuständigkeit der Kammer überführt. Beide Branchen erhalten zwar kein selbständiges Organ wie das Einzelhandelsamt, das mit Rechtspersönlichkeit und eigener Finanzhoheit ausgestattet ist, der Großhandel aber immerhin einen eigenen Ausschuss und die Verkehrswirtschaft eine beim Präsidenten angesiedelte Verkehrsgewerbevertretung mit ständigen Fachausschüssen.[22]

Insgesamt hat die Industrie- und Handelskammer Berlin damit ihren Einfluss beträchtlich erweitert; zugleich ist der staatliche (und der parteiliche) Zugriff auf die Kaufmannschaft noch direkter geworden.

Auch in dem die Neubildung regelnden Erlass des Preußischen Ministers für Wirtschaft und Arbeit vom 16. Mai 1933 werden für die neue Kammer Neuwahlen angekündigt. Sie bleiben aus. Syndikus Michalke begründet dies in der als Vollversammlung bezeichneten ersten gemeinsamen Sitzung von Präsidium und Beirat am 30. Mai mit der Unzweckmäßigkeit der Durchführung von Wahlen, da „man von ihnen eine erneute Beunruhigung der Wirtschaft befürchten musste." Ein Plan, eine Vollversammlung durch ein besonderes Ermächtigungsgesetz der Regierung zu installieren, wird aus „rechtlichen und tatsächlichen" Bedenken fallengelassen. Stattdessen einigt sich die Kammer mit der Regierung: Diese löst die Kammer auf, bestellt „für die Verwaltung und Geschäftsführung" die Mitglieder des Präsidiums und stellt ihnen den erwähnten

21 Vgl. „Mitteilungen" 1943, S. 642; zu den Gründen, weshalb die Einbeziehung der nicht in das Handelsregister eingetragenen Kaufleute so lange gedauert hat, siehe Dr. Gelpcke, ebd., S. 645 f.

22 Der Aufbau ist dargestellt in „Mitteilungen" 1934, S. 1219

Beirat zur Seite. Dabei bleibt es; das Präsidium bestellt die Beiratsmitglieder nach vorheriger Anzeige zunächst beim Preußischen Wirtschafts-, dann beim Reichswirtschaftsminister und deren Einverständniserklärung. Die demokratische Legitimation der Gremien der Kammer ist zu Ende.

Parallel zu den personellen und strukturellen Veränderungen verläuft die (Partei-) Politisierung, die Nationalsozialisierung der Kammer. Bereits ein Festakt zu Ehren Hitlers anlässlich seines Geburtstags am 20. April 1933 im Festsaal des Hauses hat symbolhaften Charakter; an ihm nehmen neben dem Präsidium und der Mitarbeiterschaft auch die hauseigene NS.– Beamtenfachgruppe und die NS.– Betriebszelle teil[23] – mit Fahne, wie die „Mitteilungen“ ausdrücklich vermelden –, und die Feierstunde endet mit dem Deutschland- und mit dem Horst-Wessel-Lied (!). Schon Mitte 1933 ordnet der Präsident – wenn möglicherweise auch durch eine Weisung des Reichsinnenministers veranlasst – an, dass sich alle Beamten, Angestellten und Arbeiter des sog. „deutschen Grußes“, des Hitlergrußes, zu bedienen haben. Auf einer der ganz wenigen Abbildungen in den „Mitteilungen“ sind 1935 bei der Vereidigung von Beiratsmitgliedern der Wirtschaftskammer Berlin-Brandenburg auch Parteiuniformen zu sehen; die ganze Feier durchzieht NS-Symbolik.

Es bleibt nicht bei den äußeren Zeichen der erfolgreichen „Gleichschaltung“. Zunehmend prägen nationalsozialistische Geisteshaltung und Propaganda Selbstverständnis und Auftreten der Kammer. Dabei kommt den neu eingestellten, vom nationalsozialistischen Juristenbund empfohlenen Syndizi, die auch die unmittelbaren Täter bei der Herausdrängung der jüdischen Mitglieder von Präsidium und Beamtenschaft gewesen waren, und anderen Parteigängern unter der Beamtenschaft große Bedeutung zu. Es ist nicht etwa Präsident Dr. Gelpcke, der in der bereits erwähnten Vollversammlung durch eine entsprechende Rhetorik auffällt; er begnügt sich mit einer kurzen Begrüßung und Einführung, an deren Ende er – und das ist wohl das aus damaliger Sicht Mindestmaß des Geschuldeten – „der Reichsregierung, dem hochverehrten Herrn Reichspräsidenten und dem Herrn Reichskanzler“ Erfolg wünscht. Es sind die Syndizi Lorenz und Michalke, die sich in ihren Referaten über „Die Eingliederung der Industrie- und Handelskammern in den ständischen Berufsaufbau“ und „Die Umgestaltung der Industrie- und Handelskammer und der Börse“ ganz unverhohlen und mit teils starken Worten zu der neuen Politik bekennen.

---

23 Die sog. NS-Zelle im Haus gab es seit September 1931; sie ging später in der Fachschaftsgruppe auf.

Überhaupt beginnt vor allem der Syndikus und Stadtverordnete Lorenz (Un-) Geist und Bild der Kammer zu prägen. Er wird nicht nur unmittelbar nach seinem Eintritt in das Haus Schriftleiter – später Hauptschriftleiter, dem ein verantwortlicher Mitarbeiter für den redaktionellen Teil zugeordnet ist – der „Mitteilungen", die es nunmehr „als vornehmste Aufgabe betrachten, an dem großen Werk der nationalen Wiedergeburt der deutschen Wirtschaft mitzuarbeiten"; er führt auch bei Vollversammlungen und öffentlichen Anlässen das große und häufig grobe Wort. So hält er die Festansprache bei der erwähnten Feierstunde anlässlich des Geburtstags des Reichskanzlers Hitler, redet bei der ersten Sitzung von Präsidium und Beirat nach der Neuordnung der Kammer und hält vor allem bei dem anschließenden, in Form eines Abendessens stattfindenden, öffentlichen Teil die Grundsatzansprache, der zahlreiche Repräsentanten des Staates und der Wirtschaft zuhören, darunter der Börsenvorstand, Vertreter des Reichswirtschaftsministeriums und der Preußischen Landesregierung, Oberbürgermeister und Regierungspräsidenten bis hin zu dem damaligen Präsidenten des Reichsbankdirektoriums, Dr. Hjalmar Schacht. Auch in der folgenden Vollversammlung Mitte 1933 ist es Lorenz, der einen ausführlichen Vortrag über „Die politischen Gesetze der letzten Wochen" hält, und er tritt in den folgenden Jahren immer wieder als Verfechter nationalsozialistischen Gedankenguts auf.

Aber es ist nicht nur er; insgesamt wird die Kammer (partei-) politischer. Der Präsident duldet oder veranlasst im November 1933 eine mit seinem Namen versehene Veröffentlichung in den „Mitteilungen", die einen flammenden Aufruf der Kammer zur Beteiligung der Gewerbetreibenden und der von ihnen beschäftigten Arbeitnehmer an einer Volksabstimmung zugunsten der Politik Hitlers enthält und in der Aussage gipfelt: „Wer am 12. November nicht ‚ja' sagt, ist ein Verräter an Deutschland." Und es erscheint nur konsequent, dass das Präsidium gegen Ende des Jahres in seiner Gesamtheit der Deutschen Arbeitsfront beitritt.

In den kommenden Monaten verstärken sich die entsprechende Einflussnahme auf die Arbeit des Hauses und die Verwendung von nationalsozialistischem Pathos, dem zunehmend auch die ehrenamtliche Führung der Kammer anheimfällt. So ist Präsident Gelpcke am 21. März 1934 Redner bei einer Veranstaltung, bei der die Teilnehmer – Börsenbesucher, Angestellte der Börse, sämtliche Beamte, Angestellte und Arbeiter der Kammer – im Saal der Börse, der „mit den Symbolen der nationalen Bewegung geschmückt" ist, eine Rede Hitlers über Lautsprecher hören; bei dieser Gelegenheit spricht Dr. Gelpcke von einer Feier, die „getragen ist vom Geist nationalsozialistischer Wirtschaftsgesinnung“, und dem „Führer treue Gefolgschaft“ verspricht. Und er vereidigt im Spätsommer 1934 die Beamtenschaft der Kammer auf den sogenannten Führer und erläutert ihnen Notwendigkeit und Bedeutung des Eides; er schließt diese Feier mit einem gemeinsamen „dreifachen Sieg=Heil auf den Führer und Reichskanzler“.

Diese Rhetorik und Symbolik sind wohl bei Präsident Dr. Gelpcke nach Herkommen, Lebenserfahrung und Vorgeschichte in der Kammer selbst eher Ausdruck einer nationalen, nicht so sehr einer nationalsozialistischen Grundüberzeugung. Er wird aber auch von seinem Umfeld, insbesondere von den nationalsozialistischen Syndizi, dazu angehalten worden sein. Und nicht völlig unplausibel ist es, dass diese Zurschaustellung der Hinwendung zum nationalsozialistischen Staat, der Unterordnung oder -werfung, durch die Kammer auch der offenbar durchaus heftig geführten Diskussion – man mag es gar Kampf nennen – um die Rolle der Kammern und um ihren Einfluss in der deutschen Wirtschaft gilt.

Dieser Streit, der für die Anfänge des NS – Regimes nicht untypisch ist, wird unter dem Begriff „Berufsständischer Aufbau“[24] ausgetragen, einem Stichwort, das bereits im Programm der NSDAP aus dem Jahr 1920 eine Rolle spielt. Es geht, so drückt es Lorenz in seiner bereits erwähnten Rede nach der Vollversammlung am 30. Mai aus, um die Überwindung des „unheilvollen Gegensatzes“ von Arbeitnehmern und Arbeitgebern, es geht auch um die organisatorische Gestaltung der Wirtschaft und ihre, wie er es nennt, zweckmäßigste Einbindung in den Staat. Drastischer formuliert diese „Einbindung“ in den Staat ein weiterer Syndikus der Berliner Kammer, der zugleich Beauftragter des Reichs-Organisationsleiters der NSDAP für Ständischen Aufbau wird, anlässlich der Gründung der Wirtschaftskammer Brandenburg im Jahr 1935; er spricht davon, dass sich der mit der Wirtschaftsführung betraute Reichswirtschaftsminister einen Apparat habe schaffen müssen, der „es ihm ermöglicht, einmal auf schnelle und zuverlässige Weise seinen Willen bei allen Wirtschaftszweigen bis zur letzten Wirtschaftszelle – dem Einzelbetrieb – durchzusetzen, zum anderen, um die sich aus praktischer Arbeit ergebenden Erfahrungen dienstbar machen zu können“.

---

24 Dazu sehr interessant Esenwein-Rothe, Die Wirtschaftsverbände1933 bis 1945, S. 46 ff.

Der Streit um den maßgeblichen Einfluss bezieht Kammern, Berufsverbände, Fachverbände[25] und andere wirtschaftliche Interessengruppierungen, Unterorganisationen der NSDAP und Stimmen, die aus ihrer Enttäuschung über ihre Branche betreffende Defizite in der Vertretung durch die Kammer kein Hehl machen, ein. Er fällt in eine Zeit, in der sich durch die Bildung neuer Organisationen wie der sogenannten Reichsstände des deutschen Handels und des deutschen Handwerks und der Zusammenfassung der Führungen in der industriellen Organisation und der Landwirtschaft das deutsche Verbandswesen bereits verändert hat. In diesem Disput verteidigt die Berliner Kammer, wie vermutlich andere Kammern auch, ihre Aufgabenerfüllung und leitet daraus die Forderung ab, „Grundpfeiler der Weiterentwicklung der ständischen Ordnung zu bilden."[26]

Die Bemühungen und Auseinandersetzungen um den sogenannten berufsständischen Aufbau münden 1935 in die Bildung von Wirtschaftsbezirken und Wirtschaftskammern, in denen die Industrie- und Handelskammern, und so auch die Berliner Kammer, eine herausragende Rolle einnehmen. Der Leiter der neu geschaffenen Reichswirtschaftskammer erklärt in den „Mitteilungen" Zweck und Aufbau wie folgt: „Die Wirtschaftskammer als Spitze des Aufbaues in den Wirtschaftsbezirken bildet die Plattform, auf der die Vertretungen der innerhalb eines zusammenhängenden Wirtschaftsgebiets standortmäßig gebundenen Zweige der gewerblichen Wirtschaft die Möglichkeit und die Aufgabe haben, über bezirkliche Wirtschaftsfragen in einen Meinungsaustausch einzutreten und zwischen auseinandergehenden Auffassungen einen Ausgleich anzustreben und zu erreichen ... Sie haben auch enge Verbindung mit den Bezirksgliederungen der Deutschen Arbeitsfront ... zu halten und die Geschäfte für die zur Durchführung dieser Zusammenarbeit vorgesehenen ‚Bezirksarbeits- und Wirtschaftsräte' zu führen." Die Wirtschaftskammer (Berlin-) Brandenburg umfasst die Regierungsbezirke Potsdam, Frankfurt a. d.O. und Grenzmark Posen-Westpreußen. Mitglieder sind die Industrie- und Handelskammern Berlin, Cottbus,

25 Verbände haben inzwischen auch die Pflichtmitgliedschaft und leiten auch daraus, beispielsweise im Verkehrsbereich, weitergehende Ansprüche an ihre Zuständigkeit ab.

26 Und wehrt sich schon im Jahresbericht für 1933 gegen „verschiedene Neugebilde, die in Verkennung ihrer eigenen Aufgabengebiete im Begriff sind, in unzweckmäßiger und unsachlicher Weise in die Arbeitsgebiete der Industrie- und Handelskammern vorzustoßen".

Frankfurt a. d.O und Schneidemühl, die Handwerkskammern in Berlin, Frankfurt a. d.O. und Schneidemühl sowie die dort ansässigen Bezirksgruppen der Reichsgruppen und Wirtschaftsgruppen der gewerbliche Wirtschaft.

Der aus Sicht der Industrie- und Handelskammern entscheidende Punkt ist: Sie, die „Kernpunkte der bezirklichen Gliederung“ und auf die „Grundsätze einer ausgleichenden objektiven Wirtschaftspflege abgestellt gewesen sind“, so jeweils der bereits erwähnte Leiter der Reichswirtschaftskammer, werden mit der Geschäftsführung der Wirtschaftskammer beauftragt; diese Geschäftsführung obliegt der Industrie- und Handelskammer, deren Präsident zum Leiter der Wirtschaftskammer durch den Reichswirtschaftsminister berufen wird.

Die Berliner Kammer wird Geschäftstelle der Wirtschaftskammer.[27] Der Reichswirtschaftsminister und Preußische Minister für Wirtschaft und Arbeit beruft ihren Präsidenten am 14. März 1935 zum Leiter der Wirtschaftskammer für den Wirtschaftsbezirk Brandenburg.

Konsolidierung des Machtzugriffs

Präsident der Industrie- und Handelskammer zu Berlin ist seit Februar 1935 Staatsrat Friedrich Reinhart; er wird im März 1935 zugleich Leiter der Wirtschaftskammer.

Sein Vorgänger, Präsident Dr. Gelpcke, hat sein Ausscheiden gegenüber dem Reichswirtschaftsminister mit anderweitiger starker Inanspruchnahme begründet. Den Wunsch, von diesem Amt entbunden zu werden, soll er bereits früher geäußert haben, und er soll, so schildert es sein Nachfolger öffentlich, den Mitgliedern des Präsidiums (jetzt: Vorstands) berichtet haben, wie er vom ersten Tag der nationalsozialistischen Machtergreifung sich immer nur als Wegbereiter für den kommenden Präsidenten gefühlt und wie er von Monat zu Monat gedrängt habe, ihm einen Nachfolger zu geben. Ob es sein Alter – Dr. Gelpcke ist im Zeitpunkt seines Ausscheidens 71 Jahre alt –, ob es tatsächlich die anderweitige Beanspruchung sind, die ihn zu diesem Schritt veranlassen, ob ihm unwohl wegen der zunehmenden Einflussnahme von innen und

27 Weitere Industrie- und Handelskammern, die als Geschäftsstellen von Wirtschaftskammern fungieren, sind: Königsberg, Breslau, Stettin, Hamburg, Bremen/Hannover, Dortmund/Düsseldorf, Frankfurt a.M./Hanau, Magdeburg/Weimar, Dresden, München, Karlsruhe/Stuttgart und Saarbrücken.

außen im Sinne der Nationalsozialisierung der Institution, der er vorsteht, ist oder ob ihm bedeutet worden ist, dass es Zeit für Abgang und Wechsel sei, um Platz für einen den Machthabern noch genehmeren, vielleicht auch gefügigeren, Mann zu machen, bleibt offen; die schriftlichen Quellen geben dazu nichts her.[28] Immerhin fällt auf, dass der Wechsel zu Staatsrat Reinhart nur einen Monat vor der Gründung der Wirtschaftskammer und Reinharts Bestellung zum Leiter der Wirtschaftskammer erfolgt. An deren Spitze und in die Führung der für sie wichtigsten unternehmerischen Organisation gehört für die Machthaber – dazu bedarf es keiner Quellen – ein Mann, der nationalsozialistische Grundüberzeugungen teilt und auf den unbedingter Verlass ist.

Immerhin bleibt Dr. Gelpcke der Kammer sehr verbunden. Er nimmt die Ehrenpräsidentschaft an, bleibt zunächst Mitglied des Beirats des Hauses, behält den Vorsitz der Zulassungsstelle der Berliner Börse und engagiert sich weiterhin im Kuratorium der Handelshochschule.

Sein Nachfolger ist offenbar der Mann, der dem Anforderungsprofil der Machthaber entspricht. Staatsrat Friedrich Ludwig Reinhart stammt aus der Commerz- und Privatbank AG, der heutigen Commerzbank. Er war dort bis 1934 Mitglied des Vorstands[29], scheidet 1934 aus dem Vorstand aus und übernimmt den Vorsitz im Aufsichtsrat des Kreditinstituts, den er bis zu seinem Tod im Jahr 1943 innehat.[30] Er war vor

28 Biggeleben, Die Verdrängung der Juden, aaO, S. 69, attestiert Dr. Gelpcke, dass er „wohl wirklich eher aus Pflichtgefühl im Amt" im Amt geblieben sei, „auch um eine komplette Übernahme der Kammer durch die Nationalsozialisten zu verhindern."

29 Schon vorher hatte Reinhart eine steile Karriere gemacht. Er leitete mit bereits 34 Jahren die Württembergische Landesbank, wurde vier Jahre später in den Vorstand der Mitteldeutschen Kreditbank berufen und ist nach deren Fusion mit der Commerzbank im Vorstand des neuen Instituts.

30 Vgl. auch die Festschrift zum 100jährigen Bestehen der Commerzbank, von dem Institut herausgegeben im Jahr 1970. Dort wird als „Berufsbezeichnung" Reinharts Präsident der Industrie- und Handelskammer angegeben. Die Jahre 1933 bis 1945 übergeht die Festschrift allerdings mit wenigen, nicht sehr aussagekräftigen Passagen; von einer Verwicklung der Bank oder von Verantwortlichen des Instituts in die nationalsozialistischen Umtriebe ist nicht die Rede; von Reinhart heißt es dort noch, er sei von Zeitgenossen als „finanzpolitischer Kopf von besonderer Prägung" bezeichnet worden. Das wird erst anders mit der Veröffentlichung von auf Anregung des Vorstands der Commerzbank entstandenen und von ihr finanziell geförderten neueren Forschungsergebnissen: Herbst/Weihe (Hrsg.), Die Commerzbank und die Juden 1933–1945, Verlag C. H. Beck, München 2004. Aber auch dort wird nur konzediert, dass Reinhart in seiner Eigenschaft als Präsident der Industrie- und Handelskammer in Berlin

seiner Amtsübernahme weder Mitglied des Präsidiums noch saß er in der Vollversammlung der Kammer , war aber – wenn auch nicht auf der Bank der durch die Kammer delegierten Vertreter – Mitglied des Börsenvorstands und seit 1934 Präsident der Berliner Börse. Seine Vorerfahrungen stammen deshalb eher aus dem verbandlichen Bereich; bei der Bildung des Beirats für die Wirtschaftskammer, deren Präsident er ist, wird er auch als Leiter der Wirtschaftsgruppe „Privates Bankgewerbe“ bezeichnet.

Politisch gilt er noch zu Beginn der 30er Jahre als „Deutschnationaler. Offenbar aus zunehmender Gegnerschaft zu Brünings Deflationspolitik erhoffte sich Reinhart vom Nationalsozialismus eine Besserung der wirtschaftlichen Lage. Er wurde Mitglied des ‚Keppler-Kreises‘ bzw. des späteren ‚Freundeskreises Reichsführer SS‘, ohne jedoch der NSDAP beizutreten. Im Nov. 1932 befürwortete er gemeinsam mit anderen Wirtschaftsvertretern in einer Eingabe an den Reichspräsidenten die Ernennung Hitlers zum Reichskanzler.“[31]

Damit ist er augenscheinlich ein Mann des neues Regimes. Dafür stehen beispielhaft auch Eingangssätze seiner ersten Rede vor Präsidium und Beirat am 22. März 1935, einer Sitzung, an der auch Vertreter des Reichswirtschaftsministeriums und der Reichswirtschaftskammer teilnehmen und über die die „Mitteilungen“ ausführlich berichten: „Die Fahnen der Bewegung, die die politischen Organisationen der Beamten- und Angestelltenschaft der Kammer in den Saal getragen haben, sind uns ein Symbol. Sie künden, dass nationalsozialistische Wirtschaftsgesinnung uns beseelt, jene Gesinnung, die unserer Arbeit erst den rechten Inhalt gibt.“ Durch eine Ansprache, die er zum dritten Jahrestag der sogenannten Machtergreifung 1936 hält und die das „Wirtschaftsblatt“ dokumentiert, zieht sich wie ein roter Faden die Bekenntnisse zu der „größten nationalen Erhebung der Weltgeschichte“, zur „nationalsozia-

„aktiv an der Bereinigungspolitik teilnahm und deren Grundprinzipien teilte“, während die Frage, „ob Reinhart in Berlin, wo sich der bedeutendste Teil der Kundschaft der Commerzbank befand, im Interesse seiner Bank auf den Bereinigungsprozeß eingewirkt hat und mit welchem Erfolg dies gegebenenfalls geschah“, ausdrücklich als „offen bleibende“ bezeichnet wird, ebd., S. 129.

31 Krause, Detlef, in: Neue Deutsche Biographie, Einundzwanzigster Band, Duncker & Humblot, Berlin 2003, S. 366. Dennoch attestiert Kopper, Christopher, Bankiers unter dem Hakenkreuz, aaO, S. 90, Reinhart, er habe eine „zurückhaltende politische Klimapflege betrieben, aber die SS in geschäftlichen Fragen auf Abstand gehalten“. Zu seinen finanz- und bankpolitischen Vorstellungen vgl. seine Artikel „Bankgewerbe vor neuen Aufgaben“ in: Bank-Archiv, Zeitschrift für Bank- und Börsenwesen, 1938, S. 137 ff., und „Zehn Jahre nationalsozialistische Kreditpolitik“, ebd., 1943, S. 41 ff.

listischen Bewegung" und zu ihrem Anführer Hitler. Und es gibt noch viele Beispiele dieser Art.

Mit seiner Ernennung dürfte abgeschlossen sein, was seit der Machtergreifung Hitlers Ziel ist: die Umgestaltung der Wirtschaft nach nationalsozialistischen Grundsätzen. Niemand drückt dies deutlicher aus als Syndikus und Schriftleiter Lorenz, der einer Sonderausgabe der nun „Wirtschaftsblatt" genannten „Mitteilungen"zum 700jährigen Bestehen der Stadt Berlin in einem Artikel, betitelt „Die Standesvertretung der Berliner Kaufmannschaft von ihren Anfängen bis zur Jetztzeit" im August 1937 schreibt: „Nichts lag bei der Machtübernahme durch den Nationalsozialismus näher, als die Arbeit der Kammern einer eingehenden Prüfung zu unterziehen und Änderungen in der Besetzung der leitenden Stellen, soweit diese notwendig waren, vorzunehmen. Die Einrichtung als solche erwies sich als völlig brauchbar (sic !). Was die Berliner Kammer selbst anlangt, so war auch bei ihr unter den gegenwärtigen Verhältnissen lediglich die personelle Besetzung ungeeignet. Es wurde infolgedessen eine umfassende Säuberung des gesamten Apparats der Berliner berufsständischen Vertretung der Kaufmannschaft, vor allem in der Führung, durchgeführt mit dem Ziel, die Arbeit der Kammer bei der Umgestaltung der Wirtschaft nach nationalsozialistischen Grundsätzen wirksam werden zu lassen."[32]

Dieser Weg ist wohl spätestens mit der Ernennung von Reinhart beschritten. Die Industrie- und Handelskammer zu Berlin hat mit der ehrwürdigen Institution, deren Namen sie trägt, nur noch diesen Namen gemein; an Aufbau und Geist gemessen, existiert sie nicht mehr.

Am 13. Juni 1935 stirbt Franz v. Mendelssohn. Inwieweit er in den Jahren seit seinem Rücktritt noch an dem Geschick des Hauses, dem er so lange und erfolgreich vorgestanden hatte, mitgewirkt oder teilgenommen hat, ist unbekannt.[33] Ihm – obwohl zunächst von der Religionszugehö-

---

32 Zu der „Brauchbarkeit" des Kammersystems passt auch eine Aussage in einem ungezeichneten Artikel in den „Mitteilungen" 1934, Heft 14, über das Aufgabengebiet der Berliner Kammer, das „Kammersystem, wie es die Industrie- und Handelskammer zu Berlin verkörpert, entspricht der nationalsozialistischen Weltanschauung so vollkommen, dass der Nationalsozialismus mit der Machtergreifung die Industrie- und Handelskammern hätte schaffen müssen, wenn sie nicht bereits vorhanden gewesen wären. Es stellt ... vorweggenommenen Nationalsozialismus dar." (sic !)

33 An ihn erinnert in der heutigen IHK Berlin auch ein Ölgemälde im Franz von Mendelssohn-Saal, das ursprünglich für die Räume seines Bankhauses bestimmt war; Mendelssohn verstarb während der Portraitarbeiten, das Bild wurde nach

rigkeit her nicht unmittelbar betroffen[34]– wird nicht gefallen haben können, wie die Kammer mit den ihm vertrauten jüdischen und jüdischstämmigen Vizepräsidenten und Syndizi umgegangen war und welcher Geist ansonsten eingezogen war. Immerhin widmet die Kammer ihrem Ehrenpräsidenten im „Wirtschaftsblatt" am 17. Juni einen Nachruf, in dem es unter anderem heißt: „Seit mehr als drei Jahrzehnten hat Franz v. Mendelssohn unserer Körperschaft angehört und von 1913 bis 1931 als Präsident unserer Kammer in vorbildlicher Pflichttreue und einwandfreier Lauterkeit als Führer der Berliner Kaufmannschaft seine umfassenden Kenntnisse und seine reichen Erfahrungen unter Hintansetzung jeglicher eigenen Interessen in großer Hingabe der Allgemeinheit zur Verfügung gestellt. Als wahrhaft königlicher Kaufmann verband er mit überragendem Weitblick und beruflichem Wissen Verständnis und Einfühlungsvermögen nicht nur für die Aufgaben der Wirtschaft, sondern auch für das Wohl und Wehe jedes einzelnen, der unter seiner Leitung arbeiten durfte und in seinem vielfältigen Wirken mit ihm in Berührung kam."[35] Ob ein solcher Nachruf auch noch wenige Monate später, nach dem Inkrafttreten der sogenannten Nürnberger Gesetze im September 1935, die den Ehrenpräsidenten der Berliner Kammer und des deutschen Industrie- und Handelstages zum „Mischling ersten Grades" gemacht hätten, erfolgt wäre ? Beileidsbekundungen in Kondolenzbriefen- und Telegrammen und durch Teilnahme an der Trauerfeier kommen von zahlreichen noch aktiven Politikern, eher noch der alten Schule zuzurechnen, darunter von Reichsfinanzminister Schwerin v. Krosigk, Staatssekretär Meißner, vom deutschen Botschafter in London, v. Hoesch, und von Sahm, dem Oberbürgermeister von Berlin, ebenso wie von früheren Weggefährten, die unter dem Nationalsozialismus ihre Positionen verloren hatten, so von Dietrich, vormals Reichswirtschafts- und auch Reichsfinanzminister, und von Dr. Luther, früherer Reichskanzler, dann Reichsbankpräsident und später Botschafter in Washing-

einer Photographie fertiggestellt und ging nach der Liquidation der Bank in den Besitz von Robert von Mendelssohn über, der es dem späteren Präsidenten der Industrie- und Handelskammer, Walter W. Cobler, für das Präsidentenzimmer schenkte.

34 Schon der Vater von Franz v. Mendelssohn hatte nicht mehr zur jüdischen Religionsgemeinschaft gehört.

35 Gleichlautende Anzeigen erscheinen in der „Berliner Börsenzeitung", dem „Berliner Tageblatt" und der „Deutschen Allgemeinen Zeitung"; vgl. Lowenthal-Hensel, Franz von Mendelssohn, Zum 50. Todestag am 13. Juni 1985, Sonderdruck aus Mendelssohn-Studien, Beiträge zur neueren Kultur- und Wirtschaftsgeschichte, Band 6, Berlin 1986, FN 16.

ton, von vielen Persönlichkeiten aus der Industrie und der Finanzwelt, unter ihnen Bosch und Max Warburg, und ebenso vielen herausragenden Vertretern des wissenschaftlichen und kulturellen Lebens aus ganz Deutschland[36] wie auch von Hans v. Dohnany aus dem Auswärtigen Amt, der später als Mitglied der Widerstandsbewegung hingerichtet wird. Dem Ehrenpräsidenten der Berliner Kammer gibt damit ein illustrer Kreis von Persönlichkeiten die Ehre, die zu einem „anderen Deutschland“[37] gehören. Ob sich die Kammer selbst und die in ihr Verantwortlichen noch dazu rechnen würden ? Die Antwort aus heutiger Sicht ist: Nein. Bezeichnend dafür ist, dass nicht der derzeitige Präsident der Kammer, sondern der frühere Präsident und jetzige Ehrenpräsident Karl Gelpcke die Rede bei einer Trauerfeier hält, die er mit den Worten beendet: „Was vergangen ist, kehrt nicht wieder; aber ging es leuchtend nieder, leuchtet's lange noch zurück.“[38] „Was als sentimentaler Nachruf auf einen ehrenwerten Mitbürger gemeint ist, klingt im Rückblick wie der melancholische Abgesang auf ein großes Familienvermächtnis, dessen Zeit schicksalhaft abgelaufen ist.“[39]

Obwohl sich die Kammer unzweifelhaft dem „neuen Deutschland“ zugehörig fühlt, betrachtet und bezeichnet sie sich nach wie vor als Organ der Selbstverwaltung der gewerblichen Wirtschaft.[40] Fast beschwörend zieht sich die Berufung auf die selbstverwaltende Kraft durch Stellungnahmen und Positionsbeschreibungen von Kammer und Kammerorganisation und durch die Reden und sonstigen Bekundungen ihrer Verantwortlichen, und zwar bis tief in die durch die Kriegswirtschaft bedingten Veränderungen von Aufgabenstellung und Aufgabenerfüllung hinein. Noch mitten im Krieg, im Dezember 1940, befassen sich die Kammern auf einer Tagung der Arbeitsgemeinschaft der Industrie- und Handelskammern in der Reichswirtschaftskammer, der Nachfolgeorganisation des früheren Deutschen Industrie- und Handelstages, mit ihrem Standort gegenüber Staat und Verbänden. An der Tagung, die von dem Vorsitzenden der Arbeitsgemeinschaft, Staatsrat Reinhart, dem Berliner Kammerpräsidenten, geleitet wird, nehmen auch prominente Vertreter

36 Angaben bei Lowenthal-Hensel, aaO, S. 260 ff.
37 Lowenthal-Hensel, aaO, S. 265; siehe auch Lackmann, Das Glück der Mendelssohns, aaO, S. 454 f.
38 Nachweis bei Lackmann, aaO, S. 455.
39 Lackmann, ebd.
40 Über die zunehmende Sinnentlehrung des Begriffs „Selbstverwaltung“ Esenwein-Rothe, Die Wirtschaftsverbände von 1933 bis 1945, S. 49

des Reichswirtschaftsministeriums, darunter Staatssekretär Dr. Landfried und Generalreferent Kehrl, früher Präsident der Industrie- und Handelskammer Cottbus, teil. Den Tenor der Beschlüsse gibt ein Vortrag von Ministerialrat Dr. Hassmann – und nicht etwa die Ausführungen eines Kammervertreters – vor: „Staat und Wirtschaft sind getrennte Komplexe; der Staat führt zwar die Wirtschaft, aber er wirtschaftet nicht selbst; der Staat stellt der Wirtschaft die Aufgaben, beschränkt sich aber im allgemeinen auf eine Kontrolle ihrer Durchführung“, und entsprechend lautet der erste Programmpunkt der auf der Tagung erarbeiteten Richtlinien: „Die Industrie- und Handelskammern sind ein Glied der gewerblichen Wirtschaft. Ihre Heimat ist die Wirtschaft, und nicht der Staat.“ Und noch im September 1941 rühmt Staatsrat Reinhart auf einer Tagung in Paris, die dort gemeinsam mit den französischen Kammern veranstaltet wird, die deutschen Kammern als „regional orientierte unparteiische Selbstverwaltungsorgane der gewerblichen Wirtschaft mit freier Initiative“ (wenn auch „unter der unmittelbaren Aufsicht des Reichswirtschaftsministeriums, das durch sie mit der Wirtschaft engste Fühlung hält“), und er bezeichnet im „Wirtschaftsblatt“ im Dezember 1941 als Leitmotiv für die Kammern den Gedanken der Selbstverwaltung als tragende Idee – trotz weitgehender Aufgabenübertragung durch den Staat, wie sie namentlich ihre Einschaltung in die Kriegs- und Wehrwirtschaft mit sich gebracht habe.

Formal bleibt das sicherlich – zumindest bis zur Auflösung der Industrie- und Handelskammern und der Bildung von Gauwirtschaftskammern im Jahr 1943 – richtig. Unübersehbar aber ist der zunehmende Einfluss von Staat und Partei auf Organisation und Aufgabenerfüllung der Kammern.

Schon 1934 war das sogenannte „Führerprinzip“ für die Leitung der Kammern eingeführt worden. Die Präsidenten werden vom Reichswirtschaftsminister berufen, die Beiräte werden nicht mehr gewählt, sondern vom Präsidenten ernannt. 1938 wird die Amtszeit des Berliner Präsidenten ohne zeitliche Begrenzung verlängert, und Verantwortliche der Kammer betonen wiederholt, dass die Führung durch einzelne Männer, nicht mehr durch Kollegien zu erfolgen habe; Entscheidungsgewalt und Verantwortung lägen bei einer Person – die wiederum, wegen des Ernennungsrechts des Reichswirtschaftsministers, ihren Auftrag vom Staat empfängt. Auch inhaltlich ist die Grundausrichtung eindeutig: Auf der erwähnten Tagung der Arbeitsgemeinschaft der deutschen Kammern in Braunschweig Ende 1940 postuliert der Vertreter des Reichswirtschaftsministeriums , dass „auch in den Organisationen der Wirtschaft die nationalsozialistische Weltanschauung die oberste Richtschnur ihres Handelns" sein müsse und mahnt ein „Verbundensein mit der nationalsozialistischen Bewegung" an. Und die Kammern folgen; Punkt acht der auf der Tagung erarbeiteten Richtlinien lautet: „Die innige Verbindung mit der Bewegung ist im weitesten Ausmaß und mit allen Mitteln zu fördern."

Natürlich macht der Wandel in der Aufgabenstellung der Kammern die zunehmende Staats- und Parteinähe verständlicher. So erkennbar auch die normale Arbeit der Kammer Berlin, also die Information und Förderung der Wirtschaft und der Gewerbetreibenden, nachzulesen vor allem in den „Wirtschaftsblättern", nach wie vor ein wichtiger Teil ihrer Tätigkeit ist, so sehr bildet ihre Einbindung in die Kriegs- und Wehrwirtschaft einen weiteren und immer wichtiger werdenden Schwerpunkt.

Die Industrie- und Handelskammer vor und im Zweiten Weltkrieg

Einschaltung in die (Vor-) Kriegswirtschaft, in die Verdrängung der Juden aus der Wirtschaft und in den Einsatz von Kriegsgefangenen und ausländischen Zwangsarbeitern

In seinem Tätigkeitsbericht für das Jahr 1940, den Staatsrat Reinhart am 27. März im Anschluss an eine Beiratssitzung vor zahlreichen Vertretern von Partei, Staat, Wehrmacht und Wirtschaft vorstellt, nennt er zwei entscheidende Arbeitsgebiete, die die Kammer in die Kriegswirtschaft einbinden: die Bearbeitung der Sicherung der sogenannten „Gefolgschaft" (d. h. der Mitarbeiterschaft) und die Sicherung der Transportmöglichkeiten wehrwirtschaftlich wichtiger Betriebe. Ging es zu Beginn des Krieges vorrangig um die Einschaltung der Kammer in die Auswahl und Betreuung kriegswirtschaftlich wichtiger Betriebe, so sind es später vor allem die Begutachtung von Anträgen auf Unabkömmlichstellung, Beurlaubung, Rückstellung und Entlassung von Arbeitnehmern aus der Wehrmacht und dem Arbeitsdienst und um die Stellungnahmen zu Einsprüchen gegen Dienstverpflichtungen, das heißt insbesondere um die Sicherung kriegswirtschaftlich wichtiger Betriebe vor dem Entzug von Arbeitskräften. Die Kammer ist also ganz wesentlich in die Sicherstellung der Produktionsfähigkeit der wichtigen Betriebe der Industrie, die Sicherung der unentbehrlichen Betriebe des Handels, des Kredit- und

Versicherungswesens und der Energieversorgung eingeschaltet. Die Sicherung von Transportmöglichkeiten geschieht unter anderem durch Gutachten über die Sicherstellung von Kraftfahrzeugen und Pferden (!) und Stellungnahmen zu Anträgen und Beschwerden auf Stellung oder Entzug von Fahrzeugen. Sie ist in die Zuteilung von Neufahrzeugen ebenso eingeschaltet wie in die von Gebrauchtfahrzeugen, und gleiches gilt für die Zuteilung von Kraftstoffen und Reifen. Sie bildet Transportgemeinschaften für die Belieferung von Betrieben aller Art, in denen im Dezember 1941 fast 8 000 Fahrzeuge des Warenverkehrs erfasst sind, und sie überprüft im Telegramm- und Fernsprechverkehr mit dem so genannten nichtfeindlichen Ausland Art und Dringlichkeit dieses Verkehrs.

Weitere Betätigungsfelder der Kammer in diesen Kriegsjahren sind, um nur wenige Beispiele zu nennen, die Auskunftstätigkeit gegenüber staatlichen Stellen und Fachgruppen bei der Bewirtschaftung von Roh- und Hilfsstoffen, die Ausstellung von Bedarfsbescheinigungen, etwa für den Bezug von Leder für Treibriemen und anderer technischer Lederartikel, die Ausgabe von Kontrollmarken für die Eisenzuteilung bis hin zu der Prüfung von Anträgen auf Bewilligung von Schreibmaschinen. Sie befasst sich auch mit Maßnahmen zur Einschränkung des Kohleverbrauchs und kümmert sich um die Drosselung des Gas- und Stromverbrauchs, und sie wirkt mit bei der Durchführung eines Meldeverfahrens bei Fliegerschäden und bei der Bearbeitung von entsprechenden Entschädigungsangelegenheiten. Um eine Vorstellung von den Größenordnungen zu haben: Die Kammer gibt im Dezember 1941 die laufende Betreuung von rund 6000 wehrwirtschaftlich wichtigen Betrieben an, die Bearbeitung von 6000 bis 12000 monatlichen Anträgen auf Unabkömmlichstellung, Beurlaubung etc. von Wehr- und Arbeitsdienst und die Zahl der Gutachten zur transportmäßigen Sicherung der Betriebe mit bis dahin nahezu 15000 an.[41]

Auch in diesen Zeiten aber sieht sich die Kammer in erster Linie als Institution der Wirtschaft für die Wirtschaft. Präsident Reinhart glaubt noch in seinem Tätigkeitsbericht für das Jahr 1940 erklären zu müssen – und es klingt fast entschuldigend –, dass die neuen Aufgaben der Kam-

41 Zu dem Kriegseinsatz der Industrie- und Handelskammern insgesamt auch Esenwein-Rothe, aaO, S. 105, mit einem Verweis auf Herker, Kriegseinsatz der Industrie- und Handelskammern, in: Beiträge zu Wirtschaft und Verwaltung im rheinisch-westfälischen Industriegebiet, Essen 1941; vgl. auch Bielfeldt, Beiträge zur Geschichte der Handelskammer Hamburg, S. 96. ff.

mer in der Kriegs- und Wehrwirtschaft „für die Kammer nicht ohne weiteres im Rahmen ihrer eigentlichen Aufgabenstellungen, nämlich der ‚Förderung der Wirtschaft' zu lösen sind, da sich die Notwendigkeit ergab, zahlreichen weniger wichtigen Betrieben hierbei einen greifbaren, deutlichen Schaden zunächst zufügen zu müssen." Und er ist sichtbar stolz darauf, dass die Kammer mit ihren gutachterlichen Stellungnahmen Gehör bei den staatlichen Dienstellen findet; so habe eine stichprobenartige Nachprüfung der UK-Stellungen in Betrieben durch eine gemischte Kommission der Wehrersatzbehörden, der Arbeitsämter und der Kammer nur eine 2 bis 3-prozentige Abweichung von den Stellungnahmen der Kammer ergeben.

Bei zwei, allerdings für eine heutige Bewertung der Kammer sehr wichtigen Tätigkeitsfeldern in den 30er und 40er Jahren ist ein Unrechtsgefühl, ein Erklärungsbedarf, dagegen nicht zu erkennen: ihrer Mitwirkung bei der „Entjudung" der Betriebe und bei dem Einsatz von ausländischen Arbeitskräften, also auch bei dem Einsatz von Zwangsarbeitern und Kriegsgefangenen.

Die Kammer ist über die Jahre in unterschiedlicher Intensität in die Verdrängung der Juden aus dem Wirtschaftsleben, insbesondere aus dem Einzelhandel, eingeschaltet.[42] Bis zum 26. April 1938 sind Geschäftsübergänge von einem jüdischen auf einen nichtjüdischen Inhaber nach den Vorschriften eines Gesetzes zum Schutz des Einzelhandels genehmigungspflichtig. Die Genehmigung ist bei Sachkunde und persönlicher Zuverlässigkeit des Erwerbers zu erteilen; eine Überprüfung des volkswirtschaftlichen Interesses an dem Fortbestand des Geschäfts findet nicht statt. Die Tätigkeit der Kammer besteht bis zu diesem Zeitpunkt in einer gutachterlichen Stellungnahme zu Sachkunde, persönlicher und finanzieller Zuverlässigkeit des Erwerbers. In einer zweiten Phase ab Ende April 1938 wird die Genehmigungspflicht auf Geschäftsvorgänge erweitert, die dem Einzelhandelsschutzgesetz bisher nicht unterlagen (Übernahme jüdischer GmbH-Anteile, Ausscheiden eines jüdischen persönlich haftenden Gesellschafters aus einer Personengesellschaft, Übertragung von Aktien etc.) und zugleich auf die Prüfung erstreckt, ob die Geschäftsübergabe volkswirtschaftlich erwünscht ist. Erneut ist die Kammer – neben dem Gauleiter der NSDAP (!) – gutachtlich zu hören. Ab dem 23. November 1938 ist sie zusätzlich daran beteiligt, die entsprechenden Überprüfungen bei allen noch verbleibenden jüdischen

42 Vgl. dazu beispielsweise den Aufsatz von Le Viseur, Die Entjudung des deutschen Einzelhandels, in „Wirtschaftsblatt" 1939, S. 159 ff.

Betrieben, also offenbar unabhängig von einem aktuellen Fall der Geschäftsübergabe, anzustellen; das betrifft von den ursprünglich wohl um die 6 000 jüdischen Unternehmen des Einzelhandels noch die Hälfte.[43] Auf die Kammer kommt deshalb erhebliche zusätzliche Arbeit zu, weshalb Präsident Reinhart im Jahr 1939 bei der Vorstellung des Tätigkeitsberichts für 1938 eine Erhöhung der Zahl der Mitarbeiterschaft auch mit „den auf die Ausschaltung der Juden aus dem deutschen Wirtschaftsleben gerichteten Maßnahmen“ begründet. „In erster Linie wurde sie dabei von dritten Stellen zur Begutachtung des Verkehrswertes von jüdischen Unternehmen herangezogen. Daneben konnte die IHK auch direkten Duck ausüben. Beispielsweise verweigerte sie der Deutschen Bank die Bezeichnung ‚deutsches Unternehmen‘, nachdem Georg Solmssen an einem bestimmten Stichtag noch dem Aufsichtsrat der Bank angehörte. Deshalb galt die Deutsche Bank der IHK zwischen Mitte Juni und Mitte August 1938 eine Zeit lang als ‚jüdisches Unternehmen‘. Für den IHK-Syndikus Michalke hatte die Mitarbeit bei der ‚Arisierung‘ jüdischer Unternehmen aber noch eine andere Funktion, die er 1941 rückblickend so beschrieb: ‚Mit der Beseitigung der jüdischen Manieren im Geschäftsleben ist die alte Sauberkeit der Geschäftsmethoden zurückgekehrt.‘ Zugleich konnte er damals feststellen, das die ‚Arisierung der erhaltenswürdigen jüdischen Betriebe als abgeschlossen angesehen werden kann.‘“[44] Die Kammer ist also in diesen Jahren wenn auch nicht Verursacher, so doch (Mit-) Täter, zumindest aktiver Handlanger bei der Verdrängung der Juden aus der deutschen Wirtschaft.

In den Kriegsjahren kommt es zu einem sich immer verstärkenden Einsatz von ausländischen (Zwangs-) Arbeitern und Kriegsgefangenen in den deutschen Unternehmen.[45] Auch dabei wirkt die Kammer aktiv mit. Zuständig sind die Arbeitsverwaltungen; zu den Aufgaben der Kammer gehört aber erneut die Zuarbeit durch gutachtliche Stellungnahmen über die Notwendigkeit eines Einsatzes bei Zuweisung von ausländischen Arbeitskräften und Kriegsgefangenen. Um eine Vorstellung von den Größenordnungen zu erhalten: Im Dezember 1941 beträgt die Zahl der vornehmlich in der Land- und Forstwirtschaft, in Fischerei und Gärtnerei, in der gewerblichen Wirtschaft, aber auch in anderen Bereichen eingesetzten ausländischen Arbeitskräfte über 2 Millionen, davon knapp

43 Le Viseur, ebd., S. 159

44 Biggeleben, Die Verdrängung der Juden, aaO, S. 83

45 Dazu Stothfang, Erfahrungen im Kriegsarbeitseinsatz, „Wirtschaftsblatt“ 1941, S. 987 ff.

über 5o Prozent in der gewerblichen Wirtschaft. 1,6 Millionen Kriegsgefangene sind bereits beschäftigt, und, wie ein Vertreter der Arbeitsverwaltung im „Wirtschaftsblatt" der Kammer lakonisch bemerkt, steht der verstärkte Einsatz sowjetischer Kriegsgefangener unmittelbar bevor.[46]

Auch auf diesem Gebiet ist also die Kammer aktiver Gehilfe zu dem Unrecht, das dort geschieht.[47]

Weitere Aufgabenveränderungen in der Kammer

Nicht nur die spätere Kriegs- und Wehrwirtschaft verändert Aufgabenstellung und Aufgabenerfüllung der Kammer. Auch in einem Tätigkeitsfeld, das man heute zum „Kerngeschäft" rechnen würde, treten erhebliche, weil strukturelle, Änderungen ein: dem Berufsschul-, Lehrlings- und Prüfungswesen der Industrie- und Handelskammer.[48] Auf der einen Seite geht die Trägerschaft der kaufmännischen Berufsschulen der Kammer 1934 auf die Stadt Berlin über; diese betreibt nun acht öffentliche Berufsschulen bzw. Berufsschulabteilungen und vier als Ersatzberufsschulen anerkannte Werkberufsschulen. Dementsprechend weist der Haushaltsplan der Kammer ab dem Rechnungsjahr 1934 keine Zuschüsse für die bisherigen Schulen mehr aus, sondern nur noch Sonderhaushaltspläne zunächst für die Außenhandelsstelle und die Handelshochschule, später auch für das Einzelhandelsamt und das Wirtschaftsberatungsamt. Auf der anderen Seite verstärkt und systematisiert die Kammer ihren Einsatz in dem Lehrlings- und Prüfungswesen. Liegt die Ausbildung einschließlich ihrer Dauer und ihres Inhalts, liegt auch die Bestimmung der Rechte und Pflichten der Lehrvertragsparteien bis hin zu Fragen der Entlohnung und des dem Lehrling zustehenden Urlaubs bis 1933 in den Händen des Lehrherren, gibt es bis dahin keine Stelle, die eine Übersicht über den zahlenmäßigen Bestand an Lehrlingen und Lehrbetrieben hat, geht die Kammer ab diesem Zeitpunkt die einheitliche Gestaltung des Lehrlingswesens an. Sie richtet ab 1934 ein Lehrlings- und

46 Stothfang, ebd., S. 988

47 Die gleiche Verantwortung tragen alle Industrie- und Handelskammern; es ist auch deshalb völlig unverständlich, dass sich im Rahmen der Errichtung der Zwangsarbeiterstiftung in den 90er Jahren eine ganze Reihe von Kammern der Aufgabe der Einwerbung von Mitteln bei den Unternehmen zu entziehen versucht haben oder jedenfalls sehr zögerlich herangegangen sind, dazu später.

48 Zum Folgenden vgl. die ausschließlich diesem Thema gewidmeten Hefte 10/11 der „Wirtschaftsblätter" des Jahres 1939.

Lehrbestandsverzeichnis, die sogenannte Lehrlingsrolle, ein – ein wesentlicher Auslöser dafür ist wohl auch die Einbeziehung des gesamten Einzelhandels, also auch der nicht ins Handelsregister eingetragenen Lehrherren, in die Zuständigkeit der Kammer – und erfasst sukzessive bis 1937 85 Prozent der Lehrverhältnisse ihres Bezirks; parallel führt sie eine Lehrherrenkartei ein, die 1936 mit der Lehrlingsrolle auch nach Fachgruppen unterteilt wird. 1937 und 1938 fordert der Reichswirtschaftsminister nicht nur die Erfassung aller Lehrlinge in Betrieben der gewerblichen Wirtschaft, sondern auch deren Führung nach einem reichseinheitlichen Lehrlingsrollenmuster – für das das von der Berliner Kammer entwickelte System übernommen wird. Sie arbeitet zudem ein einheitliches Lehrvertragsmuster aus, bemüht sich um die Einführung einheitlicher Mindestvergütungssätze und legt für die Eintragung in die Lehrlingsrolle die Dauer der Lehrzeiten fest. Sie beginnt in diesen Jahren auch die Überprüfung der Ausbildungseignung von Betrieben und die Überwachung auch in formeller Hinsicht der laufenden Lehrverhältnisse. Sie errichtet bereits im Jahr 1934 eine Gütestelle für Streitigkeiten aus Lehrverhältnissen und ergänzt sie 1935 um eine Lehrlings- und Lehrherrenberatungsstelle. Im Jahr 1933 übernimmt sie die fachliche Führung im Prüfungswesen, das vorher im Auftrag der Kammer in den Händen der kaufmännischen Verbände gelegen hatte. Nachdem sie sich zuvor auf die Werbung für den Prüfungsgedanken, auf die Auswahl und Bestellung der Prüfungsausschussmitglieder und die Ausfertigung der Prüfungszeugnisse beschränkt hatte, übernimmt sie ab 1933 die Entscheidungen über die Anträge auf Zulassung zu den Prüfungen, die Ausarbeitung einheitlicher Prüfungsthemen, die Aufstellung einheitlicher Bewertungsgrundsätze, die Auswertung der Prüfungsergebnisse, die Schulung der Prüfer etc. Sie errichtet zur Durchführung dieser Aufgaben 1934 den „Hauptausschuß für kaufmännische Berufserziehung“, der 1936 in das Prüfungsamt für Kaufmannsgehilfenprüfungen überführt wird, an dessen Spitze ein Vizepräsident der Kammer – zunächst Herbert Tengelmann – steht. Für den erst später hinzu kommenden Bereich der Industriefacharbeiter, dann auch für Gehilfen des graphischen Gewerbes und für Lehrlinge im Gaststätten- und Beherbergungsgewerbe kommt es zu vergleichbaren Angeboten. Die ersten Facharbeiterprüfungen werden von der Kammer im Jahr 1937 durchgeführt; zuständig ist das Prüfungsamt für Industriefacharbeiterprüfungen der Kammer, dem Direktor Leifer von der Firma Siemens & Halske AG. vorsteht. Die Zahlen steigen sprunghaft an: Kaufmännische Prüfungen 1935 2 076, 1936 2 698, 1937 schon 6 063 und im Jahr 1938 7 334, Industriefacharbeiterprüfungen

1937 1 832, im Jahr 1938 3 676, eine Steigerung von mehr als 100 Prozent. Die Kammer veranstaltet ab Herbst 1934 nun auch Freisprechungsfeiern, die der Präsident der Kammer wahrnimmt, und an denen bald so viele Prüflinge teilnehmen, dass die Feiern für die Frühjahrsprüflinge 1937 im Sportpalast und für dieselben 1938 in der Deutschlandhalle stattfinden.[49]

Neubaupläne für einen zentralen Dienstsitz

Diese und die Übernahme vieler weiterer zusätzlicher Aufgaben – beginnend schon früh mit der Übernahme der Brandenburger Kammer und der Geschäftsführung der Wirtschaftskammer, dann aber auch durch die Errichtung neuer Dienststellen wie der Einzelhandelsvertretung und der Prüfungsämter bis hin in die verstärkte Einschaltung in das Lehrlings- und Prüfungswesen – zwingt die Kammer zu räumlichen Veränderungen. Die bisherigen Dienstgebäude in der Dorotheenstraße, der Kloster- und der Burgstraße reichen bei weitem nicht mehr aus.

Die Kammer entschließt sich zu einem Neubau und erwirbt deshalb 1936 ein Grundstück im Herzen Berlins in der Nachbarschaft der Börse gegenüber der Museumsinsel. Aber nicht dort, sondern an einem anderen Ort findet 1939 die Grundsteinlegung für das neue Gebäude statt. Zu den Gründen für diesen Ortswechsel verhält sich die Kammer sehr diskret; denn es ist der Reichskanzler und sogenannte Führer, der vom Obersalzberg aus in die Pläne der Kammer eingreift: Obwohl der Bauplatz vom Generalinspekteur der Reichshauptstadt, Albert Speer, im Februar 1937 für den Neubau freigegeben wird – wenn auch unter Hinweis auf die weitere Zustimmungsbedürftigkeit durch ihn –, kommt es zur endgültigen Inangriffnahme der Pläne nicht. Der Präsident der Kammer plädiert zwar in einem längeren Schriftsatz an Speer vom 13. April 1937 für ihre Umsetzung. Doch übermittelt Speer in einem Schreiben vom 20. Mai 1937 die Entscheidung des Führers, dass der bereits von der Kammer erworbene Grundstücksblock für einen Museumsbau freizuhalten sei. Dieser Weisung muss sich die Kammer beugen.

Stattdessen folgt sie dem Wunsche Hitlers, sich an der verbreiterten Kaiser-Wilhelm-Straße anzusiedeln, also auch an sehr prominentem Ort,

---

49 Zahlen aus dem Beitrag von Hoffmann, Die Entwicklung des Lehrlings- und Prüfungswesens der Industrie- und Handelskammer zu Berlin seit dem Jahr 1933, „Wirtschaftsblatt“ 1939, S. 410 ff.

ebenfalls in der Nähe der Börse; ihr wird ein Block, der begrenzt wird von der Kaiser-Wilhelm-Straße, der Burgstraße und der Spandauerstraße, nahegelegt. Der Kammer werden auf Weisung von Hitler der Kaufpreis für das durch sie nicht bebaubare Grundstück und weitere Unkosten erstattet, und sie verfolgt nun den Plan der Bebauung des durch den Führer zugewiesenen Grundstückblocks. Er soll nach dem Willen Hitlers städtebaulich den Durchbruch nach dem Osten der Stadt einleiten.[50]

Der vorgesehene Grundstücksblock ist 11 150 Quadratmeter groß und wird nach einer Bewertung des Präsidenten der Kammer die Errichtung eines Gebäudes ermöglichen, das für den Raumbedarf der Kammer, der mit ihr verbundenen Wirtschaftskammer und ihrer vielen in Streulage über ganz Berlin verteilten Dienststellen, und der Handwerkskammer ausreicht. Die Pläne des neues Gebäudes[51] aus der Feder der Architekten Schwebes und Ullrich werden zum ersten Mal auf der von Hitler eröffneten und eingeleiteten zweiten sogenannten großen deutschen Kunstausstellung in München vorgestellt. Der Haupteingang soll an der Kaiser-Friedrich-Straße sein; die Länge der zum Dom gelegenen Seite beträgt 66 Meter, die Front zur Spandauer Straße ist 94 Meter lang. In der äußeren Architektur orientiert sich der Bau, wie einer der Architekten in einer Beiratssitzung Anfang 1939 vorträgt, an Schinkels Altem Museum; deshalb sind die Formelemente des geplanten Gebäudes klassisch, in „schlichten, kräftigen und klaren Formen, die der Führer für die Neugestaltung der Reichshauptstadt als Ausdruck unserer Zeit verlangt." Den Ankauf der für die Durchführung des Bauvorhabens benötigten Grundstücke – und zwar sowohl im freihändigen Erwerb als auch im Enteignungsverfahren – übernimmt die Reichshauptstadt[52], die von der Kammer dafür sukzessive die Mittel erhält. Bis zum Beginn der Bebauung obliegt es der Stadtverwaltung, die Grundstücke zu verwalten, zu entmieten und abzuräumen. Der Grunderwerb beginnt wohl im März/

50 Speer erläutert dazu in einer Mitteilung an die Presse vom 6. Dezember 1938, es handele sich dabei um die Fortsetzung der Straße Unter den Linden über den Lustgarten zwischen Schloss und Dom nach Osten bis an den Autobahnring; hier entstünden eine Reihe von neuen Bauten, von denen der erste der Neubau der Kammer sei.

51 Photos der Entwürfe im „Wirtschaftsblatt" 1939, S. 261 ff., dort auch ab S. 275 Aufnahmen von dem Festakt anlässlich der Grundsteinlegung.

52 Rechtsgrundlage ist die „Neugestaltung der Reichshauptstadt" (Speerplan) aufgrund des Gesetzes über die Neugestaltung deutscher Städte vom Oktober 1937; es ermächtigt zu Anordnungen Speers, u. a. die fraglichen Grundstücke zu Teilen eines „Bereichs" zu machen, für den erhöhte Eingriffsrechte bestehen.

Das neue Dienstgebäude der Industrie- und Handelskammer zu Berlin
Ansicht Kaiser-Wilhelm-Straße

Aufn.: E. H. Börner, Berlin

Abb. 12 Der Entwurf für ein neues Dienstgebäude der Kammer
Ansicht Kaiser-Wilhelm-Strasse

April 1938. Grunderwerb und Enteignungen betreffen, wie anhand der Namen von Veräußerern und Enteigneten – zu Enteignungen scheint es in fünf Fällen gekommen zu sein – unschwer festzustellen ist, auch Eigentümer jüdischer Herkunft, wenn auch bei einem Vergleich der angesetzten Werte eine Schlechterstellung aus rassischen Gründen nicht nachweisbar ist.

Die Grundsteinlegung am 2. März 1939 wird mit einer großen Feier und – man kann es nicht anders nennen – mit entsprechendem Pomp begangen. An ihr nehmen neben den Verantwortlichen der Kammer und zahlreichen Ehrengästen aus Partei, Staat, Wehrmacht und Wirtschaft auch Reichswirtschaftsminister Funk und Generalbauinspektor Professor Speer teil. Sie wird mitgestaltet durch Vertreter der Fachschaftsgruppe und des NS.-Beamtenbundes der Kammer mit entsprechendem Fahnenschmuck; ein Ehrensturm der SA.-Standarte ist aufgestellt, den Reichsminister Funk mit den Spitzen der Kammer später abschreitet, und der Festakt wird eingeleitet durch einen Musikzug einer Gruppe Berlin-Brandenburg der SA. Die Rede von Staatsrat Reinhart, in der dieser auf die Geschichte der Kammer, auf die Gründe für den Neubau und auf die damit verbundenen Zukunftsperspektiven eingeht, endet mit einer Treuerklärung an Hitler; dieser empfängt nach dem Festakt Präsident Reinhart im Beisein von Reichswirtschaftsminister Funk auch persönlich.

Aufn.: Presse-Hoffmann

Die Grundsteinlegung für das neue Dienstgebäude der Industrie- und Handelskammer zu Berlin

Abb. 13 Die Grundsteinlegung

Der Neubau wird begonnen, kommt aber nicht über die Kellerdecke hinaus. Über das weitere Schicksal der hochfliegenden Pläne schweigt sich die Kammer aus. In den, wenn auch knapper werdenden Tätigkeitsberichten, die Präsident Reinhart in den Jahren 1941 und 1942 ablegt, ist von dem Bauvorhaben und seinem Status nicht die Rede. Der Verzicht auf die weitere Realisierung steht offenbar in Zusammenhang mit einem Neubauverbot, das der Generalbevollmächtigte für die Regelung der Bauwirtschaft, Reichsminister Dr. Todt, im April 1940 anordnet; davon sind auch, selbst wenn es Ausnahmen gibt, bereits begonnene Bauvorhaben betroffen.

Übergang zur Gauwirtschaftskammer

In den nun folgenden Kriegsjahren erweckt die Kammer den Anschein fortdauernder Normalität. Natürlich fehlt es in ihren Veröffentlichungen nicht an immer wiederkehrenden Beschwörungen der Überlegenheit der deutschen Wirtschaft und der deutschen Wirtschaftsorganisation, es fehlt auch nicht an sonstigen öffentlichen Äußerungen, die erklären sollen, warum Deutschland den Krieg gewinnen wird[53], und ebenso gibt es zunehmend auch Durchhalteparolen. Aber sie, um nur Beispiele aus dem Jahr 1941 zu nennen, bestellt nach wie vor Sachverständige, nimmt Anmeldungen für ihre Prüfungen entgegen und führt sie durch, wirkt an Eintragungen ins Handelsregister mit, kümmert sich um die Beteiligung Berliner Firmen an immer noch stattfindenden Messen, geht ihrer üblichen Gutachtertätigkeit zu Preisen, Handelsgebräuchen und Verkehrssitten nach, das Ehrengericht bleibt tätig, und die „Wirtschaftsblätter" veröffentlichen die übliche Fülle von Informationen über steuer-, arbeits- und sozialrechtliche Fragen; sie interessieren sich auch für Themen wie „Die Verkehrssicherheit von Grundstücken", „Landesplanung und Wohnungsbau" und die „Spartätigkeit von Osram-Siedlern". Es versteht sich von selbst, dass die Zahl der Veröffentlichungen über wirtschaftslenkende Maßnahmen und über den Umgang mit Behörden und Unternehmen in den von der Wehrmacht besetzten Gebieten erheblich zunimmt. Vieles aber versinkt in der Einbindung der Kammer in den grauen (Kriegs-) Alltag.

Gelegentlich noch erinnert die Kammer an ihr eigenes Selbstverständnis, so 1941 durch den Abdruck der bereits erwähnten Rede des Präsidenten Reinhart bei einem Treffen zwischen deutschen und französischen Industrie- und Handelskammern, 1942 durch die Veröffentlichung eines Artikels aus „Deutsche Allgemeine Zeitung" mit dem Titel „Wie arbeitet eine Industrie- und Handelskammer?", und natürlich stellt sie in den Tätigkeitsberichten ihre Arbeit gebührend heraus.

Dennoch beginnt parallel eine Diskussion über eine weitere Vereinheitlichung und Vereinfachung der Organisation der gewerblichen Wirtschaft.

An dieser Diskussion beteiligt sich unter anderem mit einem „Gauwirtschaftskammern" überschriebenen Artikel im „Wirtschaftsblatt" im Mai 1942 auch Präsident Reinhart.

Die Errichtung von Gauwirtschaftskammern sei geeignet, den von manchen Kreisen der deutschen Wirtschaft nach wie vor behaupteten

53 So hält Präsident Reinhart im Juli 1940 einen Vortrag mit dem Titel „Auch finanziell gewinnen wir den Krieg"; der jetzige Schriftleiter schreibt im „Wirtschaftsblatt" im Januar über den „organisatorischen Vorsprung" der deutschen Wirtschaft, und das gleiche Organ der Kammer hatte schon im Oktober 1939 einen Artikel über die angebliche „Machtprobe der deutschen Wirtschaft" veröffentlicht.

Gegensatz zwischen den Reichs- und Wirtschaftsgruppen einerseits und den Industrie- und Handelskammern andererseits, also einen Gegensatz zwischen der fachlichen und der regionalen Organisation, zu überwinden. Sie werde auch Unvollkommenheiten der bisherigen Bezirkswirtschaftskammern – in einer von ihnen ist er Leiter – beseitigen und auch die Handwerkskammern einbeziehen. Ziel müsse es auch sein, die Zahl der einzelnen Organisationen zu verringern[54], die ein Hemmnis für Schlagkraft und Organisation der Wirtschaft sei. Zugleich meint er – zur Beruhigung (?) „mancher Kreise", die in der Neuordnung nicht wie er „eine glückliche, durch die Gesamtverhältnisse gebotene Fortführung der im Kammerorganisationsprinzip liegenden gesamtwirtschaftlichen Selbstverantwortung" sehen – , dass die Kammern „mit ihrem seit Jahrzehnten bewährten Apparat, mit ihrer großen Erfahrung und ihrer Betriebsnähe, das Rückrat der neuen Gauwirtschaftskammer bilden" werden.

Die Gauwirtschaftskammern kommen: Ihre Grundlage wird die Dritte Verordnung zur Durchführung der Verordnung über die Vereinfachung und Vereinheitlichung der Organisation der gewerblichen Wirtschaft aus dem Juni 1942 sein, in der Aufgabenstellung, bezirkliche Zuständigkeit, Organisation und Finanzierung (durch Grundbeiträge und Umlagen der Kammerzugehörigen) geregelt sind; die konkrete Umsetzung wird einer besonderen Anordnung vorbehalten. Diese Umsetzung erfolgt im Fall der Berliner Kammer durch Anordnungen des Reichswirtschaftsministers im Frühjahr 1943. Sie errichten mit Wirkung vom 1. April 1943 die Gauwirtschaftskammer Berlin-Brandenburg mit Sitz in Berlin; zugleich wird mit Ablauf des 31. März die Industrie- und Handelskammer Berlin aufgelöst. Ihre Rechte und Pflichten gehen auf die Gauwirtschaftskammer über; die Amtsdauer der Ehrenamtsträger wird beendet. Auch dem Namen nach gibt es nun die Berliner Industrie- und Handelskammer nicht mehr.[55]

---

54 Reinhart spricht von 111 Industrie- und Handelskammern, 71 Handwerkskammern und 27 Bezirkswirtschaftskammern.

55 Trotzdem spricht Esenwein-Rothe davon, die Kammern hätten im Bewusstsein der betreuten Betriebe durchaus das Ansehen vertrauenswürdiger Mittler gegenüber staatlichen Dienststellen und gegenüber Partei und Militär behalten. „Obgleich auch seitens der Kammern alles Erdenkliche zur Durchsetzung des ‚totalen Kriegs' getan wurde, galt ihre Tätigkeit doch als möglicher Schutz gegen existenzbedrohende oder –vernichtende Maßnahmen. Die protektionistische Einstellung der Kammern in der Durchsetzung von Unabkömmlichkeitsanträgen gegenüber den Wehrbezirkskommandos und den Arbeitsämtern, in der Absicherung des Treibstoffbedarfs, der Materialien zur Ausbesserung von Luft-

Ein Stück personeller Kontinuität bleibt: Der Reichswirtschaftsminister verfügt am 30. März die Ernennung des bisherigen Leiters der Wirtschaftskammer Berlin-Brandenburg und Präsidenten der Industrie- und Handelskammer zu Berlin zum kommissarischen Präsidenten der Gauwirtschaftskammer Berlin-Brandenburg. Zu seiner endgültigen Bestellung kommt es nicht mehr. Staatsrat Reinhart, der über die Jahre eine große Machtfülle aufgebaut hat – Präsident der Berliner Kammer und Leiter der Wirtschaftskammer, Vorsitzender der Arbeitsgemeinschaft deutscher Industrie- und Handelskammern in der Reichswirtschaftskammer, Leiter der Wirtschaftsgruppe Privates Bankgewerbe, Präsident der Berliner Börse, Mitglied des Geschäftsführenden Ausschusses der Reichsbank und des Beirats der Reichsbahn, dazu Aufsichtsratsvorsitzender der Commerzbank und für sie in weiteren Leitungsgremien von Unternehmungen der deutschen Wirtschaft tätig – stirbt im 73. Lebensjahr am 3. Oktober 1943. Die Gauwirtschaftskammer Berlin-Brandenburg wird im Oktober des gleichen Jahres aufgelöst; an ihre Stelle treten die Gauwirtschaftskammer Berlin und eine Gauwirtschaftskammer Mark Brandenburg, beide mit Sitz in Berlin; sie gelten ebenfalls als Rechtsnachfolger der aufgelösten Berliner Kammer. Neuer Präsident der Gauwirtschaftskammer Berlin wird Professor Dr. Hunke, Mitglied des Vorstands der Deutschen Bank, schon früh Gauwirtschaftsberater des Gaus Berlin der NSDAP und in den 30er Jahren Gründer der nationalsozialistischen Wirtschaftszeitschrift „Die Deutsche Volkswirtschaft“, deren Herausgeber er noch bei seiner Ernennung zum Präsidenten der Gauwirtschaftskammer Berlin ist; in der Zwischenzeit trägt er auch den Titel eines Wehrwirtschaftsführers und ist Ministerialdirektor im Reichsministerium für Volksaufklärung und Volkspropaganda, verantwortlich für die für das Ausland zuständige Abteilung – ein offenbar überzeugter Nationalsozialist, der, anders als Reinhart, schon sehr früh Parteigenosse gewesen ist.[56] Sämtlichst Parteigenossen sind auch die Vizepräsidenten, die ihm zur Seite gestellt werden. Die Einführung übernimmt bei einer Tagung von Berliner Kreisleitern und sogenannten

---

kriegsschäden usw. hielt auch in dieser Phase noch ein Verbandsbewusstsein der organisierten Betriebe wach“, so Esenwein-Rothe, Die Wirtschaftsverbände von 1933 bis 1945, S. 131 f.

56 Zu Hunke, auch zu seinem fehlenden Unrechtsbewusstsein nach dem Krieg und zu seiner weitere Karriere – er wird bis zu seiner Pensionierung als Ministerialdirigent im niedersächsischen Finanzministerium tätig sein –, vgl. Biggeleben, Die Verdrängung der Juden, aaO, S. 78 ff., und Kopper, Bankiers unterm Hakenkreuz, aaO, S. 229 ff.

Gliederungsführern Goebbels selbst. Es verwundert deshalb nicht, dass Hunke in der ersten Beiratssitzung der Gauwirtschaftskammer im Juli 1944 davon spricht, dass „wir Nationalsozialisten prinzipielle Vertreter der politische geführten Wirtschaft" sind. Ihn unterstützen darin offenbar viele Ehrenamtsträger und hauptamtliche Mitarbeiter der früheren Industrie- und Handelskammer, darunter immer noch der frühere Vorsitzende der Einzelhandelsvertretung der Kammer, Protze, der langjährige Vizepräsident Tengelmann, der Hauptgeschäftsführer der Kammer[57] und nun auch in dieser Funktion in der Gauwirtschaftskammer, Ministerialrat a.D. v. Baltz, und einige aus den Zeiten der „Gleichschaltung" der Kammer bekannte Syndizi wie Dr. Klopsch und Dr. Splettstoeßer – eine Diskontinuität im Geist, aber eine Kontinuität der Personen.

Untergang

Mit den offenbar letzten Veröffentlichungen der „Wirtschaftsblätter" Ende Dezember 1944 verliert sich auch die Spur der Organisation, die, wenn auch nur im Namen, noch den Hauch eines Anklangs an die frühere Industrie- und Handelskammer zu Berlin hatte. Das Vorblatt zu der Sammlung der „Wirtschaftsblätter" für das Jahr 1944 vermerkt das Fehlen eines Inhaltsverzeichnisses und endet mit dem lakonischen Hinweis: „Das Inhaltsverzeichnis ist nicht erschienen".

Die Gauwirtschaftskammer existiert, ohne dass über ihre Aktivitäten etwas bekannt wäre, bis Ende des Krieges; ihr Hauptgebäude, der alte Dienstsitz der Industrie- und Handelskammer zu Berlin in der Dorotheenstraße, bleibt trotz des Bombenhagels weitgehend unversehrt. Dagegen wird die Börse in der Burgstraße bei einem Luftangriff schwer beschädigt und bei späteren Kampfhandlungen fast völlig zerstört. Der Börsenhandel kommt am 18. April zum Erliegen.[58]

57 v. Baltz ist als erster so bezeichneter Hauptgeschäftsführer der Kammer im Amt seit Dezember 1936; er stammt aus dem Reichswirtschaftsministerium, „das einen besonders befähigten und bewährten Mitarbeiter zur Verfügung (stelle), der nunmehr innerhalb der Organisation der gewerblichen Wirtschaft einen sehr verantwortungsvollen Posten übernehme." (So der Vertreter des Ministeriums bei der Einführung von v.Baltz)

58 Berliner Börse 1685–1985, S. 18

Am 24. Mai 1945 ordnet der neue Magistrat der Stadt das vorläufige Ruhen der Arbeit von Innungen und Handelskammern an.[59]

59 Die Sitzungsprotokolle des Magistrats der Stadt Berlin 1945/46, Schriftenreihe des Landesarchivs Berlin, Band 2, Teil I, herausgegeben von Jürgen Wetzel, Berlin Verlag 1995, S. 96

Kapitel VI
Vakuum und Neuanfänge

Die Stadt gleicht im Frühsommer 1945 einer Trümmerlandschaft; Berlin scheint eine „verlorene Stadt“[1] zu sein. Das Ausmaß der Zerstörung entzieht sich heutiger Vorstellungskraft, die Wirtschaft liegt am Boden, die industrielle Substanz ist mehr als angetastet, das Kapital- und Anlagevermögen der Unternehmen ist dezimiert, die Zahl der Einwohner Berlins reduziert, und unter ihnen sind knapp ein Viertel Unterstützungsempfänger.[2] Ein zusätzlicher Schlag, wenn nicht der „Hauptschlag“[3] gegen die industrielle Substanz erfolgt durch die Demontage Berliner Industrieanlagen durch die sowjetische Besatzungsmacht. Eine Bilanz von Zerstörungen und Demontagen ergibt, daß „Westberlin etwa 85 % seiner industriellen Kapazität verloren hatte. Wie schwer dieser Eingriff war, zeigt der Vergleich mit der Sowjetzone und dem Sowjetsektor in Berlin. In der Sowjetzone wurden 45 % der bei Kriegsende vorhandenen und gegenüber 1936 fast unveränderten Kapazität entnommen. Für Ostberlin ist der Kapazitätsausfall nur auf 33 % der Kapazität beziffert worden, die bei Kriegsende vorhanden war, während für das Bundesgebiet ohne Berücksichtigung der Bauindustrie und reiner Rüstungsfabriken ein Demontageverlust von etwa 8 % errechnet worden ist. Die Demontagen in Westberlin gingen weit über das Maß hinaus, das in dem vom Alliierten Kontrollrat beschlossenen Industrieplan für Deutschland festgelegt worden sind“.[4] Der Bankverkehr ruht und wird nach seiner Wiederaufnahme, wenn auch „in kleinem Umfang, besonders mit dem Lebensmittel-

---

1 Die Wirtschaft Westberlins 1945 bis 1955, Festschrift zur Einweihung des neuen Gebäudes, herausgegeben von der Industrie- und Handelskammer zu Berlin e.V., 1955, S. 7

2 Nähere Angaben und weitere Zahlen dort und bei Braun Günter, Der Wiederaufbau Berlins – Eine Stadt auf dem Weg zu neuen Aufgaben, in: Berlin und seine Wirtschaft, Walter de Gruyter, Berlin, New York, 1987, S. 224 f., und bei Krafft, Marktwirtschaft auf dem Prüfstand, VDE Verlag, Berlin, Offenbach, 1984, S. 26 ff.; vgl. auch Berlin, Kampf um Freiheit und Selbstverwaltung 1945–1946, herausgegeben vom Senat von Berlin, 1957, S. 13

3 Braun, aaO, S. 224

4 Die Wirtschaft Westberlins 1945 bis 1955, aaO, S. 7 f

Abb. 14 Die zerstörte Berliner Innenstadt 1945

handel", durch Anordnung des Magistrats vom Juni 1945 auf die Berliner Stadtbank konzentriert, später kommen die Sparkasse und noch später die Volksbanken hinzu; der Verkehr mit privaten Banken bleibt zunächst unmöglich, und damit stehen flüssige Mittel den Unternehmen für ihren Wiederaufbau nur sehr begrenzt zur Verfügung.[5]

Die neue Verwaltung der Stadt, nun Magistrat genannt, beginnt ihre Arbeit mit einer ersten Sitzung am 20. Mai 1945. Der Magistrat wird geführt von Oberbürgermeister Dr. Werner (parteilos); sein 1. Stellvertreter ist Karl Maron (KPD), für die Wirtschaft zeichnet verantwortlich Stadtrat Dr. Landwehr (parteilos), für Handel und Handwerk Josef Orlopp (SPD). Er ist, obwohl in ihm neben Parteilosen auch CDU- und SPD- Mitglieder tätig sind, kommunistisch dominiert; de facto bestimmt Karl Maron die Politik, und weitere Kommunisten haben Schlüsselressorts, darunter die strategisch wichtigen Abteilungen für Personalfragen und Verwaltung sowie für Volksbildung.[6] Eine der ersten Entscheidun-

5 Zu allem ebd. S. 8 f

6 Dazu die Sitzungsprotokolle des Magistrats der Stadt Berlin 1945/1946, Schriftenreihe des Landesarchivs Berlin, 1995, Band 2, Teil I, Historische Ein-

gen, die der Magistrat bereits in der zweiten Sitzung am 24. Mai trifft, betrifft die unternehmerischen Organisationen: Die Arbeit von Innungen und Handelskammern wird zum Ruhen gebracht[7], und der Magistrat gibt durch die Abteilung Handel und Handwerk bekannt, dass auch die Tätigkeit der Fachgruppen und Wirtschaftsverbände bis auf weiteres beendet ist.[8] Die Gauwirtschaftskammer wird liquidiert[9], ihr Vermögen für beschlagnahmt erklärt. Es soll nach einem Beschluss vom 27. August durch den Magistrat übernommen und als Sondervermögen verwaltet werden; zugleich wird die Absicht festgehalten, im „Falle der späteren Wiedererrichtung wirtschaftlicher Selbstverwaltungen in Berlin ... diesen das frühere Kammervermögen zu übertragen"[10]. Den vormaligen Hauptsitz der Industrie- und Handelskammer in der Dorotheenstraße übernimmt die Abteilung für Handel und Handwerk[11]; der Magistrat erklärt sich am 20. August mit der Wiederinstandsetzung des Gebäudes einverstanden und bewilligt dafür Mittel in der Höhe von 140 000 Reichsmark.[12]

Das Personal wird zwischen den Abteilungen Wirtschaft und Handel sowie Handwerk aufgeteilt, die „Kräfte, die im Arbeitsverhältnis stehen, werden dem Hauptamt für Arbeitseinsatz überwiesen".[13]

Der Magistrat übernimmt nicht nur das Vermögen, den Dienstsitz und wesentliche Teile des Personals der Gauwirtschaftskammer – und damit auch den Kernbestand aus der früheren Industrie- und Handelskammer –, er ist es auch, der alle wirtschaftsrelevanten Entscheidungen und Lenkungsmaßnahmen an sich zieht: Er errichtet beispielsweise im Juni 1945 eine Spruchkammer, die für Einsprüche gegen Entscheidungen der Bezirksverwaltungen über die Zulassung und Wiedereinrichtung von

leitung, S. 48 ff; vgl. auch den späteren Organisationsplan des Magistrats für August 1946 in: Berlin, Kampf um Freiheit und Selbstverwaltung 1945–1946, hrsg. vom Senat von Berlin, Berlin 1957, S. 239.

7 Protokolle, aaO, 96; in einer Magistratsvorlage vom 25. Mai wird die Einstellung aller Dienstgeschäfte und Tätigkeiten der bisherigen Industrie-, Handels- und Handwerksabteilung der Gauwirtschaftskammer und ihrer wirtschaftlichen und sonstigen Einrichtungen noch einmal bestätigt, vgl. Protokolle, aaO, S. 102

8 Berlin, Kampf um Freiheit und Selbstverwaltung 1945–1946, aaO, S. 49; für die Wirtschaftsverbände des Handels noch einmal ausdrücklich verfügt durch Beschluss vom 11. Juni, Protokolle, aaO, S 131 f.

9 Protokolle, aaO, S. 102

10 Protokolle, aaO, S. 386

11 Protokolle, aaO, S.102

12 Protokolle, aaO, S. 340

13 Protokolle, aaO, S. 386

Gewerbe- und Handelsbetrieben zuständig ist[14], stellt im Frühjahr 1946 den ersten Produktionsplan für die Berliner Industrie bis Ende des Jahres auf [15], hat schon im Juli 1945 die Prüfungsausschüsse für Lehrlings-, Gesellen- und Meisterprüfungen neu besetzt[16], ordnet im Oktober 1946 „zur Regelung der Berufserziehung und der Berufslenkung" die Erfassung aller Berufsausbildungsverhältnisse mit der Maßgabe an, dass die Ausbildungsbetriebe ihre Auszubildenden einem bei ihm eingerichteten „Hauptausschuß Berufserziehung und Berufslenkung" zu melden und Mitteilung von vorzeitigen Beendigungen der Ausbildung zu machen haben[17], und die Bezirksverwaltungen haben die Zuständigkeit für die Berufs- und Fachschulen, für die der Magistrat – ebenso wie für das gesamte Schulwesen – auf eine „richtige antifaschistische Linie" achtet.[18]

Der Magistrat übernimmt damit auch die Aufgaben, die bisher in der Selbstverwaltung der Wirtschaft lagen. Er und die Bezirksverwaltungen bedienen sich zur Erfüllung dieser Aufgaben der von den Bezirksbürgermeistern nach dem Räteprinzip ernannten Handelsbeiräte beziehungsweise Handelsausschüsse, die Gesetze und Verordnungen für die zentrale Lenkung aller Verbrauchsgüter erlassen und als Berufungsinstanz in Gewerbeangelegenheiten tätig werden sollen.[19] Auf einer ersten Arbeitstagung am früheren Hauptsitz der Industrie- und Handelskammer im Juli 1945 verpflichtet Oberbürgermeister Dr. Werner die neuen Fach- und Handelsbeiräte; bei dieser Gelegenheit wird darauf hingewiesen, dass in Berlin wieder 20 000 Handwerksbetriebe und 14 000 Lebensmittelgeschäfte tätig sind.[20] Ein langes Leben aber haben die Handelsräte und -ausschüsse nicht; bald werden die Aufgaben auch der früheren Selbstverwaltungskörperschaften der Wirtschaft wieder unmittelbar vom Magistrat wahrgenommen.[21]

Eine von ihr legitimierte Vertretung und Selbstverwaltung der Wirtschaft existiert nicht mehr. Es gibt zunächst auch wenig „selbstzuverwalten", so wie es keine Börse gibt, nicht so sehr, weil das Gebäude

14 Berlin, Kampf um Freiheit und Selbstverwaltung 1945–1946, aaO, S. 59
15 ebd., S. 157
16 ebd., S. 69
17 ebd., S. 210
18 Protokolle, aaO, S. 125
19 Berlin, Kampf um Freiheit und Selbstverwaltung 1945–1946, aaO, S. 49; Die Wirtschaft Westberlins 1945 bis 1955, aaO, S. 9
20 Berlin, Kampf um Freiheit und Selbstverwaltung 1945–1946, aaO, S. 68 f
21 Die Wirtschaft Westberlins 1945 bis 1955, aaO, S. 9

zerstört ist, sondern weil „es nichts zu handeln gibt“[22]. Aber das ändert sich: Die Zahl der Handwerksbetriebe und meist kleinen Lebensmittelgeschäfte nimmt zu, im Juli 1945 gibt die Abteilung Handel und Handwerk des Magistrats bekannt, dass Warenhäuser, Filialgeschäfte, Konsumgenossenschaften und Großhandelsfirmen zum Verkauf von Waren aller Art zugelassen sind, der Zeitungshandel läuft in organisierter Form an, eine erste Musterschau des Berliner Handwerks findet im Oktober statt, unter anderem mit Beteiligung der Firmen AEG und Siemens, die aus Rohstoffmangel ihre Hilfsproduktion in Form von Haus- und Gartengeräten zeigen, im November und Dezember finden in einzelnen Bezirken Warenmustermessen statt, mehrere Bezirke eröffnen im März 1946 eine Leistungsschau im früheren Kaufhaus Friedland in Neukölln, und die Innungen des Bekleidungshandwerks veranstalten ebenfalls im März 1946 in den Räumen des Royal Clubs die erste Leistungs- und Modenschau.[23]

Mitglieder des Magistrats ermuntern die Wirtschaft. So ist es Oberbürgermeister Dr. Werner selbst, der die erwähnte erste Musterschau des Berliner Handwerks eröffnet, und der für die Abteilung Handel und Handwerk zuständige Stadtrat Orlopp führt in einer Denkschrift mit dem Titel „Gedanken zum freien Handel“ Ende Mai 1945 aus: „Der Kaufmannschaft soll nicht nur diktiert werden, sondern sie soll ihre frühere Initiative wiedergewinnen, um im Interesse der Bevölkerung die zu verkaufenden Warenmengen zu steigern … Als Ziel muß gelten, dass der freie Markt alle Bedürfnisse der Bevölkerung befriedigen kann … Diese Anfänge für eine kommende freiere Entfaltung des Handels sollen auch in Zukunft gefördert werden“.[24]

Diese Absichtsbekundungen und Appelle mögen auf hoffnungsvolle Ohren treffen, insbesondere im Handwerk und im Kleingewerbe. In der Wirklichkeit aber wimmelt es nur so von Regulierungen und anderen wirtschaftslenkenden Maßnahmen, die von der Entwicklung hin zu einer „Sektorenwirtschaft“[25]noch befördert werden. Die vor allem durch den Rohstoffmangel bedingte Tendenz zur Zonenautarkie mit entsprechenden Auswirkungen auf Berlin führt für den Bereich der gewerblichen

22 Berlin – Seine Wirtschaft und seine Börse, 1955, unter dem Jahr 1945.

23 Vgl. Berlin, Kampf um Freiheit und Selbstverwaltung 1945–1945, aaO, S. 68 f., 99, 123, 156 f,

24 Protokolle, aaO, S. 106

25 Die folgenden Aussagen halten sich sehr eng an die von der Industrie- und Handelskammer stammende Darstellung in: Die Wirtschaft Westberlins 1945 bis 1955, aaO, S. 9.

Wirtschaft zu einer strengen Trennung nach Sektoren, und dies gilt nicht nur für die Bewirtschaftung von Rohstoffen, Produktionsmitteln und Verbrauchsgütern, sondern auch für die Arbeitskräfte. Die aus den Zonen gelieferten Waren dürfen nur in dem jeweiligen Sektor verarbeitet werden. Keine Werkzeugmaschine kann ohne Genehmigung gekauft und verkauft, ja nicht einmal verliehen werden.

Dennoch: Inmitten dieses Regulierungsgeflechts, mitten in dieser Zonenwirtschaft, deren Auswirkungen nur begrenzt durch die Errichtung der Bi-Zone für den amerikanischen und britischen Sektor gemildert wird, beginnen nicht nur das Wiedererstehen alten Unternehmertums und die Begründung neuer Betriebe, es finden sich auch bereits erste Ansätze für die erneute Belebung unternehmerischer Organisationen.

Den Anfang macht das Handwerk: Innungen und Genossenschaften, deren originäre Tätigkeit zwar zunächst zum Ruhen gebracht, denen aber die wirtschaftliche Betätigung nicht untersagt ist, veranstalten Leistungsschauen und erste Messen. Auch in der Industrie regen sich Kräfte, die wieder zu mehr Eigenverantwortung und –initiative kommen wollen. So treffen sich Anfang 1946 einige Mitarbeiter des Vereins Deutscher Maschinenbauanstalten, um Verbindung zu Firmen aufzunehmen, und diese lose Zusammenarbeit führt auch zur Konstituierung eines Vorstands.[26]

Auch erste Bemühungen um die Wiederzulassung der früheren Selbstverwaltungskörperschaften gibt es bereits in diesem Jahr. Ein jahrelanger „Kleinkrieg“[27], der Kampf um die Wiedererrichtung einer Industrie- und Handelskammer – und der Handwerkskammer – in Berlin beginnt. Streiter in diesem Kampf sind der Magistrat, die politischen Parteien Berlins, die Alliierten und die Wirtschaft – auch die Gewerkschaften beanspruchen eine Mitsprache –, und der Kleinkrieg geht um nahezu jeden denkbaren Aspekt einer unternehmerischen Vereinigung: Ist eine neue Industrie- und Handelskammer eine Einrichtung des Magistrats oder eine solche der Wirtschaft, gibt es die (Zwangs-) Pflichtmitgliedschaft[28] oder handelt es sich um eine freie Vereinigung, hat die Kammer eine quasi-hoheitliche Stellung, sollen mehrere Kammern, ge-

26 Die Wirtschaft Westberlins 1945 bis 1955, aaO, S 18; seine Anerkennung durch den Magistrat bleibt ihm aber versagt, bis er im gleichen Jahr noch die Genehmigung im britischen Sektor erlangt, die der Magistrat anerkennen muss.
27 Krafft, Marktwirtschaft auf dem Prüfstand, aaO, S. 61
28 Noch lange scheuen sich die Befürworter aus der Wirtschaft nicht, von der Zwangsmitgliedschaft zu sprechen.

gebenenfalls innerhalb einer „Dachkammer“, existieren? Die Diskussionen betreffen auch eine mögliche (paritätische) Arbeitnehmerbeteiligung und die Vertretung des Magistrats in einer „unternehmerischen“ Vereinigung, sie drehen sich um Organe und Organisationsfragen, gehen bis zu der Bezeichnung der Institution, und selbst in der Wirtschaft ist die Frage umstritten, welchen Grad an Selbständigkeit innerhalb eines neuen Gebildes einzelne Branchenvertretungen haben.[29]

Erste Vorstöße für die Gründung einer Industrie- und Handelskammer stammen bereits aus dem frühen Frühjahr 1946. Auf Vorschlag von Stadtrat Orlopp beschließt der Magistrat die Errichtung einer Handwerkskammer für Berlin, in der die bestehenden 33 Innungen verwaltungsgemäß in zehn Fachabteilungen zusammengefasst werden sollen; ausdrücklich verweist Orlopp dabei auf die Absicht, die Handwerkskammer später nach der Gründung einer Industrie- und Handelskammer – über sie gibt es also schon eine Diskussion – in diese einzugliedern.[30] Dass die Handwerkskammer einen zeitlichen Vorlauf vor der Industrie- und Handelskammer hat, verwundert nicht; die Zahl der Handwerksbetriebe entwickelt sich schneller positiv als die der Industriebetriebe, mit den Innungen verfügt das Handwerk über ein organisatorisches Grundgerüst, und die Abneigung in Teilen der Politik und in den Gewerkschaften gegen das Handwerk wird nicht so hoch gewesen sein wie der Widerwille über ein Erstarken vor allem der Großindustrie, der die Förderung und das Emporkommen von Hitler angelastet wird, und ihre möglichen Repräsentanten in einer unternehmerischen Vereinigung. Aber schon am 16. 5. 1946 liegt ein Entwurf einer Magistratsverordnung über die Errichtung einer Industrie- und Handelskammer vor. Sie wird an diesem Tag von der Konferenz der Bezirksbürgermeister gebilligt, nachdem der Entwurf vom „Aktionsausschuß der antifaschistischen Parteien“ beraten worden war[31], und der Magistrat beschließt die Verordnung zwei Tage später am 18. Mai. Von einem Anklang an die frühere Selbstverwaltungskörperschaft gleichen Namens ist allerdings wenig geblieben: Es geht um die Errichtung einer Industrie- und Han-

29 Zum Folgenden vgl. auch die zusammenhängenden, wenn auch eher knappen Darstellungen in: Die Wirtschaft Westberlins 1945 bis 1955, aaO, S. 17 ff, und bei Krafft, Marktwirtschaft auf dem Prüfstand, aaO, S. 61 ff; sehr viele und unschätzbare Fundstellen finden sich in noch erhaltenen Originalakten im Besitz der IHK Berlin, die für diesen Beitrag erstmals ausgewertet worden sind.

30 Berlin, Kampf um Freiheit und Selbstverwaltung 1945–1946, 2. Auflage, hrsg. im Auftrag des Senats von Berlin, Heinz Spitzung Verlag, Berlin 1961, S. 359

31 Berlin, Kampf um Freiheit und Selbstverwaltung 1945–1946, aaO, S. 172.

delskammer „der Stadt Berlin“ (also nicht der Wirtschaft), sie soll über die Aufgaben vor 1933 hinaus auch die Funktionen der früheren Wirtschafts- und Fachgruppen übernehmen und ausführendes Organ der Planwirtschaft sein; vorgesehen sind 20 Fachausschüsse mit je 20 Vertretern der Unternehmen und 10 Gewerkschaftlern, die zusammen die Mitgliederversammlung bilden, und der hauptamtliche Präsident wird ebenso vom Magistrat ernannt wie die weiteren Mitglieder des Präsidiums, darunter neben vier Unternehmern auch vier Gewerkschaftler und vier Vertreter der Stadtverwaltung – große Teile des Entwurfs hätte auch aus nationalsozialistischer Feder stammen können.[32]

Erkennbar sind an dem Entwurf nur der Magistrat, die sogenannten antifaschistischen Parteien und die Bezirksbürgermeister beteiligt; die gewerbliche Wirtschaft ist nicht gehört worden. Das geht offenbar dem Handwerk auch so; denn auf einer öffentlichen Handwerkerversammlung am 15. August, bei der ein Vertreter des Magistrats für die Bildung einer Handwerkskammer zur Wahrnehmung der Handwerksinteressen plädiert, protestieren die Teilnehmer gegen den Entwurf des Magistrats aus dem Frühjahr, weil er die Kammer als Organ der kommunalen Verwaltung sieht und ohne Mitarbeit von Vertretern des Handwerks aufgestellt worden ist.[33]

Die beabsichtigte Vertretung der Verwaltung in einer neuen Kammer dokumentiert, wie staatsnah, wenn nicht staatszugehörig, die neue Einrichtung sein soll. Auch die Beteiligung von Vertretern der Gewerkschaften müsste den Argwohn der Unternehmerschaft hervorgerufen haben, hatten diese doch bereits im Oktober 1945 erklärt, sie würden sich in Zukunft nicht mehr auf die Interessenvertretung ihrer Mitglieder beschränken, sondern hätten die Absicht, ernsthaft in die Wirtschaftslenkung einzugreifen.[34]

Magistrat und politische Parteien aber verfolgen diese Pläne hartnäckig, wenn auch, wie sich zeigen wird, mit unterschiedlicher Akzentuierung, weiter. So gehört zu den kommunalpolitischen Forderungen der ersten Funktionärskonferenz des Berliner Landesverbandes der SPD nach den Wahlen im Oktober 1946 am 22.10. die Errichtung einer Wirt-

32 Berlin, Kampf um Freiheit und Selbstverwaltung 1945–1946, 2. Auflage, aaO, S 442 f

33 Berlin, Kampf um Freiheit und Selbstverwaltung 1945–1946, aaO, S. 194

34 Berlin, Kampf um Freiheit und Selbstverwaltung 1945–1946, aaO, S. 99

schaftskammer[35], und auf einer Sitzung des Landesausschusses einige Tage später bezeichnet der Vorsitzende „den demokratischen Aufbau der Selbstverwaltungsorgane der Wirtschaft, die Wahl einer Industrie- und Handelskammer, einer Handwerkskammer und einer Kammer der Technik als besonders dringlich".[36]

Offenbar aber haben Magistrat und politische Parteien doch unterschiedliche Vorstellungen von der neuen Kammer. Schon Mitte Juli 1946 hatte der stellvertretende Leiter der Abteilung für Handel und Handwerk auf einer Konferenz der Bezirksbürgermeister über die Vorbereitungen zur Errichtung der Industrie- und Handelskammer vorgetragen und berichtet, CDU und LDP hätten, nachdem der ursprüngliche Entwurf bereits der Alliierten Kommandantur eingereicht gewesen sei, nachträglich entschieden gegen Einzelheiten des Entwurfs, unter anderem gegen die Ernennung des Präsidenten der Kammer durch den Magistrat, Stellung genommen; grundsätzlich forderten beide Parteien eine sich selbst verwaltende Industrie- und Handelskammer der Unternehmer. Er folgert daraus, dass durch die erneute Diskussion eine Verzögerung der Errichtung der Kammer unvermeidlich sei.[37] Den gleichen Vorwurf erhebt der am 5. Dezember 1946 zum neuen Verantwortlichen für die Wirtschaft gewählte Stadtrat Klingelhöfer. Klingelhöfer gehört der SPD an; er war zuvor Chefredakteur der Zeitung „Der Sozialdemokrat. Organ der Sozialdemokratie Groß-Berlin" gewesen. Er nimmt sich rasch der Bildung einer Kammerorganisation nach seinen Vorstellungen an. Er vertritt bereits am 1. 1. 1947 öffentlich die Auffassung, das den Alliierten vorgelegt Handwerkskammergesetz entspreche nicht den Erwartungen der Wirtschaft und müsse zugunsten einer zentralen Wirtschaftskammer zurückgezogen werden[38]; der neue Oberbürgermeister Dr. Ostrowski bekräftigt einen Tag später die Haltung des Magistrats, bei der Schaffung neuer Wirtschaftsorganisationen müsse von Fachgemeinschaften ausgegangen werden, in denen auch die Belegschaften vertreten sein sollten und die in einer einheitlichen Wirtschaftskammer zusammenzufassen seien.[39]

35 Berlin, Behauptung von Freiheit und Selbstverwaltung 1946–1948, hrsg. im Auftrag des Senats von Berlin, Heinz Spitzing Verlag, Berlin 1959, S. 59
36 Berlin, Behauptung von Freiheit und Selbstverwaltung 1946–1948, aaO, S. 62
37 Berlin, Kampf um Freiheit und Selbstverwaltung 1945–1946, aaO, S. 477
38 Berlin, Kampf um Freiheit und Selbstverwaltung 1945–1946, aaO, S. 108
39 Berlin, Kampf um Freiheit und Selbstverwaltung 1945–1946, aaO, S 110

Die Divergenzen zwischen den Parteien werden sichtbar und öffentlich in einer außerordentlichen Sitzung der Stadtverordnetenversammlung am 21. Januar 1947. Dort findet eine lange Debatte statt über die Anträge der SPD über eine Wirtschaftskammer, der CDU über Handwerksinnungen und der LDP über eine Handwerkskammer. CDU und LDP treten für die Selbstverwaltung des Handwerks und für ein freies Koalitionsrecht der Handwerker ein. Stadtrat Klingelhöfer lehnt diese von CDU und LDP befürworteten Unternehmerverbände ab. Die „Ordnung der Wirtschaft könne nicht der privaten Industrie überlassen bleiben". Der frühere Stadtrat Orlopp, jetzt Stadtverordneter, fügt hinzu, Berlin hätte längst die Handwerks- und auch die Industrie- und Handelskammer, wenn nicht die bürgerlichen Parteien gegen die in den Magistratsentwürfen vorgesehene Drittelung der Vertreterschaft, bestehend aus Unternehmern, Gewerkschaften und Behörden, bei den Alliierten Einspruch erhoben hätten.[40]

Ist diese Ablehnung einer „staatseigenen" Kammer durch CDU und LDP bereits auf die Einwirkung der sich formierenden Industrieverbände und auf das Wirken eines der einflussreichsten Männer der Berliner – und der deutschen – Wirtschaft, Dr. Bernard Skrodzki, des späteren Hauptgeschäftsführers der Industrie- und Handelskammer, zurückzuführen? Wohl ja, wenn dies auch erst ab Mitte 1947 urkundlich belegt ist.

Dr. Bernard Skrodzki war, wie sein Nachruf in der „Berliner Wirtschaft", dem Nachfolgeorgan der früheren „Mitteilungen" der Kammer, im März 1969 ausweist, ein langjähriger führender Mitarbeiter im Reichsverband der Deutschen Industrie. Er wird ein Mann der so genannten ersten Stunde, der aus der Nachkriegsgeschichte der Berliner Wirtschaft nicht wegzudenken ist – wenn es denn ohne ihn eine wieder erstarkende Wirtschaft, zunehmend einflussreiche Industrieverbände und eine Gesamtvertretung der Berliner Kaufmannschaft, jedenfalls zu dem Gründungszeitpunkt, je gegeben hätte. Er ist in diesen Jahren einer der maßgeblichen, wenn nicht der einflussreichste Kämpfer für eine unabhängige und von Unternehmern getragene Industrie- und Handelskammer. Seine Erfolge in diesem Kampf beruhen auf seiner herausragenden Persönlichkeit, seinen Erfahrungen aus dem Verbandswesen, seinem engen Schulterschluss mit anderen Männern, die in den Wiederaufbaujahren das politische und wirtschaftliche Schicksal Nachkriegsdeutschlands an entscheidender Stelle beeinflussen, und auf seinen guten Verbindungen zu Entscheidungsträgern in der Berliner und der westdeut-

40 Berlin, Kampf um Freiheit und Selbstverwaltung 1945–1946, aaO, S. 131

schen Politik und den maßgeblichen Persönlichkeiten im Bundesverband der Deutschen Industrie (BDI), beim Deutschen Industrie- und Handelstag (DIHT) und in den westdeutschen Industrie- und Handelskammern, die schon früher als die Berliner Kammer wieder haben aktiv werden können.[41]

Auf der Trauerfeier für Skrodzki erinnert Dr. Borner, langjähriger Präsident und zum Zeitpunkt des Todesfalles Ehrenpräsident der Kammer, an die Anfänge des Verbandswesen nach dem Krieg: „Schon in den ersten Monaten nach dem Zusammenbruch ... war Bernard Skrodzki einer der Männer, die initiativ wurden, um die Vertretung und den Zusammenschluß – einen Zusammenschluß wirtschaftlicher Kräfte – in die Wege zu leiten. Es gehörte damals Mut zum Risiko dazu, denn es war alles andere als ungefährlich. Es war verboten, dass mehr als drei zusammenkamen. Man traf sich deshalb auch an verschwiegenen Orten – zunächst in Privathäusern in Zehlendorf ... Und es ging darum, den dann kommenden Westalliierten aus der Wirtschaft Sprecher gegenüberzustellen, um u. a. auch der von östlicher Seite damals ernsthaft drohenden Gefahr der Sozialisierung zu begegnen ... Diese Zusammenkünfte waren dann die Keimzelle für die Bildung ähnlicher Arbeitsgruppen, die sich in den Sektoren bildeten und aus denen sich als Zusammenschluß aller westlichen Sektoren dann der Industrie-Ausschuß West bildete – als Vorläufer unserer Industrie- und Handelskammer."

So das Ergebnis; aber bis dahin ist es noch ein langer Weg. Auf ihm vorangehen die industriellen Vereinigungen.[42] Nach der Ablehnung der Bildung eines Vorstands aus dem Kreis von Mitarbeitern des früheren Vereins Deutscher Maschinenbauanstalten durch den Magistrat gelingt es, im Jahr 1946 die Genehmigung der Militärregierung im britischen Sektor zu erlangen. Der Magistrat muss diese Zulassung anerkennen. Damit ist als erste Organisation der Wirtschaftsverband Maschinenbau, wenn auch beschränkt auf den britischen Sektor, entstanden. Im amerikanischen Sektor entsteht die Vereinigung der eisen- und metallverarbeitenden Industrie. Beide Vereinigungen schließen sich 1948, nachdem

41 Vgl. dazu die bei der Trauerfeier gehaltenen Reden des Ehrenpräsidenten Dr. Borner, des Regierenden Bürgermeisters Schütz, des Fraktionsvorsitzenden der CDU Amrehn, des Hauptgeschäftsführers des DIHT Broicher, des Geschäftsführenden Präsidialmitglieds des BDI Dr. Wagner und des Ministerialdirektors a.D. Risse aus dem Bundeswirtschaftsministerium, dort selbst so etwas wie eine legendäre Gestalt.

42 Zum Folgenden die Darstellung der Kammer in: Die Wirtschaft Westberlins 1945 bis 1955, aaO, S. 18, der streckenweise wörtlich gefolgt wird.

die Sowjets den Alliierten Kontrollrat verlassen hatten, zum WEMA zusammen, einem Industrieverband, der das spätere Entstehen der Industrie- und Handelskammer nach Kräften gefördert hat. Im französischen Sektor bildet sich nach einigem Hin und Her der „Verband der Wirtschaft im französischen Sektor“, dessen Verband der Metallindustrie, wenn auch deutlich später, mit dem WEMA verschmolzen wird. Diese Organisationen sind es auch, die während der Blockade Berlins den „Industrie-Ausschuss West-Berlin“ mit aus der Taufe heben. Die aus der Blockade entstehenden Aufgaben, deren Bewältigung auch eine engere Zusammenarbeit zwischen westlichen Alliierten und der Wirtschaft erfordert, veranlassen die britische Militärregierung, zu ihrer Beratung zwölf Persönlichkeiten aus der Unternehmerschaft zu berufen. Dieser Kreis bildet den Industrieausschuss im britischen Sektor. Parallel dazu entsteht auch im amerikanischen Sektor ein Industrieausschuss. Aus beiden Vereinigungen entsteht der „Industrie-Ausschuss West-Berlin“, dem je vier Vertreter der Industrieausschüsse im britischen und amerikanischen Sektor sowie des Verbandes der Wirtschaft im französischen Sektor angehören. Den Vorsitz übernimmt Baurat a. D. Friedrich Spennrath, auch er ein Mann der ersten Stunde, Vorstandsvorsitzender der AEG, und Dr. Bernard Skrodzki ist der Geschäftsführer. Der „Industrie-Ausschuss West-Berlin“ und die Männer an seiner Spitze werden, gemeinsam mit der aus dem Handel hervorgegangenen „Arbeitsgemeinschaft Handelskammer“, die treibenden Kräfte beim Aufbau einer neuen Industrie- und Handelskammer – und beide Männer stehen dann nach ihrer Gründung auch an ihrer Spitze.

Aber soweit ist es noch lange nicht. Der Jahre währende „Kleinkrieg“ um die Errichtung einer Industrie- und Handelskammer bricht mit der erwähnten Debatte über die Anträge der SPD über eine Wirtschaftskammer, der CDU über Handwerksinnungen und der LDP über eine Handwerkskammer auf der außerordentlichen Sitzung der Stadtverordnetenversammlung am 21. Januar 1947 voll aus. Am Ende der Debatte wird der SPD-Antrag, den Magistrat zur baldigen Vorlage eines Gesetzentwurfs über die Wirtschaftskammer aufzufordern, gegen die Stimmen von CDU und LDP angenommen.[43] Ob dabei auch ein Gegenentwurf der CDU gegen den entsprechenden Antrag der SPD eine Rolle gespielt hat, ob dieser überhaupt förmlich eingebracht worden ist, ist unklar. Es ist aber bezeichnend – und spricht für den Versuch einer engen Abstimmung zwischen bürgerlichen Parteien und den für eine unterneh-

43 Berlin, Behauptung von Freiheit und Selbstverwaltung 1946–1948, aaO, S. 131

merisch ausgerichtete neue Organisation eintretenden Kräfte – , dass der Entwurf für einen solchen Gegenentwurf das erste Schriftstück zu diesem Thema ist, das sich in den noch erhaltenen Akten der heutigen IHK Berlin findet. In dem Entwurf, der auf den 6. Januar 1947 datiert ist, verlangt die CDU eine Kammer der gewerblichen Wirtschaft, die in drei Hauptabteilungen (Industrie, Handel und Handwerk, wobei die letztere als Handwerkskammer zu bezeichnen sei) zu gliedern sei und deren Aufgabe in Aufbau und Ordnung der Selbstverwaltung von Industrie, Handel und Handwerk und in der Durchführung des Neuaufbaus dieser Zweige der gewerblichen Wirtschaft im Rahmen einer Gesamtplanung hinsichtlich Produktion, Absatz und Rohstoffversorgung bestehen soll. Es entspricht wohl dem Zeitgeist, dass auch der CDU-Entwurf eine Beteiligung von Arbeitnehmern vorsieht; die Organe der Kammer sollen je zur Hälfte aus Gewerbetreibenden und Arbeitnehmern bestehen, und das gilt auch für das Präsidium.[44] Allerdings soll der Präsident der Kammer von ihren Mitgliedern gewählt und nicht vom Magistrat ernannt werden – ein signifikanter Unterschied zu den Entwürfen der Befürworter einer sehr staatsnahen oder gar staatseigenen Organisation.

Im weiteren Verlauf des Jahres 1947 befassen sich Magistrat und Parteien noch mehrfach in ihren offiziellen Gremien mit der Zukunft der Organisationen der gewerblichen Wirtschaft. Am 8. April berät der Wirtschaftspolitische Ausschuß der Stadtverordnetenversammlung über einen Antrag der CDU-Fraktion, die Innungen des Handwerks als selbständige Körperschaften des öffentlichen Rechts anzuerkennen; die Mehrheit des Ausschusses beschließt jedoch eine Resolution, die den Einbau der Innungen in die vom Magistrat geplante Wirtschaftskammer fordert.[45] Auf einer Konferenz der sozialdemokratischen Wirtschaftsfunktionäre am 16. April verlangt ein Mitglied des Parteivorstandes der SPD, dass alle Probleme, die die Berliner Wirtschaft mit der gesamtdeutschen Wirtschaft in Zukunft verbänden, in der vom Magistrat ge-

---

44 Das entspricht zu dieser Zeit wohl dem Wunsch nach Zusammenschluss aller Kräfte; selbst Dr. Skrodzki erklärt sich, beispielsweise in einem Brief an die Industrie- und Handelskammer München vom 10.7.1947, mit einer Arbeitnehmerbeteiligung einverstanden; sie werde weitgehend für zweckmäßig gehalten, um bei einer sachlichen Zusammenarbeit der Diskussion viel von ihrer polemischen Schärfe zu nehmen. Er wiederholt diesen Standpunkt in einem Schreiben an den Präsidenten der Industrie- und Handelskammer Düsseldorf vom 1.8.1847, macht allerdings zur Bedingung, dass sich freie Unternehmerverbände bilden können; dazu später.

45 Berlin, Behauptung von Freiheit und Selbstverwaltung 1946–1948, aaO, S. 195

planten Wirtschaftskammer ihren organisatorischen Aufbau zu finden hätten[46], und in einer Diskussion über die Zukunft von Arbeitgeberorganisationen in der Stadtverordnetenversammlung am 8. Mai, in der die CDU die Notwendigkeit solcher Verbände unterstreicht, vertritt Stadtrat Klingelhöfer die Auffassung, dass die bei der Wirtschaftskammer vorgesehenen Fachgemeinschaften völlig die Aufgaben der früheren Unternehmerverbände ersetzen könnten.[47]

Zunächst noch im Hintergrund, dann zunehmend auch auf der öffentlichen Bühne beginnen die Befürworter einer unternehmerisch ausgerichteten Kammer, darunter in erster Linie und für sie handelnd Dr. Skrodzki, sich zu formieren, ihre Netzwerke zu nutzen und ihren Einfluss auszuüben.

Dr. Skrodzki beschafft sich Informationen über entstandene oder entstehende Industrie- und Handelskammern im britischen und amerikanischen Sektor Westdeutschlands, lässt sich Satzungen und Satzungsentwürfe kommen; er spricht und korrespondiert mit Herren der Berliner Wirtschaft über die Pläne des Magistrats, über die Möglichkeiten ihrer Abwehr und versendet aus Berlin stammende Entwürfe und Gegenkonzepte mit der Bitte um Stellungnahme. Parallel allerdings handelt auch der Magistrat; er setzt am 10. Juni 1947 einen Magistratsausschuss zur Beratung des Gesetzes über die Errichtung einer Wirtschaftskammer Groß-Berlin ein, und er verabschiedet auf seiner Sitzung am 7.7.1947 den entsprechenden Gesetzentwurf sowie die Satzungen für die Wirtschaftskammer und die drei Kammern der Industrie, des Handels und des Handwerks.[48] Der Entwurf sieht also vier Kammern mit selbständigen Organen vor, zerlegt die frühere Industrie- und Handelskammer in zwei Teile (Industrie und Handel), will Fachgemeinschaften – statt Fachverbänden – unter Beteiligung der Arbeitnehmer begründen, hält im Präsidium der Gesamtkammer die Beteiligung von Magistratsmitgliedern für notwendig und plädiert für die Wahl eines hauptamtlichen Präsidenten durch die Stadtverordnetenversammlung.[49]

Diesem für die Unternehmerschaft nicht akzeptablen Konzept setzen die für eine staatsferne Kammer eintretenden Kräfte eigene Überlegungen

46 Ebd., S. 204

47 Ebd., S. 222; bei der Realisierung dieser Meinung wäre die von Srodzki für die Beteiligung der Arbeitnehmer an einer neuen Kammer formulierte Bedingung der Existenz freier Verbände entfallen.

48 Ebd., S. 267.

49 So dargestellt in einer Synopse in den Akten der IHK.

entgegen. So erhält Dr. Skrodzki, immer noch ohne formale Funktion und unter seiner Privatadresse agierend, unter dem Datum des 25. Juni 1947 die Einladung zu einer Sitzung des Wirtschaftspolitischen Arbeitskreises des CDU-Landesverbandes, auf der „starke Bedenken" gegen den Magistratsentwurf erörtert werden sollen; die CDU bittet ihn, ihr „mit Ihrem sachkundigen Rat zur Seite" zu stehen. Am 22. Juli folgt der Unterausschuss für Handel der LDP, der unter Bezugnahme auf Vorbesprechungen mit Skodzki zu einer Sitzung der wirtschaftspolitischen Ausschüsse des LDP-Landesverbandes zum gleichen Thema einlädt; zum Ergebnis dieser Besprechung notiert Dr. Skrodzki, dass ein gemeinsamer Ausschuss aus CDU und LDP eingesetzt werde, der sowohl die Aufstellung eines eigenen Entwurfs als auch die Formulierung von Abänderungsvorschlägen zum Magistratsentwurf prüfen solle. In der Folgezeit entstehen eine Reihe von Entwürfen, die, wenn auch mit unterschiedlicher Akzentuierung, den geäußerten Bedenken gegen die Magistratsvorlage Rechnung tragen sollen; es geht vor allem um die Organisation, um das Wahlrecht und um die Zusammensetzung des Präsidiums und seine Bestellung, während die paritätische Vertretung von Arbeitgebern und Arbeitnehmern in den Organen unstrittig bleibt. In einem Vermerk vom 1. September 1947 hält Dr. Skrodzki die Haltung der Verbände fest, die sich für eine einheitliche Wirtschaftskammer ohne Untergliederung in Industrie- und Handelskammer und Handwerkskammer aussprechen, und als Ergebnis einer Besprechung mit der CDU am gleichen Tag notiert er knapp: CDU für Errichtung einer einheitlichen Wirtschaftskammer, für besondere Handwerksfragen eine Abteilung oder ein Referat mit dem Titel „Handwerkskammer", für paritätische Besetzung mit Arbeitgebern und Arbeitnehmern unter der Voraussetzung, dass freie Unternehmerverbände konzediert werden, ohne Kontrolle der Finanzen durch Magistrat oder Wirtschaftskammer, Ablehnung der Ernennung des Präsidenten durch die Stadtverordnetenversammlung und von amtlichen Vertretern im Präsidium. Weitere Entwürfe, die diese Vorgaben detaillieren, entstehen, und immer wieder greift Dr. Skrodzki dabei auch auf Hinweise und Ratschläge von westdeutschen Industrie- und Handelskammern zurück. Beispielsweise berichtet er unter dem 31. Oktober über den Hauptgeschäftsführer der Industrie- und Handelskammer Köln, dieser sei kein Anhänger der paritätischen Besetzung; die dortige Kammer feiere in diesem Jahr ihr 150jähriges Jubiläum, und die Kölner Unternehmer wünschten ihre Aufrechterhaltung in der gegenwärtigen Form – was dieser auch aus der reibungslosen Zahlung der Mitgliedsbeiträge schließt (!). Am 10. November liegt der erste in sich geschlossene

Entwurf der CDU für eine Gesetz über eine Wirtschaftskammer Groß-Berlin vor, der unter anderem Dr. Skrodzki mit dem Hinweis überlassen wird, er entspreche den Abmachungen, die auf der – erwähnten – Sitzung vom 1. September getroffen worden seien.

Die förmliche Einbringung dieses Entwurfs kündigt die CDU auf einer Sitzung der Stadtverordnetenversammlung am 27. November 1947 an. Dort allerdings wird nur über den Magistratsentwurf offenbar ausführlich debattiert. Die SPD begrüßt den Entwurf „im allgemeinen", die SED lehnt ihn ab, da „er die Interessen der Unternehmer fördere, ohne genügend die Arbeitnehmer durch das Recht der Mitsprache und Mitbestimmung zu berücksichtigen" – was an Mitsprache und Mitbestimmung noch mehr sein soll, bleibt unklar. Die CDU lehnt ihn ebenfalls ab, weil „er in keiner Weise das Prinzip der Selbstverwaltung der Wirtschaft verwirkliche, sondern eine von Stadtverordnetenversammlung und Magistrat geleitete Zwangskörperschaft begründen wolle". Auch die LDP protestiert gegen einen „Konzern der Wirtschaftslenkung" durch den Staat „ohne Berücksichtigung der Privatinitiative". Stadtrat Klingelhöfer bezeichnet für den Senat den Entwurf als dritte Säule – neben dem Sozialisierungsgesetz und dem Warenverkehrsgesetz – eines notwendig gewordenen sozialistischen Wirtschaftssystems. Es ergibt sich eine „heftige, zum Teil auf historisch-politischem und ideologischem Gebiet geführte Debatte", an deren Ende der Gesetzentwurf mit Mehrheit dem Wirtschaftspolitischen Ausschuss überweisen wird.[50]

Die folgenden Monate sind voller Diskussionen, Kontakten und Einflussnahmen vor und hinter den Kulissen. Auch mit Stadtrat Klingelhöfer finden, wie Dr. Skrodzki in einer Notiz vom 11. Dezember 1947 festhält, vertrauliche Besprechungen statt. Dieser muss seinen Entwurf nicht nur gegen Widersacher in anderen politischen Parteien und in der Wirtschaft, sondern auch gegen Kritiker in den eigenen Reihen und in den Gewerkschaften verteidigen. Letzteres dokumentiert unter anderem sein „Offener Brief" an den FDGB, veröffentlicht im „Telegraf" vom 14. April 1948, in dem seine Motive und Intentionen überdeutlich werden: Er nimmt dort zum Ausgangspunkt die Auseinandersetzung um Unternehmerverbände oder Fachgemeinschaften in der geplanten Wirtschaftskammer und zeigt sich zunächst einverstanden damit, dass es gelte, frühere Machtfaktoren der Wirtschaft auszuschalten, „die den Markt und die Preise zu beherrschen suchten, die auf Kosten der Inlandsverbraucher

50 Berlin, Behauptung von Freiheit und Selbstverwaltung 1946–1948, aaO, S. 357 f

das Ausland billiger belieferten, …die nicht nur ihre Arbeiter und Angestellten in Abhängigkeit wissen wollten, sondern auch die Fabrikanten, Grossisten, Kleinverkäufer und Handwerker, die jeden niederkonkurrierten, aufkauften oder boykottierten, die sich ihnen nicht fügen wollten, die Herren der Massenaussperrungen und … der Liefersperren und Kreditsperren, die Herren über Kohle und Eisen, der Chemie, der Kunststoffe und unzähliger anderer Dinge, vom Linoleum bis zur Margarine und zu den Uhren, vom Benzol, dem Kali und Glas bis zu den Glühlampen, den Kugellagern und den Garnen … die Herrschaften des Reichsverbands der Deutschen Industrie, der Vereinigung der Arbeitgeberverbände und wie die anderen unseligen deutschen Spitzenverbände der Unternehmer alle hießen, die Herrschaften, die mit dem Kaiser und dem preußischen Militarismus gegen die Arbeiter und Verbraucher gingen, in der Weimarer Zeit gegen die Demokratie einen Staat im Staat und gegen den Staat bildeten, die unter der Hand ihre eigenen Gerichte und ihr eigenes Recht schufen, wo ihnen das Recht der Republik im Wege war, und die schließlich, ob sie wollten oder nicht, mit Hitler die Totengräber der Freiheit, des Wohlstandes und des Ansehens Deutschlands waren". Diese aus seiner Sicht Büchse der Pandora nun meint er durch die Gründung der Wirtschaftskammer für immer verschließen zu können. Mit dem entsprechenden Gesetz werde „ein Fortschritt gemacht, der, hätten wir ihn nach 1918 gemacht, uns Hitler und unseren Untergang erspart hätte. Ein unerhörter Fortschritt, weil er ‚die Wirtschaft' und ihre großen Herren endlich der Demokratie unterordnet und ihnen Gesetze gibt, die sie nicht mehr überspringen können …" Wo gab es jemals in Deutschland, fragt er, Normen wie in dem von ihm vorgelegten Entwurf, die „die Wahrnehmung wirtschafts- und sozialpolitischer Interessen an ganz bestimmte, durch Gesetz geschaffene und von der Regierung überwachte Selbstverwaltungsorgane gebunden und damit eine Wirtschaftsherrschaft neben dem Staat und gegen den Staat unmöglich gemacht hat?". Mit der Realisierung seines Entwurfs sei es zu Ende „mit jeder Herrschaft über den Markt und die Preise, mit der Kartellherrschaft über Fabrikanten, Kaufleute und Handwerker, zu Ende mit den mächtigen Spitzenverbänden und ihrem Staat im Staat, mit der Gefährdung der Demokratie und der Verfassung, und daß vielmehr nun endlich die sogenannte ‚Wirtschaft' dem Willen des Volkes ein- und untergeordnet ist" – klarer hätten Motive, Instrumente und Ziele des Magistratsentwurfs nicht formuliert werden können.

Dr. Srodzki versucht seinerseits, die öffentliche Meinung im Sinne seiner Vorstellungen zu beeinflussen, auch vor dem Hintergrund, dass sich offenbar in der CDU ein Meinungswechsel abzeichnet; denn Vertreter der CDU haben – anders als die Vertreter der LPD – dem Entwurf des Wirtschaftspolitischen Ausschusses, der nach seiner Meinung nur marginale Änderungen gegenüber der Magistratsvorlage enthält, ihre Zustimmung gegeben. Er überlässt mit einer kurzen Notiz am 30. April 1948 der Redaktion „Der Tag" ein Expose', in dem er detailliert die Einwände der Wirtschaft gegen Inhalte und Organisation der Wirtschaftskammer und gegen die damit verbundene Abschneidung des Rechts auf die Bildung von freien unternehmerischen Zusammenschlüssen formuliert. Die „Tribüne", das Organ des FDGB, sieht darin am 1. Mai 1948 eine scharfe Kampfansage an die Gewerkschaften, und Stadtrat Klingelhöfer setzt in einem Vortrag Anfang Mai nach, dass, lasse man die „alte Wirtschaftsorganisation" wieder zu, der „alte Weg zur Vernichtung der Vertragsfreiheit und damit zur Beseitigung der Wirtschaftsfreiheit von vorn beginne"; „die ‚liberale Wirtschaftsorganisation' müsse sozialistisch korrigiert werden in der Form, dass das Wirtschaften im Interesse der Gesamtheit zu einer gesellschaftlichen Funktion wird".[51]

Dr. Skrodzki wird die Einstellung von Gewerkschaften und Magistrat nicht überrascht haben, ihn befremdet aber das Einlenken der CDU-Vertreter im Wirtschaftspolitischen Ausschuß der Stadtverordnetenversammlung. Indigniert trägt er in einem Referat vor dem Wirtschaftspolitischen Arbeitskreis am 10. Mai noch einmal die Bedenken der Wirtschaft gegen den jetzt vorliegenden Entwurf vor und fragt, welche Kreise der CDU – und aus welchem Grund – die Interessen der Unternehmer aufgegeben hätten, und dies auch noch ohne jede Fühlungnahme mit dem Arbeitskreis, und er sagt – wie sich zeigen wird: zu Recht – voraus, die westlichen Alliierten würden dieser Form des (Zwangs-) Zusammenschlusses in einer Wirtschaftskammer ihre Zustimmung versagen.[52] Der Arbeitskreis folgt ihm in seinem Antrag, den mit den Stimmen der CDU-Vertreter beschlossenen Entwurf des Wirtschaftspolitischen Ausschusses in der Stadtverordnetenversammlung abzulehnen. Die CDU-Fraktion nimmt diese Empfehlung zunächst positiv auf, entschließt sich aber dann, dem Entwurf nicht grundsätzlich die Zustimmung zu versagen, sondern Abänderungen zu beantragen. Das tut sie in der zweiten Lesung des Gesetzentwurfs in der Sitzung der Stadtverordnetenver-

---

51 Siehe Berichte in „DIE WELT" vom 4.5.1948 und im „Sozialdemokrat", ebenfalls vom 4.5.

52 Die schriftlichen Grundlagen für diese Intervention befinden sich in den Akten der IHK Berlin.

sammlung am 13. Mai 1948. Dort bedauert die SPD, dass dieses Gesetz das liberale Wirtschaftssystem noch nicht endgültig ändere; der Weg zur Gemeinwirtschaft sei aber angebahnt. Die LDP bezeichnet die Wirtschaftskammer als ein unannehmbares Instrument der Planwirtschaft, bei der man nicht von einer Selbstverwaltung sprechen könne, und die SED lehnt vor allem die geplanten Fachgemeinschaften in der Wirtschaftskammer als Unternehmerverbände ab. Den Antrag der CDU, den Präsidenten statt durch die Stadtverordneten von der Hauptversammlung wählen zu lassen, überstimmen SPD und SED.[53]

Die von der Stadtverordnetenversammlung beschlossene dritte Lesung des Gesetzentwurfs naht, und Dr. Skrodzki versucht, die Gremien seiner Partei, der CDU[54], auf eine einheitliche Linie der Ablehnung einzuschwören. So notiert er in einem handschriftlichen Vermerk vom Juni 1948 aus einer Besprechung in der Vollversammlung des Wirtschaftspolitischen Arbeitskreises der CDU: „Rechtfertigung (Professor) Tiburtius (Sprecher der CDU in der Stadtverordnetenversammlung zu diesem Thema). Entgegnung von Frau Krüger f. d. Opposition, dto Bürgermeister Wille, allgemeine Verurteilung, auch der Haltung von Dr. Roos, der sich im Parteivorstand f. d. Wirt-Pol Arbeitskreis mit einer zustimmenden Haltg d. Fraktion einverstanden erklärt hat. Dadurch 11:3 im Parteivorstand für Zustimmung! Roos, der auf Westreise ist, soll zur Rechtfertigung aufgefordert werden."

Aber es gelingt nicht, die Stadtverordneten der CDU auf eine einheitliche Linie zu bringen Die unterschiedlichen Standpunkte in der CDU helfen dem Gesetzentwurf über die Hürden: Das Gesetz über die Wirtschaftskammer von Groß-Berlin wird am 3. Juni 1948 mit 67 Stimmen der SPD und der CDU gegen 26 Stimmen der SED und der LDP bei 7 Enthaltungen angenommen.[55]

Das Gesetz und die kurz darauf beschlossenen Satzungen der Wirtschaftskammer und ihrer Organe bedürfen aber zu ihrer Wirksamkeit der Zustimmung der Alliierten Kommandatur. Diese lässt sich Zeit. Das hat etwas zu tun mit der Blockade der Stadt durch die sowjetische Besatzungsmacht und der Meisterung ihrer Folgen, die für alle Beteiligen

53 Berlin, Behauptung von Freiheit und Selbstverwaltung 1946–1948, aaO, S. 482

54 Skrodzki wird, wie Reden anlässlich seiner Trauerfeier ausweisen, für die CDU später auch Mitglied des Abgeordnetenhauses von Berlin.

55 Berlin, Behauptung von Freiheit und Selbstverwaltung 1946–1948, aaO, S. 496; die Enthaltungen stammen nach einem Rundschreiben des Wirtschaftspolitischen Arbeitskreises der CDU vom 5.6. sämtlichst von CDU-Stadtverordneten.

Priorität hat, wird aber auch auf die scharfen Einwände der Wirtschaft zurückzuführen sein, die wohl auch direkt bei den westlichen Alliierten interveniert – undemokratisch vielleicht und die Vorurteile vieler Gegner des erstarkenden Einflusses der Wirtschaft bestätigend, aber wirksam!

Die Blockade durch die Sowjets, die am 24. Juni 1948 beginnt, und die Reaktion der Alliierten, die Luftbrücke nach Berlin, wird das Leben und das Selbstverständnis der Berliner nicht nur für die aktuelle Dauer entscheidend prägen.[55a] Im Ergebnis stoppt die Luftbrücke den Vormarsch des Kommunismus in Europa, und Berlin wird zum „Schaufenster des Westens". Bis zum Ende der Luftbrücke am Abend des 30. September 1949 – formal war die Blockade bereits am 12. Mai beendet worden – werden an 462 Tagen mit 277264 Flügen 1,83 Mill. Tonnen Güter – ohne Post – nach Berlin eingeflogen und dort verteilt, „das größte (zivile) Unternehmen der Luftfahrtgeschichte"[55b]. Im Rückblick hat die Blockade „mehr als jedes andere Ereignis nach dem Krieg das Bewusstsein der Berliner geprägt, das Bild der Stadt nach außen geformt und das Verhältnis zu den Besatzungsmächten verändert. Innerhalb der Westsektoren der Stadt standen Konsensbereitschaft und Konsensfähigkeit im Vordergrund. Soziale, auch politische Gegensätze traten zurück gegenüber dem immer wieder unvergeßlich von Ernst Reuter artikulierten gemeinsamen Willen zum Überleben und gegenüber der gemeinsamen Überzeugung, daß für die Freiheit notfalls auch große persönliche Opfer gebracht werden müßten. Draußen machte Eindruck der entschlossene und mutige Widerstand der Berliner. Die Stadt wurde gerade in ihrer Bedrängnis als zwar behinderte, aber eben auch echte und unentbehrliche Hauptstadt anerkannt. Und innerhalb dieses einen Jahres entwickelten sich die Besatzungsmächte zu Schutzmächten und vor allem die USA zu einer befreundeten Nation, der Berlin seine Freiheit verdankte."[55c]

Zur Ermittlung des Bedarfs von Wirtschaft und Bevölkerung setzen die Alliierten auch auf die Zusammenarbeit mit der Wirtschaft, insbesondere mit ihrer Industrie. Damit nimmt die Wirtschaft zunehmend ihre Zukunft und die ihrer Organisationen wieder selbst in die Hand –

55a Eindringliche Schilderungen bei Krafft, Marktwirtschaft auf dem Prüfstand, S. 109 ff.

55b Krafft, aaO, S. 112

55c Braun, Günter, Der Wiederaufbau Berlins – Eine Stadt auf dem Weg zu neuen Aufgaben, in: Berlin und seine Wirtschaft, Ein Weg aus der Geschichte in die Zukunft – Lehren und Erkenntnisse –, hrsg. von der Industrie- und Handelskammer zu Berlin, Walter de Gruyter, Berlin, New York, 1987, S. 226

statt und in Teilen anstelle des Magistrats. Der von den Briten und Amerikanern ins Leben gerufene Industrie-Ausschuss West-Berlin, an dem auch die Industrie im französischen Sektor beteiligt wird, beginnt seine Arbeit, zunächst ohne Vertreter des Magistrats und der Gewerkschaften. Er befasst sich prioritär mit der Erarbeitung eines Notfallplans.[56] Er versendet an die Betriebe der westlichen Sektoren Fragebögen, um Unterlagen für einen solchen Plan, den die Alliierten bei ihm angefordert hatten, zu erhalten. Über ihn soll die Industrie mit Rohstoffen, Kohle und elektrischer Energie versorgt werden, um für die Dauer der Blockade eine 40stündige Arbeitswoche aufrechterhalten zu können.[57] An seine Seite tritt eine Notgemeinschaft der Berliner Wirtschaft, gegründet am 2. Oktober 1948 von Vertretern der Berliner Wirtschaft, der Unabhängigen Gewerkschaftsorganisation und Beauftragten des Magistrats, die den Magistrat unterstützen und ihm Unterlagen insbesondere für die Beratungen mit den Militärregierungen liefern soll. Ihr Hauptorgan ist ein Zentralausschuss, dessen neun Mitglieder die Industrie, den Handel, das Handwerk, den Magistrat und die Arbeitnehmer vertreten.[58] Trotz aller Anstrengungen müssen viele Betriebe zur Kurzarbeit übergehen, manche werden stillgelegt, weil die Rohstoffe fehlen. Es geht nicht nur den Unternehmen ums Überleben – dank der westlichen Alliierten und dank des Selbstbehauptungswillens der Berliner aber überlebt die Stadt.

In dem Bewusstsein, dass Berlin eine starke Wirtschaft und starke Partner der letztlich entscheidenden Alliierten braucht, verfolgen die beiden verantwortlichen Männer an der Spitze des Industrie-Ausschusses West-Berlin, der Vorsitzende Baurat Spennrath von der AEG und der Geschäftsführer Dr. Bernard Skrodzki, auch oder gerade in diesen für die Stadt mehr als schwierigen Monaten beharrlich ihre Pläne zur Errichtung einer Industrie- und Handelskammer nach den Vorstellungen der Wirtschaft. Sie suchen und finden Unterstützung in anderen Wirtschaftszweigen: Am 15. November 1948 gründen die Vereinigungen des Berliner Groß- und Außenhandels, des Einzelhandels, der Handelsvertreter und Makler, der Groß- und Filialbetriebe, des Bank- und Versicherungsgewerbes und des Hotel- und Gaststättengewerbes die „Arbeitsgemeinschaft Handelskammer“; sie will die Geschäftsbeziehungen mit

56 Dazu auch Krafft, aaO, S. 62

57 Berlin, Behauptung von Freiheit und Selbstverwaltung 1946–1948, S. 654; Originale einiger ausgefüllter Fragebögen (Energiebedarf, Fertigungs- und Hilfsmaterialien) befinden sich noch in den Akten der IHK Berlin.

58 Ebd., S. 659

Westdeutschland intensivieren und die Gründung einer neuen Industrie- und Handelskammer oder einer Wirtschaftskammer vorbereiten.[59] Präsident wird auf ihrer konstituierenden Sitzung am 3. Dezember 1948 Egon W. Lagarie.

Der Magistrat muss auf diesen Druck der Wirtschaft und auf anhaltende, auch öffentliche, Kritik[60] an dem verabschiedeten, aber von den westlichen Alliierten noch immer nicht genehmigten Gesetz über die Wirtschaftskammer reagieren. Er gibt in für die Wirtschaft wichtigen Punkten nach: So stellt Senatsdirektor Kreßmann in einer Pressekonferenz am 3. Dezember 1948 Pläne für den Neuaufbau einer Wirtschaftsorganisation vor, die, so erklärt er öffentlich, mit dem Wirtschaftskammergesetz nichts zu tun hätte; sie solle der Initiative des Unternehmers freien Raum lassen.[61] Konzessionen des Magistrats bestehen vor allem im Verzicht auf die Einflussnahme auf die Fachgemeinschaften der Industriekammer, sie sollen „unter sich" – also ohne Arbeitnehmerbeteiligung – bleiben und sich selbst finanzieren können, und die Präsidenten der drei Kammern (Industrie-, Handels- und Handwerkskammer) sollen wohl auch von den Hauptversammlungen gewählt werden – diese sind allerdings nach wie vor paritätisch besetzt. Einer der größten Fehler der geplanten Organisation aus Sicht der Wirtschaft bleibt ihre Zuordnung zur Stadtverwaltung, sie soll Teil der Abteilung Wirtschaft des Magistrats werden und einen Teil ihrer Aufgaben übernehmen, was den Verfasser einer internen Bewertung, vermutlich aus Kreisen des Industrie-Ausschusses West, zu der Vermutung veranlasst, „dass aus der praktischen Arbeit der 3 Kammern heraus die Wirtschaftskammer oder eine dieser Institution entsprechende zusammenfassende Führung sich ‚auf kaltem Wege' bald bilden würde". Und eine weitere Vermutung ist angebracht, dass nämlich der Magistrat mit seinen Plänen wieder die de

59 Ebd., S. 697

60 Vgl. beispielsweise einen Artikel von Reif, einem Stadtverordneten der LPD, mit dem Titel „ Sozialismus oder Selbstverwaltung?", am 15. Juni 1948 in einer Berliner Tageszeitung; wenn auch Gegendruck nicht ausbleibt, dazu auch ein Artikel in der „Tribüne" vom 26.11., überschrieben mit „ Berliner SPD und Unternehmerverbände", der Stadtrat Klingelhöfer scharf angreift, nachdem dieser erklärt hatte, die Amerikaner würden, wenn in den Fachgemeinschaften die Unternehmer nicht unter sich gelassen würden, dem Wirtschaftskammergesetz niemals zustimmen.

61 Bericht des „Kurier" vom 4.12; vgl. auch „DIE WELT" vom gleichen Tag und Notizen im „Telegraf" und „Tagesspiegel" vom 5.12., alle in den Akten der IHK Berlin, und ein zusammenfassender interner Vermerk vom 17.12., ebenfalls in diesen Akten.

facto – Oberhoheit über die Wirtschaft zurückgewinnen will; denn alle sektoralen Industrieausschüsse und Notgemeinschaften sollen aufhören zu bestehen, auch und vielleicht gerade als Beratungsorgane der Militärregierungen.[62]

Das Misstrauen der Wirtschaft ist, wie sich zeigen wird, berechtigt. Konsequenterweise regt sich erneuter Widerstand. Eine durch den Industrie-Ausschuss West eingesetzte Kommission befasst sich im Januar 1949 anhand eines Entwurfs für eine Resolution, erarbeitet von dem Wirtschaftsverband Maschinenbau, mit den Vorstellungen des Magistrats und den von ihm vorgelegten Entwürfen für Satzungen der drei Kammern der Industrie, des Handels und des Handwerks; aus dieser Zeit stammen auch erste Entwürfe aus dem Industrie-Ausschuss für die Satzung einer Industrie- und Handelkammer, deren §§ 1 und 2 den Gegensatz zu den Magistratsvorlagen deutlich werden lassen: „Zur Vertretung der wirtschaftlichen Gesamtinteressen der in ihr zusammengeschlossenen Gewerbezweige wird auf der Grundlage freiwilligen Zusammenschlusses ein rechtsfähiger Verein mit dem Namen Industrie- und Handelskammer Berlin gebildet ... Die Kammer hat die Aufgabe, die gesamtwirtschaftlichen Interessen der gewerblichen Unternehmungen, soweit sie nicht ausschließlich dem Handwerk angehören, in eigener Verantwortlichkeit und Entschlussfreiheit unter Berücksichtigung des allgemeinen Wohls wahrzunehmen und zu fördern". Die eingesetzte Kommission des Industrieausschusses kommt am 18. 1. 1949 zu klaren Ergebnissen: Sie erklärt sich zunächst selbst zur „gegebenen Organisation der Gesamtvertretung der Interessen der Berliner Industrie", plädiert für die Übertragung von Aufgaben, die der Magistrat einer Industriekammer zuweisen will, auf sich, und hält deshalb die Schaffung einer solchen Kammer für unnötig; die Zusammenarbeit mit parallelen Institutionen des Handels und des Handwerks fasst sie „in Form einer losen Arbeitsgemeinschaft" ins Auge[63], und sie fordert, dass, sollte in einem späteren Zeitpunkt die Schaffung einer Industriekammer als zweckmäßig erachtet werden, dies nur auf der Basis eines freiwilligen Zusammenschlusses der Geschäftsleitungen der industriellen Unternehmungen geschehen dürfe.

Dass die Vermutung, der Magistrat und für ihn Stadtrat Klingelhöfer werde von seinen Einstellungen und Plänen nicht ablassen, gerechtfertigt ist, zeigt sich in eben diesen Tagen deutlich. Klingelhöfer muss entgegen

62 Siehe den Bericht in „Neue Zeitung" vom 4.12.

63 Hier zeichnet sich bereits der spätere Konflikt um den Einfluss der jeweiligen Wirtschaftszweige innerhalb einer Industrie- und Handelskammer ab.

früheren Erklärungen, es sei nicht beabsichtigt, eine Wirtschaftskammer zu schaffen, die „Katze aus dem Sack" gelassen und öffentlich gemacht haben, die verbindende Klammer zwischen den drei Kammern, die Wirtschaftskammer, solle „zunächst der weiteren Entwicklung überlassen bleiben, um für die Errichtung der Einzelkammern keine Zeit zu verlieren". Zugleich beschwert er sich darüber, dass die Wirtschaft die Hilfe der Besatzungsmächte für sich in Anspruch nehme und dass sie ein von deutschen Instanzen parlamentarisch verabschiedetes Gesetz nicht als für sie verbindlich anerkenne; die Wirtschaft kontert diese Behauptung mit der Feststellung, nicht die Wirtschaft habe die Alliierten zum Schutz angerufen, sondern auch hier hätten wieder einmal die Besatzungsmächte von sich aus ein besseres Gefühl für die deutsche Einheit bewiesen als örtliche deutsche Instanzen.[64] Auf einer SPD-Veranstaltung am 24. Februar liefert Stadtrat Klingelhöfer eine Art Bestätigung für diesen Vorwurf: Gewisse Berliner Wirtschaftskreise liebäugelten mit dem Westen (sic!) und erstrebten die dortigen Formen einer freien Wirtschaft, ohne die anders gearteten Voraussetzungen zu berücksichtigen, die in Berlin gegeben seien; das Verbands- und Kammerwesen alter Prägung sei durch die Verhältnisse überholt, und freie Verbände könnten die Aufgaben der Selbstverwaltung der Wirtschaft nicht übernehmen, weil sie es gesetzlich nicht dürften.[65]

Der Magistrat versucht nun, die Front der Verbände von Industrie und Handel aufzubrechen, und er setzt beim Handel an. Der Vorsitzende der „Arbeitsgemeinschaft Handel", Lagarie, mahnt deshalb mit einem Schreiben an den Industrieausschuss vom 14. März 1949 an, die geplante und als notwendig erkannte Zusammenarbeit zwischen beiden Organisationen müsse nun in irgendeiner Form auch nach außen dokumentiert werden; offenbar übt der Magistrat Druck auf Verbände des Handels aus, und Lagarie hat die Sorge, dass einzelne Verbände – er nennt namentlich die der Lebensmittel, Textilien und Leder – diesem Druck, auch hinsichtlich der Bildung einer Kammer, nachgeben könnten, „um überhaupt im Geschäft zu bleiben", bis hin zu der Befürchtung, dass der Magistrat zur Durchsetzung seiner Pläne sich in Zukunft derjenigen Firmen be-

64 Vgl. „Berliner Morgenpost" mit der Überschrift „Kammerstreit?" vom 17.1. 1949; zu der Frage, wer wen zu Hilfe gerufen hat, liegt die Wahrheit vermutlich in der Mitte.

65 So ein interner Vermerk, den Dr. Skodzki weit verbreitet, in den Akten der IHK Berlin; dass Klingelhöfer für dieses gesetzliche Hindernis mitursächlich war, hat er offenbar verschwiegen.

dienen werde, die den Organisationen des Handels nicht angehörten. Der Industrieausschuss reagiert rasch und bietet in seiner Antwort vom 17. März an, alle zu unternehmenden Schritte vorher miteinander abzustimmen; er begründet dies auch mit der Feststellung, er sehe in Kreisen der „Arbeitsgemeinschaft Handel" – im „Gegensatz zu den Organisationen der Industrie", deren Reihen offenbar besser geschlossen sind – bei manchen Beteiligten ein gewisse Neigung, mit dem Magistrat ins Gespräch zu kommen. Die daraufhin erfolgte Abstimmung zwischen den Organisationen von Industrie und Handel führt zu einem Schreiben der „Arbeitsgemeinschaft Handel" an den Magistrat, mit der sie sich zu Verhandlungen über die Schaffung einer Handelskammer als Teil eines Selbstverwaltungsorgans der Wirtschaft grundsätzlich bereiterklärt, in dem sie aber zugleich die Bedingung macht, dass an eine auf freiwilliger Mitgliedschaft basierende Organisation gedacht ist, die in Form und Zielsetzung die Einbeziehung der Berliner Wirtschaft in das Wirtschaftssystem der Bi-Zone nicht präjudiziert, und sie weist in diesem Schreiben ausdrücklich auf die „Übereinstimmung mit der Westberliner Industrie, vertreten durch den Industrie-Ausschuss West", hin.

Im Mai 1949 kommt es endlich, nachdem der neue Oberbürgermeister Ernst Reuter am 25. Februar pflichtgemäß bei den Alliierten noch einmal zugunsten des vom Magistrat vorgelegten und von der Stadtverordnung verabschiedeten Wirtschaftskammergesetzes interveniert hatte, zu der von Dr. Skrodzki vorhergesagten und von der Wirtschaft erwarteten Entscheidung der Alliierten Kommandatur: Die westlichen Alliierten versagen ihre Zustimmung am 18. Mai mit der Begründung, verschiedene Bestimmungen, wie die Ausübung staatlicher Aufsichtsfunktionen durch die Kammer und die Zwangsmitgliedschaft aller Wirtschaftsunternehmer, verböten die Billigung des Gesetzes, auch dürfe eine Wirtschaftskammer keine Organisation der Stadtverwaltung sein, sondern müsse den Vertretern von Industrie, Handel und Handwerk einen demokratischen Zusammenschluss bieten[66]; eher im Hintergrund spielt sicherlich auch die Sorge vor einem Auseinanderklaffen der Verhältnisse in Berlin und in Westdeutschland eine maßgebliche Rolle.

Die nun doch sehr weitgehend einheitliche Linie der Wirtschaft und die guten Verbindungen ihrer Spitzenvertreter zu den westlichen Alliierten haben also Früchte getragen. Der Kampf um die Errichtung einer

66 Berlin, Ringen um Einheit und Wiederaufbau 1948–1951, herausgegeben im Auftrag des Senats von Berlin, Heinz Spitzing Verlag, Berlin 1962, S. 244

Industrie- und Handelskammer[67] in Selbstverantwortung der Unternehmerschaft geht in eine neue Runde.

In diesem Kampf versichert sich Dr. Skrodzki weiterhin auch des Rats und der Unterstützung seines westdeutschen Netzwerks. So hält er engen Kontakt zu Dr. Frentzel von der Arbeitsgemeinschaft der Industrie- und Handelskammern (zunächst der Bi-Zone), später der erste Hauptgeschäftsführer des Deutschen Industrie- und Handelstages nach dem Krieg. Dabei geht es um Aufgaben und Organisation von Kammern, und es wird das Bestreben der Berliner Wirtschaft nach möglichst einheitlichen Regelungen in Westdeutschland und in Berlin deutlich. Das bezieht sich auch auf die Beteiligung von Arbeitnehmern an einer solchen unternehmerischen Vereinigung. Skrodzi, der sich in den ersten Nachkriegsjahren, wenn auch unter Bedingungen, noch offen gegenüber dieser Beteiligung gezeigt hatte, erklärt nun in einem Brief an Dr. Frentzel vom 1. Juni 1949 den Standpunkt des Industrie-Ausschusses West so: Zum einen vermutet er nach Gesprächen mit Frentzel, dass den westdeutschen Kammern nach wie vor an einer Zusammenarbeit mit Vertretern der Arbeitnehmer gelegen sei, diese aber nicht im Rahmen der Industrie- und Handelskammern selbst, die als reine Zusammenschlüsse der Unternehmer bestehen sollen, sondern auf anderen Ebenen zu organisieren sei; der Industrie-Ausschuss werde für Berlin die grundsätzliche Haltung einnehmen, dass „Berlin als Teil des westdeutschen Wirtschaftsgebiets auf dem Gebiet der Wirtschaftsorganisation für die gleichen Regelungen eintritt, wie sie in Westdeutschland bestehen, und dass die Beteiligung der Arbeitnehmer als grundsätzliche Frage nur in gesamtdeutschem Rahmen, nicht aber für ein einzelnes regionales Gebiet behandelt werden sollte.“ Die Bestrebungen nach Einheitlichkeit der Verhältnisse in Westdeutschland und Berlin werden in der Wirtschaft immer ausgeprägter; schon Ende Januar hatte die Berliner „Arbeitsgemeinschaft Handelskammer“ in Frankfurt/Main eine Geschäftsstelle eingerichtet, „um Berlin möglichst weitgehend der wirtschaftlichen Struktur der westlichen Besatzungszonen anzupassen.[68] Das Streben nach Einheitlichkeit ist nun aber keine Einbahnstraße von Berlin nach Westdeutschland; auch umgekehrt wird der Wunsch intensiver. Dr. Frentzel beantwortet den Brief von Dr. Skrodzki vom 1. Juni prompt mit einem

67 Von nun an ist, wenn von der Industrie- und Handelskammer oder der Kammer die Rede ist, die Westberliner Industrie- und Handelskammer gemeint; zu den Entwicklungen im Ostteil später.

68 Berlin, Ringen um Freiheit und Wiederaufbau 1948–1951, aaO, S. 99

Schreiben am 6. Juni und bestätigt die Ablehnung der Arbeitnehmerbeteiligung durch die westdeutschen Industrie- und Handelskammern, entgegen etwa einem entsprechenden Konzept der SPD in Nordrhein-Westfalen, mit dem er das Ende der alten Kammern nahen sieht. Er persönlich befürwortet die Gründung einer privaten Handelskammer nach dem Muster der US-Zone und findet sich in seiner Auffassung durch den Wortlaut bestätigt, mit dem die Kommandatur das Berliner Wirtschaftskammergesetz abgelehnt habe. Er mahnt eine Überprüfung der Haltung des Industrie-Ausschusses in Berlin zu dieser Frage an und berichtet, dass es ein immer stärker empfundener Mangel sei, dass Berlin keine Wirtschaftsorganisation habe, die man als solche ansprechen könne. Die Folge sei nur, dass unerwünschte Verbandsbildungen eine übermäßige Rolle spielten und die Behörden Oberwasser bekämen. Er sei sehr dringlich aufgefordert worden, nach Berlin zu kommen und mit den Verbänden Verhandlungen über die Bildung einer Kammer auf privater Grundlage zu führen.

Das Umdenken hatte in Berlin bereits begonnen. Der erwähnte Entwurf für die Satzung einer Kammer aus Kreisen des Industrieausschusses, der Anfang 1949 erarbeitet worden war, ging schon von der freiwilligen Mitgliedschaft und der Rechtsform eines Vereins aus, wenn es auch im Industrieausschuss nach wie vor Anhänger des Konzepts einer öffentlich-rechtlichen Körperschaft gegeben haben muss, wie unter anderem der Brief von Frentzel ausweist. Auch industrielle Verbände stoßen nun nach. So enthält ein Expose' des Maschinenbauverbandes vom 27. Juni 1949, also kurz nach dem Briefwechsel Frentzel/Skrodzki, die erneute Forderung nach der Errichtung einer alle Wirtschaftszweige, mit Ausnahme des Handwerks, umfassenden Industrie- und Handelskammer, auf der Basis freiwilliger Mitgliedschaft, ohne Arbeitnehmerbeteiligung und in der Organisationsform eines eingetragenen Vereins, und ein detaillierter Satzungsentwurf ist beigefügt, der durch folgende weitere verfeinert wird. Ist Dr. Frentzel zwischenzeitlich in Berlin gewesen?

Die Idee einer freiwilligen Mitgliedschaft setzt sich durch. Aber welche Mitglieder? Firmen und Einzelkaufleute versteht sich, aber es taucht plötzlich auch die Vorstellung auf, Verbände als Mitglieder aufzunehmen, deren Mitglieder zusätzlich und automatisch die Einzelmitgliedschaft erwerben. In einer Begründung zu einem der Satzungsentwürfe wird das Für und Wider abgewogen: „So wünschenswert es wäre, durch den korporativen Beitritt der Verbände der Industrie- und Handelskammer von vornherein eine breite Plattform zu geben, so ist doch die Frage zu stellen, ob sich bei dieser Konstruktion nicht erhebliche

Schwierigkeiten durch Überschneidungen in den Mitgliedschaften und vor allem hinsichtlich der Stimmrechte und der Beitragszahlungen ergeben." Die Begründung einer derartigen „breiten Plattform" für eine Industrie- und Handelskammer wird sich nicht nur auf die notwendige Gesamtvertretung der Interessen der Wirtschaft und eines daraus resultierenden Einflusses bezogen haben, sondern auch auf ihre zahlenmäßige und finanzielle Basis, die bei einer freiwilligen Mitgliedschaft nur von Einzelfirmen kaum hätte verlässlich abgesichert werden können. Und so kommt es denn auch. Gleichzeitig nimmt auch die Zusammenarbeit aller Wirtschaftszweige wieder Fahrt auf: Nach Besprechungen zwischen dem „Industrie-Ausschuss West-Berlin" und der „Arbeitsgemeinschaft Handel" im Spätherbst 1949 gründen beide Vereinigungen die „Arbeitsgemeinschaft Industrie- und Handelskammer Berlin", deren Mitglieder Wirtschaftsverbände und Arbeitsgemeinschaften wirtschaftlicher Unternehmungen von Westberlin werden können, mit schon ausführlichen Regelungen für die Wahlordnungen und für die Aufbringung der Finanzmittel – wohl auch, um Fakten zu schaffen gegen erneute Initiativen des Magistrats, manifestiert in einem Entwurf für ein neues Handwerkskammergesetz, das er am 31. August 1949 beschlossen hat[69]; die Handwerkskammer soll als öffentlich-rechtliche Körperschaft mit Pflichtmitgliedschaft ausgestaltet werden, weil „bei freiwilliger Mitgliedschaft die Objektivität und Neutralität der Kammer zweifelhaft sei ... und sie versuchen werde, die Wünsche bestimmter Interessen auf Kosten der Gesamtheit der Betriebe zu erfüllen".[70] Zugleich flammt auch die Diskussion um die Beteiligung der Arbeitnehmer in einer Industrie- und Handelskammer wieder auf, was kritische Kommentatoren zu der Einschätzung veranlasst, damit hole man, wenn vielleicht auch ungewollt, „jenes Wirtschaftskammergesetz aus dem Tischkasten, das sogar nach amtlichen Erklärungen endgültig der Vergangenheit angehört"[71], und die Ungeduld mancher Kreise führt zu eher skurrilen Lösungen; so gründet der Bezirk Kreuzberg im Juni 1949 eine „Kleine Wirtschaftskammer" mit dem Ziel einer „demokratischen Selbsterziehung der Wirtschaft", an der sich von der Industrie, von Handel und Handwerk und von den Gewerkschaften gewählte Fachbeiräte beteiligen.[72]

69 Berlin, Ringen um Einheit und Wiederaufbau 1948–1951, aaO, S. 389 f
70 So nach einem Bericht im „Kurier" vom 13.9.1949
71 „Wirtschaftsblatt" vom 26.8.1949; siehe auch die Gegenposition unter dem Titel „Angst vor der Parität?" in der gleichen Zeitung am 12.8.
72 „Die Neue Zeitung" vom 16.6.1949

Nicht nur die Berliner Wirtschaft sieht offenbar solche Entwicklungen mit Sorge, und sie reagiert mit einer Intensivierung ihrer Vorarbeiten für die Errichtung einer Industrie- und Handelskammer, beispielsweise durch die Detaillierung von Aufgaben, Kosten und Finanzquellen, auch der Deutsche Industrie- und Handelstag drängt. So schreibt Dr. Frentzel unter dem Datum des 4. November an Dr. Skrodzki, es erschiene ihm dringend notwendig, der Berliner Kammerfrage einen Auftrieb zu geben; er habe vorgefühlt und habe den Eindruck, dass eine finanzielle Hilfe einiger westdeutscher Kammern nicht ausgeschlossen wäre, er habe dazu auch im Vorstand des DIHT Zustimmung gefunden und bittet um konkrete Angaben, mit welchem Geldbedarf die IHK Berlin für das erste Geschäftsjahr rechne und welcher Betrag davon als Finanzhilfe der westdeutschen Kammern zu übernehmen sei. Das vom DIHT offenbar so gesehene Vakuum, das auch in der Absenz Berliner Vertreter bei der Gründung des DIHT in Ludwigshafen im Oktober 1949 zum Ausdruck kommt, überbrückt der DIHT zugleich mit der Einrichtung einer Geschäftsstelle in Berlin im Januar 1950, unter der Leitung von Dr. Theodor Dieckmann stehend, „einem Veteranen der deutschen Wirtschaftsorganisation, der den Weg nach dem Westen nicht antreten wollte und in Berlin geblieben war“, obwohl „mancher aktive Mann der alten Wirtschaftsorganisationen frühzeitig Berlin verlassen hatte, weil er hier keine Möglichkeit für den Wiederaufbau der Organisationen und seine Arbeit gesehen“[73] hatte.

Die Geschäftsstelle des DIHT, der wichtige Aufgaben im Rahmen des Interzonenhandels übernommen und dazu auch eine „Treuhandstelle“ gegründet hatte[74], sollte bis zur Errichtung der Industrie- und Handelskammer als Auskunftsstelle über Berlin und die sowjetische Besatzungszone dienen[75] – also zu einer Aufgabenwahrnehmung da sein, die man der „Arbeitsgemeinschaft Industrie- und Handelskammer“ oder gar einzelnen Wirtschaftsverbänden und -zusammenschlüssen offenbar nicht zutraute.

Die Vorbereitungen auf die Gründung der Kammer gehen weiter. Sie sollte schon im Dezember 1949 vollzogen worden sein, wie eine Berliner Tageszeitung vermeldet.[76] Aber es gibt immer wieder Schwierigkeiten, und dies auch innerhalb der Wirtschaft. So sorgt sich der Vorsitzende der

73 Krafft, Marktwirtschaft auf dem Prüfstand, aaO, S. 63
74 Krafft, ebd., S. 63 f
75 Berlin, Ringen um Freiheit und Wiederaufbau, aaO, S. 546
76 „Der Tag“ am 23.11.1949

Berliner Arbeitsgemeinschaft Kautschukindustrie in einem Brief an ein Mitglied des Industrieausschusses um den Einfluss der Industrie in einer neuen Industrie- und Handelskammer, die auch weiterhin in der Lage sein müsse, „ihre Interessen frei an jeder beliebigen Stelle zu vertreten und zu Gehör zu bringen", und zwar ohne den Handel fragen zu müssen; die Industrie sei aus den bekannten Gründen notleidend, der Handel dagegen zahlenmäßig weit überlegen, ja „übersetzt", und seine „vielfach anders gearteten Interessen könnten sich deshalb in der Handelskammer als für die Industrie recht hinderlich erweisen". Aber der Industrieausschuss und die dort Verantwortlichen lassen sich nicht beirren, und auch der nun einmal erreichte Schulterschluss mit der „Arbeitsgemeinschaft Handel" hält. Seit Oktober 1949 entsteht ein Satzungsentwurf nach dem anderen, sie kursieren unter den Beteiligten, die sich darüber besprechen und miteinander korrespondieren; auch das Hinausschieben der Gründung und damit das Festhalten an einer provisorischen Lösung wird, auch aus finanziellen Gründen, erwogen, wie Dr. Skrodzki in einem Schreiben vom 11. Oktober 1949 Dr. Frentzel mitteilt. Der Präsident des DIHT, Dr. Petersen, drängt dagegen in einem Brief vom 14. November noch einmal den Vorsitzenden des Industrieausschusses, Baurat Spennrath, „die Frage der Berliner Industrie- und Handelskammer aus dem Stadium der Erwägungen und Wünsche herauszuführen" und bietet nun auch förmlich, weil er den Hauptgrund der Verzögerung auf finanziellem Gebiet sieht, eine Unterstützung durch die westdeutschen Kammern an; er wolle diese dazu bewegen, einen Gesamtbetrag von DM 300 000 für das erste Haushaltsjahr der Berliner Kammer aufzutreiben. Ab Januar 1950 geht es wirklich voran. Zwar klingt in einer protokollierten Sitzung des Industrieausschusses noch einmal Bedauern darüber an, dass der Ausschuss, „der bisher für die Berliner Industrie viel erreicht und gut und billig (sic!) gearbeitet" habe, in der Industrie- und Handelskammer aufgehen solle; aber im Ergebnis verschließt sich die Industrie den erkannten Notwendigkeiten nicht, zum einen im Hinblick auf einen Mangel an offizieller Legitimation des Industrieausschusses, zum anderen mit Blick auf die Möglichkeit der Einbeziehung des Handels in die Finanzierung einer Vertretung der Berliner Wirtschaft, und es spielt auch der Gedanke eine Rolle, das Terrain besetzen zu wollen, selbst die Form zu bestimmen und die Leitung zu stellen, ohne diese anderen Kräften zu überlassen: „Wenn das Gelände in Berlin erst einmal bebaut ist, kann darauf kein anderer mehr ein Gebäude errichten." Das „vorgesehene Gebilde" soll allerdings nach den Vorstellungen des Industrieausschusses keine „Kammer" im überlieferten Sinne sein, sondern „ein Zentralverband der Berliner

Wirtschaft", und die vorgesehene Lösung soll zunächst nur ein Provisorium sein, bis die erwartete Bundesgesetzgebung den Rahmen für eine endgültige Lösung bezeichnet. Dieser Gesichtspunkt des Provisoriums werde auch dem Magistrat die Zustimmung erleichtern, der durch Stadtrat Klingelhöfer erneut seine Ablehnung der von der Wirtschaft angestrebten privatrechtlichen Form bekräftigt hatte.

In der Frage der Mitgliedschaft einigen sich die Beteiligten auf einen Kompromiss; Mitglieder des Vereins „Kammer" sollen Verbände und Einzelfirmen werden können. Und zum Thema der Rechtsform halten die zukünftigen Gründer der Industrie- und Handelskammer trotz der Anfang Februar in einem Schreiben von Stadtrat Klingelhöfer wiederholten Einwände an der privatrechtlichen Organisation ihrer Interessen fest.

Anfang März 1950 lassen Baurat Spennrath für den „Industrie-Ausschuss West-Berlin" und Lagarie für die „Arbeitsgemeinschaft Handelskammer" einen Entwurf für ein Schreiben an Oberbürgermeister Ernst Reuter kursieren. Auf seiner Grundlage findet offenbar auch eine Besprechung mit dem Oberbürgermeister statt, als deren Ergebnis Stadtrat Klingelhöfer am 4. April unter anderem den Wunsch nach der Bezeichnung „Industrie- und Handelskammer zu Berlin in Gründung e.V." mitteilt und Bedenken gegen korporative Mitgliedschaften erhebt. Dem Wunsch nach Änderung der Bezeichnung geben die Initiatoren zunächst nach; bei der Möglichkeit der korporativen Zugehörigkeit von Verbänden bleibt es. So wird der Verein gegründet, und am 11. April reichen eine ganze Reihe von Arbeitsgemeinschaften und Verbände, darunter natürlich in erster Linie der Industrieausschuss und die „Arbeitsgemeinschaft Handel", aber auch für ihre Organisationen die Verbände des Berliner Bankgewerbes, der Wirtschaft im französischen Sektor, des Groß- und Außenhandels und des WEMA bei Oberbürgermeister Reuter den förmlichen Antrag auf Zulassung des Vereins ein; allein für den Handel und das so genannte Sonstige Gewerbe überreicht Dr. Skrodzki am 21. April Oberbürgermeister Reuter eine Liste mit Zustimmungserklärungen von 70 Berliner Verbänden.

Urplötzlich bewegt nun Stadtrat Klingelhöfer der Wunsch nach einheitlichen Verhältnissen in Berlin und in Westdeutschland. Er bittet im Mai 1950 das Bundeswirtschaftsministerium um eine Stellungnahme zu der Frage, ob die Verbände Träger der Kammer sein oder Einzelmitgliedschaften der Firmen gefordert werden sollen; er verspricht sich offenbar Unterstützung in seiner Ablehnung der korporativen Mitgliedschaft mit dem Argument, der Magistrat halte es nicht für zweckmäßig, in Berlin eine Form der Kammer zuzulassen, die von der künftigen Regelung im Bundesgebiet abweicht.[77] Ob und gegebenenfalls wie das Bundeswirtschaftsministerium diese Anfrage beantwortet hat, ist nicht bekannt; aber der weitere Ablauf beweist, dass eine Stellungnahme des Ministeriums, wenn es sie denn gegeben hat, nicht negativ für die zukünftige Organisation der Kammer gewesen sein kann, zumal eine bundeseinheitliche Regelung nicht einmal in Sicht ist.

Auf völlig andere Weise, als es sich Stadtrat Klingelhöfer erhofft hat, mischen sich nun das Bundeswirtschaftsministerium und auch der Bundeswirtschaftsminister Professor Erhard persönlich ein. Sie drängen in Vorbereitung einer Sitzung des ERP-Ausschusses in Berlin, an der Prof. Dr. Erhard und Vizekanzler Blücher teilnehmen wollen, auf weitere Fortschritte bei der Errichtung der Kammer und einer ebenfalls geplanten „Berliner Verkaufsorganisation", der späteren BAO Berlin, und machen den Vorschlag, die Teilnahme beider Herren an der ERP-Ausschusssitzung mit der Gründungsversammlung der Industrie- und Handelskammer zu verbinden; der zuständige Ministerialrat sagt einem Vertreter der Initiatoren der Kammer, man solle seitens der Berliner Wirtschaft kurzerhand die Einladungen zu der Gründungsversammlung ergehen lassen, weil „ein damit geschehenes ‚fait accompli' auch von den widerstrebenden sozialdemokratischen Kreisen nicht mehr getilgt werden könne"[78]. Auch die Berliner Wirtschaft wird ungeduldig. So schreibt der Berliner Verband der Elektro-Industrie am 22. Juni an den Industrieausschuss, die Industrie- und Handelskammer müsse mit Termin 1. Juli de facto gebildet werden, „gleichgültig ob die Lizensierung bis zu diesem Termin vorliegt", und Baurat Spennrath setzt mit einem Schreiben vom 23. Juni an Oberbürgermeister Reuter nach und wiederholt die Bitte um Lizensierung, auch mit dem Argument, das Fehlen einer Industrie- und Handelskammer als Sprachrohr für die Berliner Wirtschaft werde nicht nur von der Berliner Wirtschaft selbst, sondern auch „bei den westdeutschen amtlichen Stellen, in den wirtschaftlichen Kreisen Westdeutschlands und nicht zuletzt bei den Besatzungsbehörden als ein nicht mehr erträglicher Mangel empfunden".

Nun endlich gibt der Magistrat nach: Mit der Unterschrift von Oberbürgermeister Reuter erkennt der Magistrat von Groß-Berlin, wie er

77 „Der Kurier" vom 24.5.1950
78 So eine Telephonnotiz der Interessenvertretung Frankfurt/Main des Industrieausschusses vom 20.6.1950 nach einem Gespräch mit Ministerialrat Kleine aus dem Bundeswirtschaftsministerium

sich noch nennt, in einer Urkunde vom 1. Juli die „Industrie- und Handelskammer zu Berlin e.V." als unpolitische Organisation auf Grund des eingereichten Antrags an. Der jahrelange „Kleinkrieg" um die Industrie- und Handelskammer ist zu Ende; den Gründungsfeierlichkeiten steht nichts mehr im Weg.

Kapitel VII
Wiederaufbau

Die feierliche Eröffnung der Industrie- und Handelskammer zu Berlin[1] findet am 25. Juli 1950 im Studentenhaus am Steinplatz in Charlottenburg statt. Bereits am 20. Juli hatte der Beirat der Kammer den Vorsitzenden des Vorstands der AEG, Regierungsbaurat a. D. Friedrich Spennrath, zum Präsidenten und den Kaufmann Egon W. Lagarie zum Vizepräsidenten gewählt; Geschäftsführer wird Dr. Bernard Skrodzki – die Männer, die entscheidend zu der Wiedergründung dieser Vertretung der Berliner Wirtschaft beigetragen hatten.

Die Kammer wird bei ihrem Festakt durch prominente Teilnehmer geehrt: Bundeswirtschaftsminister Professor Dr. Ludwig Erhard und Oberbürgermeister Ernst Reuter. Erhard unterstreicht mit seiner Anwesenheit und in seiner Rede die Verbundenheit mit Berlin und das Interesse der Bundesregierung an einem Gedeihen der Berliner Wirtschaft; Reuter wünscht der Kammer erfolgreiche Arbeit für Berlin. Der Kammerpräsident hält eine programmatische Rede, die in vier Kernaussagen gipfelt[2]:

1. Die Kammer werde ihr Augenmerk darauf zu richten haben, dass die wirtschaftlichen Kräfte Berlins zusammengefasst bleiben und jede Zersplitterung vermieden werde. Die Vorschläge für eine durchgreifende Besserung der Berliner Wirtschaftslage müssten weiterhin und erst recht in der Zukunft einheitlich gefasst und bei allen dafür in Frage kommenden Stellen sowohl der Besatzungsmächte als auch der Bundesregierung so vertreten werden.
2. Sie werde weiter mit den Schwesterorganisationen des Westens, mit dem Industrie- und Handelstag, und auch mit den fachlichen Zentralorganisationen aufs engste zusammenarbeiten, um bei ihnen das Verständnis für Berlin zu stärken und von ihnen Unterstützung zu

1 Diese Bezeichnung bezieht sich bis 1990 auf die Vertretung der Wirtschaft im Westteil der Stadt; zu der Entwicklung in Ostberlin später.

2 Die Wirtschaft Westberlins 1945 bis 1955, aaO, S. 19; vgl. auch Berlin, Ringen um Einheit und Wiederaufbau 1948–1951, aaO, S. 729 f.

erhalten. Das Bundesgebiet und Berlin – darüber dürfe kein Zweifel bestehen – seien schicksalhaft miteinander verbunden.

3. Die Kammer werde es als eine ihrer vornehmsten Aufgaben betrachten, sich des Wohlwollens und der Unterstützung der westlichen Besatzungsmächte, denen ein wesentlicher Teil des bisherigen Wiederaufbaus zu verdanken sei, auch in Zukunft zu versichern.
4. Sie werde dafür sorgen, dass die vertrauens- und verständnisvolle Zusammenarbeit in allen grundlegenden Fragen, wie sie sich in der Schicksalsgemeinschaft aller lebendigen und verantwortungsvollen Kräfte während der Blockade unter Beteiligung von Magistrat, Industrie, Handel, Handwerk und Gewerkschaften formiert habe, fortgesetzt werde.

Die neue Industrie- und Handelskammer zu Berlin sieht sich damit in der Pflicht, „in dem schweren Kampf um die Erhaltung und Sicherung der wirtschaftlichen Grundlagen dieses Vorpostens westlicher Kultur und Lebensform" einen wesentlichen Beitrag zu leisten.[3]

In diesen Kampf geht die Kammer zuvorderst mit ihrem Präsidenten Spennrath und dem Vizepräsidenten Lagarie, den weiteren Mitgliedern des Präsidiums, dem Beirat und mit Geschäftsführer Dr. Skrodzki. Spennrath kommen dabei seine großen Erfahrungen bei der Reichsbahn, in den Stadtverwaltungen von Aachen und Köln sowie im Vorstand der AEG, dessen Vorsitzender er in den Nachkriegsjahren geworden ist, seine Mitgliedschaft in zahlreichen Aufsichtsräten[4] und seine Kenntnisse der Berliner Wirtschaft und des fast fünfjährigen Ringens um die Gründung der Kammer zugute; er führt die Kammer „mit jener überlegenen Klugheit, welche die Entwicklung dieser Institution auch durch vertrauensvolle Zusammenarbeit zwischen den Organen und der Geschäftsführung fördert".[5]

Die Kammerführung aus Präsident und Geschäftsführer unterstützen neben dem Vizepräsidenten Lagarie weitere acht Mitglieder des Präsidiums, ein insgesamt 60 Persönlichkeiten zählender Beirat und sehr bald

3 Erster Jahresbericht der Kammer nach der Wiedergründung, Die Wirtschaft Westberlins im Jahre 1950, S. 9

4 So die Würdigung durch die Kammer anlässlich seines Ausscheidens im Jahre 1957, „Die Berliner Wirtschaft" (Nachfolger der „Mitteilungen", abgekürzt BW) 1957, S. 1254

5 Ebd.

auch Ausschüsse, von denen es bereits 1951 einschließlich der Einigungsstelle für Wettbewerbsstreitigkeiten achtzehn gibt.[6]

Sie alle stehen vor einer nahezu unlösbaren Aufgabe: „Der Abstand zwischen der wirtschaftlichen Entwicklung in Westdeutschland und in West-Berlin war während der Blockade immer größer geworden. Während in Westdeutschland sehr bald nach der Währungsreform ein schneller wirtschaftlicher Wiederaufbau einsetzte, verharrte die Entwicklung in Berlin auf dem niedrigen Stand, wie er durch die vorausgegangenen Verluste verursacht worden war. Der Produktionsindex der Westberliner Industrie betrug 1950 auf der Basis 1936 = 100 erst 32, während er in der neugegründeten Bundesrepublik Deutschland schon wieder bei 109 lag. Die Produktionskapazität, obwohl durch den Krieg dezimiert, war infolge geringer Absatzmöglichkeiten nur zu 40 % ausgelastet. Die Leistungsbilanz war in hohem Maße defizitär. Die Gewinne und Steuereinnahmen waren völlig unzureichend. Die Löhne lagen deutlich unter denen in Westdeutschland. Aber das mit Abstand gravierendste Problem war die Massenarbeitslosigkeit. 1950 zählte Berlin 295 000 Arbeitslose. Das entsprach einer Arbeitslosenquote von 31,2 %. Die Industrie beschäftigte nur noch 137 700 Personen. Dafür hatte man eigentlich nicht gehungert, gelitten und jedwede Entbehrungen auf sich genommen. Wirtschaftlich war auch das Jahr 1950 in Berlin noch die Stunde Null.“[7]

Vom Nullpunkt aus gesehen, kann es nur aufwärts gehen, langsam zwar, im Vergleich zu der wirtschaftlichen Entwicklung im Westen Deutschlands zu langsam, aber die Berliner Wirtschaft kommt voran. Die unentbehrliche Starthilfe leisten die amerikanischen Kredite, die im Frühjahr 1950 zu fließen beginnen[8], und auch die Bundeszuschüsse nehmen zu.[9] Mit der Einführung der DM als einziger Währung auch in West-Berlin wird eine wichtige Voraussetzung für die Einbeziehung der Berliner Wirtschaft in die Wirtschaft Westdeutschlands geschaffen, und auch die weitere Angleichung der Rechtsverhältnisse in Berlin und

6 Nachweise im Jahresbericht 1951, S. 263

7 Braun, Günter, Der Wiederaufbau Berlins, aaO, 226 f.; vgl. auch Krafft, Herbert, aaO S. 121 ff.

8 Sonderheft der BW 1954, Vier Jahre Wiederaufbau in Westberlin 1950 bis 1953, S. 863

9 Vgl. dazu Herzfeld, Ernst Reuter und der Aufbau des freien Berlin von der Blockade bis zur Verfassungswirksamkeit 1948–1951, in: Berlin, Ringen um Einheit und Wiederaufbau 1948–1951, Heinz Spitzing Verlag, Berlin 1962, S. 21 ff.

Abb. 15 Baurat Friedrich Spennrath
Präsident der Industrie- und Handelskammer zu Berlin 1950 – 1957

Abb. 16 Dr. Bernard Skrodzki
Hauptgeschäftsführer der Industrie- und Handelskammer zu Berlin 1950 – 1969

Westdeutschland, die mit dem am 4. Januar 1953 verabschiedeten 3. Überleitungsgesetz endgültig vollzogen sein wird, schafft eine wichtige Voraussetzung für den Wiederaufbau der Berliner Wirtschaft.[10] Aber es sind nicht nur die Finanzmittel, es sind nicht nur die Rechtsangleichung und die sonstige Einbindung Berlins in die Verhältnisse in Westdeutschland, die am Beginn der wirtschaftlichen Gesundung Berlins stehen; es ist auch und vor allem „der Geist. Unternehmerische Initiative, technische Innovation und Improvisation und eine Konzeption für die Zukunft der Stadt“[11] kommen hinzu. Und hier steht die Industrie- und Handelskammer zu Berlin mit in vorderster Front.

Ihr Präsident Spennrath wird Mitglied des Beratenden Ausschusses für den Marshall-Plan, der ein langfristiges Kapital-Investierungs-Programm für Berlin ausarbeiten und die amerikanische Militärregierung in Wirtschaftsfragen beraten soll.[12] Daneben bildet sich in den fünfziger Jahres ein „Gehirn-Trust“ des ökonomischen Gewissens der Stadt, der – unabhängig von parteipolitischen Positionen – ökonomische und soziale Vorstellungen entwickelt und damit die Wirtschaftspolitik beeinflusst; ihm gehören aus der Handelskammer Karl C. Thalheim als wirtschaftswissenschaftlicher Experte und Franz Kluge als kämpferischer Wirtschaftspublizist an.[13]

Zu diesem Wirken an vorderster Front des Wiederaufbaus der Wirtschaft zählt auch die Gründung der Berliner Absatz-Organisation (BAO) durch die Kammer bereits am 27. Juli 1950.[14] Ihre Gründung versteht sich aus der zwingenden Notwendigkeit, im Bundesgebiet und im Ausland alte Märkte zurückzugewinnen und neue Märkte für Berliner Erzeugnisse zu erschließen. Die BAO, die zunächst als vorübergehende Einrichtung konzipiert ist, aber, wie zu zeigen sein wird, ein langes Leben haben wird, macht Werbung für Berliner Erzeugnisse, zum einen durch eine allgemeine „Klimawerbung, die etwa einer Public-Relations-Arbeit entspricht“, zum anderen durch die gezielte Werbung für bestimmte Waren- oder Branchengruppen. Dazu richtet sie unter anderem ständige Geschäftsstellen in Bonn, Düsseldorf, Frankfurt a. M., London und

---

10 Vgl. zu diesen „Weichenstellungen für die 50er Jahre“ Braun, aaO, S. 227.

11 Krafft, aaO, S. 147

12 Krafft, ebd.

13 Krafft, aaO, S. 147 f.

14 Zum Folgenden: Die Wirtschaft Westberlins 1945 bis 1955, S. 58 f.

Paris[15] ein, übernimmt die Zweigstelle Berlin zur Förderung des Deutsch-Amerikanischen Handels in Köln, hat eine umfangreiche und ständig ergänzte Lieferantenkartei, lädt regelmäßig, gemeinsam mit Senat, Kammer und Fachverbänden, die Einkäufer großer Auftraggeber nach Berlin ein und beteiligt sich an großen inländischen und ausländischen Messen; zunehmend erbringt sie auch Dienstleistungen für Westberliner Unternehmen, beispielsweise durch Bezugsquellennachweise, die Vermittlung von Vertretern, Zollauskünfte und Marktinformationen und durch einen Beratungsdienst über Absatzwege, Vertriebsorganisationen, Werbung etc. Die BAO wird auf Wunsch der Alliierten Ende Oktober 1950 in eine eigenständige GmbH umgewandelt, finanziert wird sie anfangs zu rund 80% aus ERP-Mitteln und zu 20% aus Zuschüssen der Handels- und der Handwerkskammer, von denen die amerikanischen Beiträge 1952 durch Zuwendungen aus dem Berliner Haushalt ersetzt werden. Geschäftsführer ist zunächst Präsident Spennrath; ab 1952 üben diese Funktion Dr. Goez für Berlin und Dipl.Volkswirt Erdmann für die auswärtigen Büros aus. Die BAO, deren Gesellschafter zu vier Fünfteln die Industrie- und Handelskammer und zu einem Fünftel die Handwerkskammer sind[16], erhält 1952 auch einen Verwaltungsrat, dem neben dem Vorsitzenden Präsident Spennrath weitere fünf Vertreter der privaten Wirtschaft, zwei Vertreter des Senats und ein Mitarbeiter des Bundeswirtschaftsministeriums angehören. So gut aufgestellt, nimmt die BAO ihre lange, dann doch weit über ein halbes Jahrhundert dauernde Arbeit für die Berliner Wirtschaft auf. Sie bleibt dabei durch die personellen, sachlichen und räumlichen Verflechtungen mit der Industrie- und Handelskammer so verbunden, dass sie von innen und außen betrachtet als ihr integrierter Bestandteil gilt.

Die Wirtschaft Berlins beginnt sich zu entwickeln. Das liegt vor allem an der Industrie. Denn es hieße, bei einer Fokussierung auf die in- und ausländischen Hilfen für Berlin und auf die Bedeutung der Angleichung der Rechts- und sonstigen Lebensverhältnisse zwischen Berlin und Westdeutschland zu verkennen, welche „Lebenskraft und Arbeitsleistung

15 Das Pariser Büro wird allerdings im Jahre 1953 geschlossen, weil „Frankreich seine Liberalisierung aufgehoben hatte, so dass die Geschäftsmöglichkeiten mit diesem Lande nur noch klein waren".

16 Hinzukommen später der Verband der Berliner Elektroindustrie und der Wirtschaftverband Eisen-, Maschinen- und Apparatebau (WEMA), so dass sich die Gesellschaftsanteile zu 70% auf die Kammer und je 10% auf Handwerkskammer, VBE und WEMA aufteilen.

in den Prozeß eines eindruckvollen Wiederaufbaus eingegangen ist".[17] Es sind zugleich die industriellen Investitionen, die diesen Wiederaufbau tragen. Schon 1950 treten neben die ERP-Kredite, die aber in den kommenden Jahren zurückgehen, Eigenfinanzierungen der Industrie von um die 65%; von 1950 bis 1958 bringt die Westberliner Industrie Eigenmittel zur Investitionsfinanzierung in Höhe von nicht weniger als 1,877 Milliarden DM auf.[18] Berlin ist auch deshalb nicht zu Unrecht Ausrichtungsort für die „Deutsche Industrieausstellung Berlin 1950" in den Messehallen am Funkturm. An der Eröffnungsveranstaltung dieser Ausstellung, die ein repräsentatives Bild des gegenwärtigen Standes der westdeutschen und der Westberliner Industrie zeigt, nehmen über tausend Ehrengäste teil, darunter auch die Bundesminister Professor Erhard und Jakob Kaiser, der britische Handels- und spätere Premierminister Sir Harold Wilson, der amerikanische Hohe Kommissar John McCloy und die westlichen Stadtkommandanten. Die Eröffnungsansprache hält Bundespräsident Professor Dr. Theodor Heuss. Die Ausstellung, auf der auch eine amerikanische Regierungsausstellung und englische, französische, italienische, belgische und Schweizer Pavillons zu besichtigen sind, sehen über 1,1 Millionen Besucher, darunter über 450000 aus dem sowjetischen Besatzungsgebiet. Am Rande der Ausstellung finden eine Fülle von Veranstaltungen statt; auf einer von ihnen, einer Kundgebung des Bundesverbandes der Deutschen Industrie, redet neben Oberbürgermeister Ernst Reuter und dem BDI-Präsidenten Fritz Berg auch der Präsident der Industrie- und Handelskammer zu Berlin. Nicht nur Reuter wird dabei an die Vertreter der westdeutschen Industrie appelliert haben, das große Reservoir der Westberliner Produktionskapazität durch eine stärkere Auftragsvergabe nach Berlin auszunutzen.[19]

Eines der wichtigsten Mittel zur Ankurbelung der Berliner Wirtschaft wird neben der Vergabe von Investitionskrediten die steuerliche Förderung – ein Thema, das die Kammer bis in die Mitte der 90er Jahre begleiten und mitgestalten wird. Bereits im Oktober 1949 hat es ein vom Industrie-Ausschuss West-Berlin unter Federführung von Baurat Spennrath und Dr. Skrodzki vorbereitetes Programm wirtschaftlicher Hilfsmaßnahmen gegeben, das die Ermächtigung an den Westberliner Magistrat enthielt, Steuererleichterungen zur Förderung der Produktion und

17 Herzfeld, Berlin 1951–1954, In Wiederaufbau und Konflikt, in: Berlin, Chronik der Jahre 1951–1954, Heinz Spitzing Verlag, Berlin 1968, S. 36

18 Herzfeld, aaO, S. 36

19 Berlin, Ringen um Einheit und Wiederaufbau 1948–1951, aaO, S. 783 f.

des Absatzes von Berliner Waren zu gewähren. Im März 1950 schafft das Berlinhilfe-Gesetz zunächst die Umsatzsteuervergütung, die in Westdeutschland gewerblichen Kunden und öffentlichern Auftraggebern gewährt wird, wenn sie Waren aus Berliner Produktion kaufen. 1952 kommt eine weitere Umsatzsteuervergünstigung in Form der Befreiung der Berliner Lieferanten von der Umsatzsteuer hinzu, wenn sie Waren aus der Berliner Produktion in das Bundesgebiet liefern. Ohne diese beiden Formen der Umsatzsteuervergünstigung wäre die Aufwärtsentwicklung der Berliner Lieferungen in das Bundesgebiet, die von 1 Milliarde im Jahr 1950 auf 2,6 Milliarden im Jahr 1954 steigen, nicht denkbar gewesen.[20] Sicher: Die Bemühungen um Selbstbehauptung aus eigener Kraft sind groß; aber sie werden durch die Berlinhilfe „großzügig und wirksam unterstützt“[21]. Dass diese Form der Begünstigung der Berliner Produktion von manchen Branchen und Unternehmen in Westdeutschland dagegen als Wettbewerbsverzerrung kritisiert und bekämpft wird, kann nicht verwundern; dieses Thema wird nie von der Tagesordnung verschwinden[22] – obwohl es sich, richtig gesehen, nicht um eine Vergünstigung, sondern um einen Nachteilsausgleich handelt. Umso anerkennenswerter ist, dass sich die westdeutschen Industrie- und Handelskammern trotz manchen Widerstandes aus ihrer Klientel durch aktive Zuarbeit an der Umsetzung der Umsatzsteuerpräferenzen beteiligen.[23] Zusätzlichen Forderungen der Berliner Industrie- und Handelskammer, niedergelegt in einem Memorandum „Steuerliche Förderungsmaßnahmen für Berlin“, darunter der Wunsch auf Ermäßigung der Einkommen- und Körperschaftssteuer und der steuerfreien Paschalbeträge für Arbeitnehmer, kommt der Bundestag 1954 mit einer Herabsetzung der Einkommen-, Lohn- und Körperschaftssteuer um 20 % gegenüber den in Westdeutschland geltenden Sätzen und einer Erhöhung der Steuerfreibeträge für Berlin um ebenfalls 20 % ab Januar 1955 nach.[24] Mit diesen und anderen Hilfestellungen für Berlin erfüllt der Westen Deutschlands „nicht nur eine wirtschaftliche und soziale Aufgabe, sondern er leistet auch einen wichtigen Beitrag im Interesse der gesamten westlichen Welt,

20 So die Bewertung der Kammer in: Die Wirtschaft Westberlins 1945 bis 1955, S. 65.
21 Ebd, S. 66
22 Krafft, Marktwirtschaft auf dem Prüfstand, S. 185
23 Die Wirtschaft Westberlins 1945 bis 1955, S. 66
24 Siehe dazu Krafft, aaO, S. 195 f.

deren Vorposten hinter dem Eisernen Vorhang Westberlin ist".[25] Manche der Ziele der Wirtschaftspolitik in der ersten Hälfte der fünfziger Jahre, die Lebensfähigkeit der Stadt, Beseitigung der Arbeitslosigkeit, Anpassung der sozialen Strukturen an den westlichen Standard, Wiederaufbau des Zerstörten, Rekonstruktion der ökonomischen Position Berlins[26] werden erreicht, oder sie rücken näher.

Dazu trägt auch der Interzonenhandel bei, wenn auch eher politisch durch die Sicherung der Verbindungswege nach Westen denn durch die ökonomische Bedeutung im engeren Sinn. Immerhin aber partizipiert die Westberliner Wirtschaft am Interzonenhandel mit 24 % des Volumens bei den Bezügen und 11 % bei den Lieferungen, bei einem Gesamtwert 1949 bis Ende 1954 bei den Bezügen von 1 668 Millionen und bei den Lieferungen von 1 623 Millionen DM.[27]

Die Industrie- und Handelskammer knüpft schon bald nach ihrer Rekonstitution an gute Übungen des guten Teils ihrer Vergangenheit an. Nicht nur, dass sie über ihre regelmäßigen Beiratssitzungen und über ihre Fachausschüsse die Erfahrungen und Wünsche der unternehmerischen Basis in ihre Arbeit einfließen lässt, sie nimmt auch schon zu Beginn des Jahres 1951 die umfangreiche Informationspraxis, die sie immer ausgezeichnet hat, wieder auf. So veröffentlicht sie zu Beginn dieses Jahres ihren ersten Jahresbericht nach dem Krieg mit dem Titel „Die Wirtschaft Westberlins im Jahre 1950" – dem dann noch viele folgen werden –, sie setzt auch mit der Herausgabe der früheren „Mitteilungen" in den gewohnten regelmäßigen Abständen ihre Informationstätigkeit für die Berliner Unternehmen und für die Öffentlichkeit fort. Und nicht nur das; die Kammer wählt für ihr Organ nun den Titel „Die Berliner Wirtschaft" und will damit „nicht nur ein Programm, sondern auch eine Verpflichtung zum Ausdruck" bringen: „Die Mitteilungen der Industrie- und Handelskammer sollen ein Sprachrohr der Berliner Wirtschaft sein, damit ihre Stimme auch in Westdeutschland und im Auslande gehört wird und sie ihre wirtschaftlichen und politischen Aufgaben angesichts der besonderen Lage der gespaltenen Stadt erfüllen kann".[28]

25 So der Rückblick der Kammer in: Die Wirtschaft Westberlins 1945 bis 1955, S. 5 f.

26 Dazu Krafft, aaO, S. 182

27 Krafft, aaO, S. 192

28 So das Geleitwort von Präsident Spennrath in der ersten Ausgabe der „Berliner Wirtschaft" (ab jetzt BW) zu Beginn des Jahres 1951.

Ein bedeutender nächster Schritt, bedeutend für Berlin und die Berliner Wirtschaft, aber auch für die Kammer selbst, ist die Wiedereröffnung der Börse in der traditionellen Trägerschaft der Industrie- und Handelskammer. Die im Verband des Berliner Bankgewerbes zusammengeschlossenen Banken und Bankiers hatten bereits Mitte 1950 einen Freiverkehrsausschuss für den geregelten Handel mit Treuhandgiroanteilen gegründet, am 20. Dezember 1951 war eine neue Börsenordnung erlassen worden, die an die vor 1933 geltende Fassung anknüpfte, und am 11. März wird die Berliner Börse eröffnet. Von ihren drei Abteilungen, der Wertpapierbörse, der Produktenbörse und der Metallbörse, werden zunächst nur die beiden ersten wieder ins Leben gerufen. Alle Aktien, die bis zum Ende des Krieges in Berlin zugelassen waren, werden sofort in den amtlichen Handel einbezogen. Ende Juni 1952 folgen die Rentenwerte. Die Börsenversammlungen finden in behelfsmäßigen Räumen des Logenhauses in der Emser Straße statt; erster Vorsitzender der wiedereröffneten Börse wird der Vorsitzende des Freiverkehrsausschusses, Bankier Hans Weber.[29]

Auch in der Berufsausbildung nimmt die Kammer ihre angestammte Tätigkeit wieder auf und überwindet damit auch auf diesem Feld ein zunächst mit dem Ende des Krieges entstandenes „organisatorisches Vakuum“ und die daraus resultierende Übernahme der früheren Selbstverwaltungsaufgabe der Wirtschaft durch den Staat. Die Kammer bemüht sich bald, die Übertragung der die Berufsbildung betreffenden Aufgaben auf sich zu erreichen, zunächst ohne Erfolg. Erst nachdem die Handwerkskammer entsprechend der Handwerksordnung auch die Berufsausbildung im Handwerk übernommen hatte, erklärt sich der Senator für Arbeit und Sozialwesen bereit, Aufgaben der Berufsausbildung auf die Kammer zu übertragen. Die Regelung sieht vor, dass die Gewerkschaften in dem entsprechenden Ausschuss vertreten sind, dem es – wie heute noch – obliegt, die Durchführung der übertragenen Aufgaben zu steuern und zu überwachen.[30] Und wie heute gibt es schon damals eine Debatte über eine Berufsausbildungsabgabe, und wie heute lehnt die Kammer eine solche Abgabe ab; sie würde zu einer Sondersteuer für die Betriebe West-Berlins werden, und es müssten andere Lösungen gefunden werden, die die Hemmungen gegen die Einstellung von Lehrlingen beseitigten,

29 Zur Wiedereröffnung der Börse Berliner Börse 1685–1985, S. 18 f., Die Wirtschaft Westberlins 1945 bis 1955, S. 55 f. und Krafft, aaO, S. 180 f.

30 Die Wirtschaft Westberlins 1945 bis 1955, S. 87 f.

wie sie sich beispielsweise aus dem zweiten Berufsschultag und überhöhten Lehrlingsvergütungen ergäben.[31]

Die erste nun auch so genannte Vollversammlung der Kammer, die den Beirat ablöst, findet am 17. Januar 1953 statt. Präsident Spennrath und Hauptgeschäftsführer Dr. Skrodzki nehmen die Sitzung zum Anlass für Rück- und Ausblicke.[32] Der Präsident betont mit Stolz auf das Erreichte, dass nach einer Periode des organisatorischen Aufbaus und der Konsolidierung mit der Konstituierung der Vollversammlung auch das demokratische Fundament, auf dem die Selbstverwaltungsorganisation der Wirtschaft ruhe, in vollem Umfang geschaffen sei, beide bekräftigen die Notwendigkeit der Zusammenfassung und Zusammenarbeit aller Kräfte zum Wohle der Berliner Wirtschaft. „Die Industrie- und Handelskammer betrachtet es in diesem Zusammenhang als ihre Aufgabe, ein Motor zu sein, Vorschläge zu machen, um sie dann in Gemeinschaftsarbeit mit den anderen Stellen zu verwirklichen. Für uns ist entscheidend, dass die Wirtschaft Westberlins durch die Industrie- und Handelskammer als ihre Gesamtvertretung an allen Verhandlungen über wichtige Gegenstände beteiligt wird und ihre Ansicht zur Geltung bringen kann. Wir haben an allen wichtigen Entscheidungen mitgewirkt, und man darf wohl sagen, dass die Auffassungen der Berliner Wirtschaft in vielen wichtigen Fragen berücksichtigt worden sind".[33] Und die Führung der Kammer fügt hinzu, dass sie immer bestrebt sein werde, „das Vertrauen der Wirtschaft zu rechtfertigen. Der Maßstab für unsere Arbeit ist, dass jede Stärkung der Westberliner Wirtschaft die Insel hinter dem Eisernen Vorhang befähigt, die politischen und moralischen Kräfte zu entwickeln, die das Fundament des Vorpostens der westlichen Welt sind".[34]

Einen weiteren Baustein dieses Fundaments schafft die Industrie- und Handelskammer selbst. Sie macht sich an den Neubau von Gebäuden für sich und für die Börse. Die Neubauten werden an einer der repräsentativsten und verkehrsgünstig gelegenen Stellen West-Berlins, an der Ecke Hardenberg- 16–18 und Fasanenstraße 86 in Charlottenburg geplant und errichtet. Dem Bau geht ein Wettbewerb voran, dessen ersten Preis die Berliner Architekten Franz Heinrich Sobotka und Gustav Müller

31 Vgl. den Bericht über eine Beiratssitzung am 28. November 1951 in BW 1951, S. 1403

32 Die Ansprachen sind wiedergegeben in BW 1953, S. 98 ff.

33 So Dr. Skrodzki in seinem Tätigkeitsbericht aus diesem Anlass, BW 1953, S. 101.

34 Dr. Skrodzki, ebd., S. 104

erhalten, deren Entwurf auch zur Ausführung bestimmt wird. Die örtliche Bauleitung übernimmt Professor Kurt Enderlein von der Technischen Universität. Geplant und ausgeführt wird für die Kammer an der Hardenbergstraße ein Gebäude mit Erdgeschoss mit geräumiger Halle und zwei Sitzungssälen, davon ein großer, und fünf Obergeschossen mit Büros; an der Ostseite befindet sich ein schmalerer und etwas niedrigerer Seitenflügel, ebenfalls für Bürozwecke. Das Hauptgebäude erhält eine 65 m breite Front und über den sechs Vollgeschossen ein zurückgesetztes, weit ausladendes Flachdach. An dieses Gebäude schließt mit freier Sicht auf die Fasanenstraße der Neubau der Börse an, dessen Kern ein sechseckiger Börsensaal wird, der von einer über drei Seiten sich erstreckenden Galerie für Besucher einsichtig ist. Beide Bauten werden als Stahlbetonskelettbauten ausgeführt. Die Straßenfront der Kammer zur Hardenbergstraße und die Stirnwand der Börse zur Fasanenstraße erhalten eine Pfeilerarchitektur und werden mit Werksteinplatten aus Travertin verkleidet.[35]

Die Grundsteinlegung für den Neubau von Kammer und Börse findet am 18. Juni 1954 statt, und wieder empfängt die Kammer, die ja auch Träger der Börse ist, hohen Besuch: An der Feier nehmen der Vizekanzler und Bundesminister für wirtschaftliche Zusammenarbeit Dr. Blücher, Bundeswirtschaftsminister Professor Ludwig Erhard, der Regierende Bürgermeister Berlins und zahlreiche Vertreter des öffentlichen Lebens und der Wirtschaft teil. Präsident Spennrath wünscht sich als Aufgabe der Menschen in den neuen Gebäuden, „als Hüter und Kämpfer für eine Wirtschaftsordnung zu wirken, in der die gestaltende Kraft des Unternehmers sich mit der Leistung seiner Mitarbeiter zum Wohle des Ganzen verbindet", der Regierende Bürgermeister Dr. Schreiber zeigt sich davon überzeugt, dass „die Tatsache, dass die Industrie- und Handelskammer die beiden Baulichkeiten errichtet, als Zeichen dafür zu werten ist, dass die Selbstverwaltung der Wirtschaft an die Zukunft der Wirtschaft in Berlin glaubt", und Ludwig Erhard legt unter anderem ein Bekenntnis zur Institution der Industrie- und Handelskammern ab, die „aus dem modernen Leben nicht wegzudenken" sei, wenn er sich auch wünscht, dass sie sich nicht als Interessenvertretung in einem engeren Sinne verstehen, und den von der Kammer bei einem späteren Neubau wieder aufgenommenen Satz hinzufügt: „Deutsche Kaufleute, deutsche Unternehmer wird es nur solange geben, als sie selbst den Mut zur

35 Vgl. zu den Neubauten (mit Photos und Grundrissen des Börsengebäudes) BW 1954, S. 765 f., und Berliner Börse 1685–1985, S. 65 ff.

Abb. 17 Die Grundsteinlegung durch Bundeswirtschaftsminister Ludwig Erhard 1954

Freiheit, zur freien Entscheidung, zum individuellen Schicksal haben".[36] Die Gründungsurkunde verleiht einem Bestreben Ausdruck, das erst 36 Jahre später in Erfüllung gehen wird: „Die Grundsteinlegung erfolgt in der festen Überzeugung, daß Berlin bald wieder die Hauptstadt des einheitlichen freien Deutschlands sein wird und daß die Industrie- und Handelskammer dann auch die Firmen ihres alten Kammerbezirks wieder betreuen kann, die heute an der politischen und wirtschaftlichen Freiheit noch nicht teilhaben können". Auch der Sinnspruch des Regierenden Bürgermeisters wird zu einem Leitbild der Kammer: „Der Wirtschaft zum Vorteil, den Schaffenden zur Ehre, der Gesamtheit zum Nutzen"[37].

Das Richtfest für die Neubauten wird bereits am 20. Oktober des gleichen Jahres gefeiert[38], und schon am 18. Juni 1955 kann die Berliner Wirtschaft die neuen Gebäude der Industrie- und Handelskammer zu Berlin und der Berliner Börse einweihen. Wiederum nehmen zahlreiche

36 Die Reden sind wiedergegeben in BW 1954, S. 766 ff.

37 Zum Inhalt der Urkunde und über die sogenannten Sinnsprüche bei den Hammerschlägen ebd., S. 768 f.

38 Dazu BW 1954, S. 1359 mit einem Photo der Baustelle.

Ehrengäste an der Feier, bei der Präsident Spennrath den ihm übergebenen Schlüssel an den Hauptgeschäftsführer Dr. Skrodzki weiterreicht, teil: Der Vizepräsident des Deutschen Bundestages Professor Carlo Schmid, die Bundesminister Professor Ludwig Erhard, Jakob Kaiser und Dr. Tillmanns, der Regierende Bürgermeister Professor Suhr, der Präsident des Abgeordnetenhauses von Berlin Willy Brandt, die Kommandanten der alliierten Streitkräfte in Berlin, das geschäftsführende Vorstandsmitglied des DIHT Dr. Beyer, der Vorsitzende der Arbeitsgemeinschaft der Deutschen Wertpapierbörsen Kurt Forberg und zahlreiche führende Vertreter des Bundestages, der Bundesministerien, des Senats und des Abgeordnetenhauses von Berlin, der westdeutschen Wirtschaft und ihrer Organisationen, der in- und ausländischen Börsen, der Gewerkschaften, der Westberliner Wirtschaft sowie der Wissenschaft, der Presse und des Rundfunks. Den Teilnehmern der Einweihungsfeier überreicht die Kammer ihren Bericht über die wirtschaftliche Entwicklung West-Berlins seit dem Ende des Krieges, eine Festschrift mit zahlreichen farbigen Aquarellen über „Berlin – seine Wirtschaft und die Börse im Spiegel der Zeiten" und eine Broschüre über die Berliner Börse. Die Wiedererrichtung der Gebäude der Kammer und der Berliner Börse wird zu einem „Markstein auf dem Wege der Entwicklung der Berliner Wirtschaft"[39]. Sie stellen „ein Sinnbild des Aufbauwillens Berlins und seiner unerschütterlichen Zuversicht"[40] dar.

Zwei weitere Marksteine für die Entwicklung der Berliner Wirtschaft und für ihre Kammer gibt es in diesem Jahr 1955.

Seit Beginn des Jahres ist mit der vom Bundestag 1954 beschlossenen Einkommensteuerpräferenz das „Bukett der Hilfsmaßnahmen"[41], bestehend aus den Krediten aus amerikanischen Gegenwertmitteln, den Umsatzsteuervergünstigungen, der Einkommensteuerpräferenz und der Auftragsfinanzierung, vollständig. Wenn auch die Kammer eine Absenkung der Einkommensteuer, der Körperschafts- und der Lohnsteuer um

---

39 So Präsident Spennrath in seiner Begrüßungsansprache; die aus diesem Anlass gehaltenen Reden von Spennrath, Bankier Hans Weber, dem Vorsitzenden des Vorstands der Börse, Dr. Suhr, Carlo Schmid, Dr. Beyer, Bankier Kurt Forberg und natürlich von Bundeswirtschaftsminister Professor Ludwig Erhard sind abgedruckt in BW 1955, S. 738 ff.

40 So die erwähnte Festschrift der Kammer unter dem Jahr 1955 (mit einer farbigen Aquarelldarstellung von Kammer- und Börsengebäude in seiner Lage an Hardenberg- und Fasanenstraße).

41 So Dr. Skrodzki in seinem Tätigkeitsbericht vor der Vollversammlung am 19. Dezember 1955, BW 1955, S. 1566

Abb. 18 Das Gebäude der Kammer an der Hardenbergstrasse

ein Drittel gegenüber den westdeutschen Sätzen gefordert hatte, so zeigt sie sich mit dem erzielten Erfolg – eine Absenkung um 20 % und dem Verzicht auf die Erhebung des Notopfers in Berlin, die zusammen an-

Abb. 19 Das Ensemble von Kammer und Börse

Abb. 20 Die Berliner Börse an der Fasanenstrasse

nähernd zu dem gleichen Ergebnis führen – zufrieden.[42] Verhalten zufrieden äußert sie sich auch über die auch daraus resultierende wirtschaftliche Entwicklung: „Im Jahre 1955 ist die Wirtschaft Westberlins wieder gut vorangekommen. Das gilt für fast alle Bereiche der Wirtschaft,

42 Ebd., S. 1565

Abb. 21 Eingangshalle und Treppenaufgang der Kammer

aber das Fundament war die Umsatzsteigerung der Industrie um fast eine Milliarde. Infolge seiner Bedeutung als Lieferant vom Produktionsmitteln wurde Westberlin in die westdeutsche Investitionskonjunktur einbezogen .... Auch die hochwertigen Spezialprodukte, die von mittleren und kleinen Firmen hergestellt werden, haben ihren eigenen Markt .... Der Mut zur Investition hat sich gelohnt .... Die Tatsache, daß in den letzten drei Jahren jeweils rund 60 000 Arbeitsplätze neu besetzt wurden, beweist eine bemerkenswerte Stetigkeit der Entwicklung. Nach den Berechnungen der Industrie- und Handelskammer sind noch rund 125 000 Arbeitsplätze erforderlich, wenn auch in Berlin Vollbeschäftigung erreicht werden soll. Dieses Ziel läßt sich unter der Voraussetzung, daß keine Rückschläge eintreten, wahrscheinlich in zwei Jahren erreichen. Wer hätte Anfang 1950 geglaubt, daß es gelingen würde, die Arbeitslosigkeit in diesem Tempo zu verringern?“[43] Und sie fügt hinzu: „Die Tatkraft und Zusammenarbeit, die bewirkten, dass die Menschen in einer nach dem Ende des Krieges zum Tode verurteilten Stadt nicht verzweifelten, vielmehr durch die Erfolge des Wiederaufbaus seit 1950 eine tragfähige Grundlage geschaffen werden konnte, berechtigen zu einem Optimismus,

43 Jahresbericht 1955, BW 1956, S. 387

der seine Kraft auch aus der Aufgabe gewinnt, die Werte der westlichen Welt durch Leistung zu verteidigen".[44]

1955 wird auch das Jahr, in dem die Industrie- und Handelskammer wieder ihre angestammten Aufgaben in der Berufsausbildung vollständig übernimmt. Die Übertragung aus der staatlichen Verwaltung in die Verantwortung der Kammer findet statt durch die Fünfte Verordnung zur Durchführung des Gesetzes zur Regelung der Berufsausbildung sowie der Arbeitsverhältnisse Jugendlicher vom 24. November 1955. Dadurch wird die Kammer zur Übernahme der in § 40 des Berufsausbildungsgesetzes genannten Aufgaben für den Bereich der nichthandwerklichen gewerblichen Wirtschaft mit Wirkung vom 1. Dezember 1955 ermächtigt; zu diesen Aufgaben gehören die Führung der Ausbildungsrolle, die Überwachung der Ausbildung durch Ausbildungsprüfer, die gütliche Beilegung von Streitigkeiten aus Berufsausbildungsverhältnissen und die Lehrabschlussprüfungen und andere Berufsprüfungen.[45] Und auch bei der Mitwirkung bei den Handelsregistereintragungen übernimmt die Kammer 1955 wieder ihre alte gutachterliche Funktion, und sie bearbeitet bereits im ersten Jahr über 2500 Anträge.

Neubauten für Industrie- und Handelskammer und Börse, Aufwärtsentwicklung der Berliner Wirtschaft, das Hineinwachsen der Kammer in althergebrachte Aufgabengebiete: 1955 ist ein gutes Jahr für die Berliner Kaufmannschaft und für ihre Kammer.

Trotzdem verläuft das Jahr nicht völlig ohne Spannungen auch innerhalb der Wirtschaft. Ab April 1955 entzweien Pläne des Hotelkonzern Hilton, in Berlin ein internationales Hotel zu bauen, das lokale Hotelgewerbe und den Berliner Senat.[46] Hilton plant eine Investition von 20 Millionen DM in ein Haus für 200 Gäste; die Mittel sollen aus Gegenwertmitteln kommen, und die Stadt soll ein Grundstück zur Verfügung stellen, das mit Hypotheken belastet werden kann. Gegen diese Investition, deren Risiko für den Konzern allerdings sehr gering ist, wehrt sich das Hotelgewerbe und die Gastwirte-Innung, deren Obermeister, Heinz Zellermayer, Delegierter in der Vollversammlung der Kammer ist. Es geht um die Zuschüsse, um Kapazitätsauslastungen der bestehenden Hotels und Pensionen, es geht um die Einschätzung des

---

44 Ebd., S. 388

45 Zu Einzelheiten vgl. das Kapitel „Die Berufsausbildung" in Jahresbericht 1955, BW 1956, S. 442 ff.; dort ebenso zu den weiteren Arbeitsbereichen und zu den Ende 1955 neu gewählten Organen der Kammer.

46 Zum Folgenden insbesondere Krafft, aaO, S. 211 ff.

Risikos des Neubaus für das Hotelgewerbe. Aber es geht auch um die Zukunft der Stadt, um ausreichenden Hotelraum von gehobener Qualität. Deshalb setzt sich die Kammer als Interessenvertretung der gesamten Westberliner Wirtschaft unter dem Motto „Bessere Zimmer für mehr Fremde" für die Hiltonpläne ein; zugleich unterstützt sie den Antrag der Gastwirte-Innung auf billige öffentliche Kredite für den Bestand an Hotels und Pensionen, um die Übernachtungskapazität für gehobene Ansprüche und das durchschnittliche Qualitätsniveau der Beherbergung zu erhöhen.[47] Hilton baut das Hotel, nunmehr auf 350 Zimmer für 600 Gäste erweitert, und der Senat kommt dem Wunsch nach Bereitstellung von ERP-Krediten für Investitionen des Berliner Hotelgewerbes zur Modernisierung und Verstärkung ihrer Kapazitäten nach. Die Hilton-Gruppe lädt einen Tag nach dem Chruschtschow-Ultimatum 1958 zur Einweihung des Hotels ein, und gerade zu diesem Zeitpunkt hören es die Berliner gern, dass „der amerikanische Hotelkönig versicherte, wenn das Hotel nicht schon stünde, würde er sich nun erst recht zu seinem Bau entschließen".[48] Wie bei manchen Plänen ist hier die Verwaltung fortschrittlicher eingestellt gewesen als Teile der Wirtschaft[49] – und dieser Glaube an die Zukunftsfähigkeit der Stadt ist auch die Basis für das Votum der Industrie- und Handelskammer bei diesem Thema.

Weitsichtig und tatkräftig ist die Kammer auch bei der Unterstützung der kleineren und mittleren Handelsbetriebe, denen ihre unzulängliche Eigenkapitalbasis die Aufnahme von Krediten erschwert, wenn nicht unmöglich macht. Sie beschließt, gemeinsam mit dem Berliner Gesamtverband des Einzelhandels, im Mai 1956 die Errichtung einer Kreditgarantiegemeinschaft für den gesamten Berliner Handel einschließlich des Großhandels und beteiligt sich mit 20 000 DM. Die Garantiegemeinschaft, an der sich noch im gleichen Jahr der Senat über Ausfallbürgschaften und ein zinsloses Darlehen von 150 000 DM beteiligt, übernimmt als gemeinnützige Selbsthilfeorganisation Bürgschaften für die Kredite an vertrauenswürdige und lebensfähige Betriebe und sichert damit deren Existenz und Wettbewerbsfähigkeit.[50]

Das Jahr 1956 bringt für die Industrie- und Handelskammern – und damit auch für die Berliner Kammer – ebenfalls mehr Zukunftsfähigkeit. Das „Gesetz zur vorläufigen Regelung des Rechts der Industrie- und

47 Vgl. Bericht in BW 1956, S. 181 f. und S. 1463
48 Krafft, aaO, S. 212
49 Krafft, aaO, S. 211
50 Vgl. JB 1956, in BW 1957, S. 320

Handelskammern“ vom 18. Dezember, das von Berlin übernommen wird, schafft wieder eine einheitliche und klare Rechtsgrundlage – „vorläufig“ übrigens, weil der Bundestag damit hat zum Ausdruck bringen wollen, dass er sich eine endgültige Entscheidung über die von den Gewerkschaften geforderte und von der Wirtschaft bekämpfte sogenannte überbetriebliche Mitbestimmung und die paritätische Besetzung der Gremien vorbehält.[51] Das Gesetz regelt für alle Kammern die Rückkehr zur bewährten Form der öffentlich-rechtlichen Körperschaft und lehnt sich auch im übrigen an das alte preußische Kammergesetz an: Pflichtmitgliedschaft aller nichthandwerklichen Voll- und Minderkaufleute der gewerblichen Wirtschaft, die nun – anders als vorher – sämtlichst „Kammerzugehörige“ und damit Mitglieder der Kammer werden, Wahl der Vollversammlung durch sie, Wahl des Präsidenten und des Präsidiums durch die Vollversammlung, Beitragspflicht durch einen, wenn auch differenzierten, einheitlichen Grundbetrag und eine Umlage auf der Grundlage der Steuermessbeträge der Gewerbesteuer für Vollkaufleute. Die inneren Angelegenheiten regeln die Kammern selbst nach ihrer Satzung, der Wahlordnung und der Beitragsordnung, die nur der Rechtsaufsicht durch die Landesregierungen unterliegen; eine Ausnahme macht nur die Vorgabe, einen besonderen Ausschuss für Angelegenheiten der Berufsausbildung einzurichten, dessen Zusammensetzung auch mit Vertretern der Arbeitnehmer, die aber Unternehmen angehören müssen, die Mitglieder der Kammern sind, das Gesetz regelt. Einer Übergangsfrist im Gesetz entsprechend verleiht der Senat Berlins mit einem Schreiben, das der Regierende Bürgermeister Willy Brandt der Kammer in einer Vortragsveranstaltung am 19. November 1957 übergibt, der Industrie- und Handelskammer zu Berlin die Rechtsform der öffentlich-rechtlichen Körperschaft. Er dankt bei dieser Gelegenheit für den Beitrag, den sie für den Aufbau Berlins geleistet habe; er sei überzeugt, dass sie diesen Beitrag künftig noch wirksamer gestalten werde, nachdem sich ihr Gewicht (noch) verstärkt habe.

51 An der „Vorläufigkeit“ des Gesetzes hat sich bis heute nichts geändert.

Kapitel VIII
Erneut schwierige Zeiten

Kurz vor dieser Krönung seines Wirkens für die Industrie- und Handelskammer, zugleich kurz vor einer erneuten Berlinkrise, tritt Präsident Friedrich Spennrath, einer der Männer der ersten Stunde der neuen Kammer, ab.

Der Wechsel in einer der „Kommandostellen“[1] der politischen und wirtschaftlichen Führung der Stadt vollzieht sich reibungslos. Neuer Präsident wird durch die Wahl am 30. September 1957 Vizepräsident Dr. Wilhelm Borner, der seit 1952 dem Präsidium angehört hatte; einer der Vizepräsidenten bleibt Egon W. Lagarie, weiterer Vizepräsident wird Dr. Ludwig Holbeck von der Berliner Commerzbank AG.

Präsident Spennrath, dem der Bundespräsident schon gegen Ende 1956 das Große Verdienstkreuz mit Stern und Schulterband für seine Verdienste um den erfolgreichen Wiederaufbau Berlins verliehen hatte[2], das ihm von Bundeskanzler Dr. Konrad Adenauer persönlich überreicht wurde, wird auch von seiner Kammer dieser Verdienste entsprechend gewürdigt. Sie erinnert dabei nicht nur an sein Wirken vor der Wiedergründung und während ihres Neuaufbaus, sondern auch an seinen Einsatz für Berlin in den wichtigsten Führungsgremien der Wirtschaft Westdeutschlands, im Vorstand des Deutschen Industrie- und Handelstages natürlich, aber auch im Präsidium des Bundesverbandes der Deutschen Industrie, und an das Vertrauen, das ihm die gesamte Wirtschaft mit der Wahl zum Vorsitzenden des Gemeinschaftsausschusses der Deutschen Gewerblichen Wirtschaft entgegengebracht hatte. Sie rühmt seine Fähigkeit, Gegensätze zu überwinden und für ein gutes Verhältnis zwischen den Unternehmen und ihren Mitarbeitern sowie für eine Zusammenarbeit der Sozialpartner Sorge zu tragen, und hebt die überlegene Klugheit hervor, mit der er sie geführt habe. Die Kammer wählt ihn zum Ehrenpräsidenten.[3]

---

1 Krafft, Marktwirtschaft auf dem Prüfstand, aaO, S. 230
2 Meldung in BW 1956, S. 1249
3 Siehe die Berichte in BW 1957, S. 1253 ff.

Sein Nachfolger Dr. Wilhelm Borner hat Rechts- und Staatswissenschaften studiert und 1913 in Bonn promoviert. Er war kurze Zeit Rechtsanwalt beim Oberlandesgericht Kassel gewesen, bevor er in die Industrie ging. Nach der Fusion seiner Gesellschaft, der Oberschlesischen Kokswerke und Chemischen Fabriken AG mit der Schering-Kahlbaum AG zur Schering AG wird er dort Mitglied des Vorstands, später Vorstandsvorsitzender. Auch er ist nicht nur in Berlin, sondern auch in der bundesdeutschen Wirtschaft und Politik gut vernetzt, nicht nur als Aufsichtrat in einer Reihe von Industrieunternehmen, sondern auch als stellvertretender Vorsitzender des Außenhandelsausschusses des BDI, als Mitglied des Außenhandelshandelsbeirats beim Bundeswirtschaftsministerium und als Mitglied des Präsidiums der Deutschen Gruppe der Internationalen Handelskammer. Bei Schering gehört er zu den Männern, denen der Wiederaufbau dieser Weltfirma, der nach dem Krieg von Grund auf erfolgen muss, zu verdanken ist.[4]

In diesen Jahren treten auch andere führende Persönlichkeiten mit Bedeutung für die Berliner Wirtschaft ab. Der frühere Stadtrat Gustav Klingelhöfer, wohlbekannt aus der Auseinandersetzung um die Wiedergründung der Kammer, von 1953 bis 1957 noch Abgeordneter des Deutschen Bundestages, stirbt Anfang 1961. Er scheint seinen Frieden mit der privaten Wirtschaft gemacht zu haben.[5] Im gleichen Jahr stirbt auch einer seiner Nachfolger, Paul Hertz, „Papa Hertz“ wegen des Zusammenklangs von persönlicher Bescheidenheit mit einem klaren, weltoffenen und kritischen Verstand genannt.[6] Sein Nachfolger wiederum wird Professor Karl Schiller, ein „Wissenschaftler und Marktwirtschaftler, der erstmalig ein theoretisch untermauertes Konzept“[7] mitbringt. Diese Männer, Willy Brandt an der Spitze, Paul Hertz, dann Schiller, Präsident Borner, sind es, die erneut schwierige Aufgaben in Berlin zu bewältigen haben.

Im November 1958 kommt es zu dem sogenannten Chruschtschow-Ultimatum, mit dem die Sowjets ihre politischen Ziele, die Begradigung und Sicherung ihrer Einflusszone bis zur Elbe durch Eingliederung West-Berlins, durchzusetzen versuchen, und damit zu einer neuen Berlinkrise. Obwohl das Ultimatum zu Beginn der Berliner Wirtschaft offenbar nur

4 BW 1957, S. 1255; zu Borner weiterhin die Reden anlässlich seines 70. Geburtstages, abgedruckt in BW 1960, S. 493 ff.

5 Artikel in der Berliner Morgenpost, zitiert von Krafft, aaO, S. 230.

6 So Krafft, ebd.,

7 Krafft, aaO, S. 231

Abb. 22 Dr. Wilhelm Borner
Präsident der Industrie- und Handelskammer zu Berlin 1957–1968

begrenzten Schaden zufügt[8], sehen sich die Spitzenorganisationen der deutschen Wirtschaft zu einer Initiative für Berlin und die Berliner Wirtschaft veranlasst. Sie fordern bereits Ende 1958 die westdeutsche Wirtschaft zu weiteren Investitionen und zu verstärkter Auftragsvergabe nach Berlin auf. Es ist insbesondere die deutsche Industrie, vertreten durch den BDI-Präsidenten Fritz Berg, der persönlich und über seine Organisation Berlin und der Berliner Kammer stets sehr verbunden gewesen ist, die hier vorangehen. In seiner „Berg-Predigt" als Präsident der Südwestfälischen Industrie- und Handelskammer zu Hagen am 19. Dezember 1958 gibt er seine „Parole" aus[9]: Sicherung der Vollbeschäftigung in Berlin, Berlin als größte Industriestadt Deutschlands, Verstärkung des Stroms der Aufträge an die Berliner Industrie, Einsetzung eines Beauftragten in jedem größeren westdeutschen Betrieb, der dafür zu sorgen hat, dass alle Möglichkeiten, Aufträge nach Berlin zu geben, genutzt werden, Einrichtung eines besonderen Arbeitskreises für Berlinfragen beim BDI, der in Verbindung mit der Berliner BAO alle Anstrengungen für Berlin koordinieren und fördern soll. Und auch die Kammer tut wie immer alles, „damit West-Berlin als Industriestadt vorwärtskommt und das Zusammenwirken aller Kräfte dem Ziel dient, ein größeres Wachstum der Industrie zu erreichen als in Westdeutschland".[10]

Dank der Standhaftigkeit der Westalliierten und der Bundesregierung, dank der schnellen Reaktion der deutschen Wirtschaft und ihrer zupackenden Zusammenarbeit mit der Berliner Wirtschaft, insbesondere mit Kammer und BAO, wird die Krise gemeistert. Fritz Berg kann bereits nach einem Jahr bilanzieren: Erhöhung der Industrieumsätze Berlins gegenüber dem Vorjahr um 7 % im ersten, um 19 bzw. 18 % im zweiten und dritten Quartal des Jahres, Steigerung des Auftragseingangs der Westberliner Industrie um 7 % im ersten, um 18 % im zweiten und um 28 % im dritten Quartal, Steigerung der Westberliner Industrieumsätze in den drei Quartalen von 5 auf 5,7 Mrd. DM.[11] Die Berliner Kammer kann ihren Jahresbericht für das Jahr 1960 mit dem Satz beginnen: „Auch in West-Berlin herrscht Hochkonjunktur".

In diesem Jahr begeht die Industrie- und Handelskammer zu Berlin auch den zehnten Jahrestag ihrer Wiedergründung. In einer Bilanz stellt

8 So ein Kommentar in der Berliner Morgenpost, wiederum zitiert bei Krafft, aaO, S. 219 ff.
9 Dazu Krafft, aaO, S. 220 ff.
10 JB 1959, BW 1959, S. 353
11 Krafft, aaO, S. 222

sie fest, dass die Wirtschaft West-Berlins gut vorwärtsgekommen ist, wenn es auch bisher nicht gelungen ist, die Lebensfähigkeit der Stadt ganz aus eigener Kraft zu sichern; sie erwartet von ihren Mitgliedern, dass „sie sich mit den Erfolgen in den vergangenen Jahren nicht begnügen, sondern auch künftig die unternehmerische Initiative entfalten, die dazu beiträgt, daß West-Berlin eine wirtschaftliche Struktur erhält, die der gegenwärtigen Lage unserer Stadt entspricht“.[11a] Sie sieht sich bei dieser Gelegenheit als Selbstverwaltungsorgan der Wirtschaft, von kaufmännischem Geist erfüllt, dem Prinzip kaufmännischer Effizienz verpflichtet, mit elastischer und unbürokratischer Organisation und Arbeitsweise, die eine Erstarrung der Zuständigkeiten vermeiden, und immer der Tatsache bewusst, dass ihre finanziellen Mittel von der Wirtschaft aufgebracht werden, die eine entsprechende Gegenleistung fordern kann, zumal die Unternehmungen das Geld in hartem Kampf auf dem Markt verdienen müssen; sie hebt auch die Bedeutung der ehrenamtlichen Mitarbeit der Unternehmer in vielgestaltiger Form hervor, die ein typischer Ausdruck der Selbstverwaltung ist, und zollt dieser selbstlosen Mitarbeit der Männer aus den Betrieben Dank und Anerkennung.[11b]

Die Wirtschaft entwickelt sich so gut, dass die Kammer bald schon Grund sieht, Probleme zu beklagen, die darin bestehen, dass die Expansion der Wirtschaft zu stocken droht, weil die erforderlichen Arbeitskräfte – auch verursacht durch die Beanspruchung eines verhältnismäßig hohen Anteils der Beschäftigten durch die öffentliche Verwaltung in Berlin – fehlen. Präsident Borner spricht in der Vollversammlung am 30. Juni 1961 von der wirtschaftlichen Entwicklung in West-Berlin gar als „Wunder, in viel größerem Maße sicherlich als das sogenannte Wirtschaftswunder in Westdeutschland“, wenn er diese Aussage auch in den Kontext der politischen und wirtschaftlichen Rahmenbedingungen Berlins stellt.

Doch die nächste krisenhafte Entwicklung kommt bald. Am frühen Morgen des 13. August 1961 beginnt unter Sicherung durch bewaffnete Einheiten der Volkspolizei, der Bereitschaftspolizei, der Nationalen Volksarmee und von Betriebskampfgruppen der Mauerbau. Berlin wird durchtrennt, alle Übergänge werden kontrolliert; der S-Bahnverkehr,

---

11a So Präsident Dr. Borner in seinem Geleitwort zu den Beiträgen „Industrie- und Handelskammer zu Berlin

11b „Industrie- und Handelskammer zu Berlin 1. Juli 1950 – 1. Juli 1960“. aaO, S. 625 und 628.

auch die Schifffahrt werden unterbrochen.[12] Nicht nur der amerikanische Vizepräsident Johnson eilt nach Berlin und stärkt dort das Vertrauen in die Präsenz der westlichen Mächte, schon am 22. August kommen die Präsidenten der Spitzenverbände der westdeutschen Wirtschaft in die Stadt, um dort die Lage mit dem Präsidium der Industrie- und Handelskammer, darunter Präsident Dr. Borner und die neuen Vizepräsidenten Konsul Hans Neuburg, Inhaber der Großhandelsfirma Hans Neuburg, und Generaldirektor Hans Sixtus von der Schultheiss-Brauerei, zu besprechen.[13] Von Seiten der westdeutschen Wirtschaft nehmen so bekannte Unternehmensführer wie Fritz Berg, Alwin Münchmeyer als Präsident des DIHT und Dr. Paulssen, der Präsident der BDA, teil. Gemeinsam mit der Spitze der Kammer rufen sie dazu auf, die Auftragserteilung an die Berliner Wirtschaft uneingeschränkt fortzusetzen und zu fördern, das Arbeitskräftepotential unter allen Umständen zu erhalten, alle Investitionen, die das Wachstum und die Rationalisierung fördern, großzügig mit Krediten zu unterstützen, und sie appellieren an westdeutsche Firmen, keine Aufträge zu übernehmen, deren Ausführung in Berlin vorgesehen sind, und Lieferungen, die Berlin zur Fertigstellung seiner Produkte, zur Intensivierung seiner wirtschaftlichen Tätigkeit und zur Versorgung der Bevölkerung braucht, bevorzugt auszuführen.[14]

Die Appelle fruchten, und der Selbstbehauptungswille der Berliner Unternehmer trägt seinen Teil bei. Das tut auch die Kammer, die als Mitglied des ständigen Berlin-Gremiums des Gemeinschaftsausschusses der Deutschen Gewerblichen Wirtschaft enge Verbindungen mit den westdeutschen Unternehmen pflegt und auch Einzelfällen, in denen ein Entzug der Pflicht zur Solidarität droht, durch Aufklärung über die tatsächlichen Folgen des Mauerbaus nachgeht.[15] Diese Folgen sind weniger gravierend als befürchtet. Schon im Frühherbst können der Regierende Bürgermeister und die Kammer übereinstimmend feststellen: „Weder das Wirtschaftsleben unserer Stadt noch der tägliche Ablauf unserer Arbeit sind von den Geschehnissen der letzten Wochen ernsthaft

---

12 Vgl. auch die Beschreibung dieser Tage bei Krafft, aaO, S. 235 ff.

13 Bericht in BW 1961 S. 826

14 Vgl. auch die Beiträge von Präsident Borner, der übrigen Genannten und von Konsul Dietz, dem Vorsitzenden des Gesamtverbandes des Deutschen Groß- und Außenhandels, auf der anschließenden Pressekonferenz, abgedruckt in BW 1961, S. 827 f.

15 Aus dem Artikel „West-Berlin steht nicht allein“ in: BW 1961, S. 857 f.

berührt"[16] und „Die Berliner Wirtschaft hat durch den 13. August keine Einbrüche erlitten und damit eine bemerkenswerte Stabilität bewiesen".[17] Was die Kammer von nun an allerdings besorgt, ist der Arbeitskräftemangel. Der Verlust von 50 000 Arbeitnehmern, der dadurch entstanden ist, dass die sogenannten Grenzgänger aus dem Osten der Stadt fehlen, führt aus ihrer Sicht zu einem Risiko der Überhitzung des Arbeitsmarktes.[18] Durch die Arbeit der Kammer durchzieht sich in den kommenden Jahren wie ein roter Faden die Aufgabe, einem Rückgang der Westberliner Bevölkerungszahl entgegenzuwirken; denn: „Die Expansion muß weitergehen", so die Überschrift über dem Jahresbericht der Kammer für das Jahr 1961.

Der neue Wirtschaftssenator Professor Karl Schiller, ein moderner Sozialdemokrat, nimmt die Sorge der Kammer in seinem ersten Interview Ende 1961 programmatisch auf:

„Die Lebensfähigkeit der Berliner Wirtschaft muß aus der Wettbewerbsfähigkeit nach außen gesichert bleiben, was zugleich ein Bekenntnis zur unternehmerischen Konkurrenz voraussetzt ... Investitionen bestimmen die Wachstumsrate in der Wirtschaft. In Berlin stehen wir vor der Aufgabe, die menschliche Arbeitskraft, wo immer möglich und notwendig, durch den Einsatz von Maschinen und anderen technischen Mitteln zu ersetzen. Deshalb sind Investitionen das A und O weiterer Fortschritte in der Berliner Wirtschaft ... Auch die Wirtschaft kann einen entscheidenden Beitrag leisten, indem sie den jungen Menschen Aufstiegschancen in den Betrieben gibt. Es sollte sich herumsprechen – und die Berliner Unternehmer sollten ihrerseits alles dazu tun –, daß man in Berlin in jüngeren Jahren auf einen guten und interessanteren Posten kommen kann, als es sonst allgemein üblich ist"[19] – Aussagen, die auch von dem Vater der Sozialen Marktwirtschaft, Ludwig Erhard, hätten stammen können. Politisch abgesichert werden diese programmatischen Sätze durch die Weihnachtsbotschaft des amerikanischen Präsidenten, John F. Kennedy,: „Wir bleiben hier!"

Dennoch bleibt „Berlin und seine Wirtschaft in einer spannungsgeladenen Zeit Objekt und Barometer des Ringens der atomaren Welt-

16 Willy Brandt vor dem Abgeordnetenhaus am 22. September 1961, siehe BW 1961, S. 921

17 Die Kammer am 1. Oktober in BW 1961 S. 922

18 Vgl. zu den Problemen des Arbeitsmarktes nach dem Mauerbau auch BW 1961, S. 828 ff., und den Jahresbericht 1961 in BW1962, S. 454 ff.

19 Interview in der Berliner Morgenpost vom 31. Dezember 1961, zitiert bei Krafft, aaO, S. 231

mächte um Vorherrschaft und Gleichgewicht, die nicht nur waffentechnisch, sondern auch psychologisch-politisch gesichert werden sollten".[20] Deshalb ist die Kuba-Krise im Oktober 1962 auch für Berlin und seine Wirtschaft wichtig; die dort von den Amerikanern bewiesene Standhaftigkeit vermindert für West-Berlin die Gefahr von Fehlkalkulationen der sowjetischen Seite, die schreckliche Folgen hätten haben können.[21] Das dadurch gefestigte Vertrauen in die Zukunft Berlins begünstigt die Zuwanderung westdeutscher Arbeitskräfte; sie gleicht den Rückgang der Zahl von Erwerbstätigen, der wegen der ungünstigen Altersstruktur in West-Berlin befürchtet wird, aus, und die Strategie der Verbesserung der Produktivität und der Förderung von Rationalisierungsmaßnahmen erweist sich als richtig: Die Westberliner Industrie beschäftigt zwar weniger Arbeitskräfte als vor der Errichtung der Mauer, aber sie produziert mehr.[22]

Trotzdem – und in die Zukunft denkend – bearbeitet die Kammer das Thema der notwendigen Gewinnung von Arbeitskräften aus dem Westen Deutschlands nachhaltig. Sie fordert und fördert dazu auch die Attraktivität West-Berlins. Sie setzt dabei immer wieder auf die Kultur in der Stadt, für die sie, da die Finanzkraft Berlin nicht ausreicht, auch Bundesmittel anmahnt. Und sie hebt die Bedeutung der Berliner Hochschulen hervor: „Politisch ist es von größter Bedeutung, daß möglichst viele Studenten einige Semester in West-Berlin studieren. Je mehr junge Menschen, besonders wenn sie später zur geistigen Führungsschicht gehören, den Widersinn und die Grausamkeit der Mauer als Symbol der Spaltung Deutschlands erleben, um so zäher und entschiedener wird der Kampf um die Wiedervereinigung geführt"[23] – fast prophetische Sätze, die in der späteren Abstimmung über den Sitz von Parlament und Regierung nach der Wiedervereinigung ihre Richtigkeit erweisen werden; viele der Befürworter Berlins aus allen Bundestagsparteien werden Männer und Frauen sein, die, beispielsweise durch ein Studium in der Stadt, einen Berliner biographischen Hintergrund haben. Die Kritik der Kammer, es sei eine „Anomalie", dass „nicht jeder Student, der in West-Berlin studieren will, aufgenommen werden kann und Tausende zurückgewiesen werden müssen"[24], gilt cum grano salis, wenn

20 Krafft, aaO, S. 245
21 So die Kammer in JB 1962, in: BW 1963, S. 287
22 Ebd.
23 JB 1963, in BW 1964, S. 316 f.
24 Ebd., S. 317

es sich denn um Studenten handelt, die befähigt sind, angesichts dieser Erfahrungen auch für die heutige Zeit. Die Kammer fordert und mahnt nicht nur, sie unternimmt auch sehr praktische Schritte, um die Gewinnung von westdeutschen Arbeitskräften zu unterstützen und ihnen das Eingewöhnen in Berlin zu erleichtern: Sie errichtet eine zentrale Meldestelle für möblierte Zimmer, die nur für Arbeitnehmer aus Westdeutschland tätig wird, und schafft selbst Wohnraum für diese durch Bau eines Wohnheims für rund 300 Personen an der Ecke Reichsstraße und Spandauer Damm.[25] Sie tritt außerdem gemeinsam mit dem Senat einer Gemeinnützigen Gesellschaft zum Bau von 5000 Wohnheimplätzen für Arbeitnehmer, ausgeführt auf städtischem Pachtgelände und in Leichtbauweise, bei.[26]

Die Kammer übernimmt in diesen Jahren neben ihren zahlreichen wirtschaftspolitischen und fachlichen Aufgaben auch ihre traditionelle Rolle als Treffpunkt aller gesellschaftlichen Kräfte. Auf ihren traditionellen Neujahrsempfängen im Börsensaal treffen sich führende Unternehmer der Berliner und der westdeutschen Wirtschaft, die Stadtkommandanten und andere Vertreter der alliierten Schutzmächte, Angehörige der ausländischen Missionen und Generalkonsulate, zahlreiche Vertreter des Senats und des Abgeordnetenhauses, Mitarbeiter der Bundesministerien, die Leiter von Berliner Behörden und westdeutscher Dienststellen in Berlin, Vertreter der Universitäten und anderer Hochschulen und die Chefredakteure und maßgebliche Wirtschaftsredakteure der Berliner und in Berlin vertretenen westdeutschen Zeitungen und Rundfunkanstalten.[27] Der jeweilige Wirtschaftssenator nutzt die Kammer als Forum für die Darlegung seiner wirtschaftspolitischen Linie und für die – in der Regel zuvor mit der Kammer abgestimmten – Ansätze für geeignete strukturelle Fördermaßnahmen zur Überwindung von Problemen der wirtschaftlichen Entwicklung West-Berlins.[28] Auch ansonsten erweist der Senat der Kammer Respekt; im Februar 1962 empfängt Hauptgeschäftsführer Dr. Skodzki aus den Händen von Bürgermeister Franz Amrehn das Große Bundesverdienstkreuz; wiederum ist die Kammer Treffpunkt all derer, die

25 Vgl. den entsprechenden Bericht in der Vollversammlung am 15. Oktober 1962, BW 1962, S. 1000.

26 Weiterer Bericht über eine Vollversammlung am 17. Dezember 1962, BW 1962, S. 1224.

27 Vgl. beispielhaft die Berichte in BW 1962, S. 56, und BW 1963, S. 48.

28 Vgl. den Bericht über einen Auftritt vor der Vollversammlung von Senator Professor Karl Schiller am 7. März 1962, also wenige Monate nach seinem Amtsantritt, in BW 1962, S. 223.

in Berlin das Sagen haben.[29] Um den an sie gerichteten Anspruch auch aus der Mitgliedschaft gerecht zu werden, gründet sie in Ergänzung ihrer bestehenden Ausschüsse einen Ausschuss für Mittelstandsfragen, der die Lage des Mittelstandes in West-Berlin prüfen, seine Sorgen und Wünsche erörtern sowie Förderungsvorschläge erarbeiten soll.[30] Die Mitarbeit an der richtigen Förderstrategie für die Berliner Wirtschaft bleibt hier und anderswo ein Schwerpunkt der Tätigkeit der Kammer.

An der „richtigen" Förderstrategie arbeitet die Kammer, weil auch ihr völlig bewusst ist, dass man sich in Bonn „mit der alleinigen Forderung nach Einkommensmaßnahmen ‚blutige Köpfe' holt. Der einfache Ruf ‚Mehr Geld nach Berlin' genügt wahrlich nicht".[31] Zu dem Königsweg wird die Verschränkung der verschiedenen einkommens-, investitions- und absatzpolitischen Maßnahmen, die zu einem „Berlin-Paket" geschnürt werden, das mit dem „Gesetz zur Änderung und Ergänzung des Gesetzes zur Förderung der Wirtschaft von Berlin (West) und des Steuererleichterungsgesetzes für Berlin (West)" am 1. August 1962 in Kraft tritt. Gegen manchen Widerstand in Bonn – die Kammer spricht von „zäher Energie", die notwendig gewesen sei, erhebliche Schwierigkeiten aus dem Weg zu räumen[32] – bringt das Gesetz der Berliner Wirtschaft und ihren Mitarbeitern eine Erhöhung der Einkommensteuerpräferenz von 20 auf 30 % der Selbständigen, also eine wesentliche Förderung des gewerblichen Mittelstandes, die Ermäßigung allgemein der Einkommen- und Lohnsteuer ebenfalls von 20 auf 30 %, die Einführung einer Arbeitnehmerzulage bei Jahreseinkommen bis zu 34 000 DM, eine Investitionszulage von 10 % der Aufwendungen für Ausrüstungsinvestitionen in Westberliner Betrieben, die Begünstigung von Kapitalanlagen, Abschreibungsmöglichkeiten für Lagerbestände und Erweiterungen der Umsatzsteuervergünstigungen.[33] Dieses Paket wird auch von der in Beihilfefragen stets kritischen EWG-Kommission gebilligt, die nach der Wiedervereinigung, wie zu zeigen sein wird, einen maßgeblichen Anteil an seiner Aufschnürung und dem raschen Abbau einzelner Fördermaßnahmen haben wird. Die Kammer zeigt sich zufrieden, sieht keine Veranlassung, weitere Wünsche zu äußern, und konstatiert, dass

29 BW 1962, S. 208
30 BW 1962, S. 699
31 Senator Professor Schiller in einem Vortrag vor dem VBKI im August 1962, zitiert bei Krafft, aaO, S. 253.
32 JB 1962, in: BW 1963, S. 294
33 JB 1962, ebd., S. 294 ff.; siehe auch Krafft, aaO, S. 251 ff.

sich die wirtschaftliche Lage Berlins dank der Präferenzen gefestigt hat[34]; besonders zufrieden ist sie auch über die nun erreichte Langfristigkeit der Fördermaßnahmen. Sie warnt deshalb auch vor der isolierten, also den Gesamtzusammenhang aus dem Auge verlierenden Betrachtungsweise einzelner Maßnahmen, weil dadurch Unsicherheit und Unruhe entsteht und Planungen der Investoren ungünstig beeinflusst werden können; ausdrücklich aber wendet sie sich nicht gegen eine Feinsteuerung in Fällen des Missbrauchs der Vergünstigungen, in denen nicht der wirtschaftliche Effekt erzielt wird, den der Gesetzgeber gewollt hat.[35] Die Kammer leistet „Rat und Schützenhilfe" bei der Novellierung des Berlinhilfegesetzes 1964, das diese Feinsteuerung bei den Umsatzsteuerpräferenzen vornimmt; ihr wird dafür ausdrücklicher öffentlicher Dank durch Wirtschaftssenator Professor Schiller zuteil.[36]

Die Kammer bleibt sich auch der Abhängigkeit der Berliner Wirtschaft von der konjunkturellen Entwicklung im Westen Deutschlands bewusst. Im Jahr 1963 waren 65 % der Industrieproduktion dort abgesetzt worden, und insgesamt nur 24 % hatte Abnehmer auf dem Binnenmarkt West-Berlins. Die Kammer sieht auch richtig, dass die Kaufkraft West-Berlins zum einen aus den Lieferungen nach Westdeutschland, zum anderen aus der Kaufkraftübertragung von dort stammt, deren wesentlicher Bestandteil die finanzielle Hilfe des Bundes für den Berliner Haushalt ist, die sich vor dem Mauerbau auf rund 1,1 Milliarden DM bewegt hatte und sich danach auf eine Größenordnung von 1,8 Milliarden DM steigert. Sie wünscht sich auch deshalb Augenmaß von den Berlinern: „Wenn wir an die Zukunft West-Berlins denken, müssen wir auch beachten, daß der Versuch, die finanzielle Hilfe des Bundes weiter zu erhöhen, auf Grenzen stößt ... Man darf also nicht glauben, alle Pläne West-Berlins ließen sich ohne weiteres mit Hilfe des westdeutschen Steuerzahlers verwirklichen".[37] Für die Kammer behalten konsequenterweise die Unveränderbarkeit und Stetigkeit der Fördermaßnahmen für die Wirtschaft und die Lösung des Arbeitskräftemangels durch Zuwan-

34 JB 1963, in BW 1964, S. 319

35 So Präsident Borner vor der Hauptversammlung des WEMA am 20. April 1964, in BW 1964, S. 440.

36 Vgl. Rede von Schiller über „Berlins Position in der Wirtschaftsentwicklung der Bundesrepublik" vor dem VBKI, in BW 1964, S. 995; zum Inhalt der Feinsteuerung siehe auch Krafft, aaO, S. 254 f.

37 So Präsident Borner in der bereits erwähnten Rede „Aktuelle wirtschaftliche Probleme West-Berlins" vor demWEMA, S. 440.

derung aus Westdeutschland hohe Priorität.[38] Bezüglich der notwendigen Gewinnung von auswärtigen Arbeitskräften – immerhin aber ist seit 1963 ein Wanderungsgewinn eingetreten – verweist Senator Karl Schiller, soweit erkennbar erstmalig, die Berliner Unternehmer auch auf das Potential an ausländischen Arbeitnehmern, die Mitte 1964 mit rund 8700 etwa 1 % der Westberliner Arbeitnehmer ausmachen, während ihr Anteil in Westdeutschland bereits etwa 3 % beträgt.[39]

Am 9. Juli 1964 konstituiert sich die neue Vollversammlung der Kammer. Präsident bleibt Dr. Borner, zu Vizepräsidenten werden Hans Neuburg und Hans Sixtus wiedergewählt; weitere Mitglieder des Präsidiums sind Ditwalt Bremeier, Walter W. Cobler, Willi Ebbinghaus, Hansjürgen Fuhrmann, Wilhelm Kunert, Theodor Meyer, Dr. Günther Milich, Heinz Mohr, Dr. Wilhelm Schmiedeskamp, Gideon Vogt und Hellmuth Witte. Hauptgeschäftsführer ist nach wie vor Dr. Bernard Skrodzki. Präsident Dr. Borner findet bei dieser Gelegenheit – neben grundsätzlichen Ausführungen zu Fragen der politischen Sicherheit und Aussagen zu Tätigkeiten der Kammer etwa auf den Gebieten der Berufsausbildung, der Weiterbildung und der Ausbildung von Führungskräften – auch deutliche Worte zu den Aufgaben und der Arbeit der Kammer, die noch heute einen Kernbestand an Gültigkeit haben: „Manchmal wird gefragt: ‚Was tut die Kammer für mich?' Wer so fragt, beweist damit, daß er mangelhaft informiert ist und nicht weiß, was geschieht. Wer so fragt, nimmt 30 % Einkommensteuerpräferenz als eine Selbstverständlichkeit hin. Der Frager hat sich offenbar auch noch niemals dafür interessiert, wie die Einkommensteuerpräferenzen denn entstanden sind. Sicher weiß er auch nicht, wenn er z. B. Waren in Postpaketen versendet, daß er durch die sogenannte Ostpreußenregelung, die für Berlin übernommen worden ist, einen Vorteil hat. Ohne die Bemühungen der Industrie- und Handelskammer hätten wir auch keine Investitionszulage. Diese Beispiele mögen genügen." Und er erinnert nochmals daran, dass die Kammer das Gesamtinteresse der ihr zugehörigen Gewerbetreibenden wahrzunehmen hat, und hebt hervor, dass dies die Aufgabe einschließt, auch divergierende Interessen abzuwägen und auszugleichen.[40]

---

38 Ebd.

39 Professor Schiller vor dem VBKI, aaO, S. 995; dazu auch Dr. Skrodzki mit einer positiven Aufnahme des Trends des Vortrags des Wirtschaftssenators in seinem Bericht vor der Vollversammlung am 12. Oktober 1964, BW 1864, S. 1048.

40 Vgl. den Bericht in BW 1964, S. 683 ff.

In diesem Selbstverständnis des Hauses stehen auch die hauptamtlichen Mitarbeiter. Dazu hilft, dass es der Kammer gelungen ist, eine Reihe von vorzüglichen Männern für das Hauptamt zu gewinnen, die jeder auf seine Weise ihre Arbeit über Jahrzehnte begleiten. Hier verdienen an erster Stelle die Herren Dieter Thomas, Boris Schokotoff, Adalbert Rohloff, Gerhard Severon und Dr. Horst Schlegel Erwähnung.

Dieter Thomas, 1924 in Dresden geboren, Sohn eines Vaters, der als General in den 20. Juli verwickelt war, er selbst als Leutnant der Reserve 1945 in amerikanische Gefangenschaft geraten, Diplomand der Wirtschafts- und Sozialwissenschaftlichen Fakultät der Freien Universität, war bereits 1954 in den Dienst der Kammer getreten. Er wird zunächst Mitarbeiter in der Verkehrsabteilung, dann in der Informationsabteilung. 1969 wird er Leiter der Verkehrsabteilung, und das in einer Kammer, für die die Verkehrsarbeit so im Mittelpunkt steht wie in keiner anderen. Die Zugangsregelungen von und nach Berlin bleiben bis zum Fall der Mauer für das Überleben der Stadt und ihrer Wirtschaft von herausragender Bedeutung. Besondere Verdienste erwirbt er sich bei der Ausarbeitung des Transitabkommens; er hat maßgeblichen Anteil an der Erarbeitung von Regelungen, die jahrelang dem Wirtschaftverkehr eine weitestgehend ungehinderte Fahrt durch die DDR ermöglichen. Er wird es noch zum Ende seiner aktiven Zeit erleben dürfen, den Verkehr von und nach Berlin ohne jede Schranke rollen zu sehen. Sein Sachverstand ist auch im DIHT anerkannt; er ist Mitglied in den Ausschüssen für Verkehr, Post, Tourismus, im Großen und Ständigen Fahrplanausschuss, und zweifellos das wichtigste Mandat wird der Vorsitz des Arbeitsausschusses für Verkehr des DIHT, der auf eine große Tradition zurückblicken kann und der sich um die Verkehrsarbeit der deutschen Kammerorganisation außerordentliche Verdienste erwirbt. Er betreut neben seiner fachspezifischen Arbeit die Junioren der Kammer, erfreut sich dort großer Beliebtheit und trägt dazu bei, dass das Verhältnis zwischen der Kammer und dem Juniorenkreis bundesweit als besonders gut gilt; er hilft tatkräftig, dass der über Jahre und mit Kraftanstrengungen vorbereitete Weltkongress der Jaycees, der Nachwuchsorganisation der weltweiten Kammernetzes, mit 5000 Teilnehmern in Berlin ein Erfolg wird. Abgerundet wird sein Bild durch sein hohes Engagement im Vorstand des Hilfswerks 20. Juli.

Boris Schokotoff, geboren 1928, versehen mit einem eher unkonventionellen Lebenslauf – Besuch der deutsch-russischen Oberschule in Berlin, nach dem Abitur in Neuruppin Angestellter des dortigen Landratsamts, freiberufliche Tätigkeit als Journalist, Aufnahme des Studiums zunächst an der Humboldt-, dann an der Freien Universität, Unterbrechung des Studiums aus finanziellen Gründen und eineinhalbjährige Tätigkeit als Autoverkäufer, Wiederaufnahme des Studiums mit dem Abschluss als Diplom-Kaufmann – war im August 1955 in die Kammer eingetreten. Er wird Referent für das kaufmännische Ausbildungs- und Prüfungswesen und übernimmt im Jahr 1974 die Leitung der Abteilung Berufsbildung. Er wird dort alle Höhen und Tiefen der beruflichen Ausbildung in Berlin erleben, schwierige Zeiten in den fünfziger und sechziger Jahren, die dann folgende Verknappung des Ausbildungsnachwuchses bis Mitte der siebziger Jahre, den anschließend wachsenden und zu bewältigenden „Schülerberg" und die nach dessen Überwindung umgekehrte Perspektive einer rückläufigen Zahl der Schulabgänger.

Adalbert Rohloff, geboren 1933, ist bei seinem Eintritt in die Dienste der Kammer 1959 diplomierter Volkswirt der Freien Universität mit einer Ergänzungsprüfung in Publizistik. Er wird Referent in der Pressestelle und Redakteur der „Berliner Wirtschaft". Daneben arbeitet er als Berichterstatter aus Berlin für die Stuttgarter Zeitung, die sich bei der Erweiterung seiner Aufgaben in der Kammer und der daraus folgenden Beendigung seiner Tätigkeit für die Stuttgarter Zeitung für die „Präzision Ihrer Feder" bedankt, und ist einer der Sprecher des Clubs Berliner Wirtschaftjournalisten. 1969 ernennt ihn die Kammer zum Hauptschriftleiter der Kammerzeitschrift und zum Leiter der Pressestelle, die 1970 in den Rang einer Abteilung „Information" aufgewertet wird. Sein besonderes Interesse gilt den neuen Medien. Maßgeblich auf seine Initiative geht die Gründung der bundesweiten Bildschirmtext-Anbieter-Vereinigung (Btx-A.V.) mit Sitz in Berlin zurück, deren Vorsitzender er wird. Er engagiert sich unter anderem für den Berliner Feldversuch von Bildschirmtext und betreut eine Reihe weiterer Gremien zur Förderung der Telekommunikation. Er wird die Kammer 1984 verlassen, um Geschäftsführer der „Projektgesellschaft für Kabelkommunikation Berlin mbh" zu werden, die Trägergesellschaft des Berliner Kabelpilotprojekts, zuständig für seine technische und organisatorische Vorbereitung und Durchführung. Für den damaligen Kultursenator Dr. Hassemer steht Rohloff „für das vom Senat verfolgte Konzept eines Pilotprojekts, das einerseits den Berlinern breite Nutzungsmöglichkeiten der Kabelkommunikation einräumt, andererseits mit der modellhaften Erprobung neuer Kommunikationstechniken die führende Stellung Berlins als Medienhauptstadt behauptet."

Gerhard Severon, geboren 1936, stößt nach einem Studium der Volkswirtschaft an der Freien Universität mit dem Abschluss als Diplom-

Volkswirt und einer zweijährigen Tätigkeit im Statistischen Landesamt Berlin im Juli 1962 zur Kammer. Er wird den wohl wechselreichsten Weg durch sie machen. Er beginnt im Volkswirtschaftlichen Referat der Kammer, das 1971 den Status einer Abteilung erhält, deren Leiter er zum gleichen Zeitpunkt wird. 1979, nach dem Wechsel von Dr. Günter Rexrodt als Abteilungsleiter in die Wirtschaftsverwaltung, wird er zunächst auch kommissarischer Leiter, dann alleiniger Leiter der Abteilung Industrie. Im Mai 1991 wird er nach dem Ausscheiden von Boris Schokotoff die Leitung der Berufsbildungsabteilung übernehmen, der mit Abstand größten Arbeitseinheit der Kammer, und diese anspruchsvolle Aufgabe bis zu seinem altersbedingten Ausscheiden mit hohem Engagement und großem Erfolg erfüllen – aber dazu noch später.

Wenn auch hier, aber keineswegs der letzte: Dr. Horst Schlegel, im Juli 1911 in Neidenburg geboren, mit dem juristischen Staatsexamen 1936 an der Universität Königsberg versehen und in Leipzig zum Dr. jur. promoviert, war nach Kriegsende zur Industrie- und Handelskammer Sachsen-Anhalt in Halle gegangen, wo er bis 1952 als Dezernent der Hauptabteilung Handel tätig gewesen war. Danach hatte er aus politischen Gründen Halle verlassen müssen und übernahm in Berlin die Leitung der Verkehrsabteilung der Handelskammer. 1969 übernimmt er auf Bitte des neuen Hauptgeschäftsführers Dr. Braun ein neues besonders verantwortungsvolles Aufgabengebiet; er ordnet „mit menschlichem Geschick" und „in seiner ausgleichenden Art" die innere Verwaltung der Kammer und baut sie aus. Präsident Elfe wird Dr. Schlegel bei dessen Verabschiedung im Oktober 1976 beschreiben als „einen Ostpreußen, dessen Wesen durch dieses Land geprägt worden sei. Er verkörpere den ostpreußischen Menschentyp, der karg und verschlossen, zugleich aber liebenswürdig und verbindlich ist, korrekt in preußischer Tradition, liberal und interessiert an vielen Bereichen des wirtschaftlichen und politischen Geschehens, aber auch und nicht zuletzt an den künstlerischen und musischen Seiten des Lebens."[40a] Die Begeisterung für die Arbeit für die Selbstverwaltung der Wirtschaft wird Dr. Schlegel auf seinen Sohn übertragen haben, der Ende der 80er Jahre stellvertretender Hauptgeschäftsführer der Kammer und Geschäftsführer der BAO werden wird.

Diese namentlich genannten und viele ungenannte Mitarbeiter und Mitarbeiterinnen der Handelskammer arbeiten in dem beschriebenen Geist des Hauses, sie sitzen in unzähligen Gremien und publizieren, wie sich den Inhaltsverzeichnissen der Kammerzeitschrift entnehmen lässt,

---

40a BW 1976, S. 799 f.

zahllose Artikel, mit denen sie die Wirtschaftspolitik des Landes beeinflussen und die berechtigten Anliegen der Berliner Wirtschaft und ihrer Betriebe zu Gehör bringen. Sie prägen ebenso wie die Persönlichkeiten im Ehrenamt die Arbeit der Berliner Kammer.

1964 und 1965 sind zwei „fette Jahre"[41] für die Berliner Wirtschaft. Es hat sich ausgezahlt, dass der Nationalökonom und Berliner Wirtschaftssenator Karl Schiller eine Wirtschaftspolitik für Berlin formuliert hatte, die eine Sonderausgabe des „magischen Dreiecks" beinhaltet: „Sie muß integrierend sein, das heißt, sie muß den ökonomischen und sozialen Zusammenhang zwischen West-Berlin und dem übrigen Bundesgebiet nachhaltig verstärken; sie muß expansiv sein, das heißt, sie muß hier alle Energien zum Wachstum aus eigener Kraft mobilisieren; sie muß ordnungspolitisch den gemeinsamen freiheitlichen Grundvorstellungen im freien Teil unseres Vaterlandes entsprechen."[42] Das Bruttosozialprodukt West-Berlins steigt im Jahr 1964 wieder mehr als in den beiden vorangegangenen Jahren, auch dank der guten Konjunktur in Westdeutschland; denn, so bemerkt die Kammer richtig, West-Berlin ist in die allgemeine Entwicklung der Bundesrepublik eingebettet.[43] Das, was Berliner Wirtschaftspolitik eigenständig bewegen kann, ist insbesondere die Strukturpolitik. Dazu gehört neben der Steuerung der Fördermaßnahmen auch die Stadtplanung, an der sich die Kammer aktiv beteiligt. Sie wird zunächst, gemeinsam mit der Handwerkskammer, 1963 als „Träger öffentlicher Belange" an der Vorbereitung von Bebauungsplänen beteiligt und vor der Festsetzung der rechtsverbindlichen Pläne formell angehört, um rechtzeitig wirtschaftliche Gesichtspunkte einbringen zu können, und seitdem befasst sie sich noch intensiver mit allen Facetten der Stadtplanung und -sanierung. Ihr geht es dabei vor allem um die Aufgabe, für ausreichendes Industriegelände zu sorgen[44], und um die Mitarbeit an Entschädigungsfragen; denn von Verlegungen und Umsetzungen sind überwiegend mittelständische Firmen betroffen.[45] Forderungen der Kammer sind auch, eine gemischte Struktur von Gewerbebetrieben und Wohnungen in den Sanierungsgebieten zu erhalten, die Stadtsanierung nur schrittweise vorzunehmen, wirtschaftliche Struktur-

---

41 Krafft, aaO, S.257

42 Senatsbericht über die Lage der Berliner Wirtschaft 1962/63, zitiert bei Krafft, aaO, S. 256

43 JB 1965, in: BW 1966, S. 231

44 Vgl. beispielsweise JB 1965, in BW 1966, S. 232

45 So Dr. Skrodzki in seinem Bericht vor der Vollversammlung am 31. März 1965, BW 1965, S, 413.

untersuchungen abzuwarten und Ersatzräume für Gewerbetreibende zu beschaffen.[46] Die Kammer richtet einen Ausschuss für Bau- und Stadtplanungsfragen ein, und ihre Jahresberichte enthalten ab 1964 ebenso konsequent ein eigenes Kapital „Stadtplanung und Stadtsanierung".

In Fragen der Stadtplanung und der Stadtsanierung gibt es, wohl erstmalig, Risse in dem Schulterschluss von Senat und Wirtschaft. Der Senat scheint, obwohl er zugleich die Notwendigkeit, Berlin als Industriestadt zu erhalten, betont, dem Hauptstadtausbau eine gewisse Priorität eingeräumt zu haben. „Stadtplaner, Architekten und Sozialpolitiker fanden ein beackernswertes Feld. Die Wirtschaft jedoch sah sich bei diesen großen Projekten beiseitegeschoben."[47] Die Kammer rügt das: „Die öffentliche Hand in West-Berlin scheint nicht bereit zu sein, ihr Bauprogramm einer sinnvollen Strukturpolitik gemäß zu gestalten ... Zu glauben, eine Ausdehnung des industriellen Potentials ließe sich ohne Erweiterungsinvestitionen und die Ansiedlung neuer Betriebe erreichen, wäre unrealistisch ... Auch der Unternehmer investiert in West-Berlin, wenn er glaubt, daß der Markt für seine alten und neuen Erzeugnisse in größerem Umfange aufnahmefähig ist als bisher. Stößt er auf unüberwindliche Hindernisse oder wachsende Schwierigkeiten, z.B. bei der Beschaffung von geeignetem Gelände, von Arbeitskräften und Wohnraum, dann wird er versuchen, seine Pläne außerhalb West-Berlins zu verwirklichen ... Eine Politik auf lange Sicht wird davon ausgehen müssen, daß die Kaufkraftübertragung (aus Westdeutschland) Grenzen hat, West-Berlin also eine Industrie braucht, die nicht nur ausreichend wächst, sondern über ein Potential verfügt, das den Anteil der eigenen Leistung gegenüber der Hilfe von außen vergrößert."[48] Nicht nur für die Industrie aber, sondern auch für den Handel und implizit auch für das Handwerk setzt sich die Kammer in diesem „Gerangel um die zur Verfügung stehende Fläche"[49] ein; denn auch diese drohen bei der Stadtsanierung durch Reißbrettentwürfe verdrängt oder vernichtet zu werden, obwohl „die Stadt ja nicht nur ein sozialer Organismus ist, in der hygienische, verkehrstechnische und ästhetische Erfordernisse zu beachten sind, sie ist auch ein ökonomischer Organismus, der durch unbedarfte Eingriffe empfindlich gestört werden kann".[50] Dieses Grundprinzip

46 Aus der Vollversammlung am 28. Juni 1965, BW 1965, S. 696.
47 Krafft, aaO, S. 259
48 JB 1965, in: BW1966, S. 232
49 Krafft, aaO, S. 259
50 Krafft, ebd.

verfolgt die Kammer mit ihrem Einfluss auf Stadtplanung und Stadtsanierung, wenn auch nicht immer erfolgreich.

Kapitel IX
Konsolidierung und Stabilisierung

Die Kammer bleibt in diesen „fetten Jahren“ 1964 und 1965 und in dem Abschwung 1966/67, der auch in Berlin zu einer Konjunkturschwäche führt[1], zugleich realistisch, weitsichtig und ungemein aktiv. Sie nimmt sich neben ihren bisherigen Schwerpunktfeldern eine ganze Reihe von zusätzlichen Themen vor, die teilweise bis heute nachwirken bzw. immer wieder auf der Tagesordnung stehen. Neben der Notwendigkeit, Berlin als Industriestandort zu erhalten und auszubauen, der stetigen Warnung vor dem Verlassen auf den westdeutschen Kaufkraftzufluss und dem Bemühen um Unterstützung der Zuwanderung in mannigfaltiger Form sind aus der Vielfalt der Betätigungen der Kammer beliebige Stichworte: die Förderung des Mittelstandes[2], die Erschließung von Gewerbeflächen einschließlich des sogenannten Kleingartenproblems[3], der Ladenschluss[4], die Regelung für die Schaffung von Stellplätzen bei Neubau und Umbau von Immobilien[5], der Verkehr in West-Berlin und die Verbindungswege nach Westdeutschland[6], die Flughafenpolitik unter der Überschrift „Tempelhof und/oder Tegel?“[7], die Forderung nach einer zentralen Stelle, die sich um neue Betriebe bemüht und für ihre Niederlassung umfassende Hilfestellung leistet[8], und die in sehr unterschiedlichen Facetten auftretenden Probleme um die Berufsausbildung und die damit verbundene Forderung nach Maßnahmen zur Sicherung des erforderlichen Nachwuchses für die Betriebe. Zugleich nimmt sie sich der großen nationalen Themenstellungen an, so den Fragen nach der richtigen Konzeption der Rentenversicherung und einer Verminderung der Lasten der

---

1 Krafft, Marktwirtschaft auf dem Prüfstand, aaO, S. 257
2 JB 1966, in: BW 1967, S. 287;
3 Ebd., S. 3o2 f.
4 Beispielsweise JB 1967, in BW 1968, S. 278 f.
5 Ebd., S. 299
6 Beispielsweise ebd., S. 303
7 Ebd. S. 305 f.
8 JB 1966, aaO, S. 260; der Wunsch nach einer „one stop agency“ wird erst nach der Jahrtausendwende, und das auch nur teilweise, erfüllt werden, dazu später.

Unternehmen durch eine zu teure Krankenversicherung[9], und sie kümmert sich zunehmend um Fragen des Ost-West-Handels – insgesamt ein sehr breites Spektrum an Themen[10], zu denen die Kammer stets nicht nur kritische Anmerkungen macht, sondern auch Lösungsvorschläge bereithält.

Erhalt und Ausbau des Industriestandorts West-Berlin sind und bleiben die oberste Priorität der Kammer. Sie äußert sich deshalb sehr zufrieden über das Ziel der Bundesregierung, die Position West-Berlins als Land der Bundesrepublik zu festigen. Ausdruck dieser Absicht ist auch, dass die Förderungsmaßnahmen für die Stadt und ihre Wirtschaft unverändert bleiben, selbst zu einem Zeitpunkt, als sich der Bund wegen finanzieller Schwierigkeiten zu Kürzungen im Bundeshaushalt veranlasst sieht; die Präferenzen, die für West-Berlins wirtschaftliche Entwicklung unentbehrlich sind, bleiben unangetastet.[11] Diese Form der finanziellen Hilfe des Bundes und die sonstigen Kaufkraftübertragungen sind stabilisierende Faktoren, die den konjunkturellen Schwankungen entgegenwirken.

Auch deshalb bleibt eines der Berliner Probleme der Facharbeitermangel. „Eine Entspannung auf dem Markt für Facharbeitskräfte hatte es selbst im Rezessionsjahr 1967 nicht gegeben, und so stieß die Nachfrage im Jahre 1968 auf einen erschöpften Arbeitsmarkt. Es dauerte fast ein halbes Jahr, bis die verstärkten Bemühungen um Anwerbung westdeutscher Arbeitskräfte spürbare Ergebnisse zeitigten".[12] Auch für die Handelskammer stehen Fragen der Zuwanderung und der Maßnahmen zu ihrer Förderung ganz oben auf der Tagesordnung. „Unabhängig von Konjunkturschwankungen, die auch die Nachfrage auf dem Arbeitsmarkt beeinflussen, kommt es darauf an, die Wirtschaft West-Berlins auf lange Sicht durch die Zuwanderung von Arbeitskräften aus Westdeutschland zu fördern, also alles zu tun, damit das Arbeitskräftepotential nicht schrumpft".[13] Ganz konsequent setzt sich die Kammer mit dem hohen Beschäftigungsstand im öffentlichen Dienst der Stadt auseinander; dort seien zu viele Menschen tätig – die offenbar in der Industrie fehlen –, und

9 JB 1967, aaO, S. 321 ff.

10 Und die deshalb auch heute noch „modern" klingen, weil sie fast alle, wenn auch in Nuancierungen, immer wieder auf die Tagesordnung der Arbeit der Kammer kommen.

11 Siehe auch JB 1966, aaO, S. 259

12 Geschäftsbericht der Berliner Industriebank, zitiert bei Krafft, aaO, S. 257

13 JB 1966, aaO, S. 259

sie stellt schon damals die heute üblichen Vergleiche mit anderen Städten her, indem sie darauf hinweist, dass Hamburg mit verhältnismäßig weniger Beschäftigten im öffentlichen Dienst auskommt als West-Berlin.[14] Die Bemühungen um die Zuwanderung zeitigen Erfolge. Von 1966 bis 1968 finden rund 52700 westdeutsche Arbeitskräfte in Berlin einen Arbeitsplatz, und die Zahl der nichtdeutschen Arbeitnehmer steigt von 16000 auf 27000.[15]

Die Industrie braucht nicht nur Arbeitskräfte, sie benötigt auch Flächen. Deshalb befasst sich die Kammer auch und immer wieder unter anderem mit den Westberliner Flächen, die landwirtschaftlich oder kleingärtnerisch genutzt werden. Sie fordert ihre Heranziehung für die Umsiedlung ortsansässiger Betriebe, die von insbesondere Wohnbauten aus ihren angestammten Sitzen verdrängt werden, und für die Ansiedlung neuer Betriebe. Sie klagt unverblümt über die Praxis der Gerichte, in Prozessen, in denen es um die Räumung von Kleingärten geht, fast durchweg zugunsten der Kleingärtner zu entscheiden. Das Argument, dass es im Interesse der Allgemeinheit liege, das Wachstum der vorhandenen Industriebetriebe zu fördern und neue Betriebe anzusiedeln, um die Lebensfähigkeit der Stadt zu verbessern, werde von den Gerichten nicht gewürdigt; die Urteile stützten sich dagegen auf Grundgedanken einer aus der Kriegszeit stammenden Kleingartenverordnung, nach denen Kleingärten vor allem zur Sicherung der Ernährung der Bevölkerung erhalten bleiben müssten. Die Kammer geht so weit, die aus ihrer Sicht unzureichende Industrieansiedlung und die Verlagerung von Betriebsteilen von West-Berlin nach Westdeutschland mit auf das Konto der Kleingartenverordnung und ihrer Auslegung durch die Gerichte zu schreiben, und sie bringt gemeinsam mit der Wirtschaftsverwaltung eine Änderung der Kleingartenverordnung durch den Bundesgesetzgeber auf den Weg, die aber durch „politische Rücksichten" in Berlin im Sande verläuft.[16]

Dass die Westberliner Wirtschaft auch auf gute Straßenverkehrsverbindungen und leistungsfähige Flughäfen angewiesen ist, liegt auf der Hand; ebenso natürlich ergibt sich daraus ein weiteres ständiges Betätigungsfeld der Kammer. Bei den Bedingungen für den Berlinverkehr kommt die Bundesregierung West-Berlin erneut entgegen. Der sogenannte „Leber-Plan", das verkehrspolitische Programm für die Jahre 1968

14 Ebd., S. 265

15 Krafft, aaO, S. 257

16 Vgl. insgesamt JB 1966, aaO, S. 301 ff.; JB 1967, aaO, S. 298

bis 1972, sieht eine Ausnahme für das dort vorgesehene Beförderungsverbot für bestimmte Güter auf der Straße und die Halbierung einer zusätzlichen Steuer für den Straßengüterverkehr vor. Nach Diskussionen in Bundestag und Bundesrat und einem Kompromiss im Sommer 1968 fallen zwar die Transportverbote für Massengüter auf Straßen weg, aber die Straßengüterverkehrssteuer bleibt; der gewerbliche Güterfernverkehr mit Standort in Berlin und Westdeutschland ist jedoch für alle Fahrten zwischen Berlin und Westdeutschland von ihr befreit – ein weiterer Erfolg Berlins und der Berliner Handelskammer.[17] Dagegen steht die Kammer dem Plan des Berliner Senats und der Flughafengesellschaft, die Abfertigungskapazitäten von Tegel zu erweitern, aus heutiger Sicht erstaunlicherweise eher skeptisch gegenüber. Sie regt auch mit dem Argument, die Verteilung des Flugverkehrs auf zwei Flughäfen sei für die Reisenden unbequem, die Prüfung des Ausbaus von Tempelhof an und macht sehr detaillierte Vorschläge für die effizientere Nutzung der bisherigen Abfertigungshalle für Büros der Luftfahrtgesellschaften und für zusätzliche Schalter.[18] Die Berliner Handelskammer mischt sich also erneut nicht nur ein; sie hat wie stets auch Lösungen parat.

Ein Hauptschwerpunkt ihrer Arbeit in diesen Jahren wird – aus ihrer Zuständigkeit für die Berufsausbildung und aus ihrer Sorge um den Nachwuchs für die Betriebe heraus – die berufliche Bildung. Ihre Verantwortung für die nun so genannte „Duale Berufsausbildung“ führt sie nicht nur zur Mitarbeit an einer in diesen Jahren entstehenden bundesgesetzlichen Regelung, sie kümmert sich auch um die Qualität der Schulbildung. Das geschieht auch vor dem Hintergrund, dass beispielsweise 1966 in West-Berlin nahezu 40 % der Lehrstellen unbesetzt bleiben und es nicht einmal gelingt, in besonders beliebten Lehrberufen ausreichend Lehrlinge zu finden.[19] Die Kammer sieht sich auch veranlasst, die Mängel der Schulbildung zu beklagen – schon damals! – und fragt, wann „sich die Schule auf ihre ureigenste Aufgabe besinnen wird, auch dem Volksschüler das wichtigste Rüstzeug für seinen Lebensweg zu vermitteln: sich in seiner Muttersprache klar auszudrücken, die Grundrechnungsarten zu beherrschen und anzuwenden und die notwendige Sicherheit in der Rechtschreibung und Interpunktion.“ Sie verschafft auch ihrem

17 Vgl. JB 1967, aaO, S. 303, und 1968, S. 56 (ab 1968 erscheinen die Jahresbericht nicht mehr als Sondernummer der BW, sondern als eigenständige Publikationen).

18 JB1967, aaO, S. 305 f.

19 Dazu und zu dem Folgenden vgl. JB 1966, aaO, S. 316 ff.

späteren Hauptgeschäftsführer, Dr. Günter Braun, zu diesem Zeitpunkt noch Leiter der Abteilung Berufsbildung des DIHT, Gehör, der über einen Leistungstest in den Bezirken von zwanzig westdeutschen Industrie- und Handelskammern berichtet und ein „bestürzendes Ergebnis“ konstatieren muss: „Das Ergebnis im Diktat ist, daß bei 20 % der Lehrlinge die Kenntnisse in Rechtschreibung mangelhaft sind und daß bei weiteren 17 % von Sicherheit in der Rechtschreibung selbst bei bestem Willen nicht die Rede sein kann. Das Ergebnis im Rechnen ist noch ungünstiger. Hier ist die Leistung bei 25 % aller Lehrlinge mangelhaft und bei weiteren 25 % bestehen erhebliche Lücken. Einzelergebnisse machen das noch plastischer. Von den Lehrlingen können 22 % nicht addieren, 42 % nicht subtrahieren, 23 % nicht multiplizieren, 29 % nicht dividieren, 29 % Brüche nicht addieren, 59 % Brüche nicht kürzen und 23 % beherrschen nicht die Umwandlung von Maßen und Gewichten.“ Richtigerweise richten sich die Vorwürfe nicht an die Volksschule oder gar an einzelne Lehrer. „Wenn denn Vorwürfe angebracht sind, dann gegenüber der offiziellen Schulpolitik: nicht, weil diese bisher nicht in der Lage gewesen ist, des immer schwierigeren Problems des Lehrermangels Herr zu werden, sondern weil die Schulpolitik vielerorts durch ein oft kaum erträgliches Maß an Planlosigkeit, durch eine offenbar zum Prinzip erhobene Experimentierfreudigkeit der Schulverwaltungen und durch das Fehlen jedes Mindestmaßes an schulpolitischer Kooperation gekennzeichnet ist.“[20] Dass gefolgert wird, die Wirtschaft könne die Verantwortung für eine qualifizierte Berufsausbildung der Jugendlichen nur noch in sehr begrenztem Umfang übernehmen, verwundert angesichts dieser Befunde und der Analyse für ihre Gründe nicht. Die Handelskammer versucht daher nicht nur, dieser Entwicklung entgegen zu steuern, sie engagiert sich auch zunehmend in der Weiterbildung des industriellen und kaufmännischen Nachwuchses für ihre Betriebe. Im Jahr 1968 bereits begeht sie das zehnjährige Bestehen ihrer Industriemeister-Prüfungen, dem Abschluss einer Ausbildung mit Lehrgangs- und Stoffplänen, die in Zusammenarbeit mit erfahrenen Betriebspraktikern entwickelt worden ist; zu diesem Zeitpunkt sind allein über 500 Industriemeister der Fachrichtung Maschinen- und Gerätebau von der Kammer ausgebildet und geprüft worden, und weitere Fachrichtungen kamen und kommen hinzu, so die Elektrotechnik und die chemische Industrie. Die Kammer betätigt sich auch auf weiteren Feldern der Fortbildung Erwachsener, beispielsweise in Lehrgängen und Prüfungen

20 BW 1966, S. 1258 f.

für Küchen- und Serviermeister, für Buchdrucker, Schriftsetzer etc. mit dem Abschluss „Lehrmeister im graphischen Gewerbe", in ihr finden Berufsprüfungen für Kurzschrift und Maschinenschreiben, Bilanzbuchhalter, fremdsprachenkundige Korrespondenten, Wirtschaftsübersetzer und Wirtschaftsdolmetscher statt, und die Kammer beteiligt sich an der Gründung und über die Organe auch an der Arbeit anderer Weiterbildungsinstitute, so bei dem Institut für technische Weiterbildung e.V. und dem Berliner Institut für Betriebsführung.[21]

Wirtschaftspolitisch gehen Senat und Handelskammer in diesen Jahren, von sehr geringfügigen Nuancen abgesehen, Hand in Hand. Der Wirtschaftssenator Dr. Karl König legt am 21. März 1966 vor der Kammer unter ausdrücklicher Bezugnahme auf ihren kurz zuvor erschienenen Jahresbericht Rechenschaft über sein Programm ab. Er bestätigt dort seine Absicht einer expansiven Wirtschaftspolitik, die vor allem bedeutet, die Investitionen im produzierenden Bereich der Berliner Wirtschaft zu fördern, eine Politik, die dann auch dem Handel und dem Dienstleistungsgewerbe zugute kommt. Er bekräftigt die Notwendigkeit einer engen wirtschaftlichen Verklammerung mit dem übrigen Bundesgebiet, und er geht auf die Forderung der Kammer auf die Nutzung jeder Möglichkeit der Erweiterung und Neuansiedlung von Industrie- und Gewerbegebieten auch über die Flächenplanung ein. Zugleich ist er sich mit ihr in der Notwendigkeit der Sicherung des Arbeitskräftepotentials und sogar darin einig, dass die öffentliche Verwaltung Berlins mit gutem Beispiel vorangehen und ihre Aufgaben mit den geringsten Kosten und mit einem Minimum an Arbeitskräften erfüllen muss[22] – die ständigen Mahnungen und Vorstöße der Kammer zeitigen Erfolge.

Die sechziger Jahre verabschieden sich in Berlin freundlich.[23] Daran ist maßgeblich auch die BAO beteiligt. Seit Jahren ist sie durchaus erfolgreich bemüht, Kontakte zwischen Westberliner Firmen und potentiellen Kunden herzustellen. Sie veranstaltet Einkäufertagungen für Vertreter westdeutscher Unternehmen in Berlin, eine regelmäßige „Woche der offenen Tür für Berliner Firmen", an der vor allem Betriebe der westdeutschen Eisen- und Stahlindustrie einschließlich ihrer Tochtergesellschaften beteiligt sind, und Auslandssprechtage, sie wirbt auf Tagungen und Kongressen in Berlin für Berliner Produkte, sie informiert

21 Dazu und mehr JB 1968, S. 64 ff.

22 Siehe den Wortlaut der Rede „ Aktuelle Aufgaben der Berliner Wirtschaftspolitik" in BW 1966, S. 345 ff.

23 So Krafft, aaO, S. 258

auf westdeutschen Messen über die Berliner Wirtschaft und hilft Berliner Firmen, dort geeignete Messestände zu finden, und sie organisiert Gemeinschaftsstände der Berliner Wirtschaft auf internationalen Messen.[24] Kammer und BAO küren jährlich das Mitglied der Wirtschaftsvereinigung Eisen- und Stahlindustrie, das jeweils im vergangenen Jahr den höchsten Anteil seiner Gesamtaufträge nach Berlin vergeben hat; diese Unternehmen erhalten den „Goldenen Bären", 1961 Maximilianshütte mbH, 1962 August Thyssen-Hütte AG, 1963 Salzgitter Hüttenwerk, 1964 Fried. Krupp Hüttenwerke AG Gußstahlwerk Bochumer Verein, 1965 Stahlwerke Bochum AG mit einem Anteil von 18 % Berliner Bezüge an den Gesamtbezügen des Unternehmens, 1966 Fried. Krupp Hüttenwerke AG Bochum, und 1967 die Rheinstahl Hüttenwerke AG in Essen.[25] Die BAO hält auch enge Verbindung mit anderen großen Auftraggebern der Berliner Wirtschaft, so mit der Bundespost und der Bundesbahn, und sie schaltet sich in die Bemühungen ein, West-Berlin in die zunehmenden wirtschaftlichen Beziehungen zwischen dem Westen und dem Osten einzuschalten. Allerdings ist „der Osthandel in Berlin immer realistisch gesehen worden, insbesondere bei der Industrie- und Handelskammer. Die Berliner Absatzorganisation hat alle erdenkbaren Möglichkeiten abgetastet und dabei Erfolge erzielt. Hier ist die stille Arbeit von Dr. Günter Wilitzki (dem damaligen Geschäftsführer der BAO und stellvertretenden Hauptgeschäftsführer der Kammer) und seiner Mitarbeiter zu nennen, die ohne großen publizistischen Aufwand und ohne Berliner Rechtspositionen aufzugeben viele Brücken geschlagen haben."[26]

Die Kammer widmet sich in dieser Zeit in besonderem Maße auch der Förderung von Forschung und Entwicklung. Sie ruft 1969 gemeinsam mit dem Bundeswirtschaftsministerium und der Senatswirtschaftsverwaltung ein Förderungsprogramm für Forschung und Entwicklung in Klein- und Mittelbetrieben ins Leben; das Programm, das der Überwindung von Finanzierungsschwierigkeiten dieser Betriebe bei Forschungs- und Entwicklungsvorhaben dient, wird über mehr als zwei Jahrzehnte von der Kammer als Geschäftsstelle betreut werden, und die Intensität dieser Betreuung ist einer der Gründe dafür, dass im Hause wenige Jahre später eine eigenständige Industrieabteilung unter der Leitung von Dr. Günter Rexrodt gebildet wird.

---

24 Vgl. unter anderem JB 1966, aaO, S. 272 ff., und 1967, aaO, S.265 ff.

25 Nachweise in JB 1966, aaO, S. 272, und JB 1968, S. 18.

26 Krafft, aaO, S. 271

In den Jahren 1968 und 1969 kommt es zu einem Führungswechsel in der Handelskammer. Zunächst legt Präsident Dr. Wilhelm Borner im Juli 1968 sein Amt nieder. Er wird Ehrenpräsident, und mit dieser Wahl „würdigen die Organe der Industrie- und Handelskammer das Wirken ihres langjährigen Präsidenten, der sich als Mitgründer der neuen Industrie- und Handelskammer, als Vizepräsident und elf Jahre lang als Präsident um die Industrie- und Handelskammer zu Berlin und um die ganze Wirtschaft der Stadt verdient gemacht hat ... Mit seinen großen Erfahrungen und Kenntnissen, aber auch dank seines geehrten und geachteten Namens hat er die Berliner Wirtschaft nicht nur in Berlin und Bonn, sondern bei zahlreichen Gelegenheiten im Auslande würdig vertreten und hervorragend dazu beigetragen, die wirtschaftliche Lebensfähigkeit der Stadt zu sichern."[27] Sein Nachfolger wird am 11. Juli Konsul Walter W. Cobler, ein mittelständischer Unternehmer, der nach Besuch eines Gymnasiums in Berlin und einer Lehre in der Firma Orenstein & Koppel zwei Jahre lang bei der AEG in Bremen und in Erfurt tätig gewesen und im Jahre 1931 in die Turbon Ventilatoren- und Apparatebau GmbH seines Vaters eingetreten war; die alleinige Verantwortung für das Unternehmen hatte er im Jahr 1962 übernommen. Auch Konsul Cobler ist der Selbstverwaltung der Wirtschaft und der Handelskammer seit langem verbunden. Er war Vorsitzender des Verbandes der Wirtschaft im Französischen Sektor, Mitglied des Industrie-Ausschusses West-Berlin und Mitgründer der Handelskammer, Mitglied ihres Beirats von der ersten Stunde an, seit zehn Jahren im Präsidium. Er war auch Vorsitzender des Hauptvorstands des WEMA und langjähriger Präsident der Landesgruppe Berlin der Deutschen Olympischen Gesellschaft, auch erster Präsident nach dem Krieg im Berliner Lions Club – also „eine der bekanntesten Persönlichkeiten des Wirtschaftslebens" Berlins.[28] Er hat im Präsidium in Männern wie Hansjürgen Fuhrmann, Hans Neuburg, Willy Ebbinghaus, Max Pannenberg, Bruno Peters aus Handel und Handelsvertretung, Ditwald Bremeier (Stellv. Vorstand bei Siemens), Günter Milich (Generalbevollmächtigter der AEG-Telefunken), Karl-Otto Mittelstenscheid (Vorstand Schering), Heinz Mohr und Hans Sixtus (Vorstandsvorsitzender Schultheiss-Brauerei) von der Industrie, Horst von Abercron (Vorstand Berliner Industriebank) von den Banken, Theodor Meyer für die Verkehrswirtschaft und Wilhelm Schmiedeskamp für die

27 Auszug aus der Dr. Borner bei dieser Gelegenheit überreichten Urkunde, abgedruckt in BW 1968, S. 690.

28 BW 1968, S. 689

Bauwirtschaft „sachkundige Partner“[29]. Mitglied der Vollversammlung ist seit dieser Wahl auch der spätere Präsident Horst Elfe, Vorstandsmitglied der Deutsche Eisenhandel AG für die Wahlgruppe Großhandel mit Erzen, Eisen, Stahl, NE-Metallen sowie Halbzeugen, eine, wie gezeigt werden konnte, wichtige Branche für die Verklammerung mit der westdeutschen Wirtschaft.

Auch im Vorsitz der in der Trägerschaft der Handelskammer befindlichen Berliner Börse kommt es zu einem Wechsel. „An der Börse war dem temperamentvollen ersten Präsidenten Hans Weber und dem Bankier Hans Fuhrmann, in dessen Amtszeit die Themen Börsenpublizität, Terminhandel, Optionsgeschäfte im Vordergrund standen, der Bankier Dr. Gernot Ernst, als damals Deutschlands jüngster Börsenpräsident, gefolgt. Er hatte einem großen Namen gerecht zu werden, denn sein Vater Dr. Friedrich Ernst hatte sich im Staatsdienst und in der Privatwirtschaft, insbesondere in den ersten Nachkriegsjahren, im Dienste der Stadt und bei der Neuordnung des Geldwesens hohes Ansehen erworben. Als sein Sohn 1969 das Amt des Börsenpräsidenten übernahm, standen die moderne Organisation des Wertpapierhandels, die internationale Börsenkooperation und weiterhin die Wahrung der Freiheiten und Usancen zur Debatte.“[30]

Im gleichen Jahr gibt es bedeutende Veränderungen unter den Berliner Wirtschaftsjournalisten, die für auswärtige Zeitungen tätig sind und das Bild der Stadt deutschlandweit prägen: Der langjährige Wirtschaftskorrespondent der FAZ und deren Ostexperte, Joachim Nawrocki, übernimmt die Berliner Redaktion der „Zeit“, die zuständig ist für die Politik und die Wirtschaft Berlins, für die DDR und für den gesamten Ostblock; die Kammer erhofft sich von ihm in einem internen Papier eine objektivere Berlin-Berichterstattung dieser Wochenzeitung, und sie wird darin nicht enttäuscht werden. Für die FAZ kommt als Nachfolger von Dieter Vogel, dem späteren langjährigen Sprecher des Bundeswirtschaftsministeriums und noch späteren Regierungssprecher, Peter Hort aus der Zentralredaktion der FAZ; Hort wird in den 90er Jahren für die FAZ sehr kundig aus Brüssel berichten. Für Peter Gillies, der in die Bonner Redaktion der „Welt“ zurückkehrt, rückt Peter Weertz aus Hamburg nach. Dagegen schreibt Herbert Krafft, der die Berliner Wirtschaftsgeschichte – mit sechsjähriger Unterberechung durch Krieg und Gefangenschaft – rund 50 Jahre als Wirtschaftsredakteur „beob-

29 Krafft, aaO, S. 270
30 Krafft, aaO, S. 271

Abb. 23 Konsul Walter W. Cobler
Präsident der Industrie- und Handelskammer zu Berlin 1968–1976

achtend, berichtend und kommentierend“[31] begleitet hat, nach wie vor in der „Morgenpost“. Mit allen hat die Kammer eine ungemein gute Zusammenarbeit verbunden.

Die einschneidendste Zäsur aber ist wohl der Tod des langjährigen und erfolgreichen Hauptgeschäftsführers der Kammer, zugleich langjähriges Mitglied im Berliner Abgeordnetenhaus und wirtschaftspolitischer Sprecher der CDU-Fraktion, Dr. Bernard Skrodzki, am 14. März 1969. Das öffentliche Leben Berlins ist damit um eine bedeutende Stimme ärmer geworden, so die Erklärung des Regierenden Bürgermeisters Klaus Schütz. Die Handelskammer interpretiert diese Stimme in ihrem Nachruf als Ausdruck von Wissen, Können, Erfahrung, Engagement und Autorität, Arbeit für die Gemeinschaft wie auch Mut und Bereitschaft zum Risiko; Skrodzkis taktisches Geschick, verbunden mit Erfahrungen und Ideen, vor allem aber seine stetige Energie habe ihn auch dort erfolgreich sein lassen, wo andere vielleicht aufgegeben hätten. „Niemals aufgeben!“ Dieses Wort habe untrennbar zum Wesen dieses Mannes gehört, und wenige Tage vor seinem Tod habe er im Kreis seiner Mitarbeiter noch einmal davon gesprochen. Inhaltlich erinnert die Kammer daran, dass sein Name mit der Nachkriegsgeschichte Berlins immer durch ein Kernstück des wirtschaftlichen Lebens verbunden bleiben werde, den Förderungsmaßnahmen für die Berliner Wirtschaft, deren Konzeption und politische Durchsetzbarkeit er maßgeblich beeinflusst habe, und sie hebt noch einmal seine Überzeugung hervor, dass Berlin die enge wirtschaftliche und politische Bindung an die Bundesrepublik brauche; diese Überzeugung habe sein Wirken bis zum letzten Tage erfüllt, ebenso wie seine wirtschaftspolitische Konzeption, die Lebensfähigkeit der Stadt aus eigener Kraft ständig zu vergrößern.[32] Eine die Entwicklung der Wirtschaft, das Gedeihen der Handelskammer und die Geschicke der Stadt insgesamt (mit-) bestimmende Persönlichkeit – ein Patriarch, ein nicht nur in der Handelskammer dominierender Mann – hat Berlin verlassen.

Interimistisch wird der stellvertretende Hauptgeschäftsführer Dr. Goez mit der Führung der Geschäfte des Hauptgeschäftsführers beauf-

31 So Krafft selbst, aaO, S. 9

32 BW 1969, S. 237; vgl. auch den Bericht über die erste Vollversammlung nach dem Tod von Dr. Skrodzki in BW 1969, S. 356. Siehe auch die bereits erwähnten Reden von Dr. Borner, des Regierenden Bürgermeisters Klaus Schütz, des CDU-Fraktionsvorsitzenden Amrehn, des Hauptgeschäftsführers des DIHT Broicher, des Geschäftsführenden Präsidialgeschäftsführers des BDI Dr. Wagner und des früheren Ministerialdirektors im BMWi Roland Risse anlässlich der offiziellen Trauerfeier, in BW 1969, S. 349 ff.

tragt; gleichzeitig wird ein weiterer Geschäftsführer der BAO, Dr. Günter Wilitzki, zum stellvertretenden Hauptgeschäftsführer der Kammer berufen.

Sehr rasch aber findet die Handelskammer die endgültige und sehr überzeugende Lösung für die Nachfolge von Dr. Skrodzki: Schon in der Vollversammlung am 28. März wird Dr. Günter Braun, zu dieser Zeit Abteilungsleiter im Deutschen Industrie- und Handelstag, mit Wirkung zum 1. Juli zum Hauptgeschäftsführer bestellt.

Dr. Günter Braun war am 15. Oktober 1928 in Berlin geboren. Er hatte in Berlin zunächst das Arndt-Gymnasium besucht und im Jahr 1948 das Abitur am Max-Planck-Gymnasium in Göttingen gemacht. Es folgte ein Buchhändlerlehre mit dem Abschluss der buchhändlerischen Gehilfenprüfung im Jahre 1950. Anschließend hatte Braun an der Universität Bonn Wirtschaftsgeographie, Wirtschafts- und Verfassungsgeschichte und Volkswirtschaft studiert und im Jahr 1954 zum Dr. phil. promoviert. Im gleichen Jahr war er Sekretär des vom Bundesminister für Verkehr eingesetzten „Sachverständigenausschusses für die Neugestaltung des Deutschen Gütertarifs" geworden und ein Jahr später in die Dienste des DIHT getreten, in dessen Verkehrsabteilung er bis 1960, in den beiden letzten Jahren als stellvertretender Abteilungsleiter, tätig gewesen war. Es schloss sich eine Tätigkeit in der Wirtschaft an, in der zentralen Planungsabteilung der Mobil Oil AG in Hamburg. Anfang 1965 war er in den DIHT zurückgekehrt und leitet im Zeitpunkt seiner Berufung in die Stadt seiner Geburt die Abteilung Aus- und Weiterbildung und Bildungspolitik des Handelstages.

Mit Dr. Braun gelingt es der Handelskammer erneut, den Praktikern aus der Wirtschaft, den Präsidenten, „gewissermaßen den Troupiers", die „strategische Logistik des Generalstäblers"[33] an die Seite zu stellen; er wird zu dem vierten herausragenden Hauptgeschäftsführer in Folge seit der Gründung der Handelskammer werden. Bei seiner Einführung am 1. Juli 1969 sagt er, er könne sich keine schönere Aufgabe vorstellen, als für Berlins Wirtschaft und für Berlin tätig zu sein. Sein Wunsch sei es, dass die Industrie- und Handelskammer zu Berlin im Bewusstsein weitester Kreise der Berliner Wirtschaft immer mehr als eine Kammer gelte, die einen modernen, vielfältigen und wirkungsvollen Service anzubieten habe – ein Konzept, das sich in manch einer anderen Kammer erst sehr viel später durchsetzen wird – und dass sie gegenüber Regierung, dem Senat sowie gegenüber Behörden und anderen Dienststellen bemüht

33 Krafft, aaO, S. 270

bleiben müsse, als ehrlicher Makler Anregungen für eine wirtschaftsnahe und überzeugende Berlinpolitik zu geben. Die Handelskammer dürfe keine Behörde sein, sondern eine Adresse, an die sich der Gewerbetreibende wendet, wenn er Rat und Hilfe braucht: „Der umfassende Auftrag des Gesetzgebers lässt sich nicht mit Routine erfüllen, sondern der Erfolg wird an der Initiative gemessen".[34] Dieses Motto wird sein Wirken als Hauptgeschäftsführer prägen.

Wirtschaftspolitisch knüpft Dr. Braun zunächst an der bewährten Linie der Kammer mit der Fokussierung auf das Berlinhilfe-Instrumentarium an. Dabei steht, nach wie vor unter der Maßgabe des Vorrangs für Zuwanderung und der Stärkung der Unternehmen, die Mitarbeit an einer Novellierung des Berlinhilfegesetzes mit einer Neuregelung der Arbeitnehmerpräferenzen und Verbesserungen der Präferenzierung der Unternehmen im Vordergrund. Beredt dringt er auf einheitliche Berliner Stellungnahmen, abgestimmt zwischen Senat, Wirtschaftsorganisationen und Gewerkschaften, deren Gemeinsamkeit die Überzeugungskraft der Argumentation stärken und die Gefahr mindern werde, dass Entscheidungen über den Kopf Berlins hinweg getroffen würden; er sieht es als vordringlichste Aufgabe der Kammer an, sich intensiv für eine solche einheitliche Berliner Haltung einzusetzen.[35]

Der Schulterschluss gelingt – es kommt zu einer einheitlichen Stellungnahme von Senat, Handelskammer, Landeszentralbank und Gewerkschaften gegenüber Bundesregierung und Bundestag –, und er zeitigt Erfolge. Die Bundesregierung beschließt am 26. Februar 1970 einen neuen Entwurf einer Änderung des Berlinhilfegesetzes – in Zukunft „Gesetz zur Förderung der Berliner Wirtschaft (Berlinförderungsgesetz – BFG -)" genannt – den gesetzgebenden Körperschaften als besonders eilbedürftige Vorlage zuzuleiten, der Bundestag verabschiedet den Entwurf am 27. Mai 1970 in Zweiter und Dritter Lesung, und nach der Zustimmung des Bundesrats erlangt die Novelle im Juni Gesetzeskraft. Die Kammer würdigt die Neuregelung als erneuten Beweis der Solidarität des Bundes mit Berlin[36] und beeilt sich, als erste Orientierungshilfe für die Berliner Wirtschaft eine Broschüre herauszugeben, die den vollstän-

34 BW 1969, S. 656

35 Vortrag vor der Jahreshauptversammlung der Wirtschaftsvereinigung des Groß- und Außenhandels über „Wirtschaftspolitische Aufgaben im Herbst 1969", vgl. den Bericht in BW 1969, S. 1060.

36 JB 1970, S. 47; dort auch zu dem Inhalt der Verbesserungen für Unternehmen und Arbeitnehmer Berlins.

Abb. 24 Dr. Günter Braun
Hauptgeschäftsführer der Industrie- und Handelskammer zu Berlin 1969–1990

Abb.25 Dr. Braun mit Präsident Cobler und dem späteren Präsidenten Horst Elfe

digen Text des neuen Gesetzes und einen Leitfaden durch die neuen Bestimmungen enthält; die Broschüre wird beginnend bereits ab Anfang Juli in einer Auflage von 20 000 Exemplaren allen Vollkaufleuten der Stadt und sonstigen interessierten Stellen in Berlin und Westdeutschland (Wirtschaftsorganisationen, Kammern, Behörden) unentgeltlich übersandt. Auch auf anderen für die Wirtschaft oder für Teile der Wirtschaft wichtigen Gebieten kann die Handelskammer Erfolge melden; so erreicht sie gemeinsam mit dem Senat und dem DIHT wie schon im Vorjahr eine Ausnahme von den Verkehrsbeschränkungen für Lastkraftwagen während der Ferienzeit für die Verkehre von und nach Berlin und für den Interzonenverkehr, und sie erreicht Erleichterungen etwa auch bei den Voraussetzungen für die Erteilung von Genehmigungen für Schwer- und Großraumtransporte auf der Straße, um nur wenige Beispiele zu nennen.

Ihre wichtigste Aufgabe als „politisches – nicht parteipolitisches – Sprachrohr der Wirtschaft“[37] in dieser Zeit sieht die Kammer aber in der Einflussnahme auf die Vorbereitung des Vier-Mächte-Abkommens. Und

37 Krafft, aaO, S. 278

das mit Grund: „Es hat in jenen Monaten in Berlin Hoffnungen, Mißtrauen und Skepsis zugleich gegeben. Nach der Unterzeichnung des Moskauer Vertrages am 12. August 1970 durch Bundeskanzler Willy Brandt – der Warschauer Vertrag folgte am 7. September – begann bereits im September ein Austausch von Meinungen zwischen den Alliierten, der dann zu Verhandlungen über ein Vier-Mächte-Abkommen geführt hat. Dabei hat die Sowjetunion nie formell den Zusammenhang dieser neuen Gespräche mit den Gewaltverzichtverträgen von Moskau und Warschau anerkannt. Zu dem Verhandlungspaket gehörten weiter Vereinbarungen zwischen dem Senat von Berlin und der DDR über Erleichterungen und Verbesserungen des Reise- und Besucherverkehrs und über die Regelung von Fragen der Enklaven durch Gebietsaustausch' sowie ein ‚Abkommen zwischen der Regierung der Bundesrepublik Deutschland und der Regierung der Deutschen Demokratischen Republik über den Transitverkehr von zivilen Personen und Gütern zwischen der Bundesrepublik Deutschland und Berlin (West)'"[38] – schon von den Überschriften der Abkommensentwürfe her überragend wichtige Themen für Berlin, für seine Wirtschaft und damit für die Industrie- und Handelskammer.

Schon sehr früh verfolgt die Kammer die sich abzeichnenden Entwicklungen mit höchster Aufmerksamkeit und Wachsamkeit.[39] So nehmen Vertreter des Hauses regelmäßig an Pressekonferenzen und – noch wichtiger – an Hintergrundgesprächen der für diese Entwicklungen maßgeblichen Politiker teil, beispielsweise an einer Pressekonferenz von Staatssekretär Egon Bahr, einem der Architekten der kommenden Verträge, am 16. Januar 1970[40] und an einem vertraulichen Gespräch von Berliner Journalisten mit Bundesminister Ehmke, dem Chef des Bundeskanzleramts unter Bundeskanzler Willy Brandt, über die Rolle Berlins in der Ostpolitik der Bundesregierung Ende des gleichen Monats[41], gleichermaßen an einem Hintergrundgespräch von Bundeskanzler Brandt im April, ebenfalls zu dem Thema der Rolle Berlins im Ost-West-Dialog[42], und an einem weiteren informellen Gespräch mit Staatssekretär

38 Krafft, ebd.
39 Siehe zum Folgenden auch die von Dr. Skrodzki wohl 1969 begonnenen, von Dr. Goez und Dr. Braun fortgeführten sogenannten „Präsidialnotizen", die die Hauptgeschäftsführer nahezu wöchentlich dem Präsidium vorlegen und die einen ungemein lebendigen Einblick in die Vielfalt der Arbeit der Kammer erlauben.
40 Präsidialnotiz (im folgenden: PN) Nr. 3/70 vom 26.1.
41 PN Nr. 4/70 vom 2.2.
42 PN Nr. 12/70 vom 21.4.

Ahlers, dem Regierungssprecher, zum gleichen Thema Ende Mai.[43] Bereits bei seinem Antrittsbesuch am 21. November 1969 bei Präsident Cobler und Hauptgeschäftsführer Dr. Braun hatte Staatssekretär Egon Bahr, der Bundesbevollmächtigte in Berlin, unterstrichen, dass die Bundesregierung nicht bereit sei, irgendwelche Abstriche am Status von Berlin hinzunehmen[44], und diese Zusicherung durchzieht auch die folgenden offiziellen und inoffiziellen Verlautbarungen der Bundesregierung. Dennoch bleibt die Kammer nicht untätig. Sie interveniert beispielsweise im Februar in einem Gespräch zwischen dem Präsidium und dem Regierenden Bürgermeister gegen Verkehrsbehinderungen durch die DDR[45], und sie pflegt ihre guten Beziehungen zu den westlichen Alliierten, insbesondere zu den Amerikanern, etwa durch eine sorgfältige ausgearbeitete Erklärung zu Demonstrationen vor dem Amerika-Haus in der Nachbarschaft der Kammer am 9. Mai 1970, in der sie ihr höchstes Bedauern über diese Vorfälle zum Ausdruck bringt und sehr grundsätzliche Ausführungen über die Notwendigkeit eines guten Verhältnisses zwischen Berlin und der amerikanischen Schutzmacht macht[46]; der US-Stadtkommandant General Georg M. Seignious II nimmt die ihm am 15. Juni von Präsident Cobler überreichte Erklärung mit hoher Anerkennung für die Haltung der Berliner Wirtschaft entgegen, die Erklärung wird noch am gleichen Tag auch an US-Botschafter Kenneth Rush und an den amerikanischen Außenminister in Washington weitergeleitet[47] – so erhält man sich Freunde.

Die Handelskammer bleibt inhaltlich und operativ ihrer Verpflichtung treu: Sie legt bereits im September 1970 „Überlegungen zu einer gesicherten Berlin-Lösung“ vor, macht das Dokument ganz bewusst nicht öffentlich, sondern verteilt es an einen Kreis von Berliner und anderen deutschen Entscheidungsträger, sie „spielt es den westlichen Unterhändlern in die Hände“.[48] Um es vorwegzunehmen: „Es ist erstaunlich, wie viel von den Vorstellungen der Kammer in den Verträgen verankert worden ist, wenn auch die Präzisionen der Kammer sich sicherlich in manchen Punkten mit den Vorstellungen der Alliierten, der Bundesregierung und des Senats gedeckt haben mögen. Doch wird die Konse-

43 PN Nr. 16/70 vom 1.6.
44 PN Nr. 56/69 vom 25.11.
45 PN Nr. 6/70 vom 12.2.
46 PN Nr. 16/70 vom 1.6.
47 PN Nr. 19/70 vom 25.6.
48 Krafft, aaO, S, 278

quenz und die Logik seiner Formulierungen den Denkprozeß gefördert haben."[49] In dem Memorandum wird eingehend dargelegt und begründet, was aus der Sicht der Berliner Wirtschaft unverzichtbare Elemente des gewachsenen Status sind und welche Verbesserungen, vor allem im Berlinverkehr, erreicht werden müssen, damit von einer befriedigenden Regelung für Berlin gesprochen werden kann. Grundvoraussetzung dafür ist, dass die Realität West-Berlins mit seinen gewachsenen Beziehungen zur Bundesrepublik unter dem Schutz und den Garantien der drei Westmächte ohne irgendwelche Abstriche von der Sowjetunion und der DDR respektiert wird, genauso, wie die Bundesrepublik zur Respektierung des Status quo in Osteuropa bereit ist. Darüber hinaus muss ein störungsfreier und ungehinderter Berlin-Verkehr für Personen und Güter sichergestellt werden, ohne dass die originären Rechte der drei Westmächte und die Pflichten der Vier Mächte geschmälert werden dürfen. Schließlich sind im Interesse der Menschen in Berlin innerstädtische Erleichterungen dringend erwünscht.[50] Das Papier stößt im Senat auf eine – wenn auch abgestufte – interessierte Reaktion. Der Regierende Bürgermeister dankt und versichert, dass sich im Prinzip die Vorstellungen der Bundesregierung und des Senats mit den Überlegungen der Kammer decken; gleiches ergibt ein Gespräch mit dem Chef der Senatskanzlei. Senator König bringt zum Ausdruck, dass das Dokument neben sehr interessanten Elementen eine Reihe von illusionären Forderungen enthalte und fragt etwas besorgt, was die Kammer mit ihm weiter vorhabe. Die Senatoren Löffler und Grabert bezeichnen eine Reihe von Anregungen als sehr interessant bzw. unterstreichen, dass in allen wichtigen Punkten Übereinstimmung zwischen den Vorstellungen des Senats und der Kammer bestehen.[51] Ganz so illusionär, wie der Wirtschaftsenator meint, werden einige der Forderungen denn doch nicht gewesen sein; denn viele von ihnen werden in das Ergebnis der Verhandlungen einfließen, wenn auch nicht alle Wünsche erfüllt werden werden. Immerhin hat die Kammer Anlass zu der Sorge, dass das Junktim zwischen der Ratifizierung des deutsch-sowjetischen Vertrages und befriedigenden Berlin betreffenden Regelungen ins Zwielicht geraten; auch dagegen wappnet sie sich und argumentiert für ein solches Junktim[52], eine Positionierung, die dann von Außenminister Walter Scheel mehrfach und

49 Krafft, aaO, S. 280
50 So zum Inhalt des Memorandums der JB 1970, S. 11 f.
51 PN Nr. 29/70 vom 28.9.
52 PN Nr. 30/70 vom 16.10

sehr eindeutig unterstrichen wird.[53] Und dabei bleibt es, auch wenn der „Spiegel" im Mai 1971 berichtet, Bundeskanzler Willy Brandt und seine Ostberater rückten vom Berlin-Junktim ab, das die FDP als ostpolitische „Zwangsjacke" für ihn erfunden habe, was der Regierende Bürgermeister Klaus Schütz umgehend dementiert.[54]

So kommt es denn am 3. September zunächst zu der Unterzeichnung des für Berlin so bedeutsamen Vier-Mächte-Abkommens. Bundeskanzler Brandt erklärt seinen Landsleuten die Bedeutung: „Nun, ich meine, die eigentliche Bedeutung liegt darin, daß es in Zukunft keine Berlin-Krisen geben soll. Das wäre viel nach all den Jahren der Unsicherheit".[55] Die Kammer wertet in einer ersten Stellungnahme die Vereinbarungen – vorbehaltlich der noch ausstehenden innerdeutschen Regelungen – als substantielle Verbesserung der Lage und der Aussichten West-Berlins. Gemessen an dem, was wünschenswert gewesen wäre, müssten manche Wünsche offen bleiben. Gemessen an dem, was gewesen und politische möglich erschienen sei, könne von wesentlichen Fortschritten für West-Berlin gesprochen werden. Dabei könne es die Industrie- und Handelskammer zu Berlin mit Genugtuung erfüllen, dass die wichtigsten ihrer in dem vertraulichen Memorandum vom September 1970 geäußerten Anregungen in den Vereinbarungen der Vier Mächte berücksichtigt seien.[56] Und der Botschafter der Vereinigten Staaten von Amerika, Kenneth Rush, beeilt sich, in einer Rede vor der Industrie- und Handelskammer sehr zeitnah zu der Unterzeichnung des Abkommens, am 22. September, vor mehr als 500 geladenen Gästen eine authentische Interpretation des Abkommens zu geben und als eines der wichtigsten Ergebnisse die direkte sowjetische Verpflichtung hervorzuheben, den ungehinderten zivilen Verkehr nach und von Berlin aufrechtzuerhalten[57]; sein Auftritt dort ist auch eine Anerkennung der Linie der Kammer, weil sie zur Akzeptanz der Vereinbarungen beigetragen hat.

Dennoch ist die Berlin-Regelung noch nicht abgeschlossen. Sie muss durch die innerdeutschen Verhandlungen zwischen Bundesregierung und

53 PN Nr. 31/70 vom 30.10. und PN Nr. 2/71 vom 22.1.

54 PN Nr. 12/71 vom 27.5.

55 Ansprache über alle Rundfunk- und Fernsehanstalten, wiedergegeben im Bulletin des Presse- und Informationsamts der Bundesregierung vom 3.9.1971

56 Pressemitteilung der Kammer am 3.9.; vgl. auch die differenzierte Stellungnahme von Präsident Cobler vor der Vollversammlung am 1. November, BW 1971, S. 944 ff.

57 Die sehr ausführliche Rede mit dem Titel „Wichtige Verbesserungen für West-Berlins Lebensfähigkeit" ist wiedergegeben in BW 1971, S. 796 ff.

der DDR ergänzt werden. Auch auf sie nimmt die Kammer Einfluss, beispielsweise durch ein Telegramm an Außenminister Genscher, das sich auf das Verfahren der Verhandlungen bezieht, und durch eine Intervention bei Egon Bahr, mit der sie ein Missverständnis Bahrs über ihre Haltung zur Verplombung des Güterverkehrs zwischen Westdeutschland und Berlin ausräumt.[58] Mitte Dezember werden die innerdeutschen Vereinbarungen zwischen dem westdeutschen Verhandlungsführer Bahr und dem DDR-Bevollmächtigten Kohl paraphiert. Die Kammer äußert sich erneut durchaus differenziert, die Vereinbarungen entsprächen nicht ganz den Erwartungen, und sie belegt dies auch mit konkreten Beispielen, resümiert aber, es bleibe anzuerkennen, dass der Berlin-Verkehr eine rechtliche Grundlage erhalten werde, die letzten Endes alle Vier Mächte garantieren.[59]

Die wohl präziseste Bewertung des gesamten Vertragswerks von Ostverträgen, Grundlagenvertrag, Vier-Mächte-Abkommen und Berlin-Vereinbarungen stammt in einem späteres Rückblick aus der Feder des Hauptgeschäftsführers der Handelskammer: „Das Urteil der Berliner Unternehmerschaft über das Vier-Mächte-Abkommen ist schon in einem frühen Stadium erheblich realistischer und nüchterner ausgefallen als das Urteil der breiten Öffentlichkeit darüber. Auf der einen Seite wurde anerkannt, daß der Berlinverkehr auf verbesserter Grundlage erheblich erleichtert und beschleunigt wurde; daß die Westmächte ihre Rechte gewahrt hatten; daß ihre Garantien für die Sicherheit und Lebensfähigkeit der Stadt unverändert weiter galten; daß die Bindungen zwischen der Bundesrepublik Deutschland und West-Berlin bis zu einer bestimmten staatsrechtlichen Grenze anerkannt und ausdrücklich als entwicklungsfähig bezeichnet wurden; daß die Zugehörigkeit West-Berlins zum Wirtschafts-, Finanz- und Rechtssystem sowie zur Gesellschaftsordnung der Bundesrepublik Deutschland genauso wie zur Europäischen Gemeinschaft bestätigt wurde. Genauso deutlich wurden aber auch die Nachteile gesehen, vor allem daß die Westmächte praktisch die Teilung Berlins und die widerrechtliche Eingliederung Ost-Berlins in die DDR hingenommen hatten, während West-Berlin kein konstitutiver Bestandteil der Bundesrepublik Deutschland war und nicht durch den Bund

58 PN Nr. 28/71 vom 3.12.

59 Pressemitteilung vom 10. Dezember 1971; vgl. auch den Artikel von Präsident Cobler „Berlin-Abkommen mit Leben erfüllen“ in BW 1972, S. 4 ff., und seinen Aufruf vor der Vollversammlung am 12. April 1972, „Plädoyer für eine Versachlichung“, in BW 1972, S. 316.

regiert werden durfte. Und mehr noch wurde mit großer Nüchternheit erkannt, daß die Berlin-Vereinbarungen nicht das Berlin-Problem lösten, nicht einmal die Probleme West-Berlins, und daß die Berlin-Vereinbarungen nur so viel wert sein würden, wie auf ihrer Grundlage eine überzeugende und zukunftsorientierte Berlin-Politik betrieben werden würde."[60]

Dennoch ist mit diesem Vertragswerk und dank der tatkräftigen Einflussnahme auch der Handelskammer eine Stabilisierung und Konsolidierung Berlins und der Berliner Wirtschaft auf einem Weg zu neuen Aufgaben erreicht.

60 Braun, Günter, Der Wiederaufbau Berlins, aaO, S. 232 f.

Kapitel X
Zu neuen Aufgaben

Nachdem die Industrie- und Handelskammer und die BAO 1970 ihr jeweiliges zwanzigjähriges Jubiläum begangen, bei dieser Gelegenheit Rückschau gehalten und Ausblicke gegeben hatten[1], nachdem in ihrem Auftrag und im Zusammenhang mit dem Jubiläum Joachim Nawrocki, der Berliner Korrespondent der „Zeit", noch einmal 25 Jahre Berliner Wirtschaftsgeschichte hatte Revue passieren lassen[2], gilt es nach dem Vier-Mächte-Abkommen und nach den Berlin-Vereinbarungen, Rolle und Aufgaben Berlins und seiner Wirtschaft mit Ideen und Initiativen zu erfüllen. Es folgt eine „Flut" von Vorschlägen für neue Funktionen und Perspektiven der Stadt, darunter auch solche, die „zwar gut gemeint (sind), aber letzten Endes, weil unrealistisch, dann doch Schaden stiften".[3] Unter den Vorschlägen finden sich die Errichtung eines Kernkraftwerks in Berlin, um die Stadt bei ihrer Stromversorgung von der Energiezufuhr unabhängiger zu machen, der Ausbau von Tempelhof, Tegel und Schönefeld (im Osten der Stadt) zu einem gemeinsamen (!) internationalen Luftkreuz, die Durchführung eines in regelmäßigen Abständen abzuhaltenden „Internationalen Consulting-Forums" und einer großen Internationalen Umweltausstellung, der Ausbau Berlins zu einem Zentrum der Entwicklungshilfe und Entwicklungshilfepolitik der Bundesrepublik Deutschlands und die Entwicklung der Stadt hin zu einer Brücke zwischen Ost und West; zu letzterem merkt später Hauptgeschäftsführer Braun an, hierbei sei „immer zu wenig in Rechnung gestellt worden, daß Berlin bei der Übernahme solcher Brückenfunktionen auf die Zustimmung des Ostens und dessen Bereitschaft zur Mitträgerschaft

1 Vgl. die Beiträge von Präsident Cobler, „Zwanzig Jahre für Berlins Zukunft" in BW 1970, S. 630 ff, und von Dr. Wilitzki, „Von der Absatzförderung zum Marketing für Berlin" in BW 1970, S. 714.

2 Die Artikel von Nawrocki sind veröffentlicht in BW 1970, S. 682 ff., 719 ff., 765 ff., 813 ff., 910 ff. und 1053 ff.

3 So Braun, Der Wiederaufbau Berlins, aaO, S. 233; die folgenden Beispiele finden sich ebd.

angewiesen war und daß beides in den meisten Fällen verweigert worden ist."[4]

Die Handelskammer bleibt bei der Beurteilung des Ausgangspunktes, der Bewertung der konjunkturellen Entwicklung und ihres Einflusses auf die Wirtschaft Berlins, realistisch: Die Situation in Berlin „ist exakt ein Spiegelbild zur Situation in Westdeutschland. Die Wirtschaft West-Berlins ist genau den gleichen Problemen ausgesetzt, die sich aus der konjunkturellen Situation in der gesamten Bundesrepublik ergeben. Auch in West-Berlin zeichnet sich in manchen Wirtschaftszweigen ein recht deutlicher Konjunkturrückgang ab, und zwar besonders ausgeprägt in der Berliner Investitionsgüterindustrie ... Eine Rezession wird sich erst endgültig vermeiden lassen, wenn es gelingt, auch hier die Kosten- und Preiswelle zu brechen."[5]

Trotzdem oder gerade deshalb hat die Kammer ein klares Zukunftsbild von Berlin:

„1. West-Berlin muß seine industrielle Basis, die Hauptgrundlage seiner wirtschaftlichen Lebensfähigkeit, weiter stärken und seine industrielle Struktur verfeinern.

2. Gleichzeitig und gleichrangig müssen große Anstrengungen unternommen werden, um die Stadt zu einem überregionalen Dienstleistungszentrum mit internationaler Ausstrahlung auszubauen.

3. Es muß außerdem versucht werden, zum Ausgleich für die verlorenen Hauptstadtfunktionen neue europäische Funktionen und internationale Aufgaben für West-Berlin zu gewinnen."[6]

Konkrete Ansatzpunkte für die unmittelbare Zukunft sieht sie in der Festigung und weiteren Verbesserung der industriellen Basis, in der Förderung staatlicher und privater Forschungs- und Entwicklungsaktivitäten, im planmäßigen Ausbau der Messe- und Kongressstadt, in der Stärkung als Zentrum der Entwicklungshilfe und Entwicklungshilfepolitik und in der Entwicklung zu einem Zentrum der Ost-West-Kooperation, und zwar wirtschaftlich[7], technisch und wissenschaftlich sowie

4 Ebd.

5 Dr. Braun vor der Vollversammlung am 1. November 1971, BW 1971, S. 949.

6 JB 1971, S. 16 f.

7 Die Kammer bleibt aber nüchtern in ihrer Beurteilung der Möglichkeiten des Osthandels für Berlin; in einer Pressemitteilung vom 7. 12. 1971 warnt Präsident Cobler davor, die Chancen zu überschätzen; das allgemeine Dilemma des Ost-West-Handels begrenze auch dessen Möglichkeiten, und eine Grenze liege in der mangelnden Fähigkeit der Staatshandelsländer, die gewünschten Bezüge aus dem

kulturell und, soweit möglich, auch politisch. Diese Ausführungen der Kammer in ihrem Jahresbericht finden ein „sehr starkes Echo“[8] auch in der öffentlichen Berichterstattung; die Berliner Abendschau bringt einen sehr lebendig gestalteten Filmbericht mit vielen Aussagen aus dem Jahresbericht, und alle Berliner Tageszeitungen berichten nicht nur sehr ausführlich, sondern kommentieren die wichtigsten Aussagen auch zustimmend.

Mitte 1972, am 19. Juni, erneuert die Vollversammlung der Kammer das Mandat von Präsident Walter Cobler an der Spitze des Hauses für eine weitere Amtszeit von vier Jahren.

Nicht nur der zeitliche Zusammenhang mit dem endgültigen Inkrafttreten der Berlin-Vereinbarungen am 2. Juni legt es nahe, bei dieser Gelegenheit Aussagen über die Absichten der Kammer für die Zukunft zu machen: Es sei „nun Aufgabe der neuen Vollversammlung, aus den inzwischen in Kraft getretenen Berlin-Vereinbarungen das Beste für Berlin zu machen. Dabei komme es weniger darauf an, großartige Pläne für West-Berlin zu entwickeln, als vielmehr konkrete und realisierbare Projekte für West-Berlin in Zusammenarbeit und in Konkurrenz mit vielen anderen Stellen zu entwickeln und durchzusetzen.“[9] Den Präsidenten und den Hauptgeschäftsführer Dr. Braun unterstützen nach wie vor die Vizepräsidenten Hans Sixtus, Dr. Günter Milich, Hansjürgen Fuhrmann und Hans Neuburg; im Präsidium bleiben auch Willi Ebbinghaus, Horst Elfe, Karl Otto Mittelstenscheid, Heinz Mohr, Dr. Wilhelm Schmiedeskamp und Hans Wechsel, neu hinzu kommen Prof. Dr. Karl Brinkmann, Direktor der Siemens AG, Dr. Friedrich Georgi, persönlich haftender Gesellschafter der Paul Parey Verlagsbuchhandlung, und Hanns Botho Hildebrand, Geschäftsführer der WEHA-Umwelttechnik GmbH. Stellvertretender Hauptgeschäftsführer ist nach wie vor Dr. Günter Wilitzki, zugleich Geschäftsführer der BAO und Abteilungsleiter Außenwirtschaft und Absatzförderung der Kammer, weitere Abteilungsleiter sind die Herren Werner Zitarra, Hans-Joachim Schwarze, Dieter Thomas, Dieter Puhlmann, Fritz Erdmann, Gerhard Severon, Adalbert Rohloff und Dr. Horst Schlegel.

Zahlreiche Anregungen der Kammer und manche ihrer Konkretisierungen nimmt der Senat in seinen im Oktober 1972 vorgelegten

---

westlichen Ausland mit solchen Gegenlieferungen zu bezahlen, die dort einen Markt fänden.

8 PN Nr. 9/72 vom 24.4.

9 Pressemitteilung vom 20. Juni; vgl. auch Bericht über die Vollversammlung am 19. Juni in BW 1972, S. 579.

„Leitvorstellungen für die Berliner Wirtschaftspolitik" auf, mit denen er erstmals den Versuch macht, die Ziele und Möglichkeiten der Berliner Wirtschaftspolitik mittelfristig, bis zum Jahr 1980, darzulegen. Der Senat definiert als ihr Hauptziel ein wirtschaftliches Wachstum, das mit der Expansion im Bundesdurchschnitt voll Schritt hält, und er unterlegt dieses Ziel mit konkreten Wachstumsraten; er bestätigt als Grundlage der wirtschaftlichen Lebensfähigkeit die Industrie und sieht auch deshalb keine Veranlassung für Kursänderungen in der Präferenzpolitik, bezeichnet die Förderung von Forschung und Entwicklung als eine der Hauptaufgaben im Bereich des Verarbeitenden Gewerbes, hebt auf die Wachstumsimpulse der überregionalen Dienstleistungen ab, betont die Notwendigkeit der Stärkung der Messe- und Kongressstadt Berlin und ihrer Rolle in den Europäischen Gemeinschaften und bekräftigt, dass Berlin eine bedeutende Funktion als Mittler im Handel zwischen der Bundesrepublik und der DDR sowie als Handels- und Kontaktplatz zwischen Ost und West zu übernehmen und auszubauen hat[10] – alles Stichworte, die die Handelskammer dem Senat vorher geliefert hatte. Wirtschaftssenator König geht bei den Wachstumserwartungen noch einen Schritt weiter; er hofft auf einen Gleichschritt mit Frankfurt und Hamburg, während die Kammer sich in ihren Erwartungen am Bundesdurchschnitt orientiert.

Die Kammer entwirft aber nicht nur Konzepte, sie handelt. Allein im Bereich des Handels mit der DDR und anderen Ostblockstaaten wird den Berliner Firmen durch die Kammer und durch die BAO eine besondere Förderung und Beratung zuteil; es gibt zu dieser Zeit keinen anderen deutschen Kammerbezirk, in dem so intensiv Osthandelsförderung betrieben wird. Die BAO gibt, um nur Beispiele zu nennen, Listen der Ost-West-Handelsbetriebe heraus, die in West-Berlin ansässig sind – sie werden auch von vielen westdeutschen Firmen angefordert –, veranstaltet Musterausstellungen osteuropäischer Länder in Berlin, sie kann im Januar 1972 erstmals einen Sprechtag mit einem DDR-Außenhandelsunternehmen veranstalten; die Handelskammer bietet Osthandelsseminare an, in denen sich die Mitarbeiter Berliner Firmen über spezielle Fragen des Ost-West-Handels informieren und fortbilden können, veranstaltet Länder-Sprechtage in ihrem Haus und in Zusammenarbeit mit den dortigen Handelskammern Sprechtage in osteuropäischen Städten.[11]

10 Zum Inhalt der „Leitvorstellungen" BW 1972, S. 921 ff.; vgl. auch Krafft, aaO, S. 285 ff.

11 Wilitzki, „IHK Berlin fördert Ost-West-Kooperation", in BW 1972, S. 507

Dennoch bleibt sie hinsichtlich des Einflusses auf die Entwicklung der Berliner Wirtschaft realistisch; die Chancen des Ost-West-Handels dürften nicht überschätzt werden.[12]

Exkurs: Interzonen- und innerdeutscher Handel, Handel mit der DDR

An der Entwicklung zunächst des sogenannten Interzonen-, dann des innerdeutschen Handels und des Handels mit der DDR hat die BAO einen bedeutenden Anteil. Verantwortlich ist neben dem Geschäftsführer der BAO und stellvertretendem Hauptgeschäftsführer der Kammer, Dr. Günther Wilitzki, der spätere Prokurist Wolfgang Wetzke, der sich über die Jahre und Jahrzehnte seiner Beschäftigung mit der Sowjetisch Besetzen Zone und der DDR zu einem der Experten in diesem Metier entwickeln wird.

Wolfgang Wetzke, geboren 1933 in Berlin, zunächst im Ostteil der Stadt wohnend, von dort aber schon zum Sommersemester 1955 an der Juristischen Fakultät der Freien Universität immatrikuliert, erlebt das schwierige Schicksal seiner Heimatstadt von ganz nah. Dazu gehört eine wenn auch eher kurzzeitige Verhaftung und ein Verhör durch die Staatssicherheitsorgane der SBZ. Sie veranlassen ihn zum Verlassen seines Elternhauses, führt zu einem Notausnahmeverfahren in West-Berlin und der Anerkennung als Sowjetzonenflüchtling. So etwas prägt, und doch lässt Wetzke die Entwicklung im Ostteil Berlins, in der SBZ und dann in der DDR nicht mehr los. Nach dem 1. juristischen Staatsexamen, in der Referendarzeit in Berlin, vor allem als Mitglied des Vorstandes des Verbandes der Berliner Gerichtsreferendare, später als dessen Vorsitzender, befasst er sich immer wieder mit den Verhältnissen im anderen Teil Deutschlands und im Osten Berlins. So liegt es nahe, dass er sich noch als Referendar im September 1963 auf eine Anfrage der Kammer beim Kammergericht bei der BAO bewirbt, die den Assessor im Januar 1964 – wenn auch zunächst vornehmlich wegen seiner guten französischen Sprachkenntnisse – einstellt. Aber Französisch wird, wie sich zeigt, nicht sehr gebraucht, und so organisiert Wetzke in seinem ersten Jahr bei der BAO vor allem die informelle Beteiligung West-Berlins an der Welt-

12 Ebd.; so auch Dr. Braun im Rückblick, aaO, S. 233.

ausstellung in New York. Sehr schnell aber kommt er zu dem, was sein beruflicher Lebensinhalt werden wird.

Die Befassung mit dem Interzonenhandel hat schon zu diesem Zeitpunkt durchaus Bedeutung für die Industrie- und Handelskammer. Betreut aber wird er zunächst nicht im eigenen Haus, sondern „outgesourct“ durch ein Rechtsanwaltsbüro Rasch, ohne dass sich heute die Gründe dafür noch vollständig aufspüren lassen. Rechtsanwalt Rasch betreut aufgrund einer internen Absprache den Ausschuss für Interzonenhandel der Handelskammer und eine bundesweit tätige Arbeitsgemeinschaft, den politischen Entwicklungen folgend, erst „Interzonenhandel“, dann „Innerdeutscher Handel“, später „Handel mit der DDR“ genannt, wohl vor dem Hintergrund seiner Geschäftsführung eines Handelsverbandes. Mit ihm kommt Wetzke in Kontakt, sie arbeiten zunehmend zusammen, und es kommt so weit, dass Wetzke immer häufiger die aus Berlin stammenden Fragen vor allem nach den sehr reglementierten Verfahren beantwortet, obwohl zu dieser Zeit die BAO als Organisation mit diesem Thema nicht offiziell befasst ist. Erst als Rechtsanwalt Rasch Ende der sechziger, Anfang der siebziger Jahre stirbt, erst als die Spitzenverbände der deutschen Wirtschaft den Sitz der Arbeitsgemeinschaft nach West-Berlin verlegen, wird die BAO auch formal zuständig; denn nun wird Dr. Wilitzki Geschäftsführer beider Institutionen, und der Zuarbeiter ist Wolfgang Wetzke, der zu einem der auch bundesweit anerkannten Experten dieser besonderen Form des Handels werden wird.

Die Arbeit ist zunächst sehr nach Westen und nach West-Berlin hinein orientiert. Es gibt kaum direkte Kontakte zu Regierungsstellen oder Unternehmen in der DDR; diese Beziehungen werden von der Treuhandstelle für Interzonenhandel (TSI) gepflegt, einer dem Bundeswirtschaftsministerium nachgeordneten Behörde, in Personalunion von Mitarbeitern des Ministeriums geleitet, lange von Ministerialrat Kleindienst, dann von Ministerialrat Rösch. Die BAO als geschäftsführende Stelle für den Ausschuss für den innerdeutschen Handel und vor allem für die Arbeitsgemeinschaft „Handel mit der DDR“ (der Einfachheit halber in Zukunft so genannt) kümmert sich um das Beratungsgeschäft mit Westberliner und westdeutschen Unternehmen, mit Industrie- und Handelskammern, mit Verbänden und anderen Institutionen. Dr. Wilitzki und Assessor Wetzke erweitern ab Anfang der siebziger Jahre den Trägerkreis der Arbeitsgemeinschaft, der bis dahin sehr industrieorientiert gewesen war, um weitere Verbände des Handels und um die Banken. Sie treiben in Absprache mit dem Bundeswirtschaftsministerium und den

Spitzenorganisationen, wenn auch gegen manchen Widerstand, die Liberalisierung des Handels mit der DDR voran; die festen Bezugskontingente für Waren aus der DDR gehören weitgehend der Vergangenheit an, sie werden auf einen harten Kern von als sensibel bezeichneten Waren beschränkt, andere Waren fallen nun unter eine allgemeine Genehmigung, die global und ohne Mengenbeschränkungen bezogen werden können. Assessor Wolfgang Wetzke wird zu einem Urgestein, ja zum „Papst" des innerdeutschen Handels, und die Kammer, die zugleich Landesvertretung des BDI ist, wird bundesweit federführend für die Fragen dieses Handels. Ab 1975 macht die Kammer, betreut von Dr. Wilitzki und Assessor Wetzke, zweimal im Jahr eine Umfrage über die Entwicklung dieses Handels; die jeweiligen Ergebnisse stoßen in der Öffentlichkeit auf großes Interesse.

Die wenigen direkten Verbindungen von BAO und Kammer zu Institutionen der DDR, die nach langjährigen, bereits im Jahr 1967 eingeleiteten Bemühungen in der Veranstaltung eines Sprechtages mit einem DDR-Außenhandelsunternehmen im Jahr 1972 münden[13], versiegen. Anders steht es mit der Messe in Leipzig. Dorthin waren nach der Errichtung der Mauer zunächst die Kontakte und Aktivitäten abgebrochen worden; die westdeutschen und Westberliner Unternehmen, Verbände und andere Institutionen verweigerten sich einer Teilnahme an der Messe. Ende der 60er Jahre aber beginnen erst einzelne westdeutsche Unternehmen, dann auch unternehmerische Organisationen, sich wieder in Leipzig zu zeigen. So macht der DIHT dort ein Informationsbüro auf, das er unter anderem mit Vertretern interessierter Industrie- und Handelskammern besetzt, darunter natürlich auch die Handelskammer Berlin; die Aufgabenstellung ist nicht so sehr, die zunächst wenigen präsenten Unternehmen aus den Kammerbezirken zu betreuen – sie kennen sich in der Regel aus –, sondern sich über die Entwicklungen auf dem Laufenden zu halten, Informationen zu sammeln, auch um diese dann in den jeweiligen Kammerbezirken an interessierte Firmen, etwa in einschlägigen Seminaren, weitergeben zu können. Eine besondere Rolle kommt während der Leipziger Messen der Arbeitsgemeinschaft „Handel mit der DDR" – und damit der Berliner Kammer, der BAO und Assessor Wolfgang Wetzke – zu. Nach der Anerkennung der DDR durch die Bundesrepublik Deutschland im Jahr 1972 besuchen die zuständigen Staatssekretäre des Bundeswirtschaftsministeriums, zunächst Dr. Detlev Rohwedder, dann Dr. Dieter von Würzen, regelmäßig die Messe; auch

13 JB 1972, S. 78

die Minister zeigen dort Flagge, von Dr. Hans Friderichs über Graf Lambsdorff bis hin zu Bangemann, Haussmann etc. Wetzke begleitet die Offiziellen der Bundesrepublik, organisiert, häufig vor den Gesprächen mit ihren Counterparts auf DDR-Seite, in Absprache mit der TSI sogenannte Ausstellergespräche, damit die dort von den Unternehmen gewonnenen Erkenntnisse und Anliegen direkt in die Regierungskontakte einfließen können, und hat die Gesprächsführung bei diesen Treffen mit den Ausstellern. Er organisiert auch die Besuche bei den westdeutschen und Westberliner Ausstellern auf der Messe und stimmt sie mit den Büros der Minister und Staatssekretäre ab – was nicht immer einfach gewesen ist –; zunehmend kommen bei den Rundgängen auch Besuche bei DDR-Gemeinschaftsständen und -unternehmen hinzu. Auch offizielle Besucher aus West-Berlin, beispielsweise Senator Pieroth, später auch den Regierenden Bürgermeister Walter Momper, führt Wetzke über die Messe, und die Verantwortlichen aus der Berliner Handelskammer, so Präsident Horst Kramp, greifen bei ihren Auftritten in Leipzig gern auf die Erfahrungen und persönlichen Kontakte von Wetzke zu Unternehmen aus dem Westen Deutschlands und zu Unternehmensleitern und Offiziellen aus der DDR zurück.

Dennoch: Bei aller Reputation, die sich die Berliner Handelskammer mit ihrer BAO durch diese und andere Aktivitäten erwerben, bleiben die direkten Wirkungen auf die Entwicklung der Berliner Wirtschaft bis in die Mitte der 80er Jahre eher gering, und auch deshalb ist die nüchterne und skeptische Beurteilung durch die Kammer[14] richtig gewesen.

Fortsetzung: Zu neuen Aufgaben

Realistisch ist die Kammer im Oktober 1972 auch bei der Einschätzung der durch die „Leitvorstellungen“ des Senats vorgegebenen Wachstumserwartungen. Sie hält sie für „sehr optimistisch, aber nicht so optimistisch, daß sie als unrealistisch angesehen werden müssten“. Sie macht allerdings eine wichtige Einschränkung; Bedingung sei, dass die Berlin-Vereinbarungen „nach Wortlaut und Geist konsequent mit Leben erfüllt werden“.[15] Aber daran hapert es zunehmend. Während führende Politiker von einer „normalen Stadt“ zu reden beginnen, hält die Kammer dagegen. Immer wieder macht sie auf Schwachstellen des Vier-Mächte-Ab-

14 Siehe FN 7 und 12
15 BW 1972, S. 916

kommens, auf die Duldung einer nachträglichen Aushöhlung durch einseitige und einschränkende Interpretationen der Sowjetunion und auf auch durch die Berlin-Vereinbarungen nicht gelöste Probleme aufmerksam.[16] In ihrem Rückblick auf das Jahr 1973 stellt sie sogar fest, es hätten sich in Berlin Enttäuschungen und Verunsicherung breit zu machen begonnen; es gebe Anzeichen für ein Stimmungstief. Die Vorteile der Berlin-Vereinbarungen seien im Kampf um die Ratifizierung der Ostverträge überzeichnet worden, obgleich fortbestehende grundsätzliche Meinungsverschiedenheiten teilweise nur durch ambivalente Formulierungen überbrückt worden seien: „Die optimistischen Interpretationen der Bundesregierung gipfelten in der mehrfachen Versicherung, jetzt sei eine störungs- und krisenfreie Entwicklung für Berlin (West) gesichert. Demgegenüber beweisen die anhaltenden und sich in letzter Zeit verschärfenden Versuche der Sowjetunion und der DDR, die Bindungen zwischen Berlin (West) und der Bundesrepublik weiter in Frage zu stellen und ihre Fortentwicklung zu blockieren, sehr deutlich, daß die alten Ziele, nämlich die Isolierung West-Berlins und eine Dreiteilung Deutschlands, nicht aufgegeben worden sind.“[17] Die Sorge vor einer nachlassenden Investitionsbereitschaft in Berlin wächst; „es kam im übrigen erneut voll zur Geltung, daß die Zukunft der Stadt nicht allein von ihrer objektiven Sicherheit abhängt, sondern auch davon, wie ihre Entwicklungsmöglichkeiten subjektiv eingeschätzt werden.“[18]

In dieser neue Phase von Zweifeln und Unsicherheit über die politischen Verhältnisse kommt es nach einem relativ guten ersten Halbjahr 1973 wie in Westdeutschland zu einer konjunkturellen Abschwächung; dazu tragen Veränderungen der Währungsparitäten und Energie- und Rohstoffprobleme bei. „Dieser psychologische Rückschlag fiel zeitlich zusammen mit der ersten Ölkrise und der schwersten Rezession seit Bestehen der Bundesrepublik Deutschland, die voll auch auf Berlin als wirtschaftliche Teilregion durchschlug.“[19] Nach einer kurzen Phase der Zuversicht im Frühjahr 1974[20] geht die reale Nachfrage bei gleichzeitiger kräftiger Kostenexpansion soweit zurück, dass die Auftragspolster teil-

---

16 Beispielsweise durch Präsident Cobler in der Vollversammlung am 2. Oktober, BW 1972, S. 917; ders. in einem Artikel „Hauptaufgaben nach den Berlin-Vereinbarungen“, in BW 1972, S. 1140 ff. ; s. auch Jahresbericht 1972, S. 9 ff.

17 JB 1973, S. 11

18 Braun, aaO, S. 234

19 Braun, ebd.

20 Pressemitteilung vom 29.5.; vgl. auch PN Nr. 7/74 vom 18.3.

weise stark schrumpfen. Bei sinkender Auslastung der Kapazitäten wird ein weiterer Abbau der Beschäftigung mit der Konsequenz wachsender Arbeitslosigkeit und Kurzarbeit unvermeidlich. Immerhin kann die Berliner Industrie ihre mengenmäßige Produktion mit einem Zuwachs von knapp 1 % noch geringfügig ausdehnen. Übrig bleibt ein Wachstum des Bruttosozialprodukts gegenüber 1973 um 1,8 % – erstmals seit 1967 mehr als das bundesdeutsche Wachstum.[21]

Ein Dauerthema bleibt in diesem Jahr die Umstände der Beteiligung von Berliner Firmen an Messen und Ausstellungen in Osteuropa. Kammer und BAO sorgen sich um eine Diskriminierung der Berliner Unternehmen. Sie haben Grund für diese Sorgen. So empfiehlt das Auswärtige Amt im Frühjahr 1974 eine grundsätzliche Regelung für die Teilnahme von Berliner Firmen an Messen und Ausstellungen in der UdSSR, die nicht nur vorsieht, die Berliner Firmen innerhalb des Pavillons der Bundesrepublik Deutschland als eine geschlossene Gruppe auftreten zu lassen und die Messestände der Berliner Firmen mit Berlin-Wimpeln zu kennzeichnen, sondern die Berliner Unternehmen auch verpflichten will, an jedem einzelnen Stand ein Schild in russischer Sprache aufzustellen, in dem u. a. darauf hingewiesen wird, dass die Westsektoren Berlins „so wie bisher kein Bestandteil (konstitutiver Teil) der Bundesrepublik Deutschland sind und auch weiterhin nicht von ihr regiert werden“[22]. Das ist für die Handelskammer nicht tragbar, auch aus Sorge vor der Präzedenzwirkung auf Messen und Ausstellungen in anderen Ostblockstaaten. Sie protestiert im April mit einem Schreiben an Bundesaußenminister Scheel, das Staatssekretär Dr. Hermes prompt beantwortet, aber inhaltlich die Kammer in keinster Weise befriedigt, was Präsident Cobler in einem erneuten Schreiben unmissverständlich zu erkennen gibt; die Kammer schaltet jetzt auch Bundeswirtschaftsminister Dr. Hans Friderichs und den Senat ein. Dass die Besorgnisse der Kammer berechtigt sind, beweisen Maßnahmen des Veranstalters der Leipziger Herbstmesse im September des Jahres, die die Sonderstellung Berliner Firmen unterstreichen sollen; auch hier wendet sich die Kammer an den Bundeswirtschaftsminister. Der Streit eskaliert. Es kommt zu einem „zum Teil ungewöhnlich scharfen Schlagabtausch zwischen dem Auswärtigen Amt und der Kammer“ in einer Sitzung des Auswärtigen Ausschusses des Deutschen Bundestages, in der Dr. Braun in einer ausgefeilten Stellungnahme die Interessen der Berliner Wirtschaft vertritt: „Mancher mag

21 JB 1974, S. 29 f.
22 PN Nr. 9/74 vom 11.4.

den Streit um Wimpel und Poster für einen Streit um technische Details halten und diesen Streit als unwichtig abtun. Wir in Berlin wissen inzwischen aufgrund mancher leidvoller Erfahrung, dass die Sowjets gerade mit diesen technischen Details sehr konsequente Politik betreiben", und seine Zusammenfassung lautet: „Auf der einen Seite die Sowjets, die mit einer geradezu atemberaubenden Konsequenz das kleinste messetechnische Detail benutzen, um ihre Politik zu dokumentieren und auf lange Sicht auch durchzusetzen. Auf der anderen Seite wir – trotz sicherlich sehr viel guten Willens – mit unserer Tendenz, eher großzügig zu sein, über das Detail zur Tagesordnung hinwegzugehen, jedenfalls dem Detail nicht das notwendige Gewicht beizumessen. Dabei wird in aller Regel übersehen, dass die Sowjets mit einer Summe von Details über die Jahre hinweg neue politische Qualitäten, neue politische Normen schaffen."[23] Auch öffentlich setzt die Kammer nach. Es sei besonders deprimierend für die Berliner Wirtschaft, wie dilatorisch das Auswärtige Amt die Beteiligung von Berliner Firmen an Gemeinschaftsausstellungen in osteuropäischen Staaten behandele; während das Vier-Mächte-Abkommen die Möglichkeit einer gemeinsamen Teilnahme eröffnen sollte, sei das Auswärtige Amt offenbar bereit, eine Diskriminierung der Berliner Aussteller in Kauf zu nehmen und damit hinter den Möglichkeiten des Vier-Mächte-Abkommens zurückzubleiben.[24] Die Auseinandersetzung zwischen Kammer und Auswärtigem Amt findet großen öffentlichen Widerhall[25], und die Anhörung im Bundestag und die Publizität führen dazu, dass das Auswärtige Amt einlenkt. Staatssekretär Dr. Gehlhoff stattet der Kammer am 24. Oktober einen Besuch ab, um sich um die Beilegung des Konflikts zu bemühen. Er sagt zu, die Forderungen der Kammer – ihre rechtzeitige Konsultation, die genaue Beobachtung auch messetechnischer Details durch die Botschaften in den osteuropäischen Ländern, die Notwendigkeit der Erkennung der politischen Relevanz messetechnischer Details durch die zuständigen Referate im Auswärtigen Amt und die Einbeziehung der politischen Leitung des Hauses sowie der häufigeren Vermittlung der politischen Atmosphäre in Berlin durch die Mitarbeiter des Amts im Bundeshaus in Berlin nach Bonn – sorgfältig zu

23 Vgl. PN Nr. 25/74 vom 22.10.
24 Pressemitteilung vom 8.10.1974
25 Beispielsweise in der Süddeutschen Zeitung am 15.10., s. auch den Versuch der Erklärung der Position des AA durch Staatsminister Moersch in der gleichen Zeitung am 17.10.

prüfen und Voraussetzungen dafür zu schaffen, dass die Urteilsbildung des Auswärtigen Amtes in Zukunft auf breiterer Basis erfolgt.[26]

Im gleichen Jahr 1974 zeichnet sich erstmals eine Unterversorgung bei den Ausbildungsplätzen ab. Während die Schulabgängerzahlen in den letzten Jahren stagniert haben, stehen jetzt starke Geburtsjahrgänge ins Haus, die aus den allgemeinbildenden Schulen entlassen werden. Zugleich ist die Zahl der Ausbildungsbetriebe und der Ausbildungsverhältnisse von Jahr zu Jahr gesunken und beträgt nur noch 1700 Ausbildungsbetriebe und 9000 Ausbildungsverhältnisse (gegenüber 4555 bzw. 18900 im Jahr 1965). Der erste Schülerberg steht bevor. Die Kammer reagiert mit einem der ersten von vielen später folgenden Appellen an ihre Mitgliedsfirmen, verstärkt qualifizierte Ausbildungsplätze zur Verfügung zu stellen; zugleich fordert sie die Beseitigung von elementaren schulischen Schwächen der Hauptschüler und eine Revision der bildungspolitischen Vorstellungen der Bundesregierung, die Abstand nehmen müsse von utopischen, nicht realisierbaren Plänen und dafür Sorge tragen müsse, dass die berufliche Bildung ihre Eigenständigkeit behalte.[27] Die Kammer belässt es aber nicht bei Appellen und Kritik; in den folgenden Wochen werden angesprochene Betriebe von ihren sechs Ausbildungsberatern aufgesucht, um durch ein persönliches Beratungsgespräch Wege für eine verstärkte bzw. erneute Jugendlichenausbildung aufzuzeigen. Eine erste Auswertung der Lehrlingsrolle ergibt wenige Monate später einen Zuwachs von über 400 Ausbildungsplätzen, davon allein 300 im kaufmännischen Bereich.

Vor dem Hintergrund der politisch und ökonomisch schwierigen Entwicklungen dieses Jahres ergreift die Handelskammer im Herbst neue Initiativen, die eine nachhaltige Wirkung haben werden; dazu wird auch ein Beitrag des neuen Bundespräsidenten Walter Scheel anlässlich seines ersten offiziellen Besuchs in Berlin beigetragen haben, der zwar verspricht, dass auch in Zukunft alle, die in der Bundesregierung politische Verantwortung tragen, sorgsam bemüht bleiben, die Berliner Wirtschaft gesund und krisenfest zu erhalten, zugleich aber anmahnt, auch die Berliner Wirtschaft müsse das Ihre dazu beitragen, und hinsichtlich einer Zukunftsvision für die Stadt Nüchternheit für angebracht hält.[28] Die Kammer legt am 31. Oktober mit einer Dokumentation unter dem Titel

26 PN Nr. 26/74 vom 5.11.

27 Pressemitteilung vom 15.10.; s. auch den Artikel von Präsident Cobler „Berlin braucht mehr Ausbildungsplätze“ in BW 1974, S. 932.

28 Vgl. den Bericht in BW 1974, S. 580

„Investitionen für Berlins Zukunft – Plädoyer für ein Schwerpunkt-Programm" ein Konzept zur Zukunftssicherung Berlins vor. Wesentliche Elemente sind: Die Anregung der besseren Koordinierung der Berlinpolitik durch Bildung einer ständigen Arbeitsgruppe von Berlin-Beauftragten der wichtigsten Ministerien auf der Ebene der politischen Beamten und Vertretern des Senats; der Vorschlag der Schaffung einer Berlin-Kommission, deren Mitglieder, herausragende Persönlichkeiten des öffentlichen, politischen und geistigen Lebens sowie aller gesellschaftlichen Gruppen, Ideen zur Zukunft der Stadt beisteuern und zur Durchsetzung dieser Ideen in ihren jeweiligen Bereichen beitragen sollen; die Aufzählung der wichtigsten politischen und wirtschaftlichen Bedingungen, die erfüllt sein müssen, damit Berlin nicht nur eine gesicherte, sondern auch eine attraktive Zukunft als eine westeuropäische Metropole mit gesamteuropäischen Funktionen hat.[29] Die Dokumentation findet in allen Medien in Berlin und Westdeutschland ein ungewöhnlich hohes Echo. Der Regierende Bürgermeister schreibt an die Kammer: „Mir liegt daran, der Industrie- und Handelskammer zu Berlin für die Erarbeitung der Dokumentation ‚Investitionen für Berlins Zukunft' zu danken. Ich sehe darin einen äusserst konstruktiven Beitrag für die Entwicklung unserer Stadt. Zum wiederholten Male leistet die Kammer damit einen wichtigen Anstoss zum Nachdenken und zum Handeln ... Ich bin dankbar dafür, dass die Industrie- und Handelskammer, unabhängig von den unterschiedlichen Standpunkten, von denen wir bisweilen ausgehen, sich auch ihrerseits um eine möglichst breite gemeinsame Basis bemüht. Es ist eine wichtige Investition für Berlins Zukunft, in den entscheidenden Fragen stets ein Höchstmaß an Gemeinsamkeit herzustellen."[30] Bundeskanzler Helmut Schmidt, obwohl intern schwer verärgert über die Haltung der Kammer, weil er in der Kritik an der Bundesregierung eine Handhabe für den Osten sieht, begrüßt die Vorschläge der Kammer öffentlich; er sagt, er freue sich, dass sich auch andere als nur die staatlichen Stellen Gedanken über schwierige Probleme der Berliner Wirtschaft machen und Vorschläge unterbreiten, wie diese zu bewältigen sind. Die Idee einer Berlin-Kommission nimmt er in der Form auf, dass er eine Konferenz zur Beratung von Fragen der Berliner Wirtschaft ankündigt, zu der die Chefs großer Konzerne, vor allem solcher Unternehmen, deren Sitz sich nicht in Berlin befindet, die aber dort Töchterunternehmen haben, ferner Gewerkschafter und Bankiers, die zuständigen Ressorts,

29 Presseerklärung vom 31.10.; s. auch BW 1974, S. 884 ff.
30 PN Nr. 26/74 vom 5.11.

Senatoren des Berliner Senats, das Bundesfinanz- und das Bundeswirtschaftsministerium sowie die Kammerorganisationen eingeladen werden sollten; es komme „auf die gemeinsame Feststellung des erreichten Standes der Berliner Wirtschaft und auf die Erörterung neuer Initiativen an, die möglich und erwünscht sind, um die wirtschaftliche Verbindung Berlins mit der Volkswirtschaft insgesamt weiter zu festigen und die Berliner Wirtschaft weiter zu fördern."[31]

Die Konferenz findet auf Einladung des Bundeskanzlers am 16. Dezember im Schloss Bellevue statt. Sie hebt unter anderem hervor, dass der überdurchschnittliche Produktivitätsstand der Berliner Industrie und die Berlinförderung der Bundesregierung gute Grundlagen für den weiteren Ausbau der Leistungsfähigkeit der Berliner Wirtschaft bilden, sie bringt den Willen von Vertretern der Wirtschaft und der Gewerkschaften zum Ausdruck, sich noch stärker für und in Berlin zu engagieren, die Bundesregierung sichert zu, weiterhin ihre Möglichkeiten voll auszunutzen, um den Gleichklang der Entwicklung Berlins mit der des Bundesgebiets im wirtschaftlichen, finanziellen und gesellschaftlichen Bereich sicherzustellen, und sie macht den Vorschlag, zur Förderung des Osthandels und der Ost-West-Kooperation eine internationale Kooperationszentrale für das Ost-West-Geschäft auf privatwirtschaftlicher Basis zu errichten, eine Initiative, die dem Präsidenten des DIHT und Vorsitzenden des Ost-Ausschusses der Deutschen Wirtschaft, Otto Wolff von Amerongen, zu verdanken ist; die andere Spitzenorganisation der deutschen Wirtschaft, der BDI, der seit langem der Berliner Wirtschaft in besonderem Maße verbunden ist, leistet seinen Beitrag durch die Zusage, sich dafür einzusetzen, dass weitere westdeutsche Großunternehmen Berlin-Beauftragte ernennen und Tagungen von Einkaufsleitern nach Berlin legen, und er will auch Möglichkeiten prüfen, Mittel- und Kleinbetriebe der Berliner Industrie stärker am Großanlagengeschäft westdeutscher Konzerne zu beteiligen.[32]

Die zweite Konferenz am 26. Juni 1975 nimmt vor allem die Vorschläge und Tätigkeitsberichte der in der ersten Runde eingesetzten Expertengruppen entgegen und billigt sie, darunter die einer Gruppe „Forschung und Entwicklung" unter dem Vorsitz von Karl Otto Mit-

31 PN Nr. 28/74 vom 18.11. und BW 1974, S. 978

32 Das Kommunique' der Konferenz ist veröffentlicht in BW 1975, S. 7 ; vgl. auch JB 1974 S. 18 ff.; die bis zum 7. April benannten 24 Berlinbeauftragen auf Vorstandsebene oder im vorstandsnahen Bereich sind aufgeführt in PN Nr. 8/75 vom 7.4., Mitte des Jahres sind es bereits 35, gegen Ende des Jahres 37.

telstenscheid, Schering-Vorstand und Vizepräsident der Industrie- und Handelskammer, und einer Gruppe „Zentrum für Ost-West-Kooperation", deren Ergebnisse für den verhinderten Wolff von Amerongen Präsident Cobler vorträgt. Der Vorstandsvorsitzende der Daimler-Benz AG und Vizepräsident des BDI, Professor Dr. Zahn, berichtet ausführlich über Zusammensetzung und Tätigkeitsfelder der Berlin-Beauftragten; er nennt vor allem die folgenden Punkte: Einbeziehung Berlins in die Investitions- und Beteiligungspolitik, Verstärkung von Forschung und Entwicklung in Berlin; Inanspruchnahme des Berliner Angebots von Consulting und Engineering; zentrale Funktionen für das Gesamtunternehmen von Berlin aus; Auftragsvergabe nach Berlin; Beteiligung von Berliner Unternehmen als Unterlieferanten am Großanlagengeschäft; Osthandel und Ost-West-Kooperation über Berlin; Teilnahme an Messen und Ausstellungen in Berlin; eigene Veranstaltungen in Berlin.[33] Der Bundeskanzler spricht der Handelskammer bei dieser Gelegenheit seine ausdrückliche Anerkennung für die geleistete Arbeit aus.

In der zweiten Arbeitssitzung der Berlin-Beauftragten am 20. November, die wie alle folgenden im Hause der Industrie- und Handelskammer stattfindet und von den Mitarbeitern von BDI, Kammer, Senatsverwaltung für Wirtschaft und BMWi – in den ersten Jahren vor allem von den Herren Dr. Kreklau aus dem BDI, Severon von der Kammer, zunächst Dr. Günter Rexrodt, dann Koppenhagen aus der Senatswirtschaftsverwaltung, Ministerialrat Hans Hermann Schäfer aus dem Bundeswirtschaftsministerium – gemeinsam vorbereitet wird, sprechen die Teilnehmer unter Vorsitz von Bundeswirtschaftsminister Dr. Friderichs ausführlich über die wirtschaftliche Lage in der Bundesrepublik, über Besonderheiten der wirtschaftlichen Lage in Berlin, über Investitionen in Berlin und Berlin als Beschaffungsmarkt, über Ost-West-Kooperation und Forschung und Entwicklung in Berlin. Sichtbar wird auch die große Bedeutung der Berlin-Beauftragen; in den Berliner Niederlassungen und Tochtergesellschaften ihrer Unternehmen sind fast 70 000 Menschen beschäftigt, das jährliche Auftragsvolumen, das Berlin diesen Unternehmen verdankt, hat eine Größenordnung von über 2 Mrd. DM, und sie planen in den nächsten drei Jahren Investitionen in Berlin von etwa 1 Mrd. DM.[34] Leitlinie für das Gespräch und für alle folgenden Treffen ist es, nicht um Almosen für die Berliner Wirtschaft zu bitten, sondern die Standortbedingungen für Bezüge von und sonstige Ge-

33 Zu allem BW 564 ff. und 570 ff.

34 BW 1975, S. 964

schäftsverbindungen mit Berliner Firmen zu präsentieren, um westdeutsche Betriebe zu veranlassen, bei Vergleichbarkeit der Bedingungen oder der Angebote das Geschäft mit den Berliner Firmen zu machen bzw. in Berlin zu investieren.

An dieser Sitzung nimmt auch der neue Wirtschaftssenator, Wolfgang Lüder, teil. Die SPD hatte nach den Wahlen im Frühjahr 1975 und nach der Bildung einer Koalition aus Sozialdemokraten und Liberalen diesen Posten der FDP überlassen müssen. Der frühere Richter Lüder „hat sich redlich bemüht, die Materie in den Griff zu bekommen und in guter juristischer Art ‚alle Parteien' anzuhören. Seine Aufgabe war in einer Koalitionsregierung aufreibender als in einem Ein-Partei-Senat, insbesondere weil die den Senat tragenden Parteien in sich Richtungskämpfe auszutragen hatten".[35] Lüder wird unterstützt von seinem ebenfalls neuen Senatsdirektor Jörg Schlegel, vormals Pressesprecher des Bundeskartellamts und späterem Geschäftsführer der BAO und stellvertretendem Hauptgeschäftsführer der Handelskammer. In der Öffentlichkeit bestehen einige Zweifel: „Wer die Erbschaft von Paul Hertz, Karl Schiller und Karl König antreten will, sollte sich prüfen, ob er es verantworten kann. Es muß ein Mann sein, der nicht nur von dem kleinen, aber effektiven Apparat im Hause des Wirtschaftssenators anerkannt wird. Er soll auch anerkannter Gesprächspartner für Minister und Wirtschaftler in aller Welt sein. Sonst entsteht unübersehbarer Schaden für Berlin und die hier arbeitenden Menschen", und auch die Kammer sieht offenbar Grund zu der Mahnung: „Diese Aufgabe lässt sich nur bewältigen mit politischem Fingerspitzengefühl und wirtschaftlichem Augenmaß – und dies auf der Grundlage subtiler Kenntnisse der Berliner Wirtschaft, hervorragenden Verbindungen zur westdeutschen Wirtschaft und großen akquisitorischen Fähigkeiten!".[36] Wenn auch die Bildung und Zusammensetzung des neuen Senats in der Berliner Wirtschaft „viel Enttäuschung und Kritik" auslöst und „die Besetzung einzelner Ressorts des neuen Senats nicht als fachlich überzeugend und das politische Gewicht einzelner Senatoren nicht als besonders werbend für Berlin empfunden" werden, so nimmt sich die Kammer doch zurück: es sei nicht ihre Aufgabe, „sich zur Qualifikation einzelner Senatoren zu äußern. Als Körperschaft des öffentlichen Rechts habe die Kammer vom Gesetz her den klaren Auftrag, Gesetzgeber, Regierung und Verwaltung in parteipolitischer Neutralität sachkundig und loyal zu unterstützen und zu beraten. Ihr Urteil könne

35 Krafft, aaO, S. 313 f.
36 Zitate nach Krafft, aaO, S. 313

sich immer nur an der Sache orientieren, nicht aber an der Sympathie oder Antipathie für die eine oder andere Partei oder gar einzelne Personen in diesen Parteien“[37] – eine Grundhaltung im Selbstverständnis der Handelskammer, die bei der Bildung eines Senats aus SPD und PDS Anfang des neuen Jahrtausends noch einmal ein bedeutendes Gewicht haben wird. Wohl nicht nur intern lässt die Handelskammer erkennen, dass Wirtschaftssenator Lüder in der Wirtschaft kein hohes Standing hat; zusätzliche Zweifel resultieren daraus, dass er auch innerhalb der Liberalen dem linken Flügel zugerechnet wird. Dagegen wird anerkannt, dass sein Staatssekretär Schlegel praxisnah und zupackend agiert. Mit der Zeit ergibt sich aber auch zu Lüder ein entspanntes Verhältnis.

Umso deutlicher äußert sich die Handelskammer in Sachfragen. Beispielsweise kritisiert sie scharf die Behandlung der Errichtung eines Ost-West-Kooperationszentrums in der Regierungserklärung des neuen Senats, einer Initiative aus dem Kreis der Berlin-Beauftragen, die von BDI, DIHT, Handelskammer und BAO in der Rechtsform einer GmbH getragen werden sollte; das Projekt, das nach bisheriger übereinstimmender Auffassung als eine rein private und ausschließlich kommerzielle Angelegenheit behandelt werden sollte, werde durch die Abhandlung im Abschnitt Berlin-Politik und durch den Hinweis auf die Beteiligung von Bundesregierung und Senat in einer Weise politisiert, die befürchten lasse, dass der Osten seine für das Gelingen unerlässliche Mitarbeit verweigere, und Präsident Cobler interveniert auch schriftlich beim Regierenden Bürgermeister Stobbe.[38]

Überhaupt hält die Kammer die Hand über die Berlin-Beauftragten und die aus ihrem Kreis stammenden Initiativen. Obwohl Wirtschaftssenator Lüder den Berlin-Beauftragten in der erwähnten zweiten Arbeitssitzung am 20. November ausdrücklich gedankt und die in dieser Institution gegebene Möglichkeit des kurzen Drahtes zu für Berlin wichtigen Vorstandsmitgliedern deutscher Unternehmen begrüßt hatte, lässt er es kurz darauf an dem von der Kammer angemahnten Fingerspitzengefühl fehlen. In einem „auch unter taktischen Gesichtspunkten sehr ungeschickt formulierten Schreiben“ fordert er die Berlin-Beauftragten auf, Zwischenbilanz zu ziehen und dazu eine Reihe von Fragen zu beantworten, „deren Beantwortung entweder überhaupt nicht möglich oder sehr zeitaufwändig und auf jeden Fall nicht sonderlich aussage-

---

37 Pressemitteilung vom 23. April 1975

38 PN Nr. 11/75 vom 12. Mai; vgl. auch die Stellungnahme zur Regierungserklärung in BW 1975, S. 385.

kräftig ist. Schlimmer dürfte sein, daß durch dieses Schreiben der fatale Eindruck einer staatlichen Erfolgskontrolle entstehen könnte. Bei den Berlin-Beauftragten hat dieses Schreiben Unmut ausgelöst".[39] Diesen Unmut gibt Hauptgeschäftsführer Dr. Braun in einem Schreiben an Lüder unmissverständlich weiter und schließt seine begründeten Ausführungen dazu mit dem Satz: „Es läge, glaube ich, im Interesse der gemeinsamen Sache, wenn Sie die Verbindung zu allen Berlin-Beauftragten bevorzugt unserer Kammer und dem BDI überließen und Ihre eigenen Kontakte stärker auf den Einzelfall und den besonderen Anlaß konzentrierten."[40] In ähnlicher Weise wendet die Kammer sich gegen kritische Äußerungen der IG Metall über die Berlin-Beauftragten, die ebenfalls eine Erfolgsbilanz verlangt, und erklärt, wie Dr. Braun im Präsidium berichtet, gegenüber dpa, dass der good will der Berlin-Beauftragten nicht unnötig strapaziert werden sollte; es handele sich um ein längerfristiges Engagement, dessen Erfolg auch nur längerfristig wirksam werden könne. Und selbst bei eher skurrilen Anlässen stellt sich die Kammer vor die Berlin-Beauftragten. Anfang 1976 wendet sich der Gesamtpersonalrat bei der Berliner Oberfinanzdirektion an alle Berlin-Beauftragten mit der Bitte, den „Ball der Berliner Finanzverwaltung" mit einer Spende zu unterstützen. Unverzüglich protestiert die Kammer gegen diesen Missbrauch der Kontakte zu den Berlin-Beauftragten und unterrichtet sie über die eingeleiteten Schritte gegen eine Wiederholung; Finanzsenator Riebschläger reagiert auf der Linie der Kammer, und auch die ÖTV distanziert sich[41] – die Handelskammer als Sachwalter der Berlin-Beauftragen, und das bleibt sie bis zur Auflösung dieser Institution in den 90er Jahren. Sie werden von der Kammer auch zwischen den Arbeitssitzungen intensiv betreut. Sie erhalten einmal im Monat einen speziellen Informationsdienst. Kammer und BAO leiten Anfragen und Angebote an die Berlin-Beauftragten weiter, die ihrer Aufgabenstellung entsprechen und im gesamtwirtschaftlichen Interesse Berlins liegen.

Im Juni 1976 kommt es auch an der Spitze der Handelskammer zu einem Wechsel. Präsident Cobler war zurückgetreten – er wird einer guten Übung folgend Ehrenpräsident –, und seine Nachfolge tritt Horst Elfe an, nach drei Präsidenten nach der Rekonstituierung aus der Industrie erstmals ein Mann aus dem Handel. Elfe, Vorstandsmitglied der Deutsche Eisenhandel AG, von der beruflichen Erfahrung und seiner

39 PN Nr. 5/76 vom 5. April

40 Ebd.

41 PN Nr. 2/76 vom 6. Februar mit Anlagen

Tätigkeit her sehr industrienah, der Berliner Wirtschaft und der Kammer als Mitglied des Präsidiums und als Vizepräsident seit Jahren verbunden, „mit klaren Zielvorstellungen und internationaler Erfahrung, vertrat die Berliner Wirtschaft mit natürlicher Würde."[42] Horst Elfe, geboren 1917 in Allenstein/Ostpreußen, hatte nach dem Abitur seine kaufmännische Ausbildung bei der AEG in Düsseldorf und Kassel absolviert, die ihn anschließend bei der AEG-Hauptverwaltung in Berlin beschäftigte; im Jahr 1953 war er in die Dienste der Deutsche Eisenhandel GmbH getreten, in der er 1964 zum Vorstandsmitglied aufgestiegen war. Wie seine Vorgänger war er stets auch für die Gesamtwirtschaft engagiert. Zum Zeitpunkt seiner Wahl zum Kammerpräsidenten ist er u.a. engeres Vorstandsmitglied des Bundesverbandes Deutscher Stahlhandel, Vorsitzender der Wirtschaftsvereinigung des Groß- und Außenhandels in Berlin und in dieser Eigenschaft auch Mitglied des Präsidiums des Bundesverbandes des Deutschen Groß- und Außenhandels. Er war Marineoffizier gewesen – was man ihm noch sehr lange anmerkte – und hatte auch deshalb und wegen seines ritterlichen Auftretens einen besonders guten Zugang zu den westlichen Alliierten. Bei seinem Amtsantritt sagt er, das Ehrenamt sei nicht Glanz und Gloria, sondern bedeute in erster Linie Arbeit und Opfer, vor allem Opfer an Zeit; für die Kammer komme es besonders auf die Wahrung der ethischen und moralischen Fundamente der freiheitlichen Wirtschafts- und Gesellschaftsordnung an, für ihn auf die Zukunftssicherung Berlins, für die er mit den Unternehmern in der Vollversammlung und mit der Geschäftsführung eng und vertrauensvoll zusammenarbeiten wolle.[43] Vizepräsidenten bleiben Hansjürgen Fuhrmann und Karl Otto Mittelstenscheid; weitere Präsidiumsmitglieder sind Prof. Brinkmann, Generalbevollmächtigter der Siemens AG, Willi Ebbinghaus, Dr. Friedrich Georgi, Alfred Hansi, Vorstand der Berliner Bank, Alois Heinze, Eigentümerunternehmer, Hanns-Botho Hildebrandt, Wolfgang A. Hofer, Gerhard Migge, ebenfalls Eigentümerunternehmer, Joachim Richter, Generalbevollmächtigter der Standard Elektrik Lorenz AG, Rolf Richter, persönlich haftender Gesellschafter eines Bauunternehmens, Martin Scholz, Mitglied des Vorstands der Berliner Industriebank AG, und Frank Wedekind, Sprecher des Vorstandes der Dortmunder Union-Schultheiss Brauerei AG Verwaltung Berlin.[44]

---

42 Krafft, aaO, S. 315
43 BW 1976, S. 486
44 Firmenangaben nur bei den neuen Mitgliedern des Präsidiums

Abb. 26 Horst Elfe OBE
Präsident der Industrie- und Handelskammer zu Berlin 1976 – 1984

Präsident Elfe macht – gemeinsam mit Ehrenpräsident Cobler – in kürzester Zeit eine große Zahl von Antrittsbesuchen bei der Politik und anderen für die Geschicke Berlins wichtigen Persönlichkeiten. Die Gesprächspartner sind Senatoren und Fraktionsvorsitzende, aber auch die Stadtkommandanten der westlichen Schutzmächte, in denen Präsident Elfe „unsere zuverlässigsten Freunde" sieht; auch deshalb kann er von der Absicht berichten, jährlich ein- bis zweimal je gesondert Zusammenkünfte mit dem amerikanischen, britischen und französischen Stadtkommandanten, seinem jeweiligen Stellvertreter sowie dem politischen und wirtschaftlichen Berater vorzusehen. Dieser enge Kontakt mit den Alliierten bleibt einer der Schwerpunkte der Präsidentschaft von Elfe.

Auch der enge Schulterschluss mit dem BDI hält. Die Kammer ist seit den 50er Jahren zugleich Landesvertretung des BDI, die sonst übliche Zersplitterung der Kräfte der unternehmerischen Organisationen wird in Berlin, um diese Kräfte zu bündeln, vermieden; mit ihrem Vorsitz ist deshalb auch die Zugehörigkeit des Kammerpräsidenten zum Präsidium des BDI verbunden. Nun ist zwar Präsident Elfe nach beruflicher Erfahrung und beruflicher Tätigkeit sehr industrienah, aber formal ist er ein Mann des Handels. Deshalb finden Gespräche mit dem BDI statt mit dem Ziel, die bisherige Konstruktion abzusichern, unabhängig davon, ob der Kammerpräsident aus der Industrie stammt. Die Gespräche verlaufen erfolgreich. Der BDI begrüßt die Fortsetzung der Personalunion von Kammerpräsident und Vorsitz in der BDI-Landesvertretung Berlin. Präsident Elfe ist damit nicht nur Mitglied im Vorstand des DIHT, sondern gehört auch dem Präsidium des BDI an. Die für die Wirtschaft der Stadt so wichtige Vernetzung mit den Spitzenorganisationen der westdeutschen Wirtschaft und ihren Verantwortlichen hat Bestand.

Im BDI selbst kommt es in diesem Jahr zu einem Wechsel. Dem langjährigen Präsidenten, Freund und Förderer Berlins und seiner Wirtschaft, Fritz Berg, nicht nur bekannt durch seine jährlichen „Berg-Predigten" als Präsident der Industrie- und Handelskammer zu Hagen, war zunächst der Vorstandsvorsitzende der August-Thyssen-Hütte, Dr. Hans-Günther Sohl, gefolgt. Er gehörte zu den Wirtschaftsführern und hohen Beamten, die in ihrer Jugend in und von Berlin geformt worden waren. Er legt noch im Herbst 1976 bei seiner letzten Rede zur Eröffnung einer Deutschen Industrieausstellung in Berlin ein fast leidenschaftliches Bekenntnis zu der Stadt ab, von der er dort sagt, dass sie ihm „mit ihrem Charme, ihrem unübertroffenen kulturellen Leben, ihrer Vitalität, ihrer schnoddrig-herzlichen Direktheit und Fixigkeit zur eigentlichen Heimat geworden" sei.[45] Am 1. Juni 1976 wird Martin Schleyer zum zukünftigen Präsidenten des BDI gewählt; auch er wird die enge Verbindung des BDI zu der Wirtschaft Berlins und ihrer Kammer aufrechterhalten.

Wirtschaftspolitisch ist das Thema in diesen Jahren auch in Berlin der Rückgang der Beschäftigung allgemein und insbesondere in der Industrie. Eine Reihe von Gründen tragen dazu bei: Psychologische Rückschläge, die erste Ölkrise und die schwerste Rezession seit Bestehen der Bundesrepublik Deutschland, die 1974 erstmals seit der Blockade zu einem Rückgang des Bruttoinlandsprodukts geführt hatte, die Berliner Industriestruktur, in der der Anteil der Investitionsgüter-Industrie an der Gesamtindustrie und innerhalb der Investitionsgüter-Industrie der Anteil der Elektroindustrie und des Maschinenbaus besonders groß ist und damit der Anteil derjenigen Industriezweige, die seit Mitte der 70er Jahre einem besonders vehementen Strukturwandel ausgesetzt sind; hinzu kommen die Dominanz der mittelständischen Betriebe in Berlin und unter ihnen der kleinen Unternehmen, die bei der Bewältigung des Strukturwandels nicht immer vorne liegen, und das so genannte Werkbank-Syndrom, dass also in Berlin bevorzugt gefertigt wird, während die eigentlichen Führungsstrukturen einschließlich Forschung und Entwicklung außerhalb der Stadt angesiedelt sind. Es beginnt eine Entwicklung, die mit einer Unterbrechung 1979/80 bis in die 80er Jahre anhält: der Rückgang der Zahl der Erwerbstätigen insgesamt und besonders der Beschäftigten in der Industrie.[46]

Umso ideenreicher und aktiver ist die Handelskammer. Zu nennen ist in erster Linie ihr Vorschlag zur Bildung einer Berlin-Kommission, eine Initiative, die für eine Industrie- und Handelskammer noch heute als ungewöhnlich bezeichnet werden kann; aber sie ist eben eine „politische Kammer". Sie drängt hartnäckige auf die Gründung einer Wirtschaftsförderungsgesellschaft und wirbt für die Schaffung und Erhaltung von Ausbildungsplätzen. Sie wird, so eine Bemerkung in einem „Capital"-Artikel, der ansonsten viel Negatives über die Stadt verbreitet – und „Capital" steht damit in dieser Zeit in den Medien nicht allein – „mehr und mehr zur ökonomischen Nebenregierung".

Die Kammer sieht als eine der wichtigsten Voraussetzungen für wirtschaftliche Investitionen in Berlin das politische und kulturelle Engagement in der Stadt und für die Stadt, um ihre wirtschaftliche Le-

45 Zitat bei Krafft, aaO, S. 315
46 Zu allem Braun, Der Wiederaufbau Berlins, aaO, S. 234 f.; s. auch Krafft, aaO, S. 318 ff.

bensfähigkeit zu verbessern und ihr eine attraktive Zukunft zu sichern.[47] Sie hält diese Zukunftssicherung nicht nur für eine Verpflichtung der Stadt selbst, nicht nur für eine solche der Bundesregierung, sondern für eine Aufgabe aller Parteien und aller gesellschaftlichen Kräfte der Bundesrepublik Deutschland und fordert in diesem Zusammenhang eine Institutionalisierung des Berlin-Engagements dieser gesellschaftlichen Kräfte. Präsident Elfe regt deshalb die Bildung einer Berlin-Kommission auf höchster Ebene an. In diese Kommission sollen namhafte Repräsentanten aller Parteien und aller gesellschaftlicher Gruppen berufen werden, Aufgabe der Kommission soll es sein, zukunftsweisende Ideen für Berlin zu entwickeln und entsprechende Aktivitäten zu koordinieren. Dadurch könne unterstrichen werden, dass die Zukunft Berlins wirklich als gemeinsame nationale Aufgabe von höchstem politischen Rang empfunden wird.[48] Die Kammer trägt damit dazu bei, dass in allen Parteien des Deutschen Bundestages eine Rückbesinnung auf den nationalen Stellenwert Berlins eingeleitet wird. Präsident Elfe selbst spricht im ersten Halbjahr 1977 mit dem Vorstand der FDP-Fraktion, nimmt an einer Anhörung der CDU/CSU-Fraktion teil und trägt vor der Berlin-Arbeitsgruppe des SPD-Vorstands vor.[49] Bundespräsident Walter Scheel – so ungewöhnlich die Initiative der Kammer auch gewesen war, aber sie hat Erfolg – nimmt den Gedanken einer Berlin-Kommission in Form einer Gemeinsamkeit aller Parteien des Bundestages auf und erreicht, dass bei einem Treffen aller Vorsitzenden der Bundestagsparteien mit ihm in Berlin im Juni 1978, in das die Kammer zusätzlich konkrete Vorschläge eingebracht hatte[50], eine gemeinsame programmatische Erklärung verabschiedet wird: „Die Berlin-Frage ist untrennbar mit der deutschen Frage verknüpft. Bis zu deren Lösung bleibt Berlin Ausdruck und Sinnbild der als Folge des zweiten Weltkriegs entstandenen Trennung der Deutschen und eine Aufforderung an alle politischen Kräfte, die Teilung auf friedlichem Wege zu überwinden … Die im Deutschen Bundestag vertretenen Parteien werden die Bindungen zwischen Berlin(West) und der Bundesrepublik aufrechterhalten und entwickeln, um die Lebensfähigkeit der Stadt dauerhaft zu sichern. Sie sehen darin eine nationale Aufgabe. Sie werden die wirtschaftliche, geistige und kulturelle Anzie-

47 Vgl. u.a. die Jahresberichte 1976, S 9 ff., und 1977, S. 11 ff.
48 So Präsident Elfe in seinem Artikel „Eine Zukunfts-Politik für Berlin erforderlich" in BW 1977, S. 5.
49 Bericht von Präsident Elfe an die Vollversammlung, BW 1977, S. 281.
50 JB 1977, S. 12 f.

hungskraft von Berlin(West) erhalten und stärken. Sie appellieren an alle staatlichen und gesellschaftlichen Institutionen und Verbände, dieses Ziel durch eigene Bemühungen wirksam zu unterstützen."[51] Begleitet wird diese Erklärung von einem Programm zur Förderung der Berliner Wirtschaft, das jährliche Zuwendungen des Bundes bis zur Höhe von 900 Mio. DM vorsieht; in ihm sind auch eine Reihe von praktischen Maßnahmen zur Verfeinerung der Berlin-Präferenzen, spezielle Forschungsprojekte und neue Aktivitäten im kulturellen Bereich enthalten.[52] Die Erklärung endet: „Das Vertrauen der Berliner in die Sicherheit und Zukunft der Stadt ist die wichtigste Voraussetzung für den Erfolg einer jeden Maßnahme. Das Bild, das Berlin bietet, hat wesentlichen Einfluß auf die Bereitschaft zum persönlichen Engagement, auf das die Stadt dringend angewiesen ist und das durch die genannten Maßnahmen gefördert werden soll." In diesem letzten Absatz „äußert sich eine vorsichtige Mahnung an Berlin, die kaum die eingesessene Bevölkerung treffen konnte, wohl aber die Parteienklüngel, die Kommune, die Sicherheit, die Geschäftswelt, im letzten die Moral der Stadt und ihrer Organe."[53] Davon einmal abgesehen, hat die Handelskammer einen erneuten Erfolg errungen.

Gleiches gilt für ihr ständiges Drängen auf Gründung einer Berliner Wirtschaftsförderungsgesellschaft. Diese Forderung erhebt die Kammer in der Erkenntnis, dass sich alle Regionen der Bundesrepublik sehr intensiv um industrielle Erweiterungs-Investitionen bemühen, die zusätzliche Arbeitsplätze schaffen; um so wichtiger sei es, dass Berlin sich für die Konkurrenz mit anderen Wirtschaftsförderungsgebieten besser rüste und potentielle Investoren ähnlich intensiv umwerbe wie andere Regionen. Eine Berliner Wirtschaftsförderungsgesellschaft muss nach Auffassung der Kammer nach Aufgaben und Kompetenzen deutlich besser ausgestattet sein als ihre Mitbewerber, wozu eine besonders schlagkräftige Verbindung aus Akquisitions- und Entscheidungskompetenzen gehört.[54] Der Senat nimmt diese Forderung auf; in einem Gespräch des neuen Regierenden Bürgermeisters Dietrich Stobbe mit dem Präsidium der

---

51 Die Erklärung ist wiedergegeben in JB 1978, S. 9 f.

52 Krafft, aaO, S. 321 f.

53 Krafft, aaO, S. 322; die Mahnung, dass das Bild, das Berlin bietet, wesentlichen Einfluss auf die Bereitschaft zum Engagement für Berlin hat, ist heute aktueller denn je.

54 Vgl. dazu u.a. den Artikel von Dr. Braun „Noch einmal Plädoyer für eine Wirtschaftsförderungsgesellschaft" in BW 1977, S. 92

Handelskammer Anfang Mai 1977 versichert Stobbe nicht nur, dass der Stärkung der Wirtschaftskraft der Stadt eine ganz besondere Bedeutung zukomme, sondern dass auch er eine möglichst konsequente und schnelle Entscheidung über die Errichtung einer Wirtschaftsförderungsgesellschaft für sehr wichtig halte.[55] Sie wird im Dezember 1977 als GmbH gegründet. Die Handelskammer beteiligt sich an dem Stammkapital von 1 Mio. DM mit 100 000 DM. Im Mai 1978 wird als Geschäftsführer der in Berlin geborene Robert G. Layton gewonnen, der nach seiner Rückkehr aus der Emigration u. a. als Vorstandssprecher von Ford Köln und bei der zum Flick-Konzern gehörenden Feldmühle tätig gewesen war – ein Mann mit großer internationaler Erfahrung also, der den Anspruch der Kammer an die besondere Konkurrenzfähigkeit der Berliner Einrichtung erfüllt, was auch darin zum Ausdruck kommt, dass seine Ernennung auf einem gemeinsamen Vorschlag von Senat und Handelskammer beruht.[56] Die Kammer hält auch einen Minderheitsanteil an der Messegesellschaft AMK, vertritt dort, auch über die Mitgliedschaft von Hauptgeschäftsführer Dr. Braun im Aufsichtsrat, die Interessen der anderen Minderheitsgesellschafter BAO, WEMA und VBEI und nimmt darüber Einfluss auf die Geschicke des für Berlin wichtigen Messe- und Kongressgeschäfts; sie sieht es unter anderem als ihre Aufgabe an, sachfremde Übergriffe des Mehrheitsgesellschafters Land Berlin, vertreten durch den Senat, auf die Geschäftspolitik abzuwehren. Sie beteiligt sich zudem an der Gründung einer „Gewerbesiedlungs-Gesellschaft mbH – Wohnen", über die der Senat zur Förderung von Arbeitsplätzen geeigneten Wohnraum für Führungskräfte schaffen will; auch hier ist sie im Aufsichtsrat vertreten. Und schon seit Jahren entsendet die Kammer einen Vertreter, in diesem Fall Dr. Wilitzki, in den Rundfunkrat.

Auch bei der Einwerbung von zusätzlichen Ausbildungsplätzen kann die Kammer Fortschritte vermelden: Dr. Braun berichtet in der Vollversammlung im Oktober 1976, dass in diesem Jahr bisher rund 10 000 Jugendliche eine betriebliche Ausbildung in einem anerkannten Ausbildungsberuf begonnen hätten, eine Steigerung um 20 % gegenüber dem Vorjahr; bedenke man, dass 1975 gegenüber 1974 die Zahl der Neueinstellungen schon einmal um 20 % erhöht worden sein, dann bedeute dies, dass innerhalb von zwei Jahren das Ausbildungsplatzangebot um

---

55 BW 1977, S. 405; die Kammer hat sich damit gegenüber ursprünglichen Ideen im Senat, einen one-Dollar-Man, einen „qualifizierten Ruheständler" mit fünf Mitarbeitern, mit dieser Aufgabe zu betrauen, durchgesetzt.

56 BW 1978, S. 481

40 % vergrößert worden sei.[57] Die damals eingerichtete Sonderkommission „Ausbildungsplätze“, zunächst unter Leitung des Senators für Arbeit und Soziales, der auch die Präsidenten und Hauptgeschäftsführer von Handels- und Handwerkskammer angehören, kann eine positive Bilanz ziehen. Die Industrie- und Handelskammer trägt zu ihr mit über 1 000 von insgesamt 1 500 zusätzlichen Ausbildungsplätzen in der gewerblichen Wirtschaft bei.[58] Auch mit ihrer ständig erweiterten Angebotspalette an Fort- und Weiterbildungen, mit den breiten Lehrgangs- und Prüfungsangeboten und der Weiterbildung von Führungskräften in Zusammenarbeit mit dem BIF qualifiziert die Kammer die Berliner Arbeitnehmerschaft zum Wohle der Betriebe; sie wird dazu Anfang der 80er Jahre ein eigenes Weiterbildungszentrum im Steglitzer Kreisel in Betrieb nehmen.

Viele Standpunkte der Kammer wirken auch aus heutiger Sicht sehr modern. Beispielhaft sei ihre Haltung zur Integration von ausländischen Arbeitnehmern und ihrer Angehörigen genannt. Schon 1970 hatte sie auf die Notwendigkeit aufmerksam gemacht, für eine bessere Sprachausbildung und berufliche Fortbildung sowie für eine verbesserte Schulausbildung der Kinder zu sorgen.[59] Und 1979 bricht sie fast so etwas wie ein Tabu: „Für die Ausländerpolitik war bisher der Grundsatz bestimmend, daß die Bundesrepublik kein Einwanderungsland ist. Dieses Prinzip kann künftig mit einer solchen Absolutheit nicht mehr aufrechterhalten werden“[60]; diese Aussage macht die Kammer auch in der fast prophetisch zu nennenden Erkenntnis, dass die Ausländerproblematik an Brisanz noch zunehmen wird, wenn die zweite und dritte Ausländer-Generation heranwächst[61] – in der Politik wird es noch mehr als zwei Jahrzehnte dauern, bis sich der Gedanke von Deutschland als Einwanderungsland durchsetzt. Und auch in der Umweltpolitik geht die Kammer voran; schon sehr früh und durchaus zum Missfallen der Spitzenverbände BDI und DIHT bekennt sie sich zum Umweltschutz, auch wenn dieser zu Kostensteigerungen in der Wirtschaft führt: „Eine vernünftige Umweltpolitik ist

---

57 BW 1976, S. 812

58 PN Nr. 5/76 vom 5. April; im September dieses Jahres wird die Verfassung dieser Präsidialnotizen, die einen guten Einblick in die Lebendigkeit und den Einfluss des Hauses geben, leider eingestellt.

59 JB 1970, S. 40 f.

60 JB 1979, S. S. 1

61 Ebd.

buchstäblich eine Frage des Überlebens unserer gesamten Zivilisation geworden."[62]

Eine Vielzahl weiterer Initiativen und Anregungen der Kammer runden das Bild ihrer Tätigkeit und ihres Einflusses in diesen Jahren ab. Die Möglichkeiten der Innovation für die kleinen und mittleren Unternehmen werden besser. Die Anreize und Angebote für Forschung und Entwicklung in Berlin werden weiter verstärkt. Die Konditionen für die kleinen und mittleren Unternehmen bei der Inanspruchnahme öffentlicher Forschungsmittel werden günstiger gestaltet. Für den Technologietransfer werden in Berlin besondere Einrichtungen ins Leben gerufen, wie das VDI-Technologiezentrum und die Technologie-Vermittlungs-Agentur. Auch für eine erleichterte Wagnisfinanzierung werden die Voraussetzungen geschaffen. In allen diesen Fällen trägt die Kammer dazu bei, dass die Forschungs-Infrastruktur in Berlin weiter ausgebaut und möglichst mittelstandsfreundlich gestaltet wird.[63] Und sie begleitet den Vater des derzeitigen Kammerpräsidenten, Franz-Josef Schweitzer, den Gründer des Unternehmens ALBA, in seinem jahrelangen Kampf mit der BSR um eine Beteiligung an der Abfallentsorgung, nicht um für einen einzelnen Betrieb zu intervenieren, sondern aus prinzipiellen Gründen und aus der Sorge über die durch den Monopolisten BSR auferlegten hohen Belastungen für die Berliner Unternehmen heraus.

Immer wieder besuchen prominente Politiker und Wirtschaftsführer die Industrie- und Handelskammer und nutzen sie als Forum für grundsätzliche Positionsbestimmungen. Allein im Jahr 1978 kommt Außenminister Dietrich Genscher nicht nur zum Jahresempfang der Kammer[64], er hält im September in ihrem Haus auch eine Rede zum Thema „Europa und die Welt"[65]. Der neue Bundeswirtschaftsminister Dr. Otto Graf Lambsdorff hält aus Anlass der vierten Tagung der Berlin-Beauftragten, an deren Sitzungen er von nun an regelmäßig teilnimmt, Anfang März einen Vortrag über „Aktuelle Fragen der Wirtschaftspolitik"[66]. Im Februar hält der Vorstandsvorsitzende der Londoner Industrie- und Handelskammer und frühere stellvertretende Berliner Stadtkommandant, Sir Peter Tennant, im Hause der Kammer einen Fachvortrag

62 JB 1971, S. 131
63 Siehe JB 1978, S. 19 f.
64 Siehe das Photo mit Präsident Elfe und Vizepräsident Mittelstenscheid in JB 1979.
65 BW 1978, S. 861 f.
66 BW 1978, S. 232

über die Perspektiven der britischen Wirtschaft[67], und kurz vor der Jahreswende hatte der Präsident der Internationalen Handelskammer, Prof. Dr. Stödter, Berlin und seiner Handelskammer einen offiziellen Besuch abgestattet.[68] Bundespräsident Dr. Karl Carstens besucht seit seinem Amtsantritt regelmäßig Berlin und führt auch Gespräche mit der Kammerführung.[69] Hauptamtliche Mitarbeiter des Hauses, darunter Dr. Wilitzki, der anlässlich seines 25jährigen Dienstjubiläums durch das Präsidium geehrt wird, der Leiter der Abteilung Recht und Steuern, Joachim Kreplin, der nach seinem Wechsel in die Hauptgeschäftsführung der Vereinigung der Industrie- und Handelskammern des Landes Nordrhein-Westfalen durch den vom DIHT kommenden Hans-Georg Crone-Erdmann ersetzt wird, und Dr. Rexrodt, Leiter der Industrieabteilung, später Senatsdirektor und Senator in Berlin und noch später Bundeswirtschaftsminister, betreuen nicht nur die ihnen zugewiesenen Ausschüsse professionell und erledigen mit hohem Engagement ihre Aufgaben, sie publizieren nicht nur regelmäßig in der „Berliner Wirtschaft"[70], sie verleihen auch gemeinsam mit dem Ehrenamt und dem Hauptgeschäftsführer der Kammer Ansehen und verschaffen ihr Einfluss.

Im Umschwung „der Großwetterlage der Konjunktur" des Jahres 1980 erweist sich die Berliner Wirtschaft als „recht widerstandsfähig"; ihr Wachstum entwickelt sich parallel zu dem der Bundesrepublik Deutschland.[71] 1979 war das Bruttoinlandsprodukt real um 4% gestiegen, 1980 sind es immerhin noch gut 2%. Das liegt vor allem daran, dass die industrielle Entwicklung in Berlin etwas günstiger verläuft als im Bundesdurchschnitt, mit einem Wachstum der Produktion der Berliner Industrie von 4% im Jahr 1980 gegenüber nur 1% in der Bundesrepublik.[72] Die Kammer konstatiert, dass die sehr befriedigende Investitionstätigkeit der Berliner Industrie und ihr insgesamt günstiges Abschneiden nicht zuletzt auch ein Ergebnis verbesserter wirtschaftspolitischer Rahmenbedingungen und dadurch möglicher Ansiedlungserfolge seien. Die von der Kammer initiierte Wirtschaftsförderungsgesellschaft

67 BW 1978, S. 204

68 BW 1978, S. 8

69 Vgl. das Photo mit Präsident Elfe und Hauptgeschäftsführer Dr. Braun in JB 1978.

70 Siehe beispielsweise die Beschreibung seines Aufgabenbereichs durch Dr. Rexrodt „Umfassender Service für Berlins Industrie – Die Arbeit der Industrieabteilung der IHK Berlin" in BW 1978, S. 105 ff.

71 Krafft, aaO, S. 333

72 JB 1980, S. 9 f.

Abb. 27 Präsident Elfe und Hauptgeschäftsführer Dr. Braun bei einer Sitzung der CDU/CSU-Fraktion im Reichstag 1977

(WFB) kann Anfang 1981 über 112 Fälle berichten, die seit Beginn ihrer Tätigkeit Ende 1978 abgeschlossen wurden. Ansiedlung und Erweiterung führen nach den Plänen der Unternehmen zu einem Investitionsvolumen von rund 600 Mio. DM und zur Schaffung von etwa 5 100 neuen Arbeitsplätzen. Dennoch kommt es nicht zu einer Erhöhung, sondern nur zur Stabilisierung der Beschäftigtenzahl.[73] Und schon für das Jahr 1981 muss die Kammer von einer unbefriedigenden wirtschaftlichen Bilanz berichten, wenn auch erneut im Gleichklang mit dem bundesweiten Trend. Die Gesamtzahl der Erwerbstätigen geht um rund 1 % zurück, in Industrie und produzierendem Handwerk sogar um 3,5 % und im Baugewerbe um 5 %; die Arbeitslosenquote liegt Ende Dezember bei 7,7 % – über dem Bundesdurchschnitt, aber unter den Arbeitslosenquoten mancher Regionen der Bundesrepublik –, wobei die Kammer ihr

73 JB 1980, S. 11

Abb. 28 Präsident Elfe und Hauptgeschäftsführer Dr. Braun mit dem Regierenden Bürgermeister Richard v. Weizsäcker und Bundeswirtschaftsminister Dr. Otto Graf Lambsdorff bei einer Berufsbildungsveranstaltung im ICC 1983

weiterer Anstieg und der der Jugendarbeitslosigkeit Anfang 1982 alarmiert.[74]

Auch deshalb sieht die Industrie- und Handelskammer große Herausforderungen für die 80er Jahre. Präsident Elfe hält es für eine der Aufgaben, nun auch in allen Bereichen der Kommunalpolitik dafür zu sorgen, dass die international begrenzten Wachstumsspielräume für die Berliner Wirtschaft voll ausgenutzt werden. In der ganzen Stadtpolitik müsse ein Kompromiss zwischen den verschiedenen gesellschaftlichen Bedürfnissen gefunden werden; alle wollten möglichst viel Wald und gesunde Umwelt, aber Berlin brauche auch Kraftwerke und Industriebetriebe, um Arbeitsplätze zu sichern und neue zu schaffen.[75] Hauptgeschäftsführer Dr. Braun konkretisiert diese Aussage und fordert: Beseitigung des Mangels an Wohnungen; Bereitstellung einer ausreichenden disponiblen Flächenreserve für Industrieansiedlungen für die Schaffung

74 JB 1981/82, S. 17

75 Artikel „Die Achtziger Jahre bringen große Herausforderungen" in BW 1980, S. 4

neuer Arbeitsplätze; Milderung des Fachkräftemangels durch verstärkte Ausbildungs- und Umschulungsmaßnahmen; und wie selbstverständlich den Ausbau des Instruments der Berlinförderung.[76]

1980 wird Präsident Elfe wiedergewählt. Neu im Präsidium sind als einer der beiden Vizepräsidenten Dipl.-Kaufmann Andreas Howaldt, persönlich haftender Gesellschafter der Unionzeiss-Werke KG, und als weitere Mitglieder Ing. Herbert Hohoff, Vorstand der H. Klammt AG, Dr. Joachim Meyer-Blücher, Mitglied des Vorstands der Bank für Handel und Industrie AG, Dr. Peter Weichhardt, Geschäftsführer der Schindler Aufzügefabrik GmbH, und der Hotelier Heinz Zellermayer. Im folgenden Jahr verstärkt Privatdozent Dr. Manfred Kern, gelernter Kaufmannsgehilfe, Diplomand der Abteilung für Wirtschaftswissenschaft der Ruhr-Universität Bochum, promoviert durch die Universität Köln, durch die Übernahme der Leitung der Abteilung Volkswirtschaft die hauptamtliche Mitarbeiterschaft des Hauses.

Politisch gerät Berlin Anfang der 80er Jahre erneut in schwieriges Fahrwasser. Der „auslösende Faktor der selbstverschuldeten Krise" ist die sogenannte Garski-Affaire, in der es um Bürgschaften des Senats für Kredite der senatseigenen Berliner Bank für Geschäfte des Architekten Dietrich Garski „in Arabiens Wüsten" geht.[77] Drei Senatoren treten zurück, darunter Wirtschaftssenator Lüder, und der Regierende Bürgermeister Stobbe kann die Krise nicht meistern; eine Neubildung des Senats scheitert, Stobbe tritt am 15. Januar 1981 zurück. Das Ende dieses Senats bedeutet auch das Ausscheiden von Senatsdirektor Jörg Schlegel. Den Steuerzahler kostet die Affaire 93,9 Mio. DM, die Berliner Bank muss 11,9 Mio. DM übernehmen.[78]

Nach Stobbes Rücktritt kommt der Sozialdemokrat Hans-Jochen Vogel, früher Oberbürgermeister von München und dann Bundesjustizminister, nach Berlin; in seinem Senat übernimmt der von der Brüsseler Kommission kommende Freidemokrat Guido Brunner „mit viel Eifer" das Wirtschaftsressort.[79] Aber dem neuen Senat gelingt es trotz des legendären Arbeitseinsatzes von Vogel nicht, sich durchzusetzen. Nach

76 Vor der Amerikanischen Handelskammer über „Aktuelle Fragen der Berliner Wirtschaft", s. BW 1980., S. 105; vgl. auch „Wirtschaftliche Aufgaben und Schwerpunkte der Kammerarbeit" in BW 1980, S. 759.

77 Zu den Einzelheiten Krafft, aaO, S. 334 f.

78 Ebd.; wie sich dann doch später bei den Vorgängen in und um die Bankgesellschaft Berlin die Größenordnungen verändern!

79 Krafft, aaO, S. 335

einem von der CDU initiierten Volkbegehren und dessen Erfolg kommt es zu Neuwahlen zum Abgeordnetenhaus, aus der die CDU als stärkste Partei hervorgeht. Richard v. Weizsäcker bildet einen Minderheitssenat, in dem Elmar Pieroth, „ein Unternehmer, der bis dahin durch sein Eintreten für mittelständische Belange und ein praktiziertes Modell der Eigentumsbildung in Arbeitnehmerhand bekannt geworden war“[80], Wirtschaftsenator wird. Senator für Stadtentwicklung und Umweltschutz wird Volker Hassemer, Bundessenator in Bonn der frühere Bundesarbeitsminister Norbert Blüm. Der aus der Handelskammer stammende Dr. Günther Rexrodt, dort Leiter der Industrieabteilung, wird wenig später Senatsdirektor beim Senator für Wirtschaft und Verkehr.

Die Handelskammer begrüßt die Regierungserklärung des neuen Regierenden Bürgermeisters, in der dieser am 2. Juli einen neuen Aufbruch für Berlin fordert und unter anderem erklärt, er werde sich dafür einsetzen, krisenfeste Arbeitsplätze zu erhalten und neue zu schaffen; dazu werde er zur Stärkung der Investitionskraft der Berliner Wirtschaft beitragen, Selbständigkeit und Risikobereitschaft fördern, bei der Weiterentwicklung des hohen technischen Niveaus helfen und auf einen guten Ausbildungsstand der Arbeitskräfte hinwirken, Stadt und Stadtviertel planen, die als Organismus leben, und den Wohnungsbau steigern. Die Kammer stellt sich hinter diese Absichtserklärungen, die ihren eigenen Forderungen entsprechen, bemängelt aber, dass sich die Regierungserklärung nicht konkret zu den für die Zukunft der Stadt wichtigen Bereichen Industrie, Handel und Dienstleistung und deren Bedeutung für eine verbesserte Lebensfähigkeit der Stadt äußert.[81] Immerhin vermerkt sie mit großer Zustimmung, dass v. Weizsäcker sieht, dass „politische Führung und öffentliche Verwaltung an Glaubwürdigkeit verloren (haben und) Politiker in den Verdacht geraten (sind), ihre persönlichen Interessen besser zu betreuen als das öffentliche Wohl“, und sie wird mit Genugtuung zur Kenntnis nehmen, dass er nach fünf Monaten Regierungszeit vor dem VBKI ein Bekenntnis zur Sozialen Marktwirtschaft ablegt: „(Der Senat) weiß, ihr Vorzug liegt darin, daß sie gesamtwirtschaftliche Leistungsfähigkeit mit einem hohen Maß an sozialer Gerechtigkeit und persönlicher Freiheit verbindet. Gewerbe- und Berufsfreiheit, Wettbewerb, Konsumentensouveränität, breit gestreutes Produktivkapital und ein System der sozialen Sicherung haben eben nicht nur eine bestmögliche Versorgung mit Gütern und Dienstleistungen

80 Krafft, aaO, S. 336
81 BW 1981, S. 673 f.

möglich gemacht, sondern bringen vor allem auch ein hohes Maß an Freiheit für die Menschen durch Machtverteilung und Machtkontrolle mit sich ... Diejenigen, die angesichts wirtschaftlicher Probleme der letzten Jahre vorschnell alte Forderungen nach mehr Zentralismus, Dirigismus, Investitionskontrolle und Verstaatlichung erheben, gehen den falschen Weg ... Wir wissen, daß wir hierzu gerade in Berlin mehr bürokratische Hemmnisse abbauen als dies bisher geschehen ist".[82]

Ein neues Thema für die Kammer wird in diesen Jahren die Ausländerpolitik. Anfang der 80er sind in der Bundesrepublik rund 4,6 Millionen Ausländer gemeldet. In Berlin sind es um die 240 000, darunter gegen 120 000 Türken, denen mit weitem Abstand Jugoslawen, Griechen, Italiener und Angehörige anderer Nationalitäten folgen. Die Zahl ihrer sozialversicherungspflichtigen Arbeitnehmer beträgt Ende 1980 rund 95 000, 13 % aller Beschäftigten. In einigen Branchen werden sie unentbehrlich. So sind in dieser Zeit 42,6 % der Elektrogerätemontierer, 40,6 % der Schweißer, 39,4 % der Köche, 34,1 % der Dreher, 32,3 % der Backwarenhersteller, 28,5 % der Kellner, 26,2 % der Gärtner und Gartenarbeiter, 20,3 % der Elektroinstallateure, 17 % der Maschinenschlosser und 16,9 % der Bauschlosser nichtdeutscher Herkunft, viele Fachkräfte also, deren Integrationsfähigkeit und –wille allerdings sehr unterschiedlich ist.[83] Die Kammer entwirft Leitgedanken für die Ausländerpolitik und sieht die Wirtschaft in einer Mitverantwortung bei der Lösung der Integrationsprobleme, insbesondere der zweiten Generation; sie will auch Überlegungen darüber anstellen, wie eine möglichst große Anzahl von Ausländern in eine betriebliche Ausbildung einbezogen werden kann.[84] Die Kammer wird sich im Folgejahr auch finanziell an der Gründung der Berliner Gesellschaft für deutsch-türkische wirtschaftliche Zusammenarbeit mbH beteiligen, die die Gründung und den Betrieb von Unternehmen in der Türkei fördern soll, und zwar durch Ausbildung im Bereich von Handwerk und Kleingewerbe, durch Unterstützung von Existenzgründungen und durch die Förderung der Zusammenarbeit von deutschen und türkischen Unternehmen; bei der Unterstützung von Existenzgründungen soll das Augenmerk besonders auf geeignete türkische Arbeitnehmer in Berlin gerichtet werden, die

82 Zitate nach Krafft, aaO, S. 336 f.

83 Zahlen einer Beschäftigungsstatistik der Bundesanstalt für Arbeit, ausgewertet von Krafft, aaO, S. 338 f.

84 Siehe die Problemanalyse von Dr. Braun in der Vollversammlung am 17. Dezember 1981

willens und in der Lage sind, Betriebe in der Türkei zu gründen und zu führen.

Anlass zur Beschwerde sieht die Kammer dagegen auch unter dem neuen Senat hinsichtlich einer Investitionsblockade. Sie listet Projekte auf, z. B. den Autozubringer Nord, das Doppelinstitut der Fraunhofer Gesellschaft und der TU im Spreebogen, das Bauvorhaben für 200 Einfamilienhäuser in Gatow und das Kraftwerk Reuter-West, durch die ein Investitionsvolumen von 2,5 Mrd. DM zu realisieren sei; eine schnelle Inangriffnahme und Verwirklichung dieser Projekte würde mehr bewirken als jedes Beschäftigungsprogramm.[85] Immer wieder auch setzt sie bei einem ihrer Schwerpunktthemen, der Berlinförderung, nach und erreicht, im Schulterschluss mit dem Senat, eine erneute Novellierung des Berlinförderungs-Gesetzes durch den Deutschen Bundestag mit Wirkung vom 1. Januar 1983. Durch die Novelle werden Zulieferungen aus Berlin für die Industrie interessanter; es entsteht mehr Subventionsgerechtigkeit dadurch, dass die Herstellerpräferenz stärker von der in Berlin erbrachten Leistung abhängig wird, und die öffentlichen Mittel für die Berlinförderung werden effizienter eingesetzt. Mit Befriedigung kann die Kammer konstatieren, dass einige bedeutende Investitionsentscheidungen als Reaktion der Unternehmen auf diese Änderung zu werten sind und dass vor allem das Interesse am Bezug von Warenlieferungen und Dienstleistungen aus Berlin deutlich zunimmt.[86]

Ebenso stetig arbeitet sie an der politischen Flankierung der Anstrengungen in Berlin selbst. Nicht nur, dass in der Stadt in einer konzertierten Aktion von Politik und Wirtschaft große Investoren angesprochen und diese für eine Entscheidung für Berlin gewonnen werden sollen, auch auf bundesweiter Ebene muss nach ihrer Meinung wieder stärker die politische Dimension einer unternehmerischen Entscheidung für Berlin zur Geltung gebracht werden.[87] Sie findet bei der neuen Regierung unter Bundeskanzler Helmut Kohl Gehör. Schon in seiner Regierungserklärung im Oktober 1982 erklärt er Berlin zur politischen Aufgabe und Chance aller Deutschen und verspricht, sich für die Stärkung seiner Wirtschaftskraft einzusetzen; er werde in Kontinuität der von seinem Vorgänger getroffenen Absprachen gemeinsam mit dem Regie-

85 Dr. Braun am 18. Januar 1982 vor dem Club Berliner Wirtschaftjournalisten, vgl. den Bericht in BW 1982, S. 51.

86 JB 1983/84, S. 78 f.

87 Dr. Braun in einem Pressegespräch Mitte 1982, s. Bericht in der BW 1982, S. 596.

renden Bürgermeister die Repräsentanten der deutschen Wirtschaft nach Berlin einladen, um mit ihnen die Möglichkeiten eines verstärkten Berlin-Engagements zu besprechen. Zu dieser Berlin-Konferenz, die zeitlich mit der 8. Arbeitssitzung der Berlin-Beauftragen unter Vorsitz von Bundeswirtschaftsminister Otto Graf Lambsdorff gekoppelt wird, lädt Bundeskanzler Dr. Kohl fast 200 führende Vertreter der deutschen Wirtschaft und der Gewerkschaften am Abend des 10. und am 11. Dezember 1982 nach Berlin ein. Präsident Elfe versichert bei dem Treffen den Teilnehmern, die Berliner wollten trotz aller massiven Probleme die Konferenz nicht dazu benutzen, sich als Bittsteller an die Klagemauer zu stellen; stattdessen wolle man die wirtschaftlichen Möglichkeiten transparent machen, die der Standort Berlin trotz allem zu bieten habe.[88] Dazu passt, dass sich die Kammer bei der Vorbereitung der Konferenz vehement gegen „Abwegigkeiten“ wehrt, vor allem gegen den Vorstoß des DGB Berlin, eine Anstalt des öffentlichen Rechts zu schaffen, die eine Umlage zugunsten Berliner Firmen bei allen westdeutschen Unternehmen mit mehr als 200 Beschäftigten erheben soll; eine solche Umlage hätte den Geruch einer Sonderumlage oder eines Notopfers für Berlin und sei mit der Gefahr verbunden, dass die Berliner Wirtschaft als Kostgänger des einzelnen westdeutschen Unternehmens empfunden würde.[89] Der Bundeskanzler kann nach der Konferenz eine positive Bilanz der Sitzungen der Berlin-Beauftragten und der Berlin-Konferenz ziehen, die bereits durch konkrete Projekte mit einer beträchtlichen Anzahl von zusätzlichen qualifizierten Arbeitsplätzen in zukunftsorientierten Bereichen unterlegt ist. Graf Lambsdorff bestätigt diese Bilanz und stellt fest, dass die Ergebnisse der Konferenz besser seien, als man bei der allgemein schwierigen Lage eigentlich erwarten konnte; der Präsident des BDI, Prof. Dr. Rolf Rodenstock, bekräftigt diese Einschätzung und spricht dank ihrer guten Vorbereitung dem Senat und der Industrie- und Handelskammer öffentlich einen erkennbaren Anteil an dem Erfolg zu.[90] Die Konferenz und das erneute Treffen der Berlin-Beauftragten wird im Februar 1983 abgerundet durch eine Sitzung mit den Chef-Einkäufern

88 Krafft, aaO, S. 351

89 Dr. Braun in der Präsidiumssitzung am 6. 12. 1982

90 Vgl. die Berichte in BW 1982, S. 1144 ff. Die Vorbereitung der Sitzung der Berlin-Beauftragten liegt wie üblich in den Händen der Herren Dr. Kreklau, Severon, Koppenhagen und Schäfer, im Hinblick auf die Kanzlerkonferenzen nun tatkräftig unterstützt von Ministerialrat Meyer-Sebastian aus dem Bundeskanzleramt.

großer Unternehmen im Haus der Kammer, an der Bundeswirtschaftsminister Graf Lambsdorff und über 50 Chef-Einkäufer teilnehmen und in deren Mittelpunkt die Themen: Bisherige Initiativen der Auftragsförderung (Ergebnisse und Erfahrungen einzelner Firmen und Branchen), spezielle Leistungsschwerpunkte und Wettbewerbsfähigkeit der Berliner Wirtschaft (Ansatzpunkte und Grenzen der Auftragsförderung) und zukünftige Aktivitäten der Auftragsförderung (Ziele, Terminplanung, Veranstaltungsformen) stehen.

Kapitel XI
Aufschwung und neue Dynamik

Konjunkturell beginnt es, aufwärts zu gehen. „Mitte 1983 weht eine leise Brise einer Konjunkturerholung – ausgehend vom Bau, gewerblichen Investitionen, der Autoindustrie – durch das Land, die Berlin streift.“[1] Die konjunkturelle Wende setzt sich durch, wobei sich die positive Entwicklung von Quartal zu Quartal verstärkt. Insgesamt wird zwar nur ein reales Wachstum von 1,5 % erzielt, aber wichtiger ist die Trendumkehr und die weiter ansteigende Tendenz.[2] Die kommenden Jahre sind „wirtschaftlich und wirtschaftspolitisch gekennzeichnet durch einen seit 1983 andauernden, stabilen, wenn auch nicht überschäumenden konjunkturellen Aufschwung, ferner durch eine Unternehmerschaft (in Berlin), die heute wieder stärker auf eigene Leistungskraft und eigene Leistungsreserven setzt und schließlich durch eine Wirtschaftspolitik, die – ideenreich und kreativ und ihrerseits im Ansatz sehr unternehmerisch angelegt – diese positive Entwicklung teilweise initiiert, auf jeden Fall begleitet und nachhaltig fördert“.[3]

Selbst noch für das schwierige Jahr 1982 kann die Handelskammer erhebliche Erfolge bei der Zahl der Ausbildungsverhältnisse vermelden. Ihre Mitgliedsfirmen erhöhen sie noch einmal kräftig, und zwar um 11,4 % auf 8 514. Damit liegt die Zahl Ende 1982 allein im Bereich der Kammer bei 18 989, eine Zunahme gegenüber 1974 um rund 119 %.[4] In den beginnenden Aufschwung hinein setzt die Kammer auf die auch durch die Berlin-Konferenz ausgelösten Strukturverbesserungen. Es geht ihr um das tatsächliche Beschreiten des dort gewiesenen Weges zu neuen und zukunftsträchtigen Technologien. Stellvertretend für andere Bereiche nennt sie die Roboterforschung und deren Entwicklung, von denen sie hofft, dass sie auch in die Fertigung münden werden, ferner die Glasfa-

---

1 Krafft, aaO, S. 354

2 JB 1983/84, S. 14 f.

3 So Dr. Braun in einem Rückblick in „Der Wiederaufbau Berlins“, aaO, S. 236.

4 Zahlen aus einem Artikel von Präsident Elfe „Zukunfts-Investitionen gegen Zukunfts-Pessimismus“ in BW 1983, S. 4.

serproduktion, die Umwelttechnologie und insgesamt Berlin als Zentrum der Telekommunikation.[5]

Manches davon geht auf und führt mit dazu, dass im Gegensatz zum sonst üblichen Bild, in dem Berlin nur mit zeitlicher Verzögerung der konjunkturellen Erholung im Bund folgt, die Stadt diesmal vorn liegt, zumindest aber von einer konjunkturellen Parallelität gesprochen werden kann. Die Projekte aus der Berlin-Konferenz gehen in die Realisierungsphase und lösen Impulse für Investitionen und Beschäftigung aus. Es gibt weitere Ansiedlungserfolge der Wirtschaftsförderungsgesellschaft, 1983 allein 70 Neuansiedlungen und Neugründungen mit 1 500 Arbeitsplätzen und einem Investitionsvolumen in einer Größenordnung von 430 Mio. DM. Die Novellierung des BFG greift, die Ausrüstungsinvestitionen steigen, 1983 wird zu einem Rekordjahr des Fremdenverkehrs in der Stadt. Ihr äußeres Erscheinungsbild wird spürbar besser. Der Senat nutzt seit seinem Amtsantritt die eigenen Gestaltungsmöglichkeiten sehr bewusst, und die Kammer erklärt es zum Verdienst von Wirtschaftssenator Pieroth, dass Berlin in einem Atemzug mit Baden-Württemberg genannt wird, wenn unter den Bundesländern von einer modernen, zukunftsorientierten Wirtschaftspolitik die Rede ist.[6] Der Präsident des DIHT, Otto Wolff von Amerongen, attestiert der Stadt anlässlich der erneuten Berlin-Konferenz unter Vorsitz von Bundeskanzler Dr. Kohl am 19. und 20. Juni 1984: „Das politische und wirtschaftliche Investitionsklima in Berlin (hat sich) ganz entscheidend verändert und verbessert. Berlin ist selbstbewußter geworden. Man besinnt sich stärker als früher auf die eigene Leistungsbereitschaft und auf Standortvorzüge", und auch Präsident Elfe spricht bei dieser Gelegenheit von der gewachsenen Leistungsbereitschaft in der Berliner Wirtschaft, deren positives Erscheinungsbild nicht nur vom allgemeinen Konjunkturaufschwung, sondern auch von der Verbesserung der wirtschaftlichen Rahmenbedingungen und ihrer Akzeptanz durch die Berliner Unternehmen beeinflusst werde.[7]

Anfang 1984 war es zu einem Wechsel an der Spitze des Senats gekommen. Richard v. Weizsäcker kandidiert für das Amt des Bundes-

---

5 Dr. Braun, „Strukturverbesserung konsequent weiter verfolgen", Rede vor dem Club Berliner Wirtschaftsjournalisten, in BW 1983, S. 56, und vor Presse und Vollversammlung bei der Vorstellung des JB 1982/83 „Langfristige Strukturverbesserung und offensive Strukturpolitik" in BW 1983, S. 357 ff.

6 Dr. Braun, „Viele Gründe für wachsende Zuversicht", Vorstellung des JB 1983/84, in BW 1984, S. 333 ff.

7 Vgl. BW 1984, S. 588 ff.

präsidenten und tritt deshalb zurück; Eberhard Diepgen, der bisherige Fraktionsvorsitzende der CDU, wird sein Nachfolger. Sehr rasch macht Diepgen der Kammer seine Aufwartung und führt in seiner neuen Funktion ein Gespräch mit Präsident Elfe und Hauptgeschäftsführer Dr. Braun, in dem ihm die volle Unterstützung und Zusammenarbeit des Hauses zugesagt wird. Kurz danach erörtern Präsidium und Geschäftsführung mit ihm aktuelle Wirtschaftsprobleme und Erfordernisse der Wirtschafts- und Kommunalpolitik.[8] Auf dem 1. sogenannten „Berliner Wirtschaftstag" am 21. Mai 1984 hat er Gelegenheit, der Berliner Unternehmerschaft darzulegen, dass die Wirtschaft und die Wirtschaftspolitik hohe Stellenwerte in seiner Gesamtpolitik haben; dass neben der Ansiedlung neuer Betriebe die Bestandspflege gleich große Priorität haben; dass das Interesse an den kleinen und mittleren Unternehmen und die Bereitschaft, etwas für sie zu tun, nicht hinter dem Interesse an den großen Unternehmen zurücksteht. Die Kammer ist der Auffassung, dass der Wirtschaftstag alles in allem seinen Zweck erfüllt hat.

Im Juli 1984 findet dann auch an der Spitze der Industrie- und Handelskammer ein Wechsel statt: Präsident Horst Elfe scheidet aus dem Amt und wird Ehrenpräsident; mit ihm legen Vizepräsident Karl Otto Mittelstenscheid, Vizepräsident Andreas Howaldt und die weiteren Mitglieder des Präsidiums Willi Ebbinghaus, Heinz Zellermayer, Dr. Joachim Meyer-Blücher und Dr. Frank Wedekind ihre Ämter nieder.[9] Präsident wird das Vorstandsmitglied der Schering AG, Horst Kramp. Er würdigt die Arbeit seines Vorgängers vor der Vollversammlung am 18. Juli: In seiner Laudatio hebt Kramp dessen persönliche Bereitschaft zum Engagement, eine preußische Pflichterfüllung und eine überzeugende gesellschaftspolitische Verantwortung hervor sowie daraus resultierend ein großes persönliches und gesellschaftliches Ansehen weit über die Grenzen Berlins hinaus. Elfe habe deutlich gemacht, dass die Industrie- und Handelskammer Berlin eine eminent politische Kammer ist, die sich allerdings bei allem sachbezogenen politischen Engagement um strikte parteipolitische Neutralität bemüht. An Elfe gewandt erklärt er zusammenfassend: „Sie waren schon während Ihrer Mitgliedschaft im Präsidium der IHK, aber besonders während der acht Jahre Ihrer Präsidentschaft Motor, Interpret, Ansprechpartner und Botschafter für die Durchsetzung dessen, was Sie am 15. Juni 1976 als Kern Ihrer Tätigkeit herausgestellt hatten, die wirtschaftliche Leistungsfähigkeit unserer Stadt

8 Siehe das Photo in JB 1983/84
9 Vgl. auch den Dank an die Ausgeschiedenen in BW 1984, S. 759 f.

aus eigener Kraft zu erhöhen ... Der Dank (der alten und der neuen Vollversammlung) gilt nicht nur der Leistung, sondern auch der engagierten und noblen Art, wie Sie Ihr Amt geführt haben."[10]

Der neue Präsident ist – anders als seine Vorgänger – nur kurz in der Kammer und ihren Gremien. Erst im März des gleichen Jahres hatte ihn die Vollversammlung in ihre Reihen kooptiert, nachdem die bisherige Führung des Hauses auf der schwierigen Suche nach einem Nachfolger für Präsident Elfe bei der Schering AG vorstellig geworden war. Schering hat sich mit der Nominierung ihres Vorstandsmitglieds Kramp in dieser Zeit erneut der Verantwortung für Berlin und die Berliner Wirtschaft gestellt.

Kramp setzt bei seiner ersten Erklärung nach seiner Wahl einen Akzent bei einer stärkeren Einbeziehung von Mitgliedern der Kammer in deren Arbeit – er fordert dieses Engagement auch ein – und bezeichnet es als eine wichtige Aufgabe des Präsidiums, die Bereitschaft in der Kammer zum konstruktiven Gedankenaustausch ihrer Mitglieder zu fördern und ausreichend Gelegenheit zu bieten, an der Umsetzung gemeinsam erarbeiteter Entschließungen und Entscheidungen mitzuwirken; denn die Kammer als Organisation ist „nicht Selbstzweck: Sie lebt aus dem Willen ihrer Mitglieder"[11] – einen durchschlagenden Erfolg bei dem Versuch, die Mitglieder zu mobilisieren, wird er allerdings nicht haben.

Vizepräsidenten werden Wolfgang A. Hofer, Geschäftsführer der EFHA-Werke Fleischwarenfabrik GmbH, und Karl-Heinz Mösch, Geschäftsführer der Karl-Heinz Mösch GmbH, weitere Präsidiumsmitglieder sind Hans-Hellmuth Butenuth, persönlich haftender Gesellschafter der Autohaus Butenuth KG, Deodat von Eickstedt, Inhaber der Robert Heilmann Spedition, Dr. Michael Fernholz, Mitglied des Vorstands der Deutsche Bank Berlin AG, Dr. Dirk Forkel, Chef der Zentralen Berliner Leitung von Siemens, Dr. Friedrich Georgi, persönlich haftender Gesellschafter der Firma Paul Parey, Manfred Harms, geschäftsführender Gesellschafter der Becker & Harms Berliner Montan GmbH, Herbert Hohoff, Mitglied des Vorstands der H. Klammt AG, Klaus Krone, geschäftsführender Gesellschafter der Krone GmbH, Reinhard Lange, geschäftsführender Gesellschafter der Dr. Bruno Lange GmbH, und Joachim Pankrath, Geschäftsführer der Joachim Pankrath Gastronomie GmbH.

10 BW 1984, S. 676
11 BW 1984, S. 677

Abb. 29 Horst Kramp
Präsident der Industrie- und Handelskammer zu Berlin 1984 – 1997

Auch in der Geschäftsführung der Kammer ändert sich einiges. Der Leiter der Abteilung Recht und Steuern, Hans-Georg Crone-Erdmann, geht im Frühjahr 1984 als Nachfolger seines Vorgängers Kreplin, der Hauptgeschäftsführer der IHK Düsseldorf wird, zur Vereinigung der Industrie- und Handelskammern des Landes Nordrhein-Westfalen nach Düsseldorf. Hauptgeschäftsführer Dr. Braun ordnet Zuständigkeiten neu. Die Leitung der neuen Abteilung Steuern und Finanzen übernimmt der schon seit 1975 in der Kammer tätige Hartmut Scholz, vor dem Eintritt in das Haus zunächst Steuerinspektor beim Finanzamt Wilmersdorf und nach seinem Studium und dem Abschluss als Diplom-Kaufmann kurze Zeit Referent beim WEMA. Leiter der Rechtsabteilung mit Zuständigkeit auch für die Bau- und Wohnungswirtschaft sowie für Stadtplanung und Stadtentwicklung wird der vom DIHT kommende Rechtsanwalt Theodor M. Strauch, der Ende der 80er Jahre Staatssekretär im Land Berlin werden wird. Im November wird nach dem Wechsel von Adalbert Rohloff, der noch im April sein 25jähriges Dienstjubiläum bei der Kammer gefeiert hatte, in die Geschäftsführung der PK Berlin – Projektgesellschaft für Kabelkommunikation mbH, Egbert Steinke Leiter der Abteilung Information; Steinke hat eine kaufmännische Lehre absolviert und anschließend Volkswirtschaft an der FU studiert, nach seiner Diplomprüfung von 1964 bis 1972 beim Handelsblatt gearbeitet, wo er zuletzt Leiter der Berliner und der Osteuropa-Redaktion gewesen war, und kommt zur Kammer von seiner letzten Position als Leiter der Presse- und Informationsabteilung der Berliner Kraft- und Licht (Bewag) AG.

Präsident Kramp setzt seinen Versuch, auf stärkere Beteiligung der Mitglieder der Kammergremien zu drängen, bei der ersten Sitzung des Präsidiums auch gegenüber dessen Mitgliedern um. Er will keinen Monolog oder Dialog; bei dem Tagesordnungspunkt „Bericht zur Lage" erwartet er, dass die Präsidiumsmitglieder einen aktiven Beitrag leisten; auch in den Vollversammlungen komme es sehr darauf, dass nicht nur der Präsident und die Geschäftsführung Rechenschaft geben, sondern dass dort eine Frage- und Antwortspiel stattfindet. Er will auch die Arbeit der Kammerausschüsse aktivieren. Das Präsidium soll bestimmte Aufgaben an die Ausschüsse delegieren, die Geschäftsführung natürlich Anregungen für deren Arbeit geben können, die Ausschüsse aber auch von sich aus Themen aufgreifen sollen. Er nimmt ein Gespräch mit den Vorsitzenden in Aussicht, um sie einzubinden auch in Aufgaben der Vertretung der Kammer nach außen. Konsequent nimmt er an allen konstituierenden Sitzungen der Ausschüsse teil und wird nicht müde, dort den persönlichen und intellektuellen Einsatz jedes Mitglieds einzufordern. Dass dieser

Appell eher selten Erfolg haben wird, hat auch etwas mit der nicht mehr abreißenden Diskussion um die Größe der Ausschüsse, die Auswahl der Mitglieder und ihrer Arbeitsweise zu tun, aber auch mit dem Anspruch vieler Mitgliedsfirmen, in den Ausschüssen vertreten zu sein, ohne dann über ständige Präsenz und stetigen Einsatz diesen Anspruch zu rechtfertigen. Und immer wieder befasst sich das Präsidium mit der Frage, wie die Vollversammlungen lebendiger gestaltet werden können, ohne deren zeitlich gewünschte Begrenzung zu sprengen und ohne die notwendige Substanz in der Einführung in wichtige Themen zu verlieren – eine Art Patentrezept finden Präsidium und Hauptgeschäftsführung, ebenso wie die folgenden, nicht.

Für dieses Jahr kann die Handelskammer in einem Rückblick feststellen, dass das Meinungsbild in und über Berlin wie seit vielen Jahren nicht von positiven Zügen geprägt ist. „Das Zerrbild einer krisengeschüttelten Stadt mit gewaltsamen Demonstrationen, zerschlagenen Schaufenstern und Hausbesetzerszenen wich der Vorstellung einer Metropole mit großer kultureller Ausstrahlung, mit zukunftsorientierter Bereitschaft zur Innovation sowie mit interessanten beruflichen Angeboten und attraktivem Wohnwert.“[12] Wichtige Wirtschaftskonferenzen tragen dazu bei. Neben der zweiten Berlin-Konferenz unter Vorsitz des Bundeskanzlers im Juni ist es eine spezielle Forschungskonferenz unter der Leitung des Präsidenten des BDI, Professor Dr. Rolf Rodenstock, und unter Teilnahme des in der Bundesregierung für die Forschung zuständigen Bundesministers Riesenhuber im November, bei der Forschungsvorstände von über 50 großen Unternehmen der deutschen Industrie die Zusammenarbeit von Wissenschaft und Wirtschaft vor allem in den Bereichen Mikroelektronik, Integrierte Optik, Dienstintegrierte Digitalnetze (ISDN) sowie Fertigungstechnik, Verkehrstechnik, Gentechnologie und Lasermedizin erörtern; die Möglichkeiten, die Berlin großen Dienstleistungsunternehmen bietet, ist Thema einer weiteren Konferenz im Dezember, zu der der neue Bundeswirtschaftsminister Martin Bangemann, dessen erste Station seines ersten Berlinbesuchs im Herbst die Kammer gewesen war, eingeladen hatte. Auch in Einzelvorhaben gibt es Erfolge; die Europäische Wirtschaftshochschule (EAP – Ecole Europeenne des Affaires de Paris) der Chambre d'Industrie et de Commerce von Paris, eine der französischen Grandes Ecoles mit Standorten in Paris und Oxford und dem bisherigen deutschen Sitz in Düsseldorf, beschließt die Umsiedlung ihres deutschen Zweigs nach Berlin.

12 JB 1984/85, S. 9

Es kommt auch zu dem „endgültigen Abschütteln der bisherigen Berührungsängste zwischen Hochschulen und Wirtschaftspraxis als ein Schlüsselereignis für die Innovationsförderung in Berlin“.[13] Und Zuversicht gibt auch die gerade in diesem Jahr mehrfach erneuerte Bestätigung der westlichen Schutzmächte, darunter die des amerikanischen Botschafter Arthur F. Burns in der Industrie- und Handelskammer und durch den englischen Außenminister Sir Geoffrey Howe vor der Berliner Pressekonferenz[14], bis zu einer Wiedervereinigung in Freiheit biete die Präsenz der Alliierten die unersetzliche Grundlage für das Wohlergehen der Stadt. Im folgenden Jahr bekräftigen US-Außenminister George P. Shultz und der französische Staatspräsident François Mitterand bei ihren Besuchen in Berlin ihre Garantien für die Stadt. Die westlichen Schutzmächte halten sich auch ständig über die Entwicklung der Wirtschaft auf dem Laufenden; so informiert sich der britische Botschafter Sir Julian Bullard Anfang des Jahres in der Handelskammer über Fragen der Berliner Wirtschaft.[15]

Die Industrie- und Handelskammer sieht gar Anlass, vor zu überheblicher Zuversicht zu warnen: „Diese Einschätzung durch die Berliner selbst, vor allem aber auch durch alle diejenigen, die sich von draußen ein Urteil über die Stadt bilden, ist nicht ein für alle Mal gesichert. Der Ruf der Stadt, ihre Wirkung, ihre Ausstrahlung und ihre Anziehungskraft, aber auch die Sympathie, die ihr entgegengebracht wird, müssen immer wieder aufs Neue gewonnen, begründet und gefestigt werden. Vieles spricht dafür, daß Berlin dabei besonders hohe Anforderungen gegen sich gelten lassen muß. Wird es ihnen nicht gerecht, dann kann sich das Urteil über die Stadt von heute auf morgen und auch sehr von Grund auf ändern.“[16] Hauptgeschäftsführer Dr. Braun warnt im Präsidium im März 1985 vor der Gefahr, dass sich die seit einiger Zeit betont positive Berichterstattung über die Berliner Wirtschaft zu weit von der tatsächlichen Entwicklung entfernt, so dass es bei einem Vergleich zwischen Berichterstattung und tatsächlicher Entwicklung zu Rückschlägen kommen könnte; außerdem biete Berlin bei Überzeichnungen in der Berichterstattung unnötige Angriffsflächen gegenüber anderen Regionen, die sich mit Berlin im Wettbewerb befinden. Zu Recht offenbar, denn es gibt angesichts der im Vergleich zu anderen Bundesländern besseren Ent-

13 JB 1984/85, S. 11
14 Siehe die Photos in JB 1984/85
15 Photo in JB 1985/86
16 JB 1985/86, S. 12

wicklung zunehmende Diskussionen darüber, ob die Förderung der Berliner Wirtschaft nicht in dem Maße reduziert werden könnte, wie es der Stadt wirtschaftlich besser geht; es wird von den Konkurrenten vermehrt versucht, zwischen der wirtschaftlichen Besserung und dem Volumen der Förderung einen umgekehrt proportionalen Zusammenhang herzustellen – ein Ansatz, gegen den die Kammer sich vehement wehrt mit dem Hauptargument, es gehe in Berlin nicht um die üblichen subventionspolitischen Zielsetzungen der Erhaltung, Anpassung und der Gestaltung von wirtschaftlichen Strukturen, sondern um einen dauerhaften Ausgleich der geopolitischen Standortnachteile.[17] Dennoch wird diese Debatte Berlin, seine Wirtschaft und die Kammer noch über Jahre begleiten und im Ergebnis nach der Wiedervereinigung den zu schnellen Abbau der Berlinförderung befördern.

Dass die Mahnung der Kammer, Berlin möge auf sein Erscheinungsbild achten, um der Stadt die Sympathie zu erhalten, auf die sie angewiesen ist, berechtigt ist, zeigt sich, als Berlin Ende 1985 eine erneute „schmerzliche Erfahrung" machen muss, als sich die Umrisse eines großen Bestechungsskandal abzeichnen, in den auch Politiker verwickelt sind.[18] Die Kammer dringt unverzüglich darauf, dass der Senat, das Abgeordnetenhaus und alle politischen Parteien die aufgetretenen Probleme schnell, grundsätzlich und in einer Art und Weise regeln, die die Wirksamkeit von Selbstheilungskräften sichtbar macht. Sie dringt vor allem auf eine Trennung der Aufgaben von Planung, Vollzug und Kontrolle innerhalb der Bauverwaltung; sie mahnt auch, das Prinzip der zwei Verwaltungsebenen von Senat und Bezirksämtern dürfe gerade im Baubereich nicht zu einer falsch verstandenen Eigenständigkeit führen, die die Berücksichtigung dringender übergeordneter Belange der Stadt erschwert oder sogar unmöglich macht[19] – ein Thema, das sie immer wieder beschäftigen wird.

Die Berlin-Beauftragten halten der Stadt trotz dieser öffentlichen Beschädigung ihres Ansehens die Treue. Sie stellen auf ihrer 10. Tagung im Dezember 1985 fest, dass sich die Standortbedingungen für Investieren und Produzieren sowie die Zusammenarbeit mit den wissenschaftlichen Einrichtungen weiter verbessern. Bundeswirtschaftsminister Bangemann fasst ihre Einschätzung wie folgt zusammen: „Jedermann weiß jetzt, daß es sich lohnt, in Berlin zu investieren. Das liegt nicht

---

17 JB 1985/86, S. 18 ff.
18 JB 1985/86, S. 12
19 Ebd.

daran, daß Engagement in Berlin gefördert wird, sondern daran, daß die Stadt ihre Dynamik wiedergefunden hat."[20] Auch deshalb geht der Aufschwung für die Berliner Wirtschaft – wie für die bundesdeutsche – 1986 in das vierte Jahr.

Ab Mitte der 80er Jahre werden auch die Handelsbeziehungen zu dem anderen Teil Deutschlands intensiver. Sie bleiben zwar gesamtwirtschaftlich für die Bundesrepublik insgesamt und auch für West-Berlin mengenmäßig von untergeordneter Bedeutung; auch sind die Bezüge etwa in Berlin deutlich höher als die Lieferungen. Die politische Bedeutung gerade für Berlin aber ist ungleich höher, und die Konzentration von Know-how für das DDR-Geschäft in Berlin gehört nach wie vor zu den Standortvorteilen der Stadt. Schon ab 1982 hatte die BAO die sogenannten Fachgespräche mit Außenhandelsbetrieben der DDR, beispielsweise im Bereich der Elektrotechnik, wieder aufnehmen können. Die DDR-Verantwortlichen zeigen sich an einem weiteren Ausbau des Handels interessiert – wohl auch vor dem Hintergrund der schwieriger werdenden wirtschaftlichen Lage –, wollen aber auch politisch den Hebel ansetzen, um ihre nach wie vor bestehende Drei-Staaten-Theorie abzusichern, und lassen erkennen, dass sie die Ursache für geringe Fortschritte in West-Berlin sehen. Der Berliner Senat gerät unter Druck, die SPD-Fraktion im Abgeordnetenhaus startet eine Anfrage nach der Handelsförderung des Senats, und sie fordert die Gründung einer Gesellschaft zur Förderung des Handels mit der DDR. Aber es ist die BAO, die zugreift: Es entsteht 1987 das BAO-Pilotprojekt, kleinen und mittleren Berliner Industrieunternehmen den Einstieg in das DDR-Geschäft zu erleichtern. Mit finanzieller Unterstützung des Senats – weil das Geld in die BAO, nicht an die Kammer geht, hat auch diese keine Einwendungen – wird systematisch das Interesse von Berliner Firmen analysiert, und mit Hilfe von vier Beratern, die sehr praktische Erfahrungen mit diesem Geschäft aus ihren früheren Unternehmen haben, werden Informationen vermittelt, Kontakte geknüpft und Geschäftsverbindungen hergestellt, und dies mit Billigung des Außenhandelsministeriums und der Kammer für Außenhandel der DDR. Das Projekt wird in dieser Form bis zur Wende existieren, und die Berater werden in den darauf folgenden turbulenten Wochen auch in das allgemeine Beratungsgeschäft mit ratsuchenden DDR-Bürgern eingebunden sein.

Das Verhältnis der Kammer zu den politischen Parteien im Abgeordnetenhaus ist Mitte der 80er alles in allem gut. Im Frühjahr 1985

---

20 JB 1985/86, S. 14

hatten Wahlen zum Abgeordnetenhaus stattgefunden; im neuen Senat unter der erneuten Führung von Eberhard Diepgen wird Dr. Günter Rexrodt, der frühere Leiter der Industrieabteilung der Kammer und danach Senatsdirektor in der Wirtschaftsverwaltung, für die Liberalen Finanzsenator, Elmar Pieroth bleibt Wirtschaftssenator, Volker Hassemer wechselt in die Kulturverwaltung. Im Mai macht der Fraktionsvorsitzende der SPD, Walter Momper, seinen Antrittsbesuch in der Kammer; Präsident Kramp berichtet im Präsidium von einer „guten Atmosphäre", in der das Gespräch stattgefunden habe. Die informellen und persönlichen Kontakte zum Regierenden Bürgermeister und zu den einzelnen Mitgliedern des Senats, insbesondere zu Pieroth und Rexrodt, bezeichnet Präsident Kramp im Präsidium als ausgezeichnet, beklagt aber einen gewissen Mangel an offiziellen Kontakten zur Kammer als Institution und zu deren Organen; denn auch nach außen müsse die Respektierung des Hauses wie des Präsidiums erkennbarer werden. Präsident Kramp spricht hier ein, so bezeichnet er es, „politisches Strukturproblem" an: In allen Bundesländern habe sich immer wieder erwiesen, dass sozialdemokratische und sozialliberale Koalitionen bereit seien zu einem höheren Maß an Konsultation der unternehmerischen Organisationen, um damit ihre Politik abzusichern; im Gegensatz dazu nähmen CDU-Regierungen eher für sich in Anspruch, aus sich heraus unternehmerische Positionen zu kennen und als Elemente in ihre Politik einzuführen – ein Phänomen, das nicht nur der Berliner Kammer, sondern auch anderen unternehmerischen Organisationen auch auf der Bundesebene immer wieder begegnen wird. Auch Hauptgeschäftsführer Dr. Braun spricht etwas später im Präsidium davon, dass zwar ein enger persönlicher Kontakt zu den Mitgliedern des Senats und zu den Staatssekretären bestehe, dass zugleich aber die Zusammenarbeit öfter zu wünschen übrig lasse; er erwähnt dabei expressis verbis eine „wenig differenzierte" Äußerung von Senator Pieroth zum Subventionsabbau.

Anfang 1986 legt Dr. Braun vor der Vollversammlung die Schwerpunkte der Kammerarbeit für dieses Jahr dar: Erleichterung des Zugangs zu komplizierten, aber zukunftsträchtigen Auslandsmärkten für kleine und mittlere Firmen, Fortsetzung der gemeinsam mit der DDR veranstalteten Fachgespräche, um diesen Firmen auch beim DDR-Geschäft Unterstützung durch die Kammer und die BAO zukommen zu lassen, intensive Befassung mit und Einflussnahme auf den Entwurf eines Flächennutzungsplans, der bisher als unausgewogen und wirtschaftsfern empfunden wird, Einsatz für eine bessere Koordinierung von Tiefbaumaßnahmen zwischen den Tiefbauämtern, der Bewag, der Gasag, den

Wasserbetrieben und der Post, die Erzielung von erkennbaren Fortschritten in der sog. Großflächenproblematik und der Versuch, Berlin auch als Einkaufsstadt stärker zu profilieren, genauere und prinzipiellere Definition des Verhältnisses von Neuansiedlung und Bestandspflege im Bereich der Industrie, nach der Freisetzung von Kapazitäten im Hause im Zug der bevorstehenden Rückbildung des Schülerberges ihr Einsatz für die Gewinnung von Mädchen für bisher typische Männerberufe, das Interessieren von Abiturienten für gewerblich-technische Berufe und die stärkere Einbeziehung von ausländischen Jugendlichen in eine systematische Ausbildung, die Verbesserung des statistischen Informationsangebots in und für Berlin und eine Optimierung der Finanzierungsinstrumente, die Inangriffnahme von Untersuchungen über die Wirkungsweise der Berlinförderung, und nicht zuletzt die noch attraktivere Gestaltung des Kammerorgans „Die Berliner Wirtschaft", um nur einige Schwerpunkte zu nennen[21], die aber zugleich die Vielfalt und Lebendigkeit des Kammeralltags beleuchten. Eine der vielen tatsächlichen und konkreten Umsetzungen des Arbeitsprogramms betrifft die „Berliner Wirtschaft". Inhalte und Erscheinungsbild werden nach intensiven Diskussionen in einem eigens geschaffenen Arbeitskreis, im Präsidium und in der Vollversammlung weiterentwickelt, modernisiert und aktualisiert

Der Beginn dieses Jahres wird überschattet durch einen neuen Korruptionsskandal in Berlin, über den überregional breit berichtet wird und durch den die Kammer auch das innerstädtische Klima als belastet ansieht.[22] Infolge dieser sog. „Antes-Krise" kommt es im April zu einer Neubildung des Senats, in dem die bisherige und zukünftige Schulsenatorin Dr. Hanna-Renate Laurien Stellvertreterin des Regierenden Bürgermeisters wird; in für die Wirtschaft besonders wichtige Ressorts kommen Georg Wittwer als Senator für Bau- und Wohnungswesen, Prof. Dr. Jürgen Starnik als Senator für Stadtentwicklung und Umweltschutz sowie Prof. Dr. George Turner als Senator für Wissenschaft und Forschung.

Die durch diese Affaire ausgelöste Beschädigung des Ansehens von Berlin kommt auch deshalb besonders ungelegen, als sich die Kammer und die Berliner Unternehmen Sorgen um die Berlinförderung machen müssen. Wie stets steht sie in der Einzelkritik von Branchen und Unternehmen im Westen Deutschlands; sie riskiert aber zunehmend, auch

---

21 Dazu und zu weiterem Dr. Braun in der Vollversammlung am 20. 1. 1968, BW 1986, S. 105 f.

22 JB 1986/87, S. 12

in bundesweite Diskussionen um einen allgemeinen Abbau von Subventionen zu geraten. Die Kammer hält wie immer dagegen: Es gehe darum, „politisch verursachte, von den Unternehmen nicht beeinflussbare und nach menschlichem Ermessen zunächst jedenfalls dauerhafte Standortnachteile auszugleichen. Deshalb sind Berlin-Präferenzen schon im Wortsinn keine Subventionen. Aus diesem Grunde dürfe die Berlinförderung auch weiterhin nicht in die allgemeine Debatte über den Subventionsabbau einbezogen werden ... Durch die bessere wirtschaftliche Entwicklung Berlins in den letzten Jahren ist keiner der bleibenden Standortvorteile beseitigt oder nur gemindert worden, unter denen die Stadt seit Ende des zweiten Weltkrieges zu leiden hat“.[23] Und zunächst bleibt die Berlinförderung unangetastet, trotz beispielsweise einer sehr kritischen Auseinandersetzung mit ihr in der „Frankfurter Rundschau“.

Eine Chance zur Aufpolierung des Ansehens der Stadt naht mit der 750 Jahr-Feier. Schon im Vorfeld beginnt die Industrie und Handelskammer ihren Beitrag zu diesem Jubiläum. Hauptgeschäftsführer Dr. Braun, übrigens gegen manchen Widerstand im Ehrenamt, hat die Initiative ergriffen und startet im Februar 1986 – im Sinn der Schaffung einer Grundlage – unter Hinzuziehung von Dr. Wolfram Fischer, ordentlicher Professor für Wirtschafts- und Sozialgeschichte an der FU, als Berater und Moderator, eine eineinhalbjährige Vorlesungsreihe mit dem Titel „Berlin und seine Wirtschaft – ein Weg aus der Vergangenheit in die Zukunft – Lehren und Erkenntnisse“[24]. Sie richtet sich an die Unternehmerschaft und an die Mitglieder der Kammer. Sie richtet sich aber auch an Verantwortliche in Politik und Verwaltung und an Wissenschaftler, Studenten und Publizisten, an alle, die an der Geschichte Berlins und seiner Unternehmer interessiert sind. Es ist der Versuch, über die Grenzen von Fakultäten, Fachbereichen, Disziplinen und Berufen hinweg das Gespräch aufzunehmen und gemeinsamen Nutzen zu ziehen. Die Vorlesungsreihe beginnt so früh, um die Hörer und Leser auf das Stadtjubiläum hinzuführen, historische Bezüge aufzuzeigen und das Gefühl dafür zu stärken, dass Berlin und seine Wirtschaft in geschichtlicher Tradition stehen und dadurch bis auf den heutigen Tag geprägt

23 Dr. Braun vor der Vollversammlung Mitte 1986, BW 1986, S. 750
24 Die einzelnen Beiträge sind abgedruckt in BW 1986 und 1987 und zusammengefasst und publiziert in: Berlin und seine Wirtschaft, Walter de Gruyter, Berlin, New York, 1987.

sind.[25] Die Reihe beginnt mit einer Vorlesung von Prof. Dr. Rudolf von Thadden über „Einwanderer in einer städtischen Gesellschaft. Integrationsprobleme der Hugenotten in Preußen und Berlin.“, hat weitere bedeutende Referenten, darunter die Professoren Michael Stürmer aus Erlangen, Tilman Buddensieg aus Bonn, Thomas Nipperdey aus München, Werner Knopp, Präsident der Stiftung Preußischer Kulturbesitz, Jürgen Kocka aus Bielefeld, später Leiter des Wissenschaftszentrums in Berlin, Hagen Schulze von der FU, Wolfgang Schneider aus Trier, und endet im Mai 1987 mit dem Beitrag von Hauptgeschäftsführer Dr. Braun über „Der Wiederaufbau Berlins – Eine Stadt auf dem Weg zu neuen Aufgaben“. Dr. Braun sorgt auch dafür, dass die Schrift mit den Beiträgen in 22 000 Exemplaren an Berliner Schulen geht.

Das Jubiläumsjahr wird in beiden Teilen Berlins gefeiert – wenn auch getrennt[26] –, im Westen der Stadt mit dem Auftakt im ICC am 30. April. Ausstellungen, Konferenzen und Feste gibt es in beiden Teilen Berlins. Die Berliner Festwochen sind Gastgeber repräsentativer internationaler Gastspiele im Westteil, in Ost-Berlin finden Festtage des Theaters und der Musik statt. In West-Berlin wird die Akademie der Wissenschaften in Berlin (West) gegründet, und die Gründung des Deutschen Historischen Museums, ein Geschenk des Bundes, wird in einem Festakt im Reichstag besiegelt.[27] Der französische Staatspräsident François Mitterand, der Präsident der Vereinigten Staaten, Ronald Reagan, der seinen berühmten Appell an Gorbatschow richtet, er möge das Tor öffnen, die britische Königin Elisabeth II. und viele mehr, darunter Irlands stellvertretender Ministerpräsident und der Außenminister Brian Lenihan, die sich in der Kammer über die gegenseitigen Handelsbeziehungen informieren[28], kommen nach Berlin. Das Stadtjubiläum gibt Auftrieb: „West-Berlin bemühte sich, neben staatlichen durch eine Fülle von privaten Initiativen das Bild einer weltoffenen Stadt mit einer freien Gesellschaft zu bieten, die sich ihrer Geschichte genauso wie ihrer Verantwortung gegenüber der Zukunft bewusst ist … Zur erfreulichen Bilanz des Stadtjubiläums gehören aber auch die erfolgreichen Bemühungen um eine exemplarische

25 Aus dem Vorwort, ebd.; siehe auch die Begrüßungsansprache von Präsident Kramp bei der ersten Vorlesung in BW 1986, S. 200.

26 Vgl. zu den Versuchen, mehr Gemeinsamkeiten herzustellen, Diepgen, Eberhard, Zwischen den Mächten – Von der besetzten Stadt zur Hauptstadt, edition q im be.bra Verlag, Berlin 2004, S. 85 ff.

27 Dazu jeweils auch Diepgen, aaO, S. 94 ff.

28 S. Photo in JB 1987/88

bauliche Modernisierung der Stadt; ferner die vielfältigen Anregungen und Denkanstöße, die von großen Konferenzen ausgingen; schließlich aber auch der bleibende Gewinn, der durch neu geschaffene Einrichtungen, Gründungen und Stiftungen zustandegekommen ist, die ihrerseits durch Mäzenatentum auf erstaunlich breiter Basis überzeugend gefördert worden sind. Über dies alles ist in den Medien weit über die Grenzen der Stadt und Deutschland hinaus berichtet worden, ganz überwiegend mit Aufgeschlossenheit, Interesse und Sympathie. Dies ist der Ausstrahlungskraft der Stadt zugutegekommen."[29]

Bereits Mitte 1987 beginnt das Präsidium, sich mit der 1988 anstehenden Neuwahl zur Vollversammlung und damit ebenfalls anstehenden Fragen der Präsidentschaft und der Zusammensetzung des Präsidiums zu befassen. Präsident Kramp beginnt, wenn auch vielleicht zu unstrukturiert, eine Diskussion über das Selbstverständnis des unternehmerischen Ehrenamts, über den mit dem Präsidentenamt verbundenen Zeitaufwand, über die Frage, wie unter diesen Bedingungen das Präsidium und deren Mitglieder ihre eigene Aufgabe sehen, was Aufgabe der Vollversammlung und der Ausschussvorsitzenden sei, wie schließlich eine „ideale" Aufgabenteilung aussehen könne. Er stellt diese Diskussion unter die Prämisse, dass Berliner Kammerarbeit „Kammerarbeit sui generis" sei, so dass es für sie keine Orientierungshilfe gebe, auch nicht von anderen Kammern. Für sich persönlich verbindet Präsident Kramp mit den möglichen Ergebnissen auch seine Entscheidung über eine erneute Kandidatur, die er – neben der notwendigen Zustimmung seiner Vorstandskollegen bei Schering und den dortigen Aufsichtsgremien – auch von seiner persönlichen Überzeugung abhängig macht, dass der von ihm erwartete Einsatz sich auch wirklich „lohnt". Die Diskussion zieht sich über mehrere Präsidiumssitzungen hin, mit Beiträgen zu dem grundsätzlichen Rollenverständnis in der Aufteilung der Aufgabenerfüllung zwischen Haupt- und Ehrenamt, über Möglichkeiten, den Präsidenten durch eine stärkere Delegation auch innerhalb des Ehrenamtes zu entlasten, wenn auch die Grenzen einer solchen Delegation bald sichtbar werden, über eine ressortmäßige Aufteilung der Aufgaben im Präsidium – gedacht nicht als branchenmäßige Zuordnung, sondern übergreifend, etwa Arbeitsinhalte wie Aus- und Weiterbildung, Außenwirtschaft sowie Forschung und Entwicklung – bis hin zur Zahl und Rolle der Vizepräsidenten; dabei kommt auch das auch später noch zu beobachtende Phänomen zur Sprache, dass Mitglieder des Präsidiums, die mehrere

29 JB 1987/88, S. 11

Ehrenämter ausüben, also beispielsweise auch Vorsitzende von Fachverbänden sind, in der Öffentlichkeit nicht in erster Linie als Repräsentanten der Kammer, sondern als Mitglieder ihrer Branchen, ja sogar als Vertreter ihrer Unternehmen gesehen werden, was die Delegation insbesondere bei der Wahrnehmung repräsentativer Aufgaben erschwert. Im Ergebnis, auch wenn die Diskussion zu wenig konkreten Ergebnissen geführt hat, erklärt sich Präsident Kramp im Oktober 1987 zu einer weiteren Kandidatur für eine zweite Amtsperiode bereit.

Natürlich beschäftigt sich die Handelskammer in dieser Phase nicht nur mit sich selbst. Schon im Frühjahr war erkennbar geworden, dass das von der Bundesregierung angekündigte Steuerreform-Entlastungspaket bei der Einkommen- und Körperschaftssteuer mit einem Volumen von fast 40 Mrd. DM unmittelbare Auswirkungen auf die Berlinförderung haben würde; denn diese Entlastung sollte – das war auch der Wunsch der Wirtschaft – auch durch den Abbau von Finanzhilfen und die Aufhebung von Steuervergünstigungen gegenfinanziert werden. Trotz des Festhaltens an ihrer Einstufung der Berlinförderung als Nachteilsausgleich hatte die Kammer schon in einem frühen Stadium erkennen lassen, dass die Berliner Unternehmerschaft durch ihre Bereitschaft zu Abstrichen an der Berlinförderung einen eigenen Beitrag zur Finanzierung der Steuerreform leisten wolle; sie wolle auch gegenüber der westdeutschen Wirtschaft glaubwürdig erscheinen und unter keinen Umständen zu denjenigen zählen, die sich zwar allgemein für den Abbau von Vergünstigungen aussprechen, nur nicht dort, wo sie selbst getroffen werden. Diese Bereitschaft wird in der Bundesregierung – federführend ist das Finanzministerium – zumindest missverstanden, eher aber bewusst ausgenutzt. Die Stadt wird dadurch „erneut in eine Rolle gedrängt ..., die sie um jeden Preis vermeiden wollte, nämlich als Bittsteller und als Verteidiger von Besitzständen dazustehen." Es folgen heftige Auseinandersetzungen über Höhe und Struktur der Kürzungen. Es gelingt zwar, das von Finanzminister Dr. Stoltenberg im Oktober präsentierte Volumen der Abstriche an der Berlinförderung in Höhe von zunächst 1,2 Mrd. DM auf etwas unter 800 Mio. DM zu reduzieren, aber dieser Betrag trifft über die Änderung des Berlinförderungsgesetzes in erster Linie die Berliner Wirtschaft, und er geht schwergewichtig zu Lasten der Investitionsförderung. Die Kammer kämpft auf allen Ebenen; so vertritt Hauptgeschäftsführer Dr. Braun bei einer Anhörung des Finanzausschusses des Deutschen Bundestages im Mai 1988 noch einmal mit Überzeugungskraft, wenn auch im Ergebnis weitgehend ohne durchschlagenden Erfolg, die Berliner Position. Die ab 1990 wirksamen Einschränkungen – immerhin werden bei der Investitionsförderung einige Übergangsfristen erreicht – stellt die erste drastische Rücknahme der steuerlichen Förderung der Berliner Wirtschaft seit ihrer Einführung im Jahre 1950 dar.[30] Maßgebend werden mehrere Gründe gewesen sein: „Die politische Bilanz dieses Vorgangs gibt Anlaß zur Besorgnis. Bisher konnte Berlin davon ausgehen, daß allgemein Verständnis für seine geopolitische Lage und für seinen gesamtdeutschen Auftrag und – von beiden abgeleitet – auch Verständnis dafür besteht, daß Berlin aus beiden Gründen auf großzügige Unterstützung angewiesen ist. In der Anerkennung dessen scheint sich ein Wandel anzubahnen ... Berlin (kann) in den letzten Jahren auf eine für sich betrachtet und im Vergleich zum Bund alles in allem günstige Entwicklung zurückblicken ... Als zweischneidig könnte sich rückblickend erweisen, daß die Tendenz bestanden hat, diese günstige wirtschaftliche Entwicklung zu betont herauszustellen ... dadurch könnte der Eindruck entstanden sein, als ob Berlin heute nicht mehr im gleichen Umfang auf Unterstützung angewiesen ist ... Die Zahl und das Gewicht von Regionen nimmt zu, die selbst unter Strukturschwächen, zum Teil unter Strukturkrisen zu leiden haben. Unter diesen Bedingungen mag es verständlich sein, daß auch die Beziehungen zu Berlin unter dem Gesichtspunkt einer konkurrierenden Wirtschaftsregion gesehen werden ... (Aber) die Situation in Berlin (ist) mit keiner Situation in irgendeiner anderen Region vergleichbar."[31]

Die Industrie- und Handelskammer kämpft aber nicht nur an dieser Front. Ausgehend von einer Verabredung auf dem Wirtschaftstag im Dezember 1987 legt sie Mitte 1988 einen umfangreichen Katalog von Vorschlägen – 65 an der Zahl – für die Qualifizierung des Wirtschaftsstandorts Berlin vor, den Präsident Kramp am 1. Juni dem Regierenden Bürgermeister übergibt. Es geht etwa um günstigere Rahmenbedingungen für die Außenwirtschaft und für den Handel mit der DDR, aber auch um verstärkte Marketinganstrengungen der Berliner Unternehmen. Vorschläge betreffen die Flächennutzung für gewerbliche Zwecke und die Verbesserung des Wohnraummangels für Fach- und Führungskräfte der Wirtschaft. Vorschläge betreffen auch zahlreiche Verkehrsvorhaben; sie gehen auch auf Fragen der Industrie, des Umweltschutzes und der Energie ein. Sie behandeln das Thema von Berlin als Einkaufsstadt, befassen sich mit dem Arbeitsmarkt und der Aus- und Weiterbildung und beinhalten Konzepte für die Selbstdarstellung der Stadt, die Berlin-

---

30 Vgl. JB 1987/88, S. 96 ff., und JB 1988/89, S. 101 ff.

31 Dr. Braun vor Journalisten am 13. April 1988, s. Bericht in BW 1988, S. 40 f.

Werbung und die Pflege eines attraktiven Erscheinungsbild Berlins. Die Aufmerksamkeit, die der Senat dem Katalog von Vorschlägen widmen will, wird dadurch unterstrichen, dass an der öffentlichen Präsentation durch Präsident Kramp und Hauptgeschäftsführer Dr. Braun der Regierende Bürgermeister und die Senatoren Dr. Günter Rexrodt und Elmar Pieroth als die für Finanzen und Wirtschaft zuständigen Mitglieder der Stadtregierung teilnehmen.[32] Auch die Berlin-Beauftragten erörtern in ihrer 12. Arbeitssitzung im Hause der Industrie- und Handelskammer am 13. September unter Vorsitz von Bundeswirtschaftsminister Bangemann dieses Konzept für die Qualifizierung des Standorts; sie bilden unter anderem eine Projektgruppe, die sich mit der Gründung einer Berliner Außenhandelsakademie befassen wird, die später zu einer Ost-West-Handels-Akademie ausgebaut werden soll. Es gibt auch aus dem Senat sehr positive Reaktionen. So greift der Senator für kulturelle Angelegenheiten, Dr. Volker Hassemer, Vorschläge der Kammer, darunter die Idee, durch eine besonders großzügige Erlaubnispraxis der Behörden Drehmöglichkeiten in der Stadt noch breiter verfügbar zu machen, und den Gedanken, die Auslandspräsentation der Berliner Film- und Fernsehwirtschaft zu verstärken, positiv auf. Hauptgeschäftsführer Dr. Braun kann in einer Vollversammlung Ende des Jahres mit Befriedigung feststellen, dass der Senat durch die IHK-Vorschläge an vielen Stellen problembewusster geworden sei; in einer ganzen Reihe von Fällen sei er im Begriff, die Verwaltungspraxis auf der Linie der Vorschläge zu beschleunigen, effizienter zu gestalten und dadurch insgesamt zu verbessern.

Trotz der sich abzeichnenden Kürzung der Berlinförderung kann die Handelskammer auf gute Jahre zurückblicken: Es ist „einer der bemerkenswerten Erfolge der Wirtschaftspolitik der letzten Jahre, daß Selbstvertrauen und Zuversicht sich wieder der Wirtschaft bemächtigt haben. Natürlich war dies auch Folge eines nun schon im siebten Jahr andauernden Aufschwungs mit steigender Produktion, günstiger Kapazitätsauslastung, lebhafter Investitionstätigkeit und kontinuierlichem gesamtwirtschaftlichem Wachstum. Dies alles hätte jedoch nicht genügt. Hinzu kam eine Politik des wirtschaftsfreundlichen Klimas, in welchem es reizte, Firmen zu gründen; Risiken, wenn auch kalkulierbare, auf sich zu nehmen; den Zugang zu Forschung und Entwicklung an Universitäten und Instituten zu suchen; sich technisch, aber auch beim Marketing um In-

32 Vgl. Bericht in BW 1988, Heft 12, S. 50 f.; zum Inhalt der Vorschläge s. auch JB 1988/89, S. 18 f., und zu einzelnen Themenkomplexen u. a. die Beiträge in BW 1988, Heft 14, S. 42 f., Heft 15/16, S. 49 ff., Heft 17, S. 51 f., Heft 18, S. 44

Abb. 30 Präsident Kramp und Hauptgeschäftsführer Dr. Braun mit Bundeswirtschaftsminister Dr. Martin Bangemann, BDI-Präsident Dr. Necker und Wirtschaftssenator Pieroth auf einer Sitzung der Berlin-Beauftragten im Hause der Kammer im September 1988

novationen zu bemühen. Es wuchs Vertrauen in die Kräfte des Marktes, daß er entwicklungsfähig ist und Zukunft hat und vor allem, daß er Anstrengungen belohnt. Das war der eigentliche Grund, weswegen diese Wirtschaftspolitik gewissermaßen über Nacht das Prädikat ‚sehr unternehmerisch' erhielt und schnell weit über die Grenzen der Stadt hinaus zu einem Berliner Markenartikel wurde, vielerorts zur Nachahmung empfohlen."[33]

Nicht in allen Punkten ist die Kammer aber mit dem Senat einig. Das gilt beispielsweise für den Versuch einer Privatisierung des Verkehrsamtes, dem Dr. Braun in einer Präsidiumssitzung eine „wenig glückliche Vor-

33 JB 1988/89, S. 11 f.; umso erstaunlicher ist es, dass der damalige Regierende Bürgermeister Eberhard Diepgen in seinen Erinnerungen „Zwischen den Mächten. Von der besetzen Stadt zur Hauptstadt", aaO, diese ökonomischen Erfolge in keinster Weise erwähnt, wie er überhaupt Fragen der Wirtschaft der Stadt mehr als stiefmütterlich behandelt. Hält er selbst seinen Beitrag für so gering?

bereitung" attestiert – das Scheitern dieses Versuchs wird noch in den 90er Jahren einen erneuten Ansatz erschweren. Gegen Ende 1987 hatte Wirtschaftssenator Pieroth die Kammer schriftlich und offiziell über seine Absicht unterrichtet, die Privatisierung des Verkehrsamts in Gang zu setzen. Danach hatte ein erstes Gespräch zwischen Wirtschaftsverwaltung und Kammer auf Abteilungsleiterebene stattgefunden. Im Januar 1988 erhält die Hauptgeschäftsführung Kenntnis von einer Senatsvorlage, die der Senat bereits am nächsten Tag beraten und verabschieden soll. In ihr wird auch die Behauptung aufgestellt, die Kammer sei bereit, einem privatisierten Verkehrsamt als Gesellschafter beizutreten. Die Kammer protestiert umgehend; ihre Gremien könnten erst entscheiden, wenn die inhaltlichen, finanziellen und konzeptionellen Fragen geklärt seien. Der Wirtschaftssenator muss die Senatsvorlage zurückziehen. Nach weiterem Hin und Her in der Sache, nach merkwürdigen Sprunghaftigkeiten im Verfahren, in dem die Kammer immer wieder mehr inhaltliche Klarheit und systematisches Vorgehen anmahnt – in beidem ohne Erfolg –, verläuft die Privatisierung im Sande. Für die Zurückhaltung der Kammer, die grundsätzlich für eine Privatisierung ist, sind maßgebend: „Das Verfahren war gekennzeichnet durch Unsystematik, Sprunghaftigkeit und einen Mangel an Transparenz und dadurch behaftet mit dem Risiko von Zufallsergebnissen. Neben verfahrensmäßigen Mängeln sind auch Mängel an konkreten Entscheidungsgrundlagen erkennbar. Insbesondere fehlt eine fremdenverkehrspolitische und fremdenverkehrswirtschaftliche Zieldefinition ... Nahezu völlig ungewiß ist auch die Frage der Finanzierung im Einzelnen ... Damit kann der Gedanke der Privatisierung ganz allgemein in Mißkredit geraten." Trotz des an sich guten Verhältnisses zu Wirtschaftssenator Pieroth sparen auch Präsidiumsmitglieder nicht an Kritik am Senator, nicht nur in diesem Fall, sondern auch bei der Behandlung einzelner Berlin-Beauftragter; es müsse auf ihn eingewirkt werden, Gesprächspartner werbend zu behandeln.

Am 20. Juni 1988 wählt die Vollversammlung Herrn Kramp einstimmig erneut zum Präsidenten. Vizepräsidenten werden Dr. Knut Fischer, Vorstandsmitglied der Berliner Bank AG, und Joachim Putzmann, Generalbevollmächtigter Direktor der Zentralen Berliner Leitung von Siemens. Die Herren Dr. Fernholz und Pankrath scheiden aus, neu kommen Hubertus Moser, Vorsitzender des Vorstands der Sparkasse der Stadt Berlin (West), und Bernd Rückert, Inhaber des gleichnamigen Blumeneinzelhandelsgeschäfts. Präsident Kramp kann dabei seine Strategie der Delegation von Aufgaben partiell umsetzen; Vizepräsident Dr.

Fischer wird zuständig für das „Ressort“ Außenwirtschaft, Vizepräsident Putzmann will Verantwortung für das „Ressort“ Forschung und Entwicklung übernehmen. Zumindest Dr. Fischer erfüllt mit der Übernahme des Verwaltungsratsvorsitzes der BAO und der damit verbundenen inhaltlichen und repräsentativen Verpflichtungen, einschließlich zahlreicher Reisen und der Betreuung von ausländischen Delegationen, die Erwartungen voll.

Im Hauptamt des Hauses treten in diesem Jahr ebenfalls in die Zukunft wirkende Veränderungen ein: Bereits zu Beginn des Jahres war der langjährige stellvertretende Hauptgeschäftsführer und Leiter der Abteilung Außenwirtschaft, zugleich Geschäftsführer der BAO, Dr. Günter Wilitzki, auch Geschäftsführer der Arbeitsgemeinschaft Handel mit der DDR, Vorsitzender des Verwaltungsrats des SFB und Vorsitzender des Beirats der Berliner Messe AMK, von großem Dank begleitet in den Ruhestand getreten. Sein Nachfolger wird Jörg Schlegel, der frühere Pressesprecher des Bundeskartellamts, dann Senatsdirektor in der Wirtschafts- und Verkehrsverwaltung, nach seinem Ausscheiden aus dem Senat im Zusammenhang mit dem Rücktritt von Stobbe und Lüder ab 1983 Geschäftsführer des Landesverbandes Freier Wohnungsunternehmen Berlin e.V. und Vorstandsmitglied im Bundesverband Freier Wohnungsunternehmen – und nicht zuletzt der Sohn des langjährigen Abteilungsleiters der Kammer, Dr. Horst Schlegel. Theodor M. Strauch, der bisherige Leiter der Abteilung Recht und Stadtentwicklung, tritt im März 1988 als Staatssekretär in die Senatsverwaltung für Bau- und Wohnungswesen ein und wird im Mai durch den namensgleichen, aber nicht verwandten Volkmar Strauch ersetzt. Strauch ist nach einem Jurastudium in Marburg und Kiel, der Referendarzeit mit Stationen in Kiel, Paris, London und Berlin und einer Tätigkeit in einer Beschlussabteilung des Bundeskartellamts zum Zeitpunkt seines Eintritts in die Kammer Senatsrat in der Wirtschaftsverwaltung als Leiter des Referats „Landeskartellbehörde, Wettbewerbs-, Preis- und Verbraucherpolitik, öffentliches Auftragswesen“; er bleibt Leiter von Referendar-Arbeitsgemeinschaften und nebenamtliches Mitglied des Berliner Justizprüfungsamtes und führt aus dieser Tätigkeit heraus über die Jahre der Kammer eine ganze Reihe von jungen und hoffnungsvollen Mitarbeitern und Mitarbeiterinnen zu. Er wird zu dem wohl aktivsten und kreativsten Abteilungsleiter des Hauses, und er wird auch einmal Staatssekretär in der Wirtschaftsverwaltung Berlins – der Gesamtstadt Berlin – werden.

Im November 1988 bereitet die Kammer die Präsentation ihrer Schwerpunktaufgaben vor der Vollversammlung vor. Dies nimmt

Hauptgeschäftsführer Dr. Braun zum Anlass, in seinem nun regelmäßigen Bericht für die Präsidiumssitzungen den Mitgliedern des Präsidiums vor Augen zu führen, dass ein hoher Prozentsatz der Kammerarbeit, wie er es nennt, fremd bestimmt ist. Fremd bestimmt entweder dadurch, dass der Staat der Kammer hoheitliche oder hoheitsähnliche Aufgaben übertragen hat (drei Beispiele: aus dem Bereich der Außenwirtschaftsabteilung das gesamte dem Außenwirtschaftsverkehr dienende Bescheinigungswesen; in der Rechtsabteilung die gutachterlichen Stellungnahmen zu den Eintragungen in das Handelsregister; aus dem Bereich der Berufsausbildung die für Kammerverhältnisse sehr personalintensive Verwaltung der Berufsausbildung), oder fremd bestimmt dadurch, dass die Kammer die Vorgaben von der Politik, von Gesetzgebungsvorhaben und von Verwaltungsentscheidungen erhält (Beispiele: die Änderung des Berlinförderungsgesetzes und die Verabschiedung des Flächennutzungsplans) oder fremd bestimmt dadurch, dass die Mitgliedsfirmen laufend und in großer Zahl Wünsche an das Haus richten. Er schätzt, dass das im Wege der so definierten Fremdbestimmung zustande kommende Arbeitsvolumen an 85 bis 90% heranreicht; die so genannten Schwerpunktthemen seinen deshalb nur als Spitze des Eisbergs zu betrachten. Etwa so wird es bleiben, und umso beachtlicher ist es und wird es sein, was die Kammer an Ideen, Konzepten, Vorschlägen und Initiativen immer wieder zustande bringt.

Gegen Ende 1988 kann die Kammer in einer ihrer Pflichtaufgaben, der beruflichen Bildung, einen neuen Ausbildungsrekord vermelden. Mehr als 10000 junge Berlinerinnen und Berliner haben in diesem Jahr ihre Ausbildung mit einer Prüfung vor der Industrie- und Handelskammer abgeschlossen, darunter fast 6000 Prüflinge aus Büro- und Dienstleistungsberufen und weit über 4000 Auszubildende aus gewerblich-technischen Berufen; über 3000 Fachkräfte entfallen auf die 52 Elektro- und Metallberufe, die in der Industrie besonders gefragt sind.

Ebenfalls gegen Ende 1988 findet erneut ein Wirtschaftstag mit dem Regierenden Bürgermeister und einer Reihe von Senatoren statt, übrigens vorbereitet vor allem durch den sehr kundigen und verlässlichen Senatsrat Koppenhagen aus der Wirtschaftsverwaltung und Herrn Severon aus der Kammer. Die Themen sind im wesentlichen identisch mit den von der Kammer gesetzten Schwerpunktaufgaben, der Europäische Binnenmarkt und die Chancen Berlins im Ost-West-Geschäft, die Gewerbeflächenproblematik einschließlich der Möglichkeiten und Grenzen für eine Intensivierung der Nutzung, das Verhältnis zwischen Wirtschaft und Verwaltung mit dem Ziel, Ansatzpunkte für mehr Wirtschaftsnähe und

Flexibilität der Verwaltungen aufzuzeigen, Energieversorgung und Energiepreise, innerstädtische Verkehrsprobleme und das Erscheinungsbild der Stadt nach außen. Dieser 5. Wirtschaftstag in der Berliner Kongresshalle führt zu einer lebhaften Aussprache, in der dem Regierenden Bürgermeister Eberhard Diepgen, dessen letztes Wirtschaftsgespräch es für einige Jahre sein wird, auch Dank der Kammer zuteil wird.[34] Dennoch sieht die Kammer Anlass, schon im September diesen Jahres im Präsidium über einen Wechsel der Gastgeberrolle von der Politik auf die Wirtschaft und über sonstige Maßnahmen zur Vitalisierung der Gespräche zwischen Politik und Wirtschaft nachzudenken.

34 Vgl. den Bericht in BW 1988, Heft 25/26, S, 73 f.

Kapitel XII
Entscheidende Jahre: 1989 und 1990

Das Jahr 1989 wird zu einem schicksalhaften Jahr für Berlin; schicksalhaft sind vor allem die politischen Entwicklungen, überwältigend positive, aber auch die Stadt und die Wirtschaft belastende: Der Fall der Mauer im November einerseits, die Bildung eines rot-grünen Senats Anfang des Jahres mit erheblichen Konsequenzen auch für die Wirtschaft andererseits. Auch einige Entscheidungen oder Vorentscheidungen, die im Hause der Industrie- und Handelskammer fallen, wirken in die Zukunft.

Zunächst zu Entwicklungen in der Industrie- und Handelskammer: Die Trennung von der Börse, Pläne für eine Erweiterung der Kammer an der Fasanenstraße und Vorboten eines Wechsels in der Hauptgeschäftsführung des Hauses.

Bereits im Frühjahr 1988 waren der Präsident der Berliner Wertpapierbörse, Dr. Gernot Ernst, und sein 1. Stellvertreter, Dr. Michael Fernholz, früher Präsidiumsmitglied des Hauses, an die Kammer herangetreten und hatten die Trennung von Kammer und Börse angeregt. Die Börse, die auf eine über dreihundertjährige Geschichte zurücksehen kann und – wenn die Zeit der 1920 mit der Handelskammer fusionierten Korporation der Kaufmannschaft einbezogen wird – seit weit über einhundertfünfzig Jahren in der Trägerschaft der verfassten Institutionen der Berliner Kaufleute steht[1], findet bei der Kammer Interesse. Dazu trägt bei – und es führt dazu, dass sie es wird, die auf die Trennung drängt –, dass das Präsidium für die Kammer die Gefahr sieht, im Zuge der Konzentration des Börsengeschehens nach Frankfurt bei Fortbestand der Trägerschaft nur noch Erfüllungsgehilfe beim Vollzug in Frankfurt getroffener Entscheidungen zu werden, was nicht ihre Aufgabe sei; dass die Börse ihre Eigenständigkeit innerhalb der Kammer in den letzten Jahren sehr betont und sich dadurch zu so etwas wie einem Fremdkörper entwickelt hat; dass der Börsenhaushalt auch dann, wenn er als Sonderhaushalt geführt wird, die Übersichtlichkeit des Kammerhaushalts be-

1 Dazu auch „Berliner Börse 1685–1985", herausgegeben von der Berliner Börse.

einträchtigt und seine Planbarkeit aus Sicht der Hauptgeschäftsführung unnötig erschwert. Das wägt die Kammer ab gegen die Vorteile, „die sämtlich mehr in der Vergangenheit liegen.“ Nach durchaus schwierigen Verhandlungen im Laufe des Jahres 1989, die vor allem die Einrichtung eines Börsenfonds, eines zweckgerichteten Vermögens, das mit dem Wechsel der Trägerschaft unentgeltlich auf den neuen Träger übergeht, die Pensionsansprüche der noch tätigen und der bereits ausgeschiedenen Mitarbeiter und die von der Börse zu zahlende Miete in ihren Räumen an der Fasanenstraße betreffen, wird die Trennung mit Wirkung zum 1. Januar 1990 vollzogen.

Zwischen den Gebäuden von Kammer und Börse und dem Haus des VBKI liegen seit Jahrzehnten unbebaute Grundstücke, die lange als Parkplatz genutzt wurden. Schon im Mai 1985 hatte Präsident Kramp im Präsidium von ersten Überlegungen berichtet, gemeinsam mit dem VBKI eine Bebauung dieser Grundstücke ins Auge zu fassen. Aus Sicht der Kammer war dafür maßgebend gewesen, dass ihr bisheriges Gebäude für ihren Tätigkeitsumfang zu klein geworden war; auch sieht sie sich – auch im Vergleich mit anderen Industrie- und Handelskammern – relativ schwach mit Konferenzräumen ausgestattet. Das Präsidium hatte die Fortsetzung der Gespräche mit dem VBKI über die Nutzungsmöglichkeiten der beiden Grundstücke gebilligt und zugleich die Vorgabe gemacht, dass eine städtebaulich interessante und anspruchsvolle Lösung anzustreben sei. Die Gespräche werden geführt; aber sie verlaufen eher schleppend. Das liegt auch daran, dass versucht worden war, neben der IHK und dem VBKI einen dritten Partner, ins Auge gefasst ist unter anderem die IKB, einzubeziehen. Wie Dr. Braun im Präsidium berichtet hatte, hatte in einem Fall der Aufsichtsrat eines potentiellen Partners die Mitwirkung nicht gebilligt, auch Gespräche mit einem zweiten Unternehmen hatten nicht zum Erfolg geführt, so dass eineinhalb Jahre verloren gegangen waren; dennoch hatte die Hoffnung bestanden, im Jahr 1987 ein Modell vorstellen zu können. Aber erst Ende 1988/Anfang 89 kommt es zu konkreten Anläufen. Dabei spielt neben dem Raumbedarf der Kammer und dem wirtschaftlichen Aspekt einer wertbeständigen Kapitalanlage zunehmend ein politischer Aspekt eine tragende Rolle; es geht der Kammer, die ständig die Diskussion um eine intensive Bodennutzung in Berlin befördert, nun auch darum, selbst zu beweisen, dass sie ein solches zentrales Grundstück einer sinnvollen Verwendung zuführt und nicht weiterhin als Parkplatz unterhalb der Möglichkeiten nutzt. Dr. Braun erstellt eine „Skizze zur Erarbeitung eines Nutzungskonzepts für die Grundstücke Fasanenstraße 83–86“, über die das Präsidium im Februar 1989 berät. Sie enthält Vorgaben für die Erarbeitung eines Nutzungskonzepts mit Festlegungen zur Grundstücksgröße und Bebauung, zum Wert der Grundstücke, zum Aspekt des Denkmalschutzes und zur planungsrechtlichen Situation sowie städteplanerische Zielsetzungen. Er legt Wert darauf, dass die Skizze einerseits für erste Erörterungen genügend konkret, andererseits so offen formuliert ist, dass diejenigen, die den Auftrag für die Erarbeitung eines Nutzungskonzepts erhalten werden, in ihr zugleich klare Vorgaben und volle Gestaltungsfreiheit haben. Schon im März beruft das Präsidium auf Vorschlag der Geschäftsführung eine Beratergruppe aus Mitgliedern der Vollversammlung und des Ausschusses für Stadtentwicklung, zu der Helmut Claus, Arnd Krogmann, Dietmar Otremba, Ernst-August Pistor, Ernst Seidel und Peter Westphal gehören – alles in der Bau- und Immobilienwirtschaft Berlins erfahrene Männer, die wertvolle Arbeit für die Kammer leisten werden. An den Beratungen der Arbeitsgruppe nimmt neben der Hauptgeschäftsführung der Kammer auch der Präsident des VBKI, Dr. Hans Strathus, der die Kammer auch aus seiner langjährigen Tätigkeit als Vorsitzender des Ausschusses Sozialwirtschaft gut kennt, teil.

Im Herbst 1989 zeichnet sich dann ein tiefer Einschnitt in der Führung der Kammer ab: ein Wechsel in der Position des Hauptgeschäftsführers. Dr. Braun will sich nach nunmehr 20 herausfordernden und ungemein erfolgreichen Jahren in der Führung der Kammer einer neuen Aufgabe zuwenden. Sie besteht darin, dass Berlin wieder anknüpft an seine große mäzenatische Tradition, die durch das Dritte Reich, die Teilung Deutschlands und die Spaltung Berlins fast vollständig untergegangen war, und dass viele ganz verschiedene Voraussetzungen für private Kunstförderung und ein neues kraftvolles Mäzenatentum geschaffen werden. Während seiner Kammerzeit hatte Dr. Braun seine Aufgabe vor allem in der Überwindung der politischen und wirtschaftlichen Isolierung West-Berlins gesehen und in der Rolle, die die Kammer dabei im Interesse ihrer Mitglieder gespielt hatte. Mit den politischen Umwälzungen 1989/1990 ist diese Aufgabe erfüllt. Danach geht es um die notwendigen Veränderungen der Kammerorganisation und Kammerarbeit, und in Berlin insbesondere um die Zusammenlegung der Kammer in West-Berlin und der im Ostteil der Stadt zu einer großen Institution für ganz Berlin. Dr. Braun meint, dass die dafür auf lange Sicht anzulegende Konzeption von demjenigen erarbeitet werden sollte, der auf der neuen Basis dann auch für die Kammer und ihre Arbeit die Verantwortung zu tragen hat. Bis zu seinem Ausscheiden am 30. Juni 1990 aber wird Dr. Braun noch große Aufgaben zu bewältigen und seine

Organisation durch neues und ungemein schwieriges Fahrwasser zu steuern haben.

Denn bei den Wahlen zum Abgeordnetenhaus im Januar 1989 hatten die den Senat tragenden Parteien CDU und FDP die Mehrheit verloren. Trotz seines Wahlversprechens: „Nie mit den Grünen", bildet Walter Momper eine Koalition mit ihnen, oder besser mit der Alternativen Liste, „ein wenig Grün und viel versprengte Linksradikale, einige sind nach der deutschen Einheit wieder zu ihrer kommunistischen politischen Heimat zurückgekehrt", wie es der Wahlverlierer Eberhard Diepgen beschreibt.[2] Am 16. März tritt der CDU/FDP-Senat zurück. Regierender Bürgermeister wird für knapp zwei Jahre Walter Momper, zumindest bis und um den Fall der Mauer schwierige Zeiten für Berlin und für die Berliner Wirtschaft, gelegentlich wohl aber auch für ihn selbst. Im neuen Senat verantworten unter anderen Dr. Peter Mitzscherling die Wirtschaft, Dr. Norbert Meisner Finanzen, Wolfgang Nagel das Bau- und Wohnungswesen, Horst Wagner Arbeit, Betriebe und Verkehr, Prof. Dr. Barbara Riedmüller Wissenschaft und Forschung, Dr. Michaele Schreyer Stadtentwicklung und Umweltschutz, Sybille Volkholz Schule, Berufsbildung und Sport sowie die spätere Präsidentin des Bundesverfassungsgerichts, Prof. Dr. Jutta Limbach, die Justizangelegenheiten. Mit manchen unter ihnen wird die Kammer in der Sache harte Auseinandersetzungen haben.

Schon im Vorfeld der Senatsbildung hatte das Präsidium im Februar parteipolitische Parteinahme ausgeschlossen, aber festgestellt, dass nun „Contenance, Stetigkeit, Klarheit, Berechenbarkeit, Glaubwürdigkeit gefordert sind – egal, welche Regierungskonstellation sich ergeben wird" – eine Haltung, die ihr in dem Schock über das Wahlergebnis und die Aufgeregtheit über das Vorgehen Walter Mompers nicht nur in der kommenden Opposition, sondern auch in der Mitgliedschaft viel Kritik einträgt; Eberhard Diepgen und manch andere in der CDU werden das insbesondere Präsident Kramp nie vergessen. Die Kammer führt in der Zeit der Senatsbildung eine Fülle von Gesprächen, darunter mit dem noch Regierenden Bürgermeister Diepgen und Wirtschaftssenator Pieroth, mit dem zukünftigen Regierenden Bürgermeister Walter Momper, mit der Führung der Alternativen Liste (AL) mit dem wesentlichen Ergebnis der Feststellung sehr großer Meinungsverschiedenheiten[3], mit der SPD. Ziel ist es zu erreichen, dass der Wirtschaftsstandort Berlin nicht durch voreilige, in der Substanz nicht begründete Aussagen gefährdet und

2 Diepgen, aaO, S. 111
3 Pressemitteilung vom 20. 2.

Kontinuität, Berechenbarkeit und Glaubwürdigkeit in der Politik Berlins bewahrt werden. Die Kammer flankiert diese Gespräche mit zahlreichen Pressemitteilungen, Artikeln und Interviews von Präsident Kramp und Hauptgeschäftsführer Dr. Braun, in denen sie immer wieder vor der Beschädigung des Wirtschaftsstandorts Berlin warnt, zugleich aber zu einer gewissen Mäßigung und Besonnenheit mahnt. Das ist begründet; denn auch aus den Spitzenorganisationen der deutschen Wirtschaft kommen aus Sicht der Kammer Überreaktionen. So legt der Hauptgeschäftsführer des DIHT, Dr. Franz Schoser, den Unternehmen eine Investitionszurückhaltung nahe, ein Fehler, den er später, auch auf Drängen der Kammer, zu korrigieren versucht; BDI-Präsident Necker äußert sich in einem Gespräch mit Präsident Kramp auf der gleichen Linie. Der Hauptgeschäftsführer des BDI, Dr. Siegfried Mann, geht so weit, bei Mitarbeitern der Kammer anfragen zu lassen, ob eine für den Sommer geplante Konferenz der Hauptgeschäftsführer europäischer Industrieverbände unter den neuen Bedingungen überhaupt noch in Berlin stattfinden könne, ob die Stadt wirklich noch repräsentativ für Deutschland diesen Kreis empfangen könne und ob sich etwa ein Sicherheitsproblem stelle. Und auch in den anderen unternehmerischen Organisationen in Berlin ist die Unsicherheit und Ratlosigkeit groß. Die Kammer steuert in der Erkenntnis, dass gerade in diesen Zeiten ein enger Schulterschluss notwendig ist, gegen. Sie ergreift die Initiative, alle Geschäftsführer der Berliner Industrieverbände zu einem Gespräch einzuladen, und übernimmt so erneut die Meinungsführerschaft. Diese Gespräche werden unter Erweiterung des Kreises fortgesetzt; die Kammer ermuntert auch die Mitglieder der Vollversammlung, die ehrenamtliche Funktionen in Verbänden haben, Positionen und Informationen der Kammer in die Verbände zu tragen. In einem „Strategiegespräch" Mitte April konzedieren die dort anwesenden Geschäftsführer der Industrie- und Handelsverbände, wie Dr. Braun im Präsidium berichtet, dass die Kammer bei übergreifenden wichtigen Fragen fachlich-politischen Charakters eine meinungsbildende Rolle übernimmt; die Verbände sollten zu solchen Fragen erst Stellung nehmen, nachdem sie die Kammer konsultiert haben, und wenn es bisher keine Auffassung der Kammer gäbe, könne sie von einem Verband aufgefordert werden, eine solche umgehend zu bilden. Auch gegenüber den Berlin-Beauftragten wird die Kammer mäßigend und informierend tätig.

In der Sache treten die Differenzen zwischen Senat und Wirtschaft rasch und sehr deutlich auf; sie gehen hin bis zu einer Polarisierung. Es geht um Themen wie die Verkehrskonzeption, um den Flächennutzungsplan und die Forschung und Entwicklung, um die Zusammenarbeit zwischen Wissenschaft und Wirtschaft und deren Organisation, um das Bildungsurlaubs- und das Weiterbildungsgesetz, um die Berlinförderung und den öffentlichen Haushalt einschließlich seiner Finanzierung und der mittelfristigen Finanzplanung, um die Verwaltungsreform. Es gibt kaum einen Bereich, in dem die Positionen von Kammer und der durch sie vertretenen Wirtschaft und die des Senats in Übereinstimmung zu bringen sind.

Der Senat fällt eine ganze Reihe von auch aus heutiger Sicht nicht nachvollziehbaren Entscheidungen. Nur beispielhaft sei genannt aus dem eher politischen Raum ein Gesetz, mit dem der Neugründung der Akademie der Wissenschaften im Westteil der Stadt ein Ende gesetzt werden sollte, ein Irrweg, der nur durch die Wende und die dadurch mögliche Neuordnung unter Einbeziehung der Akademie der Wissenschaften der DDR vereitelt wird. Noch kurz nach dem Fall der Mauer schafft das Abgeordnetenhaus mit seiner rot-grünen Mehrheit, also auch mit dem Votum der Senatsmitglieder, die Eröffnungsformel „und bekunde unseren Willen, dass die Mauer fallen und dass Deutschland mit seiner Hauptstadt Berlin in Frieden und Freiheit wiedervereinigt werden muss", mit der seit 1955 jede Sitzung des Berliner Abgeordnetenhauses eingeleitet worden war, ab; Walter Momper sagt einen Tag nach dem Fall der Mauer, es gehe nicht um Wiedervereinigung, sondern um ein Wiedersehen, und Vertreter von SPD und AL bekennen offen, dass sie keine Wiedervereinigung wollen.[4] Wirtschaftspolitisch fällt in diese Kategorie vor allem die Verkehrspolitik. Das Auto wird zu einer Art „Feindbild"[5] mit entsprechenden einschränkenden Maßnahmen, die Koalitionsvereinbarung sieht ein Zurückschrauben des Flugverkehrs auf den Stand von 1987 und den Verzicht auf den notwendigen Ausbau in Tegel vor. Frau Schreyer will den Forschungsreaktor des Hahn-Meitner-Instituts nicht in Betrieb nehmen.

Der Senat und einzelne seiner Mitglieder sind oder wirken überfordert. Die Koalition erweist sich als unstabil und wenig flexibel, so unstabil und unflexibel, dass selbst der Regierende Bürgermeister Walter Momper später sagen wird, sie sei nach dem Fall der Mauer der historischen Herausforderung nicht gerecht geworden.[6] Es verwundert nicht,

4 Nachweise bei Diepgen, aaO, S. 112 f.
5 Diepgen, aaO, S. 112
6 Momper, Walter, Grenzfall. Berlin im Brennpunkt deutscher Geschichte. C. Bertelsmann Verlag GmbH, München 1991, S. 163

dass der zu dieser Zeit unter „Frust" leidende Oppositionsführer Diepgen vor allem „häufige Tränenausbrüche während der Sachdiskussionen im Senat und häufigen handfesten Krach"[7] in Erinnerung ruft, und auch Walter Momper von Unterschieden in der politischen Kultur oder in der Mentalität[8] spricht, wenn auch das Arbeitsverhältnis in den Sitzungen des Senats nach Auskunft einer Zeitzeugin besser gewesen sein soll als die öffentliche Darstellung. Die Kammer, die sich ja dafür entschieden hat, öffentlich für Gelassenheit, für Abwarten, für den Gedanken, dass auch dieser Senat seine Chance haben muss, zu werben, wird in einer internen Analyse des Hauptgeschäftsführers „Erste Erfahrungen mit dem neuen Senat" nach dreimonatiger Regierungszeit zugleich sachlich fundierter und schärfer: Der Senat sei ideologisch noch stärker fixiert, als von der Kammer ursprünglich angenommen; er mache nicht den Eindruck einer geschlossenen politischen Führung, sondern eher den Eindruck gleich eines ganzen Bündels durch die verschiedenen Senatoren repräsentierter Einzelpolitiken, die nicht koordiniert und aufeinander abgestimmt seien; der Politikvollzug erfolge mit bemerkenswerter Rigorosität, und sie nennt als Beispiele Umwelt-Razzia, 100-km-Höchstgeschwindigkeit auf der Avus, Busspuren; der Stellenwert der Wirtschaft sei geringer als zunächst angenommen, die Bereitschaft zur Rücksichtnahme, auch zur Konsultation, gering; eine zusätzliche Erschwerung stelle die Regierungsunerfahrenheit der meisten Mitglieder des Senats dar; und ihre Hauptsorge ist, dass durch Berichte über kuriose, über unverständliche, über unverzeihliche Begebenheiten in Berlin es zu einem falschen Urteil über die Stadt kommt, zu einem verzerrten Bild der Stadt, und auf Grund dessen zu einer Änderung der Einstellung und Aufgeschlossenheit zu Berlin, dass die Sympathie für Berlin wegbricht. Im Präsidium berichten in der Tat Mitglieder, das Erscheinungsbild Berlins nehme Schaden; Gespräche in den USA, im europäischen Ausland, aber auch im übrigen Bundesgebiet bedürften immer erst längerer Erläuterungen über die Situation in der Stadt.

Wohl wird die Kammer angehört, offenbar, weil sie nach ihrer eigenen Einschätzung trotz eines ganzen Bündels von öffentlichen kritischen Äußerungen beim Senat im Ruf einer zwar unbeirrt ihren Weg gehenden, aber nicht unbedingt mit Vorurteilen behafteten Organisation steht, wohl auch, weil sie sich dem Wunsch vieler ihrer Mitglieder, auch von Mitgliedern des Präsidiums, und der Forderung mancher Verbände

---

7 Diepgen, aaO, S. 111 f.
8 Momper, aaO, S. 298

entzieht, eine Rolle als mehr politische, gar als eigentliche Opposition zu übernehmen. Aber sie wird nur begrenzt gehört und verstanden. Zwar folgen der Senatsbildung unverzüglich Gespräche mit dem Regierenden Bürgermeister und einer Reihe von Fachsenatoren, mehrfache Treffen mit Wirtschaftssenator Mitzscherling, Gespräche mit Frau Riedmüller, mit Senator Wagner, mit Finanzsenator Dr. Meisner und mit dem SPD-Fraktionsvorsitzenden Staffelt; aus dem Gespräch mit Herrn Wagner wird im Präsidium berichtet, es wäre in seiner geringen Präzision und in der nur geringen Bereitschaft, insbesondere auf dem Verkehrsgebiet auf Wünsche der Wirtschaft einzugehen, ausgesprochen enttäuschend gewesen, während Frau Riedmüller als sehr kompetent beschrieben wird – sie sähe viele Dinge gleich oder ähnlich wie die Kammer und habe gerade deshalb innerhalb des Senats und gegenüber ihrer eigenen Fraktion einen schweren Stand. Auch Wirtschaftssenator Dr. Mitzscherling gewinnt bei der Kammer an Respekt, er erweise sich als kompetenter und seriöser und als etwas zurückhaltender als viele seiner Senatskollegen, die unabgestimmt und nicht immer gut vorbereitet die Öffentlichkeit suchten; auch er hat allerdings das Problem – und das ist auch das Problem der Kammer mit seiner Politik –, dass er innerhalb des Senats, gegenüber der eigenen Fraktion und vor allem gegenüber dem Koalitionspartner AL oft isoliert ist und von Mal zu Mal auf erheblichen Widerstand stößt. Mit manchen Senatoren gestaltet sich die Kommunikation schwieriger; mit Frau Schreyer kommt es erst im Oktober zu einem Gespräch, Frau Pfarr, die Senatorin für Bundesangelegenheiten, sagt den vierten vereinbarten Termin ab, bevor es zu einem Treffen kommt, Herr Wagner gibt eine Zusage nach der anderen, hält sich aber nicht daran, und Bausenator Nagel entzieht sich bis in den Oktober hinein vollständig. Immerhin gibt es und wird es immer wieder Kontakte geben, beispielsweise in Umweltfragen zu Frau Schreyer, die häufig auch direkt den fachlichen Rat von Mitarbeitern der Kammer sucht, wenn sie diesen auch nicht immer befolgt – Frau Schreyer war nach der Erinnerung eines ihrer Gesprächspartner im Hause „nicht so schlimm wie ihr Ruf". Auch mit Frau Volkholz gestaltet sich die Zusammenarbeit vor allem in Fragen der Berufsausbildung gut, wenn es mit ihr auch heftige inhaltliche Kontroversen über das Bildungsurlaubsgesetz gibt.

Insgesamt sind ganz offenbar – obwohl die Kammer in den Kontakten eine große Aufgeschlossenheit, fast schon ein Werben um sie zu spüren glaubt – die Spielräume für ein Entgegenkommen in Kernfragen der Koalition nicht groß; und nicht nur dort, der Senat zeigt sich entschlossen, die Koalitionsvereinbarung und die Regierungserklärung

Punkt für Punkt umzusetzen, dies nicht nur buchstabengetreu, sondern dann auch noch aus dem Geist der Wahlprogramme heraus, obwohl gerade diese in ihrer nach Meinung der Kammer zum Teil extremen Grün- bzw. Linkslastigkeit durch eine im Verhältnis dazu fast schon moderate Koalitionsvereinbarung als überwunden galten. Die Mitglieder des Senats sind „Gefangene der Koalitionsvereinbarung", auch dort , wo es – wie im Fall der von der AL betriebenen Auflösung der Akademie der Wissenschaften – darum gehen würde, im Vorweg nicht richtig eingeschätzten Schaden von Berlin abzuwenden.

Trotz des offensichtlichen Bemühens der Kammer um Besonnenheit und Sachlichkeit reagiert der Senat auf die Kritik zunehmend gereizt. Er stellt die Frage nach dem Mandat der Kammer, fragt, ob sie mit ihrer Kritik nicht die Grenzen des Mandats überschreite. Es kommt so weit, dass die DAG der Kammer in einer Pressenotiz politische Mäßigung empfiehlt – und der Initiator dieser Pressemitteilung ist kein anderer als Bausenator Wolfgang Nagel. Die Kammer sieht in dieser Reaktion einen Nachweis für mangelnde Selbstkritik des Senats, mehr noch, als Beweis für dessen Illiberalität; sie stellt zugleich selbstbewusst fest, dass ihre kritischen Äußerungen ins Schwarze treffen, dass sie als unbequem empfunden werden.

Die Kammer ist sich dabei sehr wohl des „Spagats" bewusst, den sie zu bewältigen hat: Öffentliche und innerberlinische Kritik an den Fehlleistungen des Senats einerseits, Vermeidung einer Beschädigung des Wirtschaftsstandorts mit Wirkung über die Stadt hinaus andererseits. Sie argumentiert denn auch in einer Sitzung der zunehmend verständnisloser werdenden Berlin-Beauftragten im September 1989 damit, dass die gegenwärtige wirtschaftliche Entwicklung durchaus positiv sei; dass diese Entwicklung ein Beweis dafür sei, dass nicht das kurzfristige politische Tagesgeschäft den Ausschlag für Investitionen gäbe, sondern die längerfristige Marktentwicklung. Sie muss sich aber auch die Kritik aus den Reihen der Berlin-Beauftragten anhören, dass das Erscheinungsbild der Stadt gegenwärtig zu wünschen übrig lasse; dass in Berlin keine klare politische Führung erkennbar sei; dass manche Äußerungen des Senats und einzelner seiner Mitglieder immer wieder Zweifel aufkommen ließen an der Bereitschaft, auch an der Fähigkeit des Senats, ein so wirtschaftsfreundliches Klima zu schaffen, dass Berlin im Wettbewerb mit anderen Standorten mithalten könne.

In Berlin gibt es auch Gespräche mit der politischen Opposition. Ende Juli treffen sich Ehrenpräsident Elfe, Präsident Kramp, Hauptgeschäftsführer Dr. Braun und weitere Mitglieder des Präsidiums mit dem

Führer der Opposition, Eberhard Diepgen, der selbst diese Zeiten als „Frust in der Opposition“ charakterisiert.[9] Diepgen verzeiht offenbar der Kammer ihre Besonnenheit und ihr Augenmaß nicht; in ihrer internen Notiz heißt es dazu nur lapidar, in „der Frage der Einstellung der Kammer zu der Politik des neuen Senats gab es erwartungsgemäß unterschiedliche Auffassungen“. Die Kammer sieht ihrerseits Führungs- und Personenfragen in der CDU; in einem vorbereitenden Vermerk analysiert sie, Diepgen habe sich immer noch nicht mit seinem Schicksal abgefunden, die in Berlin verbliebenen früheren Mitglieder des Senats, mit der einzigen sehr positiven Ausnahme von Hassemer, wirkten in der Öffentlichkeit verbraucht, lustlos, nicht mehr informiert, insbesondere auch nicht mehr überzeugend in der Auseinandersetzung mit dem rotgrünen Senat, obwohl dieser eine Angriffsfläche nach der anderen biete. Sie spricht diese Führungs- und Personenfrage konkret an: „Seitens der Kammer wurde in dem Gespräch mit Herrn Diepgen sehr offen das nicht sehr überzeugende personelle Angebot der politischen Opposition angesprochen. Von einer Opposition sei zu erwarten, daß sie auch Menschen habe, die berechtigte Kritik – und dazu liefere die Kammer eine Reihe von Argumenten – auch wirkungsvoll in die Öffentlichkeit transportieren könnten.“ Natürlich werden im dem Gespräch auch Sachthemen erörtert; umso enttäuschter ist die Kammer, dass Diepgen in einer kurz darauf folgenden Pressekonferenz wirtschaftspolitische Fragestellungen nicht einmal anspricht – übrigens, wie noch zu zeigen sein wird, eher typisch für Diepgen.

IHK und BAO beobachten in diesen Monaten auch sehr aufmerksam die Entwicklungen in der DDR. Herr Schlegel berichtet im Präsidium im September von der Leipziger Messe, darunter: Die Stadt Leipzig und die Gemütslage in der Bevölkerung seien deprimierend gewesen, ebenso miserabel die Versorgungslage einschließlich der ärztlichen Versorgung, mit kaum zu glaubenden Auswirkungen. Ausdruck, dass besondere Unsicherheit herrsche, sei das fast inflationistische Auftreten von Witzen bereits am Anfang der Messe; sie seien von lähmender Schärfe gewesen. Bei den Entscheidungsträgern herrsche Unsicherheit, Hoffnungslosigkeit, Resignation, wie die Betriebe aufrecht erhalten werden könnten. Das erste Mal sei massiv von westdeutschen Unternehmen geklagt worden, dass fehlende Qualität, fehlende Quantität und fehlende Pünktlichkeit von DDR-Seite mit fehlenden Arbeitskräften begründet worden seien. Die Textil- und Bekleidungsindustrie sehe große Schwierigkeiten, ihre

---

9 Diepgen, aaO, S. 111

bisherigen Bezüge überhaupt weiter halten zu können. Und schließlich sei unter den Entscheidungsträgern von einer „Null-Bock-Mentalität" in der Bevölkerung die Rede gewesen.

Diese Vorzeichen für die historischen Tage um den 9. November 1989 verdichten sich. Am 18. Oktober löst das Zentralkomitee der DDR Erich Honecker als Generalsekretär der SED und Staatsratsvorsitzenden der DDR ab und ersetzt ihn durch Egon Krenz. Aber diese Entscheidung hält den Lauf der Dinge nicht mehr auf. Eine wie auch immer gestaltete Öffnung der Grenzen, zumindest aber ein verstärkter Besucherverkehr zeichnen sich ab. Der Senat beschließt am 31. Oktober die Einsetzung einer Arbeitgruppe „Vorbereitung auf einen verstärkten Besucher- und Reiseverkehr aus Ost-Berlin und aus der DDR" unter Leitung des Staatssekretärs in der Wirtschaftsverwaltung, Jörg Rommerskirchen; ihr gibt der Senat vor, die „DDR-Bürger als ‚normale Touristen' und Besucher" zu betrachten und von einem besonderen Maß an sozialer Betreuung abzusehen, um die „Stimmung soweit wie möglich ruhig zu halten".[10] Die Projektgruppe beschäftigt sich mit dem zu erwartenden Ansturm von Besuchern – sie rechnet mit 500 000 pro Tag, tatsächlich werden es am Wochenende nach dem Fall der Mauer über zwei Millionen sein – , mit Fragen des Begrüßungsgeldes und der Devisenbeschaffung, mit der Lösung von Verkehrsproblemen, aber auch mit der vermeintlichen Befindlichkeit der Westberliner, denen nach Meinung des Senats noch „der Stress (sic!) der 750-Jahr-Feier, der Kirchentage und anderer zurückliegender Großveranstaltungen in den Knochen" steckt; es würden nach der Freude über die Reisefreiheit doch „sehr schnell Klagen über die verstopften Straßen und überfüllten Läden zu hören sein".[11]

Die Ereignisse beginnen sich zu überschlagen. Doch mit der Schnelligkeit, mit der sie eintreten, rechnet offenbar in Berlin niemand. Noch am Tag der Öffnung der Mauer geht der Regierende Bürgermeister seinen normalen Dienstgeschäften nach. Darunter ist mittags auch die Leitung der Sitzung der Sonderkommission „Arbeitsplätze für Berlin" im Reichstagsgebäude, der Vertreter der Kammern, der Gewerkschaften, der Wirtschaftsverbände und mehrerer Senatsverwaltungen angehören; es ist die konstituierende Sitzung, und Walter Momper zeigt sich sehr zufrieden, dass es gelungen ist, alle wichtigen Institutionen an einen Tisch zu bekommen.[12] Das ist wohl auch alles; denn Hauptgeschäftsführer Dr.

10 Momper, aaO, S. 106 f.
11 Momper, aaO, S. 109
12 Momper, aaO, S. 129

Braun beklagt im Präsidium nicht nur den großen zeitlichen Verzug nach der Senatsbildung – acht Monate –, er stellt auch fest, dass am Ende der $3\frac{1}{2}$ -stündigen Sitzung bei allen Teilnehmern Enttäuschung über die völlige Unverbindlichkeit einer viel zu allgemeinen Diskussion bestanden habe, und sieht eine vertane Chance, auch dann, wenn man einer konzertierten Aktion dieser Art reserviert gegenüberstehe. Immerhin erhält der Regierende Bürgermeister in die Sitzung hinein die sich als verlässlich erweisende Information über eine Entscheidung des ZK der SED über die bevorstehende Reisefreiheit.[13]

Am Abend fällt die Mauer. Dr. Braun spricht wenige Tage danach im Präsidium von historischen Tagen und hebt unter anderem hervor. „Uns Deutschen hat niemand, auch wir selbst haben uns nicht eine Revolution zugetraut – eine Revolution aus dem Volk heraus, mit Mut, mit Disziplin, mit politischem Augenmaß und – als Ergebnis – demokratische Verhältnisse herbeiführend. Allein damit haben die Deutschen in der DDR uns Deutschen insgesamt einen ungeheuren Dienst erwiesen. Man kann es ihnen nicht oft genug zur Stärkung ihres Selbstbewusstseins uns gegenüber sagen. Daran gemessen könnte unser wirtschaftlicher Vorsprung ihnen gegenüber dürftig wirken. Berlin steht durch diese Entwicklung heute wieder im Mittelpunkt. Berlin mag in Zeiten großer Not eine nationale Aufgabe gewesen sein. Heute ist es nicht mehr eine nationale Aufgabe, sondern es hat eine nationale Aufgabe, nämlich den Prozeß der Annäherung beider Teile Deutschlands gewissermaßen exemplarisch und hautnah vorzuleben und zu vollziehen und beispielhaft praktische Lösungen ausfindig zu machen, die sich für eine politische, gesellschaftliche und wirtschaftliche Reproduktion anderswo eignen könnten. Das ist eine ungeheure Chance für Berlin. Es könnte Berlin ein Stück seiner alten Rolle wiedergeben, auch übrigens Selbstbewusstsein, an dem es der Stadt so lange Zeit gefehlt hat."

Von Selbstbewusstsein und Chance ist aber im Abgeordnetenhaus von Berlin und im Berliner Senat noch am folgenden Tag nur wenig die Rede. Vor den Augen von Willy Brandt und Bundeskanzler Kohl und weiteren Ehrengästen entspannt sich in einer Sondersitzung des Abgeordnetenhauses ein heftiger Streit, eine, wie Momper später schreibt, „ärgerliche und überflüssige" Diskussion um eine Resolution zur Wiedervereinigung. Die CDU schlägt vor, als Kernaussage eine abgewandelte Passage aus Willy Brandts „Brief zur deutschen Einheit" aus dem Jahr 1972 zu übernehmen, die SPD will diesem Antrag zustimmen, sieht sich

13 Ebd.

aber durch die Weigerung des Koalitionspartners AL daran gehindert, der das Vorkommen des Worts „Einheit" nicht mitträgt, was den Regierenden Bürgermeister Walter Momper, der spät, wenn auch nicht zu spät eine Befürworter der Einheit wird, zu der nachträglichen Beschreibung veranlasst: „In der ersten wichtigen Entscheidung nach der Öffnung der Mauer war die rot-grüne Koalition schon zerstritten – ein Menetekel für die ganze spätere Entwicklung des rot-grünen Regierungsbündnisses in Berlin, das nicht stabil und flexibel genug war, um der historischen Herausforderung letztlich gerecht werden zu können. Im Grunde hätte man es damals schon beenden müssen, doch eine andere Mehrheit war im Parlament nicht möglich – außer einer großen Koalition, die damals weder ich noch irgendein anderer führender Sozialdemokrat, soweit mir bekannt war, wollte."[14]

Nach erhebenden, aber auch von Mißtönen und Parteienstreit überschatteten Tagen[15] beginnt die Sacharbeit. Die Kammer hatte schon am 7. November durch einen Brief von Hauptgeschäftsführer Dr. Braun an den Regierenden Bürgermeister die Einsetzung einer hochkarätigen Expertenkommission gefordert, die alle einschlägigen Fragen zunächst sammeln und systematisieren, dann prüfen und schließlich Vorschläge unterbreiten soll. Sie setzt sich auch mit der Senatorin für Gesundheit und Soziales, Ingrid Stahmer, zusammen, weil sich die vorübergehende Unterbringung von Übersiedlern aus der DDR zunehmend am Rande des Kollaps bewegt; absprachegemäß ergreift die Kammer die Initiative, Firmen zu bitten, für diese vorübergehende Unterbringung geeigneten Raum auf Zeit zur Verfügung zu stellen. Solche Angebote gibt es dann, aber Mitglieder des Präsidiums berichten über eigene bzw. ihnen bekannte Fälle, in denen es zu negativen Kompetenzkonflikten in der Senatsverwaltung für Gesundheit und Soziales und zu mangelnden Verständnismöglichkeiten zwischen Senatorin Stahmer und Finanzsenator Dr. Meisner kommt. In der Vollversammlung der Kammer am 14. Dezember berichtet Dr. Braun über weitere Aktivitäten von IHK und BAO: Kontaktaufnahme mit dem Magistrat von (Ost-) Berlin zur Vorbereitung einer Serie von Gesprächen über Fragen der wirtschaftlichen Zusammenarbeit zwischen beiden Teilen der Stadt; Initiierung von mehreren Treffen zwischen Generaldirektoren von Kombinaten und Westberliner

14 Momper, aaO, S. 163; zu dieser Sitzung auch Diepgen, aaO, S. 119 f., mit dem Wortlaut der „verqueren" Formulierung der Resolution, die SPD und AL mit ihrer Mehrheit durchsetzen.

15 Vgl. wiederum Diepgen, aaO, S.117 ff., und Momper, aaO, S. 162 ff.

Firmen mit dem Ziel der Anbahnung neuer und der Intensivierung bestehender Geschäftsverbindungen; eine Zusammenkunft der Umweltschutzbeauftragten aus Ost- und Westberliner Firmen über die Möglichkeiten gemeinsamer Fortbildungsmaßnahmen; eine Seminarreihe gemeinsam mit dem Anwaltsverein über Fragen des DDR-Rechts, über die Rechtspraxis, das Rechtsverständnis und Auslegungsmethoden in der DDR; ab Mitte Januar 1990 eine jeden zweiten Donnerstag stattfindende Veranstaltung „Das DDR-Gespräch", das die Kontaktaufnahme erleichtern und als Kontaktbörse dienen soll; noch im Januar der Abschluss der Vorbereitungen für die Errichtung einer bundesweiten Kontaktbörse, für die als Mitträger der DIHT mit einer Depandance in der Kammer etabliert werden soll; erste Gespräche mit den Handels- und Gewerbekammern der DDR über Möglichkeiten der Zusammenarbeit und der Unterstützung beim Aufbau einer wirtschaftlichen Selbstverwaltung. Und am 20. Dezember erwartet die Kammer den Besuch der stellvertretenden Vorsitzenden des Ministerrats der DDR und Ministerin für Wirtschaft, Frau Professor Christa Luft; auch ein Gespräch mit Außenhandelsminister Dr. Gerhard Beil findet statt.

Exkurs: Die Handels- und Gewerbekammern der DDR

Industrie- und Handelskammern hatte es noch in der Sowjetischen Besatzungszone[16] gegeben, wenn auch nur auf Landesebene und als sogenannte Landeskammern bezeichnet. Seit Beginn ihrer dortigen Tätigkeit war allerdings die Tendenz der Behörden festzustellen gewesen, ihren Aufgabenkreis fortwährend einzuschränken und sie staatlicher Kontrolle zu unterstellen. Nach einer Entscheidung des Ministerrats der DDR vom 5. März 1953 sollten die Industrie- und Handelskammern ihre Arbeit zum 31. März einstellen, mit einer Frist für die Abwicklung bis zum

16 Vgl. zu diesem Exkurs insgesamt die unveröffentlichte, aber in der IHK Berlin vorhandene Dissertation von Monika Tatzkow, Die Entwicklung der Industrie- und Handelskammer der Deutschen Demokratischen Republik und ihre Rolle bei der Einbeziehung bürgerlicher Schichten in den Aufbau der Grundlagen des Sozialismus (1953 bis 1958). Die folgenden Darlegungen beruhen auch auf einer Ausarbeitung des DIHT, gezeichnet mit Dr. Oeckl, vom 29. August 1953, die mit dem Informationsdienst für Kammermitteilungsblätter Nr. 35/53 allen westdeutschen Kammern zugänglich gemacht worden ist.

30. Juni.[17] Die durch den Ostberliner Juni-Aufstand verursachte „Neuorientierung" der Politik der DDR veranlasst die bürgerlichen Parteien zu einem Vorstoß, diese Auflösung rückgängig zu machen und Vorschläge für eine Neuregelung des Kammerrechts zu unterbreiten. Der Ministerrat der DDR fasst auf seiner Sitzung am 25. Juni den Beschluss, die Industrie- und Handelskammern wieder erstehen zu lassen: „Die Partei- und Staatsführung erkannte die Gefährlichkeit dieser Situation (des Vertrauensverlustes in die Politik der SED und ihre Kontinuität) und ergriff Anfang Juni 1953 politische und ökonomische Maßnahmen zur Stabilisierung der inneren Lage in der DDR, die der Festigung der Macht der Arbeiterklasse, der Stabilisierung der Volkswirtschaft und der Verbesserung der Lebenslage der Bevölkerung dienten. In der Politik gegenüber den bürgerlichen Schichten orientierten sich die SED-Führung und die Regierung wieder an den Beschlüssen des III. Parteitags und der 2. Parteikonferenz der SED und ergriffen auch Maßnahmen zur weitergehenden Förderung der privaten Wirtschaft. In diesem Rahmen kam es zur Gründung der Industrie- und Handelskammer der DDR."[18]

Die Liberal-Demokratische Partei und die Christdemokraten machen Vorschläge für ihre Ausgestaltung, Die LPD will Industrie- und Handelskammern in den Regierungsbezirken und als Spitzenorganisation eine Arbeitsgemeinschaft der Industrie- und Handelskammern mit Sitz in Berlin. Der jeweilige Präsident soll aus den Kreisen der privaten Wirtschaft kommen; dagegen waren die Präsidenten der früheren fünf Landeskammern zugleich hohe Ministerialbeamte oder Hauptdirektoren einer Vereinigung sogenannter volkseigener Betriebe gewesen. Die Ost-CDU geht noch weiter: Sie nähert sich nicht nur den Regelungen des Kammerrechts im Westen Deutschlands an, sie schlägt auch die Errichtung einer zentralen Industrie- und Handelskammer in Berlin vor, die als Rechtsnachfolgerin der dortigen früheren Industrie- und Handelskammer auch deren Vermögen übernehmen soll; in jedem Bezirk ist eine Bezirksdirektion als Zweigstelle der zentralen Kammer vorgesehen.

Das alles geht der Regierung zu weit. Sie will keine Kammern als vom Staat unabhängige Träger einer wirtschaftlichen Selbstverwaltung. Sie errichtet durch Verordnung vom 6. August 1953 und mit Wirkung vom 1. August „Industrie- und Handelskammern der Deutschen Demokratischen Republik" mit Sitz in Berlin, die am Sitz des Rates des Bezirks

17 Zur Begründung dieser Entscheidung siehe die Zitate bei Tatzkow, aaO, S. VIII f.

18 Tatzkow, aaO, S. IX; bezeichnenderweise wird der Juni-Aufstand verschwiegen.

Bezirksdirektionen einrichtet, denen es überlassen wird, an wirtschaftlichen Schwerpunkten Kreisgeschäftsstellen zu errichten. Organe der Industrie- und Handelskammer sind der Vorstand und das Präsidium. Dem Vorstand gehören 15 gewählte Vertreter der privaten Wirtschaft, 15 von staatlichen Organen benannte Repräsentanten und 15 Vertreter der in den Betrieben der privaten Wirtschaft beschäftigten Arbeiter und Angestellten an, von denen 5 durch den Bundesvorstand des „Freien Deutschen Gewerkschaftsbundes" benannt werden. Das Präsidium besteht aus dem Präsidenten und vier Stellvertretern, die vom Vorstand gewählt und durch den Ministerpräsidenten bestätigt werden müssen. Bei jeder Bezirksdirektion wird ein Beirat gebildet, der paritätisch besetzt ist mit je drei gewählten Vertretern der privaten Wirtschaft, drei vom Rat des Bezirks Benannten und drei Delegierten der Arbeitnehmer und Angestellten, von denen einer vom Bezirksvorstand des FDGB entsandt ist. Aufgaben sind vor allem: Beratung der Organe der Regierung der DDR und anderer Staatsorgane in Fragen der wirtschaftlichen Entwicklung auf der Grundlage der der Hebung des Lebensstandards der Bevölkerung dienenden Volkswirtschaftspläne durch Vorschläge, Anregungen, Gutachten und Berichte; Unterstützung der Staatsorgane in Fragen der Materialversorgung und der Erschließung örtlicher Reserven; gutachterliche Stellungnahmen zu Anträgen auf Eröffnung, Verlegung und Schließung von Betrieben der privaten Wirtschaft unter besonderer Berücksichtigung der fachlichen Voraussetzungen und der sogenannten Bedürfnisfrage; Mitwirkung bei dem Zustandekommen von Gesamtvereinbarungen über Lohn- und Arbeitsbedingungen; Beratung der in der privaten Wirtschaft Tätigen ebenso wie die Beratung der Betriebe in Vertragsangelegenheiten und sonstigen Rechtsfragen; Mitwirkung in Fragen der Berufsausbildung der in der privaten Wirtschaft Tätigen – vieles wirkt wie aus den Statuten der Reichswirtschaftskammer der Nationalsozialisten abgeschrieben. Hauptziel aber bleibt die Instrumentalisierung der IHK der DDR als „Mittel zur Einbeziehung der bürgerlichen Schichten in den sozialistischen Aufbau. Sie war Bestandteil des in der DDR praktizierten Staatskapitalismus."[19]

Obwohl damit von einer echten, von der Unternehmerschaft getragenen, unabhängigen und konstruktiven Mitarbeit am wirtschaftspolitischen Geschehen nicht die Rede sein kann, wird in den betroffenen Wirtschaftskreisen die Neuerrichtung der Kammer, wenn auch mit Einschränkungen, offenbar begrüßt. Das liegt wohl – wie im Fall der

19 Tatzkow, aaO, S. X

früheren Wirtschafts- und der Gauwirtschaftskammern – daran, dass Hoffnungen auf eine Unterstützung der noch verbliebenen privaten Betriebe bestehen, denen es sonst völlig an einer Stelle fehlen würde, an die sie sich mit einem gewissen Vertrauen wenden können, um Auskünfte zu erhalten und Wünsche vorzubringen. In Wahrheit handelt es sich um „Scheinhandelskammern", und auch deshalb wird die Wiederaufnahme ihrer Tätigkeit in des SED-Organen als wesentlicher Fortschritt gefeiert.

Die Industrie- und Handelskammer Groß-Berlin in der DDR wird durch eine Verordnung vom 8. Januar 1954 errichtet. Erster Präsident wird der frühere Leiter des Vertragskontors Groß-Berlin, das als Abteilung Industrie in die Kammer übernommen wird, Hans Hoffmann, einer der Vizepräsidenten ist Kurt Hoffmann, gelernter Tischler und Fachmann im Transportwesen, Volkskammerabgeordneter, Mitglied der Volksvertretung von Groß-Berlin und Mitglied des Sekretariats des geschäftsführenden Vorstandes des Stadtverbandes der CDU, zum ersten Sekretär wird Kurt Kramer bestellt. Hoffmann kritisiert in der konstituierenden Sitzung die wenig befriedigende Zusammenarbeit der privaten Industrie u.a. mit dem Großhandel und der Plankommission des Magistrats und sieht es als Hauptaufgabe der Kammer an, alle Partner enger zusammenzuführen; dabei bleibt es aber nicht, denn bei der gleichen Gelegenheit wird ein Aufruf an alle Mitglieder beschlossen, in dem die H-Bomben-Experimente verurteilt und die Betriebe aufgefordert werden, auf Transparenten und Plakaten das Verbot dieser Massenvernichtungsmittel zu fordern..[20] Die Kammer nimmt später ihren Sitz in einem, „repräsentativen neuen Gebäude" an der Ecke Chaussee- und Invalidenstraße.[21] Als Rechtsnachfolgerin der früheren Berliner Industrie- und Handelskammer sieht sie sich nicht, und sie besitzt offenbar auch keine Unterlagen aus dieser Zeit, wie sie im Februar 1954 einem Auskunftsbegehrenden mitteilt.

Ihr Einflussbereich wird allerdings zunehmend eingeschränkt. Die Arbeitsmöglichkeiten für private Betriebe werden erschwert, und auch diejenigen privaten Betriebe, die sich bereit erklären, eine staatliche Kommanditbeteilung zu akzeptieren und sich damit in eine Kommanditgesellschaft umwandeln, scheiden aus den Industrie- und Handelskammern aus. 1958 wird die Ost-Berliner Kammer dem Magistrat direkt unterstellt, ab 1983 führt sie, die sich bis dahin noch „Industrie- und Handelskammer Berlin – Hauptstadt der DDR" nennt, die Bezeichnung

20 „Neue Zeit" vom 12.5.1954 unter der Überschrift „Mittler zu Privatindustrie"
21 „BZ am Abend", Ausgabe vom 9.11.1956

– wie die anderen Kammern in der DDR auch – Handels- und Gewerbekammer, richtig, weil es private Industrie schon lange nicht mehr gibt, und vertritt als Ausführungsorgan der Planwirtschaft die Staatsmacht gegenüber dem verbleibenden kleinen, nichtverstaatlichten Teil der Wirtschaft im Ostteil Berlins. Sie ist, wie der spätere Präsident Pape es nennt, „der politische Arm" dieser Staatsmacht, vor allem der Partei, sichtbar auch dadurch, dass die Spitzenfunktionen von SED-Mitgliedern ausgeübt werden; der Vertreter des sogenannten Direktors ist zugleich der Verbindungsmann zu den Staatssicherheitsorganen. Die Ostberliner Kammer ist – wie die anderen Handels- und Gewerbekammern auch – ein Machtinstrument zur Durchsetzung der politischen und planwirtschaftlichen Ziele des DDR-Apparats. Aber auch sie ändert sich unter dem Druck der Verhältnisse.

Fortsetzung: Entscheidende Jahre: 1989 und 1990

Mit diesen Kammern in der DDR nehmen der DIHT und einige Kammern aus Berlin und dem Westen Deutschlands nach dem Fall der Mauer unverzüglich Kontakte auf. Noch im Jahr 1989 findet ein erstes Gespräch statt, das zweite findet mit allen Handels- und Gewerbekammern Anfang 1990, ein drittes im März im Zusammenhang mit der Leipziger Messe statt. Zu Beginn der Zusammenarbeit besteht zunächst die Erwartung, dass in der DDR zunächst ein Kammergesetz verabschiedet werden würde und dass erst dann auf dieser einheitlichen Grundlage die Um- oder Neugründung von Kammern in der DDR erfolgen würde. Das lässt sich aber nicht durchsetzen. Zu groß ist die Ungeduld vieler Kaufmannschaften in den Regionen der DDR, ihre Geschicke wieder selbst in die Hand zu nehmen. Sie sind nicht bereit, so lange zu warten, und beginnen mit der Bildung von Kammern nach neuem Recht bzw. neuen Rechtsvorstellungen.

Das ist auch im Ostteil Berlins so. Der dortige Präsident Udo Pape ist einer der eher raren selbständigen Unternehmer in der DDR gewesen. Sein Lebensweg ist wohl exemplarisch für diese aussterbende Spezies: Der 1943 im Bezirk Magdeburg Geborene macht nach der Schulzeit eine Bäckerlehre und absolviert die Ingenieurschule für Lebensmittelindustrie. Er arbeitet ab 1966 als Referent beim Verband für Investitionsverarbeitung der Konsumgenossenschaften und nimmt zwei Jahre später ein Studium an der Technischen Universität Dresden auf; er schließt es mit dem Diplom eines Ingenieurs für Lebensmittelindustrie ab und arbeitet in dieser Branche. Pape macht sich 1980 selbständig, als Inhaber eines Cafes in Marzahn, das später immerhin 16 Angestellte beschäftigt. Ihm hilft, dass in der Aufbauphase dieses Stadtteils, wie er heute noch berichtet, „verwaltungstechnisch ein Chaos“ herrscht. Deshalb gelingt es ihm, als einer der ersten Marzahner eine Gewerbegenehmigung und eine Baugenehmigung zu erhalten, wohl vor allem durch Ausnutzung der Schwächen des Systems.[22] Die damalige Handels- und Gewerbekammer Ostberlins spielt dabei keine Rolle; sie kümmert sich nicht, und niemand kümmert sich um sie. Stattdessen ist es der Bezirk, die Abteilung Handel und Gewerbe, der das Sagen hat; er allein entschied in dieser Anfangsphase über die Erteilung von Gewerbegenehmigungen. Pape erhält für seine Neugründung immerhin von einer staatlichen Bank, der dortigen Sparkasse, einen Kredit von 325 000 Ostmark, auch dank seiner guten Verbindungen zu einigen Angehörigen der sogenannten Blockparteien, die, wenn auch begrenzt, Veränderungen anstreben, auch im Bereich der selbständigen Kleingewerbetreibenden. Die Geschäfte laufen alles in allem zunächst gut, Pape beliefert auch sieben Kaufhallen, also staatliche Lebensmittelläden. Aber ab etwa 1986 geht es bergab. Die Rohstoffzulieferungen werden weniger, es fehlen die für die Herstellung von Backwaren notwendigen Zutaten. 1988 wird die Lage so kritisch, dass Pape und seine Leute morgens nicht wissen, was sie tagsüber machen sollen, und um Weihnachten dieses Jahres beschließt Pape, Schluss zu machen. Dazu trägt auch der Druck bei, den die Behörden und die Staatssicherheitsorgane – auch vor dem Hintergrund, dass Pape's Sohn einen Ausreiseantrag gestellt hat – auf ihn ausüben; es gibt Hausdurchsuchungen, Steuerprüfungen, die Steuerfahndung kommt, es gibt Verhöre in der Normannenstraße, jede Form von Repressalie wird ausgeübt. Für das Jahr 1989 nimmt sich Pape vor, einen Fluchtversuch zu machen, aber eine schwere Krankheit seiner Frau zwingt ihn zum Aufschub seiner Pläne. Doch er plant weiter. Noch im Besitz einer Gewerbegenehmigung, betreibt er einen mobilen „Eis- und Waffelgarten“ in einem umgebauten LKW, aus dem heraus er und seine Frau sich über die Mauer katapultieren wollen: „Wenn schon nicht durch die Mauer, dann über sie“![23] Im

22 Vgl. auch das Portrait und ein Interview in BW 1993, Heft 2, S. 19 f.

23 Nach dem Fall der Mauer angefertigte Zeichnungen der Technik dieses geplanten Fluchtversuchs und Photos existieren; sie waren auch in einschlägigen Ausstellungen zu besichtigen. Die näheren Details der Vorbereitungen, die Konstruktionspläne, ebenso wie ein alternativer Fluchtplan mittels des Wechsels von Flugtickets mit einem befreundeten ausländischen Ehepaar aus Budapest, den

Herbst 1989 aber grummelt es, wie Pape es beschreibt, zunehmend, und er stellt seine Pläne zurück. Kurz vor dem Fall der Mauer kommt es in der Handels- und Gewerbekammer, zu der Pape nach wie vor eher lose Beziehungen hat, zu einer Sitzung in Kaulsdorf, an der er teilnimmt. In dieser Sitzung gehört Pape zu denjenigen, die ihrem Unmut Laut geben und die Funktionsträger auffordern, „nach Hause zu gehen", wenn auch wegen der Unsicherheit über die weitere Entwicklung „mit unguten Gefühlen"; noch immer muss er jederzeit mit einer erneuten Inhaftierung rechnen. Pape wird in der Folge der Veränderungen in der Kammer Vorsitzender einer Art Übergangsrats; Ziel ist es, ordentliche Wahlen vorzubereiten. Er hat nach dem Verkauf seines Cafes die dafür notwendige Zeit, auch das Geld, um nicht sofort wieder anderweitig tätig sein zu müssen, und den Willen, an Veränderungen mitzuwirken. Noch im November, sicher aber Anfang Dezember nimmt der Hauptgeschäftsführer des DIHT, Dr. Franz Schoser, zu Pape Kontakt auf. Sie verstehen sich, Schoser nimmt Pape zu einigen Besuchen bei anderen Handels- und Gewerbekammern in der DDR mit und lässt ihn auch bei einer großen Veranstaltung für ostdeutsche Gewerbetreibende im Dezember im ICC reden. In der Ostberliner Kammer sucht sich Pape eine Reihe von Gleichgesinnten, vornehmlich aus der Gastronomie und verschiedenen Fachgruppen des Handels, leitet die nun regelmäßigen Treffen – ein- bis zweimal in der Woche – und treibt die Umwandlung der staatlich bestimmten Handels- und Gewerbekammer in eine selbstbestimmte Organisation der selbständigen Gewerbetreibenden voran. Parallel zu der Vorbereitung der Verordnung der Modrow-Regierung über Industrie- und Handelskammern in der DDR und in enger Abstimmung mit dem DIHT und der Westberliner Kammer, zu der von Anfang an vor allem über die Herren Schlegel und Strauch enge Kontakte bestanden hatten, bereitet dieser Kreis Wahlen vor und führt sie durch. Udo Pape wird Präsident.

Eines der Hauptprobleme der DDR-Kammern wird es, innerhalb kurzer Zeit einen überzeugenden Service aufzubauen und anzubieten und durch Information, Beratung und Schulung gegenüber potentiellen Mitgliedern, bei denen ihre Akzeptanz nicht oder nicht ausreichend gesichert ist, attraktiv zu werden; das gilt insbesondere für solche aus der Industrie und aus mittleren und großen sonstigen Betrieben, die bisher keine Berührung mit den Handels- und Gewerbekammern gehabt hatten.

Pape aber verwirft, weil er im Westen nicht „nackt", also mittellos ankommen will, sind einer eigenen Beschreibung wert.

Von den bundesdeutschen Kammern werden vordringlich erwartet und geleistet: Intensive Schulung der Mitarbeiter der DDR-Kammern; Darstellung der traditionellen Weiterbildungsangebote westdeutscher Kammern mit dem Ziel, Schwerpunkte zu bilden, wie im einzelnen und unter Berücksichtigung der Zusammensetzung der jeweiligen Bezirkswirtschaft ein attraktives Weiterbildungsangebot aussehen könnte; Darstellungen des gesamten Angebots einer bundesdeutschen Kammer von der Außenwirtschaft über Rechtsfragen, Stadtentwicklung, Handel, Industrie, Steuern und Finanzen bis hin zur Aus- und Weiterbildung. Von fast strategischer Bedeutung wird die technische Ausrüstung der DDR-Kammern; denn alle inhaltlichen Angebote sind zur Unwirksamkeit verurteilt, wenn es nicht gelingt, mit Hilfe einer wirksamen technischen Infrastruktur bei den potentiellen Mitgliedern das Bewusstsein der Leistungsfähigkeit der Kammern zu erzeugen. Das Präsidium der Westberliner Kammer beschließt deshalb im Februar 1990, den Kammern in Ost-Berlin und in Potsdam eine solche Standardausrüstung zur Verfügung zu stellen.

Am 1. März 1990 erlässt die Regierung der DDR die „Verordnung über die Industrie- und Handelskammern in der DDR". Danach werden nach regionalwirtschaftlichen Gesichtspunkten Kammern gebildet, und zwar in der Rechtsform einer juristischen Person, nicht expressis verbis als Anstalt öffentlichen Rechts, wenn auch mit Pflichtmitgliedschaft und auch sonst in weitgehender Anlehnung an das bundesdeutsche Kammersystem. An der Vorbereitung dieser Verordnung ist maßgeblich der Staatssekretär im Wirtschaftsministerium der DDR unter der Modrow-Regierung, Dr. Klaus-Christian Fischer, beteiligt. Dieser hatte schon als Staatssekretär für Wirtschaft im Ministerrat der DDR die Kritik an der Tätigkeit der Handels- und Gewerbekammern wahrgenommen, die im Vorfeld der revolutionären Ereignisse des Herbstes 1989 immer lauter, zugleich aber, wie er sich erinnert, auch offener und klarer geworden war. Ab Dezember 1989 hatte er die Vertreter von sich neu bildenden Kammern – und getrennt auch der sich etablierenden Verbände – eingeladen, um mit ihnen über ihre Forderungen und Probleme zu sprechen. Aus diesen ersten Kontakten resultierten regelmäßige Treffen mit Vertretern vor allem der Kammern in Ost-Berlin, Dresden und Halle. „Nach gegenseitigem Abtasten, nach anfänglichen Ressentiments und Überwindung von Zurückhaltung auf beiden Seiten ist eine echte konstruktive Zusammenarbeit entstanden. Im Mittelpunkt dieser Gespräche standen gesetzgeberische Aktivitäten für ein Gesetz bzw. eine Verordnung (über) Industrie- und Handelskammern, die Erarbeitung der Satzung, die regionale Gliederung als Organisation der gewerblichen Selbstverwaltung. Es wurde Übereinstimmung darüber erzielt, dass die neu zu bildenden Kammern als Interessenvertreter der Gesamtwirtschaft fungieren müssen. Die Gesetzgebung der Bundesrepublik Deutschland diente bereits damals als Vorbild. Weiter Forderungspunkte waren die Erzielung der Gewerbefreiheit, die Beseitigung des Außenhandelsmonopols des Staates, Steuererleichterungen mit Abbau der Steuerprogression, Reprivatisierung der 1972 enteigneten Betriebe und Unternehmen u. a.m."[24] Dr. Fischer wird den Kammern auch in seinem weiteren Lebensweg verbunden bleiben. Nach dem Ringen um eine Dachorganisation der ostdeutschen Kammern und der Entscheidung, eine solche nicht zu gründen, sondern den Anschluss an den DIHT zu suchen, wird Dr. Fischer Leiter der vom DIHT in Berlin angesiedelten Verbindungsstelle in Ost-Berlin, die zugleich als eine Art Vereinigung der Industrie- und Handelskammern der DDR – und später der neuen Bundesländer – im DIHT wirkt.

Das Präsidium der Westberliner Kammer erörtert im März 1990 ihr Verhältnis zu der Industrie- und Handelskammer von Berlin, wie sie jetzt heißt, im Osten der Stadt. Zu diesem Zeitpunkt ist die Zuständigkeit der Westberliner Kammer von Rechts wegen noch auf die Westsektoren Berlins beschränkt. Das schließt aber eine Kooperation mit der Kammer in Ost-Berlin nicht aus, und das gilt nach der Analyse von Hauptgeschäftsführer Dr. Braun auch für die Schaffung gemeinsamer Gremien und Institutionen. In jedem Fall seien die Beratung von Betrieben und die Erarbeitung gemeinsamer Stellungnahmen, insbesondere zu Fragen des deutsch-deutschen und des Berliner-Berliner Wirtschaftsverkehrs, mögliche Kooperationsformen. Auch die gastweise Teilnahme an Sitzungen der Gremien der jeweils anderen Kammer hält er für vorstellbar. Dr. Braun plädiert für die rasche Aufnahme der Zusammenarbeit, damit die Kammer in Ost-Berlin die erforderliche Kompetenz und Akzeptanz bei den kammerzugehörigen Unternehmen gewinnt. Zugleich mahnt er zu einer gewissen Behutsamkeit, damit die Westberliner Kammer nicht mit den Funktionen, der Arbeitsweise und der Mentalität der bisherigen Handels- und Gewerbekammer identifiziert werden kann. Im April berichtet der stellvertretende Hauptgeschäftsführer Schlegel dem Präsidium: Zwar habe auch die Kammer in Ost-Berlin noch keine endgültige Organisationsstruktur, jedoch würden bereits deutliche Organisations-

24 Aus einem Manuskript von Dr. Fischer für ein Referat vor der Kammer in Lüneburg am 28.9.1990; der Lebensweg von Dr. Fischer, der auch lange Jahre Werksleiter in der DDR gewesen war, wäre einer eigenen Betrachtung wert.

einheiten sichtbar; damit werde das Gespräch von Kammer zu Kammer einfacher, und die Gesprächsintensität habe auf allen Ebenen zugenommen. Allerdings gebe es auch Auffassungsunterschiede in der Führungsetage der Ostberliner Kammer, wohl auch deshalb, weil Klarheit über die organisatorische Ausgestaltung eines Dachverbandes fehle. Die Ostberliner Kammer hat offenbar den Versuch gemacht, einen solchen Dachverband zu gründen. Sie scheitert; ein von ihr für Anfang Mai angesetzter Termin wird vor allem aufgrund von Einwänden anderer Kammern in der DDR abgesagt; viele von ihnen wollen nur einen losen Verbund, der zwar die Interessen der DDR-Unternehmen gegenüber der Regierung der DDR wahrnimmt, aber nicht eine verfestigte Konkurrenzorganisation zum DIHT wird. Insgesamt verläuft der Aufbau der DDR-Kammern eher schleppend. Der Hauptgeschäftsführer des DIHT, Dr. Franz Schoser, und Hauptgeschäftsführer Dr. Braun kehren, wie Braun dem Präsidium der Berliner Kammer im Mai berichtet, „außerordentlich deprimiert" von einem Treffen mit den Vertretern der DDR-Kammern im April zurück: Die DDR-Kammern täten sich äußerst schwer, einen attraktiven Service für ihre Mitglieder, vor allem für die als solche neu hinzukommenden Industriebetriebe, aufzubauen. Dadurch seien die Vorbehalte der Industrie gegenüber den DDR-Kammern nachhaltig groß. Im Gegenzug scheine bei den Kammern hier und dort die Tendenz zu bestehen, sich stärker wieder der alten Mitgliedschaft, den Kleingewerbetreibenden aus Handel, Gaststätten und anderen Dienstleistungsbereichen, zuzuwenden. Auch seien die DDR-Kammern bisher nicht in der Lage gewesen, ein gemeinsames Vorgehen gegenüber dem Ministerrat und der Volkskammer zu organisieren. Damit begebe sich die DDR-Wirtschaft jeder Einflussnahme auf die immerhin 69 zu dieser Zeit anstehenden Gesetzgebungsvorhaben. Dies sei umso weniger nachvollziehbar, als durch diese Vorhaben die Rahmenbedingungen für die Wirksamkeit der bundesdeutschen Wirtschaftshilfe und für Leben, Arbeiten und Wirtschaften in einem wichtigen Teil ein und desselben Landes geschaffen werden sollten. Das Präsidium nimmt sich vor, jedenfalls die Zusammenarbeit mit der Ostberliner Kammer intensiver und effizienter zu gestalten, auch damit beide Kammern sich rechtzeitig darauf vorbereiten können, dass ihre Zusammenarbeit während einer Übergangszeit schneller, als heute für möglich gehalten, in die Schaffung einer einheitlichen Kammer für ganz Berlin einmündet – und es wird noch schneller gehen, als fast jeder es zu diesem Zeitpunkt für wahrscheinlich hält.

Nicht nur der Ausbau der Verbindungen zu der Ostberliner Kammer kostet an der Hardenbergstraße Zeit, es ist vor allem die praktische Hilfe in Gestalt von Informationen, Beratung und Schulung von Betrieben in der DDR und ihren Mitarbeitern, die viel Kraft erfordert; denn die rechtlichen Zuständigkeitsgrenzen halten zahllose Bürger aus der DDR und aus dem Ostteil der Stadt nicht davon ab, bei der Westberliner Kammer Rat und Hilfestellung zu suchen – beides wird ihnen zuteil. Dennoch, der wahre Ansturm von Ratsuchenden macht der Kammer zu schaffen. Es sind viele Kleingewerbetreibende, es sind viele potentielle Existenzgründer, die wissen wollen, wie sie mit den neuen und weiteren sich abzeichnenden Bedingungen umgehen sollen; es sind aber auch sehr viele Führungskräfte – bis hin zu Generaldirektoren – und Mitarbeiter der DDR-Kombinate, die häufig, und das gleich auf mehreren Hierarchieebenen, unabgestimmt und auf eigene Faust die Beantwortung immer der gleichen Fragen erwarten. Die Büros der Mitarbeiterinnen und Mitarbeiter von IHK und BAO sind über den ganzen Tag voll von Besuchern, behelfsmäßig werden in den Fluren Tische aufgestellt, an denen ebenfalls Hilfestellung geleistet wird. Allen wird geholfen; alle Kräfte der Kammer sind sehr angespannt, zeitweise überdehnt. Aber die Mitarbeiterschaft des Hauses nimmt die Herausforderungen, auch die Belastungen, mit großer Bereitwilligkeit an; noch heute berichten Zeitzeugen von der Freude, mit der sie ihrer Beratungstätigkeit nachgegangen seien – dies übrigens im Einklang mit der Stimmung in der gesamten Stadt, eine Stimmung, die die früheren Ahnungen des Regierenden Bürgermeisters Walter Momper über von ihm befürchtete Meckereien und Abwehrhaltungen in der Bevölkerung West-Berlins falsifiziert.

Die Westberliner Kammer bringt trotz dieser Arbeitsbelastung die Kraft auf, sich mitten in diesen Umbrüchen auf die Suche nach einer neuen Positionierung des Wirtschaftsstandorts Berlin zu machen. Sie entwickelt eine neue „Standort-Philosophie“ zunächst für West-Berlin[25]: Berlin als Wirtschaftsmetropole auch im Verhältnis zu seiner näheren und weiteren Umgebung; Berlin als Stadt mit wirtschaftlichen Mittlerfunktionen gegenüber der gesamten DDR; Berlin aber auch als Wirtschaftsstandort, der sich in einem in dieser Form nicht gekannten Wettbewerb um Investitionen mit der DDR befindet; Berlin, das nach wie vor auf die eigene Wertschöpfung angewiesen bleibt, weil nur damit auch die eigenen Probleme, darunter vor allem die Arbeitsmarktprobleme, in den Griff zu bekommen sind; Berlin als Ort, der aufgrund seiner Nähe zur DDR und

25 Vgl. vor allem JB 1989/90, S. 13 ff.

seine vielen Kontakten dorthin besonders geeignet ist, beratend beim Aufbau der Wirtschaft und auch bei einer leistungsfähigen unternehmerischen Interessenvertretung in der DDR tätig zu werden und Konzepte für eine gute wirtschaftliche Entwicklung zu entwerfen.

Ihr Hauptbetätigungsfeld sieht sie auch deshalb weiterhin in der Zusammenarbeit, vor allem aber in der Auseinandersetzung mit der rotgrünen Stadtregierung. Bei allem Konfliktpotential, die Bewertung wird nuanciert positiver. So führt Hauptgeschäftsführer Dr. Braun vor der Vollversammlung im Januar 1990 aus, immerhin hätten Senat und Kammer im Umgang miteinander gelernt. Das ändere aber nichts daran, dass es in vielen Fragen unvereinbare oder schwer auf einen Nenner zu bringende Positionen gebe. Auszunehmen davon sei die Wirtschaftspolitik, jedenfalls insoweit, als sie nicht auf die Mitzeichnung anderer Senatsverwaltungen angewiesen sei; dann zeichne sie sich durch Nüchternheit, Sachbezogenheit und Kompetenz aus. Der Finanzpolitik müsse die Kammer attestieren, dass sie bei weitem nicht so expansiv sei, wie zu befürchten gewesen sei. Auch die Wissenschaftspolitik sei besser als ihr Ruf; allerdings sei die Hochschulpolitik in höchstem Maße problematisch, weil mit ihr ein neuer Prozess der Demokratisierung – richtiger: Pseudodemokratisierung – in Gang gesetzt werde, der mit Sicherheit zu Qualitätseinbußen bei den Universitäten führen werde. Auch der Arbeitsmarktpolitik stellt Dr. Braun ein vernichtendes Zeugnis aus, und sehr schwierig bleibt die Zusammenarbeit auf verkehrspolitischem Gebiet. Er fasst zusammen: „Alles in allem – auch dann, wenn durch Herrn Momper immer wieder einmal ein anderer Eindruck entstehen mag – ist dieser Senat ein für die Wirtschaft nicht einfacher Gesprächspartner. Das ist in den letzten Wochen allenfalls überdeckt, abgemildert worden durch die deutsch-deutsche Entwicklung, durch die gemeinsame Begeisterung aller Berliner, aber auch manche damit verbundene gemeinsame Besorgnis derjenigen, die Verantwortung in der Stadt tragen. Auch im Verhältnis zu diesem Senat gebt es keine Alternative zu dem immer neuen Bemühen der Kammer um eine verantwortungsvolle, ausgewogene Wahrnehmung unternehmerischer Interessen und um eine vernünftige Zusammenarbeit. Darum wird es auch 1990 gehen." Dennoch wird nur wenige Wochen später der Ton intern und nach außen wieder schärfer. Dr. Braun spricht im Präsidium im Mai davon, er könne nur mit Bedrückung registrieren, dass dem Senat, dessen Funktionsfähigkeit und Überzeugungskraft mehr denn je gefragt sei, erstaunlich vieles nicht gelinge: von einer etwas abwegigen Hauptstadt-Diskussion über die Verkehrspolitik – als wenn es zur Zeit nichts Wichtigeres gäbe als Verkehrsberuhigung und die Anlegung von Busspuren –; über Defizite in der Stadtplanung, jedenfalls wenn Maßstab das Zusammenwachsen beider Teile der Stadt sein solle; über das ganz bewusste Scheiternlassen des Genehmigungsverfahrens des Forschungsreaktors des Hahn-Meitner-Instituts bis hin zu einer völlig unbegreiflichen Behandlung eminent wichtiger Investoren wie Daimler-Benz und BMW. Eine ernste Auseinandersetzung betrifft auch die Gewerbeflächenproblematik. Senatorin Schreyer vertritt die These, dass die Ansiedlung neuer Industriebetriebe in West-Berlin nicht mehr notwendig sei, Investitionswillige ab Anfang Juli auf Ost-Berlin und das Umland verwiesen werden sollten. Dagegen stellt sich die Kammer; West-Berlin sei auch nach dem Inkrafttreten der Währungs-, Wirtschafts- und Sozialunion auf diese Ansiedlung dringend angewiesen, weil sich bis auf weiteres die Probleme West-Berlins, insbesondere die Arbeitsmarkprobleme, nur mit in West-Berlin erbrachter Wertschöpfung lösen ließen. Sie macht deshalb – in Anlehnung an ihren 65-Punkte-Katalog für die Qualifizierung des Wirtschaftsstandorts Berlin – konkrete Vorschläge zur Bereitstellung von Flächen für Gewerbe, Wohnen und Verkehr.

Eine weitere Baustelle bleibt auch in dieser bewegten Zeit der Neu- oder Erweiterungsbau an der Fasanenstraße. Die vom Präsidium eingesetzte Beratergruppe hatte in ihren Zwischenberichten empfohlen, auf die Vergabe eines umfassenden Auftrags für ein Konzept zu verzichten, stattdessen die Vergabe eines Auftrags für ein Nutzungskonzept und die weitere Vergabe eines Auftrags für ein Projektmanagement befürwortet, das die planerischen Vorarbeiten bis zur Ausschreibung eines Architektenwettbewerbs durchführen sollte. Das Präsidium hatte im Juli 1989, die Vollversammlung im September diese Empfehlungen zustimmend zur Kenntnis genommen. Dem Präsidium liegt in seiner Sitzung im März 1990 eine Projektskizze der Stadtplaner Dr. Peter Ring und Dipl. Ing. Horst P. Richter über ein Nutzungskonzept für ein „Haus der Berliner Wirtschaft" vor, ebenso wie ein Projektvorschlag der Architekten und Stadtplaner Dubach und Urs Kohlbrenner zu einem städtebaulichen Entwicklungskonzept für die Kammer und den VBKI. Dem Präsidium genügen in dieser Sitzung die Unterlagen noch nicht, um eine Entscheidung zu fällen; Präsident Kramp und Hauptgeschäftsführer Dr. Braun werden gebeten, auf der Grundlage der Erörterungen im Präsidium und auf der Basis der vorhandenen Unterlagen die Thematik zu strukturieren und ein mit aussagefähigen Dokumenten vorbereitetes Gespräch zwischen Präsidium und Beratergruppe ins Auge zu fassen. Als Vorbereitungsunterlage für eine weitere Befassung des Präsidiums im

April dient ein zusammenfassender Vermerk des das Vorhaben betreuenden Leiters der Abteilung Recht und Stadtentwicklung, Volkmar Strauch. Darin wird unter anderem darauf hingewiesen, dass der Bedarf an Gewerbeflächen und insbesondere an Büroraum seit dem Fall der Mauer sprunghaft gestiegen sei und dass dies keine vorübergehende Erscheinung sei, sondern die starke Nachfrage nach Büroflächen anhalten werde – eine Meinung, die die Beratergruppe teilt; dass dieser Bedarf an Flächen nicht primär im Ostteil der Stadt zu decken sei; dass die Gegend um den Bahnhof Zoo auch bei einem engeren Zusammenwachsen Berlins eines der zwei oder drei wichtigsten Zentren und damit ein sehr attraktiver Standort für Verwaltungsbauten bleiben werde; dass, obwohl zu dieser Zeit die Frage nach dem Hauptsitz für den Fall eines Zusammenschlusses der beiden Kammern in Berlin ungeklärt ist, die Neubauplanung für die Fasanenstraße fortgesetzt werden solle, um das neue Gebäude im Fall der Sitzverlagerung für Teilfunktionen nutzen zu können. Zugleich wird sich das Präsidium in seiner Sitzung im April zunehmend darüber im Klaren, dass es sich, so wörtlich, um ein „Jahrhundertprojekt auf einem Filetgrundstück mit neuer Perspektive" handelt, neuen Perspektiven, die durch die gravierenden Veränderungen in der DDR und in Ost- und Mitteleuropa determiniert werden. Das Präsidium führt deshalb im Mai ein Gespräch mit der Beratergruppe. Dort herrscht sehr rasch Übereinstimmung, dass die Gruppe Dr. Ring/Richter den Auftrag für die Erstellung des Nutzungskonzepts erhält, wobei angesichts der Bestrebungen um eine einheitliche Kammer für ganz Berlin und im Hinblick auf die notwendige Berücksichtigung der politischen Entwicklungen die Prüfung alternativer Nutzungsmöglichkeiten vorgegeben wird; auch die Vorarbeiten für die Beauftragung des Projektmanagements werden vorangetrieben.

Zwei weitere inhaltlich anspruchsvolle Themen für die Westberliner Kammer zeichnen sich in diesen ersten Monaten des Jahres 1990 ab: die Hauptstadtfrage und die Zukunft der (West-)Berlinförderung.

Zuvor aber hat sie eine interne Aufgabe zu erledigen: einen Wechsel in der Hauptgeschäftsführung des Hauses. Dr. Braun hatte seinen Nachfolger – auch durch einen Hinweis von Graf Lambsdorff – in Dr. Thomas Hertz gefunden, der nach Vorgesprächen vor allem mit seinem Vorgänger und mit Präsident Kramp am 10. Januar vom Präsidium akzeptiert wird. Hertz ist zu dieser Zeit 48 Jahre alt. Er stammt aus Westfalen, vom Rande des Ruhrgebiets, hat nach dem Abitur in seiner Heimatstadt Unna und nach rechtswissenschaftlichen Studien in Tübingen, Bonn und Köln und nach Ablegung des ersten und des zweiten juristischen Staatsexamens 1972 an der Universität Köln zum Dr. jur. promoviert. Von 1972 bis 1984 arbeitet er im Bundesministerium für Wirtschaft, zunächst im renommierten Rechtsreferat, aus dem eine ganze Reihe herausragender Mitarbeiter des Hauses hervorgegangen sind, 1974 bis 1978 als Kabinettsreferent im Ministerbüro und von 1978 bis 1984 als Leiter des Ministerbüros unter Minister Dr. Otto Graf Lambsdorff. Im Jahr 1984 geht Hertz nach Brüssel, zunächst als Leiter der Wirtschaftsabteilung der Ständigen Vertretung der Bundesrepublik Deutschland bei den Europäischen Gemeinschaften. Nach einer nur kurzfristig dauernden Bestellung zum Leiter der Unterabteilung für Medienpolitik, Werbewirtschaft, Verbraucherpolitik und Fachinformationspolitik in seinem Mutterhaus bleibt er aber in Brüssel und wird Kabinettchef in der Europäischen Kommission unter einem der beiden deutschen Mitglieder, Peter Schmidhuber, der in der ersten Periode des Kommissionspräsidenten Jacques Delors für die Makroökonomie und die Regionalpolitik, in der zweiten für den Haushalt und die Finanzkontrolle zuständig ist. Die Vollversammlung wählt Dr. Thomas Hertz am 26. Februar 1990 zum neuen Hauptgeschäftsführer der Kammer. Wenige Monate später verstärkt Christian Wiesenhütter die hauptamtliche Mitarbeiterschaft des Hauses. Er, in Berlin geboren, hatte nach dem Studium der Betriebswirtschaftslehre an der Universität Hamburg mit dem Abschluss als Dipl.-Kaufmann in der Deutsches Reisebüro GmbH (DER) Karriere gemacht und war zuletzt Hauptabteilungsleiter DERTRAFFIC mit der Zuständigkeit für Bahn- und Flugsonderverkehre sowie für den Schiffs- und Fährverkehr gewesen; er kannte die Kammerorganisation aus seiner Mitgliedschaft im Großen Fahrplanausschuss des DIHT als Vertreter des Deutschen Reisebüro Verbandes bestens. Er wird im Mai 1990 Leiter der Verkehrsabteilung der Berliner Kammer.

Bis zu dem Amtsantritt des neuen Hauptgeschäftsführers am 1. Juli 1990 sind es die großen Themen, die die Kammer weiter beschäftigen: die Hauptstadtfrage, die Berlinförderung, daneben die Zusammenarbeit mit der Kammer in Ost-Berlin.

Deutschland ist auf dem Weg zur Wiedervereinigung, Berlin auf dem Weg zu einer vereinten Stadt. Aber wird Berlin Hauptstadt nur dem Namen nach, oder wird die Stadt auch Sitz von Parlament und Regierung? Die in den Jahrzehnten der Teilung Deutschlands stets eindeutige Beantwortung dieser Frage wird plötzlich unscharf; mehr noch, Berlins Rolle als auch von den Funktionen her getragener Hauptstadt wird, wie Dr. Braun im Präsidium im Mai vorträgt, inzwischen breit und intensiv und mit wachsender Aggressivität gegenüber Berlin diskutiert; bedenklich seien vor allem die überaus harten Reaktionen in Süddeutschland und in Südwestdeutschland – als wenn es darum ginge, in Berlin eine Machtzusammenballung nach Wilhelminischem Muster zustande zu bringen. Die Kammer vermisst in dieser Situation eine kurze, prägnante politische Erklärung des Senats, warum trotz noch so verständlicher Bedenken allein schon mit Rücksicht auf die DDR keine andere Stadt als Berlin als Hauptstadt des vereinten Deutschlands in Frage kommt, verbunden mit einem überzeugenden Bekenntnis zum föderalen Prinzip, was die Konkretisierung der Institutionen einschließt, die nicht unbedingt in der Hauptstadt angesiedelt werden müssen. Stattdessen sind die Erklärungen des Regierenden Bürgermeisters Momper nach Meinung der Kammer „blaß, jedenfalls nicht von durchschlagender politischer Substanz. Zu einem koordinierten Verzicht ist es nicht gekommen. Statt dessen verzichtet der eine auf die Bundesbank, der andere auf die obersten Gerichte in Kassel und Karlruhe, wieder andere auf das Bundesverteidigungsministerium, noch einmal andere auf das Bundespostministerium, weil es angeblich unwichtig ist, und neuerdings wird Bonn im Austausch für Bundestag, Bundesrat und Bundesregierung die Bundesanstalt für Angestellte angeboten! Die Folge ist eine unerfreuliche, eine halbherzig und nicht professionell geführte Diskussion, die der Hauptstadtfrage in keiner Weise angemessen ist und obendrein im Ausland eigentlich nur zu Irritationen führen kann. Eine auch vom Senat vertane Chance, die für Berlin hätte genutzt werden können und genutzt werden müssen." Präsident Kramp und Hauptgeschäftsführer Dr. Braun plädieren in einer der Sitzungen einer Expertenkommission beim Regierenden Bürgermeister, die ihn im Umgang mit den politischen und wirtschaftlichen Entwicklungen beraten soll, für inhaltliche Stringenz und für eine konzertierte Aktion der in Berlin Verantwortlichen, aber ohne durchschlagenden Erfolg.

Das liegt wohl auch daran, dass der Senat zunehmend zerstrittener wird: „Die Unterschiede zwischen SPD und AL waren nicht mehr nur Unterschiede in der politischen Kultur oder in der Mentalität. Zunehmend tat sich auch ein tiefer inhaltlicher Graben zwischen den Koalitionspartnern am Berliner Senatstisch auf. Die Al kam mit der neuen Realität der offenen, wieder zusammenwachsenden Stadt nicht zurecht. Krampfhaft hielt sie an den alten Konzepten fest, die für den – wie ich es nannte – ‚Insel-Betrieb West-Berlin' erarbeitet worden waren. Sie lehnte es ab, den Flughafen Tegel auch nur provisorisch auszubauen, obwohl die Fluggastzahlen regelrecht explodierten. Sie widersetzte sich einer schnellen Wiederherstellung des alten Berliner Straßensystems, obwohl der

Verkehr zwischen den beiden Stadthälften nicht richtig fließen konnte. Sie behinderte die Bebauung innerstädtischer Brachflächen, obwohl die Wohnungsnot durch die Zuwanderung immer größer geworden war, und sie kritisierte die Ansiedlung der Firma Daimler-Benz am Potsdamer Platz, obwohl Berlin so dringend ein Zeichen des wirtschaftlichen Aufschwungs brauchte.“[26]

Bei einem weiteren Thema allerdings, der Berlinförderung, kommt es zu einem erneuten Schulterschluss zwischen Senat und der Westberliner Kammer. Bereits im Mai erhält die Kammer Kenntnis von Plänen des Bundesfinanzministeriums, die Bundeshilfe für den Berliner Landeshaushalt zurückzufahren und die Berlinförderung rasch und dramatisch zu reduzieren bis hin zu einer völligen Abschaffung innerhalb von zwei oder drei Jahren, und dies, obwohl der Regierende Bürgermeister Walter Momper sich im Besitz einer Zusage von Bundeskanzler Helmut Kohl aus einem Gespräch Ende Februar glaubt, niemand denke an den Abbau der Zonenrand- und der Berlinförderung.[27] Die Kammer reagiert unverzüglich und führt Gespräche mit Bund und Land auf allen Ebenen; sie äußert ihre Besorgnis auch in einem Brief an den Regierenden Bürgermeister, hält engen Kontakt mit Wirtschaftssenator Dr. Mitzscherling und Finanzsenator Dr. Meisner und bemüht sich erfolgreich um eine einheitliche Stellungnahme von Senat, Wirtschaft und Gewerkschaften; einzig das DIW schert später mit einem Wochenbericht im Juli doch sehr weit aus. Dabei entzieht die Kammer sich nicht der Einsicht in das Unvermeidbare. Aber sie tritt offensiv dafür ein – wenn es denn schon nicht gelingt, die Förderkulisse auf ganz Berlin oder gar auf Berlin und die anderen neuen Bundesländer zu erweitern, was an der Größenordnung der notwendigen Finanzmittel scheitert –, den Abbau der Berlinförderung mit Augenmaß zu vollziehen, den Unternehmen Zeit zur Anpassung zu lassen und für die Arbeitnehmer sozialverträglich zu gestalten. Sie bekennt sich zu dem Abbau, will aber, dass er nicht vor 1993 beginnt und sich dann in sieben gleichmäßigen Schritten linear vollzieht. Sie warnt – mit Recht, wie sich zeigen wird – vor bruchartigen Entwicklungen und der Überforderung der Leistungsfähigkeit der Berliner Wirtschaft.[28] Senat, Kammer und Arbeitnehmervertretungen haben aber nur begrenzten Erfolg. Bereits im Mai 1990 fassen Bundesfinanzminister und die Länderfinanzminister sowie ihnen folgend der Bundeskanzler mit

26 Momper, Walter, Grenzfall, aaO, S. 298
27 Momper, aaO, S. 321
28 S. unter anderem JB 1990/91, S. 27 ff.

den Ministerpräsidenten folgenden Beschluss: „Der Bund übernimmt es, noch 1990 ein Gesetz einzubringen, mit dem die bisherigen Kosten der Teilung in einem Zeitraum von sieben Jahren abgebaut werden; dabei bleiben die Stufen zunächst offen. Einzelheiten sind noch festzulegen und zu beraten." Der Bundeskanzler fordert den Finanzminister auf, bis zum Jahresende eine Umsetzung dieses Beschlusses vorzubereiten. Für Berlin, für die Kammer kann es nur noch darum gehen, auf die Modalitäten der Kürzungen Einfluss zu nehmen. Ihre inhaltliche Linie wird es sein, für eine lineare Kürzung der einzelnen Elemente der Berlinförderung ab 1993 zu werben, zugleich die Absage an einen Versuch, die Kürzung einzelner Bestandteile, etwa der Abnehmerpräferenz, vorzuziehen, auch weil die Betroffenheit der verschiedenen Wirtschaftszweige unterschiedlich groß ist; auch gegen die vorzeitige Abschaffung der Arbeitnehmerzulage ist sie und bewahrt damit den Schulterschluss mit den Gewerkschaften in der Gesamtbehandlung der Berlinförderung.

Zur Zusammenarbeit der beiden Berliner Kammern liegt dem Präsidium der Westberliner Kammer im Juni 1990 ein von der Kanzlei Bräutigam und Partner gefertigter „Grundlagenvermerk: Rechtliche Strukturen zu Annäherungsmöglichkeiten zwischen der Industrie- und Handelskammer Berlin (West) und der Industrie- und Handelskammer Berlin (Ost)" vor. Er sieht als Kooperationsmodell ein Verwaltungsabkommen vor, wie es zwischen Selbstverwaltungskörperschaften in der Bundesrepublik Deutschland Anwendung findet. Das ist auch Ausdruck der Tatsache, dass so genannte hoheitliche Funktionen und gesetzliche Mitwirkungs- und Anhörungsrechte im Außenverhältnis von den jeweiligen Kammern eigenständig ausgeübt werden müssen, unterhalb dieser Ebene aber Stellungnahmen und Entscheidungshilfen, auch personelle Unterstützung und die Mitwirkung in den Gremien möglich sind. Ausdrücklich soll festgehalten werden, dass beide Vertragspartner anregen, „eine einheitliche Industrie- und Handelskammer für das gesamte Gebiet von Berlin zu schaffen, sobald hierfür die rechtlichen Voraussetzungen gegeben sind", eine Absichtserklärung, die zu diesem Zeitpunkt die Verantwortlichen in der Ostberliner Kammer wohl noch nicht gegenzuzeichnen bereit wären. Diese Tischvorlage wird im Präsidium nicht im einzelnen diskutiert. Hauptgeschäftsführer Dr. Braun nimmt ihre Vorlage aber zum Anlass, auf die Eilbedürftigkeit der Überlegungen zur Verstetigung der Zusammenarbeit mit der Ostberliner Kammer hinzuweisen; es gelte auch zu verhindern, dass sich die dortige Kammer verfestige, nicht genügend kompetentes Personal einstelle (inzwischen sei die Zahl auf rund 60 Mitarbeiter angewachsen) und sich der Zusammenschluss beider

Kammern übermäßig erschwere. Er betont aber auch die Notwendigkeit, im Interesse des gesamten Kammersystems die Kammern in der DDR und in Ost-Berlin so schnell wie möglich zu stabilisieren. Das Präsidium kommt zum Ergebnis, dass Präsident Kramp, Hauptgeschäftsführer Dr. Braun und der stellvertretende Hauptgeschäftsführer Jörg Schlegel rasch ein Gespräch mit dem Präsidenten und dem Hauptgeschäftsführer der Ostberliner Kammer führen sollen mit dem Ziel, eine Arbeitsgruppe zu installieren, die die Möglichkeiten der Zusammenarbeit auf der Basis der gegenwärtigen gesetzlichen Lage kurzfristig erarbeiten soll; sie soll von Seiten der IHK zu Berlin durch die Herren Schlegel, Strauch und Scholz besetzt werden. Parallel gibt es zahlreiche gemeinsame Aktivitäten: Initiativen der Rechtsabteilung der Westberliner Kammer, gemeinsame Konzepte und Materialien zu erarbeiten, Merkblätter für die Reprivatisierung, über Bonitätsprüfungen, über Gewerbeanmeldungen und Eintragungen von Firmen in die Register, gemeinsame Informationsveranstaltungen zum Gesellschaftsrecht, der Erfahrungsaustausch in der Aus- und Weiterbildung, die Vertiefung der Themen Technologievermittlung, Kooperation der Industrie mit wissenschaftlichen Einrichtungen, Fragen der Flächennutzung oder der wirtschaftlichen Energieversorgung und der Probleme einer umweltgerechten Industrieproduktion sind nur einige der Schwerpunkte.[29]

Politisch hatte sich in den letzten Wochen auch in Berlin einiges getan. Die Kommunalwahl am 6. Mai war zu einem weiteren Baustein für den Einigungsprozess in Berlin geworden.[30] Zum ersten Mal seit 1946 hatten die Ostberliner eine demokratische Stadtverordnetenversammlung wählen können. Am 28. Mai konstituiert sich das neue Stadtparlament, und am 30. Mai wählen die Abgeordneten Tino Schwierzina an die Spitze des neuen Magistrats. Eine Idee Schwierzinas, seinen Magistrat auch mit drei Westberliner Senatoren als Stadträte für die entsprechenden Ressorts in Ost-Berlin zu besetzen, ihnen also ein Doppelamt im Ost- und im Westteil zu geben, scheitert an der Westberliner AL, an der SPD-Fraktion im Westteil der Stadt, die in der Unterstützung dieses Plan durch Momper einen Konfrontationskurs gegen den Koalitionspartner AL sieht, und an der CDU in Ost-Berlin, die eine AL-Vertreterin –

29 So Präsident Kramp vor Industrieunternehmen aus Ost-Berlin auf einer Informationsveranstaltung der dortigen IHK am 21. Mai 1990, vgl. BW 1990, Heft 12, S. 31.

30 Zum Folgenden vor allem Momper, aaO, S. 362 ff., und auch Diepgen, aaO, S. 146.

vorgesehen ist die Schulsenatorin Frau Volkholz – als Stadträtin strikt ablehnt, weil der Westberliner CDU-Chef dies als „Ausdehnung von Rot-Grün auf Ost-Berlin“ bezeichnet. Immerhin wird mit Elmar Pieroth, dem früheren Wirtschaftssenator in West-Berlin, ein (west-) erfahrener Mann Mitglied des Magistrats, zuständig für die Wirtschaft, und Westberliner Senat und Ostberliner Magistrat treffen sich zu regelmäßigen gemeinsamen Sitzungen, ein „gemischtes Doppel: Schwierzomper und Magisenat“[31].

Im Ostberliner Oberbürgermeister und in weiteren Mitgliedern des Magistrats trifft auch die Westberliner Kammer auf interessante und interessierte Gesprächspartner. Mit einigen Westberliner Senatoren und Senatorinnen dagegen bleibt es schwierig. Im Juni 1990 erörtert das Präsidium die Frage, ob seine Haltung zum Senat zu kooperativ sei, ob im Hinblick auf die tatsächlichen Verhältnisse nicht der Zeitpunkt des „Ausklinkens“ gekommen sei. So weit will sie dann aber doch nicht gehen; immerhin beschließt das Führungsgremium des Hauses, ab sofort eine „härtere Gangart“ einzuschlagen. Sie beklagt sich deshalb in einem Schreiben von Präsident Kramp und Hauptgeschäftsführer Dr. Braun an den Regierenden Bürgermeister über die bewusste Nicht-Beteiligung von Umweltsenatorin Schreyer an wichtigen Vorhaben und kritisiert diese Behinderung ihrer Politikberatung scharf; weitere Maßnahmen werden ins Auge gefasst.

Am 2. Juli wird Hauptgeschäftsführer Dr. Günter Braun verabschiedet. Auf Einladung von Präsident Horst Kramp versammeln sich im Börsensaal zahlreiche Persönlichkeiten aus Wirtschaft, Politik, unternehmerischen Organisationen, öffentlichen Institutionen und Medien.

Eine der Ansprachen hält der Regierende Bürgermeister Walter Momper; er zeichnet Dr. Braun mit der höchsten Auszeichnung des Landes Berlin, der Ernst-Reuter-Plakette, aus und sagt unter anderem: Dr. Braun habe an entscheidender Stelle dazu beigetragen, dass die Berliner Wirtschaft die Durststrecke der siebziger Jahre durchgestanden, sich schließlich stabilisiert und seit den achtziger Jahren wieder neuen Schwung gewonnen habe. Jeden dieser 21 Jahresringe der Berliner Wirtschaft habe er entscheidend mitgeprägt. Er habe die Aufgabe der IHK nicht darin gesehen, über den Ansehensverlust der Stadt zu lamentieren und über Abwanderungen Klage zu führen. Er habe vielmehr durch konkrete Vorschläge und Anregungen auf eine Wende zum Besseren hingearbeitet. Nicht Wunschdenken habe seine Arbeit geprägt oder

31 Momper, aaO, S. 362

das Ziel schneller Erfolge, sondern das Aufzeigen langfristiger Perspektiven – immer mit dem Ziel, den Wirtschaftsstandort Berlin zu konsolidieren und attraktiver zu machen. Walter Momper erwähnt auch Brauns besondere Verdienste in seiner beratenden Funktion beim Vier-Mächte-Abkommen und bei den Veränderungen des Berlinförderungsgesetzes, seine konstruktive Mitarbeit an der Gestaltung Berlins auch über seine Ämter in Aufsichtsräten und Wirtschaftsgremien und betont sein Wirken als großer Kunstliebhaber, Förderer von jungen Künstlern und Mitglied in kulturellen Einrichtungen von dem Kaiser-Friedrich-Museum-Verein über den Freundeskreis der Deutschen Oper bis hin zum Internationalen Design-Zentrum, dessen er sich angenommen und es mit großem persönlichen Einsatz gefördert habe. Er schließt die Verleihung der Ernst-Reuter-Plakette ab mit den Worten: „Sie haben sich um die Berliner Wirtschaft verdient gemacht. Sie sind ein würdiger Träger dieser höchsten aller Berliner Auszeichnungen."[32]

Präsident Kramp erinnert in seiner Begrüßungsrede daran, dass in der Amtszeit von Dr. Braun sechs Regierende Bürgermeister ihren Eid auf die Berliner Verfassung abgelegt hätten, und fünf Wirtschaftssenatoren hätten in dieser Zeit Wirtschaftspolitik für die Stadt formuliert und gestaltet. Die Industrie- und Handelskammer habe diese Politik begleitet, nicht selten auch kritisch, doch stets kompetent und mit Augenmaß. Sie fördere sie. Aber sie mache keine Politik. Diese Haltung habe die Kammer in der Amtszeit Dr. Brauns glaubwürdig gemacht und ihr in Berlin und außerhalb der Stadt Respekt und Anerkennung verschafft. Ein Zeitzeuge, ein Mitglied des Berliner Senats von 1972 bis 1981, habe dazu geschrieben, dass es der Berliner IHK gelungen sei, zur entscheidenden und beachteten Stimme in Wirtschaftsfragen auch dort zu werden, wo sie klar die Rolle einer Interessenvertretung wahrnehme. Präsident Kramp rühmt auch die prägnante Handschrift Brauns und die auf die Sache abgestellten, niemals selbstgefälligen, schnell auf den Punkt kommenden und zum konstruktiven Handeln anregenden öffentlichen Mitteilungen der Kammer unter der Verantwortung des Hauptgeschäftsführers. Wenn eine überregionale Zeitung einmal die Industrie- und Handelskammer zu Berlin als die politischste Kammer in Deutschland gewürdigt habe, habe sie keinen Widerspruch gefunden – weder bei den Präsidenten noch den Hauptgeschäftsführern der Kammern im übrigen Bundesgebiet; Dr. Braun habe nicht nur aus Sicht der Berliner Wirtschaft die Aufgabe der

32 Die Rede des Regierenden Bürgermeisters ist ebenso wie die weiteren Ansprachen abgedruckt in BW 1990, Heft 14, S. 5 ff.

Politikberatung leidenschaftlich und brillant wahrgenommen, und er habe Erfolg gehabt. Er schließt mit einer Erinnerung an eine Schrift von Dr. Braun, in der es heißt; „Gefragt als Berliner Tugenden sind Nüchternheit und Selbstvertrauen, Fantasie und trotzdem Augenmaß, immer wieder Tatkraft und Sinn für das Machbare und schließlich die Fähigkeit, Freunde zu gewinnen und sie dauerhaft an die Stadt zu binden", und er ruft ihm zu: „Sie haben diese Tugenden uns vorgelebt, Sie haben sie eingesetzt, um das Ansehen der Industrie- und Handelkammer zu Berlin zu mehren. Dafür dankt Ihnen die Berliner Wirtschaft. Sie zollt Ihnen Respekt und Anerkennung."

Der scheidende Hauptgeschäftsführer unterstreicht in seiner Abschiedsrede noch einmal sein Verständnis von erfolgreicher Kammerarbeit: „Wenn unsere Kammer heute draußen den Ruf hat, kompetent, kreativ, initiativenreich zu sein und wirkungsvoll die Interessen ihrer Mitglieder zu vertreten, dann ist dies zunächst dem unternehmerischen Ehrenamt zu verdanken, das seine unternehmerische Erfahrung, sein unternehmerisches Know-how, seine Art, unternehmerisch zu denken, in die Kammerarbeit einbringt. Hinzu kommen müssen die Erfahrungen und Kenntnisse der Mitarbeiter, ihre Darstellungs- und Überzeugungskraft und ihre Begeisterungsfähigkeit für die Sache. Erst dieses Zusammenspiel von Ehren- und Hauptamt macht wirtschaftliche Selbstverwaltung aus, begründet deren Erfolg und Ausstrahlungskraft." Und Dr. Braun zeigt sich nach Rückblicken – auf den Amtsantritt 1969 in einer Zeit, als Berlin im Windschatten der Weltpolitik und des Weltinteresses lag, auf die Vier-Mächte-Verhandlungen und die darin eingebundenen deutsch-deutschen Verhandlungen mit dem Versuch, im Rahmen eines Teilausgleichs mit dem Osten auch die Position West-Berlins festzuschreiben, abzusichern und dadurch zu stabilisieren, auf die Kanzlerkonferenzen und die Vorschläge der Berlin-Kommission beim Bundespräsidenten, jeweils mit Initiativen zur wirtschaftlichen Revitalisierung Berlins, aber auch auf die Zeit der Hausbesetzungen und der gewaltsamen Demonstrationen, die als schwere Hypothek auf der Stadt lasteten, auf eine neue Aufbruchsstimmung in den achtziger Jahren mit einer fantasiereichen, fast unternehmerisch anmutenden Wirtschaftspolitik – erfüllt von den neuen Perspektiven nach dem Fall der Mauer, nach Jahren der Entmutigung, der Anspannung und des immer wieder Aufraffens und der konsequenten und schließlich erfolgreichen Verfolgung eines einmal als richtig erkannten Wegs.

Dem neuen Hauptgeschäftsführer Dr. Hertz werden gute Wünsche zuteil. Er bedankt sich für das in ihn gesetzte Vertrauen und verspricht,

Abb. 31 Der Regierende Bürgermeister Walter Momper mit Präsident Kramp und dem zukünftigen Hauptgeschäftsführer Dr. Hertz bei der Verleihung der Ernst-Reuter-Plakette an den scheidenden Hauptgeschäftsführer Dr. Braun

das ihm Mögliche für Berlin, für die wirtschaftliche Leistungsfähigkeit der Stadt und für die Interessen der Unternehmerschaft zu tun. Er versteht seine Wahl vor dem Hintergrund seiner beruflichen Erfahrungen in Bonn und Brüssel als Ausdruck des Bewusstseins, als deutliches Zeichen, dass nach dem Selbstverständnis der Vollversammlung, nach ihrer Konzeption für die Kammer, die Überzeugung von der Notwendigkeit einer weiteren politischen und ökonomischen Integration Europas und eine Tätigkeit in und für Berlin nicht Gegensätze sind, sondern angesichts der Lebenslinien, die Berlin mit der Europäischen Gemeinschaft verbindet, und angesichts der Einbettung der Stadt in eine neue Architektur Europas eine sinnvolle Ergänzung darstellt. Er sieht seine Wahl deshalb auch als Auftrag, mit dafür zu sorgen, dass Berlin, dass die Berliner Wirtschaft an der Dynamik des Binnenmarktes, an den Chancen der Europäischen Wirtschafts- und Währungsunion teilhat und dass der Wirtschaftsstandort Berlin den Wettbewerb der Regionen in Europa erfolgreich besteht. Er gibt zugleich seiner Freude Ausdruck, sein Amt in Berlin in so historischen Tagen und Wochen antreten zu können und sieht dies als Auftrag, Verpflichtung und Chance, diese Entwicklungen für Berlin zu nutzen, daran mitzuarbeiten, dass neue Kräftefelder für Berlin entstehen, die neue Perspektiven für den Wirtschaftsstandort eröffnen und den Menschen in der Stadt zusätzliche Zuversicht geben.

In einer dieser Feierstunde vorausgehenden außerordentlichen Vollversammlung muss der neue Hauptgeschäftsführer Dr. Hertz als erstes ausgerechnet eine Anhebung der Gebühren der Kammer vertreten, eine Vorlage, über die die Vollversammlung in ihrer Sitzung im Juni wegen Beschlussunfähigkeit nicht hatte abstimmen können. Die Gebührenanhebung ist vor allem begründet mit den steigenden Kosten für die Leistungen des Hauses für den Ostteil der Stadt und die Umlandkammern. Am 2. Juli stimmt die Vollversammlung dann zu, aus Einsicht in die Notwendigkeit und sicherlich auch wohlwollend eingestellt durch die folgende Feierstunde. Wichtiger ist, dass die Vollversammlung in dieser Sitzung die Beteiligung der Kammer an der neuen Ost-West-Wirtschaftsakademie (OWWA) beschließt, gemeinsam mit einem ebenfalls in diesen Tagen gegründeten Trägerverein und den Spitzenorganisationen BDI und DIHT. Die Idee einer OWWA stammt aus dem Kreis der Berlin-Beauftragten; seit ihrer Konkretisierung durch eine Arbeitsgruppe der Berlin-Beauftragten hatte ab September 1989 die Verantwortung für die Umsetzung bei der Kammer gelegen. Sie ist als europäische Einrichtung konzipiert, die sich sowohl an Länder im noch existierenden RGW als auch an Länder des westlichen Wirtschaftssystems wendet. Sie soll ein kompetenter Gesprächspartner für die Ost-West-Wirtschaftsbeziehungen werden, dessen Hauptaufgabe in der zukunftsbezogenen Weiterbildung östlicher und westlicher Führungs- und Nachwuchsführungskräfte liegt. Praxisorientierte Seminare für kaufmännische und technische Manager aus Ost und West sowie ein berufsbegleitendes einjähriges Kontaktstudium für westliche Nachwuchsführungskräfte bilden das Herzstück vor allem in der Anlaufphase. Sie ist eine privatrechtlich organisierte Akademie, die sich durch eigene Erlöse und durch private Förderer, vornehmlich aus der Wirtschaft, finanzieren soll. In der Handelskammer kümmert sich vor allem der stellvertretende Hauptgeschäftsführer und Geschäftsführer der BAO, Jörg Schlegel, um die OWWA. Er bestimmt maßgeblich die konzeptionelle Feinsteuerung und ist auch an der Auswahl des Präsidenten der Akademie und Geschäftsführers der OWWA-GmbH beteiligt; die Wahl fällt auf Professor Dr. Standtke, zu diesem Zeitpunkt noch stellvertretender Generaldirektor bei der Unesco in Paris, der am 1. Oktober sein Amt antreten wird.

Noch in der gleichen Woche begleitet Hauptgeschäftsführer Dr. Hertz eine Sitzung der Berlin-Beauftragten der deutschen Wirtschaft unter Vorsitz von Bundeswirtschaftsminister Dr. Haussmann im Hause der Kammer; auch der Präsident des BDI, Dr. Tyll Necker, und Kammerpräsident Horst Kramp nehmen teil. Nach dem Dank an Dr. Braun und der Begrüßung von Dr. Hertz widmen sich die Berlin-Beauftragten vor allem zwei für die Berliner Wirtschaft wichtigen Themen: der Frage des Fortbestandes dieser Institution unter den veränderten politischen Rahmenbedingungen und der Berlinförderung. Während in dem ersten Punkt ein Erfolg erzielt werden kann – die Institution der Berlin-Beauftragten und ihre jährliche Sitzung mit dem Bundeswirtschaftsminister bleiben erhalten, die Aufgaben der (bisherigen West-)Berlin-Beauftragten werden auf Gesamtberlin ausgerichtet –, verhält sich der Bundeswirtschaftsminister gegenüber den Wünschen der Kammer zur Berlinförderung, die in der Sitzung von dem Regierenden Bürgermeister, Walter Momper, und von Wirtschaftssenator Dr. Mitzscherling nachdrücklich unterstützt werden, zurückhaltend; er bezeichnet die Vorstellung, den gewollten Abbau erst 1993 beginnen zu lassen, unter EG-Gesichtspunkten – die Europäische Gemeinschaft hat in dieser Frage Gewicht – als nicht verhandlungsfähig, will sich aber für bei der Kommission, deren Vizepräsident Sir Leon Brittan eine solche Übergangszeit für zu lang erklärt hatte, für einen Abbauzeitraum von 7 Jahren einsetzen – immerhin ein Teilerfolg der konzertierten Aktion von Senat, Kammer, sonstiger Berliner Wirtschaft und Arbeitnehmervertretungen.

Aber es bleibt bei den Unterschieden in der Interpretation über die Beschlusslage aus dem Gespräch des Bundesfinanzministers mit den Länderfinanzministern bzw. des Treffens des Bundeskanzlers mit den Ministerpräsidenten der Länder. Die Bundesregierung interpretiert eindeutig, dass der Start für den Abbau der Förderungen ab 1991 erfolgen soll. Senat und Kammer sehen das anders. Doch wieder einmal kommt der Senat sich selber in die Quere. Bundessenatorin Pfarr fordert unabgestimmt eine rasche Beendigung der Zonenrandförderung, was die Ministerpräsidenten der Zonenrandländer gegen Berlin aufbringt. Und das DIW ist mit seiner von der sonst gemeinsamen Berliner Haltung abweichenden Stellungnahme mit der Überschrift „Wird das Berlinförderungsgesetz noch gebraucht?“ wenig hilfreich. Die Kammer kontert am 20. Juli mit einem eigenen Argumentationskatalog zur Zukunft des Berlinförderungsgesetzes. Er stützt sich im wesentlichen darauf, dass die Standortnachteile von West-Berlin am 9. November nicht fortgefallen seien; dass Berlin schnelle vertrauensbildende Maßnahmen brauche; dass zeitliche Vorstellungen nicht einseitig zu Lasten Berlins gehen dürften; dass nur ein gleichmäßiger Abbau akzeptabel sei; dass die Berlinförderung der wirtschaftlichen Entwicklung in der DDR nicht entgegen stehe, sie sie vielmehr erfordere; dass zwischen Berlin- und Zonenrandförderung ein innerer Zusammenhang bestehe und dass kein Widerspruch zwischen Berlinförderung und EG-Vorbehalt bestehe. Dass die Kammer nach einer gemeinsamen Position mit dem Senat strebt, verärgert die CDU; der Bundestagsabgeordnete der CDU Neuling wirft ihr „Vorpreschen“ vor, die gemeinsame Haltung erfolge in „offensichtlicher Verkennung der Mehrheitsverhältnisse in Bonn“, und selbst wenn der Oppositionsführer Eberhard Diepgen so weit nicht geht, will er doch erreichen, dass sich erst das neue gemeinsame Parlament über die Fragen von DDR- und Berlinförderung beugt. Aus Sicht der Kammer aber ist Zuwarten verhängnisvoll; denn die Mühlen in Bonn, insbesondere im Bundesfinanzministerium, mahlen, allen Mehrheitsverhältnisses zum Trotz.

Zur Hauptstadtfrage kann Hauptgeschäftsführer Dr. Hertz in seiner ersten Präsidiumssitzung am 18. Juli 1990 berichten, dass Bundespräsident v. Weizsäcker sich anlässlich der Verleihung der Ehrenbürgerwürde Berlins sehr überzeugend zum Anwalt für Berlin als Hauptstadt des geeinten Deutschlands gemacht habe; er sei dabei nicht nur an die Grenzen seines eigenen Amtes gegangen, sondern habe auch ruhig und überlegt alle (Schein-) Argumente gegen Berlin widerlegt. Auch der Ministerpräsident der DDR, Lothar de Maizière, habe nicht nur öffentlich, sondern auch in den ersten Verhandlungen über den Einigungsvertrag die Festlegung auf Berlin als Hauptstadt zu einer conditio sine qua non gemacht; das sei deshalb so wichtig, weil Herr de Maiziere nicht nur, wie der Bundespräsident, Überzeugungskraft und moralisches Gewicht auf seiner Seite, sondern über seine unerlässliche Mitwirkung am Staatsvertrag ein politisches und juristisches Instrument in der Hand habe. Dennoch wird es noch einige Zeit dauern, bis sich der Anspruch Berlins auf die Hauptstadt und auf den Sitz von Parlament und Regierung durchsetzen wird.

In der gleichen Sitzung berichtet Hertz über den Stand der Gespräche mit der Ostberliner Kammer über die weitere Zusammenarbeit. Er hatte kurz zuvor, gemeinsam mit Herrn Schlegel, den Ostberliner Kammerpräsidenten Udo Pape aufgesucht, um mit ihm Einvernehmen über Zielsetzung, Methode und Arbeitsweise der folgenden Gespräche zu erzielen. Zur Zielsetzung ist man sich einig geworden, zu einer Kammer für die ganze Stadt zu kommen. Allerdings bestehen erhebliche Differenzen über die Zeitachse. Während Hertz und Schlegel sich nur schwer vorstellen können, dass es in einem wiedervereinigten Berlin, wenn auch nur befristet, zwei Kammern geben soll – zumal Präsident Pape selbst konzediert, dass die Ostberliner Kammer nach wie vor von einer Anerkennung in der Industrie weit entfernt ist –, will Pape sich zeitlich nicht festlegen; er betont immer wieder die spezifische Situation der Wirtschaft in der DDR und in Ost-Berlin, die einer besonderen Behandlung durch in DDR-Angelegenheiten erfahrene Leute erfordere, und die Verantwortung für diejenigen Kammermitarbeiter, die die Veränderungen in der Kammer mutgetragen hätten. Pape bringt das mehrfach auf die Formel: „Wir müssen unseren Schutt selber wegräumen", und er spricht von Zeiträumen von drei bis fünf Jahren. Natürlich sehen die Verantwortlichen der Westberliner Kammer die Gefahr der mentalen, institutionellen und personellen Verfestigung in der Ostberliner Kammer und schlagen auch deshalb vor, nach dem „als ob" – Prinzip vorzugehen, also gemeinsam zu überlegen, was zu tun sei, wenn es bereits eine Kammer gäbe, und so den Prozess der Integration zu einem Tag X zu simulieren. Pape stimmt zu, und es folgen Gespräche zwischen allen Abteilungen der beiden Häuser, in denen die qualitativen und quantitativen Anforderungen an eine gemeinsame Kammer mit einem einzigen Kammerbezirk Berlin ausgelotet werden sollen. Hertz und Schlegel bieten für die Zwischenzeit sachliche und personelle Hilfestellung insbesondere für die Durchführung der staatlich übertragenen Aufgaben und für den Servicebereich an; Pape sagt zu, in der Übergangsphase keine Kapazitäten und Strukturen aufzubauen, die eine Integration erschweren. Er vermittelt den Eindruck, dass das auch für das Personal gilt. Das ist wichtig; denn nach einer Analyse der Westberliner Kammer ist das Ostberliner Pendant belastet durch eine schwierige Mitarbeiterstruktur (zum Teil belastete, von der Unternehmerschaft nicht akzeptierte Alt-Funktionäre; Weggang fähiger Leute in die Wirtschaft und in die neuen Verwaltungen; Fehlgriffe bei Neueinstellungen) und der unvorbereiteten Übernahme neuer Aufgaben (Wandel von einer Institution mit Direktionsbefugnissen zu einer Dienstleistungseinrichtung für die Kammerzugehörigen und einem Organ zu Wahrnehmung gesamtwirtschaftlicher Aufgaben gegenüber Regierung, Verwaltung und Öffentlichkeit; völlig neue Aufgabenfelder: Industrie, Steuern, Berufsbildung, Recht der Markt- und Wettbewerbswirtschaft). Als Aufgabe der weiteren Gespräche sieht Hertz, wie er im Präsidium vorträgt, die Übertragung der eigenen Qualitätsansprüche, wobei der Servicebereich mit dem Markenzeichen des eigenen Hauses zu versehen sei; bei hoheitlichen Aufgaben soll versucht werden, die tatsächlichen Arbeiten soweit wie möglich auf die Westberliner Kammer zu ziehen, natürlich unter Berücksichtigung der rechtlichen Notwendigkeit, dass im Außenverhältnis die Ostberliner Kammer die

Bescheide erteilt. Auf dieser Basis beginnen die Einzelgespräche, und sie gestalten sich zunächst nicht leicht. Leichter hat es die BAO: Geschäftsführer Jörg Schlegel hat schon in dieser Präsidiumssitzung berichten können, dass die BAO von der EG-Kommission beauftragt sei, mit ihrer EG-Beratungsstelle auch die Verantwortung für Ost-Berlin zu übernehmen; damit ist erstmalig der traditionelle Kammerbezirk überschritten.

Zwischen Mitte Juli 1990 und dem 13. September, der nächsten Sitzung des Präsidiums, folgen eine ganze Reihe von Treffen zwischen Mitarbeitern der beiden Kammern, und auch Hertz und Präsident Pape treffen sich mehrfach, meist in der Rosenthalerstraße, wo es nach alter DDR-Sitte schon am frühen Nachmittag nicht nur Kaffe, sondern auch Weinbrand gibt. Bei einem der Gespräche unter vier Augen kommt Pape auf den Punkt: Er, der an vielen der Treffen mit den Mitarbeitern teilgenommen hat, konzediert, dass die Kompetenz der Westberliner Kammermitarbeiter im Vergleich zu den eigenen ungleich höher ist, so dass er nun für die Bildung einer einheitlichen Kammer sei; ihm liege daran, dass die Ostberliner Unternehmerschaft – auch im Hinblick auf ihren Rückstand – die gleiche Intensität und Kompetenz der Betreuung erführe wie die Westberliner Wirtschaft. Diese ehrenwerte Position, die Pape gegen manchen Widerstand in seinen Reihen durchsetzt, wird auch befördert von der Überlegung, dass Berlin zum 3. Oktober ein einheitlicher Wirtschaftsraum wird und Berliner Betriebe in beiden Teilen Berlins tätig sind und zunehmend tätig werden; dass die Berliner Unternehmen eine einheitliche Interessenwahrnehmung und Beratung erwarten; dass die Überzeugungs- und Durchsetzungskraft gegenüber der Politik und der Öffentlichkeit die Bündelung in einer einzigen Institution erfordert; dass alle maßgeblichen Institutionen in Berlin, auch die anderen Kammern, ihre Zuständigkeit auf ganz Berlin erstrecken. Hinzu kommt, dass auch der DIHT erwartet, dass Berlin nur durch eine Kammer im DIHT vertreten wird; er hat deshalb beschlossen, nur den 14 anderen Kammern in der DDR – ohne die Industrie- und Handelskammer von Ost-Berlin – die Beitrittsmöglichkeit zu eröffnen. Dagegen werden Überlegungen, den Zuständigkeitsbereich der einheitlichen Kammer für Berlin über die Grenzen der Stadt hinaus zu erstrecken – sie war in ihren Anfängen bis Kriegsende für einen Teil des gesamten Verflechtungsraums zuständig gewesen – fallen gelassen; eine solche Ausdehnung des zu betreuenden Raums werfe rechtlich, politisch und organisatorisch zu viele Probleme auf, wenn auch eine neue Betrachtungsweise nicht ausgeschlossen wird, wenn es zu Vereinbarungen mit dem Land Brandenburg kommt, die im

Einigungsvertrag und in der geänderten Verfassung von Berlin vorgesehen sind.

Für die Begründung eines einheitlichen Kammerbezirks gibt es mehrere Modelle: Auflösung beider Kammern, verbunden mit der Bildung einer neuen Gesamtberliner Institution, „Verschmelzung" beider Kammern in Anlehnung an die gesellschaftsrechtliche Begriffsbildung; Auflösung nur der Ostberliner Kammer und Erstreckung der Westberliner auf das gesamte Stadtgebiet. Die Verantwortlichen in der Westberliner Kammer entscheiden sich für den Weg der Auflösung der Kammer in Ost-Berlin – wissend, dass diese Methode hart für die Ostberliner Kammer und ihr Selbstverständnis ist –, und Präsident Pape zieht mit. Die Gründe sind wohl überzeugend: Die ins Auge gefasste Lösung macht gesetzgeberische Maßnahmen entbehrlich, sie führt auch dazu, dass Neuwahlen zur Vollversammlung zu diesem Zeitpunkt nicht notwendig werden, sie sichert in einer Phase, in der die Funktionsfähigkeit der Kammer besonders gefordert ist, die Kontinuität der personellen und fachlichen Arbeit, sie bietet die Möglichkeit, nicht das gesamte Personal der Ostberliner Kammer übernehmen zu müssen – das liegt erklärt auch im Interesse der dort Verantwortlichen –, und sie vermeidet insgesamt das Thema der Rechtsnachfolge. Auch rechtlich scheint dieser Weg begehbar. Selbst wenn die Ostberliner Kammer eine Körperschaft öffentlichen Rechts ist – das ist nicht völlig unzweifelhaft –, wird ein Selbstauflösungsbeschluss mit Sanktionierung durch die Aufsichtsbehörde, dem Magistrat von Ostberlin, für möglich gehalten; ist sie es noch nicht, kann sie einen Beschluss zur Selbstauflösung ohnehin fassen. Hinter dieser Methode steht auch der Gedanke: „Wo kein Kläger, ist auch kein Richter", und die Kläger werden ausbleiben. Zur Repräsentation der Vertreter der Ostberliner Unternehmerschaft in die Vollversammlung der dann einheitlichen Kammer entscheidet man sich für die Kooptation für die Übergangszeit bis zur ohnehin anstehenden Neuwahl im Jahre 1992, eine Lösung, die auch Zeit für die Konsolidierung der Struktur der Unternehmerschaft dort lässt; die Kooptation soll nach Vorschlägen der noch existierenden Vollversammlung der IHK von Ost-Berlin erfolgen. In Folge einer Entscheidung über die Selbstauflösung wird die Ostberliner Kammer allen etwa 70 Mitarbeitern kündigen, die dann auch auf die Ostbezirke erstreckte Kammer wird eine interne, nur diesen Mitarbeitern offenstehende Ausschreibung durchführen und Einstellungen in einer Größenordnung von 35 neuen Mitarbeitern und Mitarbeiterinnen auf der Basis strikter fachlicher und personeller Eignung vornehmen; die Bewerbungen müssen auch Aussagen zu den gesellschaftlichen Aktivitäten in der DDR enthalten, insbesondere die Beantwortung von Fragen nach der Mitgliedschaft in DDR-Parteien und/oder nach der Zugehörigkeit zu Staatssicherheitsorganen. Die entsprechenden Vorbereitungen laufen an, und der maßgebliche Zeitpunkt soll der 3. Oktober werden, der Tag der Wiedervereinigung Deutschlands und Berlins.

Natürlich ist es nicht so, dass die Kammern in diesen Wochen und Monaten nur mit sich selbst beschäftigt sind. Insbesondere für die Kammer in West-Berlin hält der hohe Zuspruch an Beratung und Auskünften an, und sie befasst sich mit wichtigen Themen, beispielsweise mit der Sicherung von Ausbildungsplätzen für Jugendliche in Ost-Berlin und im Umland sowie mit den Problemen des innerstädtischen Wirtschaftsverkehrs, die durch Fehlentwicklungen, falsche Weichenstellungen und Unterlassungen durch Senat und Magistrat vertieft werden und denen die Kammer durch eine Aktion auf breiter Basis (mit Handwerkskammer, Wirtschaftsverbänden und Gewerkschaften) begegnen will. Im Vordergrund aber stehen nach wie vor die Frage, was aus dem Sitz von Parlament und Regierung wird, und die Berlinförderung; auch das Verhältnis zum Senat kommt immer wieder auf den Prüfstand.

Der Streit über den zukünftigen gesamtdeutschen Parlaments- und Regierungssitz und über den Sitz weiterer Bundesorgane wird heftiger. Die Ministerpräsidenten von Nordrhein-Westfalen und Hessen, Rau (SPD) und Wallmann (CDU), treffen Absprachen über die Sicherung ihres vermeintlichen Besitzstandes – Sitz von Bundestag, Bundesrat und Bundesregierung in Bonn, Sitz der Bundesbank und damit auch der zukünftigen Europäischen Zentralbank in Frankfurt am Main –, Berlin soll mit wenigen repräsentativen Aufgaben und der Hoffnung auf neue Einrichtungen der Europäischen Gemeinschaften – hier machen sie die Rechnung ohne die „Wirte", das sind besonders die anderen Mitgliedsstaaten – abgefunden werden. Der Regierende Bürgermeister Walter Momper agiert nahezu als Einzelkämpfer, es fehlt an dem Versuch, Initiativen auf eine breite Basis zu stellen, und an der Suche nach Allianzen, für die sich die neuen Bundesländer angeboten hätten. Eine Anregung von Präsident Kramp, in einem Arbeitskreis unterhalb der Teilnehmer an der Expertenkommission beim Regierenden Bürgermeister die organisatorischen und inhaltlichen Fragen einer Initiative für Berlin als wahre Hauptstadt zu behandeln, wird von dem Chef der Senatskanzlei mit dem Hinweis auf eine koordinierende Funktion des Präsidenten des Abgeordnetenhauses beantwortet – die Kammer notiert lakonisch, von einer solchen seien bisher keine Spuren sichtbar geworden. Sie kritisiert, dass der Senat, und mit ihm häufig der Magistrat, Berlin auch dadurch schaden, dass sie zwar laut nach den vollen Funktionen einer Hauptstadt rufen, sich in ihrer praktischen Politik aber, in ihrem Handeln und noch häufiger mit ihren Unterlassungen ihren Ansprüchen nicht stellen; das reicht von der Fürsorge für diejenigen, die der Wehrpflicht durch den Aufenthalt in Berlin entgehen wollen, über Nachrichten darüber, dass Herr Momper mit der Verlagerung des Sitzes von Bundesorganen nach Berlin erreichen wolle, dass nicht allzu viele frühere Beamte und andere Funktionsträger der DDR entlassen würden, bis hin zu den Zuständen im Zentrum der Stadt, der Konzeptionslosigkeit gegenüber Im- und Exportläden und der Verdreckung von Kernbereichen um die Gedächtniskirche, Entwicklungen, die selbst Freunde Berlin zu verstören beginnen. Und die Kammer besorgt, dass in Aussagen und mit Maßnahmen zunehmend auf die fünf (!) neuen Bundesländer abgestellt wird und damit Berlin, zusammengesetzt aus zwei Hälften, woraus besondere Probleme resultieren, die auch spezifischer Lösungsansätze bedürfen, aus dem Blick gerät. Die Gefahr wird größer, dass die Westdeutschen Berlin geographisch und gedanklich dem Osten Deutschlands zurechnen, im Ostteil des Landes Berlin aber nicht als zugehörig betrachtet wird.

Die Kürzung oder Abschaffung der Berlinförderung ist aufgeschoben, aber nicht aufgehoben. Die Kammer weiß, dass die Beamten im Bundesfinanzministerium weiter an den Plänen arbeiten; Finanzminister Waigel will aber vor den Wahlen in Bayern – nicht um Berlin geht es also – keine Zonenranddebatte auslösen. Das Präsidium beschließt dennoch im September vor dem Hintergrund von Erfahrungen, die der Präsident und der Hauptgeschäftsführer bei einer Diskussion mit dem Innerdeutschen Ausschuss des Deutschen Bundestages gemacht haben, die Aktivitäten für einen angemessenen und maßvollen Abbau der Berlinförderung noch breiter zu streuen und die Argumente noch detaillierter zu formulieren. So geschieht es.

Der Regierende Bürgermeister Walter Momper kämpft weiter für Berlin als Parlaments- und Regierungssitz, wenn auch nach Meinung der Kammer zu sehr als „Einzelkämpfer“. Er wird später beklagen, dass sich „schnell die Lobby in Bonn (formiert). Ein Großteil der politischen Klasse Westdeutschlands ist mit Bonn verwoben, hängt aus Gewohnheit an Bonn und weil man dort über Kontakte und Immobilien verfügt“, und er schildert sein Werben im Juni 1990, gemeinsam mit Oberbürgermeister Schwierzina, in der Bundespressekonferenz so: Es „saß vor uns ein äußerst kritisches, teils sogar aggressives Publikum. Die Journalisten, von denen sich viele mit ihren Familien auf Dauer am Rhein niedergelassen haben, machten nicht einmal mehr den Versuch, die Dinge neutral zu betrachten, verloren jegliche Distanz und brachten uns sämtliche Vorurteile entgegen … Mir wurde bei dieser Pressekonferenz klar, daß die Bonner Lobby mit allen guten Argumenten nicht zu überzeugen war und daß Berlin keine andere Chance hatte, als sich direkt an die deutsche Bevölkerung zu wenden."[33] Die Veröffentlichung von Anzeigen, in denen Prominente für Berlin werben, ist eine Folge dieser Einsicht, wenn auch ein zu kurzgesprungener und zu wenig in ein Gesamtkonzept integrierter Ansatz. Der Einigungsvertrag vertagt dann auch die Frage; sie „wird nach der Herstellung der Einheit Deutschlands entschieden." Der Verhandlungsführer Berlins, Senatskanzleichef Dieter Schröder, stimmt „notgedrungen" zu, wohl auch in der Hoffnung, dass die Entscheidung durch eine Volksabstimmung herbeigeführt werden könne, eine Hoffnung, die vor allem der nordrhein-westfälische Chef der Staatskanzlei, Wolfgang Clement, durch eine Protokollnotiz, zu der er die Zustimmung anderer Länder erreicht, vereitelt.[34]

Der 3. Oktober 1990 naht, und nun muss auch das Verhältnis zur Ostberliner Kammer rasch und endgültig geklärt werden. Das Präsidium der (Ost-) Industrie- und Handelskammer von Berlin beschließt am 25. September die Auflösung mit Wirkung vom nächsten Tag an, wobei Abwicklungsaufgaben bis zum 31. Dezember wahrgenommen werden sollen. Wenig später sorgt Herr Strauch für eine Gegenzeichnung dieses Beschlusses durch das nur noch einige Tage amtierende, für Wirtschaft zuständige Mitglied des Magistrats, Elmar Pieroth; am 1. Oktober geht auch der entsprechende schriftliche Bescheid der Magistratsverwaltung ein. Dabei kümmert die Verantwortlichen die Rechtsfrage, ob sich eine Kammer, der manche die Eigenschaft einer öffentlich-rechtlichen Körperschaft zurechnen, selbst auflösen kann, wenig. Sie gehen nach dem Motto vor: „Wo kein Kläger, da kein Richter" und hoffen darauf, dass es keine Kläger geben wird, sie werden in dieser Erwartung nicht enttäuscht. Mit Schreiben vom 2. Oktober genehmigt der stets hilfreiche Aufsichtsbeamte der Senatsverwaltung für Wirtschaft, Abteilungsleiter Dr. Andor Koritz, Änderungen der Satzung und der Wahlordnung der Westberliner Kammer, in denen unter anderem postuliert wird, dass ihr Bezirk nunmehr das Gebiet des ganzen Landes von Berlin umfasst und ihre Vollversammlung um bis zu 33 weiteren Mitgliedern erweitert wird. Mit Wirkung vom 3. Oktober 1990 erstreckt sich damit der Zuständig-

33 Momper, aaO, S. 403
34 Momper, aaO, S. 406 f.

Abb. 32 Die Verabschiedung der drei alliierten Stadtkommandanten durch einen Empfang der Industrie- und Handelskammer zu Berlin im Börsensaal Ende September 1990

keitsbereich der Industrie- und Handelskammer zu Berlin wieder auf alle 23 Bezirke Berlins.

Der 3. Oktober 1990 besiegelt nach zielbewussten und konsequenten Schritten, der Bildung der ersten demokratisch gewählten Regierung in der DDR am 12. April und der Schaffung der Wirtschafts-, Währungs- und Sozialunion zwischen den beiden deutschen Staaten am 1. Juli, die Wiedervereinigung Deutschlands. Die Einheit ist eine historische Zäsur. Es gibt viele Gründe zum Feiern[34a]; unzählige positive Entwicklungen nehmen ihren Anfang, aber auch Fehlentscheidungen, die vor allem die Wirtschaft im Osten des Landes einschließlich Berlins betreffen, hat es gegeben und wird es immer wieder geben: „Die Überschätzung der DDR-Wirtschaft (durch die Bundesregierung) … führte zu mehreren fatalen Fehlentscheidungen: So glaubte man, durch den Verkauf der volkseigenen Betriebe und des verstaatlichten Grund und Bodens …

34a Zu den Begleitumständen der zentralen Feier vor dem Reichstag Momper, aaO, S. 432 ff.

einen Erlös von mehreren Hundert Milliarden D-Mark zu erzielen und damit die Kosten der Wiedervereinigung weitestgehend zu schultern – am Ende schloss die Treuhandanstalt jedoch mit einem Verlust von 270 Milliarden D-Mark ab. Der zweite Fehler war, dass die Politik den Produktionsrückstand der DDR-Wirtschaft unterschätzte und den Wettbewerbsschock durch die Währungsumstellung noch verschärfte. Indem die Ost-Mark ... zum Kurs eins zu eins umgerechnet wurde, was eine effektive Aufwertung um den Faktor vier bedeutete, entzog man der DDR-Wirtschaft vollends ihre Wettbewerbsfähigkeit ... Die abrupte Verschlechterung der ‚terms of trade' musste die mitteldeutsche Wirtschaft in eine tiefe Depression stürzen, wovor der Sachverständigenrat und die Bundesbank sowohl öffentlich als auch intern gewarnt hatten ... Die politisch verfügte Vervierfachung der Ost-Preise gegenüber dem Westen verzerrte den Marktmechanismus. Die schwersten Folgen hatte dies auf dem Arbeitsmarkt. Zunächst die Währungsumstellung, dann die sehr hohen Lohnabschlüsse, ermuntert vom westdeutschen Tarifkartell, das so die Konkurrenz schwächte, hoben das Lohnniveau vollends über den Stand der Produktivität. Zudem bildete das auf den Osten ausgedehnte soziale Netz eine effektive Lohnuntergrenze, mit der viele private Betriebe nicht mithalten konnten. Massenarbeitslosigkeit war die unausweichliche Folge."[34b] Unter diesen Entwicklungen werden auch zahlreiche Berliner Betriebe zu leiden haben.

Aber am 3. Oktober überwiegt völlig die Freude. Nicht nur wird zu diesem Zeitpunkt die Einheit Deutschlands wiederhergestellt, 1990 ist „auch das Jahr, in dem sich die Herrschaftsstrukturen der anderen kommunistischen Systeme Mittel- und Osteuropas tiefgreifend verändert haben, in dem auch der Warschauer Pakt, das Instrument zur Zementierung der Militärherrschaft der Sowjetunion über diese Länder zerbröckelt ist. So wurde in diesem Jahr nicht nur die Teilung Deutschlands, sondern die Teilung Europas überwunden."[34c] Die Kammer sieht Berlin – trotz aller absehbaren Schwierigkeiten – deshalb inmitten eines Kräftefeldes, das durch eine dreifache Dynamik gekennzeichnet ist: Die Dy-

34b Plickert, Philip, Die unvorbereitete Wiedervereinigung, in: Orientierungen zur Wirtschafts- und Gesellschaftspolitik, Heft 115, März 2008, hrsg. von der Ludwig-Erhard-Stiftung, S. 31 ff., insbes. S. 37; dazu auch Tietmeyer, Hans, Deutsche Vereinigung und die D-Mark, in: BW 1992, Heft 2, S. 5 ff

34c JB 1990/91, S. 11

namik der deutschen Einigung, die Dynamik der westeuropäischen Integration und die Dynamik der neuen Architektur Gesamteuropas.[34d]

Die Bildung der einheitlichen Kammer ist auf gutem Weg. Den Mitarbeitern der früheren Ostberliner Kammer ist fristgerecht gekündigt worden. Den geeigneten unter ihnen unterbreitet die Kammer ein Einstellungsangebot, in dem die folgenden Eignungskriterien festgehalten werden: fachliche Qualifikation, persönliche Eignung, Motivation, Belastbarkeit, Einsatzfreude und politische Integrität (z. B. keine Zusammenarbeit mit dem Ministerium für Staatssicherheit, keine Mitwirkung an rechtswidrigen Handlungen, die die Akzeptanz der betreffenden Person bei den Kammerzugehörigen nachhaltig in Frage stellt). Manche der Mitarbeiter und Mitarbeiterinnen sind den Verantwortlichen der bisherigen Westberliner Kammer aus der Zusammenarbeit bekannt, manche scheiden schon deshalb aus, manche werden unverzüglich akzeptiert, mit allen werden individuelle Gespräche geführt, zu allen gibt der bisherige Präsident Udo Pape, der sie am längsten kennt und am besten ihre Qualifikation und ihre Unbelastetheit beurteilen kann, ein Votum ab. In den folgenden Wochen stellt die Kammer Mitarbeiter und Mitarbeiterinnen aus der früheren Ostberliner Kammer ein, wenn auch – zu mancher, aber nur sehr leise geäußerten Unzufriedenheit, da die Erlangung eines gesicherten Arbeitsplatzes im Vordergrund steht – zunächst mit Probearbeitsverträgen versehen, mit Gehaltsabschlägen gegenüber dem Westberliner Stammpersonal und nicht in Führungspositionen. Die personelle Führung in der Rosenthalerstraße verbleibt bis zum 31. Dezember bei Herrn Pape. Ihm wird als Berater der Leiter der Innenverwaltung der Kammer, Herr Pfaller, zur Seite gestellt; die fachliche Dispositionsgewalt geht sukzessive auf die Industrie- und Handelskammer zu Berlin über. Herr Pape, Hauptgeschäftsführer Dr. Hertz, der stellvertretende Hauptgeschäftsführer Jörg Schlegel, Herr Strauch und Herr Pfaller treffen sich in dieser Übergangszeit jeden Dienstag um acht Uhr zur Abstimmung von anstehenden Fragen, und sie halten auch im übrigen engen Kontakt.

Die vordringlichste Frage gilt der Repräsentanz der Unternehmerschaft aus den östlichen Bezirken in den Gremien der nun Gesamtberliner Kammer, und diese Frage bezieht sich in erster Linie auf die Vertretung in Vollversammlung und Präsidium. In dem Selbstauflösungsbeschluss der Ostberliner Kammer ist in Übereinstimmung mit den

34d So Hauptgeschäftsführer Dr. Hertz in seinem Bericht an das Präsidium am 11. Oktober 1990

Westberliner Partnern festgehalten, dass für die bis zum Jahr 1992 laufende Wahlperiode die Ostberliner Unternehmen mit bis zu 21 Mitgliedern in der Vollversammlung vertreten sein sollen. Das Präsidium der Industrie- und Handelskammer von Berlin wird zu diesem Zweck Mitglieder benennen, wenn auch nur in gegenseitigem Einvernehmen der beiden Kammern. In das Präsidium der Gesamtberliner Kammer sollen schrittweise drei Vertreter der Ostberliner Kaufmannschaft aufrücken. Dem Präsidium der Kammer liegen in seiner Sitzung am 11. Oktober erste Namenslisten vor; zugleich beschließt es, im November eine außerordentliche Vollversammlung einzuberufen, in der Vertreter der Ostberliner Mitgliedschaft kooptiert und ein oder mehrere dieser Vertreter in das Präsidium gewählt werden sollen. Diese Vollversammlung wird, so beschließt es das Präsidium, am 16. November stattfinden. Zugleich berichtet Präsident Kramp, er habe Herrn Pape geraten, nicht für alle zur Verfügung stehenden Plätze Vorschläge zu machen; es gehe nach seiner Meinung um eine Größenordnung zwischen der Hälfte und zwei Dritteln, vor allem deshalb, weil die Struktur der Wirtschaft in den östlichen Bezirken noch nicht gefestigt sei, aber auch, weil Pape, und das sieht dieser selbst, außerhalb von Gastronomie und Handel mit weiteren Bereichen, also mit Industrie und weiteren Dienstleistungsbereichen, wenig vertraut ist. Präsident Kramp fordert deshalb die Mitglieder des Präsidiums, die teilweise in Verbänden schon mit der Ostberliner Unternehmerschaft zusammenarbeiten, eigene Überlegungen anzustellen, die der Hauptgeschäftsführer dann mit Herrn Pape erörtern soll.

In der gleichen Präsidiumssitzung berichtet Hauptgeschäftsführer Dr. Hertz zu den beiden weiteren Schwerpunkten der derzeitigen Kammerarbeit:

Der Kampf um einen konstruktiven Weg des kontrollierten Abbaus der Berlinförderung geht weiter. Eine wesentliche Rolle spielt dabei die Europäische Kommission, die nach der Herstellung der deutschen Einheit die Einstellung der umsatzsteuerlichen Präferenzen verlangt. Es gibt eine Reihe von Bemühungen, die Kommission von der Unhaltbarkeit einer sofortigen Einstellung zu überzeugen. Dazu gehört die Beeinflussung des Bundeswirtschaftsministeriums, das eine moderate und vernünftige Stellungnahme gegenüber der Kommission abgibt, ein Gespräch des Regierenden Bürgermeisters Walter Momper mit Kommissionspräsident Delors, das Dr. Hertz mit seinen guten Verbindungen nach Brüssel initiiert hat und über das Momper der Kammer eine positive Reaktion gibt, und ein Treffen von Wirtschaftssenator Dr. Mitzscherling und Dr. Hertz mit dem zuständigen Mitglied der Kommission, Frau Scrivener, der es, das ist eines der Ergebnisse des Gesprächs, vor allem um die schnelle Beendigung der Abnehmerpräferenzen geht – das lässt Hoffnungen für einen schrittweisen Abbau der Herstellerpräferenzen aufkommen. Die Kammer argumentiert hier wie sonst, dass ihr Modell eines angemessenen Abbaus der Berlinförderung keine Perpetuierung der Wirtschaftsförderung für Berlin bedeute; Berlin sei erst auf dem Weg zu einer Normalität, dieser Weg müsse aber frei sein von bruchartigen Entwicklungen, die die Wirtschaft, die die ökonomische Substanz der Stadt bedrohten: Die Kammer erwartet nicht mehr und nicht weniger als Vertrauensschutz für unternehmerisches Handeln.

Auch die Diskussion über die zukünftige Rolle der deutschen Hauptstadt hält an. Der Senat beendet seine Anzeigenkampagne, die er als Erfolg bewertet, obgleich es gerade im Westen Deutschlands viel Kritik gegeben hat. Die Kammer rät nun zu einer Konzentration auf Entscheidungsträger in Parlament und Regierung. Sie folgt dabei auch einem Rat des Vorstandsvorsitzenden der Lufthansa, Heinz Ruhnau, den dieser in einem Gespräch mit Dr. Hertz gibt, diese Konzentration zunächst auf den Sitz des Parlaments auszurichten, weil in einem demokratischen System auf die Dauer die Regierung dem Parlament folgt, nicht umgekehrt. Die Kammer übernimmt auch bei diesem Thema Verantwortung. Nur wenige Tage später konstituiert sich ein Gesprächskreis, der auf Bitten des Senats Möglichkeiten für weitere Initiativen für Berlin als Sitz des Deutschen Bundestages erörtern soll. Der Gesprächskreis steht unter der Leitung des früheren Hauptgeschäftsführers Dr. Günter Braun, der diese Funktion nach Abstimmung mit Herrn Kramp und Dr. Hertz übernimmt. Weitere Teilnehmer stammen aus Wirtschaft, Arbeitnehmerschaft, Kultur, aus den Universitäten und anderen gesellschaftlichen Gruppen, darunter der Präsident der TU, Volker Hassemer, Dr. Hertz, Dr. Hartmann Kleiner, der Hauptgeschäftsführer der Unternehmensverbände (UVB), der Vorsitzende des Berliner DGB, Pagels, der Vorsitzende des Berliner Sportbundes, v. Richthofen, aus der Politik Lüder und Wartenberg. Erste Initiativen werden entwickelt: Eine direkte Ansprache der Mitglieder des neuen Bundestages in Form eines Briefes, der von Wirtschaft, Gewerkschaften und gesellschaftlichen Gruppen getragen und den Abgeordneten nach der Wahl, aber vor der konstituierenden Sitzung des Bundestages am 19. und 20. Dezember in Berlin zugestellt wird; das Zugehen auf Persönlichkeiten außerhalb Berlins, von denen vermutet werden kann, dass sie in dieser Diskussion auf Seiten Berlins stehen, mit dem Ziel, sich in geeigneter Weise bei anderen Entscheidungsträgern für die Stadt einzusetzen; die Organisation eines Rahmenprogramms für die Abgeordneten und ihre Ehefrauen anlässlich der konstituierenden Sitzung des Bundestages, und zwar in Form von eher dezentralen Veranstaltungen, die „like minded"-Gruppierungen zusammenbringen.

Am 16. November tagt die Vollversammlung, mit der die Einheit der Gesamtberliner Industrie- und Handelskammer endgültig vollzogen ist: Vierzehn Vertreter der Kaufmannschaft aus den östlichen Bezirken Berlins werden in die Vollversammlung kooptiert, für die Industrie Dr. Eberhard Jahn, Dr. Roland Köhler, Dieter Luft, Hansjürgen Nelde und Uwe Peters, für den Handel Armin Eyber, Udo Pape, Ernst-Peter Prüsse, Heinz Rotholz und Reinhard Weise, für den Bereich der sonstigen Dienstleistungen Peter Härig, Dr. Helmut Kell, Evelin Kracht und Hans-Dieter Laubinger.[35] Es ist ein bewegender Moment, als Frau Kracht und die Herren, die während der Abstimmung in einem Nebenraum hatten warten müssen, den Saal betreten und von den bisherigen Mitgliedern der Vollversammlung mit langanhaltendem Applaus begrüßt werden. Mit ihrer Kooptation gilt, so stellt Präsident Kramp fest, auch für die östliche Stadthälfte wieder und nun endgültig das Prinzip der wirtschaftlichen Selbstverwaltung, das für eine liberale Wirtschaftsordnung und für die Marktwirtschaft steht.

Den Festvortrag bei diesem Anlass hält Staatssekretär Dr. Otto Schlecht aus dem Bundeswirtschaftministerium, den Dr. Hertz aus seiner früheren Tätigkeit im gleichen Ministerium gut kennt. Er spricht über die Soziale Marktwirtschaft, über die Chancen für die Entwicklung Berlins und macht – er weiß um das brennende Interesse der Anwesenden – einige persönliche Anmerkungen zur Thematik des Abbaus der Berlinförderung, kann aber wenig Hoffnung machen, dass der von der Kammer gewünschte Zeitplan (Einsetzen der Abbauschritte erst 1993, Streckung des Abbaus über sieben Jahre) vor allem im Hinblick auf die schwierigen Verhandlungen mit der Europäischen Kommission zu erreichen ist.

Hauptgeschäftsführer Dr. Hertz und seine Mitarbeiter haben für diesen besonderen Anlass Leitsätze zum Thema „Berlin – Wirtschaft für eine dynamische Region" erarbeitet, Aufgaben formuliert und erste Wege zu ihrer Realisierung vorgeschlagen. Die Leitsätze beinhalten eine neue Philosophie für die Berliner Wirtschaft. Sie stellen Berlin vor als wiedervereinte Stadt, als Metropole und Partner für das Umland, als Me-

35 Die Betriebe, die diese Frau und diese Männer vertreten, ergeben sich aus der offiziellen Bekanntmachung, nachzulesen in BW 1990, Heft 24, S. 76.

tropole für das vereinte Deutschland und künftig auch als Metropole eines gesamteuropäischen Wirtschaftsraums. Sie sehen die wettbewerbsgewohnte Wirtschaft im westlichen Berlin als Lokomotive für die Wirtschaft der ganzen Region, nennen aber eine Reihe von Bedingungen für die Entfaltung einer solchen Schubkraft und fordern einheitliche Instrumente der Regionalförderung für einen einheitlichen Wirtschaftsraum Berlin und Brandenburg, die frühzeitige und partnerschaftliche Koordinierung der Wirtschaftsförderung in Berlin und Brandenburg, die Erschließung neuer Aktionsfelder im Ost-West-Dialog durch den Ausbau von Ausstellungen, Messen und Kongressen, die regional übergreifend ausgerichtete Flächenplanung in Berlin und Brandenburg, eine leistungsfähige Infrastruktur als unerlässliche Bedingung für einen wirtschaftlichen Aufschwung in diesem einheitlichen Wirtschaftsraum, eine gemeinsame Umwelt- und Energiepolitik mit gemeinsamem Energiekonzept, übergreifender Abfallentsorgung und gemeinsamer Bewältigung der Umweltlasten und die Privatisierung der ehemals volkseigenen Betriebe als Schlüsselaufgabe für die Entwicklung der Berliner und Brandenburger Wirtschaft.[36] Die Leitsätze stoßen auf ungeteilte Zustimmung durch die Vollversammlung und auf große Aufmerksamkeit in der Öffentlichkeit.

Dieses Plädoyer für die Optimierung der Zusammenarbeit in der Region hat Hintergründe. Sie ist, das ist die Überzeugung der Berliner Kammer, wichtig für die Entwicklung der Gesamtregion und ihrer Wirtschaft. In der Praxis gestaltet sie sich in dieser Phase eher zögernd. Es kommt zwar im Rahmen der Kooperation zwischen der Berliner und den Brandenburger Kammern zu einer erhöhten Frequenz der Treffen; inhaltlich besteht von Seiten der Kammern in Brandenburg „noch sehr viel Unsicherheit, wenn nicht gar eine gewisse Sprödheit", wie Dr. Hertz im Präsidium berichtet. Hinzu kommt, dass die Berliner – und das gilt nicht nur für ihre Kammer – in Brandenburg zunehmend auf die Spuren von Nordrhein-Westfalen stoßen, das als eine Art Partnerland für Brandenburg viel Personal und Sach- und Finanzmittel für den Aufbau in Brandenburg einsetzt. Daran stört nicht dieser Einsatz von Personal und anderen Ressourcen, sondern der Eindruck, dass damit der Versuch verbunden ist, die eigenständigen staatlichen und wirtschaftlichen Strukturen Brandenburgs gegen Berlin in Stellung zu bringen – und dies zu einem Zeitpunkt, in dem das Ringen um die Funktionen der Hauptstadt Berlin anhält. Das findet die Berliner Kammer ärgerlich; sie

36 Der Text dieser Leitsätze ist abgedruckt in BW 1990, Heft 24, S. 8 ff.

sieht wohl deutlicher als ihre Brandenburger Partnerkammern, dass Berlin und Brandenburg in nationalen Maßstäben auch Konkurrenten sein mögen, dass sie aber in einem europäischen Maßstab – und nur dieser kann in einem europäischen Binnenmarkt gelten – eine einzige Region sind. Auch deshalb räumt sie in ihren Leitsätzen der Notwendigkeit der Zusammenarbeit zwischen Berlin und Brandenburg einen hohen Stellenwert ein, und sie sucht jede Gelegenheit, in ihren Treffen mit den Kammern in Cottbus, Frankfurt/Oder und Potsdam und in Gesprächen mit der Politik des Landes für eine gute Kooperation zu werben.

In Sachen Berlinförderung schreibt Präsident Kramp den Bundeskanzler und die Parteivorsitzenden an. Der SPD-Vorsitzende und frühere Berliner Regierende Bürgermeister Dr. Vogel bekräftigt in seiner Antwort seine bereits öffentlich geäußerte Meinung, dass die Zusammenführung der Stadt nach jahrzehntelanger Teilung nicht weniger, sondern mehr Hilfe erfordert, und auch der FDP-Vorsitzende Graf Lambsdorff, von Dr. Hertz auch persönlich angesprochen, sieht ein, dass der Abbau der Förderung nicht abrupt und bruchartig erfolgen darf. Aber es gibt auch Gegenwind aus den eigenen Reihen der Wirtschaft; die unternehmerischen Spitzenorganisationen DIHT und BDI setzen sich für einen baldigen Abbau der, wie sie es sehen, teilungsbedingten Kosten ein und gehen damit über das Votum der Berliner Kammer, die in den Spitzengremien beider Organisationen vertreten ist und dort immerhin ihre Position ausführlich zu Gehör bringen kann, hinweg. Auch deshalb versucht die Berliner Kammer, ihre Argumentation noch zu verfeinern. Sie hat in dem Gespräch mit Frau Scrivener, dem zuständigen Mitglied der Europäischen Kommission, die Aufgabe übernommen, die Notwendigkeit eines kontrollierten Abbaus mit branchenspezifischen Zahlen zu belegen. Das erweist sich als schwierige Aufgabe; die Kammer ist bei der Zusammenstellung dieser Daten auf die Zulieferung der Fachverbände angewiesen, die sie ihrerseits bei Unternehmen abrufen müssen. Das Ergebnis ist: Bei einem abrupten, sehr kurzfristigen Wegfall der Umsatzsteuerpräferenzen würden mehr als 200 Betriebe – das sind 10 % aller Unternehmen des Verarbeitenden Gewerbes in der Stadt – in die Verlustzone geraten; in diesen Betrieben sind knapp 80 000 Arbeitnehmer beschäftigt. Eine nach Branchen differenzierte Auswertung der Daten zeigt, dass diese Arbeitsplätze nicht nur im Bereich sogenannter flacher Produktionen angesiedelt sind, sondern auch in wertschöpfungsintensiven Fertigungslinien, also beispielsweise auch bei Investitionsgüterherstellern und Betrieben der Textilwirtschaft und des graphischen Gewerbes. Wird notwendigerweise berücksichtigt, dass nicht jedes Unternehmen seine Fertigung einstellt, das vorübergehend in die Verlustzone gerat, und werden eine Reihe von positiven Faktoren in die Bewertung einbezogen (gute konjunkturelle Entwicklung, die Existenz von Betrieben mit insgesamt rentabler Produktion von betroffenen überregional tätigen Großunternehmen etc.), dürften etwa 30 000 Arbeitsplätze in Berlin unmittelbar gefährdet sein. Diese Ergebnisse ihrer Untersuchung übermittelt die Berliner Kammer der Europäischen Kommission, den Bundesministerien der Finanzen und für Wirtschaft, dem Berliner Senat und den unternehmerischen Spitzenorganisationen.

Kapitel XIII
Nach dem Vollzug der Einheit

An der Sitzung des Präsidiums im Dezember 1990 nimmt mit dem früheren Präsidenten der Industrie- und Handelskammer von Berlin, Udo Pape, als Gast erstmalig ein Vertreter der Kaufmannschaft aus den östlichen Bezirken Berlins teil; das Präsidium hatte mit Einverständnis von Herrn Pape zunächst auf seine Wahl zum Mitglied verzichtet, weil ihm bis Ende des Jahres noch die vereinbarte Abwicklung der Ostberliner Kammer obliegt; er wird bis zum Vorliegen des uneingeschränkten Prüfvermerks durch die Rechnungsprüfungsstelle der Industrie- und Handelskammern Gast des Präsidiums bleiben. Herr Pape wird von Präsident Kramp besonders herzlich begrüßt. Der erste Beitrag von Herrn Pape im Präsidium gilt der Notwendigkeit der Sicherung des Aufbaus eines Mittelstands durch eine entsprechende Ausschreibungspraxis der Treuhandanstalt, der Frage nach der Verwendung des Sondervermögens (Stasi-Vermögen) durch sie und dem Wunsch nach Druck auf die Entflechtung des Konsums. Das Präsidium nimmt sich vor, für Anfang des kommenden Jahres ein Gespräch mit dem Vorstand der Treuhandanstalt anzustreben, um unter anderem die von Herrn Pape aufgeworfenen Fragen dort zu besprechen.

Im Vordergrund dieser Präsidiumssitzung steht die Lage nach der Wahl zum Berliner Abgeordnetenhaus am 2. Dezember. Die CDU hatte die Wahl mit klarem Vorsprung vor der SPD gewonnen. Es stand eine große Koalition unter Führung der CDU mit einem zukünftigen Regierenden Bürgermeister Eberhard Diepgen bevor; denn es gab keine rechnerische Alternative, auch weil zu dieser Zeit für die SPD eine Regierungszusammenarbeit mit der PDS nicht vorstellbar war.[1] Deshalb gibt die SPD sehr rasch den Weg für eine Koalition mit der CDU frei. Die Kammer hofft, dass die SPD die Hürden für diese Koalition nicht zu hoch legt; Anhaltspunkte dafür gibt es in der Forderung nach einer Art Bestandsschutz für die von der rot-grünen Regierung erlassenen landesgesetzlichen Regelungen. Die Kammer erstellt dagegen eine Liste von

1 Dazu Diepgen, Eberhard, Zwischen den Mächten, aaO, S. 150.

Bestimmungen und Entscheidungen, die nach ihrer Meinung korrigiert werden müssen; sie betreffen vor allem das Bildungsurlaubsgesetz, das Antidiskriminierungsgesetz, die geplante Auflösung der Akademie der Wissenschaften, Fragen des innerstädtischen Verkehrs, des Umweltschutzes und der Energieversorgung, das Verwaltungshandeln und das Baurecht. Sie fordert in einer Entschließung der Vollversammlung ein wirtschaftsfreundliches Berlin, das bei den Unternehmen in der Stadt und bei zukünftigen Investoren Vertrauen, Mut und Zuversicht erzeugt. Wie immer aber hält sie sich an das Gebot der parteipolitischen Neutralität, wenn ihr das auch angesichts der offenkundigen Erleichterung in der Unternehmerschaft über den Ausgang der Wahl nicht leicht fällt. Sie bleibt bei der bewährten Haltung: Beziehen klarer Sachpositionen, Gesprächsbereitschaft nach allen Seiten und sachliche und ausgewogene Informationspolitik. Herr Diepgen erklärt frühzeitig, dass er im Vorfeld der Koalitionsverhandlungen und der späteren Regierungserklärung den Rat der Kammern und Verbände suchen werde, und die Kammer sagt ihre Unterstützung zu. Sie ist deshalb später enttäuscht, als es zu keiner systematischen Tuchfühlung der CDU-Spitze mit der Wirtschaft und ihrer Kammer kommt. Es gibt bilaterale Kontakte, es gibt Telephongespräche, es gibt Handreichungen in Form von schriftlichen Unterlagen; aber all das bleibt sehr ungeordnet, auch sehr personenbezogen. Bezeichnend ist, dass es nicht die CDU, sondern die SPD ist – der Fraktionsvorsitzende Staffelt äußert diesen Wunsch auf dem Neujahrsempfang der Kammer Anfang 1991 –, die mit der Bitte um ein Gespräch mit der Fraktionsspitze an die Kammer herantritt. Trotzdem entscheidet sich die Kammer dafür, das erste Gespräch mit Herrn Diepgen zu führen, auch wenn sie, wie im Protokoll einer Präsidiumssitzung festgehalten ist, „Grund hat, über die bisherige Offenheit der CDU, Rat zu suchen oder anzunehmen, nicht besonders zufrieden" ist. Hier bewahrheitet sich erneut die alte Erfahrung, dass viele Verantwortliche in der Partei des Vaters der Sozialen Marktwirtschaft[2] glauben, am besten und ohne Rat zu wissen, was der Wirtschaft frommt; vielleicht ist es aber auch die Scheu davor, den in sie gesetzte Erwartungen der Wirtschaft in den Koalitionsverhandlungen nicht entsprechen zu können.

2 Allerdings ist inzwischen durch ein Zeugnis des früheren Mitarbeiters von Ludwig Erhard, bis vor kurzem Geschäftsführer der Ludwig-Erhard-Stiftung, Dr. Wünsche, belegt, dass Ludwig Erhard nicht formell Mitglied der CDU geworden ist, wenn er auch in vielen Wahlkämpfen für sie gestritten hat.

Der Neujahrsempfang der Kammer zu Beginn des Jahres 1991 wird zu einem Treffpunkt der Kaufmannschaft aus ganz Berlin mit zahlreichen Ehrengästen aus Politik, Wissenschaft, Medien und anderen gesellschaftlichen Gruppen, darunter auch Dr. Günter Rexrodt, die gerade gewählte Präsidentin der Berliner Abgeordnetenhauses, Dr. Hanna-Renate Laurien, Parlamentsvizepräsident Tino Schwierzina, der noch Regierende Bürgermeister Walter Momper und sein designierter Nachfolger (und Vorgänger) Eberhard Diepgen, Verlegerin Friede Springer, die Vertreter der westlichen Alliierten, die Spitzen der befreundeten unternehmerischen Organisationen und viele Senatoren und Staatssekretäre.[3] Präsident Kramp und Hauptgeschäftsführer Dr. Hertz haben sich eine Neuerung einfallen lassen: Sie stellen erstmalig, dann aber regelmäßig, dem Empfang einen Vortrag voran. Gründe dafür sind das sich wandelnde Umfeld, der vergrößerte und sich in der Struktur weiterqualifizierende Kammerbezirk, der damit verbundene Anspruch an die Kammer und der Anspruch, den sie an sich selbst stellt; den individuellen, persönlichen Gesprächen während des Empfangs soll eine Orientierung für die Berliner Wirtschaft in Form eines aktuellen und zugleich grundsätzlichen wirtschaftspolitischen Themas vorangehen. Es wird sich dabei in aller Regel um ein Anliegen handeln, das auch über die Grenzen des Kammerbezirks hinaus Bedeutung hat und dort ein Echo findet. Der erste Redner ist ein Glücksgriff; der Präsident des benachbarten Bundesverwaltungsgerichts, Professor Dr. Horst Sendler, hält einen Vortrag über die Herstellung der Rechtseinheit in Deutschland. In nüchternem Juristendeutsch, dennoch mit Leidenschaft, legt Professor Sendler dar, wie sehr die Herstellung der Rechtseinheit in Gesamtdeutschland ein wirtschaftspolitisches Anliegen ist, aber das nicht nur, sondern auch ein allgemeinpolitisches, wie notwendig zugleich Sonderregelungen sind, um auf die spezifische Lage in den neuen Bundesländern eingehen zu können, wie sehr er sich eine weichere Überleitung und Anpassung als die des Einigungsvertrages gewünscht hätte, „weil die für die neuen Bundesländer neue Rechtsordnung dort auf dafür weitgehend unvorbereitetes Terrain stößt, also auf Strukturen, die dafür noch nicht passen, auf Menschen, die dem zunächst noch hilflos gegenüberstehen und vorerst noch hoffnungslos überfordert sind, auf eine Verwaltung, die als solche zu bezeichnen denn doch maßlos übertrieben wäre und dementsprechend derzeit noch nicht funktioniert", wie häufig Klagen berechtigt seien, dass die Westdeutschen ihre „Brüder und Schwestern … in ihren Sorgen kaum

3 Bericht in BW 1991, Heft 2, S. 46 f.

verstünden und nicht ganz ernst nähmen, über Mangel an Verständnis und Fingerspitzengefühl im Umgang mit Menschen, die durch ein schlimmes System häufig psychisch und mental geschädigt, vielleicht sogar deformiert sind", wie weit der Weg zur Rechtseinheit noch sei, dass aber dieser Weg zielbewusst und erfolgreich gegangen werden müsse, wenn in Deutschland wirklich ein Volk mit einheitlichen Lebensverhältnissen entstehen solle.[4] Der Vortrag gibt tatsächlich eine Orientierung, der leider nicht alle Verantwortlichen im nun vereinten Deutschland folgen.

Präsident Kramp wendet sich in den ersten Tagen des neuen Jahres an den Bundeskanzler und spricht ihn auf den Abbau der Berlinförderung an. In diesem Schreiben konzediert die Kammer erstmals, dass der von ihr erwogene Zeitraum des Abbaus von sieben Jahren und ihr Beginn im Jahre 1993 die Dynamik der Entwicklung nicht berücksichtigt habe. Sie hält dennoch einen um die Hälfte verkürzten Abbauzeitraum und den Beginn bereits 1991, wie er zu dieser Zeit in Bonn diskutiert wird, für zu kurz; sie ließen das notwendige Augenmaß vermissen. Sie wolle „nochmals betonen, daß es nicht darum gehe, dem westlichen Teil der Stadt Privilegien zu erhalten. Wir wollen, und dies haben wir mehrfach erklärt, so bald wie möglich auf öffentliche Hilfen verzichten und auf die eigene wirtschaftliche Leistungsfähigkeit Berlins setzen. Es geht auch nicht darum, dem östlichen Teil der Stadt oder dem Umland der Berlinförderung vergleichbare Tatbestände zu verwehren. Wenn es nach ihr ginge, könnten die bewährten Instrumente dorthin übertragen werden. Aber dem stehen wohl finanzielle Erwägungen des Finanzministers entgegen." Die Kammer ist sich sehr wohl bewusst, dass in Sachen Berlinförderung der Stadt der Wind ins Gesicht steht. Sie nutzt jede Gelegenheit, für ihren Standpunkt zu werben, darunter den Antrittsbesuch des neuen Bundeswirtschaftsministers Jürgen Möllemann in der Kammer. Dieser kündigt eine Sitzung der FDP-Gremien über Förderkonzepte für die neuen Bundesländer einschließlich Berlin an; die Kammer versucht deshalb schon im Vorfeld, durch Gespräche zwischen Präsident Kramp und der Berliner FDP-Vorsitzenden, Frau v. Braun, und zwischen Dr. Hertz und Graf Lambsdorff Einfluss zu nehmen.

In eigener Sache kümmert sich die Kammer um die administrativen Aspekte der Erstreckung ihrer Tätigkeit auf die östlichen Bezirke der Stadt. Bis Ende 1990 hatte sie 29 von nun 45 neu geschaffenen Stellen mit ehemaligen Mitarbeitern der Ostberliner Kammer besetzt. Für die

4 Der Vortrag ist nachzulesen in BW 1991, Heft 3, S. 9 ff.

weiteren Arbeitsplätze entsprachen die Qualitätsmerkmale nicht den Anforderungen, oder es hatte keine Bewerbungen gegeben. Notwendig ist aber auch eine räumliche Erweiterung. Herr Dr. Hertz und Herr Schlegel hatten zunächst nach anderen Räumlichkeiten als die in der Rosenthalerstraße, dem früheren Dienstsitz der Ostberliner Kammer, gesucht, um auch dadurch eine Diskontinuität zu demonstrieren. Aber die Bürosituation vor allem in Mitte ist zu dieser Zeit mehr als schwierig. Auch die der Kammer angebotenen Räumlichkeiten bei der Knorr-Bremse, deren Vorstandsvorsitzender, Dr. Jahn, Mitglied der Vollversammlung ist, entsprechen nicht den Anforderungen. So läuft es auf eine Anmietung der 3. und 4. Etage in der Rosenthalerstraße hinaus. Sie treibt zugleich das Neubauprojekt an der Fasanenstraße voran. Das Vorhaben ist nun so weit konkretisiert, dass die Vorbereitungen für den Architektenwettbewerb fast abgeschlossen sind; ins Auge gefasst ist die Auslobung eines beschränkten Wettbewerbs (Richtgröße: 12 Architektenbüros) mit internationaler Beteiligung. Mit dem VBKI und dem Börsenvorstand werden intensive und positive Gespräche geführt. Der VBKI zeigt sich sehr kooperativ; allerdings ist diese Kooperation gepaart mit einem hohen Anspruchsdenken vor allem seines Präsidenten Dr. Strathus, was die Kammer intern zu der Feststellung veranlasst, sie müsse in den weiteren Gesprächen darauf achten, ihre Rolle klar zu definieren: Partnerschaft ja, aber nicht Abgabe der Führung.

Im Januar 1991 wählt das Berliner Abgeordnetenhaus Eberhard Diepgen erneut zum Regierenden Bürgermeister. Für die Wirtschaft wichtige Mitglieder des Senats werden Wirtschaftssenator Dr. Norbert Meisner, Finanzsenator Elmar Pieroth, Jürgen Klemann, Senator für Schule und Berufsbildung, Prof. Dr. Manfred Erhardt, Senator für Wissenschaft und Forschung, Dr. Volker Hassemer, Senator für Stadtentwicklung und Umweltschutz, Peter Radunski, Senator für Bundes- und Europaangelegenheiten, Dr. Herwig Haase, Senator für Verkehr und Betriebe, Wolfgang Nagel, Senator für Bau- und Wohnungswesen, und Dr. Christine Bergmann; weitere Mitglieder des Senats, mit denen die Zusammenarbeit eher punktuell ist, sind Prof. Dr. Jutta Limbach, Prof. Dr. Dieter Heckelmann, Dr. Peter Luther, Thomas Krüger, Ingrid Stahmer und Ulrich Roloff-Momin. Walter Momper und Herr Staffelt bleiben dem Senat fern, was die Kammer bedauert, weil sie es als Risiko für die Stabilität des Senats ansieht, wenn derart führende Kräfte eines Koalitionspartners nicht in die Sacharbeit und in die Disziplin einer Regierung eingebunden sind. Sie bedauert auch die Rochade zwischen den Herren Meisner und Pieroth; der vorzügliche, sich mit den Vorgängen stets intensiv vertraut machende Dr. Meisner versteht wenig von Wirtschaft und tritt nach außen eher zurückhaltend und wenig werbend auf, der erfahrene Pieroth ist wohl kein Mann der Details und hätte als früherer Unternehmer in der Sprache des Unternehmers die ansässigen Betriebe und potentielle Investoren offener und offensiver ansprechen können. Aber die Koalitionsarithmetik will es so und nicht anders. Der neue Regierende Bürgermeister räumt in seiner Regierungserklärung dem Thema Parlaments- und Regierungssitz breiten Raum ein, zu Recht, wie die Kammer meint. Sie widersetzt sich aber der Erwartung mancher, sie solle die wirtschaftlichen Vorteile einer Entscheidung für Berlin auf Heller und Pfennig beziffern; Hauptgeschäftsführer Dr. Hertz bezeichnet dies im Präsidium als falschen Ansatz, weil die Kammer sich mit einer solchen „krämerhaften Attitüde" auf die gleiche Ebene wie die der Argumentation in Bonn stellen würde. Sie sucht in allen Sachthemen das Gespräch mit dem neuen Senat und führt bereits im Februar Gespräche mit Eberhard Diepgen, Frau Bergmann und den Senatoren Dr. Meisner, Dr. Hassemer, Nagel und Dr. Haase; mit Senator Pieroth hat sie ständigen Kontakt insbesondere zu den offenen Fragen der Berlinförderung.

Die Kammer setzt auch ihre Bemühungen um eine Zusammenarbeit mit Brandenburg fort. Präsident Kramp, die Vizepräsidenten Dr. Fischer von der Berliner Bank und Joachim Putzmann aus dem Hause Siemens, Dr. Hertz und Herr Schlegel führen Mitte März ein erstes Gespräch mit dem Ministerpräsidenten Brandenburgs, Dr. Manfred Stolpe, der sich von seinem Chef der Staatskanzlei, Dr. Linde, und von Dr. Sandler, dem Staatssekretär im Wirtschaftsministerium, begleiten lässt. Die wichtigste Botschaft der Kammer an Ministerpräsident Stolpe ist die Bekräftigung des Willens der Berliner Wirtschaft zur Zusammenarbeit, der bereits durch eine Reihe von Initiativen unterlegt ist, darunter Aktivitäten zur Befriedigung der Notwendigkeit, dass Berliner Industriebetriebe eine enge Verflechtung mit Zulieferern aus dem Umland anstreben. Die Kammer nimmt aus dem Treffen das ernsthafte Interesse des Ministerpräsidenten an einer Verflechtung von Berlin und Brandenburg mit ebenso wie seine Sorge um die Wirtschaftsstruktur und um die Arbeitsplätze. Die Berliner Kammer spricht auch ihre Sorge um einen Wildwuchs von Einkaufszentren in der Umgebung Berlins an, für die eine Vielzahl von Anträgen vorliegen; hier ist es vor allem Dr. Linde, der, offenbar aus seinen nordrhein-westfälischen Erfahrungen heraus, der Kammer versichert, Brandenburg werde einen solchen Wildwuchs nicht dulden, nicht so sehr, um den Einzelhandel in Berlin, der in großer Sorge ist, zu schützen, sondern im Hinblick auf eine ausgewogene Struktur des

Handels in ganz Brandenburg. Die Kammern in Berlin und Brandenburg haben inzwischen einen Arbeitskreis der Industrie- und Handelskammern Berlin und Brandenburg gebildet. Ein erstes Ergebnis der Zusammenarbeit ist ein grundlegendes Positionspapier über die Verkehrsplanung beider Länder, das der Arbeitskreis den Regierungen im März 1991 überreicht. Die Zusammenarbeit mit Brandenburg ist auch deshalb konsequent und wichtig, weil die Kammer in dieser Zeit großen Wert darauf legt, dass Berlin – ohne sich gleichschalten lassen zu wollen – ein neues Bundesland ist; sie wehrt sich deshalb auch öffentlich dagegen, dass zunehmend die Rede von fünf neuen Bundesländern ist. Der Bundeskanzler bekennt sich zu dieser Position; auch im DIHT findet sie Anklang und Ausdruck dadurch, dass in den Vorstandssitzungen unter dem Tagesordnungspunkt „Bericht aus den neuen Bundesländen" regelmäßig auch der Vertreter der Berliner Kammer um einen Beitrag gebeten wird. Das ist auch inhaltlich richtig; denn wie in den anderen neuen Bundesländern wird die Lage im Ostteil der Stadt bedrückend. Sie ist unverändert geprägt von der stark rückläufigen Industrieproduktion, von erheblich zurückgehenden Einzelhandelsumsätzen und von steigender Arbeitslosigkeit.

Die Kammer versucht auch deshalb, der Institution der Berlin-Beauftragten, die über lange Jahre ein stützender Faktor für die Stadt gewesen war, eine neue Zielrichtung für die ganze Stadt zu geben, zumindest aber sie überzuleiten auf eine neue Trägerschaft, um das Knowhow und das Engagement des Kreises für Berlin zu erhalten. Nichts fürchtet sie mehr als ein würdeloses Auslaufen mangels Interesse und Motivation; Hauptgeschäftsführer Dr. Hertz spricht im Präsidium davon, dass „bei einem Stafettenlauf der Stab nicht fallengelassen, sondern weitergereicht werden muss". Sie spricht darauf auch Bundeswirtschaftsminister Möllemann an und sucht mit der Lenkungsgruppe aus BMWi, BDI und Kammer nach Lösungen. Es kommt zu der Übereinstimmung, dass die Institution der Berlin-Beauftragen in der bisherigen Aufgabenstellung und Zielsetzung beendet wird, natürlich nicht sang- und klanglos, sondern mit einer für den Herbst geplanten großen Veranstaltung, in der Dank und Anerkennung für ihre Arbeit zum Ausdruck kommen soll; es soll zugleich einen neuen Kreis geben, der sehr viel mehr aus der Stadt heraus getragen werden muss und der offen sein soll auch für Unternehmen, aus denen die bisherigen Berlin-Beauftragten stammten, der also das entstandene Beziehungsgeflecht nutzen soll, ohne den Kreis auf Vertreter der Industrie zu beschränken. Der Festakt wird am 17. Oktober im Kronprinzenpalais stattfinden, Präsident Kramp als

Gastgeber begrüßt die Teilnehmer, der Bundesminister für Wirtschaft, Jürgen Möllemann, der Vizepräsident des BDI, Dr. Karl-Heinz Kaske aus dem Haus Siemens, und der Regierende Bürgermeister Eberhard Diepgen würdigen die Leistungen und Erfolge dieser Selbsthilfeorganisation der deutschen Wirtschaft für Berlin, der zuletzt 70 Manager aus deutschen Unternehmen angehört hatten.

Im Frühjahr 1991 meldet die Kammer Ansprüche auf Grundstücke an, die der früheren Industrie- und Handelskammer der Vorkriegszeit gehört hatten. Die Anmeldung dient zunächst der Klärung der Rechtsverhältnisse und bezieht sich auf den so genannten Altbesitz, also auf das Kammergebäude in der Dorotheenstraße 8 (jetzt Clara-Zetkin-Straße und von der HU genutzt), auf das Bürogebäude in der Klosterstraße 41 (untergegangen unter Neue Grunerstraße), auf das Börsengebäude Burgstraße 25/Heilige-Geist-Straße 1–4 / Sankt-Wolfgang-Straße 1–2/ Neue Friedrichstraße 51–56 (zerstört, jetzt Palast-, später Radisson-Hotel), auf die Wirtschaftshochschule Spandauer Str. 1/Neue Friedrichstraße 57–58/Heilige-Geist-Gasse 10–11, jetzt genutzt durch die Wirtschaftswissenschaftliche Fakultät der HU), und auf die Grundstücke für den Neu- und Erweiterungsbau der Kammer, deren Fläche zwei Baublöcke südlich der früheren Börse und der Wirtschaftshochschule umfasst (insgesamt mehr als 20 Einzelgrundstücke und ehemaliges Straßenland, auf denen sich jetzt das Hotel befindet). Zum gleichen Zeitpunkt kommt es zu weiteren Verhandlungen über die endgültige Anmietung der Büroräume in der Rosenthaler Straße, in denen der Kammer unter anderem auferlegt wird, eine schriftliche Bestätigung des Finanzsenators einzuholen, dass dieser die zuständige Wohnungsgesellschaft WBM von eventuellen Haftpflichtansprüchen bislang unbekannter Eigentümer der Grundstücke und Gebäude an diesem Standort freistellt. Alles das dauert und dauert, wie vieles in Berlin. Die Kammer behilft sich mit der Aufstellung von Containern auf ihrem Parkplatz. Administrative Hemmnisse in Berlin sind denn auch einer der Gründe dafür, dass der Vorstandsvorsitzende von Daimler, der Sohn des legendären früheren Regierenden Bürgermeisters von Berlin, Edzard Reuter, in diesen Wochen von der Stadt als „klassischer Krisenregion" spricht, wogegen sich die Kammer trotz eigener Kritik an der Senatspolitik wehrt, weil sie sich um das Ansehen Berlins sorgt.

Auch Fortschritte bei der Neubauplanung an der Fasanenstraße sind erkennbar, und die Kammer hat auch schon einen Namen für das neue Gebäude gefunden: Ludwig Erhard Haus. Dr. Hertz hatte zunächst eine lange Liste von potentiellen Bezeichnungen erstellen lassen: Haus der

Wirtschaft, Unternehmenszentrale, Kommunikations- und Servicezentrum für die Unternehmen der Region Berlin, etc. Manche Begriffe sind besetzt, weitere sind beliebig, andere stiften keine Identität. Etwas verzweifelt und eher unernst macht Präsident Kramp in einem Gespräch mit Dr. Hertz den Vorschlag, dem Projekt den Namen des früheren Hauptgeschäftsführers Dr. Günter Braun zu geben. Dieser Ansatz bringt Dr. Hertz auf die Idee, mit der Namensgebung den Kern für das, wofür eine Industrie- und Handelskammer steht, ihre Arbeit für die Soziale Marktwirtschaft, auszudrücken und dem Projekt den Namen „Ludwig Erhard Haus" zu geben. Die Idee wird von allen Verantwortlichen in Kammer, VBKI und Börse akzeptiert; Dr. Hertz holt mit Hilfe von Staatssekretär Dr. Otto Schlecht, der auch eine maßgebliche Funktion in der Ludwig-Erhard-Stiftung hat, die Zustimmung einer noch lebenden Nichte von Erhard ein, und so setzt die Berliner Kammer dem Vater der Sozialen Marktwirtschaft, Ludwig Erhard, ein Denkmal, lange bevor Mitte der 90er Jahre eine Art Renaissance in Sachen Sozialer Marktwirtschaft beginnt, in der sich viele Gutmeinende, aber auch zahlreiche falsche Propheten wieder auf Ludwig Erhard berufen.

Das Projekt bleibt anspruchsvoll, zugleich aber schwierig. So kann sich die für das vorgesehene Volumen an sich notwendige Zahl der Stellplätze – immerhin achthundert! – zu einem Zündstoff entwickeln. Weil der bisherige Bestand von 170 Stellplätzen kaum verändert werden kann, droht die Zahlung einer Ablösungssumme von 25 Mill. DM. Die Kammer muss also im politischen Umfeld aktiv werden. Sie hat für die Gebäude der Kammer, des VBKI und der Börse auch mit einer Unterstellung unter den Denkmalschutz zu rechnen; in der Tat spricht wenig später der Landeskonservator Dr. Engel diesen aus Sicht der Kammer „Bannfluch" aus, wie so häufig, wenn in Berlin ein Unternehmen oder eine Institution etwas unternehmen will – eine Überwindung des Denkmalschutzes mit einem Abriss der Gebäude scheint in weite Ferne gerückt. Und der Börsenvorstand kann sich noch nicht entscheiden, ob die Börse ihren bisherigen Standort beibehalten will und eine Mitnutzung des zukünftigen Ludwig Erhard Hauses in Aussicht nimmt – eine weitere Option für sie ist ein Gang nach Mitte –; die Kammer entwickelt ein Konzept, das eine Zwischenlösung während der Bauphase unnötig machen und damit der Gefahr einer späteren Verfestigung einer solchen Zwischenlösung entgegenwirkt. Dieses Konzept wird allerdings, wie zu berichten sein wird, zu einer der Ursachen für die spätere erhebliche Überschreitung der Planungs- und Baukosten werden. Immerhin liegt zu diesem Zeitpunkt das endgültige Nutzungskonzept und die städtebauliche Untersuchung vor; sie werden von den zuständigen Gremien gebilligt. Die Kammer bildet eine weitere Arbeitsgruppe „Finanzierung und Trägerschaft", die die Optionen – in erster Linie Bauherrenschaft durch die Kammer oder Errichtung durch eine Fondsgesellschaft und Anmietung durch die Kammer – auf ihre finanziellen Auswirkungen überprüfen soll. Und die Details des Architektenwettbewerbs und die Zusammensetzung der Jury werden in Zusammenarbeit mit den zuständigen Dienststellen des Senats und des Bezirks Charlottenburg ausgearbeitet.

Während im Jahr 1990 die Ausbildungsplatzsituation noch ausgeglichen war, zeichnet sich Anfang 1991 eine negative Entwicklung ab. Es ist insbesondere eine Folge der Umstrukturierung der Wirtschaft in den östlichen Bezirken Berlins, dass die betrieblichen Ausbildungskapazitäten auch wegen der Personalreduzierungen in den Betrieben zurückgenommen werden. Bund, Land und die Kammer reagieren schnell. Die Bundesanstalt für Arbeit stellt erhebliche Mittel für Sonderprogramme zur Verfügung, der Senat legt ebenfalls ein Sonderprogramm auf, er wiederbelebt auch ein Instrument, das schon während eines früheren Schülerberges in Westberlin in den siebziger und Anfang der achtziger Jahre eine gewisse Wirksamkeit gezeigt hatte, die „Sonderkommission Ausbildungsplätze" unter Vorsitz des Regierenden Bürgermeisters, in der auch die Industrie- und Handelskammer und die Handwerkskammer vertreten sind, und die Kammer greift ihrerseits zu dem ganzen ihr zur Verfügung stehenden Instrumentarium, von der verstärkten Öffentlichkeitsarbeit über Appelle an die Betriebe bis hin zu der gezielten Akquisition insbesondere bei Ostberliner Unternehmen durch ihre Ausbildungsberater. In Zusammenarbeit mit der Handwerkskammer und den Arbeitgeberverbänden bereitet sie die Gründung eines Ausbildungsringes vor.

Im April 1991 tritt die Diskussion um den Abbau der (West-) Berlinförderung in ihre entscheidende Phase. Die Eckpunkte des Entwurfs des Finanzministers lauten: Wegfall der Abnehmerpräferenz zum 1.7. 1991; Beginn des Abbaus der Herstellerpräferenz zum gleichen Zeitpunkt und Ende am 31.12.1993; Abbau der Arbeitnehmerzulage bis Ende 1994. Der Finanzausschuss des Deutschen Bundestages nimmt seine Arbeit mit einem Hearing in der zweiten Aprilhälfte auf, in dem Hauptgeschäftsführer Dr. Hertz die Positionen der Berliner Kammer vertritt. Er nimmt die bekannte Argumentation Berlins und der Berliner Wirtschaft auf und warnt vor den Konsequenzen, wenn die wesentlichen Säulen der Wirtschaftförderung im Westteil Berlins zu schnell wegfielen, Konsequenzen nicht nur für die Wirtschaft im Westen der Stadt, sondern für die Gesamtberlins. Er tut dies in enger Abstimmung mit Finanzsenator Elmar Pieroth und den Bundestagsabgeordneten Buwitt und Dr. Neuling, die ihm als Mitglieder des Finanzausschusses durch ihre Fragen an ihn zusätzliche Möglichkeiten für Erläuterungen geben. Im Ergebnis gibt es aber nur einen – dennoch nicht gering zu wertenden – Teilerfolg; es bleibt bei der vorgesehenen Streichung der Abnehmerpräferenz Mitte des Jahres, aber der Beginn des Abbaus der Herstellerpräferenz wird um ein halbes Jahr auf den 1. 1. 1992 verschoben, und der Gesetzgeber versteht sich zu einer Vertrauensschutzregelung für sogenannte Altverträge.[5] Zudem wird der Verlust teilweise dadurch aufgefangen, dass das Investitionszulagengesetz 1991 und das Gesetz über Sonderabschreibungen im Fördergebiet im gesamten Land Berlin gelten. Dennoch führt die Neuregelung in einer Reihe von Unternehmen in den westlichen Stadtbezirken zu Anpassungsmaßnahmen. Diese reichen von der Reduzierung der Zahl der Arbeitnehmer durch Produktumorientierung über die Betriebsstättenverlagerung in das Berliner Umland bis hin zu Unternehmensschließungen, so wie es die Kammer immer vorhergesagt hatte.[6]

Obwohl der Senat bei der Berlinförderung an der Seite der Kammer gestanden hatte – aber hier ging es ja um fremdes Geld –, sieht die Kammer nun erneute Belastungen, dieses Mal verursacht durch die eigene Landesregierung, auf die Berliner Wirtschaft zukommen. Der Hebesatz der Berliner Gewerbesteuer beträgt zu dieser Zeit 200 v.H.; es gibt im Senat Überlegungen, diesen Hebesatz auf einen im Umland Berlins anzutreffenden Hebesatz von 400 v.H. anzuheben. Begründet werden diese Überlegungen mit einigen Umlandshebesätzen und mit der Deckungslücke im Berliner Haushalt. Die Kammer fürchtet erneut um die Glaubwürdigkeit der Politik in Berlin; denn jedes Argument, das Politik, Wirtschaft und Arbeitnehmerschaft der Stadt in bemerkenswertem Schulterschluss in der Diskussion um einen verträglichen Abbau der Berlinförderung verwandt hatten, gilt nach ihrer Meinung auch gegenüber einer Gewerbesteuererhöhung. Dr. Hertz sagt im Präsidium: „Wir sollten nicht anderen die Gelegenheit geben, uns zu sagen, wir hätten so argumentiert, solange es um die Geldtöpfe anderer geht, die Argumente aber beiseite gelegt, so bald wir selbst gefordert sind. Wir wären sonst ganz rasch in der Nähe einer Steuerlüge hier in Berlin!“ Überhaupt nimmt zu dieser Zeit der Unmut der Kammer über den Berliner Senat

5 Sämtliche Einzelheiten des Abbaupakets sind zu finden in BW 1991, Heft 11, S. 29 f.

6 Vgl. dazu auch JB 1991/1992, S. 143 ff.

zu. In einer Sitzung Mitte Mai 1991 konstatiert das Präsidium fehlende Aufbruchsstimmung, Dynamik und klare Prioritätensetzung, dies auch unter dem Eindruck aus einer Runde bei Eberhard Diepgen im Gästehaus des Senats am 2. Mai, an der neben Präsident Kramp und Hauptgeschäftsführer Dr. Hertz auch Vertreter des UVB, der Handwerkskammer, der Gewerkschaften und des Landes Brandenburg teilgenommen hatten. Dr. Hertz spricht in seinem Bericht an das Präsidium von einem „déja vue-Effekt“. Das Gespräch sei zu unstrukturiert gewesen, um konkrete Ergebnisse zu erzielen; die defensive Haltung des Senats, für den auch Frau Bergmann, Herr Pieroth und Frau Stahmer am Tisch gesessen haben, sei mit Händen zu greifen gewesen. Der Senat rechtfertigt manche seiner Schwierigkeiten und Unterlassungen mit dem Hinweis darauf, die große Koalition sei ein Vernunfts-, keine Liebesehe. In der Sache gibt es eine Reihe von Übereinstimmungen, wenn der Kammer auch das, was an arbeitsmarktpolitischen Flankierungen verabschiedet worden ist, missfällt, weil ihr der Griff in die Instrumentenkiste gegenüber unpopulären Maßnahmen, die eine richtige Wirtschaftspolitik mit sich bringt, zu einfach erscheint. Der Chef der Brandenburger Staatskanzlei provoziert die Teilnehmer des Treffens denn auch mit der Feststellung, er habe den Eindruck, in Brandenburg sei, bei allem Bewusstsein der großen Probleme, die Stimmung insgesamt besser als die Lage, und spielt ganz offensichtlich darauf an, dass in Berlin vielleicht die Lage besser ist als die Stimmung. Die Kammer ist zusätzlich befremdet, dass bei einer Prämienfeier für die besten Auszubildenden, immerhin abgehalten im Schloss Bellevue, dem Amtssitz des Bundespräsidenten, weder ein Senator noch ein Staatssekretär anwesend gewesen war. Sie stört daran nicht so sehr der darin zum Ausdruck kommende mangelnde Respekt vor der Kammer, sondern die Missachtung des Bundesministers für Bildung, Ortleb, der die Rede gehalten hatte, und der Jugendlichen, die einen so hervorragenden Abschluss ihrer beruflichen Ausbildung gemacht hatten; völlig unverständlich ist ihr diese Absenz in Zeiten, in denen der Senat verbal um jeden Ausbildungsplatz zu ringen vorgibt. Das Präsidium erwägt ein schärferes öffentliches Vorgehen gegen den Senat, sieht aber auch die notwendige Gratwanderung: Sie muss bei ihren Überlegungen zum Vorgehen immer auch die Außenwirkungen gerade auch vor dem Hintergrund der schwierigen Diskussion um den Sitz von Parlament und Regierung und die Reputation des Wirtschaftsstandorts sehen. Es beschließt deshalb, zunächst erneut ein Gespräch mit dem Regierenden Bürgermeister zu führen. Im Lichte dieses Gesprächs soll dann Druck durch die Veröffentlichung der Kritikpunkte gemacht werden.

Druck macht die Kammer auch durch die Veröffentlichung ihres Jahresberichts und durch die Pressekonferenz, in der Hauptgeschäftsführer Dr. Hertz die Forderungen der Kammer nach Entbürokratisierung, Straffung der Verwaltungsabläufe und Beschleunigung der Verwaltungsabläufe, also insgesamt nach einem wirtschaftsfreundlichen Klima in der Stadt, begründet. Sie macht sich damit inhaltlich, wenn auch nicht in der Wortwahl, gegen die sie sich wendet, die Kritik von Edzard Reuter an Planungs- und Entscheidungsverzügen in Berlin als „klassischer Fall einer Krisenregion" zu eigen. Der Widerhall in der Presse ist gut, bis hin zu einem Beitrag in der „Welt" vom 13. Mai, der sich mit der Zukunft des „Unternehmens Berlin" befasst. Auch im politischen Raum mangelt es nicht an Resonanz; die Fraktionsvorsitzenden Klaus Landowsky und Dietmar Staffelt greifen das Thema sowohl öffentlich als auch intern in einer Senatssitzung auf – mit welchen praktischen Konsequenzen auch immer. Zur gleichen Zeit präsentiert die Kammer öffentlich ihr Neubauvorhaben und will damit auch Mut und Zuversicht in die Zukunft der Region dokumentieren. Das wird richtig verstanden; Überschriften in Berliner Tageszeitungen lauten: „Berliner Wirtschaft setzt Zeichen" oder „Berliner Impulse". Sie weist zugleich öffentlich darauf hin, dass es nun an Senat und Bezirk sei zu beweisen, dass ein solches Vorhaben Rückendeckung hat, dass die beteiligten Stellen sich anstrengen, das Projekt zu fördern, nicht, wie sonst üblich, Hürden aufzubauen – wem, wenn nicht der Kammer, solle es als Investor gelingen, bestehende Hürden rasch zu beseitigen.

Die Vollversammlung wählt Herrn Pape in ihrer Sitzung am 24. April zum Vizepräsidenten des Hauses. Auch im Hauptamt kommt es zu Veränderungen. Der langjährige, erfahrende und engagierte Leiter der Berufsbildungsabteilung, Boris Schokotoff, scheidet Ende August aus. Sein Nachfolger wird der Leiter der Industrieabteilung, Herr Severon, dem seinerseits Frau Neise als erste Frau in der Führungsriege der Kammer nachfolgt. Bernard Skrodzki, der Sohn des früheren Hauptgeschäftsführers, wird Referent in der Hauptgeschäftsführung. Im Frühjahr beginnt Dr. Hertz mit der Vorbereitung der Wahl einer neuen Vollversammlung. Er legt dem Präsidium eine erste Punktation vor, das im Mai auf dieser Basis die Zielsetzungen formuliert: Das Zusammenwachsen der Stadtteile muss gefördert, die Teilung überwunden werden; die Struktur der neuen Vollversammlung soll das Bild der Berliner Wirtschaft widerspiegeln; die Größe der Vollversammlung soll dem Grundsatz „Klasse vor Masse" Rechnung tragen.

In die Diskussion über den Parlaments- und Regierungssitz kommt Bewegung. Endlich spricht sich Bundeskanzler Helmut Kohl für Berlin aus. Seine Stimme hat Gewicht, wenn sie auch bei der Abstimmung nur als solche zählen wird; sie gibt aber für viele Abgeordnete die Richtung an. Die Kammer dankt dem Bundeskanzler am 24. April mit einem Brief, unterschrieben von Präsident Kramp, den bei der Präsidiumssitzung anwesenden weiteren Mitgliedern, Dr. Hertz und Jörg Schlegel, für sein klares Bekenntnis zu Berlin. Dennoch kann es trotz des Signals, das der Kanzler setzt, knapp werden. Im Präsidium werden deshalb Überlegungen über weitere Aktionen der Kammer angestellt. Im Ergebnis verzichtet die Kammer auf zusätzliche öffentliche Äußerungen und auf ein erwogenes Schreiben an alle Bundestagsabgeordnete, auch weil derartige Maßnahmen als „pro domo-Äußerungen" missverstanden werden können; sie will sich nicht in vergleichbare Aktionen der Industrie- und Handelskammern Bonn und Köln einreihen. Stattdessen verabredet Dr. Hertz mit dem Vorsitzenden des Wirtschaftsausschusses des Deutschen Bundestages ein Mittagessen der Ausschussmitglieder mit dem Präsidium am 14. Mai, um die Entwicklungsperspektiven der Stadt und der Region aufzuzeigen, ohne direkten Bezug zur Diskussion über den Parlaments- und Regierungssitz; das Thema soll eingekreist werden, ohne dass die Vertreter der Berliner Wirtschaft als Demandeure erscheinen, und die Erwartung besteht, dass die Abgeordneten zu Multiplikatoren werden. Leider muss der Termin vom Wirtschaftsausschuss abgesagt werden, er wird aber, wenn auch nach dem Grundsatzbeschluss des Bundestages, nachgeholt werden.

Diese Entscheidung fällt am 20. Juni. Der Deutsche Bundestag spricht sich nach einer historisch zu nennenden großen Debatte, in der es vor allem der Bundesminister des Innern, Wolfgang Schäuble, ist, der mit einer bewegenden Rede den Ausschlag gibt, mit einer knappen Mehrheit für Berlin als Sitz von Parlament und Regierung aus. Wenn die Berliner auch im Vorfeld des Beschlusses die ernüchternde Erfahrung hatten machen müssen, dass jahrzehntelange Erklärungen über die Rolle der Stadt und ebenso langjährige Beschwörungen ihrer Zukunft im Fall einer Wiedervereinigung plötzlich bei einer ganzen Reihe von Entscheidungsträgern keinen Bestand mehr hatten, so ist die Entscheidung für Berlin doch, wie Präsident Kramp in seiner Bewertung schreibt, ein Ausweis der Glaubwürdigkeit der deutschen Politik und der Integrationswirkung Berlins[7], Argumente, mit denen die Kammer, statt auf wirtschaftliche,

7 BW 1991, Heft 14, S. 5: „Worauf es jetzt ankommt".

„krämerische" Aspekte zu setzen, immer geworben hatte. Zugleich warnt die Kammer intern und extern vor Übermut; es sei, so Dr. Hertz in seinem Bericht an das Präsidium im Juli Augenmaß, auch Bescheidenheit angesagt: „Auch engagierten Befürwortern Berlins sei empfohlen, gerade die Argumente der Bonn-Befürworter in der Debatte im Bundestag noch einmal nachzulesen; so verzerrt das Bild Berlins bei Einzelnen sei, so sehr müssten uns doch der eine oder andere Hinweis nachdenklich stimmen." Das Präsidium nimmt sich vor, im Vorfeld der Umsetzungsbeschlüsse in Zukunft noch stärker als bisher sich bei der Betreuung von Bundestagsabgeordneten während ihrer Aufenthalte in Berlin zu engagieren.

Laut gewordene Kritik an Berlin nimmt die Kammer mit ihren Vorschlägen für eine effektivere Verwaltung und ein wirtschaftsfreundliches Klima in Berlin auf. Die Pressekonferenz, mit der die Vorschläge vorgestellt werden, leitet Hauptgeschäftsführer Dr. Hertz unter anderem mit den folgenden Bemerkungen ein: „Die Entscheidungen für Berlin als Hauptstadt Deutschlands und als Sitz von Parlament und Regierung muß alle Verantwortlichen in der Stadt aufrütteln. Berlin hat über Jahrzehnte hinweg den Verlust zentraler Funktionen hinnehmen müssen; jetzt wird ihm eine einzigartige Chance gegeben, die allerdings ebenso mit einzigartigen Aufgaben verbunden ist … (Die Stadt) muß sehr rasch mehr eigene Wirtschaftskraft mobilisieren und Wirtschaftsstandort mit großer Ausstrahlung werden, will sie nicht auf Dauer Kostgänger des Bundes und der anderen Bundesländer sein. Berlin braucht dazu ein wirtschaftsfreundliches Klima, das bei Unternehmen in der Stadt und bei künftigen Investoren Vertrauen, Mut und Zuversicht erzeugt … Ein wirtschaftsfreundliches Klima ist außerdem das beste Konjunkturprogramm für eine Region. Ein solches Programm ist ohne Hilfe von außen zu realisieren, die Stadt braucht dafür nirgendwo Bittsteller zu sein, und es ist zudem noch zum ‚Nulltarif' zu haben …

In den kommenden Monaten und Jahren wird Berlin unter einem erhöhten Erfolgsdruck stehen und besonders kritisch beobachtet werden, in welchem Umfang es den neuen Anforderungen gerecht wird. Wenn Berlin diese Bewährungsprobe nicht besteht, könnte sich schnell Unmut breit machen, der Verzögerungen im Entwicklungsprozeß der Stadt auslösen und der gesamten Region schweren Schaden zufügen kann … Positive Entscheidungen für die Stadt dürfen kein Ruhekissen für diejenigen sein, die gern in alten Kategorien denken. Die neuen Herausforderungen verbieten eine Mentalität, die die Lösung der Probleme eher von außerhalb der Stadt erwartet … Wir brauchen deutlich mehr Aufgeschlossenheit für Investoren in Berlin. Gegenwärtig werden sie von manchen noch als lästige Eindringlinge betrachtet und nicht als diejenigen, die Arbeitsplätze sichern und schaffen – also Arbeitsplätze, nach deren Erhaltung und Schaffung die gleichen Gruppierungen immer wieder so laut rufen ... Wir brauchen auch die Industrie in der Stadt. Der Ruf nach der Dienstleistungsmetropole darf nicht dazu dienen, die Industrie aus der Stadt zu treiben ... Dies alles zwingt zur Konzentration der Kräfte, zum Setzen der richtigen Prioritäten und zur Straffung und Beschleunigung des Verwaltungshandelns in unserer Stadt. Wir plädieren nicht für eine schrankenlose Ellbogengesellschaft, sondern für faire und klare Rahmenbedingungen, die Eigeninitiative fördern und den notwenigen Interessenausgleich sichern." Der 40 Punkte umfassende Katalog, der an frühere Initiativen der Kammer anknüpft, setzt an folgen Themenbereichen an: Festlegung eindeutiger Prioritäten, Vereinfachung von Entscheidungsabläufen, Beschleunigung von Verfahren, klare Zuständigkeitsregelungen, Transparenz, Konstanz und Voraussehbarkeit von Entscheidungen, Berücksichtigung gesamtstädtischer und regionaler Belange, wirtschaftlicher Einsatz öffentlicher Mittel, problembewusste Einstellung in der Verwaltung.[8] Die Vorschläge stoßen in der Presse und bei der Politik auf hohe Resonanz. Wirtschaftssenator Dr. Meisner begrüßt sie in einer Pressemitteilung vom 1. Juli 1991: „Meisner teilt die Besorgnis der Wirtschaft, dass Langsamkeit und Entscheidungsschwäche in der Berliner Verwaltung zum Nachteil des Wirtschaftsstandortes Berlin geraten könnte. Berlin, so Meisner, dürfe sich nach der Entscheidung des Deutschen Bundestages nicht zurücklehnen. Jetzt seien besondere Anstrengungen nötig, um im alten West-Berlin eingefahrene Verhaltensweisen von Kommunalpolitik und Verwaltung zu verändern, damit die ökonomischen Chancen nicht vergeben würden." Auch weitere Senatoren reagieren positiv. Aber die Kammer bleibt nüchtern und will abwarten, wie die ganz konkreten Reaktionen aus den Verwaltungen auf Senatsebene und aus den Bezirken sein werden. Immerhin kann sie mit Befriedigung feststellen, dass der Wirtschaftssenator in einer „Initiative 91" eine der Anregungen der Kammer, Genehmigungsanträge für größere arbeitsplatzschaffende Investitionen von der Bezirksebene an sich zu ziehen, wenn diese dort nicht innerhalb von drei Monaten abschließend bearbeitet werden, aufgegriffen hatte. Sie kritisiert aber, dass seine Aktivitäten das wirtschaftspolitische Instrumentarium zu weitgehend auf neue

8 Die Vorschläge sind in einer kompakten Fassung dargestellt in BW 1991, Heft 14, S. 10 ff.; der Bericht über die Vollversammlung, die diese Vorschläge billigend zur Kenntnis nimmt, findet sich im gleichen Heft, S. 6 f.

Fördertatbestände verkürze; das sei entweder ein Zeichen von Einfallslosigkeit oder die Dokumentation von Zaghaftigkeit, andere, allerdings schwerer durchzusetzende, Instrumente anzuwenden.

Bei aller Skepsis gegenüber ständigen Gremiensitzungen, die häufig ohne konkrete Ergebnisse bleiben, beteiligt sich die Kammer an einem von Dr. Meisner ins Leben gerufenen Arbeitskreis zur Stärkung von Forschung und Entwicklung in Berlin, der den Namen SK FIT (Strategiekreis Forschung, Innovation, Technologie Berlin und Brandenburg) trägt. Die Kammer wirkt in einer Untergruppe mit, die sich der Frage nach Technologie- und Gründerzentren widmet, gehört dem Beirat für die „Entwicklungsgesellschaft Adlershof" an und beteiligt sich an einem Arbeitskreis Telekommunikation, den der TU-Präsident Professor Fricke leitet; sie beschließt auch, gemeinsam mit dem Wirtschaftssenator unter dem Namen FIT Berlin 2000 eine Veranstaltungsreihe im Bereich der Forschungs-, Innovations- und Technologieförderung für Unternehmen aus Berlin und Brandenburg durchzuführen.

Berlin und Brandenburg wird für die Kammer überhaupt zu einem großen Thema. Sie ist eine der ersten Institutionen, die sich für eine enge Zusammenarbeit mit dem Land Brandenburg, auch für eine staatsrechtliche Einigung, ausgesprochen haben. Sie ist sich dabei der Tatsache bewusst, dass ein gemeinsames Land Berlin und Brandenburg auch für sie selbst neue Rahmenbedingungen mit sich bringen wird. Sie wird dann eine der vier Berlin/Brandenburger Kammern sein, nicht am Sitz der Landesregierung arbeiten – denn der Kammer ist klar, dass der Sitz eines gemeinsamen Landes in Potsdam sein muss –, nicht ohne weiteres Anspruch auf die Führung in der Länderarbeitsgemeinschaft der Kammern und dann auch nicht automatisch Sitz und Stimme in den Führungsgremien des DIHT haben wird; dazu meint Dr. Hertz im Präsidium: „Ich sage das nicht sorgenvoll; wir werden uns schon behaupten – aber die Dinge werden uns nicht in den Schoß fallen." Die Diskussion um das gemeinsame Land nimmt nach der Entscheidung für Berlin als Parlaments- und Regierungssitz Fahrt auf. Beide Regierungschefs thematisieren dies sehr rasch nach dem 20. Juni. Dennoch sagt Dr. Hertz in seinem Bericht an das Präsidium am 9. Juli: „Ob die Politik, ob die Menschen in Berlin und Brandenburg wirklich reif sind, zu dieser Zusammenarbeit zu kommen, werden wir sehen. Dazu reichen Aussagen der beiden Ministerpräsidenten nicht. Ich höre immer wieder, dass es bei der praktischen Zusammenarbeit hakt, wenn auch häufig nicht aus bösem Willen (aber bösen Willen gibt es auch). Die administrativen Strukturen in Brandenburg sind erst schwach entwickelt; es bestehen auch nach wie vor

Unsicherheiten gegenüber Berlin, auch Sorgen vor einer Dominanz. Und in kleinem Kreise, so höre ich jedenfalls, gibt sich Herr Stolpe selbstbewusst/gelassen; Brandenburg könne warten, dass Berlin auf das Land zukommt."

Für die Wirtschaft der beiden Länder wird die Vorbereitung der Entscheidung über den Standort des geplanten großen Flughafens zu einer entscheidenden Fragestellung. Die Berliner Kammer mit dem rührigen Christian Wiesenhütter befasst sich sehr frühzeitig mit diesem Thema und bildet eine Arbeitsgruppe Verkehrsplanung, die erste Anforderungen an einen neuen Flughafen definiert. Diese finden Eingang in die gemeinsame Verkehrskonzeption der Kammern Berlin, Cottbus, Frankfurt/Oder und Potsdam, die im März 1991 dem Minister für Stadtentwicklung. Wohnen und Verkehr des Landes Brandenburg, Jochen Wolf, und dem Berliner Senator für Verkehr und Betriebe, Prof. Dr. Herwig Haase, zugeleitet wird. Zum Ärger mancher Politiker in Berlin, zum Unverständnis auch nicht weniger Vertreter kammerzugehöriger Unternehmen vermeidet die Kammer eine frühzeitige Festlegung auf den stadtnahen Flughafen Schönefeld, sondern einigt sich mit den drei Brandenburger Kammern auf folgende Richtung: „Die Wirtschaft spricht sich für die Planung und den Bau eines neuen Flughafens ‚Berlin-Brandenburg' aus, der so weit außerhalb liegt, daß das Stadtgebiet von Berlin beim An- und Abflug nicht mehr überflogen werden muß ... Als Standort für einen neuen Berliner Großflughafen bietet sich wegen der guten Erreichbarkeit der Ballungsräume Dresden/Leipzig eine Lage südlich der Stadt an."[9] Im Mai legen sich die Länder Berlin und Brandenburg auf die Standortvarianten Großbeeren/Genshagener Heide, Schönefeld-Süd und Sperenberg fest. In der nun entbrennenden Diskussion will auch die Wirtschaft ihren Beitrag leisten, aber nicht vom grünen Tisch aus, sondern sehr unternehmensnah; der Leiter der Verkehrsabteilung der Kammer, Wiesenhütter, initiiert deshalb eine Umfrage unter ihren Mitgliedern und bittet sie, gezielte Fragen zu beantworten und/oder die jeweiligen Anforderungen der zukünftigen Nutzer eines solchen Flughafens mitzuteilen.[10] Das aus der Umfrage resultierende Stimmungsbild ergibt kein eindeutiges Votum für einen der in Frage kommenden Standorte, dies auch deshalb, weil es noch viele offene Fragen, wie die nach Bodenbeschaffenheit, Lärmbelästigung und zur räumlichen Zuordnung der Flughafenflächen zu anderen Investitions-

---

9 Siehe BW 1991, Heft 6, S. 5 ff.
10 BW 1991, Heft 14, S. 76 f., Heft 15/16, S. 61 f.

projekten, gibt. Immerhin wird deutlich, dass die befragten Betriebe auch einen außerhalb der Stadt gelegenen Standort akzeptieren, wenn ein überzeugendes Konzept für seine Anbindung über Schiene und Straße vorgelegt wird. Nicht überraschend ist allerdings, dass sich eine hohe Zahl von Mitgliedsunternehmen für die Beibehaltung eines innerstädtischen Flughafens aussprechen.[11] Das Ringen um einen leistungsfähigen Großflughafen bei gleichzeitiger Sicherstellung innerstädtischer Kapazitäten wird die Arbeit der Kammer bis heute mit prägen.

Mitte des Jahres 1991 geht es wieder um die Gewerbesteuer. Im Vorfeld von Beratungen des Senats über den Haushalt des kommenden Jahres versucht die Kammer, ihre Möglichkeiten gegen die drohende Erhöhung auszuschöpfen. In einer Presseerklärung vom 21. August warnt sie davor, zu dem Abbau der Berlinförderung hinzukommende Lasten würden den dringend notwendigen Wachstumsprozess in und um Berlin weiter verzögern; schon jetzt könne die Wirtschaft im westlichen Teil der Stadt die ihr zugedachte Rolle als Lokomotive für die Region nicht ausfüllen. Einen Tag vor der Senatssitzung am 27. August wendet sich Hauptgeschäftsführer Dr. Hertz an den Regierenden Bürgermeister, der kurz zuvor eine Anhebung um 100 Prozentpunkte angekündigt hatte: „Wir sind überzeugt, dass die Wirtschaft dies (die zu den Belastungen aus dem Abbau der Berlinförderung in Höhe von rund 6 Mrd. DM hinzukommenden Belastungen von weiteren 300 Mill. DM pro Jahr) nicht verkraftet. Das Drehen an der Steuerschraube vernichtet Arbeitsplätze statt sie zu schaffen … Wir verstehen, daß Sie wegen der schwierigen Finanzlage der Stadt nach Einsparungsmöglichkeiten im Landeshaushalt suchen. Aber Steuererhöhungen sind keine Einsparungen. Wir müssen die Wirtschaft, wie Sie selbst immer wieder gesagt haben, auf Touren bringen, um dadurch das Steueraufkommen zu erhöhen.“ Die Kammer vermisst in dieser Situation mehr Phantasie und eine strengere Haushaltsdisziplin, unterliegt aber letztlich, nicht so sehr den Sachzwängen, sondern einer berüchtigten Koalitionssymmetrie: Weil die mitregierende SPD Federn muss, hat die CDU in ihrer angeblichen Klientel Konsequenzen hinzunehmen, ja ihr Schaden zufügen. Die Kammer tröstet sich intern – wohl zu Recht –, mit ihrem Druck Schlimmeres verhindert zu haben; denn sie weiß sehr wohl, dass noch stärkere Anhebungen der Gewerbesteuer im Gespräch gewesen sind. Trotzdem thematisiert sie diese Belastung der Berliner Wirtschaft auch in einem Gespräch des Präsidiums mit dem Regierenden Bürgermeister am 18. September 1991.

11 BW 1991, Heft 21, S. 85 f.

Nicht nur diesen Punkt ruft sie dort auf; Präsident Kramp nimmt sich die Aufgabenwahrnehmung durch den Senat und die Zusammenarbeit zwischen Berlin und Brandenburg vor, Hauptgeschäftsführer Dr. Hertz führt zum Wirtschaftsstandort Berlin, Vizepräsident Putzmann zu Mängeln im Planungs- und Baubereich und zur Industriepolitik ein, Vizepräsident Pape spricht über die Notwendigkeit des Zusammenwachsens der beiden Stadthälften, Vizepräsident Dr. Fischer über Stadtmarketing und die Privatisierung landeseigener Betriebe, und Hubertus Moser thematisiert den Abruf von öffentlichen Fördermittel. Diepgen gibt sich in vielen Punkten einsichtig, führt aber zu seinen Prioritäten aus: Erste Priorität habe die Erhaltung der Ruhe in der Stadt, er empfinde es als Wunder, dass erst eine Spontandemonstration mit Gewalttätigkeit zu verzeichnen sei; zweite Priorität habe die Herstellung gleicher Lebensverhältnisse in den beiden Stadtteilen; dritte Priorität habe die Entwicklung eines positiven Wirtschaftsklimas. Zur Priorität 3 gibt er Schwierigkeiten aus Sicht des Senats zu, verweist aber auch auf Abstimmungsprobleme zwischen den Koalitionsparteien. Zur Gewerbesteuererhöhung meint er beruhigend, dass das Thema nun bis zum Ende der Legislaturperiode vom Tisch sei, und zur Eigenbetriebspolitik kündigt er das „Schlachten von heiligen Kühen“ an. Es wird insgesamt die volle Breite der Themen angesprochen. Die Runde kommt zu der Übereinstimmung, dass im internen Gespräche, das kontinuierlich und institutionalisiert gestaltet werden soll, offene Kritik geäußert werden kann, nach außen möglichst der Schulterschluss im Interesse des Landes gewahrt werden soll. Konkrete Verabredungen für ein Follow-up beziehen sich auf eine Gesprächsrunde zum Thema Industriestandort Berlin, zu der auch die Senatoren für Wirtschaft, für Finanzen und für Stadtentwicklung und Umweltschutz hinzugezogen werden sollen; weitere Gesprächsgegenstände sollen das Stadtmarketing und der Handel in Berlin sein.

Im Herbst 1991 kommt es in Berlin und anderswo zu fremdenfeindlichen Übergriffen. Die Kammer wird aktiv. Sie erinnert an die lange Tradition von Toleranz und Integrationsbereitschaft in Berlin und Brandenburg und widmet beispielsweise eine Ausgabe der Kammerzeitschrift dem Thema Ausländer in der Berliner Wirtschaft; sie unterstreicht in Berichten die Bedeutung ausländischer Mitbürger für die Berliner Wirtschaft, und dies auch mit statistischem Material.[12] Sie führt auch ein Gespräch mit Ausbildungsleitern Berliner Betriebe, und sie geht auf die

12 BW 1991, Heft 23, S. 5 ff.

Berufsschulen zu und erörtert mit ihnen, wie die Wirtschaft dazu beitragen könne, die aktuellen integrationspolitische Probleme zu bewältigen. In einem Schreiben der Kammer, unterzeichnet von Präsident Kramp und Hauptgeschäftsführer Dr. Hertz, verlangt sie vom DIHT und den anderen Spitzenorganisationen der Wirtschaft eine eindeutige Bewertung von fremdenfeindlichen Vorgängen und deren öffentliche Verurteilung; sie regt auch an, das Engagement der Unternehmerschaft einzufordern, von der individuellen Unterstützung bis zur Übernahme von Patenschaften in jeder Form. Und sie legt dem Schreiben gleich den Entwurf einer Resolution für die Vollversammlung des DIHT bei, die dort mit einigen wenigen Änderungen angenommen wird.

Im Oktober 1991 firmiert die Berliner Absatzorganisation (BAO) um; sie heißt nun: BAO Berlin – Marketing Service GmbH. Damit trägt sie ihrem Leistungsangebot auch im Namen Rechnung. Ihre wesentlicher Geschäftsfelder sind nun: Öffentliches Auftragswesen als offizielle Auftragsberatungsstelle des Landes Berlin, die Organisation von Messebeteiligungen weltweit, die datengestützte Kontaktvermittlung zwischen Berliner Betrieben und deutschen und ausländischen Partnern, Außenwirtschaftsberatung, Außenwirtschaftsbetreuung, Standortwerbung für Berlin und die Aufgaben im Zusammenhang mit ihrer Funktion als Euro Info-Center ERIC Berlin, der offiziellen EG-Beratungsstelle der Europäischen Kommission.[13]

Die BAO nimmt sich ebenso wie die Kammer nach wie vor der wirtschaftlichen Integration im vereinten Berlin an. Ebenso nach wie vor ist die Wirtschaftlage in den beiden Stadthälften durch deutlich unterschiedliche Entwicklungen gekennzeichnet. Der konjunkturelle Aufschwung setzt sich in der Westhälfte fort, wenngleich nach der überdurchschnittlich kräftigen Expansion im ersten Halbjahr die Entwicklung im zweiten Halbjahr etwas ruhiger verläuft. Die Bestellungen und die Produktion im Verarbeitenden Gewerbe nehmen zu, die Bauleistungen steigen deutlich an, vor allem im gewerblichen Bau und im Tiefbau, und die Geschäftstätigkeit im Einzelhandel bewegt sich weiterhin auf hohem Niveau. Ende Juli waren in der Westberliner Wirtschaft insgesamt 861 000 Arbeitnehmer beschäftigt gewesen, 67 000 oder 8,5 % mehr als im Vorjahr. Demgegenüber ist der Wirtschaftverlauf in den östlichen Bezirken noch immer durch die Auswirkungen des notwendigen Umstrukturierungsprozesses geprägt, verbunden mit weiteren Kapazitätseinschränkungen und dem Abbau unrentabler Arbeitsplätze, vornehmlich in

13 Detaillierte Beschreibung der Geschäftsfelder in BW 1991, Heft 21, S. 85.

der Industrie sowie in Teilbereichen des Handels und des Dienstleistungssektors. Nach eher groben Schätzungen ist die Zahl der in der dortigen Wirtschaft beschäftigten Arbeitnehmer von rund 700 000 im Jahrsdurchschnitt 1989 bis zur Jahresmitte 1991 um etwa ein Drittel auf 450 000 gesunken; in der Industrie arbeiteten im ersten Halbjahr 1991 durchschnittlich noch rund 110 000 Personen, nahezu zwei Fünftel weniger als 1989. Und die Kammer rechnet mit einem weiteren Beschäftigungsabbau, der erst mittelfristig durch die Schaffung neuer und wettbewerbsfähiger Stellen kompensiert werden kann. Immerhin nimmt die Verflechtung der beiden Wirtschaften zu. Das DIW berechnet, dass bereits jedes dritte Westberliner Industrieunternehmen Vorleistungen aus der östlichen Stadthälfte und dem Umland beziehen, wenn auch erst in bescheidenem Umfang von häufig weniger als 10 %. Zudem haben Westberliner Industriebetriebe in den Jahren 1990 und 1991 700 Mill. DM in Ostdeutschland investiert, davon etwa die Hälfte im Ostteil der Stadt und im Umland. Hinzu kommen die Investitionen auswärtiger Unternehmen, die sich in 1991 für Ost-Berlin und das Umland auf mindestens 1 Mill. DM summieren. Mit der Ansiedlung von Debis, der Dienstleistungssparte von Daimler-Benz, und von Sony am Potsdamer Platz werden ermutigende Zeichen gesetzt. Rund 100 000 Arbeitnehmer aus dem näheren Verfechtungsraum und aus dem Ostteil der Stadt finden eine Arbeit in der Westberliner Wirtschaft, deren Beschäftigungszuwachs zu einer erheblichen Entlastung des Arbeitsmarkts in der östlichen Stadthälfte und in Brandenburg beiträgt. Die Gesamtzahl der Gewerbeanmeldungen im Ostteil der Stadt beläuft sich im Zeitraum von Januar bis Juli 1991 auf 14 256, darunter 6 164 im Handels- und Gaststättenbereich; ihr stehen 3 374 Abmeldungen gegenüber. Insgesamt glaubt die Geschäftsführung der Kammer in einem Bericht an das Präsidium im November 1991 feststellen zu können, dass sich in jüngster Zeit der Abstand in der wirtschaftlichen Entwicklung zwischen beiden Teilen der Stadt nicht mehr vergrößert, dass sich vielmehr seit dem Sommer Anzeichen für eine Stabilisierung auf dem erreichten, wenn auch niedrigen, Niveau mehren und in Teilbereichen eine leichte Aufwärtsbewegung einsetzt. Umfrageergebnisse von Konjunkturforschungsinstituten lassen für 1992 eine deutliche Zunahme der Bruttoinlandsinvestitionen erwarten, wobei sich ein Gegensatz zwischen sogenannten Treuhandfirmen und bereits privatisierten Betrieben abzeichnet; erstere planen für 1992 eine Einschränkung ihres Investitionsvolumens um 6 %, während die privatisierten Unternehmen ihre Investitionen um 74 % ausweiten wollen. Die Kammer drängt auch deshalb auf eine weitere und rasche Privatisierung, deren Schlüsselrolle für das gesamte Tempo der wirtschaftlichen Entwicklung in Ostdeutschland sie immer wieder unterstreicht.[14]

Eine völlig andere Aktivität der Kammer stellt im Herbst 1991 ihre Unterstützung der Pläne für die Errichtung einer Berufsakademie in Berlin dar. Die Berufsakademie ist eine Idee und Entwicklung der Wirtschaft in Baden-Württemberg der 70er Jahre. Angesichts immer größeren Zulaufs von Abiturienten an die Hochschulen einerseits und der erkennbaren Erosion des Praxisbezugs im Hochschulbereich andererseits war dort ein attraktiver Bildungsgang entstanden, der cum grano salis die Übertragung des Dualen Systems der betrieblichen Erstausbildung auf den tertiären Bereich bedeutete. Einer der Initiatoren, Prof. Dr. Erhardt, wird Wissenschaftssenator in Berlin, und er ist bereit, sich im politischen Raum nachdrücklich für eine Berliner Berufsakademie einzusetzen. Die Kammer, gemeinsam mit dem UVB und einer Reihe von Unternehmen, die aus eigener Erfahrung in Baden-Württemberg diese Form der praxisnahen Hochschulausbildung sehr schätzen, geben dem Wirtschaftssenator Rückendeckung. Dennoch wird es eher lange dauern, bis sich diese Idee auch in Berlin durchsetzt; es sind vor allem Hochschulpolitiker in der SPD, die gegen diese Pläne sind, weil sie einen aus ihrer Sicht unangemessenen Einfluss der Unternehmen fürchten, und die Fachhochschulen, die eine Konkurrenz durch die Berufsakademie besorgen.

Die Kammer sucht und findet auch immer wieder Gelegenheit, durch Gespräche und Veranstaltungen auf die Entwicklungen in Berlin Einfluss zu nehmen. Hauptgeschäftsführer Dr. Hertz und der stellvertretende Hauptgeschäftsführer Jörg Schlegel erfahren in einem ausführlichen Gespräch mit dem einflussreichen Moskauer Oberbürgermeister Popow, das auf dessen Wunsch zustande gekommen ist, im Hause der Kammer von dessen Wunsch nach intensiver Zusammenarbeit, nach Unterstützung durch deutsche Unternehmen, und können ihm die Aufgeschlossenheit der Berliner Wirtschaft vermitteln und diese Aufgeschlossenheit durch konkrete Kontakte, insbesondere durch die Teilnahme an geplanten Messen in Moskau, unterlegen[15].

Die Kammer hat Gelegenheit, die Berliner Wirtschaft bei dem 100jährigen Jubiläum des Verbandes der Geschäftsführer deutscher Industrie- und Handelskammern, das sie ausrichtet, zu präsentieren,

---

14 Eine ausführliche Darstellung der Schwerpunkte der integrationspolitischen Arbeit der Kammer findet sich in einer Anlage zu dem erwähnten Bericht an das Präsidium vom 11. November 1991.

15 Siehe auch das Photo im Jahresbericht 1991/92, S. 15.

Abb. 33 Hauptgeschäftsführer Dr. Hertz und der stellvertretende Hauptgeschäftsführer und Geschäftsführer der BAO Berlin, Jörg Schlegel, mit dem Moskauer Oberbürgermeister Popow bei seinem Besuch in der Kammer im August 1991

Staatssekretär Dr. Franz Kroppenstädt vom Bundesministerium des Innern und Leiter der Arbeitsgruppe Berlin-Bonn, kommt in das Präsidium im Dezember, um über den Stand der Überlegungen zum Umzug von Parlament und Regierung nach Berlin zu berichten und sich die Sorgen des Präsidiums anzuhören, und das vereinbarte Gespräch mit dem Regierenden Bürgermeister und weiteren Senatoren, für das die Kammer eine Ausarbeitung zu den Entwicklungsperspektiven und Leitlinien für eine Industriepolitik in Berlin vorlegt, findet am 18. Dezember statt, um nur wenige Beispiele zu nennen. Die zweite Rede anlässlich des Jahresempfangs der Kammer Anfang 1992 wird der Vizepräsident und spätere Präsident der Deutschen Bundesbank, Dr. Hans Tietmeyer, einer der maßgeblichen Architekten des Einigungsvertrages, halten; sein Thema ist: Die deutsche Vereinigung und die D-Mark, und auch dieser Vortrag wird ein überregionales Interesse finden.

Präsident Kramp stellt zu Beginn des Jahres 1992 in der Kammerzeitschrift, in sehr verkürzter Form, die Schwerpunkte der zukünftigen Arbeit vor: „den Integrationsprozeß der Berliner Wirtschaft in unserer jetzt alle 23 Stadtbezirke umfassenden Kammerregion weiter voranzutreiben, die Zusammenarbeit mit den drei Brandenburger Kammern so zu fördern, daß auch wir unseren Beitrag erhöhen können zur Begründung und Stärkung der Wirtschaftsregion Berlin-Brandenburg, die Leistungsfähigkeit der Kammer zu stärken. Dazu gehören, das Projekt des Kammerneubaus voranzubringen, die Organisation unserer Kammer zu optimieren und – verbunden mit der Wahl zur Vollversammlung – den Beitrag des Ehrenamtes an der Kammerarbeit weiter zu qualifizieren."[16]

Die Arbeiten um den Kammerneubau waren vorangekommen. Im Januar 1991 war der Ausschreibungstext für den Architektenwettbewerb verabschiedet und in eine begrenzte Ausschreibung umgesetzt worden, die Arbeitsgruppe „Trägerschaft und Finanzierung" hatte sich mehrfach über die verschiedenen Modelle – ein Fondsmodell, ein Leasingmodell und das Modell der Bauträgerschaft durch die Kammer selbst – gebeugt. Die Verantwortlichen der Kammer hatten sich in durchaus nicht einfachen Gesprächen mit der Spitze des VBKI – dieser wollte und durfte kein wirtschaftliches Risiko übernehmen, wollte aber mitbestimmen – über eine zukünftige Rollen- und Funktionsaufteilung in dem gemeinsamen Gebäude verständigt. In den Treffen hatte die Kammer immer wieder Wert darauf gelegt, in der Behandlung gesellschafts- und wirtschaftspolitischer Fragen frei zu sein; sie dürfe und wolle auch keine Festlegungen eingehen, die sie in der Ausübung ihres gesetzlichen Mandats beeinträchtigen könnte. Die Einigung bewegt sich – grob formuliert – entlang den folgenden Linien: Der VBKI wird stärker im Bereich der allgemeinen Gesellschaftspolitik tätig sein, die Kammer stärker im Bereich der spezifischen Wirtschaftspolitik; der VBKI wird mehr die Allgemeinbildung abdecken, die Kammer mehr die Fachbildung; der VBKI wird eher im gesellschaftlichen Bereich tätig werden, die Kammer eher im geschäftlichen Bereich; die Aktivitäten des VBKI werden sich an dem Leitbild eines Wirtschaftsclubs orientieren, die Kammer an dem Leitbild der Wahrnehmung des Gesamtinteresses der gewerblichen Wirtschaft und der Politikberatung. Anfang Dezember hatte sich die Jury des Architektenwettbewerbs, in der für die Kammer Hauptgeschäftsführer Dr. Hertz und für den VBKI Präsident Dr. Strathus gesessen hatten, für den Entwurf des englischen Architekten Nicolas Grimshaw entschieden und ihn zur Ausführung empfohlen; allerdings hatte sie auf Druck des Baudirektors des Landes Berlin, Staatssekretär Dr. Stimmann, der ebenfalls Mitglied der Jury gewesen war, eine Begradigung parallel zur Fasanenstraße hinnehmen müssen. Kurz vor der Jurysitzung hatte zudem der

16 BW 1992, Heft 1, S. 5

Landeskonservator die drei Gebäude, um die es geht – Kammer, Börse und VBKI – unter Denkmalschutz gestellt. Kammer und VBKI hatten zwar gegen die Entscheidung der Denkmalschutzbehörde Widerspruch eingelegt, machten sich aber keine Illusionen über den Ausgang eines Verwaltungsgerichtsverfahrens; sie sehen jetzt nur noch eine Lösung in einer politischen Einflussnahme durch den Senat. Insgesamt bezeichnet Präsident Kramp deshalb zu Recht den Neubau als einen der Schwerpunkte der Kammerarbeit im Jahr 1992.

Wirtschaftspolitisch stehen Anfang dieses Jahres zwei weitere Themen im Vordergrund: Der Wirtschaftsstandort Berlin und die Zusammenarbeit mit Brandenburg.

Hauptgeschäftsführer Dr. Hertz berichtet dem Präsidium im Januar über eine erste gemeinsame Kabinettsitzung der Regierungen der beiden Länder kurz vor Weihnachten im Roten Rathaus. In der Sache sind offenbar Fortschritte ausgeblieben, wenn man von einer Einigung über die Kostenaufrechnung bei grenzüberschreitenden Besuchen von Kindergärten absieht. Mehr aber besorgt die Kammer, dass Teilnehmer Klima und Atmosphäre als schlecht bezeichnet haben. Brandenburger Minister, darunter vor allem Finanzminister Kühbacher, aber auch Bau- und Verkehrsminister Wolf und der spätere Ministerpräsident Platzeck – schon damals! – hätten sich reserviert bis offen ablehnend gegenüber einer Zusammenführung der Länder verhalten und das Projekt problematisiert, statt sich an konstruktiven Ansätzen zu beteiligen; auch der Ministerpräsident Manfred Stolpe habe in der Sitzung keinen zupackenden Eindruck hinterlassen. Verabredet ist zwar eine gemeinsame Kommission, der paritätisch Vertreter beider Regierungen und der beiden Parlamente angehören sollen. Die Kammer sorgt sich aber, dass in einer solchen Kommission ein derartiges Knäuel an Problemen angehäuft wird, dass es später nicht mehr auflösbar ist; sie erscheint ihr eher als Verhinderungsgremium, und sie meint, wäre bei der deutschen Einheit so verfahren worden, wäre sie kaum gelungen – der Vortrag von Hans Tietmeyer vor dem Jahresempfang der Kammer habe doch gezeigt, wie politische Visionen umgesetzt werden können. Das Präsidium nimmt sich deshalb vor, die Zusammenarbeit mit Brandenburg – wie schon in dem Gespräch mit dem Regierenden Bürgermeister am 18. Dezember – auf dem kommenden Wirtschaftstag erneut zu thematisieren. Die Kammer macht sich ihrerseits Gedanken, wie sie ihre Interessen in Brandenburg besser vertreten kann. Sie sieht den Arbeitskreis mit den Brandenburger Kammern zwar als nützliches Instrument der gegenseitigen Abstimmung, auch als Transmissionsriemen für Know-how-Transfer an die Brandenburger Kammern, hält ihn aber als Hebel für die Beeinflussung der Brandenburger Politik für eher schwach. Sie überlegt die Gründung einer gemeinsamen Länderarbeitsgemeinschaft, deren Geschäftsführung sie anstreben würde. Sie zweifelt aber – wie sich zeigen wird – zu Recht an der Akzeptanz einer solchen Idee bei den Brandenburger Kammern, insbesondere der in Potsdam, wo die Sorge vor der Berliner Dominanz sehr nahe unter der Oberfläche der bemühten Kooperationswilligkeit liegt, wie Dr. Hertz im Präsidium die Situation beschreibt.

Der so genannte Wirtschaftstag des Regierenden Bürgermeisters findet in diesem Jahr am 24. Januar statt. In der Vorbereitung hatten sich die unternehmerischen Organisationen mit der Senatskanzlei auf folgende Themen geeinigt: das Zusammenwachsen Berlins und die Verflechtung mit dem Land Brandenburg, die Beschleunigung von Genehmigungsverfahren und die Verwaltungsreform, die Wirtschafts- und Strukturpolitik Berlins und des gemeinsamen Wirtschaftsraums mit Brandenburg, die Stadtentwicklung und die Verkehrsplanung. Etwa 320 Berliner Unternehmer nehmen teil, der Senat ist durch den Regierenden Bürgermeister Eberhard Diepgen, Bürgermeisterin Dr. Bergmann und die Senatoren Meisner, Hassemer, Nagel, Haase und Pieroth vertreten. Der Senat signalisiert der Wirtschaft in den jeweiligen Beiträgen, dass er seinen Teil der Verantwortung für die Qualifizierung des Wirtschaftsstandorts Berlin übernehmen wolle. Berlins Rolle in Europa, der Ausbau einer Dienstleistungszentrale, die Verhinderung der Abwanderung von Betrieben ins Umland, die Ansiedlung neuer Unternehmen, das Zurückholen von Konzernzentralen, die Beschleunigung von Bau- und Investitionsvorhaben, das große Ziel einer Verwaltungsreform, der Ausbau der Verkehrssysteme, Notwendigkeiten im Wohnungsbau, die Hochschulpolitik und die Hinarbeit auf ein gemeinsames Land Berlin und Brandenburg sind die Kernelemente in der Rede des Regierenden Bürgermeisters, die in Variationen und Konkretisierungen in den Beiträgen der Senatoren wiederkehren. Die Kammer vermerkt dies anerkennend, hält es aber nicht für ausreichend, nur die richtigen Stichworte zu verwenden. Sie erwartet Konkretisierungen und Zeitpläne; solche liegen an diesem Tag nur für die Bankenfusion und für das Stadtmarketing vor. Deshalb wird in der anschließenden Pressekonferenz ein deutlicher Dissens über die Gangart der Politik in Berlin deutlich, auch die Dialogfähigkeit des Senats wird von der Kammer öffentlich angezweifelt.[17] Auch

17 Vgl. den Bericht in BW 1992, Heft 3, S. 62 f. unter der Überschrift „Nicht eitel

eine Art Westlastigkeit des Treffens, das im Hotel Esplanade stattgefunden hatte, moniert die Kammer; die Beiträge seien ausschließlich von Kaufleuten aus dem Westteil der Stadt gekommen, und Dr. Hertz meint im Präsidium, dass er sich – es ist sein erster Wirtschaftstag – von Wirtschaftstagen zu Zeiten, als dieser auf West-Berlin beschränkt war, wohl nur begrenzt unterschieden hätte, und fügt hinzu, er hätte sich unterscheiden müssen. Deshalb nimmt sich die Kammer, nachdem Herr Diepgen der Wirtschaft die nächste Gastgeberrolle überlassen hatte, vor, dieses und andere Defizite bei der Vorbereitung des nächsten Wirtschaftstages, gemeinsam mit Handwerkskammer und UVB, zu minimieren. Sie erstellt außerdem eine Dokumentation des Wirtschaftstages, um eine Kontinuität zum kommenden herzustellen.

Zu einem konkreten Ergebnis des Wirtschaftstages wird die Vorlage eines Konzepts des Innensenators Dr. Heckelmann für eine Verwaltungsreform und für die Beschleunigung von Verwaltungsverfahren im März 1992. Die Kammer hatte nach dem erneuten Anstoß, den sie diesem Thema im Sommer 1991 gegeben hatte, eine Vielzahl von Kontakten mit dem Senat gehabt; dazu hatte auch ein intensiver Meinungsaustausch mit dem zuständigen Staatssekretär Lancelle gehört, der sich den Vorstellungen der Kammer gegenüber sehr aufgeschlossen gezeigt hatte, sie auch in Teilbereichen – unter Hinweis auf die Kammer – in die Vorlage an den Senat integriert hatte. Die Vorlage, in der die Berliner Verwaltungswirklichkeit durchaus drastisch, wenn auch, wie sich herausstellt, sehr unpopulär beschrieben wird, enthält, und so war auch der Rat der Kammer gewesen, kurzfristig zu realisierende Maßnahmen insbesondere zur Beschleunigung des Verwaltungsverfahrens und zur stärkeren betriebswirtschaftlichen Orientierung der Berliner Verwaltung und erst mittelfristig zu realisierende Vorschläge zur Reform der Senats- und Bezirksebene. Aus dem politischen Raum, insbesondere aus der SPD, kommt heftiger Widerstand, und nur wenige Vorschläge werden in überschaubarer Zeit realisiert. Aber die Kammer lässt bei diesem Thema über die folgenden Jahre nicht locker.

Das gilt auch für zwei weitere Punkte: Zur Flughafenpolitik veranstaltet sie im Februar ein Seminar, in dem nicht nur der Bundesverkehrsminister ein Referat hält, sondern an dem mindestens zeitweise zwei Brandenburger Minister und zwei Berliner Senatoren teilnehmen. Das gemeinsam mit dem UVB vertretene Argument der Kammer, dass

---

Einvernehmen“ und den Namensartikel von Präsident Kramp „Unser Angebot zum Dialog steht“ im gleichen Heft, S. 23.

Flughafenpolitik Standortpolitik ist, zieht sich wie ein roter Faden durch nahezu alle Beiträge. Zur Frage der Gründung einer Berufsakademie trägt Hauptgeschäftsführer Dr. Hertz in einer gemeinsamen Anhörung der Arbeitskreise Wissenschaft/Forschung, Bildung und Wirtschaft der Fraktionen der CDU und SPD die positiven Aspekte aus Sicht der Wirtschaft vor. Aber immer noch gibt es Widerstand vor allem der Bildungspolitiker der SPD, die auf die eine Berufsakademie ablehnenden Gewerkschaften – Berufsakademien verstärkten die Bindung von Arbeitnehmern an die Unternehmen, ihre Schaffung verkürzten das Recht auf Bildung des Studenten! – und auf die Konkurrenz fürchtenden Fachhochschulen hören. Immerhin reagiert der Regierende Bürgermeister auf einen Brief von Präsident Kramp und Dr. Hertz mit der Versicherung, er werde seinen ganzen Einfluss geltend machen, die gesetzlichen Grundlagen und die haushaltsmäßigen Voraussetzungen für die Errichtung einer Berufsakademie in Berlin zu schaffen, und auch Wirtschaftsstaatssekretär Dr. Kremendahl von der SPD sagt seine Unterstützung zu.

Kammerintern beschäftigen die Verantwortlichen des Hauses gleich mehrere Themen: das Neubauvorhaben, die Wahl zur Vollversammlung und der Umzug eines Teils der Mitarbeiterschaft in die Rosenthaler Straße.

Nach sorgfältiger Vorbereitung führt die Kammer im März 1992 ein entscheidendes Gespräch mit dem Senator für Stadtentwicklung und Umweltschutz, Dr. Volker Hassemer.

Der Stadtentwicklungssenator ist nach der Berliner Rechtslage imstande, den vom Landeskonservator über die Gebäude von Kammer, Börse und VBKI gelegten Denkmalschutz aufzuheben, wenn „ein öffentliches Interesse“ besteht. In dem Gespräch tragen Präsident Kramp und Hauptgeschäftsführer Dr. Hertz sowie Präsident Dr. Strathus vom VBKI ihre Argumente für die Aufhebung des Denkmalschutzes Herrn Dr. Hassemer und Landeskonservator Dr. Engel vor; Rechtsanwalt Peter Raue ergänzt zu den rechtlichen Aspekten, Architekt Nicolas Grimshaw und Stadtplaner Kohlbrenner legen die architektonischen und stadtplanerischen Argumente dar. Hassemer hört geduldig zu, lässt aber seine Tendenz noch nicht erkennen. Er fordert aber die Beteiligten auf, die Kosten der Belastungen zu beziffern, die durch die Einbeziehung des bestehenden Gebäudes des VBKI – ohne Abriss – in die Neubaupläne entstehen würden. Der VBKI macht allerdings deutlich, dass für ihn ein solches Konzept, das sein Gebäude zu einer Art Anhängsel eines IHK-Gebäudes machen würde, nicht in Betracht kommt. Die Kammer entwickelt ein worst-case-Szenario für den Fall einer negativen Entscheidung des Stadtentwicklungssenators;

sie will unter anderem eine Befassung des Gesamtsenats erzwingen und sich auch an die Fraktionsvorsitzenden von CDU und SPD wenden. Sie fasst in einem Schreiben an Senator Hassemer ihre Argumentation noch einmal zusammen und reichert sie mit konkreten Hinweisen über die Folgen der Aufrechterhaltung des Denkmalschutzes für die Wirtschaftlichkeit des Projekts an. Aber zunächst heißt es: Abwarten, auch wenn das den zukünftigen Bauherren schwer fällt.

Die Wahlen zur Vollversammlung werden am 3. April 1992 abgeschlossen. Die Vorbereitungen waren umfangreich gewesen, immer wieder hatte sich das Präsidium mit Größe und Struktur der zukünftigen Vollversammlung, einschließlich des Zuschnitts der Wahlgemeinschaften und ihrer Sitzzahl, und mit anderen Satzungsfragen beschäftigen müssen. Es hatte sich auf ein Gesamtzahl an Sitzen von 98 und auf die Zahl von maximal 22 möglichen Kooptationen sowie auf eine Straffung der Wahlgemeinschaften geeinigt. Nicht alle waren zufrieden gewesen; vor allem der Handel hatte angesichts seiner Bedeutung in der Stadt für eine höhere Zahl an Sitzen plädiert. Aber die objektiven Daten hatten dies aus Sicht der Kammerführung nicht zugelassen, und letztlich hatte sich der Handel, wenn auch widerwillig, gebeugt. Das Ergebnis der Wahl kann die Kammer nicht befriedigen: Die Zahl der eingegangenen Wahlunterlagen liegt zwar um 3000 Stimmen höher als bei der letzten Wahl; da die Zahl der kammerzugehörigen Betriebe seitdem aber deutlich gestiegen ist, sinkt die Wahlbeteiligung von knapp 20% auf etwas über 14%. Immerhin haben 22% der Vollkaufleute ihre Stimme abgegeben, und die Wahlbeteiligung der Vollkaufleute aus dem Ostteil der Stadt beträgt gut 29%, ein Indiz für die gute Integrationsarbeit der Kammer dort.

Es ist so, wie es auch später sein wird. Vielen kleinen Betrieben ist nicht bewusst, dass sie von Gesetzes wegen Mitglieder sind, andere lehnen die Pflichtmitgliedschaft ab, weil sie vom Nutzen der Kammer nicht überzeugt sind, anderen sind die vorgeschlagenen Vertreter ihrer Branchen unbekannt. Das Präsidium tröstet sich nur begrenzt mit dem Hinweis von Dr. Hertz auf eine Wahlbeteiligung bei der Kammer von München und Oberbayern 1991, die trotz einer massiven und kostenträchtigen Kampagne einschließlich von Werbungen in Funk und Fernsehen 13,4% nicht überschritten hatte, und nimmt sich für die nächsten Wahlen vor, nach Wegen zu suchen, die Transparenz zu erhöhen und die Informationsbasis über die Wahlbewerber zu verbreitern. Zugleich bedauert das Präsidium die mangelnde Repräsentanz von weiblichen Vollversammlungsmitgliedern und von Kaufleuten aus dem Ostteil der Stadt, Defiziten, denen sie mit den zukünftigen Kooptationen entgegenwirken will. Es realisiert diese Überlegungen, zumindest soweit es die Vertreter Ostberliner Betriebe betrifft, mit dem Vorschlag der Kooptation der Herren Horst Hillig (Friedrichshagener Maschinenbau und Fördertechnik), Peter Klopsch (NILES Werkzeugmaschinen), Detlef Koch (TCB Reisebüro), Dr. Roland Köhler (MBG Medizinische Geräte), Klaus Richter (ELTZ) Dr. Stefan Schüttauf (INTECH Bau-Union) und Reinhard Wiese (Hielscher und Wiese Drogerie- und Haushaltswaren), dem die Vollversammlung am 18. Juni folgt.

In dieser konstituierenden Sitzung wird Präsident Horst Kramp auf Vorschlag von Ehrenpräsident Horst Elfe einstimmig für eine dritte Amtsperiode wiedergewählt. Ihn unterstützen die bisherigen Vizepräsidenten Dr. Knut Fischer, Udo Pape und Joachim Putzmann sowie die bisherigen Mitglieder des Präsidiums Deodat v. Eickstedt, Reinhard Lange, Klaus Krone, und Bernd Rückert; neu ins das Präsidium kommen Dr. Manfred Gentz, Vorsitzender des Vorstands der debis – Daimler-Benz interServices, der Dienstleistungssparte des Hauses Daimler-Benz, Jürgen Krüger, Vorstandsvorsitzender der Hertie Waren- und Kaufhaus GmbH, und Günter Wille, Vorsitzender des Vorstands des Axel Springer Verlags – Männer, mit denen Präsident Kramp das Selbstverständnis des Hauses als hauptstädtische Kammer unterstreichen will und wird. Aber es bleibt nicht völlig aus, dass die Vollversammlung zuvor auch durchaus kontrovers über den Abstimmungsmodus, die Kriterien für die Mitgliedschaft im Präsidium, dessen Zusammensetzung und Fragen nach der ausreichenden Repräsentanz mancher Branchen der Berliner Wirtschaft diskutiert.

Der Vollversammlung liegt bei dieser Gelegenheit auch eine noch vom alten Präsidium gebilligte Resolution zu den bekannt gewordenen Überlegungen der sogenannten Föderalismuskommission und der Bundesregierung einschließlich der Vorschläge für eine Arbeitsteilung zwischen Berlin und Bonn vor: Die Kammer akzeptiert zwar ohne jede Einschränkung den Beschluss des Deutschen Bundestages vom 20. Juni 1991, macht aber kritische Anmerkungen dort, wo nach ihrer Meinung die Umsetzung Geist und Buchstabe des Beschlusses nicht entspricht. Das sieht sie vor allem in der Vernachlässigung historischer Aspekte und praktischer Notwendigkeiten, in der Hintanstellung zukünftiger Entwicklungsmöglichkeiten Berlins und in der Tatsache, dass die Mehrheit der alten Bundesländer zu wenig zur Stärkung des Föderalismus durch Abgabe von nationalen und internationalen Institutionen in die neuen Bundesländer beiträgt, und sie exemplifiziert dies an den Vorschlägen, das

Bundesverwaltungsgericht, die Außenstelle des Deutschen Patentamts und Institutionen der Entwicklungspolitik aus Berlin abzuziehen.

Auch zu der Zusammenarbeit zwischen Berlin und Brandenburg meldet sich die Kammer erneut zu Wort. Dem Ausschuss für die Zusammenarbeit der Länder Berlin und Brandenburg des Abgeordnetenhauses von Berlin legt sie anlässlich einer Anhörung im Juni 1992 ein umfangreiches Papier mit dem Titel „Entwicklung des Wirtschaftsraumes Berlin-Brandenburg – Perspektiven und Stand der Kooperation" vor und argumentiert auf dessen Basis. Sie weist auf die zunehmende wirtschaftliche Verflechtung der Region hin und unterlegt sie mit Zahlen. Sie bedauert, dass das politische Handeln in beiden Ländern mehr und mehr auf eine erneute und künstliche Trennung dieses Wirtschaftsraumes hinausläuft, und stellt fest, dass zwei Länder, zwei Landesregierungen, zwei Landesgesetzgeber und damit zwei Landesrechtsordnungen außerordentlich kostspielige sachliche, politische und administrative Reibungsverluste verursachen; gleiches gilt nach Auffassung der Kammer für die parallelen wirtschaftsnahen Einrichtungen wie Wirtschaftsförderungsgesellschaften, Landesentwicklungsgesellschaften, Institutionen zur Außenhandelsförderung, Technologietransfer-Einrichtungen, Bürgschaftsbanken etc. Sie verlangt eine einheitliche Politik für einen einheitlichen Wirtschaftsraum und fordert die staatsrechtliche Vereinigung der beiden Länder.

Und immer wieder befasst sich die Kammer mit einzelnen Aspekten des Neubauvorhabens. Mit Schreiben vom 29. Mai an Kammer und VBKI hatte Stadtentwicklungssenator Dr. Hassemer grünes Licht für den Abriss der Gebäude von Börse und VBKI gegeben, und dies mit einer so intelligenten Begründung, dass selbst in Kreisen der Architektenkammer und der Architekten die Kritik äußerst verhalten blieb. Da er ein „öffentliches Interesse" an der Hintanstellung des Denkmalschutzes – und dafür reichte die Tatsache, dass die Kammer als öffentlich-rechtliche Körperschaft bauen wollte, keinesfalls aus – feststellen musste, hatte er im wesentlichen, etwas verkürzt dargestellt, mit dem städtebaulichen Effekt des Neubauvorhabens argumentiert. Er sah in dem Neubau der Kammer mit dem bahnbrechenden Entwurf von Grimshaw ein Instrument, das der im Niedergang begriffenen Gegend um die Kantstraße und damit der gesamtem westlichen City neues Leben zu geben und damit die städtebauliche Balance im neuen Berlin im Lot zu halten in der Lage war.[17a] Eines der ganz wesentlichen Hindernisse für

17a Der Wortlaut des Schreibens ist abgedruckt in: Aufbruch im Wandel. Der Weg zum Ludwig Erhard Haus, Brandenburgisches Verlagshaus Berlin 1998, S. 132 ff.

die Realisierung des Projekts ist damit aus dem Wege geräumt. Zur gleichen Zeit erteilt die Kammer auf Empfehlung ihrer Beratergruppe dem Berliner Büro Schofer und Marschel in Zusammenarbeit mit dem englischen Büro 4 (Clive Birch und Partner) den Auftrag für das Projektmanagement für den Neubau. Die zukünftigen Projektmanager hatten sich damit gegen ein großes anderes deutsches Büro durchgesetzt. Maßgeblich für die Entscheidung war der – sich später als problematisch erweisende – Eindruck, das dieses mittelständische Büro, das sich voll dem Projekt widmen wollte, besser zu Kammer und VBKI passen würde, als dass ihr Bauvorhaben bei einem großen Unternehmen nur eines von zahlreichen Projekten sein würde. Der Bebauungsplan wird fertig, die Kammer entscheidet sich für ein Fondsmodell auf Leasingbasis als Finanzierungsgrundlage; dabei soll der Fonds Finanzierungs-, nicht Betreiberaufgaben übernehmen, während bei der Kammer die wirtschaftlichen Einflussmöglichkeiten – und damit auch die wirtschaftlichen Chancen und Risiken – verbleiben. Die Kammer nimmt auch die Gespräche mit der Führung des VBKI über die konkrete Ausgestaltung der Zusammenarbeit wieder auf. Dabei geht es vornehmlich um die Abstimmung über die Profile und jeweiligen Aufgabenfelder der beiden Organisationen, um den Erbbaurechtsvertrag und Mieterkonzepte, um die Konkretisierung des Raum- und Nutzungskonzepts und um die Einbindung des VBKI in die Organisation des Bauvorhabens. Die Kammer entpflichtet auch den Leiter der Abteilung Recht und Stadtentwicklung, Volkmar Strauch, der bisher im Hauptamt mit hohem Engagement und großer Umsicht für das Bauvorhaben verantwortlich gewesen war, auf seinen Wunsch von dieser Aufgabe; interner Projektverantwortlicher wird unter Freistellung von seiner bisherigen Zuständigkeit der Leiter der Steuerabteilung, Hartmut Scholz, von dem sich die Führung der Kammer ein striktes Projektmanagement und eine scharfe Kostenkontrolle erhofft.

Der Umzug eines Teils der Mitarbeiterschaft in die Rosenthaler Straße rückt näher. Die Renovierungsarbeiten dort waren gut vorangekommen, und die Kammer hatte sich mit der Wohnungsbaugesellschaft Mitte auf einen Mietvertrag verständigen können. Nun geht es darum, welche Mitarbeiterinnen und Mitarbeiter von der Hardenbergstraße in die Rosenthaler Straße, deren Umfeld zu dieser Zeit doch noch sehr zu wünschen übrig lässt, wechseln sollen. Hauptgeschäftsführer Dr. Hertz entscheidet sich – im Einvernehmen mit deren Leiter Severon – für die Berufsbildungsabteilung. Damit soll auch ein Zeichen gesetzt werden, dass die in dem östlichen Teil Berlins von manchen immer noch als Westberliner Institution angesehene Kammer in Mitte fachlich gerade dort tätig wird, wo es mit am meisten brennt: bei der Ausbildung von

Jugendlichen und bei der Weiterbildung von Menschen, die sich durch Qualifizierung den neuen Anforderungen stellen wollen und müssen. Widerstand aus der Mitarbeiterschaft in der Hardenbergstraße bleibt nicht aus – manche können von alten Gewohnheiten und dem Miteinander mit den bisherigen Kolleginnen und Kollegen schwer lassen, das ist menschlich –, aber ein großer Teil der Mitarbeiterschaft nimmt die neue Arbeitsstätte an, ist zumindest aufgeschlossen. Dazu trägt eine Vielzahl von Gesprächen mit den Damen und Herren, die zum Umzug aufgefordert werden, und die vor allem Herr Severon mit Geduld und Überzeugungskraft führt, bei. Auch der Personalrat zieht mit, nachdem Dr. Hertz sich sichtbar bemüht hat, die Arbeitsbedingungen im Rahmen des Möglichen dem Arbeitsumfeld in der Hardenbergstraße vergleichbar zu machen; es hilft auch, dass er im Einvernehmen mit dem Präsidium die Vergleichbarkeit der Einkommen an den beiden Arbeitsorten Hardenbergstraße und Rosenthaler Straße sicherstellt. Mitte Juli erfolgt der Umzug. Manche Mitarbeiterinnen und Mitarbeiter vollziehen ihn nur schweren Herzens, und auch deshalb verbringt Hauptgeschäftsführer Dr. Hertz nach dem Umzug mindestens einen Vormittag wöchentlich in der Rosenthaler Straße, um ihnen das Gefühl zu geben, nicht vom Mutterhaus abgenabelt zu sein.

Der Regierende Bürgermeister bittet im Frühsommer 1992 die Kammer und andere Organisationen der Berliner Wirtschaft, sich an informellen Gesprächen mit den Arbeitnehmervertretungen unter seiner Leitung zu beteiligen. Diepgen will in diesen wirtschafts- und sozialpolitischen Runden die Gemeinsamkeiten herausstreichen und das soziale Klima in der Stadt pflegen. Die Kammer, wenn auch eher skeptisch – Dr. Hertz hat aus seiner Zeit im Bundeswirtschaftsministerium ungute Erinnerungen vor allem an die späten Zeiten der so genannten Konzertierten Aktion – stimmt im Hinblick auf die Zielsetzung zu, macht aber deutlich, dass sie den Alibicharakter solcher Veranstaltungen fürchtet, dass sie deshalb die Befassung mit ganz konkreten Informationen und Projekten erwartet: „Die Zeit der Absichtserklärungen ist vorbei", sagt sie dem Regierenden Bürgermeister in einem Vorgespräch, und Diepgen sichert die Berücksichtigung dieser Auffassung von dem Sinn solcher Treffen zu. Das erste Gespräch bei einem Frühstück im Gästehaus des Senats am 5. Mai hat zum vornehmlichen Thema die Situation und die Perspektiven des Industriestandorts Berlin, ein Thema, auf das Wirtschaft und Gewerkschaften besonderen Wert legen. So ganz nutzlos bleibt das Gespräch nicht. Zur Überraschung des Regierenden Bürgermeisters widersprechen nicht nur Präsident Kramp, Hauptgeschäftsführer Dr. Hertz und andere Vertreter der Wirtschaft seiner – auch öffentlich immer wieder geäußerten – These von dem Vorrang der Angleichung der Lebensverhältnisse in der Stadt, sondern auch Gewerkschaftsführer. Der Berliner IG Metall-Vorsitzende Wagner teilt mit der Kammer die Meinung, dass eine rasche, von den Betrieben finanzierte lohnpolitische Angleichung zu Arbeitsplatzverlusten im Ostteil der Stadt und in der Region führen muss. Dass er als Konsequenz Lohnsubventionen ins Gespräch bringt, findet die Wirtschaft falsch. Immerhin sind sich Wirtschaft und Gewerkschaften in der Falsifizierung der Prioritäten Diepgens einig, wenn dieser davon auch in Zukunft nicht ablassen wird. Im übrigen bemühen sich der Regierende Bürgermeister und die Senatoren Dr. Meisner, Pieroth und Dr. Hassemer in dem Gespräch um den Eindruck, dass der Senat sich nicht nur der Bedeutung der Industrie für den Wirtschaftsstandort bewusst ist, sondern dass er dies auch durch angewandte Politik umsetzen wolle. Der Schwerpunkt ihrer Absichtserklärungen liegt bei einer aktiven Flächenpolitik, Flächen nicht nur für Produktionsstätten, sondern auch für Verkehrsinfrastruktur und für die Dienstleistungen, die um die Industrie und um Bundesverwaltung und Parlament entstehen sollen. Finanzsenator Pieroth informiert über geplante Erleichterungen bei den Erbbauzinsen und schließt eine weitere Gewerbesteuererhöhung in dieser Legislaturperiode aus; Berlin, so Pieroth wörtlich, könne sich ein solche nicht leisten. Die Wirtschaft geht also mit einigen, wenn auch aus ihrer Sicht zu wenigen, konkreten Ergebnissen nach Hause.

Am 16. September 1992 findet die erste Arbeitssitzung der neuen Vollversammlung statt. Sie beschließt eine von Dr. Hertz und seinen Mitarbeitern erarbeitete, vom Präsidium gebilligte Erklärung für ihre Amtsperiode 1992 – 1996 „Neue Schubkräfte für das wirtschaftliche Zusammenwachsen mobilisieren“. Das 15-seitige Papier listet neben der Forderung nach zügiger Weichenstellung durch Politik und Wirtschaft und einer Analyse der negativen und positiven Entwicklungen in der Region zehn prioritäre Handlungsfelder auf, in denen sich die ganze Breite des Wissens und der unternehmerischen Erfahrungen der Kammer widerspiegelt.[18] Die Vollversammlung befasst sich bei dieser Gelegenheit auch mit der Berliner Ausbildungsplatzsituation. Der Ausbildungsstellenmarkt hat in diesem Jahr einen Bestand von rund 55 000 Ausbil-

18 Die Erklärung ist abgedruckt in BW 1992, Heft 20, S. 19 ff., dort auch Hinweise auf die große Medienresonanz; der Bericht über die Vollversammlung ist zu finden im gleichen Heft, S. 5 ff.

dungsplätzen; davon entfallen etwa 30 000 auf die Handelskammer. 1991 hatten ihre Mitgliedsunternehmen für knapp 1100 Neueintragungen, davon 2600 im Ostteil der Stadt, gesorgt. Aber die Kammer erwartet Probleme, auch weil die industrielle Substanz dort nach wie vor zurückgeht. Immerhin ist der hohe Anteil der Auszubildenden mit Wohnsitz im Ostteil der Stadt und aus dem Brandenburger Umland an der Gesamtzahl von Neueintragungen im Westteil in der Größenordnung von 35 % ein gutes Zeichen für die Integrationsbereitschaft der Stadt. Die Aktivitäten der Kammer sind darauf gerichtet, die Ausbildungsbereitschaft und –fähigkeit der Berliner Betriebe zu stabilisieren und zu erhöhen. Unter anderem verstärkt sie ihre Vermittlungsdienste bei Kooperationswünschen zwischen Ost- und Westberliner Ausbildungsbetrieben, sie richtet Ausbilderarbeitskreise mit Ausbildern aus beiden Stadthälften ein, sie führt Informations- und Beratungsgespräche in den Berufsschulen, akquiriert neue Ausbildungsbetriebe und bewährte Ausbildungsstätten für die Mitarbeit im von ihr mit gegründeten Ausbildungsring, beurteilt die Eignung von Trägern im Bereich der Ausbildung oder Umschulung und vermittelt so genannte Konkurslehrlinge in Ausbildungsbetriebe, in den Ausbildungsring oder in außerbetriebliche Ausbildungsstätten.

Auch auf weiteren Feldern bemüht sich die Kammer im Herbst 1992 um Fortschritte in Berlin: Beispiele sind das Standortmarketing, eine Tourismuskonzeption und die mittelständische Beteiligungsgesellschaft. Zum Stadt- oder Standortmarketing dringt sie auf eine konzeptionelle Neuausrichtung und auf klare Zuständigkeiten innerhalb der bisher sehr zersplitterten Landschaft. Erste Gespräche werden mit dem Wirtschaftssenator unter Beteiligung von IHK, BAO, WFB, Messe, Einzelhandelsverband und UVB geführt; später kommen die Senatskanzlei und die Handwerkskammer hinzu. Die Kammer stößt auch ein neues Konzept für eine Tourismuspolitik einschließlich des Marketing an und übernimmt auf Bitten maßgeblicher Teile der Tourismuswirtschaft und des Wirtschaftssenators die Moderatorenrolle für eine Tourismus GmbH Berlin. Diese Institution, in der Nachfolge der schon einmal gescheiterten Privatisierung des staatlichen Verkehrsamts, soll in einer privatwirtschaftlich organisierten Struktur als Dienstleistungsunternehmen allen zur Verfügung stehen, die ein wirtschaftliches, politisches oder allgemeines Interesse an der Förderung des Berlintourismus haben, und in erster Linie Marketingaufgaben übernehmen (touristische Gesamtkonzeption, zentrales EDV-gestütztes Hotelreservierungssystem, neue Formen von Werbematerial und Vertrieb über neue Distributionswege, neue

Programmpakete im Bausteinprinzip). Hauptgeschäftsführer Dr. Hertz, der die Moderation persönlich übernimmt, wird erleben, wie divergierend die Interessen der zu Beteiligenden – Hotel- und Gaststätten-Innung, DIAL Berlin, ein Zusammenschluss großer und führender Hotels, Berlin Convention Bureau, die Messe AMK, Berliner Einzelhandelsverband und ein zu gründender Verein, der die sonstigen Interessenten bündelt, Land Berlin – sein werden; er wird teils bittere Enttäuschungen erleben müssen. Immerhin finden sich die verantwortlichen Organisationen Berlins zu einer abgestimmten Vorstellung des Standorts im Ausland zusammen. Erstmals gelingt mit einer Berlinpräsentation in Mailand im Herbst 1992 unter Führung der BAO, eine solche organisatorische und inhaltliche Abstimmung zu gewährleisten. Ziel der gelungenen Vorstellung Berlins ist es, die Stadt in ihrer neuen Dimension zu zeigen, Unternehmen aus Italien für ein verstärktes Engagement in der Stadt zu gewinnen und interessierten italienischen Unternehmen den Einstieg in die im Umbrauch befindlichen osteuropäischen Märkte über Berlin zu erleichtern. Die Delegation setzt sich aus Vertretern von BAO/IHK, WFB, Messe, Hotel- und Gaststättengewerbe, Senat und weiteren Berliner Unternehmen zusammen und wird von Dr. Knut Fischer, Vorsitzender des Verwaltungsrats der BAO und Vizepräsident der Kammer, geleitet. Eine weitere Präsentation erfolgt in Zusammenarbeit mit der Österreichischen Wirtschaftskammer und der Deutsch-Österreichischen Handelskammer in Wien. Die Kammer wirkt auch an der Gründung einer mittelständischen Kapitalbeteiligungsgesellschaft für Berlin und Brandenburg mit, die kleinen und mittleren Betrieben Eigenkapital zuführen wird. Neben Banken, Bürgschaftsbanken – die Berliner Bürgschaftsbank hat sich aus der Kammer heraus verselbständigt und wird von einer früheren Mitarbeiterin des Hauses, Frau Waltraud Wolf, geführt – und Verbänden beteiligt sich auch die Berliner Industrie- und Handelskammer, gemeinsam mit den Brandenburger Kammern und den Organisationen des Handwerks, wie schon bei der Bürgschaftsbank selbst, mit Kapital an der Gründung. Sie unterstützt auch die – später fehlschlagende – Bewerbung der Stadt für die Olympiade im Jahr 2000. Über das schon vorhandene Engagement großer deutscher Unternehmen hinaus soll die mittelständische Wirtschaft Berlins durch eine Informationskampagne und Veranstaltungen der Kammer für dieses Projekt gewonnen werden. Die Kammer stellt ihre Initiative in einer Pressekonferenz vor, nutzt den traditionellen Neujahrsempfang Anfang 1993 für ihre Promotion, entwickelt ein eigenes, mit der Olympiabewerbungsgesellschaft abgestimmtes Logo, wird eine ganze Serie von sogenannten Olympiaforen organisieren, auf denen unter vielen anderen der frühere Münchner Oberbürgermeister Dr. Hans-Jochen Vogel, der Vizepräsident des Deutschen Bundestages und Pressechef der dortigen Olympiade 1972, Hans Klein, und Spitzenvertreter des deutschen Sports und anderer Olympiadestädten wie Atlanta und Los Angeles sprechen, gibt ein eigenes Faltblatt mit Argumenten für die Bewerbung Berlins heraus und verteilt Aufkleber und Poster; von der Olympiade in der eigenen Stadt erhofft sie sich einen heilsamen Handlungszwang, der Politik und Verwaltung „auf Trab bringen" soll. Sie befasst sich zudem konzeptionell mit der Gründung einer gemeinsamen Sonderabfallgesellschaft für die Länder Berlin und Brandenburg und wirbt dafür Gesellschaftskapital aus den Kreisen der daran interessierten Unternehmen ein.

Am 25. November 1992 findet erneut ein Wirtschaftstag statt, nun nicht ein Wirtschaftstag des Regierenden Bürgermeisters, aber mit ihm; denn dieser Wirtschaftstag findet auf Einladung der Wirtschaft, und wie von der Kammer angekündigt, im Ostteil der Stadt statt, in einer Werkshalle der Firma Elpro AG Industrieelektronik und Anlagenbau in Marzahn. Hauptgeschäftsführer Dr. Hertz und seine Mitarbeiter haben, gemeinsam mit Kollegen der Handwerkskammer und des UVB, umfangreiche vorbereitende Unterlagen erstellt, die allen Teilnehmern vorher zugegangen sind; sie behandeln die verabredeten Schwerpunktthemen Standortsicherung, Verkehrsinfrastruktur, Gewerbeflächen und Gewerbemieten, Wohnungsbau, Hochschul- und Bildungspolitik sowie Stärkung des Mittelstandes. Der Senat ist sehr gut vertreten; der Regierende Bürgermeister, sechs Senatoren und mehrere Staatssekretäre nehmen teil. Es kommt zu einem konstruktiven Dialog zwischen Politik und Wirtschaft, auch zu konkreten Ergebnissen, beispielsweise der Bestätigung durch den Regierenden Bürgermeister, dass die Gewerbesteuer in dieser Legislaturperiode nicht erhöht werde, und zu Verabredungen für ein Follow-up zu spezifischen Themenbereichen. Die Kammer hält den Ablauf in einer eigenen umfangreichen Dokumentation fest.[19]

In eigener Sache geht es der Kammer im Spätherbst 1992 vor allem um das Vorantreiben des Neubaus und um eine Optimierung ihrer Öffentlichkeitsarbeit.

Das Projektmanagementteam errechnet für den vorliegenden Entwurf Baukosten in Höhe von 198 Mio. DM; bei Hinzurechnung aller Baunebenkosten ergeben sich Gesamtinvestitionskosten von 272 Mio.

---

19 Der Inhalt der vorbereitenden Unterlagen und der Ablauf des Wirtschaftstages sind auch dokumentiert in BW 1992, Heft 25/26, S. 9 ff.

DM. Das Projekt droht aus der Sicht von Kammer und VBKI unwirtschaftlich zu werden, und das will vor allem die Kammer, die das wirtschaftliche Risiko zu tragen hat, nicht. Sie hält zu diesem Zeitpunkt zwar, und sie wird darin von befragten Experten bestätigt, eine Brutto-Kaltmiete von 80 DM pro Quadratmeter (einschließlich von 12 DM Bewirtschaftungskosten ohne die vom Mieter zu zahlenden Heizkosten) für erzielbar, aber selbst dazu sind eine Senkung der Baukosten, eine Steigerung der Nutzfläche sowie eine Herabsetzung der Belastungen durch den Erbauzins an den VBKI und der Bewirtschaftung erforderlich. Die Projektmanager erhalten den Auftrag, entsprechende Maßnahmen durchzusetzen. Am 2. Dezember legen Architekt und Projektmanager eine überarbeitete Vorentwurfsplanung vor, die die Wirtschaftlichkeit des Bauvorhabens sicherstellen sollen. Die Baukosten sind auf 161 Mio. DM gesenkt, die Nettonutzfläche wird auf 22 000 Quadratmeter gesteigert; die gesamten Investitionskosten belaufen sich auf 255 Mio. DM. Daraus ergibt sich eine durchschnittliche Nettokaltmiete von 68 DM als Kalkulationsgrundlage; Vergleichsmieten in gleicher Lage werden von den von der Kammer beauftragten Gutachtern für den Zeitpunkt der Fertigstellung, die für den Januar 1997 projektiert ist, auf 80 DM beziffert, und es gibt zu dieser Zeit Beispiele von bereits jetzt höheren Büromieten im Umkreis der Fasanenstraße. Das Präsidium beauftragt deshalb ihre Verhandlungskommission mit dem VBKI zu klären, welcher Erbauzins zugrunde zulegen ist, um die Wirtschaftlichkeit des Vorhabens weiter abzusichern. Es bestärkt sie nach einer Diskussion, die auch die Chancen und Risiken der zukünftigen Entwicklung der Börse behandelt, den Entwurf von Architekt Nicolas Grimshaw in der abgeänderten Form – der Architekt wird später durchblicken lassen, sie sei ihm von einem „Krämergeist“ aufoktroyiert worden – wirtschaftlich vertretbar zu machen. Die Vollversammlung soll möglichst am 21. Januar 1993 die endgültige Entscheidung über das Bauvorhaben treffen.

Die Optimierung der Öffentlichkeitsarbeit der Kammer bezieht sich vor allem, aber nicht nur, auf die Kammerzeitschrift „Berliner Wirtschaft“, auf den IHK-Ratgeber und auf den Jahresbericht. Die Kommunikation der Kammer leidet – und das ist nur schwer änderbar – an der Heterogenität ihrer Zielgruppen. Es sind dies nicht nur die kammerzugehörigen Unternehmen, die durch eine Vielfalt von Wirtschaftszweigen, Unternehmensgrößen und Interessen gekennzeichnet sind, es sind die Politik des Landes und des Bundes, Behörden und Wirtschaftsverbände, die Botschaften von Ländern, deren Wirtschaftsreferenten etwas über den Wirtschaftsstandort erfahren sollen, Journalisten, die etwas über ihn schreiben wollen, und insgesamt ein am Wirtschaftsgeschehen der Stadt interessiertes Publikum. Natürlich sollen sich in erster Linie die Mitglieder der Kammer in ihrer Öffentlichkeitsarbeit wiederfinden. Aber die Kammer hat nach ihrem Selbstverständnis auch einen Anspruch an die unternehmerische Spitzenorganisation der deutschen Hauptstadt zu erfüllen. Das Präsidium setzt deshalb im November 1992 eine Arbeitsgruppe unter dem Vorsitzenden des Vorstandes des Hauses Axel Springer, Günter Wille, ein; dieser bedient sich für die Erfüllung dieser Aufgabe seines Pressesprechers, des früheren Bundestagsabgeordneten Ferdi Breitbach.

Am 8. Januar 1993 hält die Präsidentin des Deutschen Bundestages, Frau Professor Dr. Rita Süssmuth, die Rede vor dem traditionellen Neujahrsempfang der Kammer. Sie tritt für die zügige Umsetzung des Berlin-Beschlusses des Parlaments ein und fordert Verlässlichkeit im Vollzug. Der Jahresempfang selbst wird wieder zu einem herausragenden Treffpunkt für Politik, Unternehmerschaft, Wissenschaft und Medien. So lassen sich sehen der Brandenburgische Ministerpräsident Manfred Stolpe, der wenige Stunden zuvor nominierte Kandidat für das Amt des Bundeswirtschaftsministers, Dr. Günter Rexrodt, nun auch zunehmend die Vertreter der Bundeswehr, darunter der Befehlshaber des Korps- und Territorialkommandos Ost, Generalleutnant Werner von Schewen, und der Regierende Bürgermeister mit vielen seiner Senatoren und Staatssekretären. Für die Kammer wird der Empfang zum Auftakt ihrer Initiative für die Olympiade in Berlin; das Olympiagelb der Bewerbung dominiert den Raum, das junge Olympiateam der Kammer stellt die Grundelemente der Kampagne vor, und die Gäste erhalten beim Abschied einen gelben Schirm mit dem Signet der Initiative.

Wie in Aussicht genommen, befasst sich die Vollversammlung am 21. Januar 1993 mit dem Neubauvorhaben. Der Architekt Nicolas Grimshaw ist eingeladen; auch Herr Fischer von der Immobilienfirma Herring, Baker & Harris, die die Mietkalkulation vorgenommen hatte, und Herr Dr. Vedder vom Projektmanagement nehmen teil. Der Architekt erläutert seinen Entwurf und bekundet seine Entschlossenheit, den vorgegebenen Kostenrahmen und den Zeitplan ohne Abstriche einhalten zu wollen. Der interne Projektverantwortliche, Hartmut Scholz, stellt das Nutzungskonzept, die Bau- und Finanzierungskosten und die Kalkulation der Mieten für Büros, Veranstaltungsräume und die vorgesehenen Restaurants dar. Präsident Kramp, andere Mitglieder des Präsidiums und Dr. Hertz erinnern an die von der Vollversammlung gebilligte grundsätzliche Orientierung zur Konzeption eines Kommunikations- und

Servicezentrums der Berliner Wirtschaft, das mehr als ein reiner Nutzbau sein soll, und auch daran, dass die Aufhebung des Denkmalschutzes durch den Stadtentwicklungssenator an die Realisierung des Grimshaw-Entwurfs gebunden sei. Dennoch bleiben ernsthafte Zweifel, auch von dem Projekt gegenüber aufgeschlossenen Mitgliedern der Vollversammlung, nicht aus. Sie betreffen in erster Linie die angesetzten Mieten, dies auch vor dem Hintergrund einer absehbaren Zunahme von neu erstelltem Gewerberaum in Berlin; das Bauvorhaben liege kostenmäßig an der oberen Grenze der zu dieser Zeit gezahlten Baukosten, und es werden Bedenken laut, dass der Markt Mieterhöhungen proportional zu den Erhöhungen der Leasingraten zulassen werde. Auch die Zukunft der Börse erscheint manchen zu unsicher, um darauf eine abgesicherte Kalkulation aufbauen zu können. Präsident Kramp sagt zu, zunächst nur in eine weitere Optimierungsphase eintreten zu wollen, in die er auch weitere Mitglieder der Vollversammlung einbeziehen will, bevor dann die Vollversammlung eine endgültige Entscheidung trifft. Ein Beschluss über diese weitere Optimierungs-, Planungs- und Bauvorbereitungsphase unterbleibt nur, weil Präsident Kramp auf Antrag eines Mitglieds – satzungsgemäß – die Beschlussunfähigkeit der Vollversammlung feststellen muss. Dennoch nimmt das Präsidium die in dieser Vollversammlung angemeldeten Zweifel und die aufgeworfenen Fragen sehr ernst. Es gibt erneute Gespräche mit dem VBKI und mit dem Börsenpräsidenten Dr. Tröbinger, auch mit Vollversammlungsmitgliedern, die Kritik geäußert haben. Dr. Tröbinger kann berichten, dass es innerhalb des Börsenvorstands inzwischen ein klares Bekenntnis zum Standort an der Fasanenstraße und damit für den Einzug in das neue Gebäude gibt; es gibt auch konstruktive Ansätze für die vertragliche Gestaltung der Einbindung der Börse in das Bauvorhaben (anzumietende Fläche, Dimension des Börsensaals und Mietpreise). In Gesprächen mit Mitgliedern der Vollversammlung versucht die Führung des Hauses, die Rechenwerke, das Kostengerüst, die Finanzierung und die Wirtschaftlichkeitsrechnung nachvollziehbarer zu machen; sie nimmt auch den Rat an, den zu erlösenden Mietzins in einer Modellrechnung zu reduzieren, allerdings mit dem Ergebnis, dass sich bei einer Minderung um 20 % eine jährliche Unterdeckung von etwa 3 Mio. DM ergibt. Sie intensiviert die Gespräche mit Bausenator Nagel über einen Wegfall oder eine Reduzierung der Stellplatzgebühren, von denen sie sich eine Kostenentlastung von bis zu 18 Mio. DM erhofft. Das Präsidium wird sich in einer Sondersitzung Anfang März, die der Vorbereitung der nächsten Vollversammlung dient, einig, dass auf jede am 21. Januar angesprochene Frage eine überzeugende Antwort gegeben werden muss, soll nicht die Glaubwürdigkeit der Kammerführung leiden. Das Präsidium verständigt sich auch darauf, den Anspruch der Kammer stärker herauszustellen, mit dem Bau des Ludwig Erhard Hauses ein Zeichen für das wachsende Selbstbewusstsein der Berliner Wirtschaft zu setzen. Denn es fürchtet auch die negative Signalwirkung, die von einer anderen Entscheidung ausgehen würde; eine andere Entscheidung als ein Votum für die Fortsetzung des Projekts wäre gegenüber Politik und Öffentlichkeit kaum verständlich zu machen, auch vor dem Hintergrund der ständigen Forderungen der Kammer an andere, zur Qualifizierung des Wirtschaftsstandortes beizutragen. Der Vollversammlung am 17. März liegt die Beschlussempfehlung des Präsidiums vor, der Fortsetzung des Bauvorhabens zuzustimmen und zugleich Präsidium und Geschäftsführung zu beauftragen, seine Wirtschaftlichkeit fortlaufend zu überprüfen und insbesondere nach Abschluss der Entwurfs- und der Ausführungsplanung darüber zu berichten. In der Diskussion geht es nicht mehr so sehr um die Grundsatzfrage des Bauvorhabens, sondern um die Tragweite der zu treffenden Entscheidung. Manche Vollversammlungsmitglieder, darunter erfahrene Männer aus der Immobilienwirtschaft, wollen die Beschlussfassung auf die Weiterführung des Planungsverfahrens beschränken und die endgültige Freigabe des Bauvorhabens durch die Vollversammlung einer späteren Entscheidung vorbehalten; die Zwischenzeit soll genutzt werden, das in Aussicht genommene Finanzierungskonzept noch einmal zu überprüfen, den Entwurf des Architekten zu optimieren, mit dem Senat über die Ablösesumme für die Stellplätze zu verhandeln, ein endgültiges Nutzungskonzept zu erarbeiten und die endgültigen Vereinbarungen mit VBKI und Börse zu treffen. Präsident Kramp und andere Mitglieder des Präsidiums erwarten eine Entscheidung für den Bau, wobei sie darauf hinweisen, dass damit keine irreversiblen Tatsachen geschaffen werden sollen. Hauptgeschäftsführer Dr. Hertz macht auf die negative Außenwirkung eines limitierten Auftrags der Vollversammlung aufmerksam; nach seiner Meinung muss die Kammer nach der Entscheidung sagen können, dass sie das Bauvorhaben als Signal für die Zukunft des Standorts Berlin realisieren will, nicht, dass sie es nur plant. Im Ergebnis stimmt die Vollversammlung mit großer Mehrheit dem Beschlussvorschlag des Präsidiums zu, ohne Gegenstimme, bei wenigen Enthaltungen. In diesem Stimmenverhältnis, bei dem manche Vollversammlungsmitglieder ihre anhaltenden Zweifel hintanstellen, kommt auch der Respekt vor Mandat und Selbstverständnis des Präsidiums und Vertrauen in dessen Arbeit bei der Begleitung des Bauvorhabens zum Ausdruck.

Abb. 34 Präsident Kramp und Hauptgeschäftsführer Dr. Hertz bei der Vorstellung des Modells des Neubauvorhaben anlässlich eines Vortrags des CDU/CSU-Fraktionsvorsitzenden Dr. Wolfgang Schäuble im Haus der Industrie- und Handelskammer zu Berlin im Oktober 1993

Die Zukunft der Berliner Börse spielt für die Kammer nicht nur im Zusammenhang mit ihrer Einbindung in das Bauvorhaben eine Rolle. Die Verantwortlichen machen sich Gedanken über ihre Stellung in der deutschen Börsenlandschaft und ihre Perspektiven. Wirtschaftssenator Dr. Meisner, begleitet von dem stets kundigen Abteilungsleiter Dr. Andor Koritz, lädt im März 1993 die Mitglieder des Präsidiums der Börse Dr. Tröbinger, Dr. Fernholz und Zeelen, den Präsidenten der Landeszentralbank Dr. Hiß, den Präsidenten der Kursmaklerkammer, Diederich, und Hauptgeschäftsführer Dr. Hertz zu einem sogenannten börsenpolitischen Gespräch in das Gästehaus der Landeszentralbank ein; Dr. Hertz ist eingeladen als Vertreter der am Börsengeschehen interessierten Unternehmen, als Repräsentant der unternehmerischen Organisation, die für die Entwicklung des Standorts Berlin Mitverantwortung trägt, die zugleich auch durch ihre Neubaupläne Verursacher einer verschärften Diskussion innerhalb der Börse über ihre eigene Zukunft ist. Themen des Gesprächs sind die Stellung der Berliner Börse unter den deutschen Börsen – von den Umsätzen her liegt sie unter den Regionalbörsen auf

Platz 6, hält ihren Rang aber für veränderbar –, die Kosten-/Ertragssituation und –entwicklung, die Bedeutung der Börse für den Standort, die Bewertung der weiteren Entwicklung und mögliche Beiträge der Politik zum Erhalt der Börse. Die Teilnehmer erkennen die hohe Bedeutung der Börse für den Wirtschaftsstandort an, die Börse sieht als strategisches Ziel ihre Etablierung als Börse für Ostdeutschland und erfolgversprechende Ansätze in einer Marktaufteilung, beispielsweise Berlin als Platz für den Geregelten Markt und für den Freiverkehr; die Teilnehmer sichern zu, in ihrer jeweiligen Klientel für die Nutzung der Börse zu werben. Die von der Kammer und der Börse unternommenen Anstrengungen zur Absicherung der Zukunft der Börse im Ludwig Erhard Haus finden allgemeine Anerkennung.

Auch die Situation auf dem Ausbildungsstellenmarkt beschäftigt die Kammer im Frühjahr erneut. Es war zwar 1992 gelungen, die Nachfrage der Jugendlichen nach Ausbildungsplätzen cum grano salis zu befriedigen. Aber bei den Neueintragungen im Bereich der Kammer hatte sich ein Rückgang von knapp 1 500 oder fast 14% ergeben. Wesentliche Ursachen waren die anhaltende konjunkturelle Schwäche sowie strukturbedingte Einbussen vor allem in den Industriebetrieben im Ostteil der Stadt. Dieser Rückgang konnte im wesentlichen nur durch eine Tendenz zur vollschulischen Ausbildung und durch zahlreiche überbetriebliche Ausbildungsplätze bei freien Trägern im Ostteil der Stadt aufgefangen werden. Die Nachfrage von Jugendlichen aus dem Ostteil der Stadt und dem Umland nach Ausbildungsverhältnissen in Betrieben im Westteil Berlin stabilisiert sich; es sind wiederum 35% der dortigen Neueintragungen. Das ist auf der einen Seite ein positives Zeichen für die Integrationsfähigkeit der Stadt; auf der anderen Seite deuten sich aber bei anhaltenden Wirtschaftsproblemen die Grenzen der Belastbarkeit an. Die Kammer nimmt sich vor, mit den bewährten Instrumenten und auf neuen Wegen, beispielsweise durch Direktansprache von Betrieben, bei denen nach den Erkenntnissen der Kammer aufgrund von Abschlussprüfungen Stellen frei werden, ihre Werbung für Ausbildungsplätze zu verstärken.

Es gibt auch einen konstruktiven Dialog mit Wissenschaftssenator Professor Dr. Erhardt über Fragen des Technologietransfers. Die Kammer erstellt eine Stärken/Schwächen-Analyse der derzeitigen Situation und macht Vorschläge für die Optimierung. Sie sieht als ersten Schritt von Konsequenzen einer vergleichenden Untersuchung, dass vor allem die Transparenz vorhandener Wissenschaftspotentiale erhöht, die Flexibilität der Hochschulverwaltungen bei der Bearbeitung von Drittmittelanwerbungen gesteigert und Informations- sowie Kooperationsebenen intensiver genutzt oder geschaffen werden müssen. Sie schlägt vor, zur Förderung der Kommunikation zwischen Wirtschaft und Wirtschaft verstärkt Gesprächsplattformen einzurichten, in denen regelmäßige Begegnungen stattfinden, beispielsweise Anwenderkreise für bestimmte Technologiefelder. Dazu gehören auch vermehrte Institutspräsentationen und systematische Darstellungen von Forschungsaktivitäten und -ergebnissen, vor allem von industriellen Schlüsseltechnologien, die für die Industrie von zentraler Bedeutung sind. Sie fordert die Erhöhung der Koordination zwischen den Forschungsvermittlungsstellen derart, dass – bei Beibehaltung der dezentralen Strukturen der Forschungsvermittlungsstellen – jeweils eine Transferstelle als zentraler Ansprechpartner für ein spezifisches Technologiefeld benannt wird. Manche dieser Anstöße und andere Initiativen der Kammer nimmt der Wissenschaftssenator Professor Erhardt, der der letzte sein wird, der diesen Titel trägt und verdient, auf; nicht nur die Kammer wird ihm später nachtrauern.

Ein Themenschwerpunkt für die Abteilung Recht und Stadtentwicklung und für ihren Leiter, Volkmar Strauch, persönlich wird die Einschaltung in den Versuch, zu diesem Zeitpunkt einen neuen Flächennutzungsplan für ganz Berlin zu entwerfen. Wenn auch Zweifel bestehen, ob die Annahmen über den Nachholbedarf und die künftige Entwicklung Berlins belastbar sind, entzieht sich die Kammer der Mitarbeit nicht. Sie fordert aber – welche Planungsinstrumente auch eingesetzt werden sollen – Flexibilität für eine Anpassung an veränderte, von den Annahmen abweichende Entwicklungen, wenn trotz der Risiken an der Verabschiedung eines Flächennutzungsplans festgehalten werde, müsse er ein Höchstmaß an Anpassungsflexibilität gewährleisten. Wie richtig dieser Ansatz der Kammer ist, zeigt allein die Tatsache, dass die Annahmen zu dieser Zeit von einem Bevölkerungszuwachs von einer Million Menschen in Berlin und Brandenburg ausgehen, von dem 300 000 auf das Stadtgebiet von Berlin entfallen sollen, eine Annahme, die schon bald falsifiziert wird.

Mitte des Jahres 1993 hat die Kammer ihre Finanzierung neu zu ordnen. Hintergrund ist eine Änderung des IHK-Gesetzes im Dezember 1992. Durch sie soll der Entwicklung Rechnung getragen werden, dass nur noch etwa ein Drittel der kammerzugehörigen Betriebe eines Kammerbezirks beitragspflichtig sind; die bisherige Unterscheidung zwischen den in das Handelsregister eingetragenen Kaufleuten und den so genannten Kleingewerbetreibenden wird aufgegeben. Die Neuorientierung betrifft in dieser Phase vor allem die Struktur der Grundbeiträge. Sie sollen alle

Betriebe zahlen, aber nach der Leistungskraft gestaffelt werden können. Die Umgestaltung ihres Beitragsrechts stellt die Kammer vor rechtliche, finanzielle, organisatorische, personelle und strukturelle Herausforderungen; hinzu kommt, dass für die neuen Bundesländer einschließlich des Ostteils Berlins – aber nicht für den Westteil – die Übergangsregelung für die Möglichkeit der Beitragserhebung nach anderen Bemessungsgrundlagen als in den westlichen Kammerbezirken bis Ende 1997 verlängert wird. Die Berliner Kammer entschließt sich, das neue Beitragssystem bereits für das Beitragsjahr 1994 einzuführen, und zwar für beide Teile der Stadt, weil ein unterschiedliches System schon aus Gründen der Datenverfügbarkeit nicht fortgeführt werden kann; die Finanzämter sind außerstande, für Unternehmen, die Betriebsstätten in beiden Stadthälften haben, getrennte Gewerbesteuermessbeträge auszuweisen. Die Kammer ist sich der Notwendigkeit einer umfassenden Kommunikation dieser Veränderungen, die viele Kleingewerbetreibende erstmals, andere mit teils deutlich höheren Beiträgen belastet, bewusst. Deshalb werden alle kammerzugehörigen Betriebe schriftlich auf sie hingewiesen und die Gründe erläutert; außerdem entwickelt sie begleitendes Informationsmaterial über ihr Aufgaben- und Leistungsspektrum, um besonders die Kaufleute, die bisher – auch wegen ihrer Befreiung von jedwedem finanziellen Beitrag – keine Berührungspunkte mit der Kammer gehabt haben, mit der Arbeit des Hauses vertraut zu machen. Sie spricht auch die branchenspezifischen Multiplikatoren an, um die Akzeptanz des neuen Beitragssystems zu erhöhen. Zielgruppen sind vor allem die Berater von Mitgliedern und ihre Organisationen, insbesondere Steuerberater und Wirtschaftsprüfer, Verbände des Einzelhandels, des Gaststättenwesens, des Verkehrsgewerbes und der Handelsvertreter, aber auch Journalisten und Politiker, bei denen aufgebrachte Kaufleute sich beschweren werden. Es gibt begleitende Informationsaktivitäten wie einen „Tag der offenen Tür", die Veröffentlichung von Themen mit speziellem Bezug zu den Kleingewerbetreibenden in der Kammerzeitschrift und in Merkblättern und von Berichten über ehrenamtlich tätige Kleingewerbetreibende. Auch der Versand der Kammerzeitschrift selbst muss neu organisiert werden; denn die bisherige Versendung mit Anknüpfung an das Bezugskriterium Handelsregistereintragung ist so nicht mehr möglich. Die Gremien der Kammer suchen aber nach einem Weg, die mit einer Versendung an alle Kaufleute verbundenen Kosten zu minimieren, zumal sie damit rechnen muss, dass in der neuen Zielgruppe das Interesse an ihren Publikationen nicht proportional zum Aufwand sein wird. Und der Personaleinsatz in der Beitragsabteilung muss vergrößert werden – insgesamt viel Arbeit für die Verantwortlichen in der Kammer, die aber nicht verhindern wird, dass sich – wie überall in Deutschland – so etwas wie eine Bewegung von „Kammerverweigerern" entwickelt, die den Industrie- und Handelskammern, auch der Berliner Kammer, noch durchaus Ärger bereiten wird.

Nicht Ärger, sondern die Möglichkeit, bedürftigen Kaufleuten mehr als bisher zu helfen, und auch Projekte zur Förderung der kaufmännischen Ausbildung zu unterstützen, bereitet ein Vermögenszufall für die Conrad-Stiftung nach der Wende.

Exkurs: Die Conrad Stiftung[20]

Die Conrad-Stiftung bei der Industrie- und Handelskammer Berlin ist ein alte und ehrwürdige Einrichtung. Sie war im Jahre 1876 von der Korporation der Kaufmannschaft gegründet worden, aus Anlass des 50jährigen Jubiläums der Mitgliedschaft des Präsidenten ihres Ältestenkollegiums, Eduard Conrad, der Geheimer Kommerzienrat und Mitbegründer und haftender Gesellschafter der Berliner Handelsgesellschaft gewesen war, Präsident des Ältestenkollegiums von 1864 bis zu seinem Tod 1880.

Die mildtätigen Stiftungen waren besonders im 19. Jahrhundert für Kaufleute die privaten Vorläufer der späteren staatlichen Sozialvorsorge. Sie waren im wohlhabenden Bürgertum dieser Zeit ein Ausdruck sozialen Engagements. 1913 bestanden bei der Korporation der Kaufmannschaft und der damals noch jungen Handelskammer insgesamt rund 120 Stiftungen mit einem Vermögen von etwa 6,5 Millionen Goldmark und jährlichen Erträgen um 270 000 Goldmark. Sie unterstützen rund 1 100 in Not geratene Kaufleute, deren Familien und Hinterbliebene. Zusätzlich unterhielt die Friedrich-Wilhelm-Viktoria-Stiftung, wie bereits berichtet, ein Altersheim in der Eisenstraße in Berlin-Treptow. Es gab auch Stiftungen, die die Ausbildung junger Kaufleute förderten; aber diejenigen, die der Altersfürsorge galten, waren weitaus in der Mehrzahl.

Inflation und Krisen dezimierten nach dem Ersten Weltkrieg die Vermögen der Stiftungen substantiell. Die Veränderungen der gesellschaftlichen und wirtschaftlichen Strukturen beendeten den Zufluss von Stiftungskapital aus den Unternehmen und von vermögenden Privat-

20 Die folgende Darstellung ist entnommen einem Vermerk von Gerhard Severon, der nach seinem Ausscheiden aus der Kammer die Betreuung der Stiftung übernommen hatte.

leuten. Deshalb wurden zahlreiche Restvermögen früherer Einzelstiftungen in die Conrad-Stiftung überführt. Das gleiche geschah nach dem Zweiten Weltkrieg; als letzte selbständige Stiftung wurde 1960 die Friedrich-Wilhelm-Viktoria-Stiftung in die Conrad-Stiftung integriert. Das Altersheim in Treptow wurde vom dortigen Bezirksamt weiter betrieben und fiel für den im Westteil der Stadt tätigen Vorstand der Conrad-Stiftung als Quelle von Einnahmen aus. Das Kapitalvermögen der Conrad-Stiftung betrug vor 1990 nur noch wenig mehr als 600 000 DM. Aus den Zinserträgen konnten etwa 25 in der Regel alte Menschen mit eher kleinen Beträgen unterstützt werden.

Nach der Wende stellt sich heraus, dass die Friedrich-Wilhelm-Viktoria-Stiftung im Ostteil der Stadt weder enteignet noch aufgelöst worden war. Das noch bestehende Gebäude des Altersheims in Treptow fällt daher an die Conrad-Stiftung. Allerdings sind die Gebäude und Einrichtungen stark überaltert; ein wirtschaftlicher Heimbetrieb steht außer Frage. Da zudem die Führung der Kammer und der Vorstand der Conrad-Stiftung, zu dem auch der Hauptgeschäftsführer der Kammer gehört, den Betrieb eines Altersheimes nicht mehr zu ihren Aufgaben rechnen, einigen sich Stiftung und Bezirksamt von Treptow auf die Einstellung des Heimbetriebs und auf einen Verkauf des Grundstücks. Bedingung des Bezirksamts ist, dass bei einer Neubebauung altengerechte Wohnungen errichtet werde, die im Ostteil der Stadt zu dieser Zeit fehlen. Dafür sorgt die Stiftung bei der Wahl des Käufers und bei den Vertragsbedingungen.

Durch den Verkauf des Grundstücks kann das Stiftungskapital auf rund 4,5 Mio. DM aufgestockt werden. Das führt dazu, dass – so seltsam das klingt – für die Ausschüttung der Erträge nicht genügend bedürftige Kaufleute gefunden werden können, obwohl die Stiftung sie aktiv sucht, bis hin zu einer direkten Ansprache der Sozialämter aller Bezirke.

Anfang der 90er Jahre erweitert die Stiftung deshalb ihren Stiftungszweck auf die Förderung der kaufmännischen Ausbildung, was mit der Unterstützung der Stiftungsaufsicht in der Justizverwaltung, die über die Einhaltung des ursprünglichen Stiftungszecks penibel wacht und Veränderungen nur in engen Grenzen zulässt, gelingt.

Die Conrad-Stiftung unterstützt also heute nach wie vor bedürftige Kaufleute. Dazu gehören nicht nur alte Menschen, die von Sozialhilfe leben müssen, sondern auch solche Kaufleute, die in ihrer Existenz gefährdet sind, beispielweise durch Baumassnahmen in der näheren Umgebung ihres Geschäftsbetriebs; sofern solche Baumassnahmen von der öffentlichen Hand ausgelöst sind, hilft diese über den Ausschuss für

Räumungsbetroffene bei der Senatswirtschaftsverwaltung, sind die Auslöser private Auftraggeber, beispielsweise auch die S-Bahn, kann die Conrad-Stiftung, zur Wahrung der Gleichbehandlung nach Einschaltung des gleichen Ausschusses, finanzielle Unterstützung leisten. Nach der Erweiterung des Stiftungszwecks kann die Stiftung Kindern von bedürftigen Kaufleuten aus dem Kammerbezirk Berufsausbildungsbeihilfen gewähren. Gleiches gilt allgemein für die Förderung des kaufmännischen Nachwuchses beispielsweise durch ausbildungsbegleitende Sonderveranstaltungen sowie durch Fort- und Weiterbildungsmaßnahmen; auch Projekte von Ausbildungsstätten können gefördert werden, wovon zum Beispiel das Oberstufenzentrum Banken und Versicherungen sehr kreativ Gebrauch gemacht hat.

Fortsetzung: Nach dem Vollzug der Einheit

Im Jahr 1993 kommt es endlich zu der Gründung der Tourismus GmbH – aber es war ein langer und erratisch verlaufender Weg. Stolperstein in der Moderation durch Hauptgeschäftsführer Dr. Hertz war lange vor allem die Finanzierung gewesen. Ihr fehlte eine verlässliche und berechenbare Basis für eine freiwillige Lösung. Zwar hatte noch im Mai 1992 Dr. Hertz in einem Schreiben an Wirtschaftssenator Dr. Meisner, das von Hotel- und Gaststätteninnung, DIAL Berlin, Berlin Convention Bureau, der Messe AMK und dem Gesamtverband des Berliner Einzelhandels bis in den Wortlaut hinein autorisiert war, die Zusage für eine finanzielle Beteiligung an der zu gründenden Gesellschaft geben können; aber kaum war das Schreiben abgegangen, musste Dr. Hertz feststellen, dass kaum einer der beteiligten Wirtschaftskreise mehr hinter der Zusage stand. Vor allem Teile des Beherbergungsbewerbes lehnten freiwillige Beiträge aus Sorge vor, wie sie es sahen, Trittbrettfahrern ab. Auch weitere, die sich verpflichtet hatten, versuchten, die Lasten auf jeweils andere Schultern zu verschieben. Die Kammer und Dr. Hertz persönlich fühlen sich düpiert; es geht nicht nur um die Glaubwürdigkeit der Tourismuswirtschaft, sondern auch um die der Kammer. Im Senat gibt es rasch Überlegungen über eine obligatorische Abgabe für Hotelbetriebe, denen sich Dr. Hertz aus grundsätzlichen Erwägungen ebenso wie Teile der Tourismuswirtschaft aus praktischen und finanziellen Gründen widersetzen. Präsident Kramp und Hauptgeschäftsführer Dr. Hertz schreiben am 9. November 1992 vor dem Hintergrund eines am 2. November geführten Gesprächs an Wirtschaftssenator Dr. Meisner: „Es bleibt unsere Überzeugung, dass die von uns Ihnen vorgestellte Lösung diejenige ist, mit der wir die von uns gemeinsam angestrebte Bündelung der Kräfte für die Aktivierung des Tourismus am besten erreichen können. Ob wir sie erreichen werden, wird auch davon abhängen, daß wir diesen Weg gemeinsam gehen ... Wir sind nach wie vor gegen eine Zwangsabgabe und setzen auf die privatwirtschaftliche Lösung, wenngleich wir Verständnis für Ihr Drängen haben, die geplante Gesellschaft möglichst rasch operationell zu machen. Freiwillige Lösungen für ein so komplexes Thema und mit so einem einzigartig neuen Ansatz, wie wir ihn gemeinsam für die Tourismus GmbH in Berlin entwickelt haben, dauern manchmal länger als staatlich verordnete, erhöhen aber dann auch die Akzeptanz einer solchen Gesellschaft und machen sie attraktiv. In diesem Sinne hoffen wir, daß sich die Hotellerie durch die öffentliche Ankündigung einer obligatorischen Abgabe nicht entmutigen lassen wird, bei ihren Mitgliedern um freiwillige Beiträge mit einem hohen Organisationsgrad der Betriebe zu werben. Wir haben darauf hingewirkt, daß dies so geschieht. Wir werden auch die anderen in Aussicht genommenen Gesellschafter zu überzeugen suchen, ihre Beiträge durch Zusagen zu konkretisieren.“ Aber in dieser Gründungsphase kommt es zu einer offenen Kontroverse zwischen der Hotel- und Gaststätten-Innung und der Interessengemeinschaft DIAL der Berliner Großhotels. Diese Auseinandersetzung, die zum Teil in sehr persönlicher Form geführt wird, stellt die Realisierung des gesamten Projekts in Frage. Es gelingt trotz aller Bemühungen von Dr. Hertz nur sehr begrenzt, die Tourismuswirtschaft auf breiter Basis für verbindliche Zusagen für ein längerfristige Finanzierung zu gewinnen. Auch die Hotel- und Gaststätten-Innung unter ihrem jungen und aktiven Präsidenten Dr. Michael Wegner unternimmt alles, um dem Projekt doch noch zum Erfolg zu verhelfen. Doch wollen sich nur 38 der von der Innung angesprochenen etwa 700 Betriebe verpflichten, und und auch innerhalb der DIAL-Gruppe kann trotz der Befürwortung durch ihren Präsidenten, Willy Weiland, dem Chef des Interconti-Hotels, keine Einigkeit hergestellt werden. Dem Präsidium im Dezember 1992 muss Dr. Hertz berichten, dass eine Finanzierung der GmbH durch freiwillige Leistungen der Tourismuswirtschaft auf breiter Basis kaum möglich sein wird; die Egoismen behalten die Oberhand. Am 18. Dezember sprechen die Beteiligten mit Wirtschaftssenator Dr. Meisner, der bereits den Entwurf einer gesetzlichen Regelung für eine Zwangsabgabe auf dem Tisch hat. Aber auch im Vorfeld dieses Gespräch versteht sich die Wirtschaft nur auf eine Zusage für eine Finanzierung der ersten zwei Jahre; für die Folgejahre sieht sich die überwiegende Mehrzahl der Betriebe aller potentiellen

Gesellschaftergruppierungen nur zu Absichtserklärungen, nicht jedoch zu rechtsverbindlichen Zusagen für das laufende Geschäft in der Lage. Die Gesellschaft wird trotzdem am 21. April 1993 gegründet. Die Tourismuswirtschaft übernimmt neben einem 30%igen Anteil des Senats die übrigen Gesellschaftsanteile. Die Finanzierung soll neben Zuschüssen des Senats durch die Erhebung einer Abgabe von allen gewerblichen Beherbergungsbetrieben erfolgen. Die Kammer zieht deshalb ihre frühere Beteiligungszusage zurück, verspricht aber volle Unterstützung und Kooperation. Das Berliner Abgeordnetenhaus verabschiedet im Juni ein entsprechendes Gesetz, dessen Anwendung aber nach gerichtlichen Klagen von Teilen des Beherbergungsgewerbes, die wegen der ausschließlichen Belastung für sie das Gleichbehandlungsprinzip verletzt sehen, durch Beschlüsse des Verwaltungsgerichts und des Oberverwaltungsgerichts im vorläufigen Rechtsschutzverfahren ausgesetzt wird. Am 6. Oktober 1999 wird das Abgeordnetenhaus rückwirkend eine Begrenzung des Gesetzes auf den Zeitraum bis zum 30. Juni 1994 und eine Reduzierung der bis dahin erhobenen Abgaben beschließen. Der vorlegende Wirtschaftssenator Branoner wird diese Art Vergleich mit der erfolgreichen Arbeit der Berlin Tourismus Marketing GmbH (BTM), wie sie jetzt heißt, und mit der Entwicklung begründen, dass sich inzwischen ein bedeutender Teil der Betriebe des Beherbergungsgewerbes auf freiwilliger Basis an touristischen Marketingaktivitäten beteiligt, mit der BTM kooperiert oder über die Mitgliedschaft im Verein „BTM-Partnerhotels“ direkt in der Gesellschaft engagiert ist. Es war schon richtig gewesen, dass die Kammer nach der Gründung der Gesellschaft noch einmal die Politik aufgerufen hatte, der Gesellschaft die verdiente und notwendige Unterstützung zu geben, zugleich einen entsprechenden Appell an die Teile der Tourismuswirtschaft gerichtet hatte, deren Verhalten zu der gesetzlichen Zimmerabgabe geführt hatte.[21] Aber sie erkennt auch an, dass große Verdienste dem beharrlichen Wirtschaftssenator Dr. Meisner, der die Gründung der Gesellschaft gegen viele Widerstände, auch aus Kreisen des früheren Verkehrsamtes, durchgesetzt hatte, und dem erfahrenen Geschäftsführer Hanns Peter Nerger, dem früheren Tourismus-Direktor von Lübeck und Travemünde, qualifiziert auch durch seine langjährige Mitarbeit in der Deutschen Zentrale für Tourismus, zustehen.

Bereits im Sommer des Jahres stellt sich die Kammer auf den nächsten Wirtschaftstag mit dem Regierenden Bürgermeister ein, der am 24. November im Roten Rathaus stattfinden soll. Schon im Vorfeld be-

21 Vgl. auch BW 1993, Heft 17, S. 7

fasst sie sich mit einer Vielfalt von Themen. So einigt sie sich mit der Handwerkskammer auf eine gemeinsame Stellungnahme zu der wachsenden Tendenz des Senats, verkörpert durch Bürgermeisterin Dr. Christine Bergmann als Senatorin für Arbeit und Frauen, vorwiegend den zweiten Arbeitsmarkt, etwa durch die Gründung von sogenannten Sozialbetrieben, zu fördern; sie „empfehlen dem Senat dringend, die Gründung von Betrieben der Wirtschaft zu überlassen – sie versteht mehr davon!" Gemeinsam mit Wirtschaftssenator Dr. Meisner stellt sie die Ergebnisse einer Arbeitsgruppe zum Thema Standortmarketing vor, an der sie mit der Handwerkskammer, der WFB, der BAO und der Messe beteiligt gewesen war. Es ist dies die Vorbereitung einer nationalen und internationalen Imagekampagne mit dem Ziel, die unverwechselbaren Vorteile des Wirtschaftsstandorts Berlin zu präsentieren; zugleich nutzt die Kammer die Arbeitsgruppe als Instrument, erneut ein Schlaglicht auf die Defizite im Verwaltungshandeln und im Politikmanagement der Stadt zu werfen. Sie legt auch ein umfangreiches Papier zu den Gewerbemieten in Berlin vor, mit dem sie gegen eine monokausale Betrachtungsweise des zweifellos vorhandenen Problems vorgeht und ein differenziertes komplexes Maßnahmenbündel vorschlägt. Und sie kümmert sich um das nach wie vor einer Lösung nicht zugeführte Thema der Stellplatzpflicht für Nicht-Wohngebäude. Der Wirtschaftstag selbst wird allerdings zu einer Enttäuschung. Das Präsidium zieht in einer Sitzung im Dezember ein Resümee: „Die nicht sehr kommunikative Atmosphäre, das Fehlen eines wirklichen Dialogs und die geringe Zahl von anfaßbaren Ergebnissen rückten den Wirtschaftstag in die Nähe einer Alibiveranstaltung. Das Angebot einer gemeinsamen Manöverkritik hat der Regierende Bürgermeister bisher nicht angenommen." Allerdings sieht Dr. Hertz auch, dass eine unzureichende Einstimmung der Unternehmerschaft trotz umfangreicher, vorher versandter Unterlagen, manche unverständliche Reaktion auf eher kritisch gemeinte Äußerungen des Senats und das Fehlen fachlich fundierter Repliken auf Äußerungen der Politik zu diesem Nichtergebnis beigetragen haben. Die Gratwanderung zwischen der Absicht, die Politik auf einem Wirtschaftstag vor allem mit Beiträgen von Unternehmern – deren Auswahl die Institutionen der Wirtschaft nicht voll in der Hand haben –, also nicht nur des Ehrenamts und des Hauptamts der Spitzenorganisationen, zu konfrontieren, und der Kompetenz der Beitragenden und der Substanz der Beiträge gelingt zu selten.

In eigener Sache arbeitet die Kammer an ihrem inhaltlichen Profil und an ihrer Öffentlichkeitsarbeit. Es gibt sogenannte Strategiegespräche zwischen Präsidium und Hauptgeschäftsführung. In ihnen wird eine Art Leitbild des Hauses entwickelt (Sprecher der Berliner Wirtschaft, Interessenvertreter der Wirtschaft in und für die Region Berlin und Brandenburg, Berater von Politik und Verwaltung in Berlin, Brandenburg und beim Bund auf Feldern mit besonderer Kompetenz der Kammer, Meinungsbildner und Initiator in wichtigen wirtschaftsrelevanten Fragen, Umsetzer von die Wirtschaftsregion fördernden Initiativen, Ansprechpartner der Berliner Wirtschaft und Helfer bei der Lösung von Grundsatzproblemen, Service-Einrichtung der Wirtschaft in ausgesuchten Dienstleistungsbereichen, Träger von wirtschaftsrelevanten Einrichtungen, Integrator für Neuansiedler und Gründer, Organisator von Begegnungen von Politik und Wirtschaft und von Wirtschaft und Wissenschaft), Entwicklungsschwerpunkte definiert (Metropolenentwicklung, Gestaltung der Region, Technologiestadt Berlin, Mittel- und Osteuropa, Bildung, Wirtschaft und Umwelt, öffentliche Finanzwirtschaft) und abteilungsübergreifende Problemfelder identifiziert (beispielsweise die Betreuungsbreite, -intensität und -tiefe von Mitgliedern, der Aufwand für Gremienarbeit, das wirtschaftliche Denken des Hauses und seine Organisation, die DV-Unterstützung, die interne Kommunikation, Führungsinstrumente zur Qualifizierung der Mitarbeiterschaft etc.).

Ein längerfristiger Prozess der Neuorientierung und Optimierung der Arbeit der Kammer beginnt. Die Kammerzeitschrift wird schrittweise zu einem anspruchsvollen Wirtschaftsmagazin entwickelt, das der Kommunikation mit den Mitgliedern und der Öffentlichkeit, aber auch der internen Kommunikation dienen soll; noch mehr als bisher sollen sich die Mitglieder in ihr wiederfinden und sich mit ihr identifizieren können. Es wird beschlossen, im kommenden Jahr die Produktion und den Vertrieb von drei Großauflagen von je 100 000 Exemplaren mit einer Umfrage mit dem Ziel zu verbinden, eine nachfragegerechte Auflage zu ermitteln. Die für alle diese Maßnahmen erforderlichen Mittel werden in den Kammerhaushalt eingestellt.

Die Verfolgung der Restitutionsansprüche der Kammer auf ihren früheren Immobilienbesitz in Mitte vor den Gerichten verläuft schleppend. Die Rückübertragungsansprüche betreffen vor allem das Areal, das mit dem Börsengebäude und der kammereigenen Handelshochschule bebaut gewesen war; das noch existierende Gebäude der Handelshochschule wird von der Wirtschaftswissenschaftlichen Fakultät der Humboldt-Universität genutzt, das ehemalige Börsengelände ist zu Teilen mit dem ehemaligen Palasthotel, dann Radisson Plaza, überbaut. Die unsichere Rechtslage behindert geplante Investitionen und Vorhaben sowohl der HU als auch der Deutschen Interhotel GmbH, die nach der Übertragung durch die Treuhandanstalt Betreiberin des Radisson Plaza ist, aber wegen der Restitutionsansprüche nicht ins Grundbuch eingetragen werden kann. Beide wenden sich unabhängig voneinander an die Kammer mit der Bitte, ihre Pläne und Investitionen möglich zu machen. Die Kammer macht diese Konzessionen. Sie verzichtet gegenüber der Deutschen Interhotel GmbH gegen die Vereinbarung einer eventuellen, in einem Vertrag detaillierten Abfindung auf die Naturalrückgabe des Geländes; der HU gestattet sie ihre Umbaumaßnahmen und sichert ihr für den Fall der Restitution den Abschluss eines langfristigen Mietvertrages unter Berücksichtigung der Amortisierung der vorgenommenen Investitionen zu. Sie lässt sich dabei von ihrer auch sonst vertretenen Linie leiten, dass Bau- und sonstige Investitionstätigkeiten beschleunigt werden müssten, Restitutionsansprüche vernünftige Investitionen nicht verhindern dürften und einvernehmliche Regelungen zwischen den Beteiligten gerichtliche Auseinandersetzungen ersparten. Gerade im Fall der Wirtschaftswissenschaftlichen Fakultät liegt ihr auch viel daran, in der Mitte Berlins und an zentralem und historischem Ort die Weiterentwicklungen der Wirtschaftswissenschaften in keiner Weise zu behindern.

Die Kammer behindert diese Entwicklung nicht, sie fördert sie aktiv. Im Dezember 1993 findet die feierliche Neugründung der Fakultät statt. Unter ihrem Dekan, Professor Dr. Wulff Plinke, stellen die neu berufenen Mitglieder der Fakultät an sich den Anspruch, in die Spitzengruppe deutscher wirtschaftwissenschaftlicher Fakultäten aufzurücken und ein Programm für Lehre und Forschung zu konzipieren, das höchste Ansprüche an Lehrende und Studierende stellt. Um dieses ehrgeizige Ziel zu erreichen, sucht die junge Fakultät auch die Hilfe der Berliner Wirtschaft. Die Kammer kommt diesem Wunsch nach, aus der Sache heraus, aber auch wegen des historischen Bezuges als Eigentümerin der früheren Handelshochschule. Sie widmet den bei ihr existierenden, aber wenig aktiven Verein „Volkswirtschaftliche Gesellschaft Berlin“ um in eine „Wirtschaftswissenschaftliche Gesellschaft an der Humboldt-Universität zu Berlin e.V.“, die sie der Zusammenarbeit von Wirtschaftspraxis und Wirtschaftswissenschaft im Geiste der Sozialen Marktwirtschaft und des freien Unternehmertums verpflichtet; die Gesellschaft soll die Kooperation der Wirtschaft der Region Berlin und Brandenburg mit der Wirtschaftswissenschaftlichen Fakultät der HU pflegen und fördern. Die Kammer bringt das Vermögen der Volkswirtschaftlichen Gesellschaft in die neue Gesellschaft ein, sie stellt auch mit ihrem Präsidenten den ersten Vorsitzenden. Spätere Vorsitzende werden der Vorstandsvorsitzende von

Mercedes-Benz, Edzard Reuter, und Dr. Manfred Gentz, Finanzchef des gleichen Hauses und langjähriger Vizepräsident der Kammer, sein.

Das Thema des Stadt- oder Standortmarketing gewinnt in diesem Jahr 1994 an Fahrt, auch wenn es sich um eine fast unendliche Geschichte handelt, auch wegen des unkoordinierten Vorgehens des Senats; Wirtschaftsenator Dr. Meisner werkelt am Standortmarketing, zugleich beauftragt der Regierende Bürgermeister seinen Adlatus, den Leiter des Presse- und Informationsamtes Dr. Butz, mit der Erarbeitung von zentralen Vorgaben und mit der Koordination der Aktivitäten des Senats zum Stadt- und Standortmarketing. Die Kammer ist Mitglied des Lenkungsausschusses des Projekts, und vor allem Präsident Kramp und der stellvertretende Hauptgeschäftsführer Jörg Schlegel wenden viel Zeit auf, um es voranzubringen. Eine Vielzahl von Modellen werden erörtert, von der Gründung einer neuen Gesellschaft über die Verwendung des Mantels der Berlin 2000 Marketing GmbH, die im Vorfeld der Olympiabewerbung etabliert worden war, bis hin zu der Gründung einer Obergesellschaft, der die Berlin 2000 Marketing GmbH, die Tourismus GmbH und andere Aktivitäten zuzuordnen wären. Wichtig für die Kammer ist, dass das Standortmarketing nicht allein der Politik überlassen bleibt, der Senat aber auch nicht aus der Verantwortung entlassen werden darf, sondern als Mitinitiator und Mitfinanzierer im Obligo zu halten ist. Die Erwartungen von Unternehmen, die im Prinzip zu einem Engagement bereit sind, erweisen sich als diffus. Manche erwarten einen „Return“, wenn auch nicht zwingend finanzieller Natur, andere wollen „etwas für Berlin tun“. Nach mehreren Gesprächen zwischen Vertretern der unternehmerischen Organisationen und der Lenkungsgruppe mit dem Regierenden Bürgermeister und anderen Handelnden im Senat liegt im März ein Konzept vor: Gründung einer „Partner für Berlin – Gesellschaft für Standortmarketing (später Hauptstadtmarketing) GmbH“ mit dem Nukleus der Olympia 2000 GmbH, Einvernehmen über eine public-private- partnership, bei der der Senat dem privaten Sektor ein besonderes Gewicht einräumt und eine eigene Minderheitsbeteiligung akzeptiert, Engagement auch von Unternehmen, deren Betätigung, Interessen und Standort weit über Berlin hinausreichen, Verschiebung des Akzents vom Standortmarketing auf das Hauptstadtmarketing, um diesen Unternehmen, die sich sonst Fragen und Begehrlichkeiten aus den Bundesländern ihres Hauptsitzes ausgesetzt sähen, die ideelle und finanzielle Beteiligung an Aktivitäten für Berlin zu ermöglichen oder zu erleichtern. Die Lenkungsgruppe setzt Arbeitskreise ein, die die Vertragsgestaltung und eine Konzeption ausarbeiten; die Zusammenarbeit mit der Berlin 2000 Marketing GmbH unter dem neuen Aufsichtsratsvorsitzenden Dr. Hartmann Kleiner, dem Hauptgeschäftsführer der Unternehmensverbände UVB, gestaltet sich positiv. Im Mai gewinnen die Pläne Konturen, und die Gesellschaft wird am 30. Mai gegründet. Die Kammer beteiligt sich mit 100 000 DM. Erster Geschäftsführer wird Wilhelm von Boddien, der sich später nach seinem Ausscheiden dort unermüdlich um den Neuaufbau des Berliner Stadtschlosses bemühen wird.

Auch mit ihrem eigenen „Marketing“ befasst sich die Kammer. Vor dem Hintergrund der Beitragspflicht aller kammerzugehörigen Betriebe ab dem 1. Januar 1994 führt sie zwei Mitgliederbefragungen durch, eine telephonische repräsentative Abfrage durch die Forschungsstelle für den Handel, eine andere mittels Übersendung eines Informationsschreibens und einer Antwortkarte an fast 90 000 so genannte Kleingewerbetreibende (KGT) des Kammerbezirks; sie will für die Beitragreform werben, zugleich wissen, welche ihrer Leistungen den Berliner Kaufleuten bekannt sind, welche sie bereits in Anspruch genommen haben und welche sie sich für die Zukunft wünschen. Natürlich kann sie den Rücklauf der KGT nicht als repräsentativ werten, aber sie erhält doch ein aufschlussreiches, wenn auch nicht überraschendes Stimmungsbild. So ist der Bekanntheitsgrad der Kammer bei den von der FfH befragten Betreiben hoch (99,5 % kennen sie, 25 % haben mindestens einen persönlichen Kontakt gehabt, davon viele einen regelmäßigen), auch viele Kleingewerbetreibende kennen sie als Institution, aber nicht wenige darunter wissen nicht um ihre eigene Mitgliedschaft; der Grad dieser Unkenntnis ist umso größer, je kleiner das befragte Unternehmen ist. Die Publikationen der Kammer sowie die Seminare und Weiterbildungsveranstaltungen haben einen hohen Bekanntheitsgrad und werden vor allem von größeren Betrieben und ausbildenden Unternehmen regelmäßig genutzt. Die Zufriedenheit mit den Leistungen des Hauses wächst mit der Betriebgröße und mit der Frequenz ihrer Inanspruchnahme, beispielsweise im Rahmen der Ausbildung. KGT sehen sich häufig nicht ausreichend durch die Kammer vertreten; sie sei etwas für „Große“. Die Leistungen werden von ihnen nur begrenzt gewürdigt, was nicht verwundert, wenn eine zu hohe Zahl nicht um ihre Mitgliedschaft weiß und Dienste deshalb nicht abfragt. Je geringer die Kenntnis über das Haus ist, desto negativer ist das allgemeine Urteil. Trotzdem oder gerade deshalb wünschen sich viele dieser KGT eine individuelle Zuwendung; sie erwarten in erster Linie persönliche Beratungen in allgemein rechtlichen, gewerbe- und arbeitsrechtlichen, steuerlichen und vergleichbaren Fragen, insgesamt eine persönliche Betreuung in jeder nur denkbaren Lage eines kaufmännischen Geschäftsbetriebs. Das kann die Kammer in dieser Form nur begrenzt leisten. Aber sie reagiert mit einem Bündel von Maßnahmen: Individuelle Beantwortung von Kritik und Wünschen, Vorbereitung einer zweiten Postversendung an alle Kammerzugehörigen mit einer Einladung zu einem „Tag der offenen Tür", einer Befragung zu Schwerpunktinteressen an einem solchen Tag, zugleich Erläuterungen zu den häufigsten Fragen zu Themen der Kammerzugehörigkeit und der Beitragerhebung, Durchführung des „Tags der offenen Tür", Erarbeitung einer entsprechenden Broschüre, ein neues Konzept für die Kammerzeitschrift und ihre Bezugsmöglichkeit auch für KGT, Neustrukturierung der Existenzgründerberatung und der sonstigen Beratung durch Einrichtung eines Informationscounters und die Erweiterung des Seminar- und Weiterbildungsangebots und die Vorbereitung eines Corporate Designs. Der so genannte „Tag der offenen Tür" findet unter dem Motto „IHK/BAO zum Anfassen" im Juni 1994 statt. Seine Zielsetzung ist, den Besuchern die Aufgaben und die Aufgabenerfüllung und damit auch die Leistungsfähigkeit von Industrie- und Handelskammer und der BAO möglichst umfassend und detailliert darzustellen. Auf 30 Ständen präsentieren sich alle Abteilungen des Hauses, auch das Ehrenamt und die Hauptgeschäftsführung sind vertreten, es gibt thematische Vorstellungen der Arbeit, gegliedert unter den Oberbegriffen Geschäftskontakte und -anbahnung, Finanzierung, Beratung und Fördermittel, Aus- und Weiterbildung, Standortfragen, und den ganzen Tag über finden Vorträge und Diskussionsrunden statt, beispielsweise zu Fragen der Existenzgründung, der Außenwirtschaft, der Verkehrspolitik und zu Gewerbemieten, aber auch zur Einbindung der Interessen kleiner und mittlerer Betriebe in das Ehrenamt, zur Arbeit der IHK-Ausschüsse und zur wirtschaftlichen Interessenvertretung durch die IHK und durch die Berufsverbände. Der Tag wird zu einem fast unerwarteten Erfolg; die Zahl der Besucher und ihr Interesse sind hoch. Kammer und BAO werden in den kommenden Jahren diese und andere Formate des eigenen Marketing fortsetzen und ständig zu optimieren suchen.

Im Januar des Jahres gelingt es den Verantwortlichen des Hauses, Werner Gegenbauer, den späteren Kammerpräsidenten, für eine Kooptation in die Vollversammlung zu gewinnen. Er ist Inhaber einer Firmengruppe, die sich zu dieser Zeit überwiegend mit der Gebäudereinigung, also einem – trotz der Größe des Unternehmens – dem Handwerk zugehörigen Gewerbezweig, befasst; mit einigen seiner Firmen, die technische und kaufmännische Dienstleistungen für den Betrieb von

Gebäuden anbieten, ist er Mitglied der Industrie- und Handelskammer. Im März macht Präsident Kramp dem Präsidium und der Hauptgeschäftsführung Mitteilung von seinem bevorstehenden Ausscheiden aus dem Vorstand der Schering AG und seinem Wechsel in den Aufsichtsrat; kammerrechtlich findet er für die Fortführung der Präsidentschaft die Lösung, dass ihn Schering zugleich zum Geschäftsführer einer zum gleichen Haus gehörigen Tochtergesellschaft bestellt, die derselben Wahlgruppe zuzurechnen ist, so dass seine Mitgliedschaft in der Vollversammlung fortdauert.

Inhaltlich ergreift die Kammer weitere Initiativen: Im Februar legt sie, soweit ersichtlich als erste, unter der Federführung von Christian Wiesenhütter Vorschläge für ein touristisches Wegeleitsystem in Berlin vor; ebenfalls im Februar formuliert sie die Grundposition der Wirtschaft zur gemeinsamen Sonderabfallgesellschaft der Länder Berlin und Brandenburg und äußert sich ebenso grundsätzlich zu geplanten Erhöhungen des Grundwasserentnahmeentgelts, nachdem Wirtschaftssenator Dr. Meisner den Beschluss des Finanzkabinetts vom 17. Januar übermittelt hatte, dass auf Drängen des Regierenden Bürgermeisters Änderungen nur dann durchgeführt werden sollten, „wenn die Industrie- und Handelskammer einverstanden ist und die Änderungen für den einzelnen Betrieb kostenneutral gestaltet werden können"; im März befasst sie sich mit den Plänen für den Bau einer Transrapidstrecke Berlin-Hamburg und macht Vorschläge für Streckenführung und Finanzierung; sie arbeitet eine Ideenskizze zur Verbesserung des Innovationsklimas im Rahmen einer gemeinsamen Kampagne von DIHT und BDI für ihren Kammerbezirk aus; sie beteiligt sich an den Überlegungen zur Gründung einer Technologiestiftung und fördert das Vorhaben auch durch das persönliche Engagement von Präsident Horst Kramp; sie spricht, nachdem sie eine Umfrage bei MBO- bzw. privatisierten oder reprivatisierten Betrieben im Ostteil der Stadt gemacht hatte, mit der Treuhandanstalt über deren Lage und über Verbesserungen in den Verfahren und in der Ausgestaltung der Vertragskonditionen. Die Rede vor dem Neujahrsempfang im Rahmen der Reihe „Berliner Ausblicke" hält eine ehemalige polnische Ministerpräsidentin, Frau Dr. Hanna Suchoka; sie spricht über das deutsch-polnische Verhältnis und über die Stellung der polnischen Wirtschaft in der Europäischen Union. Am 24. Mai 1994 treffen sich Mitglieder der Präsidiums und der Vollversammlung sowie die Hauptgeschäftsführung mit dem Wirtschaftsausschuss des Deutschen Bundestages, immerhin vertreten durch 25 Mitglieder, darunter der Vorsitzende Friedhelm Ost von der CDU und die Mitglieder Dr. Peter Ramsauer, der spätere Vorsitzende der CSU-Landesgruppe in der Unionsfraktion, der spätere Innenminister Otto Schily und der spätere Staatsminister im Bundeskanzleramt und Beauftragter für die neuen Länder, Ernst Schwanhold, und besprechen mit ihnen die Lage in Berlin und Maßnahmen für eine Verbesserung. Im Frühsommer bereitet sie die Verabschiedung der (West-)Alliierten durch einen Empfang im Hause der Kammer vor, der im September stattfinden wird und an dem die Botschafter der USA, Englands und Frankreichs und zahlreiche weitere Ehrengäste teilnehmen werden. Und im Mai feiert ERIC BERLIN, das EuRo Info Centre in der BAO BERLIN, sein 5-jähriges Bestehen; die Wirtschaftsexperten der in Berlin vertretenen Botschaften, Konsulate, Handelsförderungsstellen sowie Bundes- und europäische Einrichtungen stehen den Teilnehmern eines Europa-Abends im Hause der Industrie- und Handelskammer für die Beantwortung von Fragen über ihre Länder, Märkte, Vertriebswege und Kooperationsmöglichkeiten zur Verfügung.

All das wird überstrahlt von der Grundsteinlegung für das Ludwig Erhard Haus. Sie findet statt am 18. Juni, dem Tag, an dem der damalige Bundeswirtschaftsminister Professor Dr. Ludwig Erhard im Jahr 1954 den Grundstein für das Kammergebäude an der Hardenbergstraße gelegt hatte. In ihrem Vorfeld schreibt die Zeitschrift „Architektur“: „Kurz bevor steht die Grundsteinlegung für eines der wohl aufsehenserregenden Projekte in der westlichen City: das Ludwig-Erhard-Haus in der Fasanenstraße. Dieser Erweiterungsbau für die Industrie- und Handelkammer zu Berlin wird neben der Börse auch den renommierten Verein Berliner Kaufleute und Industrieller ... beherbergen. Dieser wahrscheinlich spektakulärste Bau in der Nähe des Kurfürstendamms wurde entworfen von dem Star der Londoner Architektenszene: Nicholas Grimshaw, der mit dem Neubau der Waterloo Station, des Bahnhofs für die den Ärmelkanal durchquerenden Züge, ein Solitär ohne Gleichen schuf.

In bester Tradition der Ingenieurbaukunst wird das Ludwig-Erhard-Haus an diesem Ort den Weg ins 21. Jahrhundert weisen.“

So sehen es auch die Verantwortlichen in und um die Kammer. Vor der Grundsteinlegung hatten sie aber noch viel zu tun gehabt. Nur auszugsweise seien genannt: Die Finalisierung der Vereinbarungen mit dem VBKI über die finanziellen, räumlichen und inhaltlichen Aspekte, die Unterzeichnung des von der Kammer vorbereiteten öffentlich-rechtlichen Vertrages über die Aufhebung des Denkmalschutzes, die Einreichung des Bauantrages, die Abrissanträge für die Gebäude von Börse und VBKI, die Begleitung des Bebauungsplanverfahrens des Bezirks, mit dem die Kammer eine gute Zusammenarbeit verbindet, die erfolgreichen

Bemühungen um die Aufhebung der Stellplatzabgabe durch den Senat für Gewerbebauten, die nicht nur der Kammer, sondern allen Gewerbetreibenden in der Stadt, die entsprechende Pläne haben, zugute kommt, die Erarbeitung eines Nutzungsprogramms, der Abschluss des Architektenvertrages, die Unterzeichnung der Finanzierungsvereinbarung, der Abschluss des Mietvertrages mit der Börse, die Vorbereitung einer vom Landeskonservator geforderten Baudokumentation, die Erstellung von immer wieder neuen und sehr detaillierten Kostenschätzungen und Analysen zur Wirtschaftlichkeit des Hauses einschließlich der ständigen Überprüfung der Annahmen über die zu erzielenden Mieten mit Hilfe externer Experten, die noch im September 1993 ausgesagt hatten, in 1 a-Lagen würden Mieten von 65 DM erzielt, die Durchführung eines Ausschreibeverfahrens für die Öffentlichkeitsarbeit für das zukünftige Ludwig Erhard Haus. An allen Entwicklungen und Entscheidungen waren nicht nur externe Gutachter und Planer beteiligt gewesen, sondern stets auch Fachleute aus den Reihen der hauptamtlichen Mitarbeiter und zahlreiche Vertreter der ehrenamtlichen Gremien. Alle Verantwortlichen hatten sich auch bemüht zu verdeutlichen, dass es ihnen nicht um einen Neubau für die Kammer geht, sondern um ein Projekt, das als Haus der Berliner Wirtschaft wichtige Institutionen und Funktionen unter einem Dach verbinden soll, das als Informations- und Kommunikationszentrum für die Berliner Wirtschaft werben soll und mit dem ein aus ihrer Sicht notwendiges Signal für die Solidarität, die Eigenständigkeit und die Zukunftsorientierung der Berliner Wirtschaft gesetzt werden soll; es ging ihnen bei einer attraktiven architektonischen Lösung um handwerkliche Qualität und um betriebswirtschaftliche Solidität. Das Präsidium, die Hauptgeschäftsführung und der interne Projektverantwortliche Hartmut Scholz hatten die Vollversammlung in jeder Sitzung über die Projektfortschritte unterrichtet, versucht, das Vorhaben transparent zu machen, aber auch die Rückschläge, Probleme und Risiken nicht verschwiegen.

Viele Innovationen gibt es in und um das Ludwig Erhard Haus. Kurz vor der Grundsteinlegung lässt die Kammer den ersten „grünen Bauzaun" errichten. Statt einer der üblichen tristen Bretterzäune umgeben immergrüne Pflanzen das Bauvorhaben. Zwei Botschaften sollen von ihnen ausgehen: „Hier entsteht nicht irgendein Bau, sondern ein anspruchsvolles Gemeinschaftsprojekt der Berliner Wirtschaft, die über eine sinnvolle Verbindung von Ökonomie und Ökologie nicht nur redet, sondern auch so handelt. Wir wissen, daß wir unseren Nachbarn mit unserem Bau – zunächst jedenfalls – nicht nur Freude machen werden.

Verkehrsbeschränkungen, Lärm und Staub werden auch mit unserer Baustelle nicht vermeidbar sein. Doch wir wollen alles auf ein Mindestmaß reduzieren. Wir wollen eine vorbildliche Baustelle anbieten. Den Beginn machen wir mit dem begrünten Bauzaun", so beschreibt Präsident Kramp bei seiner Vorstellung, gemeinsam mit VBKI-Präsident Dr. Strathus und Umweltsenator Dr. Volker Hassemer, die Ziele dieser innovativen Gestaltung der Baustelle.[22]

Die Grundsteinlegung am 18. Juni wird zu einem herausragenden Ereignis, an dem um die 800 Gäste aus Politik und Wirtschaft teilnehmen. Neben den Präsidenten von Kammer und VBKI sprechen Bundeswirtschaftsminister Dr. Günter Rexrodt, wie es Bundeswirtschaftsminister Professor Ludwig Erhard am gleichen Tag vierzig Jahre zuvor bei der Grundsteinlegung des alten Kammergebäudes getan hatte, Berlins Regierender Bürgermeister Eberhard Diepgen und der Vorsitzende der Ludwig-Erhard-Stiftung, Professor Dr. Otto Schlecht, früher Staatssekretär im Bundeswirtschaftsministerium, der Erhard noch als junger Mitarbeiter zugearbeitet hatte; gute Wünsche kommen auch von Charlottenburgs Baustadtrat Claus Dyckhoff und von Architekt Nicolas Grimshaw. Redner erinnern an den immer noch geltenden Satz von Erhard bei der Grundsteinlegung 1954: „ Deutsche Unternehmer wird es solange geben, als sie selbst den Mut zur Freiheit, zur freien Entscheidung, zum individuellen Schicksal haben", und die Urkunde zur Grundsteinlegung erinnert an die vor vierzig Jahren in den Grundstein des alten Kammergebäudes eingemauerte ungebrochene Hoffnung: „… die feste Überzeugung, daß Berlin bald wieder Hauptstadt des einheitlichen, freien Deutschlands sein wird, und daß die Industrie- und Handelskammer dann auch die Firmen ihres alten Kammerbezirks wieder betreuen kann, die heute an der politischen und wirtschaftlichen Freiheit noch nicht teilhaben können" – eine Hoffnung, die sich, wenn auch nicht bald, so doch inzwischen erfüllt hat. Minister Dr. Rexrodt spricht von dem Bauvorhaben als einem Symbol für einen Neuanfang, Eberhard Diepgen davon, dass das Ludwig Erhard Haus ein Beispiel dafür sei, dass gegenwärtig das Berlin des 21. Jahrhunderts gebaut werde, und Professor Schlecht bezeichnet den Namensgeber Ludwig Erhard als „personifiziertes Zukunftsprogramm", so wie es sich die Verantwortlichen in Kammer und VBKI für ihren Bau wünschen. In einem begleitenden Programm macht der Senator für Stadtentwicklung noch einmal die Bedeutung des Vorhabens für die Stadt deutlich: „Im östlichen Teil der

22 BW 1994, Heft 11, S. 17 f.

Berliner Mitte wird es in den nächsten Jahren ganz bedeutsame Entwicklungen geben. Das wollen wir, aber wir müssen dabei die Gefahr sehen, daß auf diese Weise die West-City einen Bedeutungsverlust relativ bekommen kann, der dem Gleichgewicht der Berliner Mitte schaden würde. Deswegen ist es für uns ein außerordentlich wichtiges Signal, dass die Zukunft für IHK, für VBKI, für die Börse eben in der westlichen City bleibt; daß sie mit den Banken dort einen Schwerpunkt bildet, der uns auch für diesen Teil der Berliner Mitte Kraft gibt."[23] Der britische Botschafter bezeichnet die Berliner Kammer wenig später bei einem Abschiedsempfang für die westlichen Alliierten und für die Russen, bei der die Kammer mit Hilfe von Berliner Unternehmen, mit Unterstützung durch die Wirtschaftsjunioren und unter Federführung der BAO ein Trainee-Programm für junge Führungskräfte aus den USA, Großbritannien, Frankreich und den GUS-Staaten auslobt, „als den Motor wirtschaftlichen Wachstums und Fortschritts in der Stadt und kennzeichnet den im Bau befindlichen Neubau des Ludwig Erhard Hauses durch den britischen Architekten Nicolas Grimshaw als ein ‚Sinnbild ihrer vorwärtsschauenden und dynamischen Grundhaltung'".[24] Präsident Kramp lädt bei der Grundsteinlegung zum Richtfest 1995 und zur Einweihung 1997 ein, ein Versprechen, das die Kammer nur für den ersten Termin wird einhalten können; aber dieser Tag ist noch nicht von den aufziehenden Schwierigkeiten bei der Durchführung des Projekts überschattet.

Im zweiten Halbjahr 1994 beschäftigt sich die Kammer mit der üblichen Fülle von Themen: Sie legt, gemeinsam mit dem UVB und den Brandenburger Kammern, ein Positionspapier zur Flughafenpolitik vor, in dem sie die Anforderungen an einen neuen Flughafen definiert; sie beginnt eine Reihe „Plattform Wirtschaftsverkehr", mit der sie die jeweilige Situation und die anstehenden Entwicklungs- und Gestaltungsziele eines Areals besprechen, hieraus resultierendes Konfliktpotential für den Wirtschaftsverkehr analysieren und Lösungsvorschläge erarbeiten will; sie kümmert sich um die Neuordnung der Stellplatzproblematik im Rahmen der Berliner Bauordnung und um eine vernünftige Regelung der Öffnungszeiten für Schankterrassen; sie legt erstmals die Ergebnisse einer gemeinsam mit den Brandenburger Kammern erhobenen Konjunkturumfrage vor; sie erstellt eine Analyse der Lage und Perspektiven des Berliner Handels, der nach dem Wegfall der Insellage des Westteils der Stadt mit erheblichen strukturellen Anpassungsproblemen konfrontiert

23 Vgl. die Berichte in BW 1994, Heft 13, S. 10 ff.
24 BW 1994, Heft 19, S. 21 ff.

Abb. 35 Das Vorbild für das „Gürteltier"

ist; sie macht Vorschläge zur Verbesserung der Rahmenbedingungen des Medienstandorts Berlin; sie wirkt mit bei der Strukturierung der Beteiligung der Wirtschaft an der Sonderabfallgesellschaft Brandenburg/Berlin; sie fordert gemeinsam mit den Brandenburger Kammern ein einheitliches Land Berlin und Brandenburg und nimmt sehr detailliert Stellung zu dem Arbeitsentwurf eines Neugliederungsvertrages; sie befasst sich mit den Auswirkungen des Wegfalls der erhöhten Abschreibungsmöglichkeiten zum 1. Juli 1994 und warnt vor einer Förderlücke für den Westteil Berlins; sie veranstaltet erstmals einen „Tag der Berufsausbildung" unter Mitwirkung von Bundesbildungsminister Prof. Dr. Karl-Hans Laermann, bei dem sich in ihrer Eingangshalle vor allem mittelständische Ausbildungsbetriebe mit Ausbildern und Lehrlingen vorstellen und zum Erfahrungsaustausch einladen; sie begleitet sehr aktiv die Organisation und die inhaltliche Arbeit der „Partner für Berlin – Gesellschaft für Hauptstadt-Marketing mbH" und der Technologiestiftung; sie bereitet den Wirtschaftstag mit dem Regierenden Bürgermeister und anderen Mitgliedern des Senats vor; die BAO übernimmt die Projektkoordination für ein Konzept für die Stärkung der technologischen Zusammenarbeit mit den Reformstaaten Mittel- und Osteuropas, sie verfestigt die Kooperation mit Brandenburg im Messegeschäft und organi-

Abb. 36 Bundeswirtschaftsminister Dr. Rexrodt, der Regierende Bürgermeister Diepgen, der Vorsitzende der Ludwig-Erhard Stiftung und frühere Staatssekretär Dr. Schlecht, Architekt Grimshaw und die Präsidenten Kramp und Dr. Strathus bei der Grundsteinlegung

siert eine Reise einer Wirtschaftsdelegation unter Führung von Wirtschaftssenator Dr. Meisner in die indonesische Hauptstadt Jakarta und die vietnamesische Hauptstadt Hanoi. Und das alles sind nur Schlaglichter auf ihre Tätigkeit.

Zwei neuen Phänomen begegnet die Kammer in dieser Zeit:
Die vom Bundesverwaltungsgericht aufgegebene gerechtere, an der Leistungskraft orientierte Verteilung der Beitragslasten, die Beitragsreform zum 1. 1. 1994 also, löst bei vielen gerade kleinen Betrieben Unmut, auch Empörung, aus. Bundesweit gibt es Kritik. Beschwerden kommen vor allem von Taxiunternehmen, von Versicherungs- und Handelsvertretern und von Kleinstgewerbetreibenden sowie aus den Gruppen der sogenannten doppelt verkammerten Berufe (Wirtschaftsprüfer, Steuerberater, Apotheker etc.); Verbände der Taxiunternehmen, Floristen, Handelsvertreter, des Fuhrgewerbes, der Versicherungsvertreter, Wirtschafts- und Steuerberater unterstützen die Kritik; inhaltlich richtet sie sich vor allem und durchaus grundsätzlich gegen die Pflichtmitgliedschaft und die Beitragspflicht, viele wenden sich auch gegen die jeweilige Bei-

tragshöhe. Aus diesem Unmut wird sich die Bewegung der „Kammerverweigerer" entwickeln, die den Kammern bundesweit, und natürlich auch in Berlin, viel Arbeit machen, im Einzelfall aber auch die Sensibilität von Kammern für den Umgang mit den kammerzugehörigen Betrieben und für ihre Leistungserbringung schärfen werden. Die SPD-Bundestagsfraktion, die dem entsprechenden Gesetz zugestimmt hatte, legt im September einen Gesetzentwurf vor, mit dem die Neuregelung rückgängig gemacht werden soll; laut denkt ihr wirtschaftpolitischer Sprecher Uwe Jens darüber nach, „ob die Zwangsmitgliedschaft der Industrie- und Handelskammern noch zeitgemäß ist". Zu der Realisierung des Entwurfs kommt es zwar nicht, aber die Diskussion über die Pflichtmitgliedschaft wird die Industrie- und Handelskammern – nicht so sehr die Handwerkskammern, deren Nutzen ihren Mitgliedern offenbar leichter zu vermitteln ist – noch lange beschäftigen.

Das Verhältnis von Parteien und Institutionen gegenüber der erstarkenden PDS wird zum Gegenstand auch öffentlicher Auseinandersetzungen. Die Frage nach dem Umgang mit ihr kommt auf die Kammern in den neuen Bundesländern mit Schärfe zu, und hier besonders auf die Berliner Kammer, die einerseits einen Kammerbezirk betreut, im dem es die vier Direktmandate der PDS im Deutschen Bundestag gibt (Dr. Gregor Gysi, Stefan Heym, Frau Professor Christa Luft, Manfred Müller), andererseits vor allem im Westteil der Stadt eine Mitgliedschaft hat, deren Abneigung, in vielen Fällen gar Abscheu, gegen diese Partei aus historischen Gründen besonders groß ist. Das Präsidium beschließt auf Vorschlag des Hauptgeschäftsführers, die PDS nicht grundsätzlich auszugrenzen, den Dialog in Sachfragen aufzunehmen und sie punktuell in die fachliche Arbeit einzubeziehen, ansonsten aber Distanz zu halten; Ausdruck dieser Distanz ist beispielsweise der Verzicht auf die Einladung ihrer Vertreter zu gesellschaftlichen Anlässen wie dem Neujahrsempfang. – ein Kompromiss, der nicht sehr lange tragen wird, aber, wie sich bei der teils sehr emotionalen Diskussion zum Verhalten der Kammer nach der Regierungsbeteiligung der PDS in Berlin zeigen wird, zu dieser Zeit ohne Alternative ist.

Die Kammer hatte Mitte 1993 begonnen, erneut intensive Diskussionen zu ihrer Strategie und zu ihrem Rollenverständnis zu führen. Hauptgründe waren die zahllosen Veränderungen, denen die Stadt, ihre Wirtschaft, die Unternehmerschaft und auch sie selbst ausgesetzt waren. Eine Rolle spielten auch die Konkurrenz durch die Ansiedlung von Spitzenorganisationen und potentielle Veränderungen in der Orientierung und im Gewicht mit einer noch möglich erscheinenden Landeshauptstadt Potsdam. Diese Diskussionen nehmen 1994 Fahrt auf; dazu tragen die notwendige Beantwortung der Frage, wie sich die Kammer in Zukunft räumlich positionieren wird, also die nach der (Teil-) Nutzung des Ludwig Erhard Hauses durch sie und – wenn auch nicht ganz so entscheidend – die von ihr analysierten Folgen der Beitragsreform einschließlich der Kritik an den Kammern bei. Beratung und Service sollen als offensives Dienstleistungsangebot verstanden und nicht wie bisher im „Abholverfahren" bereitgehalten werden; die Erfüllung der Selbstverwaltungsaufgaben soll ebenfalls als Dienstleistung verstanden werden und nicht als „hoheitliche" Aufgabe; Politikberatung und -beeinflussung soll mehr durch Moderation denn in Gutachtenform und Erarbeitung von Stellungnahmen erfolgen. Die Kammer will mit einer Schärfung ihres Profils auch ihre Akzeptanz im Umfeld sichern und ihre Mitglieder stärker heranziehen. Marketing und Kommunikation sollen einen neuen Stellenwert erhalten. Die Verantwortlichen im Hause sind sich darüber im Klaren, dass dieser Wandel im Verständnis und in der Aufgabenstellung und –erfüllung mentale, räumlich/technische sowie organisatorische und personelle Konsequenzen haben muss.

Eine der zu treffenden Entscheidungen betrifft das Nutzungs- und Raumkonzept der Kammer im Ludwig Erhard Haus. Sie beschließt, nach umfangreichen Prüfungen des Raumbedarfs und einer Kosten/Nutzenanalyse, ihren Hauptsitz und damit auch die überwiegende Zahl der Mitarbeiter im Ludwig Erhard Haus anzusiedeln. Die angestrebte Einheit von Kammer und neuem Gebäude, eine Symbiose zwischen dem architektonischen Anspruch und dem Selbstverständnis der Kammer, soll eine positive identitätsstiftende und imageverbessernde Auswirkung für die Zukunft der Kammer haben und für eine Einbindung der Mitarbeiter sorgen, von denen eine neue Orientierung in der Aufgabenerfüllung erwartet wird. Auch Vorstellungen über die Nutzung des alten Gebäudes gibt es. Wunschkandidat ist der BDI, der seinen Umzug nach Berlin beschlossen hat; an einer Vermietung an den DIHT, der nach einer durchaus emotional verlaufenen Diskussion in der Vollversammlung nur einen Teilumzug hatte durchsetzen können, bestehen eher Zweifel, weil die Berliner Kammer jeden Eindruck vermeiden will, sie sei eine Art Unterorganisation des DIHT. Der Versuch, den BDI zu gewinnen, scheitert – obwohl Präsident Dr. Necker und Hauptgeschäftsführer Dr. Ludolf v. Wartenberg nach einer Besichtigung des Gebäudes positiv gestimmt sind – an der Entscheidung von BDI und DIHT, gemeinsam mit der BDA ein eigenes Gebäude am Mühlendamm in der östlichen Mitte von Berlin zu errichten und zu beziehen. Später wird die Kammer deshalb ihre Berufsbildungsabteilung aus der Rosenthaler Straße zurückversetzen und damit wieder auch räumlich den Zusammenhang herstellen. Parallel zu den Strategiediskussionen treibt die Hauptgeschäftsführung eine ganze Reihe von Projekten voran, die der Schärfung des Profils des Hauses und der Optimierung von Organisation und Leistungserbringung dienen, darunter die Neuordnung der Existenzgründungsberatung, Arbeiten an einem Info-Center, die Überprüfung der EDV-Unterstützung durch das Beratungsunternehmen A.T.Kearney, den Aufbau eines Controlling und die ständige Verbesserung der Kammerzeitschrift und anderer Publikationsmittel. Viel Unruhe – im Ergebnis aber positive, wenn das auch nicht alle Mitarbeiter so sehen – ist im Haus. Die Unruhe nimmt zu, als Präsidium und Hauptgeschäftsführung beschließen, die Aufgabenstellung, die Organisationsstruktur und die Ablauforganisation auch im Hinblick auf die Entwicklung eines Raum- und Funktionsprogramms der Kammer im Ludwig Erhard Haus auf einen externen Prüfstand zu stellen. Das hat es in der ehrwürdigen Institution noch nicht gegeben. Auch deshalb legt Hauptgeschäftsführer Dr. Hertz im Präsidium großen Wert darauf, dass die entscheidenden Inhalte und die wesentlichen Vorgaben als Eigenanstrengung aus dem Haus selbst heraus entwickelt werden, auch weil nur ein solcher Ansatz dem Selbstverständnis der Führungskräfte und großen Teilen der Mitarbeiterschaft entspricht. Das Präsidium folgt dieser Argumentation in der Erkenntnis, dass es den Eindruck eines Misstrauensbeweises gegenüber Eigenanstrengungen der Mitarbeiterschaft und eines Einwirkens von außen ohne profunde Kenntnis der Kammerarbeit vermeiden muss. Es setzt eine Arbeitsgruppe ein, an der sich unter Leitung von Präsident Kramp die Präsidiumsmitglieder Dr. Gentz, Krogmann, Krüger, Moser und Pape beteiligen, die gemeinsam mit der Hauptgeschäftsführung die Vorgaben für die Anpassung der Kammer an ihre zukünftigen Aufgabenstellungen und für eine entsprechende Orientierung und Motivation der Mitarbeiterschaft erarbeiten wird. Diese Bemühungen um mehr Transparenz und Effizienz werden, unter Einschaltung der Unternehmensberatung Schuster, eines mittelständischen Organisationsspezialisten, Ende 1995 in Beschlüsse über eine neue Aufbau- und Ablauforganisation der Kammer münden. Grundlage ist die Vorgabe, dass die Aufgabenstellungen des Hauses – Gestaltung von Wirtschaftspolitik durch Politikberatung und -beeinflussung, die Wahrnehmung von Selbstverwaltungsaufgaben als Dienstleistungsaufgabe und Beratung und Service als offensives Dienstleistungsangebot – gleichrangig sind. Die Mitgliedsbetriebe sollen bei einem Blick auf das Organigramm sagen können, dass sie sich als Mitglied „durch Identifizierung auf einen

Blick" erkennen, dass sie kompetent und effizient betreut werden und dass sie den Nutzen „ihrer Kammer" sehen und verstehen. An diesen Aufgabenstellungen richtet sich die Grundstruktur der neuen Aufbau- und Ablauforganisation aus; der Dienstleistungssektor wird in die Aufbauorganisation sichtbar integriert, ein leistungsfähiges Informations-, Beratungs- und Servicezentrum eingeplant, die Betreuungsfunktion der Kammer für Schlüsselsektoren der Berliner Wirtschaft widergespiegelt und die Kompabilität in der Kommunikation mit Strukturorganisationen anderer Industrie- und Handelskammern und mit dem DIHT angestrebt. Eines der Elemente ist die Einführung von Geschäftsführungsbereichen, die – vor allem im Hinblick auf die Notwendigkeit, im Außenverhältnis die Verantwortlichkeiten sichtbar zu machen – von Geschäftsführern geführt werden. Mit dieser neuen Strukturorganisation erfüllt sich die Absicht der Verantwortlichen, die Kammer als eine zeitgerechte, am Bedarf ihrer Mitgliedsunternehmen orientierte, leistungsfähige und zugleich sparsame unternehmerische Organisation aufzustellen. Über sie werden nicht unbeträchtliche Einspar- und Effizienzsteigerungspotentiale realisiert; die Zahl der Mitarbeiterinnen und Mitarbeiter wird sich von 262 auf um die 240 reduzieren. Sie bricht auch das bisher recht engmaschige Netz der Zuständigkeiten auf und ermöglicht Flexibilitäten, die auch die Möglichkeit der rascheren Bildung von wechselnden Teams für die Projektarbeit einschließt. Die neue Strukturorganisation wird zugleich die Grundlage für das ebenfalls mit Hilfe der Unternehmensberatung Schuster erarbeitete Raum- und Funktionsprogramm der Kammer im Ludwig Erhard Haus werden.

Nach einer Bestandsaufnahme ihrer Aktivitäten in den Bezirken beschließt die Kammer auch eine stärkere Einbindung der Bezirkswirtschaft in ihre Arbeit; sie will damit ihre Akzeptanz und ihren Einfluss in den Bezirken stärken. Dort gibt es zu dieser Zeit in mindestens neun Bezirken örtliche Wirtschaftskreise und in mindestens fünfzehn Bezirken Arbeitsgemeinschaften, in denen sich Kaufleute der Haupteinkaufsstraßen zusammengeschlossen haben. Die Kontakte der Kammer zu diesen Zusammenschlüssen sind bisher weniger institutionalisiert, sondern fachbezogen; Fachleute der Kammer nehmen als Gäste an Treffen teil, informieren oder referieren zu Fachthemen wie öffentliche Auftragsvergabe, Behördenmarketing, Fördermöglichkeiten, Industrieflächensicherungskonzept, Gewerbemieten etc. Eine institutionelle Zusammenarbeit besteht nur in Einzelfällen; so sind Mitarbeiter von Kammer und BAO Beiratsvorsitzender des Marzahner Wirtschaftskreises, ständiger Gast beim Industrietreffen Neukölln, Mitglied im Beirat der Fremdenverkehrsgesellschaft Berlin-Köpenick und Mitglied des Stadtforums Süd-Ost sowie der Entwicklungskommission Nord-Ost. Die Kammer beschließt, diese Kontakte zu systematisieren. In der neuen Strukturorganisation wird ein Gesamtverantwortlicher für die Koordinierung der Kontaktpflege zur Bezirkswirtschaft und zu den Bezirksämtern geschaffen; gleichzeitig benennt sie Mitglieder des Ehren- und Hauptamts als Ansprechpartner für die einzelnen Bezirke. Sie zeigt dort Bodenhaftung und Flagge.

Auch der DIHT macht in diesem Jahr verstärkt Anstrengungen, die Arbeit der Kammerorganisation zu optimieren. Dabei geht es auch vor dem Hintergrund der durch die Beitragsreform ausgelösten Diskussion über Pflichtmitgliedschaft und Pflichtbeiträge um die Erhöhung der Solidarität der Kammern untereinander und mit dem DIHT sowie um eine Stärkung der Geschlossenheit und des Erscheinungsbilds nach außen. Die Diskussion wird in erster Linie von dem Begriff der Beschlusstreue geprägt; die regionalen Kammern sollen nur unter engen Grenzen von Beschlüssen abweichen können, auf die sich eine qualifizierte Mehrheit in der Vollversammlung des DIHT verständigt hat, selbst wenn damit die unzweifelhafte Autonomie der einzelnen Kammer eingeschränkt wird. Ansätze zur Modernisierung der Kammern werden verfolgt mit dem Ziel, sie in Aufbau, Struktur und Aufgabenerledigung als unternehmerische Organisationen stärker an unternehmerischen Maßstäben zu orientieren. Im Herbst 1995 beschließt der Vorstand und ihm folgend die Vollversammlung des DIHT diesen neuen Ansatz.

Das Jahr 1995 wird entscheidend für das zukünftige Verhältnis der Länder Berlin und Brandenburg. Bereits in der ersten Präsidiumssitzung im Januar, am Tag des Neujahrsempfangs, auf dem der neue BDI-Präsident Olaf Henkel – zum Missfallen, weil bei der Industrie- und Handelskammer und nicht bei einem Mitgliedsverband mancher der Verantwortlichen im BDI – seine erste öffentliche Rede hält und Bundesbauminister Dr. Klaus Töpfer als neuer Umzugsbeauftragter der Bundesregierung der Kammer seine Aufwartung macht, ist die staatsrechtliche Vereinigung der beiden Länder das beherrschende Thema. Die Hauptgeschäftsführung hat gemeinsam mit den Brandenburger Kammern eine Stellungnahme zu dem Entwurf eines Neugliederungsvertrages erarbeitet, der nachhaltig die Notwendigkeit der Zusammenführung der Wirtschaftsregion unterstreicht. Sie betont die Entwicklung, nach der sich die Betriebe in der Region in ihren Investitions- und Produktionsentscheidungen längst auf eine Region, auf ein Land, festgelegt haben. Sie erhebt den Vorwurf, dass Politik und Administrationen dem ökonomischen Verhalten der Unternehmen und dem Wohn- und Freizeitverhalten der Bürger hinterherhinken, und drängt deshalb die Verantwortlichen, die Entscheidung über ein gemeinsames Bundesland rasch zu treffen; schon vor der notwendigen Volksabstimmung müsse die Abstimmung in für die Region wichtigen Fragen, insbesondere im Bereich der Wirtschaftsförderung und beim Ausbau der Infrastruktur, verbessert werden. Die Kammer will ihr in der Sache eindeutiges Engagement für ein gemeinsames Bundesland auch öffentlich wirksamer werden lassen; denn sie will nicht hinter der öffentlichen Wirkung der bemerkenswerten Initiativen des UVB hintanstehen, der es hier als übergreifender Unternehmensverband in Berlin und Brandenburg einfacher hat – die Berliner Kammer ist immer wieder auf die Abstimmung mit den Brandenburger Kammern angewiesen – leichter hat. Immerhin gelingt es nicht nur in der Frage der Zusammenführung der Länder immer wieder, in der Arbeitsgemeinschaft der Industrie- und Handelskammern Berlin und Brandenburg, wenn auch manches Mal nach einigem Knirschen, gemeinsame Positionen zu erarbeiten und gemeinsam zu handeln; das betrifft so unterschiedliche Felder wie die Standortdiskussion für den Flughafen Berlin/ Brandenburg International, eine Konzeption für die Güterverkehrszentren in der Region, die Gründung der Sonderabfallgesellschaft, eine Entwicklungsstrategie für Industriestandorte, die Organisation von gemeinsamen Einkäufertagen und Außenwirtschaftveranstaltungen, von Fachtagungen zur Wirtschaftspolitik der Region und zu Förderprogrammen der Europäischen Union, die Zusammenarbeit in Fragen der Aus- und Weiterbildung ebenso wie gemeinsame Arbeitskreise (Beispiele: Justiziare, Zuständige für Regionalplanung, Sachverständigenwesen, Abgabenbelastung) und vieles andere mehr. Die Hauptgeschäftsführer treffen sich regelmäßig, und auch die Präsidenten beginnen einen Gedankenaustausch.

Neben der Kampagne für ein gemeinsames Bundesland sorgt sich die Berliner Kammer in diesem Jahr um die Wettbewerbsfähigkeit vor allem des Berliner produzierenden Gewerbes. Es gilt, die Förderbedingungen für den Wirtschaftsraum zu beeinflussen. Hauptgeschäftsführer Dr. Hertz nimmt im März an der Anhörung des Finanzministeriums zum sogenannten Standortsicherungsgesetz teil, fordert im Interesse eines einheitlichen Wirtschaftsstandorts die Einbeziehung des gesamten Landes Berlin in die Verlängerung der Sonderabschreibungen nach dem Fördergebietsgesetz und warnt vor einer möglichen Förderpolitik in Bonn und Brüssel, die neue Gräben aufreißt, statt die notwendige Einheit der Stadt zu befördern. Auch der Finanzausschuss des Deutschen Bundestages

Abb. 37 Hauptgeschäftsführer Dr. Hertz mit seinem Potsdamer Kollegen Peter Egenter bei der Vorstellung einer gemeinsamen Konjunkturumfrage der vier Berliner und Brandenburger Kammern im Herbst 1994

befasst sich Ende April mit dieser Frage. Die Kammer initiiert eine gemeinsame Stellungnahme von Senat, Wirtschaft (Kammer, Handwerkskammer, UVB) und des DGB, Landesbezirke Berlin und Brandenburg, deren Inhalt Dr. Hertz bei der Anhörung vertritt. Er hat dabei gegen manches Vorurteil anzukämpfen. So fragt ihn der Vorsitzende Carl-Ludwig Thiele von der FDP leicht ironisch: „Aber einleitend habe ich Sie richtig verstanden, und es ist ja auch logisch: Es geht nicht um das alte Handaufhalten, sondern um ein neues?“ Hertz antwortet: „Herr Vorsitzender, es geht um ein Plädoyer für die gesamte Region. Ob der Wunsch nach Fördermaßnahmen, der ja hier aus vielen Bereichen kommt, als Handaufhalten bezeichnet wird oder nicht, überlasse ich gern Ihrer Würdigung“, und beschreibt eingehend die Wachstums- und Entlastungsfunktion Berlins für die gesamte Region, deren Gefährdung zu einem „Mahlstrom“ für eben diese gesamte Region umschlagen könne.[25]

25 Nachzulesen im stenografischen Protokoll der Sitzung der Sitzung des Finanzausschusses vom 24. – 28. April 1995, 8, S. 259 ff.

Im Ergebnis folgt der Finanzausschuss den Berliner Wünschen insoweit, als er die Einbeziehung des mittelständischen Verarbeitenden Gewerbes und des Handwerks in die zehnprozentige Investitionszulage und die Einbeziehung dieser Wirtschaftsbereiche in die Sonderabschreibungsregelung empfiehlt. Nach einigem Hin und Her zwischen Bundestag und Bundesrat wird für ab 1996 der mittelständische innerstädtische Groß- und Einzelhandel in Ostberlin, West-Staaken und die anderen neuen Bundesländer mit einer Zulage von 10 % begünstigt; ab 1997 ist neben dem Groß- und Einzelhandel nur noch das Verarbeitende Gewerbe und das Handwerk zulageberechtigt. In Westberlin wird erstmals ab 1996 wieder die zehnprozentige Investitionszulage für das mittelständische Verarbeitende Gewerbe und Handwerk eingeführt. Westberliner Betriebstätten, die außerhalb des Gebietes liegen, das nach der Gemeinschaftsaufgabe „Verbesserung der regionalen Wirtschaftsstruktur" Fördergebiet ist, sind nur begünstigt, wenn der Betrieb zum Zeitpunkt des Investitionsabschlusses nicht mehr als 50 Arbeitnehmer beschäftigt – alles in allem ein schwer zu handhabendes Instrumentarium, das das Land Berlin, wie die Kammer es bewertet, fördertechnisch in drei Gebiete spaltet und damit das Gegenteil eines Beitrags zu einer anwenderfreundlichen, praxisorientierten Wirtschaftspolitik ist.[26]

Manches an der Politik in und für Berlin begrüßt die Kammer, mit manchem an ihr hadert sie – und die Politik reibt sich an ihr. So schreiben Präsident und Hauptgeschäftsführer im März an den Fraktionsvorsitzenden der SPD-Fraktion im Abgeordnetenhaus, Klaus Böger, der ihnen die Beschlüsse aus einer Klausurtagung der Fraktion übermittelt hatte, und begrüßen vor allem die Entscheidungen für eine Zusammenführung von Berlin und Brandenburg und für den unverzüglichen Bau der neuen Flughafens mit Standort in Sperenberg; dagegen machen sie kritische Anmerkungen zu einigen energiepolitischen Beschlüssen. Zu einer Kontroverse kommt es mit Bausenator Wolfgang Nagel in Sachen Wohnungsbau. Die Kammer beklagt in einer Pressekonferenz zur Vorstellung des Jahresberichts die Diskrepanz zwischen der Zahl der neuerrichteten Wohnungen und dem angestrebten Ziel und zum vorhandenen Fehlbestand; Senator Nagel kontert mit der Forderung nach einem stärkeren Engagement der Berliner Wirtschaft zur Schaffung von Wohnraum und meint feststellen zu müssen, „es gehe nicht an, sich wie zu alten West-Berliner Zeiten auf Gejammere zu beschränken und mit dem Finger auf die politische Verantwortung des Senats zu verweisen,

26 Vgl. JB 1995/1996, S. 147 f.

wenn es am eigenen Engagement fehle"[27], was die Kammer empört zurückweist und ein gemeinsames Gespräch mit dem Landesverband Freier Wohnungsunternehmen Berlin/Brandenburg und dem Verband Berlin-Brandenburgischer Wohnungsunternehmen anregt. Eher skurril wird es, als der Generalsekretär der Berliner CDU im Juni einen Brief an das Präsidium schreibt und im Namen des Landesvorstands den Vorwurf erhebt, Präsident Kramp habe in einem Gespräch mit dem „Tagesspiegel" ein rot-grünes Bündnis für „unbedenklich" erklärt. In der Tat hatte Kramp gegenüber einem Redakteur davon gesprochen, von „Berührungsängsten" gegenüber den Bündnisgrünen nichts wissen zu wollen; „die Berliner Wirtschaft kann durchaus aus einer Position der Stärke souverän gegenüber den Grünen auftreten. Das haben wir in weiten Teilen auch schon 1989 gemacht." Präsident Kramp hält allerdings im Präsidium im Juni die Aussage, er habe damit eine rot-grüne Regierung als unbedenklich bezeichnet, für aus der Luft gegriffen; seine Botschaft habe vor allem sein sollen, dass die Wirtschaft – auch bei einer solchen Konstellation – genug Selbstvertrauen haben und für den Umgang mit einer solchen Koalition souverän genug sein müsse. Wegen des schlechten Stils, einen solchen Brief statt an den Handelnden an das Präsidium insgesamt zu schicken, verzichtet das Präsidium auf eine inhaltliche Antwort, die über die von Präsident Kramp unverzüglich erfolgte Empfangsbestätigung an die CDU hinausgeht, bei der offenbar nach wie vor der Ärger über die objektive Haltung der Kammer während der Zeit der rot-grünen Koalition 1989–1991 nachhängt. Allerdings weist Hauptgeschäftsführer Dr. Hertz in der gleichen Präsidiumssitzung auf die erheblichen Unterschiede in den wirtschaftspolitischen Vorstellungen des Hauses und der Bündnisgrünen hin, beispielsweise in Fragen von Abgaben, der Ausgabenprogramme, der zusätzlichen sozialen Absicherung, des Mindestlohnes, der Forderung nach der 30 Stunden-Woche, der Ablehnung des Transrapids oder der Maßnahmen zur Verkehrsberuhigung, deren Gesamtheit er von den Mitarbeitern hat analysieren lassen. Das Präsidium erklärt es als für sinnvoll, in geeigneter Weise, zum Beispiel in Interviews, die großen Differenzen in den wirtschaftspolitischen Vorstellungen von Kammer und Bündnisgrünen zu verdeutlichen. Und das gelingt.

Im gleichen Zeitraum bemüht sich die Kammer um ihre Mitglieder. Sie veranstaltet Ausbildungstage und erneut, gemeinsam mit der BAO, im Juni einen „Tag der offenen Tür", unter dem Motto „Marktplatz der

27 Landespressedienst vom 22. April 1995, Nr. 77

Informationen im Rathaus der Wirtschaft", mit dem sie insbesondere auf ihre kleineren und kleinen Mitgliedsbetriebe zugeht. Knapp 2000 Besucher kommen, ihre Rückmeldungen dokumentieren einen großen Erfolg; auch für die Mitarbeiterinnen und Mitarbeiter wird der Tag zu einem Gemeinschaftserlebnis mit motivierender Wirkung. Der „Tag der offenen Tür" von Kammer und BAO wird zu einer ständigen Einrichtung. Im Interesse ihrer Mitglieder macht die Kammer auch eine Untersuchung zu der Steuer- und Abgabenlast der Betriebe in Berlin mit dem Ziel, diese empirischen Grundlagen in der Diskussion mit der Politik zu nutzen; der Regierende Bürgermeister Eberhard Diepgen wird sich auch unter dem Eindruck der Ergebnisse der Untersuchung im September öffentlich festlegen, dass es unter der Führung der CDU keine Erhöhung der Gewerbesteuer geben werde. Sie spricht mit einer Reihe von Verbänden und Unternehmen, um deren Ausbildungsbereitschaft zu sichern oder zu erhöhen. Und sie beginnt bereits jetzt, die nächste Wahl zur Vollversammlung im Jahr 1996 vorzubereiten. Diese Wahl scheint – noch – unter einem guten Stern zu stehen; denn das kundige, kultivierte und als initiativreich bekannte Präsidiumsmitglied Dr. Manfred Gentz, Vorstandsvorsitzender der Daimler-Tochter debis, erfahren im Umgang mit der Politik und von ihr hoch respektiert, erklärt sich bereit, für die nächste Vollversammlung und für das Amt des Präsidenten der Industrie- und Handelskammer Berlin zu kandidieren.

Am 22. Oktober wählt Berlin ein neues Abgeordnetenhaus. Die Sozialdemokraten fahren ihr schlechtestes Ergebnis in der Nachkriegsgeschichte der Stadt ein. Obwohl die bisherigen Koalitionsparteien CDU und SPD zusammen eine ausreichende Mehrheit haben, schwankt die SPD und verzögert die Senatsbildung: Sie „verprellen ohne erkennbares Programm, völlig konfus und kopflos auch noch die letzten Wähler. Statt entschlossen zu beginnen, aus den Fehlern zu lernen, muten sie der Hauptstadt schmollend ein halbes Jahr ohne neuen Senat zu. Es gilt schon als Erfolg, daß der Ausstieg aus der großen Koalition mit der CDU nicht schon am Wochenende beschlossen wurde. Dabei geht es nicht um die SPD, sondern um Berlin. Es geht um den Wirtschaftsstandort Berlin, die Lösung der dramatischen Finanzprobleme der Stadt, die Länderfusion mit Brandenburg und um eine nicht weniger ehrgeizige Verwaltungsreform ... Berlin braucht also schnellstens eine möglichst starke, stabile Landesregierung. Deswegen gibt es zur Neuauflage der großen Koalition keine Alternative."[28] Das sieht auch die Kammer so, und deshalb hatte sie

28 So ein Kommentar von Knipper im „Handelsblatt" vom 31. Oktober 1995

wenige Tage nach der Wahl einen 92 Punkte umfassenden Katalog von Forderungen und Verbesserungsvorschlägen an die Berliner Politik veröffentlicht.[29] Sie mahnt auch vor dem Hintergrund des Umzugs von Parlament und Teilen der Regierung und der anstehenden Volksabstimmungen in Berlin und Brandenburg eine rasche Regierungsbildung auf der Grundlage einer breiten parlamentarischen Mehrheit, die konsequente Fortentwicklung des regionalen Strukturwandels, die bessere Koordinierung der Senatsverwaltungen untereinander und mit der Wirtschaft, eine schnelle Standortentscheidung für den Flughafen, ein optimiertes Hauptstadtmanagement einschließlich der Ernennung eines eigenen Beauftragten für den Regierungsumzug mit ressortübergreifenden Kompetenzen als Pendant zu Bundesminister Klaus Töpfer, eine aktive Gewerbeflächensicherung und vieles mehr an; sie bietet den für die Entwicklung der Stadt in den nächsten vier Jahren verantwortlichen Politikern eine konkret beschriebene Unterstützung bei der Lösung der vor ihnen liegenden Aufgaben an. Die Kammer macht Druck, der Widerhall in den Medien ist groß, und dieser erhöht den Druck.[30] Dennoch wird es bis in den Januar 1996 hinein dauern, bis der Koalitionsvertrag abgeschlossen und die Regierungsbildung mit einer erneuten großen Koalition in Sicht ist.

Am 15. Dezember 1995 findet das Richtfest für das Ludwig Erhard Haus statt, ein großer Tag für die Kammer, der eben noch im zeitlichen Rahmen der Ankündigungen von Präsident Kramp bei der Grundsteinlegung liegt. Vorangegangen sind zahllose Besprechungen, Gremiensitzungen, Informationen an Präsidium und Vollversammlung; wichtige Entscheidungen – ob immer die richtigen, sei an dieser Stelle noch dahingestellt – sind getroffen worden. Das betrifft, um nur ganz wenige zu nennen, die Vergabe der Gewerke in einzelnen Losen, den Werkstoff der tragenden Säulen und eine Durchführung des Bauvorhabens in zwei Schritten. Die Kammer entscheidet sich nach eingehender Diskussion gegen eine Auftragsvergabe an einen Generalübernehmer oder -unternehmer und für die Vergabe in Einzellosen. Gründe dafür liegen in der eher prinzipiellen Absicht, die Heranziehung möglichst vieler mittelständischer Betriebe sicherzustellen, aber auch in der Sorge, von einem Generalunternehmer oder -übernehmer bei Änderungen in der Baupla-

29 BW 1995, Heft 11, S. 24 ff.

30 Vgl. den erwähnten Artikel im „Handelsblatt" und beispielsweise die Berichte und Kommentare in „Berliner Morgenpost", „Tagespiegel", „DIE WELT" und „Berliner Zeitung", alle vom 28. Oktober.

nung und -durchführung nach Vertragsabschluss übermäßig herangezogen zu werden. Und zu solchen Veränderungen kommt es, vor allem beim Werkstoff. Der Prüfstatiker teilt nach einer ersten intensiven Befassung Hauptgeschäftsführer Dr. Hertz mit, dass er für den vom Architekten aus ästhetischen Gründen vorgesehenen Werkstoff Stahlbeton für die tragenden Säulen des Gebäudes ein lange Prüfzeit mit ungewissem Ausgang benötige; damit lassen sich die technischen Fragen und die wirtschaftlichen Risiken von Betonbögen nicht mehr befriedigend eingrenzen. Das Planungsteam des Bauvorhabens übernimmt eine Empfehlung des Prüfstatikers und sieht für die Tragwerkskonstruktion und für den Rohbau eine Kombination aus Stahlbogenträgern und Stahlbetondecken vor. Es ist nun Aufgabe von Dr. Hertz, den Architekten Nicolas Grimshaw im Hinblick auf seine Urheberrechte davon zu überzeugen, dass es seine Idee ist, den Werkstoff zu wechseln. Das gelingt, braucht aber Zeit, und die Baugrube ist bereits ausgehoben, die Herstellung der beiden Tiefgeschosse durch die Ed. Züblin AG zur Hälfte abgeschlossen; zudem erfordert diese Veränderung erheblichen zusätzlichen Planungsbedarf bei den für weitere Gewerke zuständigen Planern, und kostet dementsprechend. Der Auftrag zur Errichtung der Stahlbögen und der Betondecken geht an das Berliner Unternehmen Krupp Stahlbau Berlin GmbH, das seit 130 Jahren das Berliner Stadtbild mitgeprägt hat. Die Entscheidung für einen Bau in zwei Phasen resultiert aus der Notwendigkeit, die Börse ohne Zwischenstation von ihrem bisherigen Standort in das neue Gebäude zu integrieren; die Verantwortlichen in der Kammer wollen vermeiden, dass die Börse doch noch Gefallen an einem anderen Standort findet und Zweifel an ihrer Treue zum Ludwig Erhard Haus befallen. Die Lösung besteht in zwei Bauabschnitten – das Gebäude der Börse kann erst abgerissen werden, nachdem der Umzug erfolgt ist, – erweist sich aber als zeitraubend und kostentreibend. Der Umzug soll im Mai 1996 erfolgen, und noch geht die Kammer davon aus, dass trotz allem die Bezugsfertigkeit des gesamten Hauses Ende 1997 gesichert ist. Eine Dokumentation über die Bedeutung des Ludwig Erhard Hauses im öffentlichen Meinungsbild, die der stellvertretende Hauptgeschäftsführer Jörg Schlegel initiiert hat, ergibt ein sehr positives Echo; es bezieht sich vor allem auf die anerkannte Architektur, die positive Bewertung der klimagerechten Bauweise, die umweltfreundliche Baustelleneinrichtung und die informative Baustellenunterrichtung einschließlich eines Infocenters über den Bau, und sie dokumentiert auch, dass es gelungen ist, das Gebäude aus der Diskussion um die Vermietbarkeit von Bürogebäuden in Berlin und über Miethöhen herauszuhalten.

Auf Einladung von Kammer und VBKI kommen mehr als 1300 Persönlichkeiten aus Wirtschaft, Politik, Wissenschaft und Kultur zum Richtfest am 15. Dezember. Sie feiern die Schließung des ersten von insgesamt 15 riesigen Stahlbögen, an denen die einzelnen Stockwerke aufgehängt werden. Das „gläserne Gürteltier", so die Berliner Tagespresse im Vorfeld des Ereignisses – dieses Tier hatte bei den ersten Entwurfszeichnungen des Architekten Nicolas Grimshaw tatsächlich Pate gestanden, und deshalb ist in britischen Medien die Rede von „High-Tech-Architektur aus der Spielwarenabteilung" – nimmt Gestalt an. Kammer und VBKI verbinden diesen Tag mit einem erneuten Bekenntnis zu der Zusammenführung von Berlin und Brandenburg. Präsident Kramp geht darauf in seiner Rede ein, und der Vorsitzende der Initiative „Ein Land", Joachim Putzmann, bis vor einiger Zeit auch Vizepräsident der Kammer, spricht in seiner Ansprache davon, dass das Ludwig Erhard Haus auf altem Brandenburger Boden steht und daher eine Berlin-Brandenburger Heimstatt werden soll „in Fortsetzung unserer langen und von großen Erfolgen geprägten Tradition." Grimshaw erläutert seine Vorstellungen von „Struktur, Raum und Fassade" in modernen Gebäuden, wie sie im Ludwig Erhard Haus ihren sichtbaren Ausdruck finden werden; der Regierende Bürgermeister Eberhard Diepgen nennt das Gebäude einen großen Wurf für Berlin, dessen Bogenform ein Symbol für Stärke und Standhaftigkeit sei. Das Richtfest wird umrahmt von „Drums & Pipes" – Klängen der Royal Highland Fusiliers als Verbeugung vor dem britischen Architekten, und ein 900 kg schwerer Richtkranz mit einem Durchmesser von 3 Meter Breite und 4 Meter Höhe überragt die westliche City.[31] Die Führung der Kammer ist stolz und glaubt – noch –, das Vorhaben trotz aller Herausforderungen einer so einzigartigen Architektur weiter wie geplant verwirklichen zu können.

31 Vgl. Berichte in BW 1995, Heft 12, S. 20 f, und BW 1996, Heft 1, 24 f.

Kapitel XIV
Aufziehende dunkle Wolken

Der Jahresempfang der Kammer steht abermals unter der Aufforderung, sichtbar auf einer Anzeigetafel über den zahlreichen Gästen, „1996 – Und sagen Sie Ja zu ‚Ein Land'". Der frühere Regierende Bürgermeister und jetzige Altbundespräsident Richard v. Weizsäcker hält die nun schon traditionelle Rede vor dem Empfang unter dem Titel „Gesamtkunstwerk Berlin". Er bricht in seinen Betrachtungen eine Lanze für die Kultur und hinterfragt zugleich die derzeitige Finanzierungsstrategie für kulturelle Leistungen.[1] Die Teilnehmer an dem Empfang gehen wohlgestimmt und – auch bezogen auf einen positiven Ausgang der Volksabstimmungen über die Länderfusion – zuversichtlich in das neue Jahr.

Allerdings hat die Kammer Gründe, schon Ende Januar einen sehr kritischen Blick auf die Koalitionsvereinbarung zwischen CDU und SPD zu werfen. Sie erkennt zwar eine Reihe von positiven Signalen, insbesondere das Versprechen eines wirtschaftsfreundlichen Klimas, vermisst aber die Konkretisierung. Die Koalitionsvereinbarung, so Hauptgeschäftsführer Dr. Hertz vor der Presse, bewege sich zu sehr in traditionellen Denkmustern und lasse zu wenig Innovation und Zukunftsorientierung erkennen; sie „springe mit den zahlreichen allgemeinen Absichtserklärungen zu kurz." Insbesondere die Verwaltungsreform bleibt ihm zu zaghaft. Es fehlt eine überzeugende Überprüfung der staatlichen Aufgaben. Eine solche gründliche Aufgabenkritik ist nach Überzeugung der Kammer überall das Gebot der Stunde, und die Reduzierung der Zahl der Berliner Bezirke von 23 auf 18 bleibt deutlich hinter ihren Erwartungen zurück. Erheblich mehr Mut fordert sie auch in der Finanzpolitik. Sie sei der Schlüssel für die Erhaltung und den Wiedergewinn des Gestaltungsspielraums für Politik in der Stadt nach dem Motto: Sparen an der richtigen Stelle, Investitionen in die Zukunft, Privatisierung mit Verstand. Stattdessen verzichtet die Koalition auf notwendige Schnitte in den konsumtiven Ausgaben, kürzt die Investitionsausgaben und riskiert damit die Konservierung des strukturellen Mangels des

1 BW 1996, Heft 2, S. 11 ff.

Landeshaushalts. Völlig empört ist die Kammer auch angesichts früherer Zusagen von Eberhard Diepgen über die ab Januar 1998 geplante Erhöhung des Gewerbesteuerhebesatzes von 340 auf 390 %.[2] Die Kammer gratuliert zwar, wie sich das gehört, dem Regierenden Bürgermeister Eberhard Diepgen und den Mitgliedern des Senats, darunter der Senatorin für Arbeit, Berufliche Bildung und Frauen, Dr. Christine Bergmann, dem Senator für Bauen, Wohnung und Verkehr, Jürgen Klemann, der Bürgermeisterin und Senatorin für Finanzen, Dr. Anette Fugmann-Heesing, und Innensenator Jörg Schönbohm – beide erfreulich kompetente Zugänge in Berlin –, dem Senator für Stadtentwicklung, Umweltschutz und Technologie, Peter Strieder, dem Senator für Wirtschaft und Betriebe, Wolfgang Branoner, und dem Senator für Wissenschaft, Forschung und Kultur, Peter Radunski. Sie lässt aber keinen Zweifel an ihren inhaltlichen Vorbehalten gegenüber dem Regierungsprogramm ebenso wie an dem Zuschnitt der Ressorts, bei dem sie vor allem angesichts der engen Vernetzung von Wirtschafts- und Technologiepolitik die Trennung der Zuständigkeiten und die Abtrennung der Energiepolitik von der allgemeinen Wirtschaftspolitik für sachwidrig und unverständlich hält.

Berlin hätte eine besonders zupackende und zukunftsorientierte Landesregierung dringlich gebraucht. „Die Berliner Wirtschaft bewegt sich im Frühjahr 1996 inmitten einer verschlechterten Großwetterlage. Berlin kommt wie ganz Deutschland nicht über negative Rekordzahlen am Arbeitsmarkt, eine schleppende Konjunktur und unzureichende Wachstumsdynamik hinweg. Gemessen an den Erwartungen in und um Berlin hatten viele Unternehmer die Erwartung, daß Berlin sich oberhalb des Bundesdurchschnitts entwickelt. Das Gegenteil ist eingetreten; ein bedrohliches Gemisch von bundesweit gebremster Konjunktur und unverändert heftigem Strukturwandel hat die Stadt eingeholt … Den gravierenden Strukturwandel dokumentiert die Tatsache, daß traditionsreiche Berliner Betriebe insbesondere in der Industrie zum einschneidenden Abbau von Beschäftigung, zu Verlagerungen oder sogar zu Betriebsschließungen gezwungen sind. Die Liste von Namen mit Klang in der Wirtschaft Berlins, die in den letzten Jahren aufgeben mußten, ist lang. Sie reicht von Namen wie Berthold, Bosse, Klüssendorf, AEG TRO, WAM, Werzalit oder Weyermann bis zum gerade erst aus zwei bekannten Berliner Betrieben formierten Unternehmen Fritz Werner & Niles, das im Februar Konkurs angemeldet hat. Ebenso bedrückend sind die Schicksale der zahllosen kleinen Betriebe aus Einzelhandel, Gastronomie,

2 BW 1996, Heft 2, S. 33 f.

Verkehrswirtschaft und anderen Zweigen der Berliner Wirtschaft, die das Handtuch werfen mußten. Viele davon, das zeigen die Zahlen der IHK, sind erst wenige Jahre im Geschäft, und viele davon sind Existenzgründer aus dem Ostteil der Stadt, die mit hohem Einsatz und ebenso hohen Erwartungen in die Marktwirtschaft gestartet sind. Es werden auch nicht die letzten Betriebe sein, die aufgeben müssen. Wer heute durch das Nikolai-Viertel, durch Einkaufszentren wie die Markthalle am Alex, durch die Schönhauser Allee oder die Köpenicker Altstadt geht, trifft auf Kaufleute voller Sorgen, und auch viele West-Berliner Geschäftstreibende bangen um ihre Existenzen."[3] Natürlich gibt es auch Aufhellungen in dieser Wolkendecke. Ein stabiler Wachstumsträger bleibt der Dienstleistungssektor, und die Auswirkungen der Realisierung des geplanten Parlaments- und Regierungsumzugs machen sich bemerkbar. In diese Vorbereitungen schaltet sich die Kammer aktiv ein. Bereits im Juni das Vorjahres hatte sie gemeinsam mit der Bundesregierung, den Regierungen von Berlin und Brandenburg sowie mit einschlägigen Wirtschaftsverbänden einen „Informationstag für Fremde Missionen" in der Ausbildungsstätte des Auswärtigen Amts vorbereitet. Wie das Amt Dr. Hertz danach geschrieben hatte, hatte die „überaus rege Teilnahme von Botschaftern und Botschaftsvertretern an dieser Veranstaltung gezeigt, daß ein ausgesprochener Bedarf an seiner Durchführung, d.h. hohes Interesse an zusätzlichen Informationen über Berlin und vielen mit dem zukünftigen Umzug von Bundestag und Bundesregierung nach Berlin zusammenhängenden und die Botschaften zum Teil unmittelbar berührenden Fragen bestand ... Für die großen Bemühungen der Industrie- und Handelskammer zu Berlin um das Zustandekommen dieses für alle Beteiligten besonders nützlichen Informationstages und auch für Ihr ganz persönliches Engagement in der Sache ist das Auswärtige Amt dankbar. Gerade die von Ihrem Hause koordinierte, ausgezeichnete technische und inhaltliche Vorbereitung, die vor allem wegen der Vielzahl der beteiligten öffentlichen und privaten Stellen nicht immer einfach gewesen ist, verhalf dem Informationstag zu besonderem Erfolg ... der aus hiesiger Sicht nicht nur die mit der Vorbereitung verbundenen Anstrengungen aller Seiten, vor allem ihren zeitlichen Aufwand, sondern auch die wohl nicht unerheblichen finanziellen Ausgaben insbesondere der Industrie- und Handelskammer ... voll und ganz gerechtfertigt erscheinen lassen. Das gute Gelingen des Informationstages hat sicherlich dazu beigetragen, die Umzugsplanung zahlreicher Bonner Botschaften wesentlich zu erleich-

3 JB 1995/96, S. 11 ff.

tern.“ Das hören Dr. Hertz und der stellvertretende Hauptgeschäftsführer Jörg Schlegel, der an diesen Aktivitäten maßgeblich beteiligt ist, gern. Für die notwendige Markttransparenz sorgt auch eine sogenannte Botschaftsbörse, die auf einem Anstoß des Regierenden Bürgermeisters und der Kammer beruht. In ihr leisten die Bundesregierung, der Senat, die Staatskanzlei in Potsdam und die Berliner Wirtschaft konkrete Hilfestellung für den Umzug des Diplomatischen Corps nach Berlin. Zu den Trägern der Initiative zählen die Kammer, die wohnungswirtschaftlichen Verbände, der Bund der Berliner Haus- und Grundbesitzervereine und unterschiedliche staatliche Stellen. Die Botschaftsbörse, deren operative Seite vom Landesverband Freier Wohnungsunternehmen betreut wird, bietet einen Managementservice an, der die Botschaften dabei unterstützt, ihren Immobilienbedarf nach Lage und Größe zu formulieren, und es Maklern und Grundstückseigentümern erleichtert, nachfragegerecht zu reagieren. Flankiert wird diese Initiative durch die Kammer zusätzlich beispielsweise durch einen umfassenden Büroflächenbericht und durch einen Empfang in ihrem Hause, bei dem Vizepräsident Dr. Knut Fischer 48 afrikanische Missionschefs willkommen heißt, die sich über Berlin sowie über die Umzugsmöglichkeiten und potentielle Standorte informieren. Diese Dienste nehmen zunehmend auch Verbände in Anspruch, die ihren Umzug nach Berlin zu planen beginnen.

Ihr Spektrum geht vom DIHT, dem BDI und der BDA, die den Umzug nutzen werden, an einem gemeinsamen Standort Synergien zu generieren, über den Hauptverband der Deutschen Bauindustrie, den Hauptverband des Deutschen Einzelhandels, den Gesamtverband Versicherungswirtschaft, den Zentralverband des Deutschen Handwerks, den Bundesverband deutscher Banken, Gesamtmetall bis zum Verband der Deutschen Automobilindustrie.

Immer wieder hatten sich Präsidium und Hauptgeschäftsführung auch mit den Vorbereitungen zur nächsten Vollversammlungswahl im Jahr 1996 befasst. Im Dezember 1995 hatte Dr. Gentz mitteilen müssen, dass er seine grundsätzliche Bereitschaft, nach Kramp das Amt des Präsidenten zu übernehmen, nicht aufrecht erhalten könne; die damit verbundenen Belastungen seien mit seinen neuen Aufgaben im Vorstand der Daimler Benz AG mit Dienstsitz in Stuttgart nicht so zu verbinden, dass er beiden Verpflichtungen gerecht werden könne. Das Präsidium nimmt diese Erklärung mit Respekt und Bedauern zur Kenntnis, doch bringt diese nachvollziehbare Entscheidung von Dr. Gentz die Führung des Hauses in Schwierigkeiten. Das Präsidium setzt unverzüglich eine so genannte Findungskommission ein, deren Aufgabe es sein soll, geeignete

Abb. 38 Vizepräsident Dr. Knut Fischer, der „Botschafter der Berliner Wirtschaft", vor den afrikanischen Missionschefs

Kandidaten für die anspruchsvolle Aufgabe des Kammerpräsidenten zu finden. Die Suche nach einem oder mehreren Kandidaten wird aus einer ganzen Reihe von Gründen mühsam werden.

In Schwierigkeiten, wenn auch anderer Art, war auch die mit viel Erwartungen gegründete OstWestWirtschaftsakademie (OWWA) geraten. Einer der Gründe ist, dass wie bei anderen Institutionen auch, beispielsweise beim Internationalen Design-Zentrum (IDZ), bei der die Kammer ebenfalls schon lange Jahre engagiert ist, die institutionelle Förderung zurückzugehen bzw. zu entfallen droht. Auch die Erwartungen mancher Beteiligter an die Arbeit der OWWA, insbesondere bei der Erwirtschaftung eigener Einnahmen, sind nur begrenzt erfüllt. Daraus resultierende Querelen führen zu einer Entpflichtung des Präsidenten

Professor Dr. Standtke von seinen Aufgaben; dessen wiederum daraus folgende Ansprüche werden die OWWA in eine kaum zu bewältigende finanzielle Krise bringen. Aus Sorge, dass das Scheitern der Akademie eine für das Ansehen Berlins als Kompetenzzentrum für Ost/West-Beziehungen negative Auswirkung hat, hatte sich die Kammer schon 1995 entschieden, sich an einem Rettungsversuch zu beteiligen. Der stellvertretende Hauptgeschäftsführer Jörg Schlegel hatte für die Kammer die Dinge in die Hand genommen, und im Spätherbst war es in einem Schulterschluss zwischen Wirtschaftssenator Dr. Meisner, der Kammer und einigen Unternehmen gelungen, die OWWA zunächst zu retten. Die maßgeblich Beteiligten fassen eine Fusion mit dem Institut für Management und Technologie (IMT), dessen Vorsitzender des Kuratoriums Dr. Gentz ist, ins Auge. Die Vorarbeiten kommen nicht voran, erstaunlich, weil die in beiden Institutionen Verantwortlichen, Dr. Liener für die OWWA und Dr. Gentz für das IMT, aus dem gleichen Haus Daimler-Benz stammen. So wird die OWWA in Konkurs gehen, nicht minder erstaunlich im Hinblick auf die Tatsache, dass immerhin auch DIHT und BDI sowie neben Daimler-Benz weitere führende deutsche Unternehmen zu den Trägern gehören. Die Kammer hätte wohl weiter gemacht; aber allein kann sie die Last der OWWA nicht schultern.

Auch die Fusion der Länder Berlin und Brandenburg gerät im Vorfeld der Volksabstimmungen in schwieriges Fahrwasser. Die Kammer spürt – und wird darin durch Berichte der Brandenburger Kammern bestätigt –, dass die Stimmung zumindest in Brandenburg nicht gut ist, und auch in Berlin gibt es Zurückhaltung. Deshalb beschließt das Präsidium bereits im Januar, sich noch stärker zu engagieren. Die Wirtschaft in der Region muss für die Fusion aktiv werben, und so erhalten Dr. Hertz und Jörg Schlegel den Auftrag, beispielsweise zur Verwendung in Betrieben und Betriebsversammlungen griffige Argumentationshilfen vorzubereiten. Die Kammer ist sich bewusst, wie wichtig die Herstellung des politischen Vertrauens der Bevölkerungen in die Zusammenführung der beiden Länder und wie wichtig deshalb vor dem Hintergrund der in der Bevölkerung vorhandenen Ängste das Erzeugen einer positiven Stimmung ist. Herr Schlegel verschafft sich einen Überblick über die geplanten Kampagnen anderer Akteure, deren Umrisse erst im Februar 1996 deutlich zu werden beginnen, spät, wenn nicht zu spät. Die Kammer sieht Raum für die Erarbeitung einer allgemein verständlichen Argumentation mit eingängigen Formulierungen, die zugleich über einen Slogan emotionalisieren soll. Das Präsidium gibt Mittel frei für eine solche Kampagne, für die die Kammerführung sich der Zuarbeit einer externen Agentur versichert. Sie geht im April mit einem Appell an die Unternehmen in die Öffentlichkeit, bringt die Argumentation für die Vereinigung in einem Werbefolder auf den Punkt und sendet ihn allen Mitgliedsbetrieben zu.[4] Dennoch und trotz der Bemühungen von Politik, Wirtschaft und anderen gesellschaftlichen Gruppierungen scheitert die Fusion in der Volksabstimmung am 5. Mai 1996: In Brandenburg stimmen nur 36,2 % dafür, 63,1 % votieren dagegen; es existiert nicht ein einziger Landkreis oder eine einzige kreisfreie Stadt, die nicht Nein sagen. In Berlin gibt es eine knappe Mehrheit für die Zusammenführung beider Länder, wenn auch in den Stadthälften differenziert; in den östlichen Bezirken stimmen 44,4 % für und 54,7 % gegen den Zusammenschluss, und nur in den westlichen Bezirken überwiegt mit 59,1 % die Zustimmung. Damit ist, wie die „Süddeutsche Zeitung" schreibt, eines „der wenigen visionären Projekte der deutschen Politik" gescheitert. Erklärungsversuche gibt es viele: Die Furcht der Brandenburger Bevölkerung vor einer Dominanz Berlins, die angeblichen Vorbehalte „in der alten DDR gegen die alte Hauptstadt der DDR"[5] , die Sorge der peripheren Brandenburger Regionen, noch mehr ins vermeintliche Abseits zu geraten, der Unwille, nach der Wiedervereinigung erneut etwas Neues anzugehen, die Sorge um Arbeitsplätze vor allem in den öffentlichen Verwaltungen, die Schwierigkeit, dem einzelnen Bürger nahe zu bringen, was konkret und für ihn persönlich die Fusion gebracht hätte, die „hohe Zustimmung zu (Ministerpräsident) Stolpe, (denn die Menschen seien) zufrieden mit der brandenburgischen Politik und wollen kein Risiko mit neuen Politikern aus Berlin eingehen"[6] etc. „Auf der Landkarte sieht das Bundesland Brandenburg nun also weiterhin aus wie ein Spiegelei. Und das Gelbe vom Ei gehört nicht dazu."[7] „Das Misstrauen hat gesiegt".[8] Alle Befürworter der Vereinigung der beiden Länder sind entsetzt. Dr. Hertz spricht öffentlich von einem derben Rückschlag für die wirtschaftliche Entwicklung der ganzen Region, von dem Verpassen einer einmaligen Chance, Präsident Kramp befürchtet, dass „wir in der Wirtschaftsförderung wieder nebeneinander herlaufen"[9], die Kammer warnt vor Stand-

4 Zu den Inhalten s. BW 1996, Heft 3, S. 35 f.
5 Der Regierende Bürgermeister von Berlin, zitiert nach „Berliner Zeitung" vom 6.5.1996.
6 Der SPD-Fraktionsvorsitzende im Brandenburger Parlament, zitiert nach „Neues Deutschland" vom 7.5.
7 Evelyn Roll in der „Süddeutschen Zeitung" vom 7.5.
8 Löffelholz in „DIE WELT" vom 6.5.
9 In der „Berliner Morgenpost" vom 6.5.

ortkonkurrenz und einem Subventionswettlauf. Sie sieht auch die Gefahr, dass die Entscheidungen über die Großprojekte Flughafen, Transrapid sowie für den Ausbau der Wasserstraßen und des regionalen Bahnverkehrs weiterhin vertagt werden, eine richtige Annahme, wie sich zeigen wird. „Das schauen wir uns dann an, wenn zum Beispiel in zwei Wochen die Entscheidung über den Großflughafen ansteht. Sie wird vermutlich gegen Sperenberg und damit gegen Brandenburg fallen. Anschließend werden die beiden dann nicht mehr befreundeten Länder anfangen, sich ihre Aufwendungen vorzurechnen, was sie bisher in Erwartung der Fusion unterlassen haben. Berlin hält Krankenhausbetten, Schulen und Studienplätze für Brandenburg bereit, für die Potsdam dann zur Kasse gebeten wird. Umgekehrt wird Brandenburg Berlin für die Müllentsorgung im Umland die Rechnung ausstellen. Und so weiter und so fort".[10] So wird es tatsächlich zumindest in Teilbereichen kommen, und auch deshalb sieht sich Dr. Hertz bereits in seiner ersten Stellungnahme nach dem Scheitern des Vorhabens veranlasst, alle Verantwortlichen dazu aufzufordern, den Schaden zu begrenzen und die bisherige Zusammenarbeit nun erst recht fortzusetzen. Es ist sicherlich richtig, eine Atempause einzulegen. Aber das Thema bleibt auf der Tagesordnung der Kammer, und fünf Jahre nach der Volksabstimmung, am 4. Mai 2001, wird ihr Präsident sagen, „die Zeit ist reif für einen neuen Anlauf zur Ländervereinigung."[11]

Gespräche mit dem neuen Senat ziehen sich durch das erste Halbjahr 1996; denn auch hier steht keineswegs alles zum Besten. Zwar sucht der Senat – der Regierende Bürgermeister an die Kammerführung kurz nach der Senatsbildung: das sei schon ein Stück Tradition – das Gespräch mit dem Präsidium. Aber die Treffen führen nur begrenzt weiter. Das mag an den Zwängen der großen Koalition liegen; vielleicht sind es ihre Abnutzungserscheinungen, oder es fehlt angesichts der drückenden Herausforderungen auch an Ideen und Mut.

Das Gespräch zwischen Eberhard Diepgen, begleitet von Wirtschaftssenator Pieroth, und dem Präsidium und der Hauptgeschäftsführung im Gästehaus des Senats am 15. März findet vor dem Hintergrund einer Berliner Wirtschaft statt, die nach wie vor von tiefgreifenden strukturellen Veränderungen geprägt ist, die zunehmend den konjunkturellen Gegenwind spürt und unter erheblich verschärftem Kosten- und Wettbewerbsdruck arbeitet. Sie hatte 1995 mit ihrem Wachstum im

10 Noch einmal Roll in „Süddeutsche Zeitung" vom 7.5.
11 Pressemitteilung vom 4. Mai 2001

Vergleich zu anderen Bundesländern am unteren Rand gelegen; die Erwartungen für 1996 sind sehr verhalten. Einige Branchen sind besonders gebeutelt: Die Bauwirtschaft fällt zurück, die Konjunktur hat sich auch dort abgekühlt, und die angespannte Haushaltslage sowie der scharfe Wettbewerb untereinander und mit auswärtigen Unternehmen machen dem Gewerbe zusätzlich zu schaffen. Handel und Gastgewerbe leiden unter der schwachen Binnennachfrage ebenso wie unter strukturellen Anpassungszwängen. Auch im Verarbeitenden Gewerbe hat sich das Bild wieder eingetrübt. Ostberliner Betriebe haben zunehmend Liquiditätsprobleme, Schwierigkeiten in marktorientierter Unternehmensführung und Probleme im Umgang mit ihren Hausbanken; auch aus dem Westteil der Stadt erreichen die Kammer viele Hilferufe. Die Stimmung in der Unternehmerschaft ist schlecht, in manchen Branchen – so in der Bauwirtschaft – katastrophal. Zahlreiche kleine und mittlere Unternehmen, keineswegs nur in den östlichen Bezirken, sehen keine oder wenig Perspektive. Diese Stimmung beeinflusst auch die Investitionsabsichten, die Überlegungen zur Beschäftigung von Arbeitnehmern und das Ausbildungsverhalten. Das ist umso bedrohlicher, als auch Stützen der wirtschaftlichen Entwicklung aus dem Dienstleistungssektor, Banken und Versicherungen beispielsweise, Personal eher abzubauen als aufzustocken beginnen. Die Kammer verstärkt ihre Bemühungen um einzelne Betriebe. So hatte sie sich bereits 1995 an einer Gemeinschaftsinitiative „Runder Tisch" von DIHT, der Deutschen Ausgleichsbank und von deutschen Industrie- und Handelskammern beteiligt, ein Angebot an insolvenzbedrohte Betriebe in den neuen Bundesländern; in Berlin gilt dieses Angebot auch allen mittelständischen Unternehmen im Westteil der Stadt. Im September 1996 wird sie eine zusätzliche „Task Force" unter Leistung des früheren Wirtschaftsstaatsekretärs Dr. Heuer einrichten, die ihr bisheriges Beratungsangebot wesentlich ergänzt. Diese Arbeitseinheit versteht sich als Anlaufstelle und Lotse für mittelständische Berliner Betriebe, die bei akuten Problemen mit Behörden Hilfe brauchen; sie berät die Unternehmen, koordiniert die Hilfsmaßnahmen in der Kammer selbst und mit weiteren Beteiligten und führt die zur Problemlösung notwendigen Gespräche mit Behörden und Banken. Aber das alles hilft nur punktuell, die Gesamtlage bleibt düster.

Nicht nur mit dem Regierenden Bürgermeister spricht die Kammer. Sie vertieft ihre Anliegen und Wünsche auch in Treffen mit Wirtschaftssenator Elmar Pieroth, Finanzsenatorin Dr. Annette Fugmann-Heesing, bei dem es vor allem um die geplante Erhöhung der Gewerbesteuer geht, mit Umweltsenator Peter Strieder und Frau Bergmann, die

die Kammer davon überzeugen will, ihre Pläne für eine Ausbildungsplatzabgabe fallen zu lassen. Von Herrn Pieroth erwartet sie seine Perspektive für den Wirtschaftsstandort Berlin, und sie will von ihm wissen, was die Überlegungen zur Etablierung eines „Bündnisses für Standortsicherung und Arbeit" sollen, deren inhaltliche Bestandteile die Kammer für in der Bestandsaufnahme irrig, in der Umsetzung nicht stimmig und als Strategie für völlig unbrauchbar hält. Alle diese Themen und mehr kommen zur Sprache auch auf dem Wirtschaftstag am 19. März. Dort sagen Eberhard Diepgen und Elmar Pieroth unter anderem zu, sich für eine Beibehaltung des derzeitigen Hebesatzes der Gewerbesteuer einzusetzen, sofern sich eine vertretbare Alternative böte. Auch stellt Diepgen eine baldige Entscheidung über den Standort des neuen Flughafens in Aussicht, über den Senat und Kammer immer noch unterschiedlicher Meinung sind; der Regierende Bürgermeister neigt zu Schönefeld, die Kammer ist für Sperenberg. Insgesamt aber ist auch dieser Wirtschaftstag wieder geprägt von Absichtserklärungen; die Vertreter der Wirtschaft sind nicht zufrieden.

Die Kammer kann aber auch mit sich selbst nicht zufrieden sein, dies vor allem deshalb, weil sie von anderen häufig Tatkraft verlangt, aber in einer zentralen Frage für sich keine Antwort findet: Es geht um die Personalie der Präsidentschaft nach den Vollversammlungswahlen im Mai. Präsident Kramp hatte schon im Februar dem Präsidium mitgeteilt, dass kein geeigneter Kandidat für seine Nachfolge zur Verfügung stehe. Alle von ihm auf der Basis der Erörterungen in der Findungskommission Angesprochenen hätten aus unterschiedlichen Gründen abgesagt. Dabei spielt offensichtlich die Art der Amtsführung von Präsident Kramp und die damit verbundene erkennbare zeitliche Belastung, die auf mögliche Kandidaten abschreckend wirken mag, eine Rolle. Kramp erklärt sich deshalb zur Fortführung der Präsidentschaft für eine Übergangszeit auch nach der Wahl bereit. Er wird, nachdem er in einer persönlichen Erklärung vor seiner Wahl es als seine Hauptausgabe bezeichnet hatte, einen Nachfolger möglichst rasch zu identifizieren und ihn zur Übernahme des Amtes zu bewegen, von der Vollversammlung am 5. Juni zum vierten Mal zum Präsidenten des Hauses gewählt. Ihm stehen zur Seite die wiedergewählten Mitglieder des Präsidiums Dr. Knut Fischer, Dr. Manfred Gentz, Arnd Krogmann, Hubertus Moser, Bernd Rückert, und die neuen Mitglieder Dieter Beuermann, der bekannte Verleger, Werner Gegenbauer, Wolfram Martinsen aus dem Hause Siemens und ein Vertreter der Verkehrswirtschaft, Rainer Welz. Die Mitglieder des Präsidiums übernehmen – wenn auch mit unterschiedlicher Intensität der späteren

Wahrnehmung – eigenständige Aufgaben. So soll Herr Beuermann Ansprechpartner im Präsidium für die Presse- und Öffentlichkeitsarbeit sein, Herr Dr. Fischer betreut weiterhin die Außenwirtschaft und bleibt Vorsitzender des Verwaltungsrats der BAO, Herr Gegenbauer wird die Interessen der Kammer in den Bezirkswirtschaften und gegenüber Handwerkskammer und UVB vertreten, Herr Dr. Gentz kümmert sich um die Kontakte zu den Hochschulen und um die Technologie, Herr Krogmann will weiterhin Rat in allen Fragen der Entwicklung des Ludwig Erhard Hauses geben, Herr Krüger ist nach wie vor Vorsitzender des Aufsichtsrats der BTM und Ansprechpartner für weitere Themen des Stadtmarketing, Herr Moser bleibt Vorsitzender der Etatkommission etc. Damit ist das Präsidium, wenn man einmal von der ungelösten Frage des zukünftigen Präsidenten absieht, gut aufgestellt, aber eben diese Frage bleibt, und Präsident Kramp macht sie auch öffentlich: „Es gab nach dem Verzicht von Herrn Dr. Gentz auf die Kandidatur keinen anderen Kandidaten. Das ist zunächst kein ermutigendes Zeichen für die Bereitschaft Berliner Unternehmer, außerhalb ihres Unternehmens gesellschaftspolitische Verantwortung zu übernehmen. Ich hoffe, dass dieses Zeichen (die Fortführung der Präsidentschaft für eine begrenzte Zeit) jedoch nun als Herausforderung verstanden wird, den bisherigen Eindruck zu korrigieren.“[12]

Nicht nur die ungelöste Frage der zukünftigen Präsidentschaft des Hauses macht zu schaffen. In dieser Zeit werden auch die sogenannten „Kammerverweigerer“ aktiver. Der Berliner Vertreter dieser Interessengemeinschaft bombardiert die Kammer mit Briefen mit zahllosen Fragen nach den Gründen der „Zwangsmitgliedschaft“ und der „Zwangsbeiträge“, nach Details der Kammerhaushalte, nach der Höhe der Beiträge zum Haushalt des DIHT, zur Beteiligung der Berliner Kammer an dem Neubau des DIHT, nach den Personalausgaben und nach Details der Finanzierung des Ludwig Erhard Hauses, und das in einem Ton, den die Kammer von ihren Mitgliedern bisher nicht gewohnt ist. Die Kammer antwortet nüchtern und sachlich, im Rahmen ihrer Auskunftspflicht und -möglichkeiten, aber natürlich reicht das nicht; die Kammerverweigerer wollen nicht hören, sondern stören, und zwar bundesweit. Immerhin gelingt es der Kammerorganisation, die Politik auf ihre Seite zu bringen. Im November 1996 fasst die Konferenz der Wirtschaftsminister der Länder einen Beschluss, dass sie in den Kammern verlässliche Berater des Staates sieht, die als Selbstverwaltungseinrichtungen der Wirtschaft die

12 BW 1966, Heft 6, S. 3

Interessen ihrer Mitglieder gemeinwohlorientiert, ausgleichend und abwägend artikulieren; die Konferenz erwartet allerdings, dass die Kammern alles unternehmen, um ihren Beitrag zur finanziellen Entlastung der Wirtschaft zu leisten, und fordert die Kammern auf, noch bestehende Effizienzpotentiale, auch im Wege der Zusammenarbeit, zu nutzen und auszuschöpfen – für viele Kammern eine Selbstverständlichkeit, für manche ein notwendiger Anstoß. Auch in Unzulänglichkeiten im eigenen Hause muss die Berliner Kammerführung gegensteuern. Es hat sich ein dauerhaftes und gravierendes Problem in den angemieteten Räumen in der Rosenthaler Straße entwickelt. Es stören nicht nur die massiven Baumaßnahmen die Arbeit der Mitarbeiterinnen und Mitarbeiter, sondern auch Lärm, Dreck, herunterfallende Gebäudesteine, hinzu kommt Wasser, das wegen einer mangelhaften Dachabdeckung in die Büros fließt, so dass eine ganze Etage geräumt werden muss. Hauptgeschäftsführer Dr. Hertz hält die Belastungsgrenze der Mitarbeiterschaft für überschritten. Er stellt ihr die Alternativen – Verbleib dort mit einem Umzug in andere Räumlichkeiten oder Umzug an einen anderen Standort bis zum Einzug in das Ludwig Erhard Haus – zur Wahl. Die Mehrheit der Mitarbeiterschaft entscheidet sich für den Verbleib, und Präsident und Hauptgeschäftsführer sprechen ihr den Dank für dieses zum Ausdruck gekommene Engagement für die berufliche Bildung aus; denn die Entscheidung bedeutet die geringstmögliche Beeinträchtigung der täglichen Arbeit.

Die Vollversammlung befasst sich in ihrer ersten Arbeitssitzung im September auf der Basis einer Vorlage der Hauptgeschäftsführung „Berliner Standpunkte 1996“ mit der Lage der Stadt und ihrer Wirtschaft. Viele Teilnehmer halten diese Lage für dramatisch; die Politik sei nahezu handlungsunfähig. Aus der Mitte der Vollversammlung kommt die Initiative, dem Senat die Bildung eines von allen wirtschaftlichen Kräften getragenen Gesprächskreises anzubieten, der mit der Berliner Politik an der Lösung der Probleme arbeiten soll; Vorbild ist die Stadt New York, die in den siebziger Jahren mittels einer solchen Methode die Sanierung geschafft hat. Die Kammerführung nimmt diese Initiative auf und führt zunächst Gespräche mit Handwerkskammer und UVB. Sie wollen, so schreibt Präsident Kramp an den Regierenden Bürgermeister am 15. Oktober, ihre Hilfestellung sehen nicht als erneuten bloßen Gedankenaustausch oder eine Intensivierung des bestehenden Dialogs zu ausgesuchten wirtschaftpolitischen Themen, sondern als Angebot zur Mitarbeit bei der Analyse ausgesuchter Problemfelder und bei der Umsetzung von Maßnahmen, die notwenig sind, identifizierte Probleme zu lösen;

das bedeute, so Kramp im Namen der gesamten Wirtschaft, im Klartext eine Bereitstellung von Managementkapazität über eine längere Zeitachse, aber auch lebendige Kommunikation und Zielvereinbarungen. Der Regierende Bürgermeister nimmt dieses Angebot in einem Gespräch am 5. November auf.[13] Weil die Wirtschaft sich in der Vorbereitung darauf verständigt hatte, dass die Themen, die sie gemeinsam mit dem Senat aufgreifen will, mit dem besonderen Sachverstand, den die Wirtschaft mobilisieren kann, korrespondieren müssen, dass sich also Ansätze für die Unterstützung der Politik dort anbieten, wo sich der Staat unwirtschaftlich verhält und/oder sich wirtschaftlich betätigt und/oder wirtschaftliche Methoden einsetzen sollte, einigen sich der Regierende Bürgermeister und die Vertreter der Wirtschaft auf drei Schwerpunktthemen: Eine Bestandsaufnahme und Bewertung des Landesvermögens – hier verhält sich die öffentliche Hand besonders unwirtschaftlich, weil sie ihr eigenes Vermögen weder kennt noch hinreichend nutzt – durch Erstellung eines Katasters landeseigener Flächen und eine Analyse des Wohnungsbestandes sowie durch die Vorbereitung der Privatisierung der Eigenbetriebe – hier betätigt die öffentliche Hand sich wirtschaftlich, arbeitet aber offenbar unwirtschaftlich –; die Erstellung von Verwertungskonzepten für Landesvermögen (Flächen, Wohnungsbestände, landeseigene Unternehmen), wo die Gefahr von unwirtschaftlichem Verhalten besonders groß ist; die Optimierung der in der Sphäre der öffentlichen Hand verbleibenden Aufgabenerfüllung, bei der sich der Staat wirtschaftlicher Methoden zur Erfüllung von hoheitlichen Aufgaben bedienen muss, durch ein Modellprojekt der Straffung eines Planungs- und Genehmigungsverfahrens und ein Pilotprojekt einer kundenorientierten Verwaltungseinheit im Einflussbereich des Senats. Es geht darum, und das zieht sich wie ein roter Faden durch alle Gespräche mit Vertretern der Landespolitik, die Anstrengungen um die Konsolidierung des Haushalts mit der Eröffnung von Handlungsspielräumen für die Zukunft Berlin zu verbinden. Der Regierende Bürgermeister sagt zu, für diese Ansätze die Akzeptanz in der Politik sicherzustellen. Das aber wird dauern.

---

13 Zu diesem Gespräch hatte Diepgen am 10. Oktober eingeladen, nachdem er von den Überlegungen der Kammer „Wind bekommen“ hatte, er schreibt: „ den Berichten über die letzte Hauptversammlung der IHK habe ich entnommen, daß ein Wirtschaftsrat zur Ergänzung und Unterstützung der bisherigen Zusammenarbeit mit dem Senat gebildet werden sollte …“ – ein Zug, um sich die Initiative nicht aus der Hand nehmen zu lassen.

Abb. 39 Schulterschluss mit den Hochschulen: Präsidiumsmitglied Dr. Manfred Gentz mit den Universitätspräsidenten Prof. Dieter Schumann (TU), Prof. Hans Meyer (HU) und Prof. Johann Wilhelm Gerlach (FU)

1996 verstärkt die Kammer auch ihren Schulterschluss mit zwei besonders wichtigen Standbeinen der Stadt: Wissenschaft und Kultur. Die Kammer befürchtet nach den gewaltigen Haushaltskürzungen, die der Senat den Berliner Hochschulen innerhalb kürzester Zeit abverlangen will, nachhaltige Beschädigungen nicht nur des Wissenschafts-, sondern auch des Wirtschaftsstandorts. Sie hält es zwar für richtig, dass die Einsparmöglichkeiten und die Effizienzsteigerungspotentiale innerhalb der Hochschulen konsequent genutzt werden müssen, warnt aber vor einem Verlust ihrer Arbeitsfähigkeit. Sie tritt deshalb gemeinsam mit den Universitäten, den anderen Hochschulen und Fachhochschulen, der Berufsakademie und anderen wissenschaftlichen Einrichtungen für die Sicherung des Wissenschaftsstandorts ein.[14]

Gleiches gilt für die Kultur, die durch die Haushaltskonsolidierung ebenfalls von tiefen Einschnitten getroffen wird. Sie treffen die öffentlich geförderten Kultureinrichtungen umso härter, als nach Meinung der Kammer der Schock, den die Schließung des Schiller-Theaters vor vier Jahren ausgelöst hatte, weder zum Aufbrechen verkrusteter Strukturen genutzt worden war, noch eine vertiefte Auseinandersetzung um Stellenwert, Zielsetzung, Trägerschaft und Organisation der Kultur in Berlin

14 Vgl. JB 1996/97, S. 14 ff.

und über die Stadt hinaus herbeigeführt hatte.[15] Auf beiden Feldern hält vor allem Präsidiumsmitglied Dr. Manfred Gentz engen Kontakt mit den Beteiligten und treibt die Zusammenarbeit mit vielen eigenen Initiativen voran. In Sachen Umweltschutz initiiert und koordiniert die Kammer zudem eine Initiative der Berliner Wirtschaft zur CO_2-Minderung und zur Verbreitung von Solaranlagen. Unter dem Motto „Anreize statt Zwang“ setzt sie den Plänen von Umweltsenator Strieder die Realisierung effektiver und marktkonformer Maßnahmen zur Umweltentlastung und Energieeinsparung entgegen. Zur Verstärkung ihrer Aktivitäten in den Bezirkswirtschaften teilen Mitglieder des Präsidiums die Zuständigkeit für Bezirke untereinander auf; sie wollen noch mehr als bisher den Mitgliedern sichtbar machen, dass die Kammer vor Ort präsent ist und die Bezirkspolitik informiert und einbindet. So nimmt sich Werner Gegenbauer der Bezirke Friedrichshain, Prenzlauer Berg und Spandau an und ist vor Ort trotz seiner vielfältigen anderen Belastungen sehr präsent; Udo Pape kümmert sich um Hellersdorf, Lichtenberg und Marzahn. Die Gespräche mit den Bezirksbürgermeistern verlaufen, wie mehrfach im Präsidium berichtet wird, in offener, sachbezogener und konstruktiver Atmosphäre; das gilt – für manche eher überraschend – auch für die Treffen mit solchen aus der PDS, die häufig sehr bodennahe und praxisbezogene Arbeit leisten. Viele Bezirksbürgermeister zeigen sich gegenüber den Initiativen der Kammer sehr aufgeschlossen. Besonderes Interesse bringen sie in der Regel dem „Runden Tisch“ und der „Task Force“ entgegen und demonstrieren damit, wie sehr sie sich der Problemlage einzelner Betriebe in ihren Bezirken bewusst sind.

In das Jahr 1997 geht die Kammer mit dem ersten Neujahrsempfang im Ludwig Erhard Haus. In provisorisch als Vortrags- und Empfangsräumlichkeiten hergerichteten Teilen des Rohbaus und zum Auftakt des 100jährigen Jubiläums des Geburtstages von Ludwig Erhard lässt die Kammer Dr. Fritz Ullrich Fack, einen publizistischen Wegbegleiter Ludwig Erhards, langjähriger Herausgeber der FAZ und Vorstandsmitglied der Erhard-Stiftung, zu Wort kommen. Er spricht über Werk und Vermächtnis des Mitbegründers der Sozialen Marktwirtschaft, zeichnet ein sehr ausdrucksstarkes Bild seines wirtschaftspolitischen Wirkens und zieht aus der Sicht des zeitkritischen Publizisten Schlussfolgerungen für die aktuelle Wirtschaftsentwicklung und -politik. Um die 1 000 Gäste verfolgen die Ausführungen von Fack – manche sichtbar frierend, weil es in dem Rohbau trotz Vorsorgemaßnahmen noch recht zugig ist – mit

15 Ebd., S. 17 f.

großem Interesse; bei dem anschließenden Empfang, den erneut auch zahlreiche Ehrengäste besuchen, darunter der Regierende Bürgermeister von Berlin, viele sonstige Repräsentanten der Berliner und Brandenburger Politik und Bundeswirtschaftsminister Dr. Günter Rexrodt, stört dann die Kälte offenbar nicht mehr.[16] Den 4. Februar 1997, den Tag des 100. Geburtstages von Ludwig Erhard, nehmen die Initiatoren des neuen Gebäudes zum Anlass, ein neuartiges interaktives Informationssystem für das Ludwig Erhard Haus vorzustellen.[17]

In das gleiche Jahr geht die Kammer auch in Erwartung eines neuen Präsidenten. Im Herbst des Vorjahres hatten die – auch öffentlich gemachten und damit für die Reputation des Hauses nicht förderlichen – Klagen von Präsident Kramp zugenommen, es sei kein geeigneter Kandidat für die Übernahme der Verantwortung als der Repräsentant der Berliner Unternehmerschaft vorhanden. Ob dies so war oder nur so schien, sei dahingestellt. Schließlich hatte sich das Präsidiumsmitglied Werner Gegenbauer, der Chef der gleichnamigen Unternehmensgruppe aus dem Dienstleistungssektor, überzeugen lassen, diese Verantwortung zu tragen, und er hatte von seiner Bereitschaft in einem Gespräch unter Teilnahme von Vizepräsident Dr. Fischer Präsident Kramp Mitteilung gemacht. Dieser hatte in Folgegesprächen Gegenbauer sehr eindringlich auf die auf ihn zukommenden Belastungen aufmerksam gemacht; doch Gegenbauer hatte sich, wie es seine Art war und ist, nach der einmal getroffenen Entscheidung nicht beirren lassen. So musste Präsident Kramp das Präsidium im Dezember 1996 darüber unterrichten, dass er das Gespräch mit Herrn Gegenbauer über seine Nachfolge aufgenommen habe. Das Präsidium hatte sich erfreut über die dadurch eröffnete Perspektive gezeigt und seine Unterstützung zugesagt. Präsident Kramp und Werner Gegenbauer hatten sich auf die Amtsübergabe Mitte 1997 geeinigt, und Präsident Kramp hatte die Vollversammlung am 16. Dezember über den geplanten Wechsel unterrichtet. Die Vollversammlung verabschiedet Präsident Horst Kramp am 11. Juni und wählt Werner Gegenbauer zum neuen Präsidenten. Gegenbauer sagt, an den sichtlich bewegten Kramp gewandt: „In dieser Zeit (der dreizehnjährigen Präsidentschaft) der teils überschäumenden Begeisterung und teils verwirrender Umbrüche haben Sie immer wieder die feste Orientierung gege-

16 Berichte und Photos in BW 1997, Heft 2, S. 11 ff.; dort auch die wesentlichen Inhalte der Rede von Fack, die vollständig in der IHK-Schriftenreihe „Berliner Ausblicke – Beiträge zur Entwicklung der Wirtschaft“, Heft 7, nachzulesen ist.
17 Ebd., S. 14

ben. Im Bewußtsein, daß erfolgreiches Handeln Ziele braucht, haben Sie die einzelnen Etappen fest ins Auge gefaßt. Der Name Horst Kramp steht heute für das Zusammenwachsen in der Zeit des Aufbruchs nach der Vereinigung ebenso wie für die Beharrlichkeit und den Behauptungswillen in den Jahren, als noch die Mauer unsere Stadt zerschnitt."[18] Ein Angebot des neuen Präsidenten, ihn zur Ernennung zum Ehrenpräsidenten vorzuschlagen, nimmt der scheidende Präsident nicht an; er begründet das mit seiner Abneigung gegen Rituale.

Werner Gegenbauer ist als Kammerpräsident ein vergleichsweise junger Mann. 1950 in Berlin geboren, hatte er nach dem Abitur eine Lehre als Gebäudereiniger gemacht und mit 21 Jahren die Arbeit im Betrieb seines Vaters Carl Gegenbauer, eines erfolgreichen und vom Bundespräsidenten für sein unternehmerisches und soziales Engagement ausgezeichneten Unternehmers, aufgenommen. Nach beruflich bedingten Aufenthalten in England und in der Schweiz hatte er 1976 in Berlin die Meisterprüfung abgelegt und war anschließend in die Leitung des Betriebs eingetreten. Seit 1988 führt er die bundesweit tätige Unternehmensgruppe, die im Jahr der Übernahme der Präsidentschaft der Kammer mit rund 9 500 Beschäftigten zu den führenden deutschen Anbietern professionellen Gebäudemanagements zählt. Dennoch bleibt Werner Gegenbauer von Erfahrung, Kopf und Herz ein Mann des Mittelstands. Er hat keine Stäbe, und er braucht sie auch nicht. Er ist Eigentümer-Unternehmer, braucht für seine Entscheidungen keine Absicherungen nach allen Seiten, er ist verlässlich und tatkräftig, und er kennt Berlin und seine Mechanismen wie kaum einer in der Stadt. Er tritt ein „für mehr Geschlossenheit und ein engeres Miteinander zwischen der Wirtschaft und den anderen Kräften in der Gesellschaft. Uns allen ist ein Stück Wir-Gefühl verlorengegangen, das wieder hergestellt werden muß. Wirtschaft, Politik Wissenschaft und Kultur sollten sich gegenseitig unterstützen und gemeinsam Hand in Hand die Schwierigkeiten überwinden." Eine seiner prioritären Aufgaben sieht er in der Verbesserung der Situation am Lehrstellenmarkt. Dabei geht es ihm „sowohl um eine weitere Zunahme der Anzahl der ausbildenden Betriebe, als auch um die Modernisierung der Ausbildungsinhalte und um verbesserte Chancen für weniger begabte Jugendliche. Wenn heute zunehmend mehr Azubis in Dienstleistungsberufen und weniger in industriell-gewerblichen Berufen lernen, dann

18 BW 1997, Heft 6, S. 12 ff.

Abb. 40 Werner Gegenbauer
Präsident der IHK Berlin von 1997 – 2004

müsse zum Beispiel die Kontaktfähigkeit im Umgang mit Kunden in der Ausbildung viel stärker als früher berücksichtigt werden."[19]

Einen solchen erfahrenen, zupackenden und verlässlichen Unternehmer an der Spitze des Hauses benötigt die Kammer, das zeigt sich im Frühjahr 1997, dringend. Denn dunkle Wolken überschatten jetzt auch das Ludwig Erhard Haus.

Exkurs: Die Turbulenzen um das Ludwig Erhard Haus

1996 schien das Bauvorhaben noch seinen planmäßigen Verlauf zu nehmen. Nach einer Kraftanstrengung der beteiligten Firmen und der Planer, der Bauleitung und des Projektmanagements hatte der Umzug der Börse Ende Juni termingerecht stattgefunden; die Börse konnte, wenn auch unter sichtbaren Beschränkungen beim Zugang, ihren Betrieb am 1. Juli aufnehmen und am 4. Juli die neuen Räume mit einem Empfang einweihen. Mit ihr waren 15 Marktteilnehmer eingezogen. Unmittelbar nach dem Umzug war mit dem Abriss des alten Börsengebäudes be-

19 Ebd., S. 11

gonnen worden. 80 % der Bauleistungen – gemessen an den geplanten Baukosten – waren bis August vergeben worden. Noch im Oktober 1996 hatten die Planer und sonstigen Experten mit der Einhaltung des Zeitplans und damit mit der Gesamtfertigstellung Ende 1997 gerechnet. Auch öffentlich hat der Bau nach wie vor eine hohe Resonanz und Akzeptanz: „(Es) verwundert nicht, daß die Struktur der neuen Industrie- und Handelskammer an der Fasanenstraße die Gemüter seit einigen Monaten bewegt und die berühmte Phantasie des Berliners beim Erfinden von Spitznamen herausfordert. Mit Vergleichen aus dem Reich der Biologie wie ‚Saurier', ‚Gürteltier' oder ‚Geldbuckel' versucht er sich der ungewöhnlichen organischen Form anzunähern, die der britische Architekt Nicolas Grimshaw dem Gebäude zugedacht hat. Monströse grüne Stahlträger in Gestalt eines riesigen Brustkorbs oder eines umgeworfenen Bootsskeletts wölben sich dort in den Himmel von Berlin. Ende 1997, wenn das Ludwig-Erhard-Haus, wie sein offizieller Name lautet, fertiggestellt sein wird, überzieht diesen geschwungenen Dachrücken eine silbrig glänzende Haut. Dann wird eine ganz neue Gefühlsfarbe in die deutsche Hauptstadt einziehen, und es wäre schön, wenn der Ruhm, der dann von dem eigenwilligen Haus auf seinen Erfinder abstrahlen dürfte, sich nicht nur auf die Attraktion der High-Tech-Organik, sondern auch auf die Philosophie begründet, die dahinter steht."[20]

Doch schon auf dem Neujahrsempfang der Kammer Anfang 1997 gibt es offenbar Gewisper und Gegrummel unter Vertretern der Immobilienwirtschaft Berlins über den Verlauf des Bauvorhabens, das aber die offiziellen Verantwortlichen und die Gremien des Hauses nicht erreicht. Vor allem der zukünftige Präsident Werner Gegenbauer aber hört die Gerüchte, dass es mit dem Bau nicht zum besten steht. Er, der zu Recht wissen will, was auf ihn in seiner Präsidentschaft zukommen kann, verlangt nach zwei unbefriedigend verlaufenden Gesprächen mit dem Projektverantwortlichen der Kammer, Hartmut Scholz, Transparenz und lässt Hauptgeschäftsführer Dr. Hertz Druck auf die Projektsteuerer und andere Beteiligte machen. In der Präsidiumssitzung am 9. April 1997 kommt es unter Beteiligung von Scholz, von Dr. Vedder als Vertreter der Projektsteuerer und Herrn Vogel als Vertreter des Büros, das die Kostenberichte erstellt, zu einer ausführlichen Diskussion über Zeitpläne und Kostenentwicklung, in der eine abschließende Bewertung der Risiken

20 „Die Zeit", Ausgabe vom 29.11.1996, in einem Artikel, überschrieben „ Kreativer Juckreiz. Die Harmonie von Konstruktion und Zufall – Ein Portrait des britischen Architekten Nicolas Grimshaw" von Till Briegleb.

und deren Deckung nicht erzielt werden kann; viele Fragen bleiben unbeantwortet, Verzögerungen mit der Hoffnung auf Beschleunigungen, Kostensteigerungen mit der Erwartung von Einsparungen an anderen Stellen des Gesamtbudgets erklärt. Bei den Projektsteuerern kommt hinzu, dass zu ihnen die Beziehungen getrübt sind; die Spannungen resultieren aus einer Meinungsverschiedenheit mit der Kammer über die Höhe ihres Honorars, auch Überzahlungen werden vermutet, und es hat bereits ein Schiedsgerichtsverfahren gegeben. Diese Gemengelage aus Unzufriedenheit in der Sache und atmosphärischen Störungen veranlasst das Präsidium, einem Anstoß von Werner Gegenbauer folgend, die Projektorganisation durch die Etablierung eines baubegleitenden Controlling zu optimieren. Gegenbauer gibt auch Rat, wer eine solche, angesichts der Komplexität des Bauvorhabens und der Vielzahl der Beteiligten, hohe Verantwortung schultern kann und wohl auch würde – es erscheint nämlich nicht selbstverständlich, dass es überhaupt ein Unternehmen geben wird, dass in dieser Phase noch Verantwortung zu übernehmen bereit ist; er weiß, dass die Wirtschaftsprüfungsgesellschaft C&L Deutsche Revision eine eigene Bauabteilung hat, und das auch noch mit Sitz in Berlin. Auch die Baukommission mit Mitgliedern aus der Berliner Immobilienwirtschaft, insbesondere unter Beteiligung der Herren Krogmann und Herr, wird revitalisiert.

In einer ersten Sitzung der Baukommission am 13. Mai werden deren Mitglieder und die Hauptgeschäftsführung nach der ersten wirklich kritischen Bestandsaufnahme konfrontiert mit beträchtlichen Steigerungen der Gesamtinvestitionskosten und ebenso erheblichen Zeitverzögerungen. Trotzdem entschließt sich die Baukommission, die Projektsteuerer vorläufig nicht aus der Verantwortung zu entlassen, ihnen aber als kontrollierenden Bauherrenvertreter C & L Deutsche Revision an die Seite oder besser gegenüber zu stellen, auch wegen der sehr ungewöhnlich hohen Anzahl anstehender Nachtragsverhandlungen und der Prüfung von Teil- und Schlussrechnungen. Für C&L handeln von nun an Dipl.-Ing. Katte, ein erfahrener und knorriger Mann, und seine ebenso erfahrenen Mitarbeiter Gareiß und Schlesinger. In der zweiten Sitzung der Baukommission am 23. Mai werden erste Maßnahmen der Gegensteuerung ergriffen: Ein Gespräch mit dem Architekten Nicolas Grimshaw mit dem Ziel, ihn von der Ausführungsplanung und der Bauüberwachung zu entbinden, Beendigung des Vertragsverhältnisses mit den Projektsteuerern, Ablösung des internen Projektverantwortlich Scholz und Übergang der Gesamtverantwortung im Hause auf Hauptgeschäftsführer Dr. Hertz, insgesamt Aufbau einer neuen Projektorganisation. Im Präsidium im Juni

1997 berichtet Herr Katte: Das Bauvorhaben hat von Anfang an unter einer für dieses ambitiöse Projekt nicht geeigneten Organisationsstruktur gelitten, nun aber schreitet die Konsolidierung des Projekts fort. Es ist Dr. Hertz unter Assistenz von C & L und mit anwaltlicher Beratung gelungen, den Architekten auf eine sogenannte „künstlerische Oberleitung" zu beschränken – in Wahrheit hat er nichts mehr zu sagen. Die Ausführungsplanung und die Oberbauleitung sind gestärkt worden und erhalten eine zentrale Rolle in der neuen Projektorganisation. Die Projektsteuerung ist abgelöst und geht in einer sehr schlanken Struktur über auf die bisherigen Kostenrechner Assmann. C & L Deutsche Revision übernehmen das Projektcontrolling. Die Gesamtinvestitionskosten werden zu diesem Zeitpunkt auf etwas unter 310 Mio. DM beziffert, die Fertigstellung der Bauphase 1 auf Ende November 1997, als Gesamtfertigstellungstermin der 1. September 1998 prognostiziert.

Es bleibt angesichts dieser Entwicklung nicht aus, dass im Präsidium die Frage nach personellen Konsequenzen im Haus gestellt wird. Das Protokoll über die Sitzung vermerkt dazu, dass „Herr Kramp noch einmal auf den Übergang der Projektverantwortung von Herrn Scholz auf Herrn Dr. Hertz hinweist. Herr Dr. Hertz hat sich trotz der sorgfältigen Auswahl der am Bau Beteiligten und der ordnungsgemäßen Überwachung der Frage nach seiner eigenen Verantwortlichkeit gestellt. Herr Gegenbauer hat dazu eine klare Meinung, die er jetzt auch in der Präsidiumssitzung äußert: Er hält es für unmöglich, bei einem solchen großen Bauvorhaben jede Fehlerquelle auszuschließen. Wichtig sei, daß Präsidium und Hauptgeschäftsführung die Reißleine gezogen hätten, als die Probleme bewußt wurden, und die notwendigen Schritte eingeleitet seien. Weitere Konsequenzen wegen nicht mehr beeinflußbarer Geschehnisse in der Vergangenheit lehnt er nachdrücklich ab. Das Hauptaugenmerk müsse auf die Realisierung des Projekts gerichtet sein." Hinter diesen eher nüchternen Sätzen steht die Tatsache, dass Dr. Hertz dem zukünftigen Präsidenten mehrfach seinen Rücktritt angeboten hat, den Gegenbauer aber mit den Worten „Das stehen wir gemeinsam durch" und mit Handschlag ablehnt – und so wird es geschehen, eine gute Grundlage für eine ungewöhnlich gute Zusammenarbeit zwischen Gegenbauer und Hertz in allen Aspekten der Kammerarbeit der folgenden Jahre.

In der auf diese Präsidiumssitzung am gleichen Tag folgenden Vollversammlung legen der derzeitige Präsident, der an diesem Tag zu wählende zukünftige Präsident und der Hauptgeschäftsführer die entstandenen Probleme offen. Die Darstellung, die Herr Katte noch detailliert, bezieht alle Aspekte des Problems ein, darunter die Entwicklung von Kosten und Fertigstellungsterminen einschließlich der jeweiligen Ursachen, die potentiellen Auswirkungen auf die Finanzierung des Projekts und den beschlossenen und teilweise bereits umgesetzten Maßnahmekatalog. Natürlich gibt es Fragen, auch kritische Anmerkungen aus der Mitte der Vollversammlung; es wird auch erhöhter Erklärungsbedarf gegenüber den Mitgliedern und der Öffentlichkeit gesehen. Insgesamt aber herrscht die Meinung vor, dass die Priorität nun auf der fristgemäßen, wirtschaftlichen und funktionsgerechten Fertigstellung der Baumaßnahme liegen müsse. Diese angesichts der Größenordnung der zu Tage getretenen Probleme positive Stimmung wird gerade auch von Mitgliedern der Vollversammlung befördert, die dem Vorhaben stets kritisch gegenüber gestanden hatten, wie Dietmar Otremba. Dieser erklärt, dass man nun mit der Situation, die nun einmal da sei, fertig werden könne und müsse. Man solle nach außen zusammenhalten und couragiert agieren. Die Hauptursache für die Kostensteigerungen lägen für ihn in den sehr hohen technischen Anforderungen des Bauvorhabens; es berge alle nur möglichen Risiken. Vergleichbar ambitionierte Projekte, beispielsweise die Philharmonie, hätten mit sehr viel höheren Kostensteigerungen zu kämpfen gehabt. Seine und weitere Stimmen führen zu einer geschlossenen Haltung der Vollversammlung, und diese kommt auch darin zum Ausdruck, dass Werner Gegenbauer ohne Gegenstimme zum neuen Präsidenten gewählt wird.

Wenige Tage später, am 14. Juni, geht die Kammer mit den Nachrichten über Kostensteigerungen und Zeitverzögerungen an die Öffentlichkeit.[21] Sie verbindet den Baustandsbericht allerdings mit der Nachricht über die Errichtung des letzten der Tragwerksbögen und mit dem Auftakt der Wiederherstellung der Terrasse des Delphi Filmtheaters „in alter Pracht“, wie eine Zeitung es beschreibt[22]; diese Renaissance der in den 50er Jahren abgerissenen Anlage finanziert die Kammer mit 1,5 Mill. DM als Ausgleich für die Reduzierung von Grünflächen beim Bau des Ludwig Erhard Hauses. Diese positiven Nachrichten überlagern denn auch in der Berichterstattung über die Pressekonferenz von Dr. Hertz die schlechten[23]; so ist es gewollt. Dennoch hat die Kammer die Situation

21 Pressemitteilung Nr. 31 vom 14.6.1997

22 „Berliner Morgenpost“ vom 15.6.1997

23 Die Überschriften lauten beispielsweise: „Putten, Säulen, Stuck: Renaissance für den Delphi-Filmpalast“ (Morgenpost), „Lustwandel zwischen Putten und Säu-

schonungslos offengelegt: Nach einer aktuellen Analyse werden die Bau- und Baunebenkosten einschließlich einer Risikovorsorge mit großer Wahrscheinlichkeit mit 245 Mill. DM abschließen, die Summe der Gesamtinvestitionskosten beläuft sich dann auf bis zu 310 Mill. DM. Dies sind etwa 20 Prozent mehr als beim Start des Bauvorhabens vor vier Jahren im März 1993 geschätzt. Die Gesamtbauzeit erstreckt sich bis August 1998. Auch die Ursachen werden klar angesprochen: Fortentwicklung des Bauwerks vom Architekturentwurf bis zum fertigen Gebäude; Gestaltung eines genehmigungsfähigen, baubaren, funktionalen und wirtschaftlichen Gebäudes aus der Architekturstudie; in dem Genehmigungsverfahren und der Realisierungsphase die Notwendigkeit von Anpassungen und Umplanungen; Verzögerungen in der 2. Bauphase, weil abweichend von der Entscheidung zum 1. Bauabschnitt die Vorbereitung und Durchführung einer öffentlichen Anhörung für die Grundwasserentnahme. Spezielle Lösungen, um die Berliner Wertpapierbörse im Hause zu verankern, und zwar im direkten Umzug ohne Zwischenunterbringung. Der radikale Materialwechsel von Stahlbeton zu Stahl, als Konsequenz eine ebenso radikale Umplanung des gesamten Tragwerks, der Fassade, der Statik und des Brandschutzes. Die empfindliche Betroffenheit des Projekts, wie anderer Bauten auch, durch den extrem harten Winter 1995/96. Und die Kammer kommuniziert auch: „Ein solches außergewöhnliches Gebäude hat seinen Preis. Denn der Entwurf von Grimshaw ist ein Unikat mit wenigen seriengeprüften Typen-Elementen. Die IHK wusste von Anfang an, daß dies konstruktiv und kostenmäßig sehr hohe Anforderungen stellen würde. Für die Risiken dieses Bauwerks hat die Kammer deshalb Vorsorge getroffen. Die IHK hat im Rahmen des Finanzierungskonzepts spezielle Rücklagen gebildet. Sie verfügt über weitere Rücklagen und sie hat Vermögen, das einsetzbar ist, beispielsweise die Wohnheim Reichsstraße GmbH mit einem Grundstück von über 10.000 qm.“[24] Diese eher ungewöhnliche Offenheit wird von der Öffentlichkeit und den Medien honoriert. Die Kammer sagt nichts zu den Erkenntnisse über Fehler in der Projektorganisation; das sind interne Vorgänge. Und ob die Aussage wirklich richtig ist, die Verantwortlichen wären sich über die Risiken des Projekts im Klaren gewesen, ob sie das Projekt wirklich begonnen hätten, wenn ihnen die

len“ (Tagesspiegel), „Im Stil der 20er Jahre: Die neue Delphi-Terrasse“ (Berliner Zeitung), „Ein ‚Gürteltier' nimmt Gestalt an“ (DIE WELT).

24 So die Pressemitteilung vom 14.6.1997; die Kammer wird auch weiterhin die Öffentlichkeit über Kosten und Zeitachsen unterrichtet halten, vgl. „Neuer Bericht zum Ludwig Erhard Haus“ in BW 1998, Heft 2, S. 19.

Größe der potentiellen Probleme so bewusst gewesen wäre, mag bezweifelt werden. Aber die richtige Devise von Präsidium, Vollversammlung und Hauptgeschäftsführung lautet nun: Das Projekt muss geschultert werden.

Dies geschieht, unter enormen Anstrengungen aller Beteiligten innerhalb und außerhalb der Kammer, und die Männer von C&L stehen dabei in vorderster Front. Sie sind nun die Vertreter des Bauherrn, sie halten die Planer und bauausführenden Firmen an kurzen und straffen Zügeln, koordinieren und führen sie. Schon im August besteht in allen wichtigen Fragen Transparenz. Der erste Abschnitt der Bauphase 1 soll Mitte Dezember fertiggestellt sein, die Gesamtfertigstellung dieser Phase ist auf Ende März 1998 terminiert. Die Fertigstellung der Bauphase 2 und damit die Vollendung des gesamten Bauvorhabens ist für Ende August 1998 geplant. C&L beziffert die Gesamtinvestitionskosten mit um die 305 Mill. DM. Eine Finanzierungskommission, der neben den Mitgliedern der Baukommission Krogmann und Herr die Herren Gegenbauer, Dr. Fischer, Dr. Gentz, Misgeld, der sehr präzise arbeitende Schatzmeister des Hauses, und Groth angehören, hat sich mit der Hauptgeschäftsführung über die Finanzierung und die haushaltsmäßige Abdeckung der zusätzlich entstehenden Kosten gebeugt; sie kommt zu dem Ergebnis, dass eine Ablösung des Mehraufwands in einem Zug aus eigenen Vermögensmitteln der beste Weg ist. Die Kammer mobilisiert ihre sämtlichen Rücklagen und setzt auch sonstiges Vermögen ein; das wird, wenn auch knapp und später wegen eines Vergleichs mit einer der hauptbeteiligten bauausführenden Firmen mit zusätzlicher Hilfe der Aufnahme eines Darlehens bei der IKB, die zu dieser Zeit noch gut aufgestellt ist und schnell und unbürokratisch handelt, reichen. Es wird, wie der Regierende Bürgermeister Klaus Wowereit bezogen auf die Gesamtsituation der Stadt später einmal sagen wird, „quietschen". Aber der Kammer gelingt es nicht nur, diese Situation zu meistern, sondern auch ihre satzungsgemäßen Aufgaben und sehr viel darüber hinaus zu erfüllen. Dazu tragen auch die Unterstützung durch DIHT und Rechnungsprüfungsstelle mit dem stets konstruktiven Andreas Meerstein, der immer kundige Rat von Dr. Christoph Binge von der Kanzlei Haarmann, Hemmelrath & Partner und des Steuerberaters Müller-Kroenke, und das trotz der Sparmaßnahmen hohe Engagement der Mitarbeiterschaft des Hauses bei.

Im Dezember 1997 ziehen mehr als 100 Mitarbeiter und Mitarbeiterinnen der Kammer und die gesamte BAO in das neue Gebäude um, unter zugegeben noch eher provisorischen Bedingungen, aber die Einheiten sind arbeitsfähig. Die Kammer hat sich eine neue Aufbau- und Ablauforganisation gegeben – ein zentrales Element ist die Zusammenfassung der Auskunfts-, Informations- und Beratungsleistungen in einem Service-Center –, und sie kann in dem neuen Gebäude zugleich ihren Personalbestand reduzieren und ihre Leistungen optimieren. Es zeichnet sich ab, dass mit dem Ludwig Erhard Haus und den Kernmietern Handelskammer, BAO Berlin, VBKI, Börse und Wirtschaftsförderungsgesellschaft Berlin sowie mit dem im alten Gebäude angesiedelten Aus- und Weiterbildungsschwerpunkt der Kammer das Konzept eines Kommunikations- und Servicezentrums für unternehmerorientierte Dienstleistungen in Berlin und für die Region verwirklich werden wird.

Präsident Werner Gegenbauer kann beim Neujahrsempfang Anfang 1998, bei dem die Präsidentin des Bundesverfassungsgerichts, Frau Professor Jutta Limbach, über die schwierige Aufarbeitung von Diktaturen unter der Fragestellung von Gerechtigkeit und Versöhnung redet, erneut zahlreiche Gäste im Foyer des Ludwig Erhard Hauses begrüßen.[25]

Noch sehr viel mehr Gäste haben Handelskammer und VBKI bei der Einweihung des Ludwig Erhard Hauses am 21. September 1998. Um die 3000 Teilnehmer aus Wirtschaft, Politik, Wissenschaft und Kultur, Vertreter der Medien, der bauausführenden Firmen und Mitarbeiter der inzwischen zehn großen Mieter hören Begrüßungsworte von Präsident Werner Gegenbauer und VBKI-Präsident Dr. Hans Strathus. Gegenbauer sagt unter anderem: „Wir (die IHK) wollen so sein, wie das Haus, und das Haus soll so sein, wie wir sein möchten: Weltoffen, International, allem Neuen aufgeschlossen, servicebereit und mitgliederorientiert. Unternehmerisches Engagement in sozialer Verantwortung zu fördern, war das Credo von Ludwig Erhard. Dem fühlen wir uns verpflichtet, und dieser Verpflichtung werden wir nachkommen." Der Regierende Bürgermeister Eberhard Diepgen spricht von dem Umbruch in der Berliner Wirtschaft, „neue Strukturen ersetzen alte. Berlin nimmt ein neues Gesicht an, und mit dem heutigen Tage wird es um eine Kontur reicher."[26] Aber nicht die Reden stehen im Vordergrund der Einweihungsfeier. Das Ludwig Erhard Haus präsentiert sich, entsprechend seiner Bestimmung, als Marktplatz für Information, Kommunikation, Service und Kultur. An zahlreichen Ständen in den Passagen und der Galerie, im Konferenzzentrum, seinem Foyer und in beiden Atrien laden die Aussteller, das sind im wesentlichen IHK, BAO, VBKI, die baubeteiligten Firmen und Ausstatter, Nachbarn und alle Mieter zu Ge-

25 Vgl. die Berichte in BW 1998, Heft 2, 10 ff.
26 BW 1998, Heft 10, S. 10 ff.

Abb. 41 Aufzüge in einem Atrium des Ludwig Erhard Hauses

sprächen ein. Die Medien nehmen das Ludwig Erhard Haus freundlich bis überschwänglich auf: „Bogenschwung als Hoffnungszeichen", „Ein Signal für den Standort B", „Das Gürteltier beginnt zu leben", „‚Tout Berlin' traf sich im neuen ‚Gürteltier'", „Ein Trio aus alt neu und schön: Wahrzeichen fürs neue Berlin", „Ludwig Erhard Haus: Repräsentanz für Unternehmer", das sind nur einige Beispiele für die Überschriften in Berliner und überregionalen Zeitungen.

Dieser große Tag kann die Misserfolge und Schwierigkeiten, auch die, die noch kommen werden, nicht vergessen machen. Nicht die unvermeidbaren wie den Werkstoffwechsel von Stahlbeton zu Stahl und den harten Winter, nicht manche vielleicht vermeidbaren wie die Beauftragung des englischen Architekten auch mit der Bauausführung und -überwachung, die Durchführung des Vorhabens in zwei Phasen, um die Börse an das Haus zu binden, die fehlerhafte Prozesssteuerung, die Beauftragung eines sich als überfordert erweisenden Projektsteuerers. Vor allem „die Defizite in der Leistungserbringung des Architekten haben einen Großteil der Koordinations-, Termin- und Kostenmängel verursacht", und „die Projektsteuerung als die zentrale Funktion des Baugeschehens und unmittelbare Interessenvertretung des Bauherrn hat die ihr übertragenen (originären und zusätzlichen) Leistungen nicht in erforderlichem Umfang erbracht", sind Bewertungen von C & Deutsche Revision in der abschließenden Statusaufnahme der Baumaßnahme im Juli 1997; auch eine unüberschaubare Fülle von Schnittstellen zwischen den über 70 an der Bauausführung beteiligten Unternehmen und die Vernachlässigung der Pflicht zur gegenseitigen Abstimmung der Ausführungsplanungen haben zu den Turbulenzen beigetragen. Aber die Verantwortlichen im Haus – und in dieser Verantwortung fühlt sich vor allem Hauptgeschäftsführer Dr. Hertz – machen es sich nicht so leicht, die Fehler nur bei anderen zu suchen; sie wissen jetzt, dass sie spät, fast zu spät, die Beeinträchtigungen der planmäßigen Bauabwicklung erkannt haben und dass „die Baumaßnahme als in der Architektur außerordentlich bedeutsames Bauwerk mit sehr hohen baufachlichen Ansprüchen und von hervorragender Qualität, (zugleich) eine technische Innovation, die nur mit dementsprechenden Leistungen, Kosten und Terminen realisiert werden kann" (so ebenfalls C & L), sie objektiv überfordert hat. Und es ist ein offensichtlicher Fehler gewesen, im Vertrauen auf die Professionalität der Projektsteuerer den Sachverstand der Baukommission zu spät wieder zu nutzen. Den Verantwortlichen bleibt nur der Trost, dass über die kommenden Jahre das Konzept, dass mit dem Ludwig Erhard Haus verbunden ist, in Erfüllung gehen wird.

Kapitel XV
Aufhellungen

Der neue Präsident der IHK Berlin[1], Werner Gegenbauer, tritt sein Amt in einer Phase wechselhafter Entwicklungen und Stimmungen in der Berliner Wirtschaft an. Schon der Jahresbericht 1996/97 hatte feststellen können: „Berlin ist seit Erscheinen des letzten Jahresberichts im April 1996 durch viele Höhen und Tiefen gegangen. Der Zugewinn von Unternehmen wie der weltweit operierenden Adtranz-Gruppe, den Galeries Lafayette, dem renommierten Schweizer Unternehmen Bucherer oder der Firstclass-Hotelgruppe Four Seasons, historische Ereignisse wie der erste Spatenstich für das Bundeskanzleramt im Spreebogen, das spektakuläre Aus- und Neubaugeschehen im Herzen der Stadt, neue kulturelle Glanzlichter wie die einzigartige Berggruensammlung mit Kunstwerken Picassos und seiner Zeit oder die Sammlung Marx mit der klassischen Gegenwartskunst im Hamburger Bahnhof, der Erfolg von Messeneulingen wie der Innotrans oder dem European Art Forum, international ausstrahlende Kongresse wie die Debis-Dienstleistungs-Konferenz und weltweit bedeutende Begegnungen wie das G7-Treffen oder auch die Errichtung innovativer gewerblicher Standorte wie Mediport in Steglitz und das Herlitz-Gründerzentrum in Tegel kennzeichnen die positiven Eindrücke."[2] Aber die Berliner Wirtschaft bewegt sich nach wie vor zwischen diesen zukunftsorientierten Signalen und einem hohen Anpassungsdruck. „Zugleich führten insbesondere die anhaltenden Anpassungen und die flaue Inlandsnachfrage zu Betriebsschließungen und -verlagerungen; damit einher gingen substantielle Verluste von Arbeitsplätzen. Besonders dramatisch war diese Entwicklung in der Berliner Bauwirtschaft."[3] Ausweis und Konsequenz dieser Situation ist, dass die IHK im Jahr 1996 in einem Kraftakt zwar die Zahl der Ausbildungsbetriebe von 3401 auf 3774 und damit um 11 % steigern kann, die Zahl

1 In dieser Zeit wird es üblich, in Berlin den Begriff „IHK" durchgängig zu verwenden, was für alle Industrie- und Handelskammern erst durch Beschlüsse der Gremien des Handelstages (nun: DIHK) ab 1999 verbindlich wird.

2 JB 1996/97, S. 11

3 JB 1997/98, S. 11

der neuen Ausbildungsverhältnisse aber mit 9025 nur um 0,8% höher ist.

Deshalb macht Präsident Gegenbauer, dem die Zukunft Jugendlicher sehr am Herzen liegt, die Sorge um die Ausbildungsplätze zu einem der Schwerpunkte seiner Präsidentschaft. Er schreibt kurz nach seiner Wahl an die Mitglieder der Vollversammlung: „Wenn ich nach Beendigung meiner Präsidentschaft von meinem Nachfolger das hören könnte, was Herr Kramp 1984 zu Herrn Elfe gesagt hat, nämlich daß in seiner Amtszeit die Ausbildungsplätze verdoppelt werden konnten, dann würde ich meine Aufgabe als voll erfüllt ansehen. Wahrscheinlich ist dies eine Illusion, aber für das Ziel zu arbeiten lohnt sich." Einen weiteren Akzent setzt Gegenbauer auf die Verbesserung der internen und externen Kommunikation. Für die letztere sind für ihn als Foren wichtig die Bezirke. „Unser Angebot an die Bezirke, unsere Arbeit vor Ort zu forcieren, ist von den Unternehmerkreisen und Verwaltungen in den Bezirken sehr aufgeschlossen aufgenommen worden. Wir können mit der Intensivierung unserer Arbeit dort viel good will für uns schaffen. Wir können uns dort nicht nur bekannter machen, als wir sind, wir können auch etwas herüberbringen von dem Nutzen, den die Betriebe von der Arbeit der Kammer haben – wenn ich auch weiß, wie schwierig es ist, dem um seine Existenz ringenden Einzelhändler, Gastwirt, Taxiunternehmer, den mittelständischen Unternehmen in allen Bereichen die Vorteile der auf die Verbesserung der Rahmenbedingungen gerichteten Tätigkeit der IHK nahezubringen. Dennoch: mit unserer Bezirksarbeit können wir die Wirkungen verstärken." Und Gegenbauer wird, begleitet von einer ausgesuchten Truppe aus der Mitarbeiterschaft des Hauses, fast unermüdlich durch die Bezirke gehen und sich mit Selbstbewusstsein, Offenheit für das Gespräch und Charme den Fragen und der Kritik – diese Treffen sind auch bevorzugtes Ziel der sogenannten IHK-Verweigerer – stellen. Präsident Gegenbauer hat nicht nur ein richtiges Gespür für die Aufgabe der Berliner IHK: „Die Ergebnisse der Arbeit des Hauses ... sind gut. Die Kammer steht für die Mitarbeit an wirtschaftspolitischen Entscheidungen in der Stadt, für Einflußnahme zugunsten unserer Mitglieder, auch für Interessenvertretung, wobei bei uns Interessenvertretung das Gesamtwohl aller Mitglieder heißt – und ich weiß, wie schwierig es ist, das Gesamtinteresse immer wieder herauszufiltern. Die Kammer steht, davon bin ich überzeugt, für die Glaubwürdigkeit der Unternehmerschaft, für berechenbare und zuverlässige Partnerschaft. Das alles zu kommunizieren, herüberzubringen zu den fast 130000 Mitgliedern, zu den vielen Institutionen und Organisationen der Stadt, an die Politiker auf allen Ebenen, ist schwierig, wenn nicht unmöglich. Es gibt Gelegenheiten, da dürfen wir, anders als Unternehmen, unsere Leistungen gar nicht auf dem offenen Markt feilhalten, beispielsweise weil Vertraulichkeit von Gesprächen vereinbart oder weil es uns lieber ist, wenn Partner in der Politik Ideen von uns aufgreifen und dann auch umsetzen; hier zählt die Sache, und das ist die Optimierung von Bedingungen für die Berliner Unternehmen, mehr als die Urheberschaft. Es gibt Gelegenheiten, bei denen wir Arm in Arm mit anderen unternehmerischen Organisationen agieren; hier den Erfolg allein auf unsere Fahnen zu schreiben, wäre unredlich, auch wenn wir arbeitsmäßig in die Vorlage gegangen sind. Und manchmal stellen wir vielleicht unser Licht zu sehr unter den Scheffel, weil wir sachorientiert, nicht so sehr vertriebsorientiert sind – und ich weiß als Vertriebsmann, wovon ich spreche." Und auch ein richtiges Verständnis seiner Funktion hat Gegenbauer: „Die Arbeit muß das Hauptamt machen", und er hat auch den notwendigen Sinn für die Arbeitsteilung innerhalb des Ehrenamts[4], und vor allem – er praktiziert diese Arbeitsteilungen und erfüllt sie mit Leben.

Wirtschaftspolitisch geht es in diesen ersten Monaten der Präsidentschaft Gegenbauers um eine ganze Reihe von Themen: Um Aktivitäten der IHK zur Vermögensaktivierung im Land Berlin; das von der Politik akzeptierte Angebot, hier mit Expertenwissen und unternehmerischer Erfahrung zu helfen, wird von der IHK durch die Bildung von Arbeitsgruppen, an denen sich auch UVB und Handwerkskammer beteiligen, unterlegt; es war noch unter der Präsidentschaft von Horst Kramp zu Gesprächen mit dem Regierenden Bürgermeister, der Finanzsenatorin, den Staatssekretären Kurth von der Finanz- und Ernst von der Wirtschaftsverwaltung gekommen, an denen für die Wirtschaft die Herren Kramp, Dr. Hertz, der Präsident des UVB Gerard und Hauptgeschäftsführer Dr. Hartmann Kleiner, der Präsident der Handwerkskammer Blaese und Hauptgeschäftsführer Babel, teilgenommen hatten, um eine Konzentration der Arbeiten auf die Bestandsaufnahme und Bewertung von Landesvermögen sowie auf die Unterstützung bei der Erstellung von Konzepten für die Verwertung dieses Vermögens zu vereinbaren; es ist ein Gesprächskreis „Beteiligungspolitik" gebildet worden, dem neben Blaese, Gerard und Dr. Hertz die Herren Groth von der Groth-Gruppe und Steinriede von der Bankgesellschaft, später auch zusätzlich fachkundige Herren aus den Häusern Siemens und Daimler-

4 Vgl. den Artikel in der „Berliner Morgenpost" vom 12. Juni 1997, überschrieben „Mehr Nähe zu den Unternehmen", nach einem Gespräch mit Gegenbauer.

Abb. 42 Präsident Werner Gegenbauer bei der Auszeichnung der Prüfungsbesten eines Ausbildungsjahrgangs

Chrysler angehören, die der Politik Berlins darstellen, wie bei ihnen Vermögen erfasst und verwaltet wird; es gibt dann auch Untergruppen, die sich mit der Zukunft der Wohnungsbaugesellschaften und dem Flächenmanagement Berlins befassen. Vielen aus diesen Arbeiten resultierenden Vorschlägen wird die Politik des Landes folgen, anderen nicht. Es geht um die Bezirksgebietsreform, die in der Koalitionsvereinbarung von CDU und SPD festgeschrieben ist und die der Senat nun mit einem Vorschlag der Reduzierung der Zahl der Bezirke von 23 auf 12 umzusetzen beginnt; die IHK begleitet dieses Vorhaben mit einem Argumentations- und Forderungskatalog, dessen Fazit so lautet: „Die Bezirksreform muß jetzt auf den Weg gebracht werden. Denn, zögern wir zu lange, werden die sich verschärfenden Finanzengpässe des Landes zu einem hektischen Reformchaos, der Stellenabbau zu einem Personaldilemma und die doppelte Umstrukturierung zur Überlastung der Verwaltung führen." Es geht auch um eine effiziente und flexible Handhabung von Maßnahmen zum Klimaschutz; nach eineinhalb Jahren in-

Abb. 43 Präsident Werner Gegenbauer und Bereichsleiterin Sybille v. Obernitz mit der „IHK vor Ort“ bei der Krone AG

tensiver Arbeit gelingt es der IHK im Spätherbst 1997, andere Kammern, Verbände, Institutionen und Unternehmen hinter sich zu scharen und so die von Senator Peter Strieder geplante landesrechtliche Regelung über eine Solaranlagenverordnung durch eine freiwillige Vereinbarung zwischen dem Land Berlin und der Berliner Wirtschaft zur CO2- Minderung und Verbreitung von Solaranlagen zu ersetzen. Es geht um die Zweitwohnungssteuer, um die Zurücksetzung der privaten Arbeitnehmer gegenüber denen der öffentlichen Hand, ein Thema, das Präsident Werner Gegenbauer vor dem Hintergrund seiner eigenen unternehmerischen Erfahrung beharrlich verfolgt, und es geht immer wieder um den Versuch, den fast krakenhaften Zugriff der Investitionsbank Berlin (IBB) unter ihrem Vorstandsvorsitzenden Morgenroth auf alle Aspekte der regionalen Wirtschaftsförderung einzudämmen – nicht, weil die IHK Berlin um ihre eigenen Pfründe besorgt ist, sondern weil sie eine Monopolstellung des Instituts bekämpft, mit dem Unternehmer, Mitgliedsbetriebe der IHK, keineswegs nur gute Erfahrungen gemacht haben. Es geht um die Intensivierung der Kontakte zu den Hochschulen, deren sich Präsidiumsmitglied Dr. Manfred Gentz annimmt; Ziel wird es sein, den Senat zu langfristigen Verträgen mit den Hochschulen zu veranlassen, dies unter Prioritätsgesichtspunkten, denn die IHK hat auch die Fachhochschulen und die Berufsakademie im Blick. Und es geht, seit der in diesem Bereich bewanderte und begeisterte Werner Gegenbauer Präsident ist, dem der erfahrene stellvertretende Hauptgeschäftsführer Jörg Schlegel zur Seite steht, auch darum, die Bedeutung des Sports für die Hauptstadt hervorzuheben und durch Unterstützung zu unterlegen.[5] Die IHK erreicht Bewegung in der Verlängerung von Öffnungszeiten für Museen, und ein Pressegespräch von Gegenbauer Ende Januar 1998 hat ein im wesentlichen von Jörg Schlegel verfasstes umfangreiches Papier zu Fragen der Berliner Kulturpolitik und eine für die Bemerkungen des ebenfalls teilnehmenden Dr. Manfred Gentz erarbeitete Unterlage zur Zukunft der Berliner Wissenschaftslandschaft zur Basis.

Für 1998 nimmt sich die IHK viel vor: Bezirks- und Verwaltungsreform, den Berliner Arbeitsmarkt, die Kostenbelastung der Berliner Betriebe, Aus- und Weiterbildung, die Technologiekompetenz der Stadt, die Haushaltskonsolidierung/Privatisierung, den Infrastrukturausbau, Fragen der Sicherung der Hochschulen, der Kultur und des Sports, die Themen Berlin/Brandenburg, Migration und Integration, das sind nur die Schwerpunktthemen, auf die sich das Präsidium auf Vorschlag der Hauptgeschäftsführung verständigt. Der Präsident persönlich soll Berlin und Brandenburg, Fragen der Aus- und Weiterbildung, den Kostendruck auf die Unternehmen der Stadt und die Notwendigkeiten des Ausbaus der Infrastruktur in den Vordergrund seiner Aktivitäten stellen. In der gleichen Sitzung sieht sich das Präsidium auch veranlasst, dem Hause seine volle Rückendeckung für eindeutige ordnungspolitische Positionen zu geben; denn es ist offensichtlich, dass solche Grundüberzeugungen von IHK und BAO nicht selten im Widerspruch zu den Stellungnahmen von einflussreichen und auch in der Vollversammlung der IHK gut vertretenen Gruppierungen stehen. Beispiele stammen vor allem aus der Bauwirtschaft: Die Forderung nach der Tariftreueerklärung bei der Vergabe öffentlicher Aufträge, das Entsendegesetz und die Anhebung der Schwellenwerte beim Verzicht auf die Ausschreibung öffentlicher Bauaufträge bringen IHK und BAO regelmäßig in Konflikt mit Bauverbänden und mit der Handwerkskammer. Aber sie halten Kurs, trotz manch erregter Diskussion in den Vollversammlungen. Ein wichtiges Thema bleibt für die Wirtschaft Berlins auch die Verwaltungsreform. IHK, UVB und Handwerkskammer machen sie zum Gegenstand des 12. Berliner Wirtschaftstages am 23. März und legen ein ausführliches Thesenpapier zum Leitthema „Modernisierung der Verwaltung als Er-

5 Vgl. beispielsweise JB 1997/98, S. 23 f.

folgsfaktor im Standortwettbewerb" vor, das dort diskutiert wird. Ihre eigenen Gremien ergänzt die IHK Berlin um einen Gesprächskreis der Öffentlichkeitsarbeiter von wichtigen Unternehmen und bereitet, unter tatkräftiger und kundiger Begleitung durch Präsidiumsmitglied und Verleger Dieter Beuermann, die Gründung eines Medienausschusses vor. Das ist nicht ganz einfach, weil die Branche sehr heterogen ist, ein Großteil der jungen Unternehmen nur schwer in die traditionelle Gremienarbeit einzubinden ist, und es, anders als in anderen Branchen, keine verfestigte Verbandslandschaft gibt, auf die die IHK zurückgreifen kann; aber es wird gelingen, diese lebendigen und für die Stadt so wichtigen Unternehmer und Betriebe an die IHK zu binden. Die Leitung einer Arbeitsgruppe New-media Standort Berlin wird Herr Heilmann, Partner in der Scholz & Friends – Gruppe, übernehmen; es wird ab Februar 1999 einen monatlichen Medien Jour Fixe im Ludwig Erhard Haus geben, bei dem sich unter der Moderation von Herrn Beuermann oder Dr. Hertz ein Unternehmen dieser lebendigen Branche präsentieren wird – den Anfang macht Friedrich Karl Wachs, Geschäftsführer der Studio Babelsberg GmbH.

Im Präsidium am 18. Juni 1998 und in der Vollversammlung am gleichen Tag kann Werner Gegenbauer eine erste Bilanz seiner nunmehr einjährigen Präsidentschaft ziehen. Er geht insbesondere auf die verbesserte Ausbildungsplatzsituation und auf die Initiative „Kammer vor Ort" in den Bezirken ein. Er kann einen Erfolg vermelden; in 1997 hat es einen Zuwachs an Lehrstellen im Bereich der IHK von 9241 im Jahr 1996 auf 10675 und damit um 14,9% gegeben, davon über 80% betriebliche Ausbildungsplätze; als Ziel setzt er sich und den Mitarbeiterinnen und Mitarbeitern des Hauses eine weitere Steigerung der Zahl der Ausbildungsbetriebe um jährlich um die 10%. Auch die Aktivitäten der IHK in den Bezirken nennt er konstruktiv. Er berichtet auch von einem neuen Ansatz, Vorstände von für Berlin bedeutende Unternehmen mit Berliner Unternehmern zusammenzuführen und ihnen Berlin nahe zu bringen; ein erstes Treffen in Form eines Abendessens hat mit den Vorstandsvorsitzenden von KRUPP und Thyssen, begleitet von weiteren Vorstandsmitgliedern, stattgefunden, andere werden folgen. Es gibt auch eine Einladung an die Vorstände der öffentlichen Unternehmen der Stadt, darunter vor allem GASAG, Wasserbetriebe und BSR, um die Kontakte zu ihnen als potentielle zukünftige Mitglieder der IHK rechtzeitig zu intensivieren, und auch ein Neuanfang zwischen den Präsidenten der Berliner und der Brandenburger Präsidenten ist gemacht. In die Vollversammlung kommt der Regierende Bürgermeister Eberhard

Diepgen und spricht unter anderem über seine Sicht auf die Zukunft der Berliner Wirtschaft, über die Verkehrsinfrastruktur von Stadt und Region – dabei stellt er die Fertigstellung des Flughafens Schönefeld für das Jahr 2006 in Aussicht! – und über die Verwaltungsreform, von der er sich ein stärkeres Kostenbewusstsein, mehr Bürgernähe, flexiblere Anwendungsmöglichkeiten der Haushaltsordnung erhofft und die Einführung einer Kosten-Leistungs-Rechnung ankündigt, ohne dass durch die ausreichenden Eingriffsrechte der Hauptverwaltung ein einheitliches Verwaltungshandeln gefährdet wäre; besonders in diesem Punkt, der der IHK immer wichtig gewesen war, bedankt er sich für die kritische Begleitung durch die Wirtschaft.

Mit dem Regierenden Bürgermeister, mit der Politik des Landes insgesamt, kommt Präsident Werner Gegenbauer gut zurecht. Er ist gradlinig und offen, auch diskret. Er „spielt in der Kakophonie der Berliner Politik den Generalbaß der Vernunft – die Stimme der Berliner Wirtschaft."[6] Er hat zwar als IHK-Präsident ein hochpolitisches Amt, aber „er tritt in der Politik eben nicht wie ein Politiker auf. Er gehört nicht zu den Leuten, deren Worte sich erst einmal nach allen Seiten umsehen, bevor sie ausgesprochen werden. Er sagt, was er denkt, und meint, was er sagt, und nennt einen Fehler einen Fehler und nicht ‚Verquickung unglücklicher Umstände'. Er ist offen, aber nicht verletzend, er ist kollegial, ohne jovial zu sein, er kann Arbeit delegieren. Er entspricht ‚in keinster Weise', wie er gern sagt, dem üblichen Bild eines Politikers. Das ist einer der Gründe für seinen Erfolg in der Berliner Politik. Doch nur einer. Der wohl entscheidende Grund: Werner Gegenbauer ist ein erfolgreicher Unternehmer … Gerade (sein) Charakterzug, ständig nach neuen, pragmatischen und falls nötig auch unkonventionellen Lösungen zu suchen, ließen Werner Gegenbauer als ideale Besetzung für die Funktion des IHK-Präsidenten erscheinen. Tatsächlich braucht Berlin an dieser Stelle eine Persönlichkeit, die unkonventionelle Lösungen für scheinbar unlösbare Probleme anmahnt, vorschlägt und einfordert. In der Stadt haben sich zu viele Probleme angehäuft, die nach neuen Lösungen verlangen."[7] Häufig reicht es auch, dass er für die gute Atmosphäre sorgt. Dann sagt er zu seinen Gesprächspartnern in der Politik, dass sich in der Sache und fachlich Dr. Hertz darum kümmern

6 „DIE WELT" in einem Artikel über Gegenbauer, überschrieben mit „Generalbaß der Vernunft", gegen Ende seiner einjährigen Präsidentschaft in der Ausgabe vom 8.5.1988.

7 Ebd.

werde. Und das gefällt auch Hertz. „Wie schafft Werner Gegenbauer dieses Riesenpensum – neben seiner Arbeit als Unternehmer? ‚Ich habe in der IHK gute Leute, die fundierte Ausarbeitungen machen. Ich habe viele Aufgaben an die anderen Mitglieder im Vorstand der IHK delegiert. Mir macht diese Arbeit Spaß. Und ich will noch viel in Berlin bewegen.'"[8] Das wird er mit großem Erfolg tun. Leider verliert er Ende September 1998 einen wichtigen Mitstreiter: Vizepräsident Dr. Knut Fischer, der Mitte des Jahres seine unternehmerische Tätigkeit im Vorstand der Bankgesellschaft und der Berliner Bank beendet hatte, legt seine Ämter in Präsidium und Vollversammlung nieder. Präsident Gegenbauer dankt Dr. Fischer für seinen unermüdlichen Einsatz. Immerhin bleibt Dr. Fischer dem Haus als Vorsitzender des Verwaltungsrats der BAO Berlin verbunden; damit kann er weiterhin als „Botschafter der Berliner Wirtschaft" aktiv sein.[9]

Zu weiteren inhaltlichen Themen des zweiten Halbjahres 1998 werden unter anderem das Immissionsentlastungskonzept, für das Präsident Gegenbauer und Hauptgeschäftsführer Dr. Hertz in einem Gespräch mit den Senatoren Strieder und Klemann unter Heranziehung vor allem der immer noch problematischen Konjunkturlage und der Investitionszyklen in den Betrieben des Güterkraftverkehrs ihre Aufgeschlossenheit für einen zusätzlichen Anpassungszeitraum an die gesetzlichen Anforderungen oder die Erfüllung der Auflagen durch die Nachrüstung mit Rußfiltern erreichen; die Abfallwirtschaftsplanung, bei der es aus Sicht der IHK um vernünftige Rahmenbedingungen für den Umgang mit Gewerbeabfällen geht; die Modalitäten eines Liegenschaftsfonds des Landes; die heraufziehende Notwendigkeit einer drastischen Reduzierung der Krankenhauskosten, und das zunächst ohne Verringerung der Bettenanzahl in den Universitätskliniken, was die nicht der Wissenschaft zugeordneten Krankenhäuser zu übergebührlichen Einschränkungen zwingen wird; die Steigerung von Innovation und Wachstum in Berlin und Brandenburg nach einer Gemeinschaftsveranstaltung zwischen IHK und ARTHUR D. LITTLE im Ludwig Erhard Haus; die vom Senat geplante weitere Kürzung der öffentlichen Investitionen in einer Gemeinschaftsaktion von IHK, UVB, Handwerkskammer und DGB – Landesbezirke Berlin und Brandenburg; die Schaffung eines Zukunftsfonds, der nach den Vorstellungen der Wirtschaft aus Erlösen, sie denkt

8 Ebd.
9 So die Überschrift über eine Würdigung seiner Tätigkeit in BW 1998, Heft 7/8, S. 1

an jeweils 10%, der Verkäufe von öffentlichen Beteiligungen, gespeist werden soll; die Transrapid-Verbindung zwischen Berlin und Hamburg, zu der die beiden Bürgermeister Diepgen und Runde gemeinsam mit den Kammerpräsidenten Werner Gegenbauer und Nikolaus W. Schües im Rathaus der Hansestadt eine positive Erklärung unterzeichnen[10]; der Ausbau der großräumigen Verkehrsachsen im Schienen-, Straßen- und Binnenwassernetz durch Gründung einer Arbeitsgemeinschaft aller Industrie- und Handelskammern im traditionellen zentral- und osteuropäischen Hinterland der Hansestadt unter Einschluss der Metropolregion Berlin (später Kammerunion Elbe/Oder), eine Initiative der Handelskammer Hamburg, bei der Hauptgeschäftsführer Dr. Hertz für die Einbeziehung von polnischen und tschechischen Industrie- und Handelskammern sorgt; ein Konzept von BAO, ERIC Berlin und IHK für das Land Berlin zur EU-Osterweiterung. Die BAO kann auch eine positive Bilanz der 1997 eingerichteten Repräsentanz der Berliner Wirtschaft in Brüssel ziehen, mit der sie Lobbyarbeit für Berliner Firmen auf diesem schwierigen Pflaster leistet und sie vor allem im Umgang mit der Europäischen Kommission an die Hand nimmt.

Die Verantwortlichen in der IHK registrieren mit Freude die hohe Akzeptanz, die das Ludwig Erhard Haus genießt. So kann Hauptgeschäftsführer Dr. Hertz in der Präsidiumssitzung im Dezember über große Veranstaltungen berichten, die in den letzten Wochen dort stattgefunden haben: Die Verleihung der Ludwig Erhard Medaille durch die Ludwig-Erhard-Stiftung, der andere große Veranstaltungen der Stiftung folgen werden, das Business TV Forum, die Verleihung des Innovationspreises Berlin/Brandenburg, die Pressekonferenz zum Thema „Berlin – Saubere Stadt“ in Zusammenarbeit mit der Senatsverwaltung für Stadtentwicklung, Umweltschutz und Technologie. Am 23. November allerdings geht die Berliner Wirtschaft nach Hamburg. Dort findet – nach Frankfurt, Stuttgart, Düsseldorf und Bremen – ein weiteres sogenanntes Stadtgespräch statt, in denen sich Berlin in anderen Großstädten präsentiert. Nur ist es dieses Mal nicht der Senat, der dies organisiert, sondern die Berliner IHK in Zusammenarbeit mit der Hamburger Handelskammer. Die IHK hat den Vorstandsvorsitzenden von Schering, Dr. Giuseppe Vita, gewinnen können, den Wirtschafts- und Wissenschaftsstandort Berlin vorzustellen. Die Resonanz der um die 450 Hamburger Gäste ist gut, und auch das Echo der mitgereisten Berliner Unternehmer ist für die IHK sehr zufriedenstellend.

10 Vgl. beispielsweise den Bericht in „DIE WELT“ vom 24.11.1998, S. 34.

Natürlich drücken nach wie vor die Lasten des Hauses. In einer erneuten Strategiediskussion, moderiert von der Unternehmensberatung Roland Berger, überprüft die Hauptgeschäftsführung gemeinsam mit dem Präsidium die Einsparpotentiale. Als die prioritären Handlungsfelder ergeben sich der Versuch der Gewinnung von Synergieeffekten durch eine noch engere Zusammenarbeit mit anderen Institutionen, insbesondere mit den Brandenburger Industrie- und Handelskammern, dem nach Berlin kommenden DIHK und mit der Berliner Handwerkskammer, die Errichtung eines Call-Centers durch ein beauftragtes Unternehmen sowie die vertiefte Untersuchung von Möglichkeiten des Outsourcing weiterer Arbeitsbereiche des Hauses, und die erneute Überprüfung der Öffentlichkeitsarbeit des Hauses mit Hilfe eines externen Experten; auch die Aufgaben und die Aufgabenerfüllung der BAO wird auf den Prüfstand gestellt. Manches gelingt, manches scheitert an Personen und institutionellen Eifersüchteleien in anderen Organisationen. Immerhin: Anfang 1999 wird es gelingen, in einer Klausur der Hauptgeschäftsführer und Geschäftsführer der IHK Berlin und der Brandenburger Industrie- und Handelskammern und in nachfolgenden Gesprächen auf der Arbeitsebene inhaltliche Schwerpunkte zu definieren, um Kompetenzzentren zu schaffen, die, wenn auch mehr oder weniger gut, funktionieren werden. Auch mit der Handwerkskammer werden Verabredungen insbesondere über eine Zusammenarbeit in der Weiterbildung getroffen. Außerdem sorgt die IHK über eine Neustrukturierung der Grundbeiträge mit der Einführung eines erhöhten Grundbeitrages für große Unternehmen für eine Stabilisierung ihrer Einnahmen, nicht nur im Hinblick auf die zusätzliche Einnahmequelle, sondern auch um zu vermeiden, dass diese großen Betriebe ihre legalen steuerlichen Möglichkeiten nutzen, sich völlig von der Umlage zu befreien und damit wie ein einfacher Kaufmann behandelt zu werden; das passierte, und die daraus resultierenden Rückforderungen der Unternehmen, teilweise in Millionenhöhe, waren für die Kammerführung nicht berechenbar und damit nicht planbar. Viele große und leistungsfähige Unternehmen wollen sich so nicht darstellen, und deshalb gibt es aus ihren Reihen kaum Widerspruch gegen die neue Staffelung der Grundbeiträge; auch den Kammerverweigerern gefällt sie.

Die Bilanz für 1998 kann sich für die IHK sehen lassen: Natürlich die Fertigstellung und Vitalisierung des Ludwig Erhard Hauses, eine beachtliche Steigerung der Ausbildungsplätze und vor allem der Zahl der Ausbildungsbetriebe, die Serviceorientierung des Hauses – 55 000 Besucher, Rat- und Leistungssuchende haben das neue Service- und Beratungscenter aufgesucht –, die Intensivierung der Arbeit und damit die Stärkung des Einflusses beispielsweise im Handel und in der Informations-, Kommunikations- und Medienwirtschaft, die erneute Steigerung der außenwirtschaftlichen Verflechtung der Berliner Wirtschaft nicht nur im Export, sondern auch durch Kooperationen, Joint Ventures und Direktinvestitionen im Ausland, eine erfolgreiche Vorbereitung der Berliner Betriebe auf die Einführung des Euro durch Seminare, Merkblätter, einen regelmäßigen Euro Jour Fixe und weitere Gesprächsangebote, vielfache Initiativen wie die Unterstützung von kleinen und mittleren Unternehmen bei der Einführung des elektronischen Geschäftsverkehrs und bei der Koordinierung der Wirtschaft im Rahmen der CO_2-Aktivitäten, die vielen „Runden Tische", die allein in diesem Jahr 62 Betriebe und fast 700 Arbeitsplätze gerettet haben, die Heranführung von Berliner Firmen an EU-Förderprogramme durch die BAO, die Präsenz der IHK in den Bezirken, und vieles mehr. Manches bleibt auch hinter den Erwartungen zurück: Bei der zeitgerechten und professionellen Privatisierung öffentlicher Einrichtungen geht es nicht so schnell voran, wie die IHK es mit erheblichem Arbeitsaufwand vorbereitet hat – deshalb kommen auch Liegenschaftsfonds und Zukunftsfonds nicht recht voran –, eine Reduzierung von Steuern und Abgaben ist ausgeblieben, und es hat neue Versuche gegeben, den Unternehmen und den Bürgern in die Tasche zu greifen, die Berliner Arbeitsmarktpolitik setzt noch immer zu sehr auf die Förderung des zweiten statt des ersten Arbeitsmarkts, und auch das sind nur Beispiele.

Nicht so gut sieht es auch bei der wirtschaftlichen Entwicklung aus. Rückschläge sind nicht ausgeblieben: „Die Entwicklung ist 1998 erneut ins Stocken geraten. Die schlechte Verfassung der Weltwirtschaft, die anhaltend schwache Inlandsnachfrage und die Verunsicherung insbesondere des Mittelstands angesichts der Wirtschafts- und Steuerpolitik der neuen Bundesregierung belasten die Erwartungen der Unternehmen … Die Unternehmen reagieren auf die abgeschwächten Erwartungen für 1999 mit Zurückhaltung bei Investitionen und Arbeitsplätzen. Dennoch gibt es Lichtblicke bei den Dienstleistungen und im Kreditgewerbe."[11] Und auch die Zusammenarbeit mit Brandenburg macht Fortschritte: „Die Region Berlin und Brandenburg wächst wirtschaftlich zusammen. Das Ausmaß der Verflechtung der Brandenburger und Berliner Unternehmen verdeutlichen die Zahlen: Über 60 Prozent der hier ansässigen Betriebe der regional wichtigsten Branchen kooperieren mit Partnern aus

---

11 JB 1998/99, S. 3

dem jeweils anderen Bundesland. In der Industrie sind die Geschäftsbeziehungen besonders engmaschig. Hier unterhalten beinahe 70 Prozent der Betriebe länderübergreifende Kontakte. Das sind 10 Prozentpunkte mehr als noch 1995."[12] So verwundert es nicht, dass sich die vier Industrie- und Handelskammern in Berlin, Cottbus, Frankfurt/Oder und Potsdam immer wieder für ein gemeinsames Bundesland einsetzen.

Die erste Vollversammlung im Jahr 1999 wählt auf Vorschlag von Präsident Werner Gegenbauer drei neue Vizepräsidenten: Dr. Manfred Gentz, Finanzvorstand der DaimlerChrysler AG, Bernd Rückert, Inhaber der Firma Blumen Rückert und Vorsitzender des Gesamtverbandes des Einzelhandels Berlin und Brandenburg, und Dr. Wolfgang Rupf, Vorsitzender des Vorstandes der Bankgesellschaft Berlin AG, die nun neben dem verbliebenen Vizepräsidenten Udo Pape dem Präsidenten zur Seite stehen; die Führung des Hauses unterstützen weiterhin die Präsidiumsmitglieder Dieter Beuermann, Hubertus Erlen von der Schering AG, Arnd Krogmann, Jürgen Krüger und Dr. Michael Wegner. Vor allem aber würdigt die Vollversammlung den großen Präsidenten Franz v. Mendelssohn durch die Bennennung ihres Versammlungsraumes im Ludwig Erhard Haus mit seinem Namen; auch sein ausdrucksvolles Portrait findet dort einen Platz.

Am gleichen Tag, am 8. Januar, findet der Jahrsempfang der IHK statt. Professor Dr. Karl Ulrich Mayer, Direktor am Max-Planck-Institut für Bildungsforschung Berlin und stellvertretender Vorsitzender des Wissenschaftsrats, spricht über die Zukunft von Bildung und Beruf.[13] Die IHK Berlin unterstreicht damit erneut ihren Anspruch, ihrer Rolle als Hauptstadtkammer gerecht zu werden und zu Themen von nationaler und internationaler Bedeutung Stellung zu beziehen. Sie will ihre Position damit auch gegenüber den Spitzenverbänden der deutschen Wirtschaft behaupten, die in diesem Jahr – BDI und BDA mit ihrer gesamten Führung und der Mitarbeiterschaft, der DIHT noch etwas halbherzig mit der Spitze und Teilen der Mitarbeiterschaft – nach Berlin kommen werden. Auch deshalb kann sie selbstbewusst ihre Aufgabe als Landesvertretung des BDI an die Unternehmensverbände übergeben. Nach fünf Jahrzehnten in dieser Funktion reicht Präsident Gegenbauer bei einer Feierstunde im Ludwig Erhard Haus am 2. Februar symbolisch das BDI-Türschild an UVB-Präsident Erich Gerard weiter. Großer Dank gilt dem Hauptgeschäftsführer des BDI, Dr. Ludolf v. Wartenberg, und anderen

12 Ebd., S. 3 f.

13 Bericht über die Rede und über den Empfang in BW 1999, Heft 2, S. 12 ff.

Vertretern des BDI für das hohe Engagement der Spitzenorganisation für das Überleben der Berliner Wirtschaft in schwierigen Zeiten.[14] Das gute Verhältnis der IHK Berlin zum BDI bleibt ungetrübt und wird durch den Umzug des BDI nach Berlin eher noch verfestigt.

Strategisch sieht die IHK ihre Aufgaben für dieses Jahr in der weiteren Stärkung des Wirtschaftsstandorts, in der Einhaltung eines gradlinigen und sachthemenorientierten Kurses im Berliner Wahljahr 1999 und in der Positionierung des Hauses im Kontext des Umzugs von Parlament und Regierung und des Umzugs von BDI, BDA und DIHT nach Berlin. Sie nimmt sich vor, Themen aufzugreifen, die über die Wahl hinaus für die Stadt von Bedeutung sind. Dabei geht es vor allem um die Wettbewerbsfähigkeit des Standorts, und in diesem Zusammenhang vornehmlich um die Steuer- und Abgabenpolitik und um eine zielgerechte und effiziente Organisation der Zweistufigkeit von Hauptverwaltung und Bezirken.

Am 18. Januar treffen sich Politik, die Spitzen der unternehmerischen Organisationen der Stadt sowie des DGB Berlin und Brandenburg zu einem Gespräch über Standortsicherung und Beschäftigung. Es soll der Versuch gemacht werden, das im Jahr 1997 gestartete, aber im Sande verlaufene Bündnis zu revitalisieren. Obwohl die IHK zunächst eher zögerlich ist, sich erneut auf endlose Debatten ohne konkrete Umsetzungsaussichten einzulassen, stimmt sie im Ergebnis der Festlegung von vier gemeinsamen Aktionsfeldern zu: Umsetzung eines Sofortprogramms des Bundesregierung in der Berufsausbildung und gemeinsame nochmalige Verstärkung der Anstrengungen zur Schaffung von Ausbildungsplätzen; unter der Überschrift „Qualifikation und Mangelberufe" die Verbreiterung des Potentials vor allem für die Informations- und Kommunikationswirtschaft; die Suche nach Ansatzpunkten für den Abbau von Investitionshemmnissen und der Bekämpfung der Schwarzarbeit. Dieses Aktionsfeld wird kurz darauf in die Punkte Vorschläge zur Reduzierung von Investitionshemmnissen, Grundstückspolitik, Fortsetzung der Investitionsförderung, Entwicklung kommunaler Steuern und Abgaben in Berlin und die Privatisierung/ wirtschaftliche Betätigung der öffentlichen Hand untergliedert und damit auf allgemeine Rahmenbedingungen erweitert. Die Krankenhausplanung wird zum vierten Aktionsfeld, dessen sich Präsident Werner Gegenbauer persönlich annimmt. Denn ein weiterer Anstieg der Beitragssätze der Krankenversicherung für

---

14 BW 1999, Heft 3, S. 20

Arbeitgeber und Arbeitnehmer wird aus seiner Sicht für den Wirtschaftsstandort unerträglich sein.

Zur wirtschaftlichen Betätigung der öffentlichen Hand legt die IHK unter Federführung von Volkmar Strauch im Februar ein umfassendes Konzept vor. Das ist auch vor dem Hintergrund zu sehen, dass nach ihrer Meinung in der Diskussion über Verwaltungsreformen in Berlin zentrale Fragen immer ausgespart worden sind: In welchem Umfang soll das Land Berlin die von ihm wahrgenommenen Aufgaben selbst oder durch von ihm kontrollierte Anstalten und Unternehmen durchführen? Wie sind die Ausweitungen der wirtschaftlichen Betätigung der städtischen Betreibe zu bewerten und was ist dagegen zu tun? Insgesamt also die ordnungs- und gesellschaftspolitische Frage, ob und gegebenenfalls an welchen Stellen die Grenzen zwischen staatlicher Verantwortung und privater Eigenverantwortung, also zwischen Staat und Markt, nachzujustieren sind. Das Papier entwickelt eine Reihe von Grundsätzen: Die landeseigenen Betriebe dürfen nicht in Bereichen unternehmerisch tätig werden, in denen ein ausreichendes und wettbewerbsfähiges Angebot privater Unternehmen, insbesondere aus dem Mittelstand, besteht; weniger Staat ist mehr Eigenverantwortung, also soll sich im Kern die staatliche Tätigkeit auf die Gewährleistung eines friedlichen und sicheren Lebens der Bürger, auf die Bereitstellung einer Infrastruktur, die die Möglichkeiten des Einzelnen überfordert bzw. der Allgemeinheit zur Verfügung stehen muss, und auf die Bereitstellung einer Grundsicherung für diejenigen, deren eigene Kräfte für eine Sicherung ihres Lebens nicht ausreichen, beschränken; der Staat muss sich mehr als bisher von einem Leistungsstaat, der staatliche Aufgaben selbst durchführt, zu einem Gewährleistungsstaat wandeln, der dafür Sorge trägt, dass die staatlichen Aufgaben von leistungsfähigen Dritten wahrgenommen werden. Daraus folgt die Empfehlung, dass Berlin in einem ersten Schritt in allen Bereichen, in denen schon jetzt der staatliche Versorgungsauftrag zum Teil von privaten Unternehmen erfüllt wird, die landeseigenen Unternehmen in eine private Rechtsform und private Eigentümerschaft überführt, und in einem zweiten Schritt daran geht, auch in den Bereichen, in denen die staatlichen Leistungen ausschließlich von öffentlichen Unternehmen erbracht werden, die Durchführung dieser Aufgaben Privaten überträgt und sich auf Steuerungs- und Kontrollfunktionen sowie auf die offensichtlich hoheitlichen Aufgaben beschränkt.

In diese Bemühungen um die Eindämmung einer ausufernden Betätigung der öffentlichen Hand in nicht zwingenden Bereichen passt auch die Opposition der IHK gegen aus ihrer Sicht zu weitreichende Pläne von

Wirtschaftssenator Branoner, die Investitionsbank Berlin (IBB) zur Landesstrukturbank auszubauen. Die IHK hat – zusätzlich zu ihrer ordnungspolitischen Aufgabe – einen Hebel in der Hand: Teil des Plans ist die Veräußerung der Gewerbesiedlungsgesellschaft (GSG) an die IBB; die IHK ist Mitgesellschafter der GSG, so dass für eine Veräußerung an die IBB ihre Zustimmung notwendig ist. In einem Gespräch beim Regierenden Bürgermeister Eberhard Diepgen am 24. Februar, an dem für den Senat auch Wirtschaftssenator Branoner, Finanzsenatorin Dr. Fugmann-Heesing und Finanzstaatssekretär Dr. Kurth, der SPD-Fraktionsvorsitzende Böger und der Vorstandsvorsitzende der Bankgesellschaft Dr. Rupf teilnehmen, werden Präsident Gegenbauer und Hauptgeschäftsführer Dr. Hertz, die von den Herren Groth und Herr begleitet werden, grundsätzlich und deutlich. Die Erhaltung oder die Schaffung zusätzlicher Arbeitsplätze bei den Anstalten des öffentlichen Rechts vernichte Arbeitsplätze in der privaten Wirtschaft; sie exemplifizieren diesen Vorwurf am Beispiel der Schnee- und Eisbeseitigung durch die BSR und die Grünanlagenpflege bei den Berliner Bäderbetrieben. Herr Groth ergänzt die Sorgen der Berliner Wirtschaft an den Beispielen BLEG und Immobilienholding der Landesbank Berlin (LBB), unter deren ungleichem Wettbewerb die Wirtschaft leide. Auch Dr. Rupf, der inzwischen auch Vizepräsident der IHK ist, will sich bei der IBB als Landesstrukturbank auf die Bündelung der Aktivitäten und auf eine sachgerechte wettbewerbsneutrale Auskehrung der Mittel beschränken. Der Regierende Bürgermeister nimmt den Eindruck mit, dass die Wirtschaft die Gesamtkonstruktion der IBB in dieser Größenordnung als Belastung – er spricht wörtlich von „Krake" – empfindet, sagt die Berücksichtigung der Einwände bei den weiteren Beratungen zu und verspricht die Einbindung der IHK in die Konzeptausarbeitung und in verschiedene IBB-Ausschüsse. Die IHK sagt auf Bitte von Herrn Böger die Vorlage eines Positionspapiers mit den Eckpunkten einer Landesstrukturbank nach ihren Vorstellungen zu. Dieses Papier liegt schon im März vor und wird mit seinen Eckpunkten – darunter: keine privatwirtschaftliche Tätigkeit der IBB, keine Verquickung mit privatwirtschaftlichen Tätigkeiten – Basis der folgenden Gespräche. Im Juni kommt es bei einem weiteren Treffen, an dem zusätzlich der Chef der IBB, Herr Morgenroth, und der CDU-Fraktionsvorsitzende Klaus Landowsky teilnehmen, zu einer weitgehenden Einigung. Der Senat konzediert, dass Beratungs- und Informationstätigkeiten, die nicht im Zusammenhang mit Förderprogrammen stehen, nicht zu den Aufgaben der IBB gehören; es werden die Forderungen der IHK erfüllt, dass die Festsetzung von Rahmenbedingungen und deren Durchsetzung, die Projektsteuerung, die Generalübernahme und die Errichtung von Gewerbe- und Wohnbauten sowie das Facility Management des landeseigenen Grundvermögens ebenfalls nicht Aufgabe der IBB sind. Auch die Beteiligung der IBB an Unternehmen wird begrenzt; wenn sie im konkreten Einzelfall beispielsweise wegen der Notwendigkeit einer Sanierung erforderlich werden sollte, ist sie im Regelfall auf fünf Jahre zu befristen und soll nur als Minderheitsbeteiligung eingegangen werden. Zur Herstellung einer höheren Transparenz wird ein Beirat gebildet, der die Arbeit der IBB als neutrales Kontrollgremium begleitet und insbesondere in ihrer Wirkung auf die Berliner Wirtschaft beurteilt; in diesem Beirat wird auch die IHK selbst und durch weitere von ihr vorgeschlagene Mitglieder vertreten sein.

Vizepräsident Dr. Manfred Gentz nimmt sich derweil unter anderem des Technologiefelds Berlin an. Er ist maßgeblich in der Technologiestiftung, die seit Ende 1998 mit der Technologie-Vermittlungsagentur zusammengeführt worden ist, engagiert und sorgt dafür, dass sich neben anderen Technologiefeldern insbesondere die Biotechnologie (Biotop-Büro) und die Verkehrstechnologie gut entwickeln. Herr Beuermann als Mitglied des Präsidiums kümmert sich mit Unterstützung des Hauptamts nachhaltig um den Medienstandort Berlin. Die Aktivitäten sind zahlreich und vielfältig: Eine große Veranstaltung widmet die IHK dem Medienstandort unter dem Titel „capital of talent", an der der Regierende Bürgermeister und über 150 Spitzenvertreter der Berliner IT- und Medienwirtschaft teilnehmen; daraus entsteht eine ganze Kampagne, die mit Hilfe von Herrn Heilmann, Geschäftsführer von Scholz & Friends, konzipiert und umgesetzt wird, sowie die Idee eines Medienbeauftragten des Landes Berlin, eine Position, die später von Herrn Schiphorst kreativ und energisch ausgefüllt werden wird. Der IHK Medien jour fixe hat großen und regelmäßigen Zuspruch; die jeweiligen Referenten, darunter Vertreter der Berliner Tageszeitungen, der FAZ-Herausgeber Dr. Schirrmacher und Staatssekretär Mosdorf aus dem Bundeswirtschaftsministerium, sichern die hohe Qualität der Veranstaltungen. Die IHK startet 1999 auch eine Initiative „Berliner Unternehmen ans Netz" über Grundlagen des Internetzugangs und der Internetnutzung durch kleine und mittlere Unternehmen. Es gibt Befragungen der Betriebe der einschlägigen Branchen – Film- und TV-Wirtschaft, IT- Software- und Multimedia-Wirtschaft –, um daraus Erkenntnisse über die Situation und mögliche Konsequenzen zu gewinnen. Die IHK initiiert und organisiert einen Arbeitskreis Medienstandort Berlin – IHK-Teilnehmer Heilmann, Beuermann, Dr. Hertz und Dr. Schmid, der zuständige und sehr umtriebige Referatsleiter im Hause, sowie Dr. Hassemer, Branoner, der Sprecher des Senats Dr. Butz, Dr. Estermann, der Geschäftsführer der WFB, und der Geschäftsführer der Medienanstalt Berlin, Dr. Hege. Aus diesem Arbeitskreis bei der IHK resultieren viele weitere Aktivitäten. Die Zusammenarbeit mit Hamburg wird auf diesem Sektor verfestigt: IHK Berlin und die Handelskammer Hamburg organisieren ein „Medientandem Berlin-Hamburg“; erste Aktivität ist eine parallel durchgeführte Befragung zum jeweiligen ungedeckten Personalbedarf in den IT-Berufen, aus deren Erkenntnissen gemeinsame Qualifizierungs- und Ausbildungsinitiativen entstehen sollen. Volkmar Strauch, Geschäftsführer der IHK, ergänzt seine unermüdlichen Bemühungen um die Professionalisierung der Verwaltung in Berlin um die Ausarbeitung von zehn Forderungen der IHK zur Optimierung des Personalwesens im öffentlichen Dienst Berlins. Auch in die Diskussion um den Transrapid mischen sich IHK Berlin und Handelskammer Hamburg erneut ein; die beiden Kammern stimmen ein gemeinsames Positionspapier ab, das mit einem Brief beider Präsidenten und beider Hauptgeschäftsführer den für dieses Projekt wichtigen Entscheidungsträgern vorgelegt wird – trotzdem wird im Jahr 2000 das Aus kommen. Auch mit den Brandenburger Kammern arbeitet die IHK Berlin gut zusammen; so legen die vier Kammern in der Phase der Regierungsbildung in Brandenburg und im Vorfeld der Wahlen in Berlin im Sommer Kernforderungen der Wirtschaft an beide Landesregierungen vor. Präsident Werner Gegenbauer bleibt beharrlich in seinem Ziel der Erhöhung der Zahl der Ausbildungsplätze und der Ausbildungsbetriebe, mit sehr vorzeigbaren Ergebnissen; bis Ende Oktober sind gegenüber dem Vorjahr rund 4% mehr betriebliche Ausbildungsverhältnisse eingetragen – im Ergebnis werden es fast 5% sein –, hinzu kommen mit öffentlichen Förderprogrammen geschaffene Lehrstellen in überbetrieblichen Einrichtungen, so dass die IHK insgesamt 17% mehr Ausbildungsplätze registrieren kann, und auch die Zunahme der Ausbildungsbetriebe ist mit um die 7% beachtlich. Die IHK nutzt ihr bewährtes Instrumentarium, um die berufliche Erstausbildung zu fördern – so finden 1999 die „Tage der Berufsausbildung“ zum fünften Male mit über 18000 Teilnehmern statt –, findet aber auch immer neue Wege, die Aufmerksamkeit auf die Duale Berufsausbildung zu lenken und sie zu optimieren, darunter erstmalig auch einen „Ausbildertag“; er richtet sich an die Ausbilder und Prüfer ebenso wie an die Lehrerinnen und Lehrer von rund 50 berufsbildenden Oberschulen und über 300 allgemeinbildenden Schulen und an die Vertreter von Verwaltung, Bildungsträgern, Organisationen und Fachbuchverlagen.[15] Präsident Gegenbauer ist es auch, der, unterstützt durch den stellvertretenden Hauptgeschäftsführer Jörg Schlegel, die Bedeutung des Sports als Wirtschaftsfaktor immer wieder in das richtige Licht rückt.[16] Zu einem der Höhepunkte des Jahres wird die Weltkonferenz der Junior Chamber International im Juni, zu der rund 3 000 junge Unternehmerinnen und Unternehmer nach Berlin kommen; die Berliner Wirtschaftsjunioren stemmen die Mammutaufgabe der Organisation dieser Konferenz mit Unterstützung der IHK.

Vizepräsident Dr. Manfred Gentz hat sich in diesem Jahr neben seinen vielfältigen anderen Aktivitäten der Initiative der deutschen Wirtschaft zur Entschädigung der NS-Zwangsarbeiter angenommen, in der er Verhandlungsführer für die Wirtschaft ist.[17] Sie ging zunächst von einer relativ kleinen Gruppe großer deutscher Unternehmen aus. Ihre Motivation war die humanitäre und historische Verantwortung gegenüber den überlebenden Opfern, aber auch der Druck aus den USA, wo das dortige Rechtssystem mit seiner Möglichkeit von Sammelklagen und faktische Drohungen gegen deutsche Unternehmen zu einer Belastung für deutsche Unternehmen und für die deutsch-amerikanischen Wirtschaftsbeziehungen zu werden drohten.[18] Am 16. Februar 1999 waren Bundeskanzler Gerhard Schröder und Spitzenvertreter der deutschen Wirtschaft für die zwölf führenden deutschen Unternehmen vor die Presse getreten und hatten die Absicht einer Stiftungsinitiative verkündet. „Es geht dabei um ein Zeichen der Anerkennung, mit dem sich die deutsche Wirtschaft zu ihrer historischen und moralischen Verantwortung bekennt. Die deutsche Wirtschaft kann sich davon nicht lossagen. Es geht nicht um juristische Schuld, noch weniger um persönliche Schuld heutiger Unternehmensleitungen. Das Ziel der Stiftungsinitiative ist eine Solidaraktion der gesamten deutschen Wirtschaft, die einerseits ihrer historischen Verantwortung gerecht werden soll und andererseits eine rechtliche Befriedigung herbeiführen soll.“[19] Dr. Manfred Gentz leitet den Koordinierungskreis der deutschen Wirtschaft, der frühere Bundes-

15 Vgl. Berichte in BW 1999, Heft 4, S. 19 ff., Heft 10, S. 47; Heft 12, S. 47.

16 Beispielsweise BW, Heft 7, S. 12 ff.; JB 1999/2000, S. 22 f.

17 Zum Folgenden vgl. vor allem Spiliotis, Susanne-Sophia, Verantwortung und Rechtsfrieden. Die Stiftungsinitiative der deutschen Wirtschaft, Fischer Taschenbuch Verlag, Frankfurt am Main, 2003.

18 So Dr. Gentz in seinem Vorwort zu der Schrift von Spiliotis, aaO, S. 12.

19 Dr. Gentz, Nachweis des Zitats bei Spiliotis, aaO, S. 57, FN. 89.

wirtschaftsminister Dr. Otto Graf Lambsdorff steht der Bundesregierung bei und unterstützt sie bei den Verhandlungen mit den Amerikanern. Dr. Gentz kommt auch die Aufgabe zu, die von der Wirtschaft aufzubringende Summe von fünf Mrd. DM, die Hälfte des Gesamtbetrages, einzutreiben. Als sich die Stiftungsinitiative Mitte Dezember 1999 auf diesen Beitrag verpflichtet, kann Dr. Gentz sich gerade einmal auf 111 Unternehmen stützen, die insgesamt einen Betrag von rund 2 Mrd. DM zugesagt haben. Er schaltet deshalb auch verstärkt die Spitzenverbände der deutschen Wirtschaft ein. „Den Auftakt zu einer breit angelegten Akquisitionsaktion bildete ein Gespräch, zu dem Rolf Breuer und Manfred Gentz kurz nach der Einigung vom 17. Dezember 1999 die Spitzenverbände der Deutschen Wirtschaft eingeladen hatten. Grundsätzlich erklärten sich alle dazu bereit, der Stiftungsinitiative den Rücken zu stärken. Nicht wenige Verbandschefs stellten dabei allerdings erhebliche Bedenken zurück. Ihr Engagement, fürchteten sie, leiste dem Missverständnis Vorschub, die von ihnen repräsentierten Firmen hätten eine konkrete Schuld zu begleichen und seien deshalb darauf angewiesen, einen konkreten Rechtsfrieden zu erkaufen. Trotz dieser und ähnlicher Vorbehalte appellierten schließlich ohne Ausnahme die im Gemeinschaftsausschuss der Deutschen Gewerblichen Wirtschaft zusammengeschlossenen Verbände zu Beginn des Jahres 2000 nachdrücklich an alle Unternehmen in Deutschland, sich an der Stiftungsinitiative zu beteiligen."[20] Die IHK Berlin kommt dieser Aufforderung durch die Spitzenorganisationen zuvor und verabredet im Präsidium am 1. Dezember 1999 nach einem Bericht von Vizepräsident Dr. Manfred Gentz einen öffentlichen Aufruf der Vollversammlung an die Berliner Unternehmerschaft, den diese als eine der ersten IHK-Vollversammlungen noch im Dezember bei nur einer Gegenstimme und ohne Enthaltungen –das dürfte zu den positiven Ausnahmen unter den deutschen Kammern gehören – beschließt und veröffentlicht.[21] Mitte Februar 2000 wird dann auch die Vollversammlung des DIHT der Stiftungsinitiative nach eindringlichen Appellen von Dr. Gentz und DIHT-Präsident Stihl, sekundiert unter anderem von Präsident Gegenbauer, ihre Unterstützung zusagen, nach einer teils emotional geführten Diskussion und keineswegs einstimmig, aber immerhin: Die IHK-Präsidenten werden schriftlich ihre Mitgliedsunternehmen auffordern, einen finanziellen Beitrag zu der Initiative zu leisten, zumindest aber einen entsprechenden Brief des Präsi-

20 Spiliotis. aaO, S. 118
21 Wortlaut in BW 2000, Heft 1, S. 17; siehe auch JB 1999/2000, S. 7.

denten des DIHT an die Betriebe weiterleiten, begleitet von einem Informationsblatt der Stiftungsinitiative und dem Aufruf des Gemeinschaftsausschusses der Deutschen Gewerblichen Wirtschaft. Natürlich lässt es sich Präsident Gegenbauer nicht nehmen, sich persönlich an Mitgliedsunternehmen zu wenden. Im Februar 2000 wird er an über 7 000 HR-Betriebe mit mehr als zehn Beschäftigten ein Schreiben mit der Bitte um Unterstützung richten, und bei allen direkten Gesprächen und Möglichkeiten sowie gegenüber der Presse werden sowohl der Präsident als auch weitere Mitglieder des Präsidiums die Initiative thematisieren und klare Positionen beziehen. Dr. Gentz bescheinigt denn auch der IHK in der Vollversammlung im März 2000, die zugleich die letzte Vollversammlung dieser Wahlperiode ist, in bezug auf die Stiftungsinitiative eine der aktivsten Industrie- und Handelskammern in Deutschland zu sein.[22] Die deutsche Wirtschaft wird die von ihr zugesagte Summe aufbringen, und die nun „Erinnerung, Verantwortung und Zukunft" heißende Stiftung wird ihre Aufgabe erfüllen.[23] Vizepräsident Dr. Manfred Gentz wird für seinen Einsatz für die Stiftung und für seine vielfältigen weiteren ehrenamtlichen Aktivitäten später das Große Verdienstkreuz des Verdienstordens der Bundesrepublik Deutschland erhalten.

Im Herbst 1999 gibt es in der Politik Berlins Veränderungen. Im Oktober finden Wahlen zum Abgeordnetenhaus statt; es bleibt zunächst bei der Koalition aus CDU und SPD. Die Koalitionsvereinbarung wird relativ rasch verhandelt, und der neue Senat steht noch vor Weihnachten. Eberhard Diepgen bleibt Regierender Bürgermeister, auch Peter Strieder und Wolfgang Branoner, dieser gestärkt durch die Zuständigkeit auch für die Technologie, setzen ihre Arbeit fort. Neu im Senat sind als Bürgermeister und Senator für Schule, Jugend und Sport der bisherige SPD-Fraktionsvorsitzende Klaus Böger, als Bürgermeisterin und Senatorin für Wissenschaft, Forschung und Kultur Christa Thoben – der IHK als langjährige Hauptgeschäftsführerin der IHK Münster sehr vertraut – Peter Kurth als Finanzsenator, und Dr. Eckart Werthebach, früher Staatssekretär im Bundesinnenministerium, verantwortet mit dem unbefangenen Blick eines Zugezogenen die inneren Angelegenheiten Berlins. Leider wird Frau Thoben den Senat wohl vor allem wegen mangelnder Unterstützung durch den Regierenden Bürgermeister nach wenigen Monaten verlassen. Die IHK hatte vor der Wahl ihre Ziele für Berlin formuliert; sie hatte sich unter anderem zur Steuer- und Abga-

22 Bericht in BW 2000, Heft 4, S. 26
23 Insbesondere Spiliotis, aaO, S.166 ff.

benlast insbesondere des Mittelstandes, zur Haushaltskonsolidierung, zur Verlotterung der Infrastrukturen, zu Technologiefragen, zum Berliner Bildungssystem, zum Wirrwarr der Zuständigkeiten und Verantwortungen in der Verwaltung der Stadt, zu Verzögerungen bei den Investitionen und zur Arbeitsmarktpolitik geäußert. Obwohl die IHK zufrieden über ihre intensive Einbindung in Gespräche über die Koalitionsvereinbarung ist, wie Präsident Gegenbauer der Vollversammlung am 15. Dezember berichten kann, gibt es auch harsche Kritik. Das bezieht sich vor allem auf das Ausbleiben einer konkreten Entlastung der Betriebe. Als „Gewogen und zu leicht befunden“ bezeichnet Gegenbauer in einer öffentlichen Stellungnahme diesen Teil der Koalitionsvereinbarung.[24] Die Berliner Wirtschaft habe auf ein deutliches Signal für eine Trendwende gehofft; statt des ständigen Draufsattelns von Belastungen auf die Betriebe endlich eine Entlastung bei Steuern, Gebühren und Entgelten, die insbesondere dem Mittelstand das Leben schwer machten. Die jetzt ins Auge gefasste Senkung der Gewerbesteuer sei nur eine Art der unverbindlichen Wiedervorlage. Sie komme zu spät, sei in der Höhe nicht konkretisiert und an Bedingungen geknüpft, deren Eintritt nicht in der Hand des Senats liege. Da auch eine Senkung von sonstigen Belastungen nicht in Sicht sei, insbesondere von Gebühren und Entgelten, mit denen gerade kleine und mittlere Unternehmen wie in einem Fangnetz eingeschnürt seien, mache sich in der Berliner Unternehmerschaft tiefe Enttäuschung breit. Auch die Aussagen zur Verkehrspolitik kritisiert die IHK. Das betrifft vor allem die Passagen zu Tegel und Tempelhof, die sie als interpretationsfähig und damit als ungeeignet für die Planungssicherheit für Airlines und Anlieger hält.[25] Positiv wertet sie die Aussagen zur Notwendigkeit der Verbesserung der Qualität des Berliner Schulsystems, zur bedarfsgerechten Weiterentwicklung der Dualen Berufsausbildung, das Bekenntnis zum Medienstandort mit flankierenden Begleitmaßnahmen einschließlich der Ernennung eines Medienbeauftragten, und andere wirtschaftspolitische Zielsetzungen; sie beklagt allerdings auch die Fülle von Absichtserklärungen und den Mangel an konkreten Entscheidungen.[26] Immerhin: Die Erwartung der IHK, dass die Senatsbildung bis Weihnachten abgeschlossen ist, ist erfüllt, und die Wahl der neuen Senatoren erlaubt nach ihrer Meinung die Hoffnung, dass der neue

24 Pressemitteilung Nr. 72 vom 30.11.1999
25 Pressemitteilung Nr. 74 vom 2.12.1999
26 So Dr. Hertz in der Vollversammlung Mitte Dezember 1999.

Berliner Senat geschlossener auftreten wird, als in der vergangenen Legislaturperiode – eine Hoffnung, die nur zeitlich begrenzt tragen wird.

Beim Neujahrsempfang des Jahres 2000 verzichtet die IHK erstmalig auf einen vorangehenden Vortrag. Das hat im wesentlichen zwei Gründe: Zum einen gibt es inzwischen in Berlin eine Fülle anderer Gelegenheiten, hochrangige Redner und Rednerinnen zu hören und mit ihnen zu diskutieren; viele Organisationen, Stiftungen, Unternehmen und Unternehmensrepräsentanzen konkurrieren darum, sich durch solche Veranstaltungen auch an ihren neuen Sitzen zu präsentieren. Zum anderen will Präsident Werner Gegenbauer der Dauer und der Intensität der Gespräche freien Lauf lassen. Er selbst begrüßt kurz und wünscht sich: Mehr Schulterschluss und mehr Gespräch untereinander als übereinander, und er ruft dazu auf, das Berlin national und international entgegengebrachte Interesse und Wohlwollen konsequent zu nutzen und die Stadt weiterzuentwickeln. Er erinnert an Ludwig Erhards Worte bei der Grundsteinlegung des alten Kammergebäudes vor 46 Jahren: „Ich habe die feste Überzeugung, daß Berlin bald wieder Hauptstadt des einheitlichen freien Deutschlands sein wird und daß die Industrie- und Handelskammer dann auch Firmen ihres alten Kammerbezirks wieder betreuen kann, die heute an der politischen und wirtschaftlichen Freiheit noch nicht teilhaben können." Es habe ein bisschen gedauert, fügt Gegenbauer hinzu. Nun betreue die IHK nicht nur die Firmen, die Erhard angesprochen habe, sondern auch viele neue Unternehmerinnen und Unternehmer, die in die Stadt strömen. Die IHK Berlin werde dafür sorgen, dass sich der Namensgeber des Ludwig Erhard Hauses darüber freue, was sich in dem Kommunikations- und Servicezentrum der Wirtschaft tut.[27] Der Empfang hat mit 1 500 Gästen erneut eine hohe Resonanz.

Anfang des Jahres nimmt die IHK auch ihre Gespräche mit dem neuen Senat auf, in ständigem Kontakt mit Wirtschaftsenator Branoner, vor allem aber mit dem neuen Schulsenator Klaus Böger und mit Finanzsenator Kurth; auch ein erstes Treffen mit dem neuen SPD-Fraktionsvorsitzenden Klaus Wowereit folgt. Die Gespräche sind geprägt von großer gegenseitiger Akzeptanz und dem Willen zu einer intensiven Zusammenarbeit, wie Präsident Gegenbauer im Präsidium Ende Januar berichtet. Inhaltlich geht es bei dem Treffen mit Herrn Böger vor allem um die Qualitätssicherung des Berliner Schulsystems und um die Modernisierung der Berufsschule, bei dem Gespräch mit Herrn Kurth um Privatisierungsvorhaben, um die Entwicklung der Gewerbesteuer, um die

27 Vgl. den Bericht in BW 2000, Heft 2, S. 10 ff.

Abschaffung der Zweitwohnungssteuer, um den Liegenschaftsfonds und das Vorantreiben einer Aufgabenkritik für das Land; dazu wird die Bildung einer Kommission unter Einbindung der IHK verabredet, die ihre Arbeiten bis zum Herbst abschließen soll. Mit Herrn Wowereit spricht die IHK neben der Gewerbesteuer, deren Reduzierung er zurückhaltend gegenübersteht, über die Wirtschaftsförderung in Berlin, über die Landesstrukturbank und über die Ausstattung der WFB. Ein offizielles Gespräch mit Frau Thoben wird sich anschließen.

Bei der Vorstellung des Jahresberichts im März 2000 können Präsident Werner Gegenbauer und Hauptgeschäftsführer Dr. Hertz zwar feststellen, dass „Berlin voller Bewegung“ ist. Die reale Wirtschaftsleistung Berlins hat 1999 aber nur bei 127 Mrd. DM gelegen; die Wachstumsrate von 1,5 % hat sich am unteren Rand des erwarteten Bundesdurchschnitts bewegt. Das liegt auch daran, dass sich der sogenannte Speckgürtel am Rande Berlins der Stadt statistisch nicht zurechnen lässt. Trotzdem sieht die IHK eine Fülle von Fakten und Trends, die auf eine lebhafte wirtschaftliche Entwicklung hinweisen. Dazu gehören die überdurchschnittlichen Zuwächse in einigen Branchen – Kredit- und Versicherungswirtschaft, Unternehmensdienstleistungen, Grundstücks- und Wohnungswirtschaft – und die dynamische Entwicklung der Unternehmensgründungen.[28] In der letzten Vollversammlung der Wahlperiode 1996–2000 kann Präsident Gegenbauer eine durchaus positive Bilanz der Arbeit der IHK Berlin ziehen; „Die Gesprächsbasis gegenüber der Politik auf Landes- wie auch auf Bundesebene ist gut. Die IHK hat als anerkannter Gesprächspartner die Politik für viele Fragestellungen der Wirtschaft sensibilisieren und gewinnen können. Das damit gewonnene Vertrauen ist eine langfristige Investition in die Zukunft … Alles in allem begegnen sich IHK und Politik in Berlin mit Respekt und – bei aller Notwendigkeit von gelegentlich sehr deutlichen Worten – mit Vertrauen, was die wesentliche Voraussetzung ist, um gemeinsam etwas für dem Wirtschaftsstandort Berlin zu bewegen.“[29]

Im April finden die Wahlen zur Vollversammlung der IHK Berlin statt. Kurz zuvor hatten erneut die „Tage der Berufsausbildung“ stattgefunden, im Hangar 2 des Flughafens Tempelhof, mit nun schon 20 000 Besuchern, und auch der „Tag der offenen Tür“ war wieder ein großer Erfolg gewesen.[30] Anfang März war Präsident Gegenbauer von Bundes-

---

28 BW 2000, Heft 4, S. 17 ff.

29 BW 2000, Heft 4, S. 24 ff.

30 Vgl. Berichte in BW 2000, Heft 4, S. 50 ff, und Heft 5, S. 20 ff.

präsident Johannes Rau im Schloss Bellevue zu einem Gedankenaustausch empfangen worden; Gegenbauer hatte dabei Gelegenheit gehabt, dem Bundespräsidenten die wirtschaftliche Entwicklung in Berlin, die Erfolge in der Ausbildung – 47 % mehr Ausbildungsbetriebe und 46, 5 % mehr Ausbildungsplätze in den letzten fünf Jahren –und die Aktivitäten der IHK Berlin zur Unterstützung der Stiftungsinitiative der deutschen Wirtschaft zu schildern. Im Mai wird im Hause der IHK Berlin die Gründung der Kammerunion Elbe/Oder (KEO) erfolgen, durch 33 Industrie- und Handelskammern aus Polen, der Tschechischen Republik und Deutschland auf einem Symposium unter dem Titel „Die Europäische Wirtschaftsregion an Elbe und Oder", dessen prominentester Gast EU-Kommissar Günter Verheugen ist. Am 26. Juni, in der ersten Vollversammlung der neuen Periode, wird Präsident Werner Gegenbauer wiedergewählt. Dem neuen Präsidium gehören weiter an: Gerald Archangeli, Inhaber eines Versicherungsbüros, Jean K. van Daalen, Geschäftsführender Direktor des Adlon, Dr. Hubertus Erlen, Vorstandsmitglied der Schering AG, Dr. Manfred Gentz, Vorstandsmitglied von DaimlerChrysler, Klaus Groth, Chef der Groth Gruppe, Dr. Mercedes Hillen, Inhaberin der Dr. Karl Ackermann Röhrengroßhandlung, Christiane Hotz-Firlus, Vorstandssprecherin von Beta Systems, Dr. Eberhard Jahn, Leiter des Werks der Knorr-Bremse Berlin, Dr. Lutz Mackebrandt, Vorsitzender der Geschäftsführung der CMS Unternehmensberatung, Dr. Wolfgang Rupf, Vorstandsvorsitzender der Bankgesellschaft Berlin, Bernd Rückert, Inhaber von Blumen Rückert, Karsten Schulze, Chef von Haru-Reisen, und Dr. Michael Wegner, Inhaber der Central-Hotels. Vizepräsidenten werden Dr. Erlen, Dr. Gentz, Dr. Rupf und Herr Rückert. Auch im Hauptamt gibt es Veränderungen: Nach fast 38 Jahren erfolgreicher Tätigkeit in der IHK Berlin geht der Leiter des Geschäftsführungsbereichs Bildung und Berufsausbildung, Gerhard Severon, in den Ruhestand; er bleibt dem Haus aber über die Geschäftsführung der Conrad-Stiftung verbunden, in die er seine langjährigen Erfahrungen und Verbindungen in der Berufsausbildung einbringen wird. Sein Nachfolger wird Jan Eder, der seit 1992 in der IHK tätig ist, zunächst in der juristischen Abteilung gearbeitet hat, dann als Assistent der Hauptgeschäftsführung und vor diesem Wechsel Leiter des Geschäftsbereichs Zentrale Funktionen mit der Verantwortung unter anderem für Personal und Budget war; er wird zugleich zum weiteren stellvertretenden Hauptgeschäftsführer der IHK ernannt. Jan Eder folgt Roland Engels nach, der die schwierige Aufgabe ebenfalls professionell und mit Sinn für neue Methoden vor allem in der Personalführung ausfüllen wird. Nach 15 Jahren als Chefredakteur der IHK-Zeitschrift und Leiter der Öffentlichkeitsarbeit verabschiedet sich auch Egbert Steinke. In die Zeit seiner Tätigkeit bei der IHK als kundiger und geachteter Gesprächspartner vor allem der Journalisten waren Jahre der Teilung Berlins wie der Fall der Mauer und der Weg Berlins zur Hauptstadt gefallen. Steinke hatte auch die IHK-Zeitschrift und ihr Internetprogramm zu einem modernen Medienangebot weiterentwickelt. Ihm wird ebenso wie Herrn Severon großer Dank der IHK zuteil. Steinkes Nachfolger wird Gerhard Buchholz, der es aber nicht lange auf dieser Position aushält; er wird am 1. Januar 2001 durch Stefan Siebner, zuvor langjähriger Leiter des Büros des Regierenden Bürgermeisters, ersetzt werden.

Präsident Werner Gegenbauer thematisiert in dieser ersten Vollversammlung erneut die Berufsausbildung und die Notwendigkeit, trotz guter Erfolge weiter alle Kraft auf die Sicherung und Schaffung von Ausbildungsplätzen und die Gewinnung zusätzlicher Ausbildungsbetriebe zu verwenden ebenso wie auf die weitere Verwurzelung der IHK in den Bezirken. Vizepräsident Dr. Manfred Gentz erläutert im Juli vor Journalisten die Erwartungen der IHK an die Wissenschafts- und Kulturpolitik Berlins.[31] Die BAO feiert am 20. Juni im Ludwig Erhard Haus mit einer großen Schar von Ehrengästen aus Politik, Wirtschaft, Wissenschaft, Kultur und Diplomatie ihr 50jähriges Jubiläum; der Regierende Bürgermeister Eberhard Diepgen überbringt die Glückwünsche des Berliner Senats, der stellvertretende Hauptgeschäftsführer der IHK und Geschäftsführer der BAO, Jörg Schlegel, führt die Gäste in einem Rückblick durch fünf bewegte Jahrzehnte.[32] Und Präsident Gegenbauer schenkt der IHK ein Werk des Bildhauers Volker Bartsch, „Option“, das mit seiner fast fünf Meter hohen Struktur und seinen visuellen und erlebbaren Optionen im Eingangsbereich der Außenanlage einen Kontrapunkt zum Ludwig Erhard Haus selbst setzt.

Im Frühsommer des Jahres macht Hauptgeschäftsführer Dr. Hertz eine Erfahrung, die auch für ihn neu ist: Senator Strieder hatte sich an Präsident Gegenbauer gewandt und ihn um Moderation in einem Streit zwischen Senat und der Hochtief AG um die Sanierung des Olympiastadiums gebeten. Gegenbauer hatte den Senator davon überzeugen können, dass Dr. Hertz – aus Sicht Gegenbauers der geeignetere Mediator – diese Aufgabe übernehmen sollte.

---

31 Zu den Inhalten vgl. BW 2000, Heft 7/8, S. 19.
32 BW 2000, Heft 7/8, S. 21 ff.

Hintergrund ist ein Ausschreibeverfahren für die Modernisierung und den Betrieb des Olympiastadium mit einer Größenordnung von um die 470 Mill. DM, in dem die Walter Bau AG den Zuschlag erhalten hatte; der Mitbewerber Hochtief fühlt sich ungerecht behandelt und klagt gegen den Ausgang des Verfahrens. Senator Strieder bittet Dr. Hertz, den Versuch zu machen, zwischen Walter Bau und Hochtief zu vermitteln mit dem Ziel, den Rechtsstreit mit dem Land beizulegen; die Hoffnung Strieders ist, dass die Walter Bau an Hochtief eine Zahlung leistet, die diese zur Rücknahme der Klage gegen das Land veranlasst. Dr. Hertz führt eine ganze Reihe von Einzelgesprächen mit den zuständigen Vertretern der Kontrahenten – ein gemeinsames Treffen macht in diesem Stadium keinen Sinn, weil es die Fronten noch zu verhärten droht, – muss aber feststellen, dass die gegenseitige Abneigung, fast ins persönliche abgleitend, zu groß ist; auf diesem Weg ist eine Lösung nicht zu schaffen. Er kann aber Senator Strieder in einem Vier-Augen-Gespräch davon überzeugen, dass es das Land sein muss, das den finanziellen Beitrag zur Lösung des Problems leistet. Natürlich ist Strieder anfangs alles andere als erfreut über diesen Vorschlag von Hertz; aber er sieht sehr rasch die Chancen einer solchen Einigung, zumal Dr. Hertz ihm zugleich eine Lösung für die öffentliche Kommunikation anbietet: Die Sicherstellung der Sanierung des Stadiums vor einer eventuellen Fußball-Weltmeisterschaft 2006 in Deutschland und die Nachricht darüber kurz vor Ende des noch laufenden Bewerbungsverfahrens – ohne ein taugliches Stadium in der Hauptstadt ist der Erfolg der Bewerbung mehr als gefährdet. Am 27. Juni wird der Rechtsstreit zwischen dem Land und Hochtief beigelegt; der Senat zahlt Hochtief eine Aufwandsentschädigung von 3 Mill. DM für die Teilnahme an dem Vergabeverfahren. Am gleichen Tag werden die Verträge zwischen dem Land Berlin, der Walter Bau AG und Hertha BSC unterzeichnet. In einer Pressekonferenz im Ludwig Erhard Haus berichten der Senator und Dr. Hertz, gemeinsam mit dem Generalbevollmächtigten von Hochtief, Dr. Gerhard Lötgers, über die Einigung. Strieder betont, mit dieser außergerichtlichen Lösung hätten beide Seiten übergeordneten nationalen Interessen Rechnung getragen, und er dankt Dr. Hertz , „ohne dessen Verhandlungsgeschick der Kompromiß nicht zustande gekommen wäre.“[33]

Damit habe die Stadt ihrerseits alles für eine erfolgreiche WM-Bewerbung getan. Allen sei daran gelegen gewesen, dass die Bewerbung nicht an ungeklärten Verhältnissen für das Endspiel-Stadium Berlin

33 Vgl. insgesamt den Bericht in BW 2000, Heft 7/8, S. 42 f.

scheitert. Bereits am 3. Juli erfolgt – unter anderem durch Bundeskanzler Gerhard Schröder – der erste Spatenstich im Olympiastadium; am 6. Juli erhält Deutschland den Zuschlag für die Fußballweltmeisterschaft im Jahr 2006, die dann so viel Anziehungskraft und Begeisterung auslösen wird.

Diese Hilfestellung der IHK passt gut zu ihren sonstigen Aktivitäten für dem Sport in Berlin. Im Herbst 2000 legen die IHK und der Landessportbund Berlin (LSB) gemeinsam eine Studie zur wirtschaftlichen Bedeutung des Sports für die Stadt vor. Damit ist Berlin die erste deutsche Großstadt, die über eine solche Untersuchung verfügt.[34] Auf dieser Basis fordern IHK und LSB die Politik auf, der Interdependenz von Sport und Wirtschaft mehr Aufmerksamkeit zu widmen, zumal das Kosten-Nutzenverhältnis zur knappen Sportförderung außerordentlich positiv ist. Auch für den Medienstandort Berlin setzt sich die IHK ein. Unter dem Motto „Medienstandort im Aufbruch" veröffentlicht sie 2000 und Anfang 2001 die Ergebnisse von Umfragen zur Film- und TV-Wirtschaft Berlins, zur IT- und Medienwirtschaft und zur Verlags- und Buchhändlerszene.[35] Auch die Bedeutung des Kunsthandels, der Auktionen und der Berliner Galerien hebt sie hervor[36]; gleiches gilt für die Tourismuswirtschaft.[37] Immer wieder auch unterstreicht sie die Wissenschaft als exzellenten Standortfaktor für Berlin und verlangt vom Senat, den Hochschulen durch langfristige Hochschulverträge Planungssicherheit zu geben, ihnen mehr Autonomie einzuräumen sowie ihre finanzielle Basis durch die Einführung von Studiengebühren zu verbreitern, auch um einen wettbewerbssteigernden Effekt zu erzielen, der nach Ansicht der IHK sowohl den Anbietern, also den Hochschulen, als auch den Nachfragern, den Studenten, zu Gute kommt.[38] Ein Gesprächskreis „Aktionen für den Mittelstand" unter Leitung von Frau Dr. Hillen konstituiert sich und koordiniert dieses Aufgabenfeld der IHK. Die IHK vereinbart eine umfassende Zusammenarbeit mit der Bundeswehr im Bereich der Aus- und Weiterbildung[39], und Präsident Werner Gegenbauer initiiert eines seiner Lieblingsprojekte: Schule und Betrieb. Das Vorhaben „Partner-

34 Zu den Ergebnissen siehe JB 2000/2001, S. 33 f., und BW 2000, Heft 10, S. 41 ff.
35 BW 2000, Heft 9, S. 21 ff., Heft 11, S. 12 ff., JB 2000/2001, S. 88 ff.
36 BW 2000, Heft 12, S. 12 ff.
37 JB 2000/2001, S. 99 ff.
38 Vgl. u. a. JB 2000/2001, 38 ff.
39 Dazu BW 2000, Heft 10, S. 27.

schaft Schule Betrieb“, betreut von der früheren Senatorin für Schule, Berufsbildung und Sport, Sybille Volkholz, wird Anfang September 2000 in Anwesenheit von rund 30 Berliner Unternehmern zahlreichen Verbänden, Vertretern von Bezirksämtern, Schulverwaltung und Schulen vorgestellt. Präsident Gegenbauer sagt, Schulabgänger hätten oft wenig Ahnung davon, was im Beruf auf sie zukomme; diese Distanz zwischen Schule und Wirtschaft gehe letztendlich zu Lasten der Jugendlichen. Das Besondere an diesem Projekt ist, dass die angestrebten Kooperationen zwischen einzelnen Schulen und einzelnen Betrieben auf gegenseitiger Basis funktionieren sollen. Deshalb müssen alle Beteiligten, also auch die Schulen, den jeweiligen Partnern ganz konkrete Angebote machen. Das Konzept sieht eine bessere Berufsvorbereitung dadurch vor, dass Schülerinnen und Schüler Betriebe kontinuierlich als Lernorte nutzen; dass durch einen gegenseitigen Austausch der Unterricht realitätsbezogener wird und dadurch auch die Beziehungen im regionalen Umfeld verbessert werden; dass Betriebsangehörige in den Unterricht einbezogen werden, den Betrieben wird Gelegenheit gegeben, sich über die Schule besser zu informieren und gemeinsam über pädagogische Konzeptionen zu beraten; dass fachliche Kooperationen vorgesehen sind, beispielsweise im Umgang mit neuen Medien und Informations- und Kommunikationstechnologien, um die Kenntnis über Veränderungen in der Arbeitswelt zu verbessern. Die Angebote der Schulen reichen von Schulräumen für Weiterbildung über die Beratung von Firmenangehörigen in Schulfragen bis hin zur Hilfestellung bei der Erstellung einer Homepage oder Englischunterricht für Kleinbetriebe. Die IHK startet das Projekt zunächst mit sechs Schulen, die jeweils für sich einen Vorschlagskatalog mit Kooperationsprojekten erarbeitet haben, die auf ihr Schulprofil, ihre pädagogische Konzeption und auf ihre Schüler zugeschnitten sind.[40] Bis 2007 wird die Zahl der Kooperationen auf 150 wachsen. Auch das Ludwig Erhard Haus erfüllt als Veranstaltungsort die Erwartungen der IHK. So führt die SPD-Bundestagsfraktion dort ihre Auftaktveranstaltung zum Thema „Neue Mittelstandspolitik“ mit den Bundesministern Müller und Eichel sowie dem neuen BDI-Präsidenten Rogowski durch; bei der Auftaktveranstaltung zum „Jahr des eBusiness“ von DIHT und Industrie- und Handelskammern kommt auch DIHT-Präsident Stihl ins Haus, und auch eine gemeinsame Veranstaltung von IHK und VBKI, bei der der Lufthansa-Chef Weber redet, wird sehr gut angenommen. Anfang 2001 wird im Rahmen der Berlinale der Empfang für die deutschen und

40 JB 2000/2001, S. 50 f.

internationalen Filmregisseure im Ludwig Erhard Haus stattfinden. Und das Berlin Location Center, ein zentrales Informationsangebot über Berlin für Unternehmensansiedlungen aus Deutschland und aus dem Ausland, findet dort seinen Platz. Über das alte Kammergebäude schließt die IHK einen Vertrag mit der Allianz über den Verkauf und die Rückmietung ab, der für beide Seiten zu fairen Ergebnissen kommt. Die gesamte Organisation der Industrie- und Handelskammern verpflichtet sich zu einer weiteren Professionalisierung; dazu gehören die Einführung von Kostenträgern und Kostenrechnung bei allen Kammern, die Durchführung von Betriebsvergleichen, aus denen einheitliche Qualitätsstandards für Produkte entwickelt werden, ein einheitliches Marketingkonzept, an dem auch Hauptgeschäftsführer Dr. Hertz mitgearbeitet hat, und in dessen Umsetzung die Umbenennung des DIHT in DIHK erfolgen wird und alle Kammern ein einheitliches Logo als IHK, differenziert nur über den jeweiligen regionalen Zusatz, erhalten.

Für das Jahr 2000 insgesamt kann die IHK ein gutes Ergebnis bilanzieren. Alle wesentlichen wirtschaftlichen Indikatoren zeigen an, dass in der Stadt die Etappe, die mit der Wiedervereinigung begonnen hatte und in der ein einmaliger Strukturwandel – wirtschaftlich, politisch, städtebaulich und nicht zuletzt mental – zu bewältigen gewesen war, zu Ende gegangen ist. Erstmals seit 1995 hat die Stadt wieder positive Wachstumsraten; auch wenn die wirtschaftliche Entwicklung damit noch nicht mit den alten Bundesländern Schritt gehalten hat, so ist die Trendwende doch spürbar. Erstmals seit 1990 war auch die Zahl der Erwerbstätigen wieder gestiegen. Und gerade im Verarbeitenden Gewerbe hat sich der Aufwärtstrend deutlich verstärkt. Steigende Auftragseingänge, Umsätze und Exporte haben zu einer insgesamt sehr positiven Einschätzung der Geschäftslage geführt. Sichtbares Zeichen für die wiedergewonnene Attraktivität des Industriestandorts Berlin sind auch zahlreiche Investitionsentscheidungen gewesen, die dem Ausbau bestehender Fertigungen und dem Aufbau neuer Produktionsstätten galten. Besonders positiv ist dabei das Bekenntnis von großen Industrieunternehmen wie BMW, Gillette, Motorola, Philip Morris oder Orenstein & Koppel gewesen, die allein ca. 700 Mill. DM investiert haben; dem Produktionsstandort Berlin wird damit Zukunft bescheinigt.[41] Und auch bei zwei Dauerthemen der IHK hat es Fortschritte gegeben: Der Senat hat den Liegenschaftsfonds errichtet, und auch die Landesstrukturbank ist nach

41 JB 2000/2001, S. 9 und 23

den Wünschen der IHK so aufgestellt worden, dass die wettbewerbliche Neutralität gesichert erscheint.

Dennoch sieht Präsident Gegenbauer Anlass, die Politik aufzufordern, die Schlagzahl bei komplexen Aufgabenstellungen und Großprojekten deutlich zu erhöhen. Dazu zählt er den Ausbau des Flughafens Berlin-Brandenburg, die Zukunftsfähigkeit der Messe Berlin durch die Neuordnung des Südgeländes, den Weiterbau der U-Bahn-Linie 5 ebenso wie die Modernisierung des Berliner Bildungssystems und ein intelligentes und effektives Stadtmanagement: „Moderne Verwaltung ist heute Management von Land und Bezirken mit hoher Professionalität und klarer Prioritätensetzung. Das erfordert eine Konzentration auf die Kernaufgaben. Dazu fordert die IHK Berlin: Deutliche Reduzierung der staatlichen Tätigkeiten, Verstärkung der Zusammenarbeit mit Privaten bei der Erfüllung staatlicher Aufgaben, Effizienzsteigerung bei der Erfüllung der Aufgaben durch die Verwaltung, sozial verträgliche und schnelle Reduzierung des Personals. Berlin hat jetzt die Chance, aus der Not eine Tugend zu machen. Indem sich der Staat auf seine Kernaufgaben konzentriert, kann der am Rande der Zahlungsfähigkeit stehende Berliner Haushalt dauerhaft entlastet und anstehenden Änderungen im Länderfinanzausgleich gewappnet entgegengegangen werden."[42] Die effiziente und wirtschaftliche Ordnung der Krankenhäuser zählt Gegenbauer ebenfalls zu diesen komplexen Aufgaben.[43] Auch der Wirrwar nach der Bezirksreform stört die IHK. Mehr als zweieinhalb Jahre hatten der Senat und die Bezirke Zeit, die Bezirksgebietsreform pünktlich zum 1. Januar 2001 umzusetzen. Dass alles vom ersten Tag an rund laufen würde, hatte die IHK nicht erwartet. Aber dass sich der Umzug oder die Fusion der Ämter in manchen Bezirken über das gesamte Jahr erstrecken wird, empfindet die IHK für Bürger und Betriebe als ärgerlich. Sie hält auch das derzeitige Wahlverfahren für die Mitglieder der Bezirksämter für überholt. Denn die Stadträte werden ohne vorherige Ausschreibung von den Bezirksverordnetenversammlungen gewählt, ihr Zuständigkeitsbereich erst anschließend von den Bezirksamtskollegen festgelegt. Die Expertenkommission Staatsaufgabenkritik übernimmt denn auch die Forderung der IHK nach einer öffentlichen Ausschreibung dieser Stellen. Nicht durchsetzen kann kann sich die IHK mit ihrem Wunsch, dass bei der Bildung der neuen Bezirksämter auf eine in allen Bezirken einheitliche Struktur hingewirkt wird, um Gewerbetreibenden und allen ande-

42 BW 2001, Heft 1, S. 3 f.

43 BW 2001, S. Heft 2, S. 10

ren Bürgern einheitliche Verwaltungsstrukturen und Verantwortlichkeiten anzubieten. Stattdessen tritt unter Berufung auf „besondere bezirkliche Gegebenheiten“ ein Vielgestaltigkeit der Verantwortungszuweisungen ein, die auch von den Bürger- und Wirtschaftsämtern nicht kunden- und adressengerecht aufgefangen werden kann.[44]

Auf dem Jahresempfang 2001, den wieder um die 1 600 Gäste aus der Berliner und Brandenburger Gesellschaft besuchen, ruft Präsident Gegenbauer, der sein ihm im vergangenen Jahr verliehenes Großes Bundesverdienstkreuz trägt, öffentlich zu einem neuen Anlauf für die Zusammenführung beider Länder auf: „Ich wünsche mir noch in diesem Jahr einen IHK-Neujahresempfang in Potsdam, dann Hauptstadt des gemeinsamen Landes Berlin-Brandenburg. Und wie schön wäre es doch, wenn sich dann der Ministerpräsident unseres Landes besonders bei der Wirtschaft für ihre Unterstützung zur Länderfusion bedanken würde. Fröhlich und zufrieden würden wir Berliner dann aus der Landeshauptstadt wieder in die Bundeshauptstadt zurückkehren, gewiß, ein Stück Zukunft mitgestaltet zu haben.“[45]

Zu einem der beherrschenden Themen des Jahres 2001 wird die Haushaltslage Berlins. Hauptgeschäftsführer Dr. Hertz spricht bei der Vorstellung des Jahresberichts von einer extremen Haushaltsnotlage. Zwar äußert er Respekt und Anerkennung vor der konsequenten Fortsetzung der Konsolidierungspolitik durch Finanzsenator Peter Kurth; aber er macht auch darauf aufmerksam, dass die laufenden Ausgaben nicht durch die laufenden Einnahmen gedeckt werden können, so dass ein Loch von 5,8 Mrd. DM durch zusätzliche Kreditaufnahmen und Vermögensveräußerungen gedeckt werden muss. Hinzukommen die erheblichen Risiken aus einer Schieflage der Landesbank Berlin (LBB).[46] Die Dividende der Bankgesellschaft bleibt aus; eine mögliche Entnahme von Mitteln aus dem Eigenkapital der IBB ist undenkbar geworden; ein Verkauf von Aktien der Bankgesellschaft macht bei dem derzeitigen Kurs keinen Sinn; stattdessen ist nach aller Voraussicht eine Kapitalzuführung erforderlich, um die schon aufgedeckten Risiken und noch verborgene Risiken aufzufangen. Dabei gibt es einen enormen Investitions- und Instandsetzungsstau, den Dr. Hertz bei den Schulen auf 500 Mill. DM,

---

44 JB 2000/2001, S. 71

45 BW 2001, Heft 2, S. 10

46 Zu den Hintergründen vgl. Diepgen, Eberhard, Zwischen den Mächten, aaO, S. 318 ff., und Wowereit, Klaus, … und das ist auch gut so. Mein Leben für die Politik, Karl Blessing Verlag, München 2007, S. 168 f.

bei den Krankenhäusern einschließlich der Universitätskliniken auf mehr als 1 Mrd. DM, bei den besonders maroden Straßen in den Bezirken auf 95 Mill. DM, bei den Sportstätten auch ohne das Olympiastadium auf mehrere 100 Mill. DM und bei den Universitäten allein für Instandhaltungsmaßnahmen der TU und der FU auf 150 Mill. DM beziffert. Dennoch fordert Dr. Hertz die Politik auf, die Lösung des Haushaltsproblems nicht erneut durch das Drehen an der Steuerschraube zu suchen.[47]

Die große Koalition, die seit 1991 die Stadt regiert hat, zerbricht an der Krise um die Bankgesellschaft, die durch Fragen nach den Gründen für einer Kreditvergabe der BerlinHyp an die AUBIS-Gruppe und eine Barspende dieser Gruppe an die CDU, die der CDU-Fraktionsvorsitzende und Chef der Berlinhyp, Klaus Landowsky, persönlich entgegen nimmt, noch verschärft wird. Anfang März tritt Landowsky von seinen Vorstandsposten bei der Berlinhyp und der Bankgesellschaft zurück. Die Finanzspritze, die die Bankgesellschaft aus dem Landeshaushalt benötigt, verschärft die dramatische Lage der öffentlichen Finanzen so, dass die bisherigen Koalitionspartner keinen gemeinsamen Weg mehr gehen können oder wollen; die „Koalitionskrise (liegt) nun wie eine Betonplatte auf der Stadt."[48] Am 16. Juni wird Eberhard Diepgen abgewählt; Chef einer rot-grünen Minderheitenregierung unter Duldung durch die PDS wird der SPD-Fraktionsvorsitzende Klaus Wowereit.[49] Präsident Werner Gegenbauer kommentiert die Entwicklungen wie folgt: „Einem Berliner Unternehmer, der heute die überregionale Berichterstattung über seine Stadt liest, muß das Herz bluten bei dem Spott und der Häme, die sich über Berlin ergiessen. Aus dem Berlin-Bashing in- und ausländischer Kommentatoren hört man die Überzeugung, eine mittelmäßige politische Klasse in Berlin hätte eine Situation verschuldet, die andernorts durch anderes Personal glänzend gemeistert worden wäre."[50] Fair, wie er ist, ruft er zugleich in Erinnerung, dass sich nach der Wiedervereinigung alle im Land über das Ausmaß der Schwierigkeiten geirrt hätten, nicht nur die große Koalition im Abgeordnetenhaus, und dass die große Koalition notwendig gewesen sei, um den gewaltigen Strukturwandel in Berlin zu bewältigen. „Die große Koalition war eine Koalition manchmal

47 BW 2001, Heft 4, S. 18 ff.
48 Wowereit, Klaus, aaO, S. 171
49 Zu den Entwicklungen bis dahin vgl. wiederum Diepgen, aaO, S. 328 ff., und Wowereit, aaO, S. 171 ff.
50 BW 2001, Heft 6, S. 3

fauler, häufig teurer Kompromisse, sie hat aber auch bedeutende Strukturentscheidungen getroffen; ein Beispiel war die Bezirksreform … Für vieles in der Arbeit der letzten zehn Jahre verdienen der Regierende Bürgermeister Diepgen und seine Senatoren aus CDU und SPD Dank und Respekt".[51]

In dem Übergangssenat werden unter anderem die parteilose Juliane Freifrau von Friesen, die der IHK durch den Vorsitz in einem ihrer Ausschüsse verbunden ist, Senatorin für Wirtschaft und Technologie, und Adrienne Göhler von den Bündnisgrünen, mit der sich herrlich streiten lässt, Senatorin für Wissenschaft, Forschung und Kultur; sie stört vor allem die beharrlich vorgetragene Forderung der IHK, die Verantwortung für die Mammutressorts Wissenschaft und Forschung sowie für Kultur, in denen es zudem jeweils besonders vielfältige und große Probleme gibt, zu trennen. Am 5. Juli kommt Klaus Wowereit in die Vollversammlung der IHK. Zentrales Thema ist die aktuelle politische Situation vor den Neuwahlen zum Abgeordnetenhaus im Herbst, insbesondere die Auswirkungen der neuen politischen Konstellation auf Unternehmen und auf die Wirtschaft insgesamt. Wowereit versichert der Vollversammlung, wichtigste Aufgabe des Übergangssenats sei die Lösung der Krise bei der Bankgesellschaft. Er steht zum internationalen Flughafen Berlin-Brandenburg, zu einer Zusammenführung von SFB und ORB und zu den Hochschulverträgen, obwohl er hier Kürzungen der Zuschüsse für die Hochschulmedizin für möglich hält. Personaleinsparungen im öffentlichen Dienst seien notwendig, die Gewerbesteuer werde nicht erhöht, aber auch nicht gesenkt. Fragen nach der PDS beantwortet Wowereit mit der Aussage, sein Ziel sei ein rot-grüner Senat, eine Zusammenarbeit mit der PDS sei aber nach der Wahl nicht ausgeschlossen; mit der derzeitigen

51 Ebd. Bei allem Respekt vor der politischen Leistung Diepgens zeigt nach Meinung des Verfassers allerdings die Vernachlässigung des Einflusses der Wirtschaft und ihrer Institutionen auf die Entwicklung der Stadt in seinen Erinnerungen, dass Diepgen nur einen begrenzten Zugang zu wirtschaftlichen Fragestellungen und ihren Auswirkungen gehabt hat. Die IHK – aber nicht um sie geht es – und ihr Präsident Kramp werden nur einmal erwähnt: Im Zusammenhang mit der Bankenaffaire auf der Suche nach den Ursachen als Mandatsträger in den Aufsichtsräten von Bankgesellschaft und Landesbank; Diepgen fragt sich, ob der entscheidende politische Fehler in der Tatsache gelegen habe, dass nur zwei Senatsmitglieder in den Aufsichtgremien gewesen seien, vgl. Diepgen, Zwischen den Mächten, aaO, S. 326.

CDU sehe er keine Möglichkeit. Aber „unsere lange Tradition des Kampfes gegen die Kommunisten werde ich fortführen.“[52]

Nach dieser Aussage, an der einige Mitglieder der Vollversammlung erkennbar Zweifel haben, diskutiert die gleiche Vollversammlung leidenschaftlich und teilweise durchaus emotional eine Passage zur PDS in einem von der Hauptgeschäftsführung vorgelegten und vom Präsidium gebilligten Entwurf für eine Resolution. Sie wird im Ergebnis lauten: „Wirtschaftliche Tätigkeit braucht Vertrauen in die Zukunft eines Standorts. Die Möglichkeit der Regierungsbeteiligung der PDS nach den Abgeordnetenhauswahlen erweckt in Teilen der Unternehmerschaft zunächst Misstrauen. Es gibt auch, vor allem im Westteil der Stadt, starke emotionale und aus dem eigenen Erleben begründete Ablehnungen. Wir nehmen aber zur Kenntnis, dass die PDS in den östlichen Stadtbezirken die stärkste politische Kraft ist und in allen Bezirksämtern Verantwortung trägt. Ihre Mandatsträger sind demokratisch gewählt; das heißt noch nicht, dass alle Mandatsträger der PDS Demokraten sind. Es ist jedoch ein Unterschied, ob Vertreter dieser Partei in den bezirklichen Verwaltungen bürgernahe – nicht selten auch wirtschaftsfördernde – Politik machen oder ob die PDS in einer Landesregierung ihr derzeitiges Programm durchsetzen will. Die Programme der PDS belegen ihre Ferne zur Sozialen Marktwirtschaft. Inhaltlich droht die PDS den Unternehmen eine ganze Reihe von wirtschaftsfeindlichen Instrumenten an. Sie reichen von eher grundsätzlichen Angriffen auf den angeblich ‚ausbeuterischen Charakter des kapitalistischen Produktions- und Konsummodells‘, dem Willen zur ‚Überwindung der Dominanz des privatkapitalistischen Eigentums‘ und dem Ruf nach staatlicher Investitionslenkung im derzeitigen Bundesprogramm der PDS bis hin zu konkreten Forderungen im letzten Berliner Wahlprogramm wie der Erhebung von Infrastrukturabgaben, der Verhinderung von für die Region essentiellen Verkehrsprojekten, der Ausweitung des öffentlichen Beschäftigungs- und Wirtschaftssektors, den Vorstellungen zur Hochschulpolitik und einer Fülle von zusätzlichen Regulierungen. Das ist genau das Gegenteil von dem, was Berlin jetzt dringend braucht, und das müssen auch diejenigen wissen, die mit dem Gedanken an eine Zusammenarbeit mit der PDS auf Landesebene liebäugeln.“ Diese eher ausgewogene, aber doch deutliche Stellungnahme verübeln manche Unternehmer Berlins, die sich noch gut an die Zeiten des Kalten Krieges erinnern können, der Führung der IHK und bringen das, teils auch in harschen Worten, zum Ausdruck; sie

52 Bericht in BW 2001, Heft 7/8, S. 11 ff.

entspricht aber dem traditionellen Bemühen der IHK um Objektivität und parteipolitische Neutralität, und sie trägt dazu bei, dass der Gesprächsfaden der IHK zu der PDS, vor allem zu ihrem Vorsitzenden Gregor Gysi, nicht abreißen wird.

In Sorge um die Zukunft der Berliner Hochschulen – diese Sorge hatte die IHK immer wieder bewegt, es hatte im Mai eine gemeinsame Pressekonferenz mit den Präsidenten von FU, HU und TU gegeben[53], auch waren Gespräche von Vizepräsident Dr. Gentz und Hauptgeschäftsführer Dr. Hertz mit dem Regierenden Bürgermeister Wowereit und Oppositionsführer Diepgen geführt worden – gründen Prof. Dr. Stock, Vorstandsmitglied von Schering, und Hauptgeschäftsführer Dr. Hertz die „Partnerschaftsinitiative Berliner Wissenschaft und Wirtschaft". Die Mitglieder der Initiative, die von der IHK, den Universitäten, Forschungseinrichtungen, Wissenschaftsstandorten und einzelnen Unternehmen getragen wird, nehmen sich vor, die Bedeutung der Wissenschaften für Berlin als Thema zunächst im Wahlkampf zu platzieren. Sie definieren vier Handlungsfelder: Hochschulmedizin, Infrastruktur, Kompetenzzentren und Verwaltung. Die Bearbeitung des Themenschwerpunkts Verwaltung, der sich vor allem mit dem Verhältnis der wissenschaftlichen Einrichtungen zu den Senatsverwaltungen und der Politik auseinandersetzt, übernimmt die IHK. Sprecher der Initiative wird Prof. Dr. Stock, die Gesamtkoordination übernimmt Winnetou Sosa von der IHK; sie gibt sich den Namen „an morgen denken – Wirtschaft und Wissenschaft gemeinsam für Berlin". Während der späteren Koalitionsverhandlungen wird „an morgen denken" sehr konkrete Forderungen auf den Tisch legen, die bis in die Ausformulierung einer möglichen Koalitionsvereinbarung gehen. Leitgedanken sind die Stärkung der Eigenverantwortung der Hochschulen, die Rückgewinnung finanzieller Gestaltungsspielräume, die Konzentration der Kräfte, die Verbesserung der Qualität des Hochschulstudiums und das Zugestehen des hohen Stellenwerts von Wissenschaft in Berlin. Die daraus abgeleiteten konkreten Folgerungen werden FU-Präsident Prof. Dr. Peter Gaehtgens, Prof. Dr. Detlev Ganten vom Max-Delbrück-Centrum, Dr. Norbert Bensel von der DaimlerChrysler Services AG und Hauptgeschäftsführer Dr. Hertz im November im Ludwig Erhard Haus vorstellen.[54]

Vizepräsident Dr. Manfred Gentz, der auch Mitglied der Initiative ist, berichtet im Präsidium der IHK über die Pläne einer Reihe von

---

53 Vgl. Bericht in BW 2001, Heft 5, S. 16 f.
54 Bericht über die Pressekonferenz am 15. November in BW, Heft 12, S. 29 f.

Abb. 44 Schering-Vorstandsmitglied Prof. Stock und Hauptgeschäftsführer Dr. Hertz mit dem niedersächsischen Wissenschaftsminister Thomas Oppermann auf einer Veranstaltung der Initiative „an morgen denken"

großen Unternehmen, eine International Business School mit Sitz in Berlin aufzubauen, denen der Regierende Bürgermeister Wowereit in einem Gespräch mit Dr. Gentz seine Unterstützung zugesagt hat. Auch weiteren Bildungsthemen widmet sich die IHK in diesem Herbst. So hält Präsident Werner Gegenbauer auf dem 3. „Berliner Ausbildertag" eine bildungspolitische Grundsatzrede und mahnt die Berliner Politik, trotz aller Sparzwänge den Ausbau der Bildung weiter voranzutreiben: „Wissen ist unser eigentliches Tafelsilber, der Ast, auf dem wir sitzen und den wir nicht absägen dürfen!"[55] Auch der Folgen der Bezirksreform wird sich die IHK im Herbst erneut annehmen. Elf in den Bezirken agierende Wirtschaftskreise, Gewerbefördervereine und Unternehmenskreise sowie die IHK stellen am 30. Oktober einen offenen Brief an die Landes- und Bezirkspolitik vor, in dem gemeinsame Wünsche an den zukünftigen Senat und an die Bezirksämter formuliert sind; insbesondere kritisieren sie die zersplitterten Zuständigkeiten für die Wirtschaftsförderung auf Bezirksebene und fordern eine sachgerechte Struktur bei der Bildung der

55 BW 2001, Heft 12, S. 36

neuen Bezirksverwaltungen.[56] Und die Vollversammlung Anfang Oktober befasst IHK-Geschäftsführer Volkmar Strauch mit den demografischen Entwicklungen und Perspektiven in Deutschland; die Vollversammlung ist nach einer breiten Diskussion über die Formen einer Zuwanderung und ihre Bedingungen mit ihm der Meinung, dass das Problem insbesondere auf Grund des Fachkräftemangels und mit Blick auf die Bedürfnisse der Wirtschaft angepackt werden muss.[57]

Am 21. Oktober 2001 wählen die Berlinerinnen und Berliner – noch unter dem Schock der Terroranschläge des 11. September stehend – ein neues Abgeordnetenhaus. Zwar hatten sie auf die Anschläge besonnen und mit viel Sympathie für die Amerikaner reagiert, und nur die Tourismuswirtschaft einschließlich der Luftverkehrsgesellschaften waren ganz offensichtlich heftig in Mitleidenschaft gezogen worden, aber die Terroranschläge hatten wohl auch das Ergebnis der Wahl beeinflusst.[58] Die SPD, die sich mehr erhofft hatte, kommt auf 29,7 % der abgegebenen Stimmen; für eine rot-grüne Regierung reicht es nicht. Es finden Verhandlungen über eine sogenannte Ampel-Koalition aus SPD, FDP und Grünen statt. Die IHK hält engen Kontakt zu den Parteien, zur FDP, deren Vorsitzender Dr. Günter Rexrodt ein früherer Mitarbeiter der IHK ist, zu den Verantwortlichen der SPD und zu den Bündnisgrünen; auch mit der PDS spricht sie. Sehr rasch spüren Präsident Gegenbauer und Hauptgeschäftsführer Dr. Hertz die gegenseitige Berührungsscheu von FDP und Bündnisgrünen. Es sind wohl nicht so sehr die unterschiedlichen Sachpositionen; es stellt sich heraus, dass „die Kulturen der beiden Kleinparteien grundverschieden und beim besten Willen nicht vereinbar" sind.[59] Der Regierende Bürgermeister Klaus Wowereit entscheidet sich für eine Zusammenarbeit mit der PDS und wird diese gegen Widerstände in seiner eigenen Partei, auch gegen Wünsche des Bundeskanzlers Gerhard Schröder, durchsetzen.

Im Januar 2002 konstituiert sich der neue Senat aus SPD und PDS unter Führung des Regierenden Bürgermeisters Klaus Wowereit. Bürgermeister und Senator für Wirtschaft, Arbeit und Frauen wird Dr. Gregor Gysi. Daran ist die IHK nicht unschuldig; Präsident Gegenbauer hatte Gysi in einem Vier-Augen-Gespräch deutlich gemacht, dass das

---

56 BW 2001, Heft 11, S. 18 f.
57 BW 2001, Heft 10, S. 14 f.
58 Dieser Meinung ist jedenfalls Klaus Wowereit, siehe seine Erinnerungen, aaO, S. 200 f.
59 Wowereit, Klaus, aaO, S. 205

Hauptproblem Berlins die Wirtschaft und die Arbeitsplätze sind, dass konsequenterweise der erste Mann der PDS, also Gysi, der selbst zur Übernahme des Kultur- und Wissenschaftsressorts – dies bewusst in dieser Reihenfolge – neigte, sich dieser prioritären Aufgabe stellen müsse. Finanzsenator wird Dr. Thilo Sarrazin, ein knorriger, manches Mal mit öffentlichen Äußerungen hervortretender Mann, die auf den ersten Blick Berlin schaden, der aber eine konsequente Sparpolitik verfolgen wird. Neu sind auch die Senatorin für Gesundheit, Soziales und Verbraucherschutz, Dr. Heidi Knake-Werner, und Dr. Thomas Flierl als Senator für Wissenschaft, Forschung und Kultur, beide von der PDS. Aufsehen in der Öffentlichkeit Berlins und in der Mitgliedschaft der IHK erregt, dass Wirtschaftssenator Gregor Gysi sich als einen seiner Staatssekretäre den Geschäftsführer der IHK, Volkmar Strauch, ins Haus holt. Strauch hatte zunächst gezögert, diese Aufgabe unter einem PDS-Senator zu übernehmen; er fürchtete – nicht zu Unrecht –, dass selbst gute Freunde diese Entscheidung nicht verstehen würden. Er hatte auch das Gespräch mit Präsident Gegenbauer und Hauptgeschäftsführer Dr. Hertz gesucht, die ihn beide bestärkt hatten, sich dieser Herausforderung zu stellen. Die Führung der IHK hatte vor allem zwei Motive: Sie hofft, dem in der Ordnungspolitik nicht gerade ausgewiesenen Gregor Gysi als Berater einen überzeugten Anhänger der Sozialen Markwirtschaft an die Seite stellen zu können, und sie will ihrer Aufgabe gerecht werden, den Berliner Unternehmen Zugang zu den Regierenden zu gewährleisten; Strauch als einer dieser Ansprechpartner ist ihr allemal lieber als jeder andere, womöglich aus den Reihen der PDS. Kritik auch im Präsidium bleibt nicht aus; aber Gegenbauer und Dr. Hertz halten an ihrer Linie fest, auch weil sie in der Ernennung von Volkmar Strauch nicht so sehr eine Unterstützung für die politische Position von Gregor Gysi, sondern eine Hilfestellung für die Wirtschaft und für die Berliner Betriebe sehen. Volkmar Strauch nimmt den Ruf an, und er wird sich auch in seiner neuen Funktion als verlässlicher und gradliniger Partner der Berliner Wirtschaft erweisen.

Die IHK hält sich insgesamt erneut an ihre Tradition, nicht parteipolitisch zu agieren, aber die sachliche und fachliche Auseinandersetzung zu führen. „Wir haben, ausgestattet mit einem Mandat der Vollversammlung, getan, was unsere Aufgabe ist: Standpunkte vertreten, Einfluß zu nehmen – dazu gehört es, mit allen zu sprechen, die zuhören wollen –,

Klartext zu sprechen."[60] Klartext spricht die IHK; so richtig es sei zu sparen, so wichtig sei es, Perspektiven für die Zukunftsfähigkeit und für die Gestaltungsspielräume der Stadt zu entwickeln, und deshalb bewertet sie die Koalitionsvereinbarung von SPD und PDS bereits Anfang Januar 2002 als „Kein großer Wurf".[61] Ende Januar legt sie nach: Gemeinsam mit dem UVB und der Handwerkskammer nimmt sie öffentlich zu den Inhalten der Koalitionsvereinbarung Stellung. Die unternehmerischen Organisationen mahnen an, die Zukunft Berlins nicht abzuwickeln; der Weg aus der Krise führe nur über das konsequente Verfolgen von zwei gleichgewichtigen Zielen, nämlich des strukturellen Sparens durch Rückzug des Staates aus den Bereichen, die nicht zu seinen Kernaufgaben gehörten – „Berlin muß Ballast abwerfen" –, und der Erhöhung der Wirtschaftskraft und der Beschäftigung durch Verbesserung der Rahmenbedingungen, durch Investitionen in die wirtschaftsrelevante Infrastruktur und durch Hilfen bei Unternehmensansiedlungen – „Berlin braucht mehr Einwohner, die Geld verdienen, mehr Steuerzahler und damit weniger Sozialtransfers"-. Die Spitzenorganisationen der Berliner Wirtschaft erkennen an, dass die Koalitionsparteien mit der Absicht, die Personalausgaben um 1,07 Mrd. Euro zu senken, ein mutiges und richtiges Ziel verfolgen, vermissen aber ein schlüssiges Konzept, wie ein schlanker, effektiver öffentlicher Dienst auszusehen hat, der die unabdingbar staatlichen Aufgaben professionell und bürgerfreundlich erledigt, und schreiben dem Senat ins Stammbuch, dass Arbeitnehmer, von denen Veränderungsbereitschaft verlang wird, Motivation brauchen, wenn sie Leistung erbringen sollen – dies „erreicht man nicht mit dem Holzhammer, sondern durch realistische, einsichtige und nachvollziehbare Perspektiven." Sie vermissen auch eindeutige Signale für die Aufhebung der Zweckentfremdungsverbotsverordnung, für die Auflösung der Wohnungsämter, für mehr Wettbewerb und privatwirtschaftliche Perspektiven für die Abfallwirtschaft und den öffentlichen Personennahverkehr sowie für den Verkauf von städtischen Wohnungsbaugesellschaften. Sie loben die Absicht der Koalitionspartner, die Zusammenführung der Länder Berlin und Brandenburg anzustreben, kritisieren aber, dass die entsprechende Passage in der Vereinbarung im Gegensatz zu detailverliebten Ausführungen an anderer Stelle seltsam blutleer erscheine; es fehle vor allem ein Fahrplan dafür, wie bis zu einer neuen Volkabstimmung ein

60 Präsident Gegenbauer auf dem Neujahrsempfang Anfang 2002, BW 2002, Heft 2, S. 6

61 Präsident Gegenbauer in der ersten Ausgabe der BW im Jahr 2002, Heft 1, S. 3.

gemeinsames Regionalbewusstsein in beiden Ländern zu schaffen und die gemeinsame Identität zu stärken sei. Sie verlangen erneut eine Senkung von Gebühren, Abgaben und Beiträgen und wenden sich gegen geplante Erhöhungen – wir „brauchen keine neuen Steuern, wir brauchen neue Steuerzahler" –; sie erkennen aber an, dass die Koalition der Versuchung widerstanden hat, die Gewerbesteuer in Berlin weiter zu erhöhen. Sie nehmen von der Absicht Kenntnis, eine One-Stop-Agency für Investoren durch eine stärkere Verzahnung der Berliner Marketing-Gesellschaften zu errichten, halten das aber nicht für das vorrangige Berliner Problem; das Problem liege auf der Verwaltungsseite, Berlin brauche eine Entscheidungsinstanz mit Federführungs- und Koordinierungskompetenz, die für Investoren den Behördendschungel der zweistufigen Veraltung lichte. Und richtige Aussagen zur Wissenschaft und Forschung, mit denen die Koalition auf Forderungen der Berliner Wirtschaft einginge, halten sie für konterkariert beispielsweise dadurch, dass die überholten Strukturen der alten Gruppenuniversität innerhalb der Hochschulen wieder eingeführt werden sollen, dass die Befreiung von der staatlichen Fachaufsicht durch einen unnötigen Parlamentsvorbehalt für die Hochschulverträge entwertet wird, und dass das Universitätskrankenhaus Benjamin Franklin (UKBF), das nach Auffassung des Wissenschaftsrats bundesüberdurchschnittliche Leistungen erbringt, ohne ausreichende sachliche Begründung geschlossen werden soll.[62] „Wirtschaft watscht Rot-Dunkelrot ab"[63], ist eine – zugegeben die drastischste – der Reaktionen der Medien. Aber die IHK fühlt sich berechtigt, so deutliche Aussagen zu machen, gerade weil sie sich jeglicher parteipolitischer und persönlicher Polemik enthält.

62 Vgl. Bericht in BW 2002, Heft 2, S. 16. f.
63 BZ in der Ausgabe vom 31.1.2002

Kapitel XVI
Das Jubiläumsjahr 2002

Der Neujahrsempfang 2002 steht im Zeichen des 100jährigen Jubiläums der IHK Berlin. Die Führung der IHK hatte sehr früh begonnen, sich auf das Jubiläumsjahr vorzubereiten. Präsident Gegenbauer und Hauptgeschäftsführer Dr. Hertz hatten sich dafür entschieden, auf einen zentralen Festakt, auf Festmusik und Festschrift zu verzichten; Präsidium und Vollversammlung waren diesem Vorschlag gefolgt. Sie wollen keine nach rückwärts gerichtete Veranstaltung, „obwohl sich in ihrer historischen Entwicklung auch die Geschichte des Wirtschaftsstandorts Berlin spiegelt“[1]; sie wollen die IHK unter dem Motto „Wir Unternehmen – 1902–2002“ als Sprecher der Wirtschaft, als Verfechter des Marktes, als einen Motor der Standortentwicklung, als modernen kundenorientierten Dienstleister, kurz als das gemeinsame Unternehmen der Berliner Unternehmen, präsentieren. Auch wollen sie mit zahlreichen Veranstaltungen über das ganze Jahr eine Standortbestimmung der Berliner Wirtschaft vornehmen und Perspektiven, die nach ihrer Meinung in der Politik des Landes fehlen, aufzeigen. Ein Ideenwettbewerb unter der Mitarbeiterschaft des Hauses ergibt weitere interessante Hinweise. Unter den Gästen dieser Auftaktveranstaltung sind wieder Vertreter der Bundesregierung und des Deutschen Bundestages, Mitglieder des Berliner Senats und des Abgeordnetenhauses, der Landesregierung und des Landtages von Brandenburg, Vertreter des Diplomatischen Corps und der Wissenschaft und Kultur sowie zahlreiche Berliner und Brandenburger Unternehmer und Unternehmerinnen. Den letzteren ruft Präsident Gegenbauer zu: „Wirtschaft findet in der Wirtschaft statt. Deshalb sollten Unternehmer, auch ihre unternehmerische Organisation IHK, wieder in den Vordergrund rücken, was wir am besten können: Den Erfolg des eigenen Unternehmens und den Erfolg der Berliner Wirtschaft.“[2]

---

1 Präsident Gegenbauer in seiner Ansprache vor den Gästen des Neujahrsempfangs, BW 2002, Heft 2, S. 6 ff.

2 Ebd., S. 6

Die IHK hält auch nach der Senatsbildung durch SPD und PDS engen Kontakt zur Politik des Landes. So gibt es im Februar ein erstes offizielles Gespräch mit Wirtschaftsenator Gregor Gysi, in dem die IHK gemeinsam mit dem UVB und der Handwerkskammer Gysi und seinen Führungskräften die Konzepte und Wünsche der Berliner Wirtschaft für die Stadt und für die Region vortragen. Auch mit dem neuen Finanzsenator Sarrazin nimmt die IHK sehr rasch das Gespräch auf. Dabei geht es auch um die von ihm immer wieder geäußerte Meinung, Berlin habe kein Einnahmen-, sondern nur ein Ausgabenproblem, ein Ansicht, die Sarrazin mit Vergleichsdaten mit anderen Bundesländern in immer wieder aktualisierten Folien zur Finanzsituation Berlins unterlegt. Natürlich bestreitet die IHK die Notwendigkeit der Kürzung der Ausgaben in keinster Weise, sie hält aber die ausschließliche Konzentration darauf für falsch; auch die Einnahmen ließen sich bei einer zukunftsorientierten Politik steigern. Die von Sarrazin immer wieder dargestellte Überausstattung Berlins im Vergleich vor allem mit anderen Stadtstaaten führt nach Meinung der IHK zudem zu einer Beschädigung der Stadt; andere Bundesländer warten nur darauf, diese Überausstattung in den Diskussionen über eine Änderung des Finanzausgleichs verwenden zu können, weshalb die IHK auch Benchmarks sammelt, die für Berlin sprechen. In der Regierungserklärung wird der Senat denn auch davon sprechen, dass – ohne die Steuern zu erhöhen – die Steuerkraft Berlin erhöht werden müsse. Auch mit der CDU wird der Gesprächsfaden wieder aufgenommen; die eigentlich gute Gesprächsbasis mit ihr hatte nach dem Bruch der großen Koalition an Intensität verloren, was sicherlich auch an dem Ärger lag, dass die IHK nicht aggressiv zugunsten der CDU in den Wahlkampf eingegriffen hatte.

2002 wird zu keinem guten Jahr für die Berliner Wirtschaft werden. „Belastet durch die weltweit schwache Konjunkturentwicklung, gingen von der Wirtschaftspolitik der Bundesregierung keine Impulse für Wachstum und Beschäftigung aus. Im Gegenteil, in den Monaten nach der Bundestagswahl herrschte das reine Chaos. Weder bei der Flexibilisierung des Arbeitsrechts noch bei der Senkung der Lohnnebenkosten, weder beim Bürokratieabbau noch bei der Vereinfachung des Steuerrechts wurden die dringlich erwarteten Signale gesetzt, die neue Wachstumskräfte in der Wirtschaft hätten freisetzen können … Übereinstimmend betrachten die meisten Unternehmen den Reformstau in Deutschland als das wesentliche hausgemachte Wachstumshindernis … Diese strukturelle Wachstumsschwäche des Wirtschaftsstandorts Deutschland ist das Hauptproblem auch der Berliner Unternehmen. Auch aus der Berliner

Landespolitik gab es kaum stimmungsaufhellende Signale, die die regionale Wirtschaftsentwicklung hätten positiv beeinflussen können. Dies liegt eher weniger, als noch vor Jahresfrist in vielen Diskussionen in den IHK-Gremien befürchtet, an der Beteiligung der PDS am Senat. Es liegt an falschen Entscheidungen und fehlenden Konzepten, etwa dem ursprünglichen Schließungsbeschluss für das Universitätsklinikum Benjamin-Franklin oder dem methodisch falschen, weil zu abrupten Ausstieg aus der Wohnungsbauförderung, mit dem massenhaft Unternehmenspleiten provoziert und Anlegervertrauen beschädigt wird. Es liegt vor allem aber daran, dass angesichts der dramatischen Verschuldung des Landeshaushalts, angesichts der überall spürbaren öffentlichen Armut, Politik in Berlin heute fast nur noch aus ‚Sparpolitik' zu bestehen scheint. Die Investitionen der öffentlichen Hand sind auf einen Besorgnis erregenden Stand von nur noch 8 % der Haushaltsausgaben zurückgegangen. In verfassungswidriger Weise betragen sie nicht einmal die Hälfte der Einnahmen aus der jährlichen Nettoneuverschuldung. Immer wieder hat die IHK darauf hingewiesen, dass sinnvoll investiertes Geld, auch für die verschuldete Stadt, keine Fehlausgabe ist, wenn es zu vermehrter Wirtschaftstätigkeit führt. Die Botschaft von der öffentlichen Armut darf nicht die einzige Botschaft sein, die transportiert wird. Neben schonungslose Aufgabenkritik und konsequente Sparsamkeit gehört eine zweite Botschaft: die Vermittlung der Zukunftschancen des Standorts … Bis heute gilt (aber) das Diktum des Finanzsenators, Berlin habe kein Einnahmenproblem, Berlin habe nur ein Ausgabenproblem. Auch dies hat dazu beigetragen, dass das Berliner Wirtschaftswachstum 2002 zum zweiten Mal in Folge ins Minus rutschte und die Region im Winter 2002/2003 die höchste Arbeitslosigkeit seit der Wiedervereinigung aufwies."[3]

Trotzdem kämpft die IHK weiter. Sie wendet sich – wenn auch erfolglos – gegen die Scheinprivatisierung der BEHALA durch Verkauf an die BSR, ein typisches Berliner In-Sich-Geschäft. Sie richtet zwei Arbeitskreise zu Fragen der Wohnungswirtschaft ein, die sich unter anderem mit der Anschlussförderung für Sozialwohnungen und dem Wohnungsleerstand befassen. Ausgehend von einem Treffen mit Berliner Banken über die Klagen mittelständischer Betriebe über Defizite in der Kreditversorgung startet sie eine Gesprächsreihe zwischen Kreditinstituten und Unternehmen, die sie mit dem ostdeutschen Bankenverband, der Landesbank Berlin, der Volksbank und Vertretern der beratenden Berufe

3 Die IHK in ihrem Rückblick auf das Jahr 2002 in JB 2002/2003, S. 6 f.

abstimmt. Sie organisiert einen 1. „Berliner Wirtschaftsrechtstag" dessen Eingangsreferat über Corporate Governance bei öffentlich-rechtlichen Unternehmen der jetzige Staatssekretär und frühere Mitarbeiter der IHK, Volkmar Strauch, hält.[4] Frau Dr. Hillen als neue Vizepräsidentin des Hauses nimmt sich ständig und sehr engagiert des Mittelstandes in Berlin an. Die IHK kümmert sich auch um ein Verkehrskonzept für den zukünftigen Hauptbahnhof – noch Lehrter Bahnhof – und um die Finanzierung von Projekten des Technologierats der TSB, die durch die Reduzierung der Mittel von zunächst 250 Mill. DM auf 25 Mill. DM gefährdet sind; Herr Dr. Gentz kann den Regierenden Bürgermeister und Wirtschaftssenator Gysi davon überzeugen, Mittel umzuschichten und durch EFRE-Mittel aufzustocken. Sie führt zwei zusätzliche Ausbildungskonferenzen in östlichen Bezirken – bei der Knorr-Bremse und bei ABB – durch, an der sich der Wirtschaftsenator und die Handwerkskammer beteiligen. Sie fördert die Zusammenarbeit von Schulen und Betrieben durch den Abschluss weiterer Partnerschaften und führt ihre Aktivitäten „IHK vor Ort" fort. Und vieles mehr.

Die ersten der inhaltlichen Veranstaltungen des Jubiläumsjahres werden zu einem großen Erfolg. Den Start bildet im Februar unter der Moderation des Hauptgeschäftsführers des DIHK, Dr. Martin Wansleben, eine Veranstaltung unter der Überschrift „Die Zukunft gestalten – Industrie in Berlin". Präsident Werner Gegenbauer begrüßt: „Wir feiern das Jubiläum der IHK Berlin, indem wir das tun, was wir immer tun: Wir machen uns stark für den Erfolg Berlins und seiner Unternehmerschaft", der Regierende Bürgermeister Klaus Wowereit erklärt nicht nur das Ludwig Erhard Haus, in dem die Veranstaltung stattfindet, zu einem Wahrzeichen der Stadt: „Das Haus wurde zu einer Erfolgsgeschichte, auch wenn's die IHK-Mitglieder manchmal geschmerzt hat", sondern bekennt sich auch zum Industriestandort Berlin, zum neuen Flughafen als dem „wichtigsten Projekt der Region" und zur Zusammenführung der Länder Berlin und Brandenburg und findet sich damit in Übereinstimmung mit der IHK. Den einleitenden Vortrag hält Prof. Dr.-Ing. Hubertus Christ. Präsident des VDI Vereins Deutscher Ingenieure, anschließend diskutieren auf dem Podium Prof. Dr. Klaus Zimmermann, Präsident des DIW, und Prof. Dr. Frieder Meyer-Krahmer, Leiter des Fraunhofer-Instituts für Systemtechnik und Innovationsforschung in Karlsruhe; in der Diskussion kommen unter anderem der brandenburgische Wirtschaftsminister Dr. Wolfgang Fürniß und Staatssekretär

4 Vgl. BW 2002, Heft 3, S. 32 f.

Volkmar Strauch zu Wort.[5] Eine Basis für die Veranstaltung hatte die IHK durch eine gemeinsam mit der Wirtschaftsverwaltung beim DIW und bei REGIOCONSULT in Auftrag gegebene Studie über den Modernisierungsprozess und den Strukturwandel der Industrie in Berlin gelegt. Die zweite Veranstaltung dieser Reihe gilt im März der nutzbringenden und erfolgreichen Verbindung von Wirtschaft und Sport. Mit dabei sind als Ehrengäste und Gesprächspartnerinnen die beiden Olympiasiegerinnen von Salt Lake City, Claudia Pechstein und Monique Garbrecht-Enfeld, die wenige Tage nach Beendigung der Olympischen Winterspiele nach Berlin zur IHK gekommen sind. Das Jubiläumssymposium, das der stellvertretende Hauptgeschäftsführer Jörg Schlegel professionell vorbereitet hat, beginnt mit einem Vortrag des Sprechers der Deutschen Bank, Dr. Rolf-E. Breuer, über die Interna und die Hintergründe der Sponsorenpraxis seines und anderer Unternehmen; es beteiligen sich unter anderem auch Sportsenator Klaus Böger, DSB-Präsident Manfred v. Richthofen, Hans-Ludwig Grüschow, Vorsitzender des Vorstands Stiftung Deutsche Sporthilfe, Dr. Dieter Spöri, Leiter der Konzernrepräsentanz von Daimler Chrysler, Dr. Eric Schweitzer, Vorstandsmitglied der Alba AG, Dr. Jochen Zinner, der Leiter des Olympiastützpunkts Berlin, Christian Schenk, Olympiasieger im Zehnkampf, der Präsident des Landessportbundes Berlin, Peter Hanisch, Präsident Werner Gegenbauer und die beiden Olympiasiegerinnen. Das Symposium wird erneut zu einem großen Erfolg.[6] Auch dieser Veranstaltung hatte die IHK durch ein Schwerpunktthema in ihrer Zeitschrift unter dem Titel „Sport und Wirtschaft: Erfolg durch Partnerschaft" eine Basis gegeben.[7]

Trotz dieser positiven Schlaglichter auf Berlin hält die Führung der IHK die Stadt in diesen Monaten für einen „hochkomplexen Sanierungsfall"; sie habe dennoch gute Chancen, „wenn die Ausgangslage sauber analysiert wird, wenn das Sanierungsziel richtig und realistisch gesetzt wird und wenn das Management der Umsetzung stimmt."[8] Das Ziel müsse sein: Berlin wird eine Stadt, die ihre Stärken ausbaut, ihr Metropolenpotential nutzt und ihre Schwächen professionell reduziert. Die IHK setzt auf die Stärken der Stadt: Die Wissenschafts- und Forschungslandschaft, die kulturelle Ausstrahlung, die Vielzahl und Qualität

5 BW 2002, Heft 3, S. 20 ff.
6 Bericht in BW 2002, Heft 4, S. 22 ff.
7 BW 2002, Heft 3, S. 6 ff.
8 So Präsident Gegenbauer bei der Vorstellung des Jahresberichts 2001/2002 am 19. März, s. BW 2002, Heft 4, S. 12 f.

der Bildungseinrichtungen, die Attraktivität für Touristen, Konferenz- und Messebesucher, der gute Ausbildungsstand der Bevölkerung, die Verfügbarkeit von bezahlbarem Wohn- und Gewerberaum und die ideale Lage zu den Beitrittskandidaten der Europäischen Union. Sie übt erneut Kritik an der ausschließlichen Fokussierung auf Einsparziele, die kurzatmig Jahr für Jahr verändert werden und kaum Planungssicherheit bringen, und an der nach Meinung der IHK verfassungswidrigen Absenkung der Investitionsausgaben. Sie fordert eine Deblockade von Investitionen, die mit einer Haushaltssperre belegt sind, die Beachtung des Grundsatzes „Fördern und Fordern" in der Sozialpolitik des Landes und angesichts veräußerbarer Vermögenswerte, Beteiligungen und Liegenschaften, die ATKearney 2001 auf rund 45 bis 54 Mrd. DM geschätzt hatte, eine konsequente Privatisierung. Alles in allem braucht Berlin eine Sanierungspolitik, die „die Stärken stärkt, die Kompetenzfelder aufbaut, die Schwächen organisiert, die Risiken minimiert, erreichbare Ziele setzt und eine praktikable Umsetzungsstrategie entwickelt."[9]

Im April, dem Monat, in dem vor 100 Jahren die Industrie- und Handelskammer zu Berlin gegründet worden ist, veranstaltet die IHK ein weiteres Jubiläumssymposium unter dem Titel: „Soziale Marktwirtschaft – Fessel oder Freiraum für Unternehmen?". Es moderiert Dr. Hans D. Barbier, Leiter der Wirtschaftredaktion der FAZ und Vorsitzender der Ludwig-Erhard-Stiftung, der stellvertretende polnische Außenminister Dr. Andrzej Byrt setzt mit seinem Impulsreferat entscheidende Akzente für das anschließende Gespräch über die Zukunftsfähigkeit der Sozialen Marktwirtschaft in Deutschland und in Europa. Das Gespräch führen Ludwig Georg Braun, Vorstandsvorsitzender der B. Braun Melsungen AG und Präsident des DIHK, Vizepräsident Dr. Manfred Gentz, Prof. Sebastian Turner, Mitglied der Geschäftsführung von Scholz & Friends, Dr. Holger Schmieding, der frühere Chief Economist Europe von Merril Lynch, und der ausgewiesene Marktwirtschaftler Prof. Dr. Rainer Klump.[10] Bei der gleichen Gelegenheit übergibt Präsident Werner Gegenbauer dem Jüdischen Museum das Portrait des ersten Kammerpräsidenten Wilhelm Herz; das Geschenk nimmt der Direktor des Jüdischen Museums, Michael Blumenthal, entgegen.[11] Mindestens ebenso wie über den guten Zuspruch zu ihren Jubiläumsveranstalten freut sich die IHK über den Run auf ihre Ausbildungsmesse wenige Tage später; ihre „Tage

9 Hauptgeschäftsführer Dr. Hertz in der gleichen Pressekonferenz, ebd., S. 13
10 Bericht in BW 2002, Heft 5, S. 34 f.
11 Ebd., S. 36

der Berufsausbildung", organisiert gemeinsam mit der Handwerkskammer, ziehen in diesem Jahr erneut um die 25 000 Besucher an, und der Regierende Bürgermeister Klaus Wowereit und IHK-Präsident Werner Gegenbauer brauchen lange, um auf ihrem Rundgang Gespräche mit den fast 90 Ausstellern zu führen.[12]

Am 1. Mai treffen sich Präsident Werner Gegenbauer und Hauptgeschäftsführer Dr. Hertz erstmalig mit dem neuen Wissenschafts- und Kultursenator Dr. Thomas Flierl. Das Gespräch findet an einem ungewöhnlichen Ort statt: In der Kulturbrauerei im Prenzlauer Berg. Gegenbauer und Hertz sind – auch aus Sorge, sonst wegen zu erwartender Aufläufe nicht pünktlich zu sein – mit der U-Bahn angereist, der Senator kommt mit dem Fahrrad! Das Gespräch nimmt auch einen eher ungewöhnlichen Verlauf: Es gibt kaum Dissenspunkte mit dem PDS-Senator; selbst als ihn Dr. Hertz mit dem Standort der International Business School an einem der zentralen Orte der Stadt, dem alten Staatsratsgebäude in Mitte, und der Viertel-Parität an den Hochschulen, die im Koalitionsvertrag verankert ist, zu abweichenden Positionen zu provozieren versucht, gibt sich Dr. Flierl kompromissbereit. So hat er nichts gegen den Standort in Mitte, wenn sichergestellt werde, dass die Öffentlichkeit, der unter dem DDR-Regime das Betreten des Gebäudes in der Regel verwehrt gewesen war, nun freien Zugang erhalte; diese Nachricht geben die IHK-Verantwortlichen unverzüglich an Dr. Gentz, der einer der maßgeblichen Initiatoren der neuen Hochschule ist, weiter. Er wird für die Einhaltung dieser Bedingung sorgen, so dass die European School of Management and Technology, wie sie später heißen wird, tatsächlich dort ihren Platz finden wird. Zu diesem ersten Gespräch mit dem auch für Kultur zuständigen Senator passt es, dass die IHK eine weitere ihrer Jubiläumsveranstaltungen im Mai der Zusammenarbeit zwischen Wirtschaft und Kultur unter dem Motto „Wirtschaft und Kultur: Starke Partner in Berlin" widmet. Auch dafür hatte die IHK durch eine gemeinsame Studie mit dem DIW über Kultur als Standort-, nicht nur als Kostenfaktor eine Grundlage gelegt.[13] Prof. Peter Raue, Vorsitzender des Vereins der Freunde der Nationalgalerie, moderiert vor dem Hintergrund der Ergebnisse dieser Untersuchung ein öffentliches

12 Vgl. BW 2002. Heft 5, S. 40 f.

13 Zum Inhalt vgl. BW 2002, Heft 5, S. 6 ff.; im gleichen Monat veröffentlicht die IHK übrigens eine Untersuchung zur Gesundheitsbranche in Berlin, die TU-Professor Klaus-Dirk Henke im Auftrag der IHK verfasst hatte, dazu BW 2002, Heft 5, S. 26 f.

Streitgespräch zur Bedeutung der Kultur für die Wirtschaft der Stadt. Die Perspektiven der Berliner Kulturlandschaft diskutieren Dr. Günter Braun, der frühere IHK-Hauptgeschäftsführer, der sich seitdem mit seinem Mäzenatentum zusätzliche große Verdienste erworben hat, Vizepräsident Dr. Manfred Gentz, Adrienne Göhler, die frühere Wissenschafts- und Kultursenatorin, Eberhard Mayntz, Vorsitzender der Arbeitskreises Kultursponsoring des BDI, Dr. Gabriele Minz, Unternehmensberaterin, und Prof. Franz Xaver Ohnesorg, Intendant der Berliner Philharmoniker; Andreas Altenhof von der Neuköllner Oper, Christiane Zentgraf aus dem Hause BMW und Hugo Gensler von der HBV–Projekte GmbH stellen Beispiele für eine erfolgreiche Partnerschaft zwischen Kulturinstitutionen und Unternehmen vor.[14]

Mitte des Jahres 2002 macht die IHK einen großen Schritt zu auf die Pläne des Senats, die Institutionen der Wirtschaftsförderung in Berlin neu zu ordnen. Präsident Gegenbauer und Hauptgeschäftsführer Dr. Hertz erklären sich in einem letter of intent bereit, die Aufgaben, die bisher von zwei Gesellschaften, der Wirtschaftsförderung Berlin und der BAO Berlin, wahrgenommen werden, in einer Gesellschaft zusammenzuführen, soweit es sich nicht um die unverzichtbaren Aufgaben der Außenwirtschaftsabteilung einer IHK – beispielsweise die Ausstellung von Ursprungszeugnissen – handelt. Präsident Gegenbauer, der jetzt auch Vorsitzender des Verwaltungsrats der BAO ist, ist auch bereit, den Vorsitz des Aufsichtsrats der neuen Gesellschaft zu übernehmen. Die Verantwortlichen der IHK, die damit das Ziel unterstützen, ein noch schlagkräftigeres Instrument zur Wirtschaftsförderung Berlins zu schaffen, verlangen allerdings vom Senat, dass dieser ebenfalls eine „One-Stop-Agency" innerhalb der Verwaltungen schafft, als eine „Instanz innerhalb der Verwaltungen mit Koordinierungskompetenz, die bei komplexen Vorhaben alle Zuständigen an einen Tisch und zur Entscheidung bringt." Die IHK will mit der Fusion, die nach ihrer Meinung nur ein erster Schritt ist, auch ein Signal setzen: „Wir erwarten als Unternehmerschaft von vielen in der Stadt Veränderungen. Dann muss man auch das Signal geben, dass man selbst zu Veränderungen bereit ist."[15] Der Mitunterzeichner des letter of intent, Wirtschaftssenator Gregor Gysi, wird allerdings bald von der Fahne gehen; die Fusion von WFB und BAO wird dennoch durchgezogen werden, und das, obwohl oder gerade weil die BAO in diesen Monaten Spitzenwerte bei den Berliner Exporten ver-

---

14 BW 2002, Heft 6, S. 38 f.

15 Präsident Gegenbauer im Interview in BW 2002, Heft 7/8, S. 17

melden kann; im Jahr 2001 hatte die Berliner Exportwirtschaft – auch mit Unterstützung der BAO – ein um 8,5 % höheres Ausfuhrvolumen gegenüber dem Vorjahr erzielen können.[16]

Ebenso Mitte des Jahres legt die IHK eine gemeinsam mit der Senatsverwaltung für Wirtschaft beauftrage Studie des DIW zur Entwicklung der Industrie in Berlin vor; sie belegt, dass eine moderne Industrie für die Wirtschaft der Stadt unverzichtbar ist.[17] Der Entwicklung der Wissenschaften in Berlin widmet die Zeitschrift der IHK ihre Titelgeschichte im Sommer[18], und der Zusammenarbeit zwischen Wirtschaft und Wissenschaft gilt auch eine weitere Jubiläumsveranstaltung: „Die Kunst der Unternehmensführung – Wirtschaft und Wissenschaft in Berlin“, die zugleich Auftakt einer gemeinsam von der IHK, der Wirtschaftsprüfungsgesellschaft Ernst & Young und der FU getragenen Reihe über Wirtschaft und Wissenschaft ist. Der Vizepräsident des BDI, Arend Oetger, hält das Impulsreferat „Der Unternehmer – ein Mann mit Eigenschaften“, es diskutieren auf dem Podium Peter Dussmann, Chef der Dussmann-Dienstleistungsgruppe, der Zirkusdirektor Oliver Geier-Busch, Monika Gomolla, Miteigentümerin der Maritim Hotelgesellschaft, Karl-Ulrich Kuhlo, Gründer des Fernsehsenders n-tv., Prof. Dr. Dieter Lenzen, zu dieser Zeit noch Vizepräsident der FU, und Prof. Dr. Wulff Plinke von der HU und zugleich maßgeblich an der Gründung der European School of Management und Technology beteiligt. Ausgerechnet der PDS-Mann Dr. Gregor Gysi muss im Gespräch mit Präsident Gegenbauer und Ute Witt von Ernst & Young zugestehen: „Unternehmer können einen wirklich faszinieren“.[19]

Nicht ganz so fasziniert scheint Gregor Gysi von seiner eigenen Aufgabe zu sein. Er tritt Anfang August als Wirtschaftsenator zurück. „Seine so genannte Meilen-Affaire … kam ihm in Wirklichkeit gerade recht. Er hatte am eigenen Leibe gespürt, was es bedeutet, täglich Akten zu wälzen, Mehrheiten zu organisieren und zu repräsentieren … Er nutzte die Chancen, die Notbremse zu ziehen.“[20] Und das, obwohl er in der Unternehmerschaft nicht nur Berlins einen nicht erwarteten Zuspruch gefunden hatte; auch Vorstandsvorsitzende und Vorstände international tätiger Unternehmen hatten, wohl auch wegen seiner Schlagfertigkeit und

16 Über die Entwicklung der Ausfuhren BW 2002, Heft 6, S.
17 BW 2002, Heft 6, S. 26 f.
18 BW 2002, Heft 7/8, S. 6 ff.
19 BW 2002, Heft 7/8, S. 10
20 Wowereit, Klaus, … und das ist auch gut so, aaO, S. 2o8 f.

seiner etwas paradiesvogelartigen Ausstrahlung, den Zugang zu ihm gesucht. Sein Nachfolger wird Harald Wolf, der PDS-Fraktionsvorsitzende, ein nüchterner, nicht übermäßig kommunikationsfreudiger Mann, der sich aber durch große Verlässlichkeit auszeichnen wird. So wird er beispielsweise in seiner Doppelfunktion als Senator und Mitglied des Aufsichtsrats der Messe Berlin in Fragen des Ausbaus der Messe – anders als manche Wirtschaftssenatoren zuvor – dort nicht nur ständig in den Sitzungen präsent sein, sondern auch seine Zusagen einhalten.

Die IHK lädt Wolf nach einer Aussprache im Präsidium in eine Sitzung der Vollversammlung ein, auch weil er für die meisten Berliner Unternehmer ein Unbekannter ist; sie will damit auch ihrer Informationspflicht gegenüber den Vollversammlungsmitgliedern nachkommen. Zu der dafür in Aussicht genommenen Sitzung der Vollversammlung Ende September kann Wolf wegen einer parallel kurzfristig einberufenen Sitzung des Abgeordnetenhauses nicht kommen; das Gespräch wird später nachgeholt werden. Stattdessen befasst sich die Vollversammlung mit den Ergebnissen der Bundestagswahl, Präsident Gegenbauer wird nach der Diskussion unter der Überschrift „Zurück auf Los“ schreiben, dass über den Start der wiedergewählten Regierung Fassungslosigkeit im ganzen Land herrsche; planlos, kopflos, kurzfristig Haushaltslöcher stopfend, auf der Jagd nach dem schnellen Euro, damit die wirtschaftliche Stagnation verschärfend und Jobs vernichtend – das ist das einhellige Urteil, das der Regierung entgegenschlägt.[21] Und auch mit der Berliner Landespolitik ist der Kammerpräsident unzufrieden. Er sagt in der Vollversammlung, in Berlin bestehe der Eindruck, dass die rot-rote Regierung noch immer nicht begonnen habe zu regieren. Es sei deshalb notwendig, Klartext zu reden. Gleichzeitig sei es sinnvoll, die Kontinuität in der bewährten Linie der IHK zu bewahren, mit jeder Regierung in Berlin auch kommunizieren zu müssen. Eine Alternative zum gegenwärtigen Dialog unter anderem mit dem neuen Wirtschaftsenator Wolf bestehe ohnehin nicht, weil eine Koalition aus dem bürgerlichen Lager in Berlin in dieser Zeit chancenlos sei. Klartext reden Präsident Gegenbauer und Hauptgeschäftsführer Dr. Hertz in der Tat; sie schreiben an den Regierenden Bürgermeister unter anderem: „Die letzten Wochen waren geprägt von einer politischen Debatte, die, angestoßen durch den Präsidenten des DIW Berlin, sich mit der Zukunftsfähigkeit des Wirtschaftstandorts Berlin auseinandersetzte. Gegen einen pessimistischen Rundumschlag hat die IHK Berlin dabei durchaus die Position vertreten, das

21 BW 2002, Heft 12, S. 3

Glas sei nicht halbleer, sondern halbvoll. Eines kann aber nicht bestritten werden: Die Lage und die Stimmung der Berliner Wirtschaft sind nicht gut, sie geben zu großer Sorge Anlaß ... zur Verunsicherung der Wirtschaft trägt auch massiv die Politik des Berliner Senats bei. Zu geringe öffentliche Investitionen und ständige Haushaltssperren kosten die Unternehmen Aufträge und gefährden Arbeitsplätze ... Berlin braucht eine Verabredung, ein Leitbild, wohin die Stadt will, welche Stärken es zu stärken und welche Schwächen es abzubauen gilt ... Die Leistungsträger sind nicht mehr mit Forschung, Lehre, Geschäften, Kunst und Kultur beschäftigt, sondern nur noch mit der Abwehr der nicht zu Ende gedachten Attacken aus der Finanzverwaltung. Wer in diesem Jahr verschont wird, befürchtet, auf der ‚Giftliste' des nächsten Jahres zu stehen ... Die Berliner Wirtschaft braucht Luft zum Atmen ... Stellen Sie nicht zuerst die Frage, wie viele Studienplätze, wie viele Opern, wie viel Sauberkeit, Sicherheit und Wirtschaftsförderung wir uns leisten können. Fragen Sie stattdessen: Wie viele Vorschriften, wie viele Ämter, wie viele Verwaltungsebenen können wir uns angesichts der angespannten Haushaltslage noch leisten? ... Wenn Berlin mittelfristig nicht die Stadt der niedrigsten Steuern und Abgaben und nicht die Stadt des höchsten Wirtschaftsförderungsetats werden kann, dann muss sich die Stadt das ehrgeizige Ziel setzen, die Stadt der wirtschaftsfreundlichsten Bürokratie zu sein." Gleichzeitig wehrt sich die IHK gegen das Herunterreden der Wirtschaft Berlins durch den DIW-Präsidenten Klaus Zimmermann. Berlins Wirtschaft habe einen beinharten Strukturwandel geschultert, trotz abrupt gekappter Berlinförderung, zusammenbrechender Kombinate und durchaus nicht immer gelungener Privatisierung durch die Treuhandanstalt; den Vorwurf der Perspektivlosigkeit will die IHK für ihre Unternehmen nicht akzeptieren.

In der gleichen Vollversammlung berichtet Hauptgeschäftsführer Dr. Hertz über die branchenbezogenen Gespräche mit der Kreditwirtschaft, die vor allem mittelständischen Betrieben die Sorge um ihre Finanzierung nehmen sollen, auch über die Zusage der Berliner Banken, dass Unternehmen die IHK als Vermittler bei konkreten Problemen der Kreditversorgung einschalten können. Frau Volkholz, die Koordinatorin des IHK-Projekts Partnerschaft Schule-Betrieb, trägt zu den sehr positiven Ergebnissen, deren Zwischenbilanz bereits 45 Partnerschaften aufweist, vor, und Vizepräsidentin Dr. Mercedes Hillen stellt die Mittelstandsinitiative der IHK vor; Kernelement der Initiative sind die Bildung eines Kompetenzteams Mittelstand aus ehren- und hauptamtlichen Mitgliedern der IHK, die intern den speziellen mittelstandsbezogenen input geben und extern für Gespräche mit der Politik und der Öffentlichkeit zur Verfügung stehen, das Veranstalten einer Reihe „Parlamentarischer Abend Mittelstand“, zu dem die IHK mittelstandspolitisch interessierte Vertreter aus Bundes-, Landes-, Bezirkspolitik und Verwaltungen zum Dialog einladen will, sowie die Verstärkung der mittelstandspolitischen Öffentlichkeitsarbeit in den Publikationen der IHK.[22] Um den gleichen Zeitraum herum legt die Initiative „an morgen denken“ zwei Positionspapiere vor und richtet sich mit ihnen an die Politik. In Leitlinien zum Wirtschafts- und Wissenschaftsstandort Berlin fordert sie einen deutlich höheren Stellenwert der Wissenschaftspolitik, der sich auch der Regierende Bürgermeister stärker als bisher persönlich annehmen müsse; in weiteren Leitlinien fordert sie für die Hochschulen neue Handlungs- und Gestaltungsspielräume und legt dem Gesetzgeber detaillierte Vorschläge vor, die vor allem eine konsequente Entstaatlichung, die Diversifizierung der Einnahmen, die Gewährung interner Organisationsfreiheit und eine umfassende Dienstleistungsorientierung der Hochschulen betreffen. „Eine gute Wissenschaftspolitik ist heute die beste Standortpolitik“, sagt Hauptgeschäftsführer Dr. Hertz, Gründungsmitglied der Initiative, bei der öffentlichen Vorstellung der Forderungen und Vorschläge.[23]

Ihre Jubiläumsveranstaltungen setzt die IHK im Herbst fort. Im September gilt eine solche dem professionellen Management von Stadtteilzentren. An ihr nehmen unter anderem Vizepräsident Bernd Rückert, Hauptgeschäftsführer Dr. Hertz, Sigrid Höpfner, Vorstandsvorsitzende einer Entwicklungsgesellschaft, die das Stadtteilzentrum „Helle Mitte“ betreut, die Bezirksbürgermeister Dr. Uwe Klett von der PDS aus dem Ostteil der Stadt und Frau Marlies Wanjura von der CDU aus Reinickendorf, IHK-Präsidiumsmitglied Dr. Michael Wegner und eine Reihe von Stadtteilmanagern teil.[24] Die IHK widmet ihre Reihe im Oktober der ethnischen Wirtschaft in Berlin; sie hatte dafür in einer Untersuchung über deren Anteil am Berliner Wirtschaftsleben eine Grundlage gelegt.[25] Präsident Werner Gegenbauer weist in seiner Begrüßungsansprache auf die Internationalität Berliner Unternehmen hin, in einem Vortrag vertieft Frau Prof. Gesine Schwan, die Präsidentin der Europa-Universität Viadrina in Frankfurt/Oder, das Thema der kulturellen Vielfalt und die Frage nach den ökonomischen Impulsen für die

22 Bericht über die Vollversammlung in BW 2002, Heft 10, S. 31 f.
23 BW 2002, Heft 121, S. 32
24 BW 2002, Heft 9, S. 24 f.
25 BW 2002, Heft 10, S. 6 ff.

Attraktivität von Metropolen. Aus kultureller Vielfalt allein folgten nicht notwendig attraktive Großstädte; um kosmopolitisch überzeugend handeln zu können, sei es erforderlich, sich vorher den Schwierigkeiten zu stellen, die sich aus der aus der Konfrontation unterschiedlicher kultureller Prägungen und Identitäten ergeben. An der Diskussion auf dem Podium beteiligen sich unter anderem die Ausländerbeauftragte von Tempelhof/Schöneberg, Emine Demibürken, Frau des IHK-Präsidiumsmitglieds Dr. Michael Wegner, und zahlreiche ausländische Berliner Unternehmer, darunter der Inder Sandeep P. Jolly, der aus Russland stammende Dr. Konstantin Kebkal, Jacek P. Barelkowski von der Darpol GmbH, Aynur Boldaz von der Forever Clean GmbH, Dr. Attilio Sebastio von der Berlin-Chemie, der Chinese Wenhai Wang aus einem Systemhaus, und Prof. Dr. Gary Smith von der American Academy in Berlin.[26] Und in der vorletzten Jubiläumsveranstaltung im November geht die IHK ureigensten Themen nach: den Perspektiven der Berufsausbildung. Unter der Fragestellung „Ist die Berufausbildung überholt oder auf der Überholspur?“ informieren im Foyer des Ludwig Erhard Hauses 25 Ausbildungsunternehmen und Trainingscenter, Weiterbildungsanbieter, Institutionen und Arbeitskreise, Verlage und Medienunternehmen sowie das Bundesinstitut für Berufsbildung und die TU über ausgewählte alte und neue Berufe und über aktuelle Bildungsangebote. Nach einer Einführung von Präsident Gegenbauer diskutieren auf dem Podium unter der Moderation der Journalistin Petra Schwarz der stellvertretende Hauptgeschäftsführer Jan Eder, Bernd Romann, Leiter des Oberstufen-Zentrums Banken und Versicherungen, der Unternehmer Klaus-Peter Bär, Geschäftsführender Gesellschafter von Bär & Ollenroth, einem Unternehmen mit einer überproportionalen Anzahl von Auszubildenden, Stephan Brombeck, Ausbildungsmeister der DaimlerChrysler AG, und Steffen Dahms, Auszubildender bei Vattenfall.[27]

Die Abschlussveranstaltung der Jubiläumsreihe am 17. Dezember steht unter der Überschrift „WIR UNTERNEHMEN. IHK Berlin – ein zukunftsfähiges Modell?“; Experten aus Wirtschaft, Wissenschaft und Politik versuchen, im Ludwig Erhard Haus Antworten auf die Fragen zu geben: „Wissen wir, was wir heute tun müssen, um auf gesellschaftliche Veränderungen von morgen vorbereitet zu sein? Und tun wir, was wir wissen?“ Nach der Begrüßung durch Präsident Werner Gegenbauer ruft der Regierende Bürgermeister Klaus Wowereit den anwesenden Unter-

26 BW 2002, Heft 11, S. 21
27 BW 2002, Heft 12, S. 40 ff.

nehmern zu: „Wenn es Ihnen gut geht, geht es auch der Stadt gut." Wie Unternehmen mit der Zukunft umgehen sollten, darüber spricht Prof. Dr. Eckhart Minx, Leiter der Forschungsgruppe „Gesellschaft und Technik" der DaimlerChrysler AG, in seinem Impulsreferat. Unter der Moderation von Staatssekretär Volkmar Strauch aus der Senatswirtschaftsverwaltung diskutieren anschließend Katharina Reiche, Bundestagsabgeordnete und Vorsitzende der Arbeitsgruppe Bildung und Forschung der CDU/CSU-Bundestagsfraktion, Prof. Dr. Wolfgang Huber, Bischof der Evangelischen Landeskirche in Berlin-Brandenburg, Jan Eder, stellvertretender IHK-Hauptgeschäftsführer, und die Unternehmerinnen Dominique Döttling, Bundesvorsitzende der Wirtschaftsjunioren Deutschland, und Karoline Beck, Landesvorsitzende des BJU Bundesverband Junger Unternehmer.

Die IHK zeigt sich in einem Rückblick auf das Jubiläumsjahr mehr als zufrieden: Es gab „das ganze Jahr über einen Reigen sehr gut besuchter Veranstaltungen, mit denen die IHK eine Standortbestimmung der Berliner Unternehmerschaft machte und Perspektiven für die Entwicklung Berlins aufzeigte. Gefragt wurde nach den unternehmerischen Chancen in den Berlin prägenden Branchen. Dabei wurde der Dialog gesucht mit Persönlichkeiten und Experten aus Wirtschaft, Wissenschaft, Politik, Sport und Kultur, d.h. mit Partnern, die für die Zukunft der Stadt eine Rolle spielen. Die Palette der Themen war breit, angefangen von der Sozialen Marktwirtschaft und der Zukunft von Industrie und Dienstleistungen über die Wechselwirtschaft von Wirtschaft, Wissenschaft, Sport sowie Kunst und Kultur bis hin zu Bildungsfragen, der Entwicklung von Stadtteilzentren und die Bedeutung der ethnischen Wirtschaft für Berlin. Unter dem Motto „Wir machen uns stark für Ihren Erfolg" präsentierte sich einmal mehr die IHK Berlin im Jubiläumsjahr und verdeutlichte, wie sie das wirtschaftliche Geschehen in der Stadt mitgestalten will: als kundenorientierter Dienstleister der Wirtschaft, als Verfechter des Marktes, als ein Motor der Standortentwicklung, kurz als das gemeinsame Unternehmen der Berliner Unternehmen.„[28]

Das Jubiläumsjahr 2002 endet mit einer Überraschung: Präsident Werner Gegenbauer gibt Präsidium und Vollversammlung im Dezember davon Kenntnis, dass er – in voller Übereinstimmung mit Hauptgeschäftsführer Dr. Hertz, ja auf dessen Anstoß hin – einen Wechsel in der Hauptgeschäftsführung plant. Das Gespräch über den richtigen Zeitpunkt eines Wechsels hatten beide schon im Herbst aufgenommen.

---

28 JB 2002/2003, S. 58

Abb. 45 Präsident Dr. Schweitzer und Hauptgeschäftsführer Jan Eder bei einem Vortrag des SPD-Fraktionsvorsitzenden Peter Struck vor der IHK im Ludwig Erhard Haus 2008

Abb. 46 Dr. Eric Schweitzer
Präsident der IHK Berlin seit 2004

Tragender Grund ist die Absicherung einer Kontinuität in der Führung des Hauses auch angesichts des sich nähernden Ausscheidens von Präsident Gegenbauer Mitte des Jahres 2004. Außerdem sehen Präsident und Hauptgeschäftsführer die Notwendigkeit von weiteren und einschneidenden strukturellen Veränderungen im Haus, deren Gestaltung, nicht nur die bloße Umsetzung, von einer neuen Hauptgeschäftsführung zu verantworten ist; das Ausscheiden von Dr. Hertz aus seiner Funktion macht den Weg frei für einen geordneten Generationswechsel und für eine weitere Verschlankung der IHK. Dafür steht gerade zu diesem Zeitpunkt qualifiziertes und erfahrenes, zugleich junges Personal aus dem Haus zur Verfügung. Präsidium und Vollversammlung folgen dem Vorschlag von Präsident Gegenbauer. Die Vollversammlung wählt in ihrer Sitzung am 17. Dezember 2002 einen der beiden bisherigen stellvertretenden Hauptgeschäftsführer – der andere, Jörg Schlegel, verlässt mit Dr. Hertz das Haus –, den 40jährigen Jan Eder mit Wirkung zum Beginn des Jahres 2003 zum Hauptgeschäftsführer; das Präsidium stellt ihm die Geschäftsführer Christian Wiesenhütter, bisher zuständig für den Geschäftsführungsbereich Handel, Verkehr, Tourismus und Gastgewerbe, und Roland Engels, bisher zuständig für den Geschäftsführungsbereich Zentrale Funktionen, als stellvertretende Hauptgeschäftsführer zur Seite.

Dr. Hertz wird noch den Jahresbericht 2002/2003 verantworten, der sich im wesentlichen auf die Zeit seiner Führung des Hauses bezieht. Er wird, nachdem der stellvertretende Hauptgeschäftsführer Jörg Schlegel bereits Ende Februar anlässlich seines Ausscheidens geehrt worden war[29], am 27. März, dem Tag der Vorstellung des Jahresberichts, aus seiner Funktion als Hauptgeschäftsführer – er bleibt der IHK durch eine Reihe von Mandaten und durch Sonderaufträge verbunden – verabschiedet werden. An dem Empfang zum Wechsel in der Hauptgeschäftsführung nehmen zahlreiche seiner Wegbegleiter und Partner aus Wirtschaft und unternehmerischen Organisationen, der Politik, aus Wissenschaft und Kultur teil. Präsident Werner Gegenbauer hält eine von Sympathie getragene Rede und bezeichnet Dr. Hertz als „Anwalt des Marktes in bewegten Zeiten“: „Mit ordnungspolitischem und marktwirtschaftlichem Fundament haben Sie die politische Linie der IHK Berlin geprägt. Ohne allzu viel zu übertreiben, kann ich wohl sagen, dass die IHK das ordnungspolitische Gewissen der Stadt ist. Sie ist die Stimme, die immer wieder für mehr Markt, für weniger Staat und für weniger Bürokratie

29 Vgl. Bericht in BW 2003, Heft 3, S. 54

eintritt."[30] Zur großen Freude von Dr. Hertz beleuchten seine früheren Persönlichen Referenten Jan Eder, Roland Engels, Sybille von Obernitz, Bernhard Skodzki, Winnetou Sosa und Christoph Irrgang in sketchartigen Auftritten seine Persönlichkeit, seine Arbeit und seine Arbeitsweise in einer ihn sehr berührenden Art; sie übergehen seine Schwächen nicht, sie bringen sie aber mit leichter Hand und mit Humor zum Ausdruck.

30 BW 2003, Heft 4, S. 55 f.

Schlusswort

Zukunftsfähige IHK Berlin

Mit der Erinnerung an die Veranstaltungen zum Jubiläumsjahr, die nicht nur eine Vielzahl und Vielfalt von Themen, die für die Entwicklung Berlins und seiner Wirtschaft von hoher Bedeutung sind, behandelt haben, sondern der IHK auch den Zugang zu vielen Menschen erschlossen oder vertieft haben, die nicht zur klassischen Klientel einer IHK gehören, und mit einer neuen personellen Aufstellung geht die IHK Berlin Anfang 2003 in eine gute Zukunft. Diese Zukunft wird noch bis Mitte 2004 von Präsident Werner Gegenbauer, unterstützt nun von dem neuen Hauptgeschäftsführer Jan Eder, mitgestaltet werden. Bei seinem Abschied wird er unter anderem seine Hoffnung erfüllt sehen, dass in seiner Amtszeit die Zahl der Ausbildungsplätze und -betriebe deutlich angestiegen sein wird, und er wird zu Recht stolz auf die hohe Zahl der eingegangenen Partnerschaften zwischen Betrieben und Schulen und auf die Verankerung der IHK in den Bezirken sein.[1] Er wird seine Aufgabe in die Hände von Dr. Eric Schweitzer, Chef von ALBA und mit 38 Jahren der jüngste der deutschen Kammerpräsidenten – „das spricht für die Stadt und ihre Zukunftsfähigkeit"[2] und für die Zukunftsfähigkeit der IHK – und damit erneut in die Hände eines Eigentümer-Unternehmers legen, als Ehrenpräsident aber weiterhin das Haus begleiten. Über diese und die folgenden Jahre und Jahrzehnte der IHK Berlin wird ein anderer Chronist zu berichten haben.

1 Bericht über seine Verabschiedung in BW 2004, Heft 7/8, S. 8 f.

2 Der Hauptgeschäftsführer des UVB, Dr. Hartmann Kleiner, zitiert von Alfons Frese in einem Artikel im „Tagesspiegel" vom 10. 6. 2004, nachgedruckt in BW 2004, Heft 7/8, S. 9.

Zeittafel der Präsidenten und Ersten Syndizi bzw. Hauptgeschäftsführer der Industrie- und Handelskammer zu Berlin

Präsidenten:

1902–1913	Wilhelm Herz, Wirklicher Geheimer Rat, Exzellenz, Inhaber der Firma S, Herz, Gummi- und Putzextraktfabrik
1914–1931	Franz v. Mendelssohn, Inhaber des Bankhauses Mendelssohn & Co
1932–1935	Dr. Karl Gelpcke, Direktor der Hypothekenbank Hamburg
1935–1943	Friedrich Reinhart, Staatsrat, Vorsitzender des Aufsichtsrats der Commerzbank AG[1]
1950–1957	Friedrich Spennrath, Baurat a.D., Vorsitzender des Vorstands der AEG
1957–1968	Dr. Wilhelm Borner, Vorsitzender des Vorstands der Schering AG
1968–1976	Walter W. Cobler, Inhaber der Turbon Ventilatoren- und Apparatebau GmbH
1976–1984	Horst Elfe OBE, Mitglied des Vorstands der Deutsche Eisenhandel GmbH
1984–1997	Horst Kramp, Mitglied des Vorstands der Schering AG
1997–2004	Werner Gegenbauer, Inhaber der Gegenbauer-Dienstleistungsgruppe
2004–heute	Dr. Eric Schweitzer, Mitglied des Vorstands der ALBA AG

Erste Syndizi und Hauptgeschäftsführer:

1902–1927	Dr. h.c. Heinrich Dove, Landgerichtsrat a.D., Geheimer Justizrat
1927–1933	Dr. h.c. Oscar Meyer, Staatssekretär a.D.

1 Als Präsident von Industrie- und Handelskammer und Wirtschaftskammer nicht von einer ordentlichen Vollversammlung der Berliner Kaufleute gewählt.

1936–1943	v. Baltz, Ministerialrat a.D.[2]
1950–1969	Dr. Bernard Skrodzki
1969–1990	Dr. Günter Braun
1990–2002	Dr. Thomas Hertz, Ministerialdirigent a.D.
2003–heute	Jan Eder

2 Zu dieser Zeit kann man nicht mehr oder kaum noch von einer Industrie- und Handelskammer sprechen, die diesen Namen verdient.

Quellen

Berlin, Behauptung von Freiheit und Selbstverwaltung 1946–1948, hrsg. im Auftrag des Senats von Berlin, Schriftenreihe zur Berliner Zeitgeschichte, Bd. 2, Heinz Spitzing Verlag, Berlin 1959

Berlin, Kampf um Freiheit und Selbstverwaltung 1945–1946, Der Senat von Berlin (Hrsg.), Berlin 1957, 2. Auflage, hersg. im Auftrag des Senats von Berlin, Schriftenreihe zur Berliner Zeitgeschichte, Bd. 1, Berlin 2. Auflage, Heinz Spitzing Verlag, Berlin 1961

Berlin, Ringen um Einheit und Wiederaufbau 1948–1951, hrsg. im Auftrag des Senats von Berlin, Schriftenreihe zur Berliner Zeitgeschichte, Bd. 3, Heinz Spitzing Verlag, Berlin 1962

Berliner Ausblicke – Beiträge zur Entwicklung der Wirtschaft, hrsg. von der Industrie- und Handelskammer zu Berlin

Berliner Morgenpost

BZ am Abend

BZ

Correspondenz der Ältesten der Kaufmannschaft von Berlin 1903–1919

Der Kurier

Der Tag

Die Berliner Wirtschaft (BW), erst Mitteilungen, später Informationen der Industrie- und Handelskammer zu Berlin (IHK Berlin), 1951–2003

Die Eröffnung der Handelshochschule Berlin am 27. Oktober 1906, Stenographische Berichte über die gehaltenen Ansprachen, hrsg. von der Korporation der Kaufmannschaft von Berlin, Verlag von Georg Reimer, Berlin 1906

Die Handelshochschule Berlin, Bericht über die erste Rektoratsperiode Oktober 1906–1909, hrsg. von der Korporation der Kaufmannschaft von Berlin, Verlag von Georg Reimer, Berlin 1909

Die Sitzungsprotokolle des Magistrats der Stadt Berlin 1954/46,Teil I; 1945, Schriftenreihe des Landesarchivs Berlin Band 2, Teil I, hrsg. von Jürgen Wetzel, Berlin Verlag 1995

Die Welt

Die Zeit

Die neue Zeitung

Frankfurter Allgemeine Zeitung

Frankfurter Rundschau

Geschäftsbericht der Berliner Industriebank

Handelsblatt

Jahresberichte der Industrie- und Handelskammer zu Berlin (JB) ab 1902

„Mitteilungen" der (Industrie- und) Handelskammer zu Berlin 1903–1933

Neues Deutschland

Pressemitteilungen der Industrie- und Handelskammer zu Berlin

Pressemitteilungen des Presse- und Informationsamts der Bundesregierung

Protokolle der Sitzungen von Präsidium und Vollversammlung der Industrie- und Handelskammer zu Berlin (unveröffentlicht)

Präsidialnotizen der Industrie- und Handelskammer zu Berlin (unveröffentlicht)

Der Sozialdemokrat. Organ der Sozialdemokratie Groß-Berlin

Süddeutsche Zeitung

Der Tagesspiegel

Wirtschaftsblatt der Gauwirtschaftskammer Berlin und Mark Brandenburg 1943 – 1944

Wirtschaftsblatt der Industrie- und Handelskammer zu Berlin 1934–1943

Literaturhinweise

Apt, Max	Fünfundzwanzig Jahre im Dienste der Berliner Kaufmannschaft, Sieben Stäbe Verlag, Berlin 1927
Bajohr, Frank	„Arisierung" in Hamburg, Die Verdrängung der jüdischen Unternehmer 1933–1945, Hamburger Beiträge zur Sozial- und Zeitgeschichte, Bd. 35, Christians 1997
Berliner Börse (Hrsg.)	Berlin – Seine Wirtschaft und seine Börse, Berlin 1955
Berliner Börse (Hrsg.)	Berliner Börse 1685–1985, Berlin 1985
Biehlfeldt, Hans	Vom Werden Groß-Hamburgs – Citykammer, Gauwirtschaftskammer, Handelskammer – Politik und Personalia im Dritten Reich, in Staat und Wirtschaft, Beiträge zur Geschichte der Handelskammer Hamburg, Christians 1980
Biggeleben, Christof	Das „Bollwerk des Bürgertums": Die Berliner Kaufmannschaft 1870–1920, Schriftenreihe zur Zeitschrift für Unternehmensgeschichte, Bd. 17, Verlag C. H. Beck, München 2006
Biggeleben, Christoph	Die Verdrängung der Juden aus der Berliner Industrie- und Handelskammer und dem Verein Berliner Kaufleute und Industrieller, in „Arisierung" in Berlin, Metropol Verlag, Berlin 2007
Biggeleben, Christof, Schreiber, Beate, Steiner, Kilian J. L. (Hrsg.)	„Arisierung" in Berlin, Metropol Verlag, Berlin Steiner, Kilian J. L. (Hrsg.) 2007
Braun, Günter	Der Wiederaufbau Berlins – Eine Stadt auf dem Weg zu neuen Aufgaben, in: Berlin und seine Wirtschaft, herausg. von der Industrie- und Handelskammer zu Berlin, 1987, Walter de Gruyter, Berlin, New York 1987

Büsch, Otto	Geschichte der Berliner Kommunalwirtschaft in der Weimarer Epoche, Veröffentlichung der Berliner Historischen Kommission, Bd. 1, Walter de Gruyter, Berlin 1960
Chambre de commerce et d'industrie de Paris (Hrsg.)	Une Chambre pour la Capitale, Deux siècles d'histoire de la chambre de commerce et d'industrie de Paris, le cherche midi, Paris 2004
Commerzbank (Hrsg.)	100 Jahre Commerzbank, Fritz Knapp Verlag, Düsseldorf 1970
Dascher, Ottfried	Im Widerstreit von Politik und Wirtschaft – Die Kammersyndici im Deutschen Kaiserreich 1871–1918, in: Bericht über den Kollegentag 1977 in Dortmund, hrsg. vom Verband der Geschäftsführer deutscher Industrie- und Handelskammern, 1977
Diepgen, Eberhard	Zwischen den Mächten – Von der besetzten Stadt zur Hauptstadt, edition q im be.bra Verlag, Berlin 2004
Dove, Heinrich	Die Entstehung und Entwicklung der Industrie- und Handelskammer zu Berlin und ihr organisatorischer Aufbau, in: Die Industrie- und Handelskammer zu Berlin 1902–1927
Esenwein-Rothe, Ingeborg	Die Wirtschaftsverbände von 1933 bis 1945, Duncker & Humblot, Berlin 1965
Feldmann, Gerald	Die Allianz und die deutsche Versicherungswirtschaft 1933–1945, C. H. Beck, München 2001
Genschel, Helmut	Die Verdrängung der Juden aus der Wirtschaft im Dritten Reich, Göttinger Bausteine zur Geschichtswissenschaft, Musterschmidtverlag, Götttingen 1966
Herbst/Weihe (Hrsg.)	Die Commerzbank und die Juden 1933–1945, Verlag C. H. Beck, München 2004
Herker	Kriegseinsatz der Industrie- und Handelskammern, in: Beiträge zur Wirtschaft und Verwaltung im rheinisch-westfälischen Industriegebiet, Essen 1941
Herzfeld, Hans	Ernst Reuter und der Aufbau des freien Berlins von der Blockade bis zur Verfassungswirksamkeit 1948–1951, in: Berlin, Ringen um Einheit und Wiederaufbau 1948–1951, Heinz Spitzing Verlag, Berlin 1962

Herzfeld, Hans — Berlin 1951–1954, In Wiederaufbau und Konflikt, in: Berlin, Chronik der Jahre 1951–1954, Heinz Spitzing Verlag, Berlin 1968

IHK Potsdam (Hrsg.) — Einhundert Jahre im Dienst der Wirtschaft. Die Industrie- und Handelskammer Potsdam von 1898 bis 1998, Potsdam 1998

Industrie- und Handelskammer zu Berlin (Hrsg.) — Die Industrie- und Handelskammer zu Berlin 1902–1927

Industrie- und Handelskammer zu Berlin (Hrsg.) — Die Wirtschaft Westberlins 1945 bis 1955, Festschrift zur Einweihung des neuen Gebäudes, Berlin 1955

Industrie- und Handelskammer zu Berlin (Hrsg.) — Berlin – Seine Wirtschaft und die Börse im Spiegel der Zeiten. Festschrift zur Einweihung der neuen Gebäude der IHK und Börse, Berlin 1955

IHK Berlin, VBKI, Börse (Hrsg.) — Aufbruch im Wandel: Der Weg zum Ludwig Erhard Haus. VBKI-IHK-BÖRSE – Drei Berliner Institutionen. Ihre Geschichte und ihre Bauten, Brandenburgisches Verlagshaus, Berlin 1998

Kaufmannschaft von Berlin (Hrsg.) — Festschrift zum hundertjährigen Jubiläum am 2. März 1920, Verlag von E. G. Mittler & Sohn, Berlin 1920

Köhler, Ingo — Die Verdrängung jüdischer Privatbankiers vom Finanzplatz Berlin, in: „Arisierung“ in Berlin, hersg. von Christoph Biggeleben, Beate Schreiber, Kilian J. L. Steiner, Metropol-Verlag, Berlin 2007

Kopper, Christopher — Bankiers unterm Hakenkreuz, Deutscher Taschenbuch Verlag, München 2008

Krafft, Herbert — Marktwirtschaft auf dem Prüfstand. 45 Jahre Berliner Wirtschaft, VDE-Verlag, Berlin und Offenbach 1984

Krause, Detlef — Reinhart, Friedrich, in: Neue Deutsche Biographie, Bd. 21, Duncker & Humblot, Berlin 2003

Lackmann, Thomas — Das Glück der Mendelssohns, Aufbau-Verlag, Berlin 2005

Le Goff, Jacques — Kaufleute und Bankiers im Mittelalter, Verlag Karl Wagenbach, Berlin 2005

Lowenthal-Hensel, Cecile — Franz von Mendelssohn. Zum 50. Todestag am 13. Juni 1085, Mendelssohn-Studien, Beiträge zur deutschen Kultur- und Wirtschaftsgeschichte, Bd. 6. Duncker & Humblot, Berlin 1986

Meyer, Andrea — In guter Gesellschaft. Der Verein der Freunde der Nationalgalerie Berlin von 1929 bis heute, Fannel & Walz Verlag, Berlin 231

Meyer, Oscar — Von Bismarck zu Hitler, Erinnerungen und Betrachtungen, Verlag Friedrich Krause, New York City 1944, 2. verbesserte Auflage Bollwerk-Verlag Karl Drott, Offenbach 1948

Momper, Walter — Grenzfall. Berlin im Brennpunkt deutscher Geschichte, C. Bertelsmann Verlag, München 1991

Plickert, Philip — Die unvorbereitete Wiedervereinigung, in: Orientierungen zur Wirtschafts- und Gesellschaftspolitik, Heft 115, März 2008, hrsg. von der Ludwig-Erhard-Stiftung Bonn

Schäfer, Dieter — Der Deutsche Industrie- und Handelstag als politisches Forum der Weimarer Politik, Verlag Weltarchiv GmbH, Hamburg 1966

Schoeps, Julius — Das Ende von Mendelssohn & Co., Ungereimtheiten bei der „Liquidierung“ bzw „Arisierung“ einer Berliner Privatbank in der Zeit des Nationalsozialismus, in: Hübener/Hübscher/Hummel (Hrsg.), Bankgeschäfte an Havel und Spree, Verlag für Berlin-Brandenburg, Potsdam 2000

Spiliotis, Susanne-Sophia — Verantwortung und Rechtsfrieden. Die Stiftungsinitiative der deutschen Wirtschaft, Fischer Taschenbuch Verlag, Frankfurt am Main, 2003

Stürmer, Michael — Berlin als Hauptstadt des Reiches, Industriemetropole und Finanzplatz, in: Berlin und seine Wirtschaft, hrsg. von der Industrie- und Handelskammer zu Berlin, Walter de Gruyter, Berlin, New York 1987

Tatzkow, Monika — Die Entwicklung der Industrie- und Handelskammer der Deutschen Demokratischen Republik und ihre Rolle bei der Einbeziehung bürgerlicher Schichten in den Aufbau der Grundlagen des Sozialismus (1953 bis 1958), unveröffentlichte Dissertation im Besitz der IHK Berlin, Berlin 1985

Teschemacher (Hrsg.) — Handbuch des Aufbaus der gewerblichen Wirtschaft, Bd. III, 1937

Tietmeyer, Hans	Deutsche Vereinigung und die D-Mark, in: BW 1992, Heft 2, S. 5 ff.
Treue, Wilhelm	Das Bankhaus Mendelssohn als Beispiel einer Privatbank im 19. und 20. Jahrhundert, Mendelssohn-Studien, Beiträge zur neueren deutschen Kultur- und Wirtschaftsgeschichte Bd. 1, Duncker & Humblot, Berlin 1972
Uebel, Lothar	Die Mendelssohns in der Jägerstraße, Jaron Verlag, Berlin 2001
Wowereit, Klaus	... und das ist auch gut so. Mein Leben für die Politik, Karl Blessing Verlag, München 2007
Zabel, Hans-Henning	Herz, Wilhelm, in: Neue Deutsche Bibliographie, Bd. 8, Berlin 1969

Bildnachweise*

Abb. 1 Foto E. Leitner, Bildarchiv der IHK Berlin, aus: Die Korporation der Kaufmannschaft von Berlin, S. 561/562

Abb. 2 Bildarchiv der IHK Berlin, aus: Apt, Max, 25 Jahre im Dienste der Berliner Kaufmannschaft, S. 224/225

Abb. 3 Foto eines Portraits des Malers C. Steffek, Bildarchiv der IHK Berlin, Portrait vormals im Besitz der IHK Berlin, heute als Dauerleihgabe im Jüdischen Museum in Berlin

Abb. 4 Titelseite aus: Die Industrie- und Handelskammer zu Berlin 1902–1927, Foto Mundas Verlag Erich Kirschoroitz, Bildarchiv der IHK Berlin

Abb. 5 Bildarchiv der IHK Berlin, aus: Die Industrie- und Handelskammer zu Berlin 1902–1927, S. 11

Abb. 6 Bildarchiv der IHK Berlin, aus: Apt, Max, 25 Jahre im Dienste der Berliner Kaufmannschaft, S. 280/281

Abb. 7 Foto Frank Hensel nach einem Ölbild von Peter Paul Conrad, im Besitz der IHK Berlin

Abb. 8 Bildarchiv der IHK Berlin, aus: Apt, Max, 25 Jahre im Dienste der Berliner Kaufmannschaft, S. 40/41

Abb. 9 Foto Landesbildstelle Berlin

Abb. 10 Foto wiederhergestellt von Joachim Diederichs, aus: Die Industrie- und Handelskammer zu Berlin 1902–1927, S. 72

Abb. 11 Foto wiederhergestellt von Michael Kappeler, aus: Meyer, Oscar, Von Bismarck zu Hitler

Abb. 12 Foto E. H. Börner, aus: Wirtschaftsblatt der Industrie- und Handelskammer zu Berlin, 1939, S. 261, Bildarchiv der IHK Berlin

Abb. 13 Foto Presse-Hoffmann, aus: Wirtschaftsblatt der Industrie- und Handelskammer zu Berlin, S. 279, Bildarchiv der IHK Berlin

Abb. 14 Bildarchiv der IHK Berlin, aus: Berlin und seine Wirtschaft, hrsg. von der Industrie- und Handelskammer zu Berlin, S. 217

Abb. 15 Foto Michael Kappeler nach einem Portrait von H. Gurrmann

---

* In wenigen Fällen konnten die ursprünglichen Rechteinhaber an den Fotos nicht mehr ausfindig gemacht werden; sie werden ggf. angemessen entschädigt.

Abb. 16 Bildarchiv der IHK Berlin, aus: Mitteilungen der Industrie- und Handelskammer zu Berlin, 1969, Heft 9
Abb. 17 Foto IHK/Ströhla, Bildarchiv der IHK Berlin
Abb. 18 Foto Joachim Diederichs
Abb. 19 Foto Landesbildstelle Berlin
Abb. 20 Foto Willi Huschke
Abb. 21 Foto Willi Huschke
Abb. 22 Foto E. Bieber
Abb. 23 Foto Helga Wilhelmi
Abb. 24 Foto Wolfgang Brotz
Abb. 25 Foto Helmut Heidak
Abb. 26 Bildarchiv der IHK Berlin
Abb. 27 Foto Klaus Hoffmann
Abb. 28 Foto Wolfgang Albrecht
Abb. 29 Foto von Sanfft, Bildarchiv der IHK Berlin
Abb. 30 Foto Klaus Lehnartz
Abb. 31 Foto Joachim Diederichs
Abb. 32 Foto Joachim Diederichs
Abb. 33 Foto Joachim Diederichs
Abb. 34 Foto Paul Glaser
Abb. 35 Foto Architekturbüro Nicholas Grimshaw, Bildarchiv der IHK Berlin
Abb. 36 Foto Joachim Diederichs
Abb. 37 Foto Inge Kundel-Saro
Abb. 38 Foto wiederhergestellt von Michael Kappeler, aus: JB 1995/96, S. 20
Abb. 39 Foto wiederhergestellt von Michael Kappeler, aus: JB 1996/97, S. 15
Abb. 40 Foto Wegner, Bildarchiv der IHK Berlin
Abb. 41 Foto Werner Huthmacher, Bildarchiv der IHK Berlin
Abb. 42 Foto aus: JB 1998/99, Bildarchiv der IHK Berlin,
Abb. 43 Foto IHK/Ebelt, Bildarchiv der IHK Berlin
Abb. 44 Foto Joachim Diederichs
Abb. 45 Foto Jörg Bergmann
Abb. 46 Foto Jörg Bergmann

Personenregister

Firmen- und Institutionenverzeichnis